平民的逆袭

光武帝刘秀

王振羽 著

江苏人民出版社

图书在版编目（CIP）数据

平民的逆袭：光武帝刘秀 / 王振羽著. -- 南京：
江苏人民出版社，2025. 5. -- ISBN 978 - 7 - 214 - 29866
- 9

Ⅰ. K827＝342

中国国家版本馆 CIP 数据核字第 2025J4X232 号

书　　　名　平民的逆袭：光武帝刘秀
著　　　者　王振羽
责 任 编 辑　王翔宇
装 帧 设 计　刘　俊
责 任 监 制　王　娟
出 版 发 行　江苏人民出版社
地　　　址　南京市湖南路 1 号 A 楼，邮编：210009
照　　　排　江苏凤凰制版有限公司
印　　　刷　江苏凤凰新华印务集团有限公司
开　　　本　718 毫米×1000 毫米　1/16
印　　　张　42.25　插页 2
字　　　数　623 千字
版　　　次　2025 年 5 月第 1 版
印　　　次　2025 年 5 月第 1 次印刷
标 准 书 号　ISBN 978 - 7 - 214 - 29866 - 9
定　　　价　128.00 元

序

    雷雨先生让百义兄转来他写的《平民的逆袭：光武帝刘秀》书稿，看我可否为这本书写一个序。我近年来，身体一直不大好，煎药静养，莳弄花草，看点闲书，写些小文，滚滚红尘外的不少应酬都谢却推掉了。但雷雨的《龙飞光武》，却不能一口回绝，敬谢不敏，想来有这样几个原因。

    一是我虽然是三晋人氏，祖在黄土高原，但自二十世纪四十年代末期父母过大河南下以来，就一直生活在南阳盆地，算是地地道道的南阳人了。雷雨是叶县人，古昆阳所在，与南阳关系紧密，我们是大同乡，而雷雨所写的人物，又是南阳刘秀，乡情盛意，岂能容我借故推脱？

    二则是众所周知，我写清朝皇帝中的康熙、雍正、乾隆，兀兀穷年，耗尽心血，好在苍天不负有心人，关于三个皇帝的长篇小说，一版再版，一印再印，受到专家学者的认可，广大读者的肯定，很让我欣慰平生。皇帝这个群体，是中国几千年封建专制社会中的独特政治现象，观照他、解读他、研究他、书写他，是一个长久恒新的话题。雷雨所写的光武帝刘秀，同我写康熙、雍正、乾隆相比，虽然比我起步晚，但琢磨用力念兹在兹的也是皇帝。他也许是觉得我是写皇帝的前行者，这才要找到我说几句话吧。

    还有一层因缘。我写清朝三个皇帝的"晚霞系列"，之所以有这么大的影响，有诸多原因，其中之一就是离不开武汉的长江文艺出版社，离不开这套书的责任编辑周百义先生。听周百义先生说，雷雨先生曾写过《江南綵衣堂》,也是在长江文艺出版社出版发行的,他也是责任编辑。同一位责任编辑,都是对写皇帝有兴趣,又是共饮中原水,凡此种种,也算是一种冥冥之中的缘分呢。雷雨苦心孤诣,多年积累,在他父亲的悉心帮助下,终于写出如此厚重的《龙飞光武》,殊为不易,实在不能拂其美意,无动于衷。

《平民的逆袭:光武帝刘秀》写刘秀这个人,实在是得其魂魄。如今资讯发达,网络便捷,随便敷衍成文,不是难事。但雷雨先生写刘秀,不是天马行空,不是不着边际,不是依据片言只语就信马由缰、信口开河,他立足于严肃的史料,进行精心的求证爬梳,再加以合理的虚构,写出了乱世纷争中的刘秀神采,这种神采不是随便贴标签,不是先入为主地概念化,而是生动具体真切踏实,的的确确理解把握了刘秀这个人,是得其魂魄的沉实之作。

《平民的逆袭:光武帝刘秀》不仅写刘秀这个人,更写了刘秀为首的这个团队,堪称得其神韵。刘秀遭逢乱世,处于社会底层,要想成就一番事业,固然离不开自己的天赋,离不开社会提供的机遇,更重要的在于他能够把握机遇,识人用人,团结他人,方能脱颖而出,成就一番大事业。雷雨的《平民的逆袭:光武帝刘秀》写出了刘縯、吴汉、岑彭、冯异、马援、邓禹、寇恂等诸多东汉初年风云人物的不同凡响,各呈异彩,让人真切地认识到云台二十八宿并非浪得虚名,而是货真价实的一代雄杰。

《平民的逆袭:光武帝刘秀》着墨于刘秀,倾心于刘秀的团队,更善于把握这个时代的脉络走向,大道之行,百川归一,十分娴熟地得其精髓。任何一个历史人物都是环境的产物,任何人物都不能脱离所处的时代环境。雷雨的《平民的逆袭:光武帝刘秀》既写出了莽新与东汉交替之际的诸多人物,更揭示展现了这一时代的恢弘画卷:王朝的诡异与复杂,由治到乱的举手之间与由乱到治的艰苦卓绝,人性的光辉与幽暗,英雄的杰出与局限,时代的光怪陆离与五彩斑斓,这一人生与社会的大舞台你方唱罢我登场的残酷与苍凉。

《平民的逆袭:光武帝刘秀》共分六卷,结构紧凑,层次分明,既有金戈铁马的大场面、大事件,也有轻裘缓带、君臣相得的小细节、小插曲,线索明晰,人物众多,个性鲜明,引人入胜。令人印象至深的是,整个文本语言精到、颇讲章法,看得出来,非熟读《汉书》《后汉书》与《资治通鉴》不能为也。

大致在二十年前,我曾应邀到南京,去东南大学的逸夫馆做过一次演讲。雷雨到我下榻的六朝松下的榴园宾馆来看我,他当时还是小伙子,听他讲自己的求学经历,讲他爱读我的书,我当时还雄心勃勃计划着说要写曾、左、李呢,转眼间,白云苍狗,都成如烟往事了。如今,我已年逾花甲,雷雨也要到半百之年了。总而言之,这是一部难得一见的保有良知与见识的文本,这是一部精心打磨、对历史充满敬意与"理解之同情"的文本,这是一部浸透了真实情感的文本。

是为序。

二月河

2018 年 3 月 28 日

目 录

1

卷
一

昆阳之战

一　新莽篡汉

安汉公

公元元年，对于东方大帝国的汉王朝来说，真是多事之秋。前年秋，汉哀帝刘欣驾崩，中山王刘箕子入继大统，继皇帝位，改元元始，是为平帝。平帝年仅九岁，冲龄践祚，难当社稷之重。满朝公卿大臣吁请太皇太后王政君临朝听政。太皇太后年逾七旬，王氏五侯相继谢世，家族衰微。所幸太后的娘家侄儿王莽刚从封地新都奉召还京，倍感孤独无助的太皇太后，立命王莽官复旧职，重掌大司马之印。王莽不负所望，奏请太皇太后，为平帝设傅，举荐孔光为太傅，兼给事中，负责皇宫宿卫，禁中官署门户，察看皇帝饮食起居供养；任命光禄勋马宫为大司徒；右将军王崇为大司空；左曹中郎将甄丰为右将军。于是四辅完备，百官各司其职，大事悉由王莽裁决。

当年，汉成帝刘骜宠爱赵飞燕姐妹，"燕啄皇孙"，致使后继乏嗣，晚年只好从刘氏宗室中另选他人入继大统。中山王刘兴是成帝的异母弟弟，定陶王刘欣是成帝的嫡亲侄儿，都有继承皇位的资格。众大臣各执己见，有人说定陶王是皇上的侄儿，《礼记》上说"兄弟之子，如同自己的儿子"，立以为嗣，就是皇上的嫡子，继位名正言顺。也有人说，《尚书·盘庚》记载，商代便有"兄终弟及"的前例，中山王是先帝之子，皇上的亲弟弟，血缘最近。成帝认为中山王才能不及定陶王；且以礼，百年之后兄弟的牌位不能并列宗庙。于是，决定立定陶王刘欣为嗣。

　　成帝驾崩,定陶王刘欣继位,这也就是后来的汉哀帝。汉哀帝登基之后,母以子贵,降旨尊生母丁姬为恭皇后;尊祖母定陶太后傅氏为恭皇太后。傅太后本是汉元帝的妃子,太皇太后王政君是元帝的皇后,这时候,二人的地位待遇几乎并驾齐驱了。"一朝天子一朝臣",哀帝登基,外戚丁、傅两家自然显赫起来;傅太后的父亲被追封为崇祖侯,丁姬的父亲被追封为褒德侯。哀帝的舅父丁明被封为阳安侯,其子被封为平周侯。傅太后的侄孙女被册立为皇后;傅皇后的父亲傅晏被封为孔乡侯;傅太后的侄儿傅喜被封为高武侯,一时权倾朝野,令人侧目。当年汉成帝的娘舅"王氏五侯"之家相形见绌,很难与之相提并论了。

　　时值太皇太后王政君千秋之日,长信宫中设宴为其祝寿。王政君独座尊位,傅太后席设一侧。傅太后故意后至,迟迟不肯入席。哀帝奉卮为寿,请傅太后入席。傅太后愤然作色道:"同为太皇太后,我席为何居左不能并列?"哀帝一时语塞,不能应对。王莽陪侍在侧,正色说道:"古今嫡庶有别,后妃名分乃孝元皇帝所定。此太后不同于彼太后,安可不分尊卑!"傅太后勃然大怒,拂袖而去。她回宫之后,立逼哀帝下诏,给自己再加尊号,必与太皇太后等贵同尊。哀帝十分为难,只好把事情提交三公九卿评议。丞相孔光、大司空师丹,卫尉高武侯傅喜都坚称不可。三人齐说道:"太皇太后乃孝元皇帝之后,先皇孝成皇帝之母,陛下的嫡亲祖母,历奉三代君王,地位尊崇,无人可比。皇上初登大位,应以宗社为重,示天下以大公无私,不可乱了礼法!"哀帝无奈,只好作罢。傅太后大发雷霆,亲自下诏给丞相、御史中丞说:"高武侯傅喜欺上瞒下,与大司空师丹结党背主,损害宗族,不忠不孝,应予罢黜,贬谪回家。"哀帝不敢违逆傅太后之意,只得照准。

　　丞相朱博、御史大夫赵玄顺承傅太后之意,又联名参奏王莽道:"新都侯王莽身当大司马之任,不明尊亲敬长之义,不思尽忠天子,有损陛下以孝治国尊亲之道,罪当斧锧之诛。因太皇太后之故,陛下天恩浩荡,法外施仁,不忍加诛。宜削封夺官,贬为庶民,遣送回籍。"哀帝把奏章留中不发。太皇太后王政君闻知此事,诏命王莽辞官归国,以避丁、傅之家及其党羽。王莽上书乞骸骨,归故里。哀帝顺水推舟,准其回封国新都。

　　王莽素有贤名。当王氏家族鼎盛之时,五侯及其子弟竞相炫示奢华,车马服饰宅第起居,冠绝长安,世人侧目。唯有王莽谦恭节俭,礼贤下士,克己守礼,谨身修德如常。当他继其伯、叔跻身权要,三十八岁担任大司马之后,其妻布裙短褐,形同婢仆,士人叹美。王莽遭贬离京之后,不少人为其鸣冤叫屈。谏大夫杨宣上奏折道:"孝成皇帝,深思社稷之重,嘉陛下至高至美之德,使陛下入继大统。圣心远虑,厚德深恩,无以复加。追思先帝之意,岂非望陛下代其奉养太皇太后乎!如今太皇太后年已七旬,屡经丧亡之道,不顾老来孤单凄凉,诏令亲属退引以避丁、傅之家,行人闻之莫不流涕,何况陛下乎!陛下登高远望,见孝成之陵,能无愧乎!"哀帝览奏动容,但又不忍拂傅太后之意,成命难以收回。他降旨封成都侯王商的次子王邑袭爵成都侯,以补歉疚。

王莽回到新都,闭门谢客,以求远祸。他的次子王获杀死家奴,王莽严加训斥,命其自杀。在封国三年中,吏民上书为其呼冤请命者,接连不断,数以百计。时逢贤良奉旨对策,周护、宋崇等当廷颂扬王莽功德,为其辩冤。哀帝大为感动,降旨速召王莽回京,以侍奉太皇太后。不久,哀帝驾崩,王莽重返政坛的时机到来了。

新春伊始,长安城春意料峭,未央宫钟声悠扬,汉平帝元始元年的第一次朝会正在举行。年逾七旬的太皇太后王政君和九岁刚过的小皇帝并坐在未央宫前殿的御座上,接受文武百官的朝贺。小皇帝身子单薄、瘦小,又幼有眼疾,初临大朝的局促不安,使他微微颤抖,情不自禁地依偎在太皇太后的身边。新制的冕旒过于重大,戴在小皇帝头上难免松动,不是前倾就是后仰。前后的九挂珍珠串搅和在一起,小皇帝急忙摇头,试图把它们分开,珍珠互相撞击,发出叮叮当当的响声。太皇太后皱了皱眉头,连忙帮小皇帝整理冠冕。如是一连三次,庄严肃静的大殿里立刻惊恐不安起来,朝臣们不禁左顾右盼,窃窃私语,不少人心中暗暗产生一种不祥的预感。

刚刚龙驭上宾的孝哀皇帝,登基后一直疾病缠身,百药用尽,修建庙宇七百余所,一年祭祀鬼神三万七千次,但最终还是撇下大汉的江山社稷撒手尘寰,满打满算做了五年皇帝而已。刚刚继位的小皇帝第一次临朝,皇冠就三次摇摇欲坠,岂非不祥之兆?

正当文武百官惊疑不定的时候，御前太监亮了亮沙哑的嗓子，传宣太皇太后和小皇帝的旨意："诸位臣工听了，有事早奏，无事退朝了！"

话音刚落，右将军甄丰出班奏道："昔者明王以孝治天下，我朝自高祖开基，历代君王莫不恪遵以孝治国之道。德教加于百姓，化育万邦四海。母以子贵，古今不变之理。代有成例，先王之母、祖母皆享荣封。已故中山王之母冯太后，抚育天子，德被当今。虽曾获罪于先帝孝哀，但功不可没。请太皇太后、皇上援历代成章，予以追封，以彰天子孝亲之义。"

太皇太后闻奏，不禁犹豫起来。丁、傅两家外戚专擅跋扈之患未息，若再追封冯氏，新的外戚势力必将崛起，岂非乱上加乱？正在迟疑未决之时，殿下又有人出班奏道："臣光禄大夫龚胜赞同右将军甄丰所奏，且另有奏请。"太皇太后缓过神来，随声说道："请讲。"龚胜奏道："昔日冯太后谋逆一事，诸多疑窦。中郎谒者张由素性癫狂，甫到中山而返，却道冯太后诅咒先帝及傅太后，显系为己脱罪，希恩梯荣，信口诬陷；谒者令史立秉承傅太后之意，凭张由一面之词，滥施刑罚，致令多人严刑之下，死于非命。然后构陷冯太后谋害孝哀，阻立中山王为帝。冯太后至死不肯招认，愤而服毒自杀。冯氏一门无辜株连被害者数十人，万死难赎其咎。张由、史立如今却安享高爵厚赏，天理难容。乞请太皇太后和皇上交廷尉重理此案，还冯太后及无辜受害者以清白，治张由、史立等人欺君乱国之罪。"

龚胜奏毕，尚书仆射唐林、司隶校尉孙宝立即出班奏道："臣附议龚大夫所请，究治张由、史立之罪！"此时御座上的小皇帝早已涕泗滂沱，不能自持。太皇太后连忙把他揽在怀里，扬声对群臣道："已故中山太后冯氏，乃孝元皇帝爱妃；曾以身挡熊罴之猛救护圣驾，深得孝元皇帝嘉许，为后宫敬重。且抚育当今天子，厥功甚伟。众卿所奏甚合哀家之意。着三公议定谥号，择吉追封。张由、史立罪在不赦，即日下廷尉狱，究治其罪。"

众臣叩头谢恩。司徒马宫奏道："冯太后冤死，罪在张由、史立。但归根结底源自傅、丁二后之意。欲正本清源，彻查旧案，必然事涉傅、丁二后及其家人。不知当如何处之？还请太皇太后及皇上示下。"

这确实是一件颇为棘手的事情。太皇太后不禁为难起来了。

王莽见状，出班奏道："法不阿贵，依律傅、丁二后难辞其咎。但二人均已亡故,仁者不为掘墓鞭尸之举。况义陵之土未干,究治二后之罪,恐使先君九泉难安。愚以为逝者已矣,过去的事情就不必再追究了,但孝成皇后、孝哀皇后罪恶通天,不可再坐享尊荣。不如废其封号,让其为孝成、孝哀守陵,以惩其祸国乱政之罪!"

百官闻王莽之言,莫不惊愕。不治傅、丁二后之罪,是给刚刚归葬义陵的孝哀皇帝面子;但为何又拉出孝成皇后赵飞燕、孝哀皇后傅氏作替罪羊呢?制造冯太后谋逆冤狱的主谋是傅太后;赵飞燕和傅氏充其量不过是与闻其事的帮凶罢了,何必小题大做?于是朝臣们又交头接耳窃窃私语起来。太皇太后大概是发现了朝臣们的疑惑,她自己也不知道王莽葫芦里卖的什么药,于是便略显倦意地说:"事涉宫闱旧事,一时半会儿也很难理清,孝哀皇帝刚刚安葬义陵,就贬黜其嫡母嫡妃,有伤先帝之明。这事儿以后再议吧。新年刚过应多点喜庆,添些祥和,免致天下臣民惊疑猜测。众卿早点散朝吧。"于是众人诺诺,百官各归府第。

平帝回到后宫,仍然暗自伤神。当年祖母冯太后一家惨遭横祸的阴云,仍然笼罩心头,难以消散,其父中山孝王刘兴,在他不满一岁时就薨逝了,母妃哀伤过度病体支离。幼小的刘箕子由祖母亲自抚养。刘箕子幼年患有眼疾,冯太后不断为他延医调治,祈求鬼神保佑,但都不大见效。无奈奏请哀帝,派御医诊治。

傅太后和冯太后都是汉元帝的妃子。后宫嫔妃争宠自古难免。当年同列,傅妃深沉,冯妃爽朗,各擅胜场,同得孝元皇帝宠爱。一时元帝偕众嫔妃到下林苑游玩,游至百兽园,一只黑熊受到惊吓,突然破柙而出。众妃嫔争相逃命,黑熊直扑元帝。危急时刻冯妃挺身向前,挡在黑熊前面,以身护卫元帝。幸亏管理百兽的宫监和侍卫及时赶到制服了黑熊,元帝才转危为安,而冯妃却受了伤。元帝嘉许冯妃忠义果勇,加以厚赏,从此冯妃宠冠后宫。但元帝是深沉庄重之人,他常常告诫冯妃矜持自重,不可恃宠张扬。因而挡熊护驾之事,很快就被人淡忘了。但心计深沉的傅妃,却愈加嫉妒冯妃。冯妃有了身孕,元帝高兴,当众妃之面随口吟出"维吉维萝,维熊维罴"的诗句来,他还对冯妃道:"爱妃以身挡熊,莫非生男之兆?"后来冯妃果然生下中山王刘兴。傅妃心中的妒意更浓烈了。后来元帝驾崩,成帝继位,傅、冯二妃各自跟随自己的儿子到封国去了,醋海风波才算止息。事过二十五年,成帝与文武大臣议立太子之时,中山王与定陶王成为竞争对手,傅太后埋在心中的妒火又燃烧起来。好则时间不长哀帝继位,傅太后终于如愿以偿,当上了"恭皇太后",成为大汉后宫的女主人,她对冯太后的敌意才算又暂告止息。

哀帝命御医、中谒者张由去给中山王刘箕子治疗眼疾,傅太后暗示张由察看中山太后在中山的生活情况。傅、冯二妃不睦,后宫早有传闻,张由自然心领神会。张由夙有癫狂之疾,长安到中山,千里颠簸,到了中山,他嫌冯太后招待不周,狂病发作,一怒之下离开中山,返回长安。哀帝得报,命人责问张由,欲治张由抗旨之罪。张由知道自己闯了大祸,疯病也好了,立即想到傅、冯二后之间的矛盾。他于是信口开河,编造谎言,说冯太后诅咒傅太后和哀帝,阴谋用魇镇之法害死哀帝,让中山王刘箕子登基。他见事情重大,不敢耽搁,所以急急忙忙赶回长安。这一招果然奏效。汉哀帝自登基以来,一直生病,百医无效,正在疑神疑鬼,加上傅太后对冯太后的怨恨由来已久,对张由的谎言自然深信不疑。哀帝于是命御史丁玄立赴中山察看。数十天后,丁玄回朝复命,报告中山王确有眼疾,张由所言并无实据。傅太后不肯罢休,又命中谒者令史立再赴中山查办,务得实情。史立深知傅太后之意,认为这是立功封侯获得大富大贵的绝好时机。他到了中山,立刻把冯太后的妹妹冯习、弟媳王君之及其家人全部抓了起来,严刑拷打,一连杖毙数十人,最后罗织成罪,报告说,冯太后及其亲属诅咒谋逆属实。傅太后下令,逮捕冯太后。冯太后拒不认罪,史立说:"听说当年你临危不惧,在恶熊扑到圣驾面前时,挺身而出,以身护主。今日为何如此怕死?"冯太后怒斥史立道:"挡熊救驾之事,本是先帝时旧事,你这等年轻的小官吏如何知道? 必是宫中有人指使。敢说是何人指使?"史立无言以对,冯太后又说:"这正是后宫有人设计陷害我和中山王的证据,我要入京面圣!"史立慌忙命人把冯太后押回牢中。当晚冯太后服毒身亡。史立草草结案,冯氏一家被株连而死者有十七人之多。张由因功被封为关内侯,史立擢升为太仆。

平帝正在伤神,王莽进宫来了。因为王莽与孔光、马宫、甄丰共同迎立平帝,位列四辅,进出宫门是常事,用不着通报传宣。王莽来到跟前,平帝慌忙起身相迎,眼角尚带泪痕。王莽叩头参拜,平帝俯身搀扶,泪珠滴落在王莽衣袖上。王莽顿首垂泣道:"陛下孝思感恪天地。为君分忧,乃臣下应尽之节;不能为陛下分忧,乃臣之罪。皇上放心,臣定当恳请太皇太后,为冯太后一家昭雪沉冤,使冯太后及中山孝王九泉瞑目。"平帝闻言竟然失声恸哭起来。王莽再三劝慰,平帝方才恢复了平静。王莽辞出,平帝依依不舍,一直送到金马门。

王莽到长信宫拜见太皇太后,再次请求废黜成帝的皇后赵飞燕和哀帝的皇后傅氏。太皇太后颇不高兴地说:"新君刚立,百事待举,何必非要置两个后宫未亡人于死地?"王莽叩头道:"百足之虫,死而不僵。傅、丁二后虽死,但其党羽仍然众多,盘根错节,动则牵动朝局。赵飞燕之弟光禄大夫、侍中赵钦与御史大夫赵玄皆傅氏爪牙;傅太后的堂弟傅商,官封汝昌侯;侄儿傅业官封阳亲侯;丁后之兄丁明官拜阳安侯、大司空、卫将军;侄儿丁满平周侯,丁望为左军,亲信朱博为御史大夫,个个身居要津,若不认真剪除,新君岂能安坐九重?太皇太后能在长信宫高枕无忧?以我王氏日渐衰微之势能够长保今日之富贵吗?臣愚昧,德鲜见浅,请太皇太后思之!"太皇太后若有所悟,皱了皱眉头道:"若剪除傅、丁两家党羽,必先废赵、傅二后乎?"王莽道:"治水必浚其源头,伐木必除其根本。傅、丁二太后死后,赵、傅二后即为其党徒的旌旗,遮风挡雨的大树。旗倒则兵败,树倒则猢狲散矣。有傅、赵二人在,其党徒罪恶不易彰显;若废黜二后,究治党羽之罪则师出有名,易如反掌耳。"太皇太后道:"既然如此,就照你说的办吧。"

次日,太皇太后与平帝降旨,废黜成帝皇后赵飞燕、哀帝皇后傅氏名号,贬为庶民,遣送到成帝和哀帝的陵园守墓。二人接旨后都自杀了。

二后既死,究治二人生前祸国乱政之罪,冯太后冤案昭雪,追赠尊号;张由、史立灭族;朱博、赵玄斩首弃市;丁望、丁满、傅商、傅业一个个被罢官削爵贬为平民遣送回家。煊赫一时的傅丁两家就此土崩瓦解了。

丞相孔光恐怕王莽穷追深究牵连到自己,上表谢罪,请辞骸骨,回归故里。王莽奏请太皇太后下旨挽留。太皇太后道:"清者自清,浊者自浊。当初傅、丁之族权势熏灼,先帝尚且容让,难禁其恶,况丞相乎?天子年幼,倚重太傅之处正多,卿无虑无疑尽心辅佐吧。"孔光于是安下心来,但凡事唯王莽马首是瞻,不敢越雷池半步。

平帝感谢王莽为冯氏满门报仇雪恨,自然依王莽为保衡。太皇太后也大为欢喜,内外事务都要和王莽商议。王莽深知欲要达己,必先达人,不断向太皇太后举荐士人,邀约民心。太皇太后年事已高,倦于政事。面对每日积案盈几的奏牍,她对王莽说:"巨君,你看这奏牍每日流水般送进宫来,案头堆积如山,仅凭你一人之力,如何处理得了,你要多选些品学端正,娴熟朝章典故的官吏,来做你的臂膀,供朝廷驱遣,这样才好。"王莽道:"臣每见太皇太后宵衣旰食,忧勤国事,心中不忍,暗自垂泪,我早有这个念头。只是未遇其人,不敢贸然举荐。近察中垒校尉刘歆,才干德行,异于众臣,正要向姑母举荐,不知当否?"太皇太后皱眉道:"这名字正和大行皇帝名讳相犯,朝堂之上怎么传宣差遣?"王莽连忙说道:"臣正要禀报太皇太后,还没来得及呢。此人本是大儒孝成皇帝时曾任光禄大夫的刘向之子;孝哀立为太子后就避讳改名刘秀了。"太皇太后道:"这就是了。说到刘向,我怎么会不知道? 先帝孝元在位之时,因参劾石显,还下过天牢,是宗室子弟中的大才子,著作有《说苑》《洪范五行论》。他既是刘向之子,学问自然是好的了。"王莽道:"姑母所说不差。刘秀幼承父教,家学渊源深厚。大行皇帝曾让他审核'五经',于是博览群书,学问更加渊博,现已编成《辑略》《六艺略》《诸子略》《诗赋略》《兵术略》《术数略》《方技略》,共有'七略',总计一万三千二百六十九卷。真是三教九流,无所不包。明日臣让人送进宫来,让您老人家指正。"太皇太后道:"我哪有闲工夫看那东西? 听你所说,刘秀自然是不可多得之才。就让他子承父业,也当光禄大夫吧,也好给你做个帮手。"王莽道:"臣替刘秀叩谢天恩了!"于是刘歆平步青云,成为王莽的智囊人物之一。

刘歆给王莽献策说:"司马公任伊尹、周公之重,但未有周公、霍光之尊荣,朝野皆为之惋惜、不平。下官以为不是您功德、威望不孚,而是未遇天时。若遇上天赐予的机会,自然有人仗义执言,为司马公奏请太皇太后和皇上,为公请荣封、加尊号,与伊尹、周公一样,名垂青史。"王莽道:"天时不可强求,总是我功德不足感动上苍之故,卿有何策?"刘歆道:"天时亦赖人为,下官愿为公筹之。"

新君登基,各地郡守接连进京朝贺。光禄勋奉命接待安排食宿。刘歆私馈益州太守以金帛,使益州太守依计行事。时逢早朝,益州太守奏报:"西南蛮夷越裳氏感慕大汉威德,特献白雉一只,黑雉两只。因语言不通,不敢冒渎太皇太后和皇上圣听,命臣代为贡奉。"朝臣们立刻兴奋起来,莫不认为是吉祥之兆。大司马王莽出班奏道:"新君初立,太皇太后临朝听政、天降祥瑞,乃我大汉兴盛之兆,应祭献宗庙,告慰孝元、孝成及列祖列宗。"太皇太后允准。众臣又交口赞誉王莽功德,孔光、甄丰、刘歆、马宫齐声说道:"王者德流四表,则白雉出现。昔者周公辅成王,则天降白雉。今者司马公王莽辅佐幼帝,功德堪比周公。周公生前已得封公爵,请封大司马为'安汉公',增其采邑户口,以顺天下臣民之望。"太皇太后沉吟片刻道:"这事情交公卿妥议,然后由尚书去办吧。"王莽叩头辞让道:"臣与孔光、王舜、甄丰、甄邯共同制定迎立当今皇上之策。但臣忝列戚谊,为皇室至亲,为宗社效力是应尽之责,不敢望格外之赏。请对其他四人论功行赏,把臣除外。"孔光、王舜、甄丰、甄邯四人齐说道:"我等微劳怎能与大司马相比? 大司马若不得应有之赏,我等万不敢领受封赏。"太皇太后道:"《尚书》云,'无偏无党,王道荡荡',王莽有安宗庙之功,不能因为是我的骨肉至亲,就埋没你的功劳。不要推辞了!"王莽又再三再四上书辞让,还称病不肯上朝。左右臣下有人对太皇太后说:"既然大司马不肯接受封赏,就不要勉强他改变志节了,只赏赐孔光、甄丰等四人吧!"王莽听到此消息,生怕弄巧成拙,连忙上朝来了。

二月二十八日,太皇太后下诏:"以太傅、博山侯孔光为太师;车骑将军、安阳侯王舜为太保,皆增加封邑万户。以左将军、光禄勋甄丰为少傅,加封广阳侯。以侍中、奉车都尉甄邯为少保,加封承阳侯。"四人皆谢恩,接受封赏。这四人然后率百官复请曰:"大司马王莽虽然谦冲克让,但朝廷宜循典章,早加封赏。以明大公无私,不忘元功,勿使百僚万民失望。"太皇太后又降诏曰:"以大司马、新都侯王莽为太傅,主管四辅事务,封'安汉公',增加采邑二万八千户。"王莽闻诏,诚惶诚恐,叩头谢恩,他说道:"谢太皇太后天高地厚之恩,领受太傅、安汉公之封。但请收回所增封邑户口。臣愿等到百姓家家富足,然后接受封赏。"群臣又替王莽吁请。太皇太后再次下诏道:"安汉公自己决意要等百姓家家富足之后,才接受增加采邑的赏赐,朕也不能不听从他的意见。不过到时候赏赐要增加一倍。等到黎庶百姓家家富足之时，大司徒、大司空再行奏报吧。"

王莽接旨，再三逊谢，又乘机奏请太皇太后和平帝道："宗室、百官乃社稷屏藩和根基，为保我大汉皇基千秋万代永固，宜多加褒奖和赏赐。请封已故东平王刘云之子刘开明袭爵东平王；立已故东平思王的孙子刘成都为中山王，以继中山孝王之嗣；封孝宣皇帝的曾孙刘信等人为列侯。太仆王恽等人迎立新君有功，请赐爵关内侯。所有王、侯无子者，请允准其孙或兄弟之子袭爵继承王、侯之位。皇族近支后裔因获罪先王而被开除宗籍者，恩准恢复爵位。二千石以上官员致仕归家的，可享原来薪俸的三分之一养老终生。黎庶百姓鳏寡者都应普沾皇恩，皆有所养。"对于王莽所请，太皇太后一概允准。于是，九州万邦朝野吏民没有不感恩戴德称颂王莽的仁义宽厚。

众文武见太皇太后春秋已高，倦于政事，窥知王莽欲独揽朝政，为得王莽好处，便纷纷上奏道："往者官吏循例升迁；各州郡刺史所举茂才擢拔录用，十分繁琐。此等小事不宜烦扰太皇太后贻养劳神。不如由其谒见安汉公，交安汉公全权处理。"太皇太后立即允准降旨道："从今以后，唯封爵之事向我奏报，其他事项悉交安汉公和四辅裁决处置。新任州牧、二千石以上官吏奏报事务，所举茂才的擢用，可直接到安汉公府听候垂询，由安汉公考核治绩，决定绌陟任用，面授施政事宜。"

于是，王莽的安汉公府更加热闹起来，日日车水马龙，王莽对来自各地的官吏一一垂询，关爱有加，示以恩惠，馈以厚礼，百般结纳。他对那些不肯奉迎，违拗旨意之人，则予以贬谪罢黜，其权力和坐在御座上的皇帝已经差不多了。

平帝崩

王莽虽然大权独揽，但他心知荣枯操诸太皇太后之手，仍千方百计取悦她。元始二年春，王莽暗中派使者前往南海黄支国，厚赠国王金帛，命黄支国王派使者到长安朝拜太皇太后，贡献犀牛。黄支国使者极称太皇太后的盛德美名。王莽奏道："黄支远在南海，距京三万里，其间千山万水。但太皇太后英名远播，黄支国自君王至臣民莫不敬仰，足见太皇太后德与天齐，与日月同辉。犀牛乃至坚至厚之物，预兆太皇太后福寿无疆。犀光至明，烛照万里，置诸水中，纤尘毕见，正似太皇太后神明睿智。此物实在是大吉大利之兆。"太皇太后闻言大喜，厚赏黄支使臣。

时过不久，匈奴单于遣使奉表来长安朝贺，使者奏报："大单于仰慕太皇太后恩德，幸得备列藩臣。闻大汉不得有'二名'，臣本名囊知牙斯，自今更名为'知'。孝元皇帝时，大汉公主王昭君和亲匈奴，生有一女名为须卜居次云，请遣归汉，侍奉太皇太后起居。"太皇太后更为高兴，传旨厚赏匈奴使者，封须卜居次云为"次云公主"，使之居长信宫。王莽向太皇太后祝贺道："孝武之年，国富兵强，频年征战，靡饷万万，匈奴不肯臣服，致使苏武滞留胡中十九年，头白适归。孝元时，为息边患，不得不遣使和亲。今仰仗太皇太后恩德，不费一兵一卒，单于慕化来归，遣次云公主入宫，真是有汉以来的空前盛事！"太后太皇开怀大笑道："此皆安汉公之力，我岂不知！有卿主持朝廷大局，我乐得在长信宫安享太平了！"

一日早朝,光禄大夫龚胜、太中大夫邴汉出班奏道:"去年赖太皇太后明察,安汉公力主公道,中山太后冤案得以昭雪,天下称颂。今新君登基已满一年。天子本生母卫姬及天子舅氏、女弟均未得荣封。依本朝律例,应及时封赏,以彰显皇家尊亲之义。"

太皇太后准奏。下朝之后,王莽独与太后商议道:"前孝哀继立,背恩忘义,不次封赏丁、傅两家,致使傅太后擅权乱政,几乎倾覆社稷。今皇上年幼,入承大统,为孝成皇帝之后,宜明宣一统之义,早戒小统乱大统,丁、傅乱政之祸。明前事之鉴,为后代效法。荣封则可,但不可令其至京师,干预朝政。"太皇太后依王莽所奏,命甄丰带玺绶前往中山,传宣太皇太后诏旨:"拜帝母卫姬为中山孝王后;赐帝舅卫宝、卫玄关内侯;赐帝女弟三人为封君,皆留居中山,不得至京师。"

卫姬接旨垂泣,请甄丰转奏太皇太后及安汉公,愿抚养皇上至弱冠,然后辞封回中山,永不还朝。太皇太后不准。卫姬思念平帝,终日哀泣,忧思成疾。平帝亦思念生母,终日郁郁不言,怨恨王莽之意渐渐萌生。

六月间,星陨巨鹿,郡守奏报朝廷。太皇太后与平帝临宣德殿召见群臣及贤良商议对策。太皇太后问道:"星陨巨鹿,百姓惊疑,京师多有流言。不知主何吉凶?众卿有何避凶趋吉之策?"光禄大夫刘歆奏道:"先秦大儒荀卿曾说,星坠木鸣、日月之蚀、怪星傥现,均为自然而然之事,不须骇怪。桀纣之时曾经有过,唐尧虞舜之世也曾有过。出现在治平之世是吉兆,而出现在战乱年代就是凶兆。如今天下赖太皇太后圣德,四夷归服,海内升平,星陨巨鹿,断非不祥之兆。请太皇太后宽心勿忧。"众臣也附和道:"刘大夫言之有理,请太皇太后早纾宸忧!"太皇太后闻奏,自然高兴,不觉面露喜色。正当此时,扶风功曹申屠刚出班奏道:"刘光禄之言,微臣不敢苟同。臣也记得荀子曾说:'物类之起,必有所始。肉腐生虫,鱼枯生蠹;怠慢忘身,灾祸乃作。星陨巨鹿,得无示惊之意乎?臣闻成王幼小,周公辅佐听政,广纳群下之言,权势均分下吏,恩宠遍及百官,政通人和,举措无纤微之失。然而,朝中近亲之人有召公不悦,远方四野流言不断。今圣主继位以来,至亲分离,外戚隔绝,恩义亲情,不得相通。且我大汉制度,朝廷虽任用英贤之臣,也依靠外戚姻亲之援。亲疏并用,相互制约,以免出现偏差。这实在是安宗庙重社稷的妥善之策。臣以为应尽快征召中山太后入京，置之别宫，令按时朝见天子，以全母子之情。同时召冯、卫二族中才堪使任者，执戟宫门，亲奉宿卫，以防祸乱于未然，上安社稷，下全保傅。伏乞太皇太后圣裁！"

王莽闻言大怒，不待太皇太后降旨，出班奏道："申屠刚微末小吏，无知妄说，离经叛道，违背大义。太皇太后方下明诏，荣封中山太后，使其留住中山。申屠刚却公然违背旨意，分明欺君罔上，包藏祸心，宜加诛戮，明正典刑！"光禄大夫龚胜、太中大夫邴汉等人连忙出班劝说："申屠刚蒙太皇太后垂询，陈述一己之见，不为欺君罔上。虽言语质直，并无违忤太皇太后之意。况星陨巨鹿，地近中山，星野分际，同在一域，所言不为无因，伏乞明察！"王莽道："新君初立，最忌结党营私。二位大夫莫非与申屠刚早有预谋乎？"平阿侯王仁素来刚直，见王莽言语如此咄咄逼人，忙说道："朝堂之上，各抒己见，本是司空见惯之事，不可妄加罪名，有失忠恕！"王莽欲待再言，太皇太后开口说道："今日朝议，本以星陨之事征询对策，言者无罪，闻者足戒。申屠刚浪言朝廷大政，不为无过。削职为民，罢归乡里。"龚胜、邴汉请求辞官以保全申屠刚。太皇太后见此，也不挽留，她说道："二位大夫年事已高，哀家不忍再以国事烦劳。既然请辞，哀家也不便勉强。请好自为之，进身修德，严守正道，以终高年吧。念卿二人为国效力多年，薪俸如常，不必为衣食担忧。"二人叩头谢恩，当日离京各回家乡去了。

王莽下朝回府，其子王宇劝王莽道："日中而昃，月盈则亏。我家赖太皇太后之福，贵显四代，古今鲜有。太皇太后春秋已高，皇上不数载便长大成人。归政天子是迟早之事。不如及早结好冯、卫之族，以为他日之援。当年霍光辅佐宣、昭二帝不为无功，后三年却遭灭族之祸。殷鉴不远，大人当熟思之！"王莽斥责道："为父历事三朝，典章故事什么不知道？还用你来提醒？为父早有良谋在胸，无须多虑！"王宇不敢多言，嗫嚅着说："什么良谋？今日阻止中山太后进京，皇上心中能无芥蒂？分明就是错着儿！"王莽大怒道："朝廷大事安用汝等小儿插嘴？还不快去读书！"王宇连忙怏怏去了。

王宇走后，王莽细想儿子的话，不无道理。平帝虽然年幼，但聪颖之状已现。汉昭帝十四岁就能独断上官桀诬告霍光之案，平帝之才不亚于昭帝。

三年之后,平帝也就到了昭帝的年龄,到时候乾纲独断,想要再把他玩弄于股掌之上就困难了。想要保证自己和家族的权势长久不衰,不得不效仿霍光:把自己的女儿嫁给平帝做皇后。如果此计得逞,也许便可高枕无忧了。

数日后早朝,王莽上奏道:"陛下继位已经三年,长秋宫主位尚虚,后宫妃嫔未充。此前国家之难,追本溯源,盖因皇统后继无人,后妃来路不正引起。请详察五经,制定聘娶皇后之礼,依照古代帝王娶十二位妃子的制度,以广皇统龙脉。请博采商、周两代天子,周公、孔孟大贤的后裔,及在长安的列侯之家的嫡亲女子,以备挑选。"太皇太后允准,着宗正府、光禄勋及司隶校尉衙署遵办。

时间不长,各有关衙门就把入选秀女名单送达宫中。王氏家族的女子多在备选之列。王宇对王莽说:"大人初献选秀之议,儿以为谋深见远。不意王氏族中竟有多女应选,亲疏与小妹相同。此岂非弄巧成拙,这该如何是好?"王莽道:"汝见何其浅也!果如此,众口悠悠,得不偿失也。汝勿多虑,我自有妙计。"次日,王莽上书道:"臣本无盛德丰功,女儿才质又属下等,不宜与天下秀女一同备选。望太后明察。"太皇太后以为王莽出于至诚,说道:"一家之中,有两代皇后并非家族之福,卿虑甚是。"皇太后于是降诏曰:"王氏之女,乃朕之娘家人,已沾天恩深厚。此次选后,就不必参与了。"

此诏一出,立刻引起了轰动。黎民百姓,太学诸生,部曹郎吏,守候宫门上书的每天有数千人。众多公卿大夫伏阙请求说:"安汉公功德无比,光照日月,应该立其女为后,为天下之母。为何偏偏把他的女儿排除在选立之外呢!果真如此,万民喁喁,还能指望何人!请立安汉公之女为后!"王莽见状,连忙派下属官吏分头去劝止请愿的公卿大臣和郎吏百姓。不劝还好,越劝请愿的人越多了。太皇太后无奈,只好听从公卿大臣们的意见,选立王莽的女儿为皇后。王莽谦让说:"既蒙臣民错爱,小女可以应选,但应广选众女。"公卿齐道:"再选其他女子,后宫就会出现两个主母,不利正统。"太皇太后道:"不必再争了,就依众卿所奏,立安汉公之女为皇后吧。"王莽的计谋终于得逞了。

虽然说皇太后下了诏旨,但相度、纳采、占卜、告庙等一系列程序还必须依旧进行。元始三年春,太皇太后遣长乐少府夏侯藩、宗正刘宏、尚书令平晏前往安汉公府送上采礼,相看王莽之女。回来之后,这三人向太皇太后报告:"安汉公之女,自幼受到良好教育,德、工、言、貌样样都是上上之选,宜承天命,母仪万邦,奉宗庙之祀。"太皇太后又降诏,命丞相孔光,司徒马宫,司空甄丰,左将军孙建,执金吾尹赏,太常、行太中大夫刘秀,戒斋沐浴,冠戴齐整,焚香祷告,同太卜、太史令共同占卜。卜卦已毕,众人共同奏称:"金、水相辅相成,父母和乐喜悦,帝后康强,子孙繁衍,实为大吉大利之兆"。太皇太后大喜,命以太牢告庙,祭祀列祖列宗。一切礼仪完毕,皇太后降旨:"依照汉家成例,纳后聘礼黄金二万斤,杂彩折钱两万万,择吉送安汉公府。"王莽上表坚辞道:"国家百事待兴,府库尚未充盈,朝廷宜戒奢尚俭。臣当以身率下,愿受钱六千三百万。"太后允准。王莽又从中分出四千三百万,赏给从嫁的十一家妃嫔以及王氏家族中的贫苦亲属。于是京城内外,百官吏民,没有不称颂王莽此举识大体仁德齐天。

元始四年二月丁未,平帝大婚。大司徒马宫、大司空甄丰、宗正刘宏、太中大夫刘歆带领全副迎娶皇后的仪仗卤薄到安汉公府,把王莽的女儿迎娶到未央宫,呈上皇后印信,祭告宗庙,平帝降诏大赦天下。然而,平帝的新婚并不快乐,小皇帝思念亲生母亲卫姬及家中亲人夜不得眠。小皇后把这种情形告诉了她的母亲和兄嫂,希望她们寻找机会劝说王莽,允许中山太后进京和平帝母子团聚。王莽夫人一向畏惧王莽,不敢进言。王宇则说道:"此事不仅关系到皇后的幸福,还关系到我们一家的荣辱。陛下终究会长大的,妹妹一旦失宠,前朝诸多长门后妃、失势外戚的命运便会落到我们头上。人无远虑,必有近忧,还是让我想想办法吧。"

王宇于是私自致书信给平帝的娘舅关内侯卫宝,让中山太后借上书谢恩之名,极言当年傅、丁二后迫害之状,痛陈与平帝母子二人身陷图圄,相依为命,度日如年之情,盛赞太皇太后及安汉公的恩德,婉言请求入京探望平帝。王莽先得到此封书信,知中山太后书信深意所在,禀太皇太后道:"中山太后上书谢恩其情可悯,但万不可准其进京。一旦准其进宫,复有何辞令其重返中山?群臣若再奏请为其正名位,上尊号,将何辞答复?若准群下之请,大统乱矣。依臣之见,莫如褒奖其美义,厚益其封邑,峻拒其来京朝谢,以绝后患。"太皇太后允准王莽所奏,降诏嘉奖中山孝王王后增益汤沐邑七千户,不必来京谢恩。

中山孝王王后日日啼泣,思念平帝,果然生病。卫宝不得不暗中致书王宇求援。王宇道:"人非草木,孰能无情? 一请不准,再请可也。言必哀,情必切。三请之后,太皇太后岂有不心生恻隐之理?"中山孝王王后依王宇所言,连上三章奏请,字字血泪。王莽将奏章扣下,投诸纸篓,一字不答。

王宇深悔指点教卫宝致书,心中愧对中山太后,也怨恨王莽太过绝情。他来到学馆闷闷不乐,妻兄吕宽与其同窗,郎舅彼此甚为相得,平日无话不谈。吕宽见王宇愁眉不展,遂问其故。王宇以实相告。吕宽道:"吾师当今名儒,望重士林,且与安汉公颇有交谊,何不请师尊相助,代为筹策?"王宇一拍脑门说:"当局者迷,若非兄长提起,我竟忘了这一现成的门路!"二人于是相偕去见老师吴章。

吴章为成哀间一代名儒,弟子千余人。王莽佯作礼贤下士,素与之有交情,曾两荐吴章入仕,但都被他谢绝了。听罢王宇说完事情首尾,吴章道:"知父莫若子。安汉公志在天下,身为其子,知尔父何其浅也! 安汉公惧卫氏入朝分其权,安肯听他人劝谏! 不要说为师无能为力,张仪、苏秦再世,郦生、陆贾复出,也是枉然。汝两后生,不要枉费心机了!"王宇黯然道:"为人谋而不忠,徒儿愧对卫宝及中山太后!"吕宽也说道:"师父学通古今,智谋超群,能无一言教我二人?"吴章想了想说:"凡人皆有所短。安汉公雄才大略,但好鬼神,往往为鬼神怪异之事所蔽。若能以鬼神怪异惊其心,乱其神志,为师相机进谏,或许能够说其准允卫氏所请,归政卫氏,以酬二子之愿。"王宇道:"子不语怪力乱神,此天道难测之事,人力难为。这要等到何年何月?"吕宽笑着说:"书呆子! 世上怪异之事有几件是真有其事? 多半是装神弄鬼有人刻意为之。你不必多管,交我去办好了!"吴章但笑不语。王宇如有所悟,两人告别师父走了。

吕宽回府,密令仆人到肆中屠宰猪狗之家,买来污血半桶。夜半命仆人将污血淋洒到安汉公府门首石狮之上。仆人正在淋洒之际,夜晚巡逻的更夫来了。仆人惊慌,将余血倾倒在安汉公府前,慌忙逃跑。更夫鸣锣报警,公府家丁四处追赶,很快把吕家仆人抓获,于是供出吕宽。王宇知道吕宽是为自己惹下大祸,连忙自首,把事情始末告知王莽。王莽闻听,勃然大怒,他逼王宇饮药而死。当时王宇之妻吕嫣怀孕临产在即,王莽下令,待其产后处死。吴章闻讯,面见王莽道:"虎毒且不食子,况人臣乎!而且公子、吕宽之过,皆因安汉公隔绝皇上母子而起。'五伦'之中,至亲莫过父子,儿子没有不为父母的祸福担忧的。安汉公身当周公之重,令公子忧惧安汉公身罹霍光之祸,日夜为安汉公筹思安身避祸良策,不为不孝。出此下策,实为万不得已。望安汉公体察公子一片苦心,以全骨肉之情;立召中山孝王王后进京,以全君臣之义。万不可穷究株连,罪及无辜!"王莽怒斥吴章道:"师当'五伦'之一,身为人师,教子不孝,教臣不忠,还敢哓哓置辩!王宇、吕宽勾结卫氏谋逆,盖由汝教唆指使。依汝之罪劓鼻、车裂犹不为过!真是枉负大儒之名!"王莽传令灭吕、卫之族,将吴章腰斩于市。

吴章弟子千人,王莽颇为忌惮。他下令:吴门弟子,实为"恶人党徒",理当禁锢,不得仕官。吴章众弟子纷纷更改姓名,转投他人门下。只有司徒掾张敞赴有司自首,称自己本为吴章弟子,请削职为庶民,为吴章收殓尸首,买棺安葬。长安吏民纷纷称赞张敞节义。司徒马宫,害怕张敞连累自己,他向王莽请罪,开脱撇清。王莽道:"区区张敞,微末小吏,无碍大局,不如放归乡里。可怕的是吴章、吕宽背后那些王公大臣,二千石以上官吏。敬武长公主,自恃为孝元皇帝之女,有太皇太后做靠山,素与傅、丁两家来往密切,近来又结交中山卫氏。红阳侯王立、平阿侯王仁虽为皇家至亲,每每非议朝政,力主征中山孝王太后入朝。吴章、吕宽之举,定与他们有关。不加惩戒,必为大患。"马宫会意,立即与甄丰等人商议,寻机参劾三人。

王莽层层追究吕宽之案,满朝文武谁也没有想到这桩不起眼的小案会引起如此巨大的风波。卫氏家族中卫宝、卫玄相继入狱,不可能不危及刚刚大婚的皇上,牵动朝局。红阳侯王立,是王莽父辈中硕果仅存的人,平阿侯王仁、敬武公主都是王莽至亲至近的人,他们于是联袂去见太皇太后,请求她制止王莽穷究吕宽一案。王莽见机会到来,与马宫、甄丰、甄邯等人交章齐上,参劾三人与卫氏结党,图谋不轨。太皇太后左右为难,索性对王莽说:

"我早就诏告天下,除去封爵大事,其他一概不再过问。手心手背都是肉,你看着去办吧。"这一下正中王莽下怀,他立刻假借太皇太后的名义,降下诏旨,命这三人均在家中自尽。

太皇太后正在长信宫中由内侍宫女们侍奉着赏花游乐,敬武公主府中的管家慌慌张张地前来报信儿,说公主仰药自尽了。毕竟是母女连心,太皇太后差点昏了过去,禁不住老泪纵横。她是性格刚毅、饱经沧桑的女人,绝不是一般的民间老夫人。短暂的锥心之痛过后,她立即宣召王莽来见。

王莽来到长信宫,长跪不起,一言不发,只是哀哀恸哭,涕泗滂沱。他这一哭,倒让王政君没了主意,过了良久,方才说道:"我不是来让你嚎丧的,哭有什么用? 这究竟是为了什么? 你要给我明白回奏。"王莽依旧是一副伤痛不能自禁的样子,他一边抹眼泪一边回奏道:"当初傅、丁两家专擅朝政之时,侄儿每见姑母受其凌辱,不得不忍气吞声之时,心如刀绞,肝肠欲断。姑母命侄儿避祸自保,辞官归家,侄儿食不甘味,夜不安席,日夜忧姑母安危,泪湿襟裳,血染枕衾。此情此景,侄儿至死难忘。自此臣指天发誓,今生今世,宁可粉身碎首,汤镬在前,斧钺加身,为保太皇太后尊严不受侵犯,一往无前。今日情势,卫氏一族,犹当年傅、丁之家;一旦入朝,数载之后,谁能制之! 臣之子不谅臣之苦衷,与卫氏联手,臣无奈诛之。长公主、红阳侯、平阿侯,皆臣之尊亲,不察臣之苦衷,臣依法惩之。不料三人皆自裁,陷臣于不仁、不慈、不孝、不义之地。臣还有何颜面立于朝堂,对天下臣民! 太后今日不治臣之罪,臣也无颜苟活!"说罢顿首出血,直往殿前廊柱上撞去。太皇太后慌忙命人劝止,拖住王莽。

太皇太后叹息道:"汝之心迹,哀家明白。但敬武公主毕竟是我的亲生女儿,明日我不能不临丧吊祭。"王莽奏道:"自古无父母吊祭儿女之礼。太后若临敬武之丧,公主九泉难安。况太皇太后驾临敬武长公主之府,臣不得不从驾,皇上、公卿也不得不往。朝野惊动,流言必起,卫氏之党必乘机妄生事端。请太后三思。"太皇太后知王莽不肯让自己前往吊祭,但也无可奈何,只能如此。她后悔起初把大权交给王莽,但已经太晚了。

王莽暗中命人察看百官吏民何人前往敬武公主府、红阳侯府、平阿侯府吊祭。百官害怕招惹是非,避之犹恐不及,三家府前车马冷落。梁王刘立刚刚袭封王爵,进京谢恩,得知敬武长公主亡故,不知就里。按皇家辈分,长公主是梁王的族姑,是太皇太后的亲生女儿,心想这正是攀结太皇太后的机缘,他于是便备了厚厚一份赙仪,登门吊祭。东昌侯王安,乃王商之子,与王立、王仁情为叔侄、堂兄堂弟,不能不来送丧。左将军辛庆忌,乃前朝虎将,声名素著,其子辛通为护羌校尉,辛遵为函谷都尉,辛茂为水衡都尉,其侄儿辛仁为南郡太守,勇力过人,且功在国家。辛氏与平阿侯王仁家世代交好,也来吊丧。王莽得到密报,以太皇太后的名义降旨,称刘立、王安、辛氏兄弟与卫氏结党乱政,把梁王刘立贬往南郑,把其他人处死。刘立途中自杀。受到株连的还有何武、鲍宣等官员。朝中文武百官,人人自危,噤若寒蝉。

太皇太后自敬武长公主如此死后,心情郁闷,饮食日减。王莽遍遣太后左右宫婢、太监,劝太皇太后道:"安汉公得知太后饮食渐减,日夜候问宫门,忧形于色。闻已数日不食。欲请太后车驾巡狩四郊,以娱其心。"太后久居深宫,也有出巡之意,遂驾幸京畿。王莽命人预召乡间孤寡贞妇及童稚小儿,设香案果酒伏俯道旁,舞拜称颂太皇太后恩德。太皇太后心情高兴起来,厚赏迎驾黎庶。等到太皇太后尽兴回宫,王莽又亲自迎候,侍奉饮食起居。不数日,太皇太后对王莽的嫌怨就又烟消云散了。

王舜、甄丰、甄邯、孙建、马宫等人又奏请太后道:"安汉公居周公之位,辅成王之主。不得已行管、蔡之诛,不以亲亲害尊尊,古今忠臣无与伦比。请以新息、召陵二县及新野黄邮聚之田增益安汉公采邑。依伊尹、周公之例,加安汉公宰衡封号,位上公。赐安汉公太夫人功显君封号。加封安汉公之子为侯。"太皇太后一一准其所奏。王莽辞谢道:"尽忠王事,是人臣本分,不敢受分外之赏。愿领受太夫人封号,辞去二子侯爵及新野、召陵之田。"太皇太后又是准奏而行。

数日之后,王舜、甄丰、甄邯等人又奏道:"天下闻安汉公不受千乘之土,辞万金之赏,莫不向化慕义。蜀郡男子路建等人,为田产争讼多年,惭怍罢讼,虽周文王却虞芮无以过之。请太后、皇上明诏褒奖。"太后推让道:"孝昭皇帝十四亲裁大政。皇上已经大婚,年已十四。哀家年逾七旬,宜息肩归政了。还是请皇上降旨吧。"奏章交付平帝。平帝曰:"一如公卿所请,着尚书拟旨褒奖。"

元始五年夏四月,朝野吏民因为王莽不接受新野、召陵封地,上书为王莽请封,计有四十八万七千五百多人。诸侯王公宗室列侯皆叩头宫门,请为王莽加"九锡"。王莽上书辞让道:"臣民所上奏章,请搁置勿议。使臣能静下心来,完成礼乐制度的制定。国家大事完成,愿辞骸骨回归乡里,为贤者让位。"甄丰、甄邯等人又连连奏请道:"谦约退让乃安汉公之常节,朝廷之赏不可因此而减。宜早加'九锡'而酬忠臣,以安天下臣民之心。"

平帝虽然年少,但对王莽及其亲信同党一唱一和的丑陋表演看得十分透彻。加上对王莽衔怨已深,接到甄丰、甄邯、王舜、马宫等人请为王莽加"九锡"的奏章,一上再上,他不由心烦道:"百死莫恕,况'九死'乎!准汝等所奏,不要再啰嗦了!"原来"赐"和"死"音近,小皇帝借此发泄胸中的强烈不满。事情传到王莽的耳朵里,他知道平帝痛恨自己已到极点,篡弒之心遂暗暗萌生挥之不去。

所谓"九锡",就是皇帝为表彰大臣的特大功勋,赏赐给臣下九种礼物,以示特别尊崇。这是封建时代皇帝对大臣的最高褒奖和待遇。具体说来,这九种礼物是:绿韨衮冕衣裳、场瑵场珌、句履、鸾路乘马、龙旗九旒、皮弁素织、戎路乘马、彤弓矢、卢弓矢、左建朱钺,右建金戚,甲胄一具,圭瓒、九命青玉珪各二,朱户纳陛。也就是绿色敝膝和龙冠礼服,用金玉装饰的佩刀,鞋头卷起的朝靴,有铃铛的大车和骏马,九条丝绦的大龙旗,皮帽子和细褶白布衫,红色、黑色的弓和箭,左边的红色钺斧,右边的金饰戚斧,铠甲头盔一套,美酒二卣、玉勺两只、九级青玉珪两枚。尤嫌不足,"另,署宗官、祝官、卜官、史官,虎贲三百人,家令丞各一人,宗、祝、卜、史官皆置啬夫,佐安汉公。在中府外第,虎贲为门卫,当出入者傅籍。自四辅、三公有事府第,皆用传。以楚王邸为安汉公第,大缮治,通周卫。祖祢庙及寝皆为朱户纳陛。"王莽都一一叩头领受了。"九锡"成为权臣篡位的先声。

皇后长平帝两岁,洞悉王莽和平帝之间的嫌隙。她为了保护平帝,故意漏出口风,说自己有了怀孕的征兆。王莽心中一则以喜,一则以忧。喜的是女儿有了身孕,在宫中地位稳固;将来有了皇子,继承皇位,自己和家族的荣华富贵将长盛不衰。担忧的是,平帝一天天长大成人,和自己嫌隙日深,有了皇子,大臣们观风转舵,定会背离自己,投向平帝;等到平帝羽翼丰满,自己的末日就不远了。想到这里,他暗暗不寒而栗。

担忧归担忧,但表面文章还是要做足的。光禄大夫刘歆奏道:"喜闻皇后有了身孕,这是社稷之喜。宜打通子午道,祈求皇后早降龙子。"平帝准奏。王莽于是下令广征民夫兴工打通子午道。古人以北方为子,南方为午。"子午道"也就是南北大通道。王莽所修的子午道,从杜陵县穿过终南山,直通汉中。

数月之后,工程完毕。百官纷纷上表祝贺。泉陵侯刘庆上书说:"周成王年龄幼小,由周公居位摄政。当今圣上年龄还轻,应该让安汉公代行天子职权,仿周公做事。"群臣附和说:"泉陵侯所言甚是。"平帝愤然道:"孝昭皇帝当年十二岁亲裁大政,以霍光之能,毕恭毕敬,尽心辅佐。燕王刘旦、左将军上官桀狼狈为奸,难逃欺罔之罪。泉陵侯想效法燕王刘旦吗?安汉公修通子午道,功不可没。朕惜乎太短,若能直通中山,使朕母子相见,岂不更好?庶民养子防老,天家养子何用?即令子午道果然灵验,又当如何?"众臣闻言惶恐失色,不敢多言。平帝拂衣起座回宫。王莽知平帝心意难回,遂不再曲意侍奉,加快了篡夺步伐。

到了腊月,皇后仍无怀孕之兆。平帝益加不悦,他以为是皇后与王莽联手欺骗自己,对皇后渐渐冷落。王莽对平帝完全失望。腊日,宫中祭祀天地众神,祭毕有饮椒酒之俗。王莽在椒酒之中下毒,平帝饮后腹中疼痛,昏倒在御座上。王莽急命人传宣太医诊治,太医明知平帝中毒,却不敢声张。王莽佯作忧急万状之态,亲手写下求告神灵的策文,到泰畤祭祀,宣言愿以自己的性命换取平帝平安。祷告完毕,他把策文藏到金匣子中,还装腔作势告诫各位大臣,不要对外人多讲。

当晚,汉平帝驾崩于未央宫中。王莽佯作不胜哀恸状,命六百石以上官吏皆为汉平帝服孝三年,然后将之隆礼安葬康陵。

新莽篡汉

汉哀帝驾崩五年之后,未央宫中丧钟再次敲响。在低沉的哀乐声里,太皇太后王政君与安汉公王莽在宣德殿召见群臣,再次商议为大行皇帝立嗣之事。当时汉元帝的后嗣已绝,只有从汉宣帝的曾孙辈中挑选继承人。宗正刘宏奏报:"孝宣皇帝曾孙现有五十三人,王爵者五人,侯爵者四十八人。生辰八字,具在玉牒,德能优劳,皆在簿籍。现呈送太皇太后、安汉公详察。"太皇太后道:"交给各位公卿大臣都看看吧,选最佳者立之。"王莽道:"兄弟不能相互为嗣,大行皇帝为宣帝曾孙,只能往下再查一代,从宣弟玄孙中挑选了。"孔光、王舜、甄丰、马宫等人深知王莽不愿从成年人中挑选,纷纷附和道:"安汉公所虑甚是,哀、平两帝本是兄弟,虽同为孝成继嗣,相继驾崩,不得永年。兄弟相承不利家国社稷,应从宣庙玄孙辈中选当嗣者立之。"

这确实让百官为难起来。因为宣帝玄孙一代的档案册籍尚未交到宗正衙署。太皇太后无奈地说道:"旨交各郡县封国,把宣庙玄孙玉牒册籍从速报交宗正府。立嗣之事以后再议吧。"

太傅孔光、司徒甄丰、太保王舜又几乎是异口同声地奏道:"国不可一日无君。在新君未立之时,请暂由安汉公摄理朝政。"太皇太后尚未开口,前辉光太守谢嚣、武功令孟通都出班奏道:"孔太傅、甄司徒、王太保所请上应天命,下合民意。不久前,辉光郡武功县百姓挖井,得一白色巨石,上圆下方,上有丹书,共八字,臣不敢妄奏。"太皇太后有点不耐烦地说:"已经说了,半吐半咽的还有什么不敢讲的？但说无妨，恕尔等无罪。"谢嚣、孟通接着说道："八个字曰：'告安汉公莽为皇帝'。"太皇太后闻听此言，勃然大怒道："诬罔之极！分明阿谀奉迎，希恩梯荣，推出午门斩了！"王莽连忙跪倒叩头道："臣实不知内情，太后明察！"孔光、王舜、甄丰、马宫齐奏道："谢嚣、孟通二人所奏，确实不虚。况且太皇太后已恕其罪。当此大丧之时，还望格外施恩，饶其不死！"太皇太后愤然说道："逐出宫门，永不录用！哀家今日已经倦极，众卿散了吧！"

太皇太后刚刚回到长信宫，王舜随后而至。待他被宣入，参拜礼毕，太皇太后道："尔平日忠厚，今日为何和众人一道，变着戏法欺骗我？据实禀报，白石丹书之事是不是安汉公授意编造？"王舜连连叩头道："事已如此，已属无可奈何。阻之力不能止，徒令嫌隙加深。不如顺水推舟，做个人情。况安汉公非敢有其他妄念，只不过想居摄以重其权，镇服天下。若能保社稷以安天下，又有何不可？"太皇太后心知不以为可，然自知力不能制，不能左右，便黯然道："哀家历事四代皇帝，什么事情还看不透？刘氏对我王家恩德天高地厚。安汉公若有非分之念，天地神灵不容！"

次日，太皇太后下诏："孝平皇帝短命而崩，已使有司征孝宣皇帝玄孙二十三人，差度最相宜者，嗣孝平皇帝之后。诸皇玄孙在襁褓之中，非至德君子，无以安之。安汉公王莽，辅政三世，与周公异世同符，今前辉光臣谢嚣、武功令孟通献丹石之符，哀家深思厥意，乃命王莽摄行皇帝之事也。特诏令安汉公居摄践祚，如周公故事，以安社稷。"

三日之后，群臣上奏："太皇太后圣德昭然，上合天意，下顺民情，诏命安汉公居摄。臣等请安汉公践祚。服天子韨冕，南面朝群臣听政事；车服出警入跸；民臣称臣，皆如天子之礼仪。郊祀天地，宗祀明堂，共祀宗庙，享祭群神。赞礼称'假皇帝'，臣民称'摄皇帝'，自称'子'，不称'朕'，平决朝廷事务。发布诏令，以皇帝名义称制，以奉皇天之心。辅翼汉室，保护孝平皇帝之幼嗣，遂寄托之义，隆治平之化。朝见太皇太后及帝皇后皆依照大臣礼节。"太皇太后照准施行。

三月己丑，立汉宣帝玄孙刘婴为平帝太子，号曰"孺子婴"，他本为广戚侯刘显之子，年方二岁。据王莽说，其生辰八字，命相最为吉利。于是诏告天下，命天下郡国宗室王侯，皆来京师庆贺，贡献礼物金帛，助祭明堂。王莽想通过这件事来观察宗室王侯的态度。

四月间各地的王侯们陆续来到京师，纷纷献上贡品和金帛到明堂朝拜，然后到宗庙祭祀。刚刚十六岁的皇太后，抱着两岁的皇太子刘婴，露了个面，就匆匆回宫去了。王莽服天子袚冕，坐御座旁边面南接受诸侯王和公卿大臣的朝拜。诸事礼毕，他宣诏曰："孝平皇帝不幸驾崩，本公受太皇太后和众公卿之托，不得已居摄理政。望各位王侯以社稷为重，悉心辅佐，保皇太子长大亲政。今特封王舜为太子太傅、左辅；甄丰为太阿、右拂；甄邯为太保、后承。另置四少，秩皆两千石。"这三人卧倒跪拜，齐口称道："皆遵摄皇帝之命，敢不尽心竭力！"

紧接着，又有大臣进奏道："为辅佐幼主及处理政务之便，请摄皇帝移驾宫中。起居宫殿改称摄宫，接受朝拜之所改称摄殿。安汉公府邸，改称摄'皇宫'。"王莽还有点不太耐烦地说道："依卿等所奏，改就改吧！"

众王侯祭罢明堂，各回封国。南阳有两家诸侯结伴同行，分别是春陵侯刘敞与安众侯刘崇。刘敞乃景帝七世玄孙，长沙定王刘发之后。定王少子刘买，分封为春陵侯。春陵本在广西，三传至春陵考侯刘仁，因为南方地势卑湿，请求削减封地面积内迁。成帝允准，迁往南阳白水乡，仍然沿用春陵封号。刘仁死后，其子刘敞袭封侯位。安众侯刘崇与其同宗，且封国毗邻，时相往来。刘崇在宗室中的辈分，低刘敞两代，且年龄比刘敞小十余岁，故称刘敞为叔祖公。出了京师，刘崇对刘敞说："叔祖公，依你之见，安汉公为人如何？"刘敞为人宽厚、谨小慎微，他思忖片刻之后说道："你我久在南阳，京师之事知之甚少，与安汉公向无往来。朝野盛传安汉公谦恭礼让，敬贤下士，不爱万金之赏，坚辞千乘封邑。这不是明摆着的忠臣良辅吗？不然，太皇太后怎么会把孺子托付给他，让他居摄听政呢？"刘崇冷笑道："《老子》云'大直若曲，大巧若拙。大音希声，大象无形'。我要说，大奸似忠，大伪若真，大恶若贤。安汉公正是这样的人。"刘敞大惊失色道："安众何出此言？旷野之中，所幸只有你我二人，若传诸他人之口，这还了得？"刘崇大笑道："叔祖公也太胆小了！君子之心难度小人之腹。叔祖莫要被浮言蒙蔽了视听。京中传闻,先帝腊日饮了椒酒中毒暴死,此事颇为蹊跷。先帝生母中山太后,五年不得进京面见天子,母子分离,能无怨乎!天子亲近之人,屠戮殆尽,其情可悯,其罪可疑。国赖长君,孝宣之后长者,贤者海内岂无一人,为何偏偏选立了一个两岁的婴儿为太子?凡此种种,安汉公居心叵测。观其明堂祭祀,殊无悲戚忧伤之色,发号施令,难掩得意之形。试想:皇后年方十六,身后绝嗣;身为国丈,帝统悬于一线,谁能不忧心忡忡?不忧反喜,有悖人之常情。由是观之,安汉公必危及我大汉社稷,将来篡汉者必其人也!"

刘敞惊呆了,半晌无言。刘崇慨然道:"大汉二百余年基业,将毁于王莽之手。高祖子孙数百,竟无一人挺身而出,个个噤若寒蝉。刘崇深以为耻!不能铲除国贼,匡扶社稷,真是枉为宗室子弟!"

刘敞说:"听汝所言,我如醉方醒。但以你我之力,螳臂挡车,何济于事?"刘崇道:"楚虽三户,亡秦必楚。你我楚之后人也。当年高帝,起于一亭长,岂有千军万马乎?得道多助,失道寡助。我率宗族为天下先,海内必然云合响应,何愁大事不成?"刘敞深以为然,二人约定,回到封地之后,动员子弟,联络宗室,伺机起兵讨莽。

刘崇回到安众侯府,立即召集安众相张绍等亲信前来商议。刘崇把王莽擅权情形及毒杀平帝的传闻一一讲述后说道:"安汉公篡汉之心昭然若揭,大汉社稷危在旦夕。身为刘氏子弟,我不能坐视不管。诸位若肯助我一臂之力,刘崇感谢不尽。功成之后,有福共享。千金之赏,万户之封,在所不惜。若瞻顾妻子,也是情理中之事,请为我秘之!"张绍等人慨然说:"普天之下莫非王土,率土之滨莫非王民。我等哪个不是大汉子民!况平日侯爷待我等恩深义厚,妻子老小莫不赖侯爷养育生成。侯爷之事,即我等之事。为侯爷效命,万死不辞!"刘崇奋然而起说:"蒙诸位高义,刘崇代汉家列祖列宗感谢大家!宗室王者数十,侯者数百,弟子数千,不满王莽专擅者甚多,只是无人率先举义罢了!大家不必担心我等势力单薄,举事之后,响应者必然风起云涌。建不世之功在此一举!"众人齐声道:"唯侯爷之命是从!"大家于是歃血为盟,分头准备。

张绍的从弟张竦,字伯松,自太学归来。他自恃才学,求张绍在安众侯府谋职安排。安众地域狭窄，户口有限，薪俸和长安相比，不可同日而语。张竦常抱怀才不遇之憾。张竦的妻子乃刘崇之兄刘嘉之女。刘嘉因为庶出，虽然居长，却未能袭封侯爵，心里忌妒刘崇。张竦夫妻与张绍居处毗邻，每见张绍宅第华美，门前车骑不断，心中羡慕，隐隐有觊觎之意。刘崇生性豪爽，胸无城府，向来不把刘嘉、张竦当作外人。如此机密之事，他对二人也毫不提防。

张竦与刘嘉密谋说："安众弹丸小国，妄想举兵讨莽，与安汉公为敌。明摆着是螳臂挡车、以卵击石。这可是祸灭九族的事情。同是高祖苗裔，名为兄弟，嫡庶一字之差，命运判若云泥。刘崇袭了侯爵，荣华富贵，风光占尽，到头来自己却要陪着掉脑袋，岂不冤枉！"张竦献计道："事情尚未到山穷水尽的地步。岳翁若肯依小婿之见，便可峰回路转，因祸得福。"刘嘉道："兄弟血肉相连，祸福相依，岂能免祸？"张竦道："岳翁若肯割舍兄弟亲情，立即到太守衙门首告刘崇、张绍，弥天大祸便可转为无穷富贵，说不定还能换来封侯之赏。"刘嘉迟疑道："这样岂不乖悖伦常，落千秋骂名？"张竦道："这就需要岳翁仔细权衡了。是杀身之祸，妻子儿女生死重要，还是云烟虚名重要，大人孰思之！"刘嘉思索片刻后顿足道："大行不顾细谨，生死攸关之际，还顾什么浮名！高祖当年太公生死、吕后安危尚可不顾，我还计较什么兄弟情分！"他当即决定亲往太守衙门出首刘崇。

刘敞回到舂陵，召集族中兄弟，商议和刘崇联合举事讨莽大计。众人皆曰："不可。安汉公居摄，上有太皇太后诏命，下有王公大臣拥戴，所立者乃宣帝玄孙，名正言顺。道听途说之言，不足为信。况安众舂陵之民千余户，何以对抗举国之众？不如坐观天变，再定行止。"刘敞素无主见，听了众兄弟之言，他又犹豫起来。正当此时，族弟刘良从宛城赶来，慌慌张张来见他。

刘良在太守衙门作掾吏，甚得太守信任。他得知刘嘉首告安众侯刘崇谋反消息后大吃一惊。他知道刘崇与刘敞素有交往，前不久同往京师朝贺，祭祀明堂。刘良怕事情牵涉到刘敞，况且谋反是祸灭九族的大罪，覆巢之下没有完卵，自己不能不管。他于是匆忙赶回舂陵向刘敞报信。

刘敞不敢怠慢，急忙命人前赴安众报信，向刘崇通风，早作准备。

刘崇得知机密泄漏，忙与张绍商议。张绍道："事已至此，开弓没有回头箭。与其坐以待毙,不如提前举事。宛城距京师数千里,正值国丧期间,朝局不稳,调兵遣将,尚须多日。宛城驻军有限,猝不及防。此时举事或许能够一举而破宛城。"刘崇说道:"国相所言,正合我意。宛城乃一方重镇,若得宛城,何愁大事不成!"他们于是草草集结门客子弟数百,前来攻打宛城。

刘崇太过草率了。不管怎么说,宛城是当时天下五大都会之一,郡中守城之兵,衙门巡徼士卒,七拼八凑不下两千之众。何况郡守已经得到刘嘉举报,又从各县调集捕快衙役数百协同防守。刘崇的数百乌合之众很快就被打散了。刘崇、张绍逃回安众,刘嘉、张竦闭门不纳。郡中兵马追来,轻而易举,便把二人擒获归案。

王莽传旨,把刘崇、张绍等人就地斩首示众,尽诛其妻子。刘嘉、张竦自己到宫门请罪。王莽为邀约民心,赦免二人之罪。刘嘉、张竦感恩戴德。张竦极尽吹拍奉迎之能,以刘嘉的名义写了一封谢恩奏章,盛称王莽美德,痛诋刘崇罪恶。他还请求带领宗室子弟荷锸担筐,回到南阳,焚毁刘崇宫室,把安众侯宗社拆除,封地瓜分。王莽大悦,封刘嘉为率礼侯,其子七人赐爵关内侯,封张竦为淑德侯。京师长安就此流行起两句歌谣:"欲求封,去请张伯松;力战斗,不如巧为奏。"这二人之恶名远扬矣。

刘崇讨莽被害的消息传到东郡,太守翟义心中不平。他秘与外甥上蔡人陈丰说:"安汉公王莽摄天子之位,号令天下。他特意挑选宗室中幼稚者为先帝太子,假托周公辅成王的名义,大权独揽。我看不出数载必代汉篡窃,端倪已经现矣。方今大汉宗室衰弱,外无强藩,天下人只能俯首听王莽之命,莫敢挺身而出捍卫国家之难。吾为宰相之子,身守太郡,父子两代受汉厚恩,义当讨贼,以安社稷。欲举兵西向,诛除汉贼,选宗室子孙中贤德者辅而立之。假若上苍不肯佑助,时命不济,为国而死,家毁名灭,或可无愧于先皇,汝肯从我乎?"陈丰年方十八,勇猛而有武略,他慨然道:"唯舅父之命是从,赴汤蹈火再所不辞!"

翟义是成帝时丞相翟方进之子。当时翟方进颇得成帝信重。因为天象有异常变化,火星停留在心宿之旁。有人建议,若那位大臣献身而死,可以免除皇帝和国家的灾难。翟方进就自杀了。成帝亲自多次前去吊唁,礼仪之隆,赏赐之多,无与伦比。翟义当时尚小,哀帝、平帝时,对翟义及其家族特别优厚,翟义对汉家自然无比忠诚。

翟义说道:"孤树不成林。且举大计必得宗室之助方能成功。请都尉刘宇、严乡侯刘信、武平侯刘璜前来商议,若能得三人之助,岂不更好?"他让陈丰持帖去请三人前来商讨。

三人应约而来,一拍即合。汉制,每年秋九月,各郡举行"材官都试",颇像唐宋以降的武科科举考试。届时郡中习武之人都来比试,京中也派钦差前来观考。众人商定,到了开考之日,斩杀钦差,宣布王莽篡窃大罪,号召天下举子,许以将佐之任,募集青壮,举兵起事。当时刘信之子刘匡刚刚袭封为东平王,府中有兵数百,合兵一处,占据东郡,易如反掌。计议已定,歃血为盟,众人议定立刘信为天子,翟义自称大司马、柱天大将军。

到了九月,材官都试如期开考。翟义、刘宇、刘信等人依计行动,传檄天下:"贼臣王莽,腊祭之日,进毒酒鸩杀孝平皇帝,欺罔天下,摄天子之位,欲绝汉室。今天子已立,共行天讨。各郡国宜闻檄而动,以迎王师,早诛逆贼,安定社稷。"一时天下震动,翟义兵至山阳时,人马已达十余万。

王莽得报,惶惧万状,食难下咽。太皇太后说道:"天下人心相同。我虽然是一妇道人家,也知道王莽必然恐惧不安了!"甄丰、刘歆、孙建等人进言:"摄皇帝至德素著,深得臣民拥戴,宜速命将出征讨逆。同时,派人分赴四方郡县宣示恩义,务使天下咸知摄皇对汉室忠心不贰,待孺子长大,一定归政,决不食言。威德并用,天下自安。"

王莽依言而行。他任命成武侯孙建为奋武将军,成都侯王邑为虎牙将军,明义侯王骏为强弩将军,成门校尉王况为震威将军,忠孝侯刘宏为奋冲将军,建威侯王昌为中坚将军,震羌侯窦况为奋威将军。兵分七路向东郡进发,以迎战翟义大军。

京城长安四周,听到翟义起兵的消息,烽烟四起。从茂陵到汧县二十三县盗贼并发,纷乱如麻。槐时里男子赵朋、霍鸿等自称将军攻掠城邑,焚烧官府衙门,斩杀右辅都尉及邰县县令,京师震恐。赵朋、霍鸿等人商议说:"七军齐出,精兵强将全部东征,京师必然空虚。我们何不趁机攻打长安!"众人齐声应和。顿然间,乱兵十万,烟尘滚滚,杀向长安。到了夜晚,火光冲天，映红了未央宫前殿。王莽焦头烂额急忙调兵遣将，加强防守。他命卫尉王级为虎贲将军、大鸿胪阎迁为折冲将军，以迎击赵朋、霍鸿。他又急命王恽、王晏等人把守京都四门及京畿要塞。

甄邯、刘歆等人向王莽进言："当此人心惶惶之时，最要紧的是安定人心，以防变生肘腋，祸起于内。"王莽称是，于是命甄邯为大将军，在高帝庙前亲授斧钺、剑印，由其指挥各路人马；命王舜、甄丰带领禁军，在宫中巡逻，昼夜不停。待一切安排停当，他亲自抱负孺子，筑坛祭天。他每日抱孺子到宗庙祷告，当着文武百官宣称："从前成王年幼，周公辅成王代理国政，管叔、蔡叔挟持禄父叛乱，今翟义亦挟刘信造反。连周公这样的大圣大贤都畏惧这种灾祸，何况我这等微不足道的人！我对大汉的忠心，天地神灵共知，待孺子成人，我立即还政归隐。请诸卿作证！"百官齐声道："不经此大难，怎显摄皇圣德。臣等当尽心竭力追随摄皇，共渡难关！"当日王莽亲自撰写《大诰》宣示朝野："自闻翟义东郡造反，宗室俊杰四百人，百姓贤者九万余，争欲献身报国。予将依靠此辈俊贤保卫皇嗣，建立功业。"

正当京师慌恐之时，东方却传来捷音。原来在关键时刻，王莽的宣传攻势奏效了。大夫桓谭等各路使节把王莽发誓忠于汉室，将来一定归政孺子的意思，传达到了各个郡县。那些接到翟义檄文，心中游疑，正准备响应翟义的人，风向立即转变。于是，翟义、刘信的讨莽势力顿然被孤立了。

王莽的七支讨伐大军与翟义的讨莽部队相遇在陈留郡蕃县。翟义虽有十万人马，但以东郡一郡之力，与王莽的七路大军相抗，难免力量悬殊。翟义知道敌众我寡，利在速战。他于是命陈丰、刘璜轮番猛攻。但莽军前锋统帅奋武将军孙建却深沟高垒，避其锋锐，不与交战。数日之后，翟义大军粮草将尽，派到各郡征粮求援的人也都空手而还。那些原来打算援助讨莽的人，大都改变了主意，拒绝支援粮草。营中无粮，军心动荡。孙建见时机成熟，发动全线出击。翟义大军一触立溃。孙建先锋车骑督尉孙贤等人率先攻入翟义阵中，斩杀刘璜。翟义、刘信弃军而逃。陈丰断后，保翟义、刘信退守圉城。孙建等大获全胜，立刻向王莽告捷。

王莽闻捷大喜，立即降旨封孙贤等五十五人为列侯，重赏有功将士，然后犒赏三军。莽军声威大振，乘胜包抄圉城。圉城粮尽，翟义、刘信弃城逃往固始。翟义被俘,刘信不知逃往何处。诸将欲献俘京师。王莽害怕夜长梦多途中发生变故,传旨将翟义碎尸于淮阳国境内的陈县,暴尸闹市。

次年春,孙建、王邑等人班师还京,与王级等人合兵一处,攻击赵朋、霍鸿。惊闻翟义兵败,赵朋、霍鸿等早已军心涣散,很快就被莽军打败。京畿各县再归平定。

王莽大喜,置酒于白虎殿,犒赏得胜还朝的各路将帅。他命司威将军陈崇呈报立功将佐名单,论功行赏,按照周朝制度,爵分五等,封公、侯、伯、子、男凡三百九十五人。诏曰:"以上诸臣,皆以奋威东指西击,反虏逆贼,不得旋踵,应时殄灭,天下威服,以功封赏。"此外,论功当赐爵关内侯者还有数百人,皆更名曰"附城"。众臣进奏:"赏以酬功,罪以罚过。赏罚分明,方显朝廷威德。翟义虽已伏诛,但罪恶滔天,其亲族不宜宽免。"王莽又传令,发掘汝南翟义祖坟,把其父翟方进及先祖的棺椁灵柩一并焚烧,诛灭三族。翟家众人尸骨埋在一个大坑里,覆以荆棘五毒。王莽又传令把翟义、赵朋、霍鸿及其同党的尸体分别集中在濮阳、无盐、圉城、槐里、周至五处,竖起硕大牌子,上书"反虏逆贼鲸鲵"六字,以警戒天下百姓。

王莽平定了翟义等人的叛乱,自以为威德日盛,得天人之助,他开始谋划篡夺皇位,要当真皇帝。经过与其亲信同党的精心策划,一场又一场伪造符命假托天意的闹剧,便接二连三地上演起来。

一日朝会,广饶侯刘京出班奏道:"今秋七月中,齐郡临淄县昌兴亭长辛当,一夜之间做了几个内容相同的梦。梦中老人告诉他说:'我是玉皇大帝的使者。玉皇大帝让我告诉汝,"摄皇帝当为真皇帝"。如果不信,此亭当中出现新井一口。'清晨起来,亭长一看,亭中果然出现一口新井,水深百尺。臣不敢隐瞒,据实上奏。"

刘京话刚说完,又有人奏称,巴郡发现石牛,雍城发现大石头,上面都有铭文,内容大致相同,都说"天公有旨意,让摄皇帝即位当真皇帝"。

王莽道:"道路传言,未必可信。若真有其事,可命巴郡、雍州把石牛、巨石运到京城,验看真伪。"

不数日,石牛、巨石运到未央宫前。王莽带领百官前往观看。忽然刮起了一阵大风，黄尘扑面，直到傍晚风才停止。石牛和巨石前落下铜符帛图，上面赫然刻着"天告帝符"。众文武啧啧称奇，异口同声地说道："子曰，畏天命，畏大人，畏圣人之言。今天意昭然，不可违背，摄皇帝应尽早即位。"王莽说："诚如众卿所言，予怎敢违拗天意！"他于是上书太皇太后，一一详述新井、石牛、巨石等符命，请求依照天命，去掉"摄"字，当真皇帝。

正当此时，梓潼人哀章又献铜匮两只，里边各藏符命一道。一道写着"天帝行玺金匮图"；一道写着"赤帝行玺某传予黄帝金策书"。"某"其实就是汉高祖刘邦的名字。策书的意思说，王莽是真命天子，太皇太后应该遵照天命行事，把大汉江山让予王莽。两道符命上还写了辅佐王莽的八大朝臣的名字。除了王舜、甄邯、孙建、刘歆等人外，还有两个吉祥的名字：王兴和王盛，哀章也乘机把自己的名字加在里面。黄昏时候，哀章穿上黄色衣服，怀抱铜匮，来到高庙，声称奉天帝之命前来传达上天旨意，把铜匮献仆射。仆射不敢怠慢，立刻上奏王莽。

九月二十五日，王莽带领百官到高庙祭拜，接过铜匮，表示接受上天的符命。他然后戴上九旒皇冠入见太皇太后奏道："皇太后逢大汉十二世三七之阨，承天威命，诏臣居摄。臣夙夜养育孺子，令与周成王比德，宣明太皇太后仁德于九州万邦。无奈天命难违，让臣代汉以驭宇内，还望太皇太后谅臣不得不尔之心。"如此奏毕，也不管太皇太后愿意还是不愿意，王莽便起身昂然而回未央宫去了。

当日，王莽在未央宫正殿即位，诏告天下，诏曰："予不以德，托于皇初祖考黄帝之后，皇始祖考虞帝之苗裔，而太皇太后之末属。皇天上帝隆显大佑，成命统序，符契图文，金匮策书，神明诏告，属予以天下兆民。赤帝汉氏高皇帝之灵，承天命，传国金策之书。予甚祇畏，敢不钦受。以戊辰即天子之位，定有天下之号曰'新'。其改正朔，易服色，以十二月朔癸酉为建国元年正月之朔，服色尚黄，牺牲用白，使节之旄幡皆纯黄，以承皇天上帝威命也。钦此。"

当时，孺子年幼，传国玉玺由太皇太后掌管。王莽命安阳侯王舜前往长乐宫强行索要。太皇太后闻听王莽登基，大惊失色，却又无可奈何。她痛骂王舜道："尔等父子宗族，蒙汉家之德，富贵累世。不思回报，反而趁托孤寄命的机会，夺取汉家天下，忘恩负义。这样的人，连猪狗都不吃他剩余的东西！难道上天会容忍你们兄弟父子吗！汝等既然说以金匮符命，应该当天子，已经改变了历法，还有车马服饰的颜色，何不自己别刻玉玺，传之万代。还要这亡国的不祥之物，汉家玉玺做什么！我这汉家的老寡妇，旦夕要死，正好用这玉玺殉葬。汝等休想得到！"太皇太后边哭边骂，左右无不凄然下泪。王舜也落下泪来。过了一阵，等太皇太后止住了泪，情绪稍安，王舜又劝道："臣无话可说。只是王莽一定要得到玉玺，太后能最终保得住吗？"太皇太后知王舜平素恭谨，听他说得恳切，就命人取来玉玺，掷到地上，又流着眼泪恨声说道："我死之后，汝等兄弟必被灭族，等着瞧吧！"王舜急带玉玺回去向王莽复命。王莽大喜过望，在渐台设宴庆祝，春风得意，心花怒放。

王莽既已称帝，封孺子刘婴为定安公，孝平皇后为定安太后。刘婴封地纵横百里，居民一万户，当日即从皇宫搬出。王莽命人宣读策书完毕，拉着孺子的手，流着眼泪说："周公辅成王最终把江山还给了成王。我也希望像周公一样，将来把天下还给你。可偏偏天命威严，使我不能如愿！"说罢泪流满面，悲伤不已。宫中太监带着孺子殿下向王莽叩头称臣，然后离去。王莽还作颇有依恋之情状，众臣无不感动。

绿林赤眉

　　王莽如愿以偿登上皇帝宝座,当然要大封重赏拥立他登基的有功之臣。首先要封赏的是列名符命之中的八大朝臣。这八人大部分是他的亲信同党自不必说,但王兴、王盛二人是何许人物,却不得而知。王莽垂询哀章。哀章奏道:"这是天帝的旨意,臣与此二人也素昧平生。但陛下不必为难,只要传旨郡县,命人查找,很快就会有着落。"王莽于是传旨命各郡国州县查找"符命贤臣"中的王兴、王盛二人。时间不长,各郡国把查找结果报进京来,同名同姓的王兴、王盛共数十人。王莽不知哪个是符命上说的这两个人,仍然难做决定。哀章又说:"既在符命,一定是生辰八字、相法最佳的人,请陛下求诸神灵。"王莽命人占卜,确定城门令史王兴和卖烧饼的王盛命相最佳,认定此二人为"符命贤臣"。

　　王莽宣诏:依金匮符命之意,封太傅、左辅王舜为太师,赐爵安新公;大司徒平晏为太傅,赐爵就新公;少阿、羲和刘歆为国师,赐爵嘉新公;广汉郡梓潼人哀章为国将,赐爵美新公,此为四辅,位列上公。封太保、后承甄邯为大司马,赐爵承新公;丕进侯王寻为大司徒,赐爵章新公;步兵将军王邑为大司空,赐爵隆新公,此为三公。太阿、右拂、大司空甄丰为更始将军,赐爵广新公;王兴为卫将军,赐爵奉新公;轻车将军孙建为立国将军,赐爵成新公;王盛为前将军,赐爵崇新公,此为四将,共十一公。王兴、王盛骤列公侯,得意忘形,上朝时胁肩耸臀,左顾右盼,众臣窃笑不已。

封罢金匮符命的八大朝臣，王莽又降旨封赏那些进献祥瑞符命之人。按照古制，百官职司、名称一律改变。三公以下应设置大司马司允、大司徒司若、大司空司直，都是孤卿。大司农改名羲和，后又改名纳言；大理改名作士；太常改名秩宗；大鸿胪改名典乐；少府改名共工；水衡都尉改名予虞。王莽把光禄勋、大长秋等更名"六监"，职位都是上卿。他另设二十大夫，八十一元士，分别主管京师各个衙门事务。朝廷百官职务要改，地方郡县官职名称也要改。郡守改作大尹，后又改称连率，都尉改称大尉，县令改称县宰。百官要改换名称，地名、宫室名也都要改变。长安改名常安，常乐宫改名常乐室。名称越古奥越好，诸如此类，难以尽举。一时百官难以记起各自的名称、职司、上下级关系，老百姓更难弄清打官司办事情应该到哪个衙门去。王兴做了卫将军，奉新公，骑马夸官。路遇老上司司隶校尉，连忙大礼参拜，吓得老上司叩头不止。这二人当街相互叩头，老百姓围着看热闹，传为笑谈。

上有好者，下必甚焉。朝野吏民看到别人上符命、报祥瑞，升官发财，于是争相仿效，纷纷贡献符命，为王莽歌功颂德。王莽心花怒放，以为自己真的得到万民爱戴，上天垂青，于是一一封赏。那些不曾进献符命的人便相互开玩笑说："你还没有梦见神灵，接到天帝的委任状吗？"尚书已经改名为司命了。司命陈崇上奏王莽道："天下争献符命不已，将开奸邪追逐利禄之途，混乱天命，应该断其根源，以绝后患。"王莽渐渐对这种把戏也厌倦了，于是降旨说："凡不经五威将帅批准，擅造符命者一律逮捕入狱，交尚书大夫赵并审查。"这股歪风邪气才算慢慢停息了。

王莽心里清楚，很多汉朝宗室心怀不满。他降旨调整，凡宗室子弟担任地方郡守的一律调回京师，改任谏大夫。王莽又下诏说："汉朝有的诸侯，被封为王爵，四方蛮夷也称其首领为王。这违背古制，不利于华夏一统。自今日起，汉室诸王，皆称公；四夷僭号称王者，皆降为侯。"这样一来，刘氏封王者三十二人降为公；其子弟封侯的一百八十一人降为子，不久又被削夺了爵位。

爵位被削夺，意味着特权的丧失。食邑封地大大削减，甚或失去，还要和平民一样交粮纳税服徭役，宗室王侯愈加不满。徐乡侯刘快起兵反抗，攻打即墨。但他的哥哥胶东王刘殷却把军队交给王莽,把自己关进大牢,表示对新朝的忠诚。刘快兵败被杀,刘殷则得到王莽的高度赞赏,不仅赦免了他的罪过,还增加他的封地到一万户,方圆达百里。

甄邯、刘歆、哀章奏道:"汉家有天下二百余年,根基深厚,必须断绝黎民百姓、百官僚属对大汉的怀念,天下方能太平。太皇太后、定安太后、定安公都是刘氏的旗帜,有他们这些旗帜在,百姓官吏就心存疑虑,宜尽快妥为处置。"王莽采纳众议于是降旨:太皇太后改称"文母皇太后",定安太后改称"黄皇室主",以此想表明他们跟汉朝已经没有任何关系。

汉家皇帝的女儿叫"公主",王莽把女儿叫"室主",以示区别。"黄皇室主"其实还不到十八岁,王莽想让她改嫁。他命孙建的女儿改扮为宫女,带着宫中御医以看病为名,劝说她和刘氏一刀两断,另觅佳偶。"黄皇室主"勃然大怒,命人用皮鞭狠狠抽打孙建的女儿和御医,并把她们赶出宫去。她从此大病不起,王莽也不敢再勉强她了。

哀章等人又说:"刘字拆解开来就是'卯''金''刀'三字组成。所以有汉以来货币多用刀形,商贾百姓或买或卖,都用错刀币、契刀币和五铢钱。官吏士子也多佩饰'正月刚卯'和金刀钱。这些东西看似无足轻重,其实都是刘氏留在百姓心中的念想,应该彻底予以废止。"王莽深以为然,便立即降旨:"废除错刀币、契刀币和五铢钱。改铸小钱,直径六分,重一铢,上刻'小钱值一',另铸'大钱五十'。吏民士子不准佩饰'正月刚卯'的金刀钱。倘有私铸者,严惩不贷。"

一种货币的流通并非一朝一夕之事,改易一种货币也不是一纸诏书就能够完成的。汉朝的刀币和五铢钱已经流行了二百多年,行商坐贾,吏民百姓家家或多或少人人持有,兑换难,废止难,于是市场混乱不堪,怨声载道。私铸钱币的也骤然多了起来。因使用刀币,私铸钱币犯法的人也络绎在途,各地监狱,人满为患。王莽再次下令恢复金币、银币、龟币、贝币;取消大钱、小钱,改由新铸的货币、货泉两种钱币代替。以六年为限,六年内旧币完全废止。这样反复更换,每改一次币制,都要有很多老百姓破产倾家,还有很多人因此而犯法坐牢。如此币制"改革",老百姓被反复折腾,苦不堪言。

除了货币制度反复变改以外,王莽还从《尚书》《禹贡》篇中找到根据,进行土地制度的改革。他颁布诏书说："国家一统，男女应各封地。遵从《禹贡》记载，海内共分九州。周制爵分五等，共一千八百个封国，附城之数与公侯封国相等，以待有功之士。凡公侯封万户，一律平等；其他爵位等差而下。现已受封者，公侯七百九十六人；附城一千五百五十一人。唯今土地登记造册尚未完竣，尚难授予。受封诸臣可前往司农府领取薪俸，每月若干不等。"此令初下，受封者无不欣喜。但僧多粥少，司农钱财有限，左支右绌，很多人领不到薪俸。没有封地，又领不到薪俸，口惠而实不至，不少受封者生活困窘，不得不改换服装，假报姓名前去当雇工。怨恨之言，自然就更加多起来了。

王莽宣称自己是黄帝、虞舜的后裔，以黄帝为初祖，以虞舜为始祖。春秋战国以来齐人田氏称自己的王族为"王家"。王莽和齐国王姓认为同宗，姚、妫、陈、田、王五姓都是皇族，这自然比汉家皇室风光多了。这五姓可以世代不纳粮、不交税、不服劳役。王莽封陈崇、田丰二人为侯爵，分别为陈胡王妫满和田敬王田宪的继承人。

王莽还降旨，在平定翟义、赵朋的叛乱中，那些忠于新朝的州牧郡守，一律晋封男爵和附城。这样受封的人一批又一批，享有特权的人越来越多。没有封地与没有薪俸者，只有加紧对老百姓的勒索和盘剥。官吏无官不贪，人民生活在水深火热之中。

王莽见土地改制棘手，无法推行。他又改变了主意，降下诏书说："凡是拥有土地的都可以自由买卖，不受法律限制；已经违法私自买卖的，暂且都不处罚。"此令一出，兼并之风愈益炽烈。王莽朝令夕改，加上捐税沉重繁苛，刑罚残酷，他渐渐把自己推到了火山口上，众叛亲离。

官吏贪贿成风，郡尹、县宰家中聚敛黄金千斤以上者比比皆是。王莽降下旨意："自始建国二年，所有军官和官吏大夫以上非法牟利发了财的，没收家产的五分之四，以资军用。"京师长安，钦差四处，分赴全国各地，审查贪污案件。钦差们带着尚方宝剑，发布号令，命下级举发上级，奴婢告发主人。他希望用这种方法禁绝奸臣贪贿之风，但这种恶风越演越烈，几成不可收拾。

有人举报：皇孙、功崇公王宗，命人给自己画了一幅画像，身穿龙袍，头戴皇冠;还私刻了三枚王侯印章,意图不轨。王莽大怒,传旨将之下廷尉大牢,严加查办,并追究幕后主使。王宗闻讯自杀而死。

又有人举报:皇姐王妨和丈夫王兴,祈祷鬼神,诅咒王莽,并且杀害婢女灭口。王莽正要派人追查,王妨、王兴闻听之后就也都畏罪自杀了。

甄丰是王莽的亲信死党。王莽登基以后,他只被封了个更始将军,和卖烧饼的王盛并列为"四将",心中深以为耻。他的儿子甄寻官封茂德侯,任职侍中、京兆大尹。甄丰向来性格刚强,时常发牢骚说:"我和王舜、甄邯、孙建等人同有佐命大功,却不能并列四辅、三公,却和卖饼儿为伍!"甄寻怕他惹祸,暗中劝说:"龙蛇之蛰,以存身也,尺蠖之曲,以求伸也。能屈能伸,才是大丈夫。父亲大人暂忍一时之气,等机会到来,再求飞腾不迟。"甄丰则说:"封赏已结,哪里还有机会?"甄寻道:"以其人之道,还治其人之身。天子好符命,我们何不假托符命,寻找时机?"甄丰领首称是:"我儿莫非已有成竹在胸?"甄寻道:"天机不可泄漏,明日早朝,且看我有何符命献给皇上吧。"次日早朝,甄寻果然出班奏道:"京兆陕县,大道中裂,忽然现出一块界碑来,上有符命一道,上写'新当成康之治,宜有周、召为理'十二个字。臣虽为京兆尹,但不敢隐匿符命不报。臣以为京师应以陕县为界一分为二,交由两人治理,以应周公、召公之兆。"王莽心知符命未必是真,但把新朝比作成康之世,心中高兴,他随即问道:"卿以为何人可当周、召二公之任?"甄寻道:"臣官卑职微,不敢妄举,周、召重臣,请问四辅三公。"王莽正要开口,国师刘歆奏道:"平晏、甄丰堪比周、召二公。"王莽略加思忖道:"依卿等所奏,任命平晏为左伯,治理京师东部;甄丰为右伯,治理京师西部,以当周公、召公之任。"

甄丰正要西行赴任,甄寻道:"要使甄家权势永固,富贵长享,还需要一道符命。"甄丰问:"什么符命?"甄寻说:"皇上要彻底断绝和汉家的瓜葛,屡次逼迫黄皇室主改嫁,但屡遭拒绝。正当此无可奈何之时,儿若再上一道符命,让黄皇室主下嫁与我,既可了却皇上一桩心事,又可永保我家荣华富贵,岂不大妙?"甄丰犹豫道:"皇上会答应吗?"甄寻道:"皇上的龙位是怎样得到的? 不是父亲和哀章、国师公等人连连伪造符命,他能登上龙位吗? 他能不信符命吗?"甄丰半信半疑,还在犹豫,甄寻又说:"陛下正为黄皇室主之事焦虑,有符命为他解忧,他岂能不顺水推舟? 等父亲和皇上成了儿女亲家,何愁不能一人之下万人之上?"甄丰笑了,疑云尽散。

又当早朝之日,甄寻又上了一道符命,言黄皇室主宜为甄寻之妻。王莽大怒道:"黄皇室主乃是国母,这算什么话!狂悖之极!"他立即下令,拘捕甄寻、甄丰。甄寻献上符命,候旨宫门,听到消息连忙逃出长安,跟随一个方士逃入华山。甄丰未等钦差上门就服毒自杀了。不久,甄寻归案,刑讯之下,牵连国师刘歆之子刘棻、刘泳,王邑之弟王奇,骑都尉丁隆等公卿列侯及其亲族数百人。此若干人等被诛杀之后,众多尸体被驿车络绎不绝拉出京城,令人恐怖。

冬十一月,立国将军孙建正在上朝途中,马车行走在御街上。忽然有一男子拦住马头,大声叫道:"我乃孝成皇帝之子,刘子舆也,本先帝妃子所生,流落民间。今汉家社稷当复,赶快把宫殿给我腾干净,迎我入宫!"孙建大惊,连忙把这一男子抓起来,亲自审问。严刑之下,此人很快招认了。却原来是长安人姓武名仲,想冒充皇子,侥幸获取富贵。孙建不敢怠慢,上奏王莽道:"九日辛巳,陈良、终带自称废汉大将军逃入匈奴,今又有武仲冒充成帝之子,皆逆天违命,大逆不道。汉室宗庙不当再留长安城中,诸刘宗室应当与汉俱废。陛下至仁至义,久而未决,至令前安众侯刘崇、徐乡侯刘快等聚众谋反。今狂狡之虏,依托亡汉之名,屡犯夷灭之罪,皆因圣恩不早绝其萌芽之故。臣请汉室诸庙在京师者皆罢,宗室诸刘为官为吏者皆罢,在家等待重新任命。"王莽准奏道:"可。唯国师嘉新公为朕四辅;率礼侯刘嘉,扶崇公刘殷等人皆知天命,或献天符,或捕告反贼,厥功甚茂,同宗同祖者,法外施仁,不予罢黜,赐姓曰'王'。"

此令一出,鸦雀无声,那些安享富贵尊荣二百年的汉家宗室命运,就此而被彻底改变了。

南阳舂陵侯刘敞,自安众侯刘崇反莽失败之后,一直提心吊胆。常常告诫族中子弟奉公守法,带头完粮纳税服徭役。族弟刘钦为南顿令,钦弟刘良为萧县令。刘钦早丧,撇下三男。长子刘縯,次子刘仲,小儿子名叫刘秀,三兄弟由叔父刘良抚养。刘縯生性刚毅,慷慨有大节,长大成人,自立门户。老二刘仲替叔父照料家务。老三刘秀自幼跟叔父在萧县县衙读书,后来游学京师,入太学,跟随大儒许子威研读《尚书》。叔父罢职回家,宗室子弟享有的特权也都没有了，刘秀的生活自然陷入了困境。母亲本来想让他辍学归家，但刘秀不愿半途而废，决定自己想办法，完成学业。当叔父最后一次把学费寄到京师时，他做出了一个大胆的决定：拿出一半钱来，和同学朱祐合伙买了一头毛驴，放学之后脱去儒服，换上短褐，"赶脚儿"赚钱。春光明媚，京中有钱人到乐游原游春踏青；秋朗气清，官员离京，亲友到灞桥折柳送别，往返骑乘毛驴者不绝于路。每趟可赚小钱若干，生意好时每天可赚大钱十枚，两个人的花销绰绰有余。南阳药铺颇多，朱祐少孤，曾在药铺学徒，记得几个制丸药的药方。二人买来蜂蜜两坛，在舍中制成"苏合丸""藿香正气丸"几种丸药，"赶脚儿"的空闲候客时兼卖丸药，也每有盈余。为多赚几文小钱，二人有时轮流上学；晚上相互辅教所旷课业。刘秀长朱祐三岁，朱祐乃刘家外甥。父母亡故，他由舅父刘敞收养，曾改名刘福，故称刘秀"三哥"，后来认祖归宗恢复本名朱祐，二人情谊深厚，自不待言。同学中还有数人，与刘秀交情莫逆：一个是新野阴识，长刘秀两岁，家道殷实，时常接济刘秀；一个是阴识的老乡邓禹，年方十六，是同学中年龄最小的，但天分最高。刘秀、朱祐因为生计耽误了学业，每每向邓禹请教。再一个便是会稽郡余姚人严光，心性高傲，喜欢读《易》，对阴阳五行颇有研究。这些人青春年少常在一起谈古论今，纵横议论古今兴亡。

一日，刘秀正赶着毛驴在街上行走，执金吾骑着骏马，手执黄金棍驱赶贩夫走卒闲杂行人，刘秀连忙拉着毛驴走避道左。紧接着五威将军坐着纹饰天文图像的车子，六匹牝马背上插着锦鸡翎毛，威风凛凛疾驰而过。惊得刘秀的毛驴直往路边店铺里钻。五威将军马车刚过，肩背羽檄，手擎红旗的驿马差役又高呼着"急报"口号，飞奔而来。这样车马往来横冲直撞，奔腾呼叫，街上行人惊疑不定，刘秀的生意自然大不如往日。

回到舍中，朱祐、邓禹问道："三哥为何今日回来这般早？"刘秀把街上见闻一一告诉众人。邓禹猜测说："朝廷莫不是出了什么大事？"阴识道："去年秋天，五威将军王奇、王骏等十二人，分别带着符命四十二篇，分赴各个州郡及四方蛮夷，收缴原来汉朝的印信，重新颁授新朝印信，刚刚完毕。听说四夷悦服，海内太平。这才过去几天，能有什么大事？"朱祐道："既然这样，文书探马报什么'急'啊？"四人正在议论，严光从外面回来了。朱祐把刘秀在街上看到的情况告诉了严光。严光道："这有什么好奇怪的？去冬十一月彗星现于东方，二十余天不息；关中地震，二月大雪，连最耐严寒的松柏竹子都冻死了。前几日盛传黄龙摔死在黄山宫，万人空巷，老百姓都去看热闹。这事惊动了陛下，廷尉派出了许多差役，抓了不少人，事情才算平息。你和文叔每天只顾赶脚儿，卖丸药；中华、阴识埋头子曰诗云，天下已经乱成了一窝蜂、一锅粥。羽檄急如星火，大街上驿马横冲直撞有什么好奇怪的？"刘秀道："子陵休要危言耸听。我每天在街上奔波，听到的可都是祥瑞符命之报，哪有那么多警报？"严光道："驴背上骑的都是些什么人？他们能知道什么边报警急？那些人酒足饭饱，衣食无忧，只知游山玩水，攀高结贵。从他们嘴里你自然听不到八方冒烟、民变四起的消息了。"阴识问道："子陵既然听说了，何妨说来听听，让我们也长长见识？"严光道："在下并非道听途说，我和纳言将军严尤忝为同宗。前日造访，将军慨叹钱粮筹措艰难。我说：'国家一向府库充盈，为何如此犯愁？'将军叹息说：'不当家不知柴米贵。自我掌管钱粮，始知度支艰难。天凤四年八月，临淮瓜田仪，依靠会稽长州，举兵谋反，用饷若干；接着琅琊吕母聚众数千，攻破海曲县城，杀了县宰，入海为盗，朝廷用兵经年，迄今仍未讨平，耗饷若干；近来荆州饥民入野泽掘凫茈充饥，朝廷无力赈救，遂揭竿而起，推王匡、王凤为首，啸聚绿林山中。数月之间徒众万余，南阳马武、颍川成丹皆往投奔。此外南郡张霸、江夏羊牧，群起响应，声势浩大。南边兵戈未息，琅琊樊崇又起兵于莒，朝廷已命更始将军廉丹帅兵东征。这哪一桩不得钱粮数万？'我想，严尤大人这番话，不会是信口乱讲吧？"刘秀等人听了目瞪口呆，齐声道："我等每日在太学里听博士们讲六艺经传，不想外面竟然这样天翻地覆！"

其实，绿林赤眉起义已经发生一年多了。起初饥民因饥寒穷愁逃归山泽，挖掘野菜，捡拾野果，并没有造反为乱的意思，本来打算收成好了，再回归乡里。众虽数万，不敢攻破城邑，转掠求食。地方长吏不谅其苦，派兵捉拿，饥民们迫不得已，起来反抗。王莽派司马司允费兴为荆州牧，发兵两万前来征讨。王匡、王凤率众迎击于云杜山中，大破莽军，杀数千人，尽获其粮草辎重。费兴想带领残兵败将北归，马武、成丹等人又伏兵于半道截杀一阵。马武用长钩钩住了荆州牧费兴乘坐的马车屏泥，车轮难以转动；义军斩杀了费兴的参乘,活捉了费兴。马武虽然粗鲁,但不敢杀害朝廷命官,还是把费兴放了。绿林军遂攻拔竟陵,转攻云杜、安陆,饱掠之后重回绿林山中。这时绿林人马已有五万余众,州郡牧守再也难以制服他们了。

琅琊人樊崇起兵时不过一百多人,辗转进入泰山。众豪杰见樊崇勇猛,纷纷跟随,部众渐至万人。同郡逢安,东海人徐宣、谢禄、杨音,也分别起兵响应,会合一处有数万人之众。樊崇等人攻打莒城,未能攻下,就在青、徐、兖三郡流动抢掠。王莽派更始将军廉丹、太师羲仲景尚带兵十万前来讨伐。樊崇命士卒用朱砂涂抹双眉,以示和莽军的区别,因此号为"赤眉"军。樊崇军中地位最尊贵者为"三老",其次是从事,再次是卒史。义军纪律严明,规定"杀人者死,伤人者偿创"。赤眉军因此百姓拥戴,闻风而至。相比之下,莽军纪律松弛,一路抢掠,山东百姓编成民谣,口口相传:"宁遇赤眉,不遇太师! 太师尚可,更始杀我!"人心向背,不言而喻。未曾交战,胜负已判。赤眉军在无盐大败莽军,杀死了太师羲仲景尚。廉丹败走,急忙向王莽求救。

王莽以诏书言辞责让廉丹,催促他出战迎敌,诏曰:"仓廪尽矣,府库空矣,可以恕矣,可以战矣。将军受国重任,不捐躯于中野,何以报恩塞责!"廉丹恐惧,夜召参军冯衍相商。冯衍乃左将军冯奉世之曾孙,富有谋略智计。廉丹把王莽催战诏书交于冯衍观看。冯衍看了诏书后说道:"张良以五世相韩,椎秦始皇于博浪沙,将军先人为大汉忠臣。新室之兴,实为篡窃得国,英俊不服,海内大乱。人怀汉德,甚于世人思召公也。人心所思,天必从之。为将军计,莫若屯据犬郡,镇抚吏民、招纳雄杰之士,实在是忠智之谋,上上之策。若能如此,则能兴社稷之利,除万民之害,福禄流于后世,功业著于千秋。何必覆灭中原,功败名丧,羞及先人哉!"廉丹不听。冯衍又说道:"上计君既不听,莫若依中计行事。连夜上书急催粮饷,等粮饷运至,再战不迟。"廉丹从之,上表催促粮草。

王莽得奏,复与众臣商议催征粮饷之事。纳言将军严尤道:"大军频出,府库已经空虚。连年饥馑,哀鸿遍地,无力赈救。若再加征粮饷,无异雪上加霜,火上浇油。东征大军十万,南征大军亦不下十万,西部边陲御胡,又不下十万。三十万大军,每人每年耗粮十八斛,需要牛车转运,人吃牛嚼再加二十斛,需要多少粮秣,大家都可以算一算。这十万石粮谷从何筹措,我实在想不出妥善之策！"王莽大怒，他斥责道："依汝之见，堂堂新朝竟然拿不出十万石军粮吗？难道坐视盗贼横行就不征讨了吗？"平晏、孙建连忙打圆场说："陛下勿忧，我堂堂大新朝，区区十万石军粮，应该不难筹措。废汉时百姓纳什一之税，自陛下登基，爱民如子，三十一税一，百姓尽沾恩泽。国家兴亡，匹夫有责，何妨再加三十税一的征收？"严尤道："已经征收了一次，若再征收，岂不引起民怨？"王莽道："加征一次，尚不及废汉时之一半，有何不可？"严尤不敢再言。孙建又奏道："去岁皇上连降明诏，刘姓王侯多已削爵夺封。既然已经没有爵位和封邑，便是庶民百姓。既然成了平民百姓，便应一样缴粮纳税。可是，据臣所知，不少刘姓宗室，迄今尚未纳粮。请陛下再降严旨切责，命宗室诸刘，如数缴纳，以补府库空虚，共济艰危。"王莽闻奏大喜道："二位卿家所奏甚当。有了这两项筹粮之策，何愁东征无粮。严尤你身当纳言之任，催征钱粮赋税是分内之事。朕这就降旨，你要依旨办理，不可怠慢！"严尤诺诺连声而退。

王莽立即降下两道圣旨：加征"三十税一"之税；催促宗室诸刘补缴未缴之税。趋炎附势，唯权是从是官场亘古不变的风习。地方官接到王莽的旨意，知道王莽深恶刘姓宗室不甘臣服，又要借机惩治那些过期的龙子龙孙了，于是便层层加码苛细清查严加催缴。

南阳春陵侯一脉，本来在封爵削夺之后，年年纳税，从未欠缴。但不知为何，纳言将军却行文南阳，称春陵侯苗裔刘良欠税两年，务于一月之内交齐，不然就要着前队大夫前来锁拿进京，追责入狱。

王莽改元天凤之后，南阳郡守又更名前队大夫，上马管军，下马管民，军政粮赋皆归一人掌握。刚上任的前队大夫甄阜与刘良曾有一面之缘，还算给刘良留了面子，未曾过甚催逼。但刘良是胆小怕事的人，一时又拿不出两年钱粮来，急火攻心，就生下病来。家中子弟虽多，但刘良觉得刘縯脾气刚烈，刘仲懦弱，自己的亲生儿子年龄尚小，可任事者唯有刘秀，他却又远在京师太学读书。无奈之下，他便修书一封命刘仲到长安去，催刘秀火速返乡。

刘仲来到京师把书信交给刘秀，备言家中之事。此时朱祐也接到了家中书信，舅父刘敞所遇到的麻烦和刘良差不多，正在为此事发愁。刘秀忽然想起严光和纳言将军严尤认了同宗，想请严光求见严尤帮忙。严光说："虽属同宗,实不过都姓严罢了,五百年前可能是一家,现在恐怕数尽算盘珠子,也难查出有什么瓜葛了。况且这位严尤大人性情正直,很难给这个人情。不过他守正不阿,如果令叔真的不曾欠缴税银,你能找出凭证来,他是不会不讲道理的。"刘秀道:"既然如此,就烦请子陵带我和朱祐去面见严尤大人好了。"

第二天,三人一道去拜访纳言将军严尤。纳言就是汉时的大司农,也就是后世的户部尚书,掌管钱粮度支。因烽烟四起,九卿多挂将军头衔,大司农也就成了纳言将军。近日催缴钱粮,公务分外繁忙。严尤阅人无数,今日所见的三个年轻人却令他暗暗称奇。尤其白水乡那位宗室弟子刘秀,骨相之奇,为他平生仅见。高鼻丰额,俊眉朗目,疏密相得的短须,使他自然想起了《太史公书》描写的高帝刘邦隆准龙颜的模样。严尤请他们到客厅奉茶,刘秀辞谢道:"今日拜谒大人,并非前来做客。是代家叔来纳言堂前辩冤,只宜立于纳言堂前。"严尤竦然动容道:"令叔何人?有何冤情不在郡守衙门辩白,为何要不顾路远来到京师?"刘秀道:"家叔乃春陵侯苗裔,姓刘名良。自天凤元年削爵夺封,年年缴粮纳税,从未欠缴毫厘。不知为何,纳言府催缴逃税的公文上列有姓名。郡县催征,急如星火。若破家补缴,实在冤枉。若据理相争,迹若抗税。家叔素性忠厚懦弱,竟然卧病不起。期限将至,故命仆来堂前申冤。"严尤命人取出簿籍,一一查验,正色对刘秀道:"春陵侯自天凤元年削爵;令叔天凤三年方才缴粮纳税。这笔笔在案,明明白白欠缴两年之税,有何冤枉?"刘秀道:"大人但知其一,不知其二。家叔虽已削爵,但当时还在萧县担任县令。依律县宰千石,免赋税徭役。家叔天凤三年方才卸任回乡,请大人明察。"严尤道:"原来如此。"他连忙命人搬出天凤三年以前历任地方官吏的簿籍来,里边果然有刘良、刘敞的名字。严尤查有依据,遂免去刘良、刘敞的赋税,命人告知南阳郡守衙门。

刘秀帮叔父打罢官司,草草完成学业。他因牵挂叔父的病情,匆匆赶回南阳,就从此在家当了田家郎。

二　龙潜舂陵

卖谷

刘秀求学长安之时，各地连年灾荒，赤地千里，盗贼蜂起。地皇三年，旱灾过后，蝗灾又起，哀鸿遍野，饿殍载道。南阳白水乡因地近白水，得天独厚，陂塘甚多，得水利之便，收成比各地都好。白水乡又名舂陵，当年汉景帝之孙，长沙定王刘发之子刘买，被封为舂陵节侯，封地原本在广西零陵郡冷道县的舂陵（今广西宁远），地处蛮荒，贫瘠潮湿。到了刘买的孙子刘仁袭爵以后，他向汉元帝请求，愿意削减封地面积和人口，举家内迁。元帝允准。于是，刘仁带领宗族眷属迁到南阳白水乡，仍旧用舂陵作为封地的名称。

刘仁的堂弟刘回，也跟随刘仁迁到舂陵。刘回曾经担任巨鹿都尉，任职河北。刘回膝下两子：长子刘钦，次子刘良。刘钦曾任南顿（兰考）县令；刘良曾任萧县县令。刘钦死得早，撇下妻子樊氏和六个儿女艰难度日。小儿子刘秀则由刘良抚养，在萧县县衙读书，后来又送到京师长安太学跟随许子威攻读《尚书》。王莽当政，畏恶刘氏宗族，宗室子弟多被削爵夺封，罢官去职。刘良也被罢官回乡。刘秀辍学回家，跟随叔父晴耕雨读当了田家郎。

刘秀，字文叔，英气内敛，性喜稼穑，最得叔父刘良喜爱。刘秀平日和佃户、庄客一道在田间耕种，晚上读书。他闲暇则去看望大哥刘縯。刘縯年长娶妻，已经独立门户，家中经常宾客不断。对弟弟日日忙于稼穑，不闻时事，刘縯不以为然，常把刘秀比作高祖刘邦的二弟刘仲。这天，兄弟二人又见面了，刘縯问刘秀每日忙些什么。刘秀说："黎明即起，或耕或耘，或溉或粪，农事之余读《尚书》。"刘縯笑着说:"弟欲治经当博士邪?《尚书》曰:'有夏多罪,天命殛之''时日曷丧,予及汝皆亡',出于《尚书》何篇?"刘秀道:"出于《汤誓》,大哥要考我呀?"他于是顺口琅琅背诵道:"伊尹相汤伐桀,升自陑,遂与桀战于鸣条之野,作《汤誓》。王曰:'格尔众庶,悉听朕言,非台小子,敢行称乱!有夏多罪,天命殛之。'"刘縯又问道:"《尚书》佶屈聱牙,晦涩难明,这几句话是什么意思?"刘秀回答:"无非是说夏桀恶贯满盈,上天有命要诛灭他,诅咒他早死,宁愿与其同归于尽。"刘縯慨然道:"三弟《尚书》果然读得好。如今王莽篡汉,人神共愤,天命殛之。你我刘氏子孙,自当恪谨天命,胸怀光复之志;不可只知稼穑耕耘,不闻时事。千万不能学高祖的二哥刘仲,只知买田置产做田家翁,辜负了满腹经纶!"刘秀但笑不语。刘縯进而说:"为兄近得《太公六韬》一卷,送于三弟一读如何?"刘秀欣然回复道:"大哥要我弃文习武邪?"刘縯报之一笑。

　　刘縯家中江湖豪客甚多,三教九流异能之士都有,各怀绝技。刘秀日久天长,和他们也逐渐熟悉起来。刘縯请他们传授刘秀刀枪剑戟攻防搏击之术,刘秀起初不甚在意,但后来想到生逢乱世,刀剑之用甚广,于是潜心苦练,学习各种武艺。刘秀天性颖悟,体魄健壮,时间不长,武艺已非寻常之辈可比。

　　这天,刘縯正和族中兄弟刘稷、刘嘉等人练武,刘秀来了。刘縯说:"文叔来了,让你四哥、六哥教你几手绝活。"刘嘉道:"我那点三脚猫功夫比文叔差远了,还是让老六来教吧,我也跟着学几招。"刘秀道:"六哥天生神力,无人可及。他那杆长戟我就拿不动,如何学得他的绝技?"刘稷笑道:"武术一道,不是单拼蛮力,还要用智用巧。长枪大戟固然威力无穷,但刀剑轻灵迅疾,便于攻虚击要,克敌制胜并不比长枪大戟差。三弟身手健捷,只需挑选合手适用的兵器使用,为兄陪你练几招如何?"刘秀随手从兵器架上抽出一杆枪来,掂了掂,轻重合适,竖直了和自己的身躯相比高出尺余,便跟着刘稷一招一式练习起来。刘嘉也抽出一杆花枪,在一旁跟着比划。刘稷说:"枪为百兵之祖,可以刺搠扎挑,也可为刀为剑,劈砍斩削,还可为棍为棒,横扫直击。遇到长枪大戟力大兵沉之敌,要学会避实击虚,化枪招为刀剑棍棒,近身搏击,以灵巧胜滞拙。'枪扎一点,刀砍一片',只是常理,加上刀剑棍棒的招数，就威力无穷了。"三人边讲边练，直到大汗淋漓，方才住手休息。

刘稷，字谷卿；刘嘉，字孝孙，都是刘縯、刘秀的族中兄弟。这二人都是孤儿，父母早丧。当年刘钦为南顿县令，怜其孤苦，收养在府中。刘縯、刘秀之母樊氏娴笃，抚之甚厚，与二人情同手足。刘稷高大魁梧，自幼好武，善使长戟，勇力过人，在族中排行老六，比刘縯小两岁，长刘秀五岁；刘嘉排行老四，长刘稷一岁，曾经和刘秀一道在长安读书。故而刘秀称刘嘉为四哥，称刘稷为六哥。

刘秀、刘稷正在和刘縯闲聊，刘良来了。刘良平日里看不惯刘縯舞刀弄枪，结交江湖人士。一看到兵器架上的刀枪剑戟斧钺钩叉，就直皱眉头。落座之后，刘良对刘縯说："伯升！你这大哥是咋当的？自己不务正业，还让兄弟们跟着你舞枪弄棒瞎胡闹？想走安众侯刘崇的路啊？"刘縯笑道："这是哪里话呢？侄儿想学刘崇，也没有刘崇的本领呢？如今天下不太平，弟兄们学点保家防身的武艺，有何不好？"刘良道："保家防身固然好，但传扬出去，外人会怎么看呢？前不久前队大夫甄阜还把我叫去训诫了一番，旁敲侧击，要我严加约束家人子弟。稍有不慎，授人以柄，如何是好？"刘縯还要辩白，刘秀忙说："叔父见教得对，我们记下就是了。"刘良说："记住就好。我都这把年纪了，还怕什么？不都是为你们好啊？"刘秀、刘縯唯唯称是。停了片刻，刘良说："近日，宛城谷价大涨，家里存有陈谷数十石，不如运往宛城，趁机卖个好价钱。顺便买点油盐布匹等应用之物。"刘縯说："连年饥荒，盗贼四起。春陵到宛城，虽说路不算远，但要经过卧虎岭、野蟒川等深山老林险恶之处。近闻绿林余部分成数股，经常出没在三钟山、野蟒川一带。如果不巧碰上了，不仅粮食难保，可能还会有不测之祸。况且，王莽当政以来施行'宝货五品'，大钱、小钱、五铢钱、二十五铢钱，名目繁多。今天兴，明天废，存钱何如存粮？'家中有粮，心中不慌'，将来若有大的变故，家中上下百口，没有粮食如何是好？"刘良道："你只知其一，不知其二。朝廷为防民变，州郡日日征兵征粮，你以为粮食放在家里就保险吗？金钱易于隐藏，粮食能藏得住吗？绿林余部早被严尤、陈茂击破，作鸟兽散，哪里还有什么大股强盗？即使有几个小毛贼，多带几个庄客后生保护不就行了？这年头，想要山林里没有几个拦路劫道的毛贼，岂不是白日做梦？有几个毛贼，就不敢出门，还怎么过日子？亏你还天天舞刀弄枪练武哩，全是摆在客厅里的花瓶，给人看哩！你不去算了，让文叔一个人去！"刘良说罢，气哼哼地起身就走。刘秀见叔父动怒，连忙赔笑着说："叔父说得是，我明天就去宛城。你放心好了！"

次日，刘秀装好粮车，正要带领庄客动身，刘缜还是不放心，让刘稷来了。刘秀说："有六哥同行，还怕什么！"二人于是带着庄客数人，护着粮车就出发了。一路之上，二人谈论些枪刀剑戟之事，颇不寂寞。太阳衔山之时，来到一座临山小镇名叫南太平，北去十里，便是卧虎山；山北峡谷，溪水东流，蜿蜒曲折，名曰蟒川。相传有巨蟒藏身，吞食牛羊和牧刍儿童。因而，白昼间罕有人孤身过此。两年前，有一路人行经此地，在林间歇息，见一金钱豹到溪边饮水，和巨蟒相遇，龙争虎斗，难解难分。最终，金钱豹落荒而逃。那巨蟒受伤力尽蜷曲身体，瞑目养神，行路大汉见有机可乘，杀死巨蟒。此事一时哄传百里，从此，这里得名杀蟒坡。过了杀蟒坡，还有一镇，名叫北太平，离湖阳就不远了。刘秀道："今晚我们早点住店，明天一早动身，不耽误到北太平吃早饭，六哥意下如何？"刘稷抬头西望太阳，说道："南太平，北太平，行路之人音转了，都说'难太平，不太平'，最是强盗出没的险恶之处。在这里住宿，叫人心里不踏实。行路之人，赶早不赶晚，夏走十里不黑，冬走十里不明。如今春夏之间，离天黑还有两个多时辰。我们何不赶过杀蟒坡，到北太平住宿？"刘秀说："如此也好。动身之时，大哥交代，要我们早点回去，家里还有重大事情等待你我去办。伙计们只有多辛苦一点，太阳落山之前赶过蟒川。"众伙计齐声说："此时凉爽，正好赶路。"刘秀笑道："此时凉爽不假，只是听说近来蟒川来了一伙强盗，甚是厉害。方圆百里，要道路口都被他们把守。日落西山正是他们杀人劫道的当口，若让我们碰上，岂不麻烦？"刘稷哈哈大笑道："三弟毕竟是读书人，听说强盗就害怕，平日里学那些枪刀剑戟的招数，你以为只能比比划划玩耍呀？果真遇上了几个不长眼的毛贼，不正好试试管不管用？何况，为兄自信，能够赢得了你我兄弟二人的强盗，这百里之内还不大会有吧。"刘秀回答道："既然六哥这样说，我还怕什么！"兄弟二人于是催促庄客起身，驱车直奔蟒川。

前行十余里，一丘荒山横亘面前，形似卧虎，首东尾西；岭上树木苍翠，阴森森不见边际；正是红日西坠，飞鸟投林之时，旷野空山，隐隐然一股杀气瘆人。上得岭来，便见山间溪流，曲折东去，没入丛莽。刘秀道："这便是蟒川，前面山坡就是杀蟒坡；此处山口名为蟒川口。过了蟒川口，放马便到北太平了。"车辆顺坡而下，甫到山口，只听一阵铜锣响，原本寂寂空山，乱石丛林间忽然响起阵阵呐喊之声，窜纵跳跃，冲出一队人马，各执兵刃，拦住去路。为首一人身高七尺，虬髯黑面，手执长枪，坐下乌骓，高声叫道："留下车辆，饶汝等不死！"刘稷回头对刘秀说："还真让贤弟言中了，这杀蟒坡果真有毛贼！三弟只管上前，为兄与你掠阵。"刘秀命众庄客车辆后退，上前拱手为礼道："各位壮士请了！在下春陵侯府中宾客，前往宛城粜谷，路过宝地，还望行个方便！"那人哈哈大笑道："也不翻翻看看你家的老皇历，都什么年头了，还拿春陵侯府的破招牌来吓唬人。春陵刘家早被王莽削去封爵，成为布衣平民，如今还抖什么威风！且莫说某不认得'春陵侯'三个字，就是认得，我手中这杆点钢铁枪也不认得。识相点，赶快留下车辆，逃命去吧！"刘秀说道："听壮士口音，当是同乡。既然同在乡梓，何不留点乡里之情？"那大汉略一踌躇道："既然同在乡里，当此荒旱之年，何不把车上谷米施与嗷嗷待哺的饥民，反而要去宛城牟利赚钱？可见贫富不同道，道不同难与相谋，有什么乡情可言？"刘秀一时语塞。刘稷早已听得不耐烦起来，挺身向前，手执长枪，指着虬髯大汉说道："少啰嗦，有本事车上谷米尽数拿去，不过还要问问我手中长枪给与不给！"那大汉道："好！就让马某试试你手中铁枪的斤两！"他于是手舞长枪跃马向前，直取刘稷面门。刘稷不慌不忙，随手一挥，鲲鹏展翅，"当"的一声，把那大汉的长枪拨在一边。那大汉在马上身躯一震，不禁一晃，大吃一惊。他双手握枪，正准备刺出第二枪来，冷不防刘稷枪随身转，旋风般一枪横扫过来。亏得他座下乌骓是久经战阵的良驹，长嘶一声前蹄腾起，后腿直立，刘稷的枪尖，"呜"的一声，紧扫马首而过，险些把那大汉撂下马来。刘秀在一旁高声喝彩："好一招苍龙摆尾！"话声甫落，刘稷双手握枪，一跃而起，铁枪凌空劈下。那大汉招架已来不及，慌忙滚鞍落马。铁枪砸在马鞍上，乌骓负痛长嘶，回头狂奔。刘稷枪尖抵住大汉胸膛，作势要刺，刘秀连忙叫道："六哥住手！莫要伤人！"说着大步向前，去扶那汉子。谁知那大汉，不待去扶，懒驴打滚，翻身跃起，手指刘稷说道："你那算什么招数？枪不似枪，棍不似棍，全无章法。有本领施出正正经经的枪法招数来，若能赢了俺手中长枪，俺便服你！"刘秀笑道："壮士眼力不错，果然是行家。我六哥第一招叫鲲鹏展翅，第二招叫苍龙摆尾，全是棍法。第三招叫刀劈华山，变为刀法，合起来叫两棍加一刀，完全不是枪法。壮士一上来，见我六哥手中拿枪，以为交战必然用枪招，没想到他先棍后刀，确实胜之不武。壮士必是用枪的行家，我也喜欢用枪，借机讨教几招如何？"那大汉道："好，好，好！如果能在枪法上赢得了我，就放你等过山！"说罢撮唇呼哨，乌骓闻声而返，那大汉飞身上马，舞动手中长枪，便又和刘秀厮杀起来。

刘秀的枪法，杂采多家之长，奇招频出；那大汉也枪法娴熟，刚猛劲狠，确非庸手。二人斗了三十多个回合，不见输赢。刘秀猛然想起刘稷教他以灵巧胜滞拙的话来，他于是觑得机会，猱身直进，径逼马前。那大汉在马上本来占着上风，但刘秀逼近马头，长枪反而显得笨拙，难以施展开来。刘秀一招占先，枪枪紧逼，一招紧似一招，如长江大河绵绵不绝，招招不离那人前胸面门要害之处，恰似银星万点乱眨眼，百千金鸡争点头，直杀得那大汉在马上手忙脚乱，架格遮拦不及。两人大约又战了一二十个回合，刘秀一声断喝："当心了！"一招怪蟒翻身，枪尖直刺大汉咽喉。那大汉侧身欲躲，不想竟是虚招，刘秀一枪点在大汉前胸，但没有用力，只是沉声喝道："还不下马！"那大汉惊出一身冷汗来，连忙滚鞍下马，倒头便拜。刘秀抱拳当胸，笑道："承让了！"那大汉道："足下好身手，多蒙手下留情，佩服，佩服！"刘秀说："足下哪里话来，刘某不过以巧取胜罢了。倘若足下纵马前跃，我焉有不后退之理？我若后退，胜否尚未可知。"那大汉也道："相约枪法见高低，若借马力取胜，算什么好汉？"刘秀见那大汉性情豪爽，不由心生爱重，高声问道："听兄台口音，当是本郡人氏。有如此身手，寄身草莽，岂不可惜？"那人哈哈一笑道："足下这等身手尚埋没乡野，我又有什么可惜？在下马武，草字子张，祖籍湖阳。因与豪门结仇，亡命江夏。遍地豺虎，无家可归。适逢王匡、王凤二位兄长，聚义绿林山中，马某投效麾下。承蒙二位大头领不弃，以为偏裨。初战大败荆州牧于云杜，一举攻破竟陵，进击安陆。自此，我绿林山中部众五万，声震江汉。不料前年山中疾疫流行，弟兄死亡过半。众头领无奈，兵分三路，离了绿林山另觅安身之所。马某跟随王大哥北入南阳。因二位王头领原籍新市，部众号为'新市兵'。行军路上，马某身染瘟疫，不愿累及众家兄弟，遂私自离队，卧病蟒川丛林，奄奄待毙。不怕二位仁兄见笑，当年马武，也是一表男儿，相貌并不丑陋。因昏死山野，秃鹰以为马某已死，啄伤面目。马某疼痛醒来，翻身滚落山坡。也是马某命不当绝，恰好落在一条巨蟒身边。慌急之中，不知如何是好，幸而腰中短刀犹在，于是拼尽余力杀死巨蟒。腹中又饥又渴，口干舌燥，不管三七二十一，趴在那巨蟒伤口上大口大口吮吸蟒血，直到精疲力竭又昏睡过去。"刘秀、刘稷及众庄客直听得毛骨悚然，拵舌难下。稍停，刘秀问道："后来呢？"马武苦笑道："也可能是喝了这巨蟒之血的缘故，一觉醒来，只觉病好了许多。腹中饥饿，就刀割蟒肉，不管腥膻，饱餐一顿，然后踉踉跄跄，出了蟒川，到太平镇去。镇上之人，听说我杀了巨蟒，都把我当作英雄。岂不知，惭愧得很，若非那巨蟒睡着，马某早已成了它腹中之物了。"

"后来呢？"众庄客急不可耐地问。马武道："后来我就成了这副满脸伤疤的丑八怪。数日之后，我追上了王大哥和众位弟兄。恰好众兄弟没有找到合适的安营扎寨之所，我觉得这蟒川卧虎山，山虽不高，但林深无边，川谷纵横；离江夏、宛城都不算远，进可攻，退可守，不失为一个好去处。于是就建议王大哥到此处安营。不久，王常、成丹西入南郡，号为'下江兵'；陈牧、廖湛举义平林。三路人马互为犄角，彼此呼应，也就在这里立住了脚。我和张印、朱鲔二位头领把守这蟒川口，一来为山寨筹集粮秣，二来防备东面、南面官军来袭。不想今日遇见足下，连败两阵，承蒙不杀，实在惭愧。青山不改，绿水长流，后会有期！天色不早，二位过山去吧！"马武说罢命左右让开去路。

刘秀、刘稷与马武拱手作别，催促庄客，正要驱车过蟒川口，忽见迎面两骑飞奔而来，后面跟着一哨人马，拦住去路。只听一人高声叫道："且慢！赢得张某手中长矛，再走不迟！"刘秀抬头一看，苍茫暮色里但见白马之上坐着一人，身高七尺有余，面似古铜，绿中透黄，目似鹰隼，精光瘆人，手中长矛一丈有余。刘秀见天色已晚，身在峡谷之中，敌众己寡，不是逞强争胜之地，于是拱手笑道："壮士请了！适才蒙马兄允准，某等方敢过山，并非擅闯。若肯看马兄金面，放我等过山，车上谷米奉送两石，以补山寨之用，如何？"那人哈哈一笑道："你当这蟒川口是宛城谷市吗？哪里有讨价还价的道理？爷爷做的是没有本钱的买卖,杀过官,破过城,官家的府库,豪门的仓廪,金银珠宝,绫罗绸缎,细粮白米随心取予,生杀予夺,谁敢口出半个'不'字?汝等生死决于爷爷喜怒一念,区区几车谷米,还斤斤计较,岂不可笑?"马武见此情形,连忙拍马上前,指着拦路之人对刘秀说:"这位张印大哥,是我绿林军中第一勇将,也是马武患难兄弟。"他转面对张印说:"这二位是马某同乡故人,舂陵侯府刘兄。百事好说,千万不要伤了和气。"张印冷笑道:"马贤弟你且退下,方才的情况我都知道了。不是为兄不给你面子,是我绿林军丢不起这个人。过了今日,你认得舂陵侯府,只怕人家还未必认得你!休要攀高结贵,自讨没趣!王大哥有紧急军务催你速回山寨,这里的事情,你不要管了!"马武满面羞惭,拍马而去。

刘稷早已按捺不住胸中怒火,大声叫道:"文叔!和这种人啰嗦什么!看好车辆,待为兄称称他的斤两,也让他日后认得舂陵侯府的招牌!"张印道:"好!好!好!此地狭窄,旋马抢枪都不方便。你有胆,可随我到山口空旷处一决雌雄!"说罢,把手一挥,部众退至山口空旷之地,摇旗呐喊。刘稷回头对众庄客说:"过来两个手脚利索的,多带绳索,帮忙捆人。戳翻一个,捆绑一个,明日到官府请赏!"张印听了,气得青黄面皮变得乌紫,咬牙冷笑道:"不知死活的东西,阎王殿上请赏去吧!"说着纵马如飞,挺枪直取刘稷咽喉。刘稷横跨一步,让过张印枪尖,一招鲁阳挥戈,枪挟疾风,直扫张印头颅。张印俯身低头,刘稷丈二铁枪"呜"的一声,紧贴头顶掠过。等他旋马回头准备刺第二枪时,刘稷抢先一招犀牛望月,直刺前胸;张印想不到刘稷出手如此迅疾狠辣,破招已来不及;电光火石间,仰面平卧马背之上,这一招名曰"鞍上观天",又名"铁板桥",原是急中生智之法,非骑术精湛之将难以为之。刘稷变招之快,匪夷所思,这一招似实而虚,一个转身,招数突变,不待张印从马上直起身来,化枪为棍,猛然横扫,生生击中张印肩背。张印只觉头晕目眩,筋断骨酥,在马上坐立不稳,一头栽下马来。这三招间不容发,一气呵成,本是刘稷绝技。张印自恃武艺超群,一时轻敌,取胜心切,一上来就着了刘稷的道儿,三招便被打下马来。

刘稷上前一步,枪尖对准张印胸膛,喝令庄客:"捆结实了!"二庄客拿出绳索,就要将张印捆绑。正在这时,绿林军中一骑跃出,高声叫道:"且慢!

要活命的,快快放了张将军! 你且四面看看,这山上林中我们有多少弟兄,你们走得了吗?"刘稷举目四望,果见四面山林里人影依稀,旌旗晃动。刘稷略一迟疑,哈哈笑道:"用得着虚张声势吗? 谁敢轻举妄动,我先取了这厮性命。千军万马爷爷独往! 有胆量放马过来,能在爷爷面前走马三遭,方算好汉!"说罢长枪一抢,蓄势待发。方才,张印与刘稷交手,绿林军将士都亲眼看见了。那人自知远非刘稷对手,于是又软了下来,拱手说道:"久闻春陵刘侯,备受新莽欺凌。安众侯刘崇,五年前就曾起兵反莽,南阳刘姓宗室多受牵连。我绿林弟兄与春陵刘氏是友非敌,区区小事,何须刀兵相见?"刘秀见此人说话斯文,连忙接口道:"我春陵刘氏,一向敬重绿林义士,更无心与绿林结仇。我等前往宛城卖谷,借道一过。只要放我等过山,自然会礼送张将军回寨。"那人道:"在下朱鲔,好歹在绿林军中位列军师将军,一言既出,驷马难追。只要你们放了张印将军,我们立刻放车辆过蟒川口,并保诸位平平安安到达宛城。"刘稷道:"你的话我们如何敢信? 方才放了马武,又被你们拦下。如今放了这姓张的,你们又变了卦,我们还过山不过? 何况你们人多,我们人少,蟒川是你们的地盘,你们是主,我们为客。人心难测,安能不防?"那张印被倒剪双臂,捆得像个粽子,气得跳脚大叫:"快快,并臂齐上,杀了他们! 休要管我!"朱鲔有心一拥而上去救张印,又怕伤了张印性命。踌躇一阵说道:"依二位之见,如何了断此事?"刘秀道:"为今之计,只有屈尊这位张将军,送我们过蟒川口。出了蟒川,到了湖阳地界,我们自会毫发无损,放张将军回来。你要是不放心,尽管在后面跟着。但不要跟得太紧,离得太近,免得发生误会,伤了张将军,反为不美。"朱鲔无奈,只好答应。

于是,刘稷、刘秀押着张印,护定车辆过了蟒川,直奔湖阳。朱鲔带领百余弟兄,远远跟在后面,几次想冲上前去,夺回张印,但影影绰绰看到刘稷那高大的身影,又打消了念头。他知道,此时张印的生死,确实掌握在刘稷手中。到了湖阳地界,刘稷让刘秀押车先行,把张印留下,自己断后。等车辆渐远,刘稷倏然出掌把张印击倒在地。夜色里,他跃身骑上张印的白马,绝尘如飞,追赶刘秀去了。

朱鲔救了张印,回转蟒川,已是天光大亮。张印从来没有受过这等羞辱,吃过这种哑巴亏。他和朱鲔商量,请求王匡、王凤,选派精干弟兄和他们一道下山,追赶刘秀、刘稷。张印道:"兄弟自从追随大哥上了绿林山,纵横数载,身经恶战无数,从未受过这等折辱。此仇不报,誓不为人。请大哥挑选精锐,随兄弟下山,追赶刘秀一行!"王匡、王凤劝慰张印道:"自古没有百战不败之将。贤弟骁勇,军中尽知,偶然经此小挫,算得了什么?何况大行不计小节,我等兄弟原为反莽举义,为几个贩谷的农夫,兴师动众,也值不得。兄弟好好将养几日,山寨有许多大事还等着兄弟去办哩!"马武等人也说:"此时下山去追也来不及了。君子报仇,十年不晚,也不必急于一时。"张印道:"车行缓慢,马行迅疾。现在下山,不过三十里便能赶上。今晚赶不上,明天早上还能赶不上吗?"马武道:"即使赶上又当如何?你我都和他们交过手,再战还能讨到什么便宜?"张印冷笑道:"马贤弟大度能容,能咽得下这口恶气,张某却难以咽下。即使再战再败,我也不能就此罢休!何况不能力敌还可智取。他在明处,我在暗处。猛虎也有闭目入睡之时。瞅准机会,杀此鼠辈何难!"马武闻听此言,反驳说:"张大哥这话我就不赞成了!我绿林弟兄,一向行事光明磊落,赢得起,输得起,怎么能干这等阴损勾当?何况刘氏兄弟,做事仁义,是友非敌。张兄为何这般小肚鸡肠?"张印不禁大怒道:"马武!刘氏兄弟与你是友,与我是敌,我自己的事情自己办,不劳你操心!"王凤连忙劝道:"张贤弟不须动怒,不可为此伤了自家兄间的和气。自从前年那场瘟疫后,我绿林人马,元气大伤,至今未复。听马武兄弟讲刘氏兄弟也非蛮不讲理之人。另据派下山去的各路弟兄禀报,舂陵刘氏正在联络各路义军,准备起兵反莽。当此之时,仇怨宜解不宜结,小不忍则乱大谋。贤弟暂忍一时之忿,下山之事,从长计议,如何?"张印冷笑道:"既然大哥不肯派人下山,我自己去好了!是生是死,就不劳山寨操心了!"他说罢转身离去,头也未回。王匡、王凤连忙让朱鲔追下山去,交代朱鲔道:"张兄弟如果执意不回来,贤弟只好陪他一道前去,彼此有个商量照应。"朱鲔道:"大哥放心,小弟记下了!"

　　且说刘稷转身去追刘秀,追上时已到夜半。刘秀说:"此时早已过了太平镇,前不着村,后不着店,又怕蟒川强盗随后追来。湖阳东北十里樊家庄,就是外公家。外公家是湖阳望族,寨子牢固,庄客甚多,寻常盗贼不敢来扰。我们不妨前去投宿。"刘稷道:"如此甚好。伙计们一路担惊受怕,到了舅舅家,可以安安稳稳睡一宿,明日再去宛城。"于是,一行众人便投樊家庄而去了。

图谶

　　樊家庄在湖河北岸。樊氏祖先因河为陂，蓄水灌溉，名为樊家陂。湖河东西长十里，南北阔五里，水面辽阔浩渺。樊氏一族聚居陂东，子孙繁衍，到了刘秀的外公樊重一代，樊家庄就成了一个超过千人的大村落。樊重善于稼穑，勤俭持家，又喜欢做生意，为人温和厚道，经营有方，数十年间便挣下万贯家产，置田三百多顷，成了富甲一方的大财主。樊重生财有道，却又轻财重义，乐善好施，赈赡宗族，惠及邻里。陂中鱼虾，仓中谷米，乡邻有求必予，从不吝惜，于是邻里感戴，素孚众望。樊重驭下有方，三世共财，五世同堂，家庭和睦。樊重临终把所有债券借据，付之一炬。他嘱咐儿子樊宏、樊丹说："君子之富，假人不德不责，食人不使不役。我死之后，所有债务都一笔勾销。有上门还债者，都不要接受。"二子遵命谨记。后来，果有不少人上门还债，樊宏、樊丹一一婉言谢绝，樊氏美名更为远播。百里之内，盗贼相约：虽困不劫樊氏之财。

　　刘秀、刘稷路上谈起樊家之事。刘稷说："传闻外公一家，乃汉初功臣樊哙之后，不知真假？"刘秀说："樊哙祖居丰沛，封地在舞阳；外公先祖本是周朝仲山甫之后，封于樊地。以封地为姓氏，子孙一脉流徙于湖阳，遂有外公一族。两家虽然都姓樊，但风马牛不相及，毫无渊源。近代樊刘两家联姻，亲上加亲，舅父所娶舅母，乃我族中苍梧太守刘顺之女，刘赐大哥之妹。因而世人妄加附会，说舅氏一家为樊哙之后，似乎刘樊两家二百年前便是姻亲,其实甚为荒唐。"刘稷道:"湖阳人说,外公以梓漆十株发家,不知是否当真?"刘秀说:"传说罢了。十棵梓漆能值几何?岂能发家?听母亲讲,当年外公家业初兴,要做家具,需用油漆。宛城市上,油漆百钱一斤,外公以其价贵,舍不得买。他回来栽种梓漆小树十棵,对家人说:梓漆树成,再油漆家具不迟。一时乡里传为笑谈,皆以为外公吝啬迂腐。殊不知外公勤俭持家,思虑深远,居家过日子,宁陋勿华,戒奢以俭。十年之后,梓漆成材,所产生漆,自给有余,家具、门窗髹漆一新。先前讥笑外公的乡邻,无不叹服,纷纷向他来讨要梓漆。于是哄传外公栽种梓漆发了财。其实,这时外公已经家产逾万,哪还指望这十棵梓漆发财?"刘稷道:"外公确实治家有方。世人多羡人家富贵,岂不知,这万贯巨富,也是一点一滴积累而来的。"刘秀道:"六哥听说过外公舍田两顷,平息何家两位表兄打官司的事情吗?"刘稷说:"略有耳闻,但不知其详。"刘秀娓娓道来:"新野何氏姨母家两位表兄,原本家业不薄。姨父姨母过世后,兄弟为争家产而失和,竞相挥霍,后来闹着分家,对簿公堂。外公听说了,深以为耻。把二位表兄叫到家中,严加训斥。每人赐田一顷,让他们罢讼息争。外公告诫他们说:'三年之后,谁的家业兴旺,谁就算胜诉;谁的家业败落,谁就算输了官司。不需经官,到我面前领罪就是!'两位表兄羞愧得无地自容,再也不争家产打官司了。"

　　刘稷、刘秀一路扯着闲话,不知不觉来到了樊家庄。天交子时,守夜的庄客,打着灯笼一看,认得是庄主的外甥来了,连忙放下吊桥,打开寨门,让车辆行人进庄。一面早有人禀报庄主樊宏去了。

　　刘秀、刘稷来到樊府,便先给樊宏夫妇请安。樊宏一面安排随行庄客用饭安歇,一面摆下酒馔和刘秀、刘稷边饮边说闲话。樊宏说:"伯升捎来书信,打听子琴、圣公等人消息。恰巧子琴昨日来到舍下,何不请过来一同叙话?"刘秀说:"今日已晚,赐哥正在歇息,怎好打扰清梦?要见也不急在这半宿了,何妨等到明天?"樊宏道:"子琴亡命藏匿之身,白日人多眼杂,多有不便,正好清夜相见。"于是起座去请刘赐。

　　樊宏为人谨重温厚,有乃父之风。刘赐,字子琴,和樊宏是郎舅,与刘秀、刘縯是同宗兄弟。民间所谓"亲戚吃僚,各喊各叫",又道"亲不掩宗",所以刘秀、刘縯仍旧和刘赐兄弟相称。刘赐和哥哥刘显早年丧父,多蒙叔父刘子张照抚。刘子张夜晚访友回家,碰见蔡阳县釜亭亭长喝醉了酒,拦住他盘查。刘子张说:"我乃戴侯之孙,苍梧太守之子,请足下行个方便。"那亭长不屑地说:"如今哪里还有什么春陵戴侯和苍梧太守!即令戴侯、苍梧太守从坟墓里爬出来,也不得夜行,况其子孙!"自王莽篡汉以后,宗室刘姓多受地方官吏肆意欺凌,刘子张早已忍无可忍。今晚一介小小釜亭亭长,竟敢当面辱及先人,刘子张不禁大怒,伸手打了亭长一个耳光。那亭长拔出腰刀,便砍子张;子张夺过刀来,随手给了亭长一刀,亭长当场毙命。人命关天,刘子张自知闯了大祸,带领妻子家人连夜逃走。刘子张有子二人,长子刘玄,字圣公;次子刘骞,字幼公。刘骞在邑庠读书,未及逃避就被亭长之子杀死了。子张得知幼子被杀,悲恸欲绝,归家自首。依照情理,亭长被杀,已有刘骞性命相抵,官司本该具结了案。但官府以子张犯法在先,况且以民杀官;其子被杀乃是私怨相报,仍把子张投进监牢。刘玄为了营救父亲,邀集亲友商议解救办法。刘赐、刘显兄弟应邀赴会。酒至半酣,县里游徼来了。这游徼本是县尉的属吏,职司追缉逃犯,捕捉强盗,维护地方治安,是釜亭亭长的朋友,缉拿刘子张父子尤为卖力。"人在矮檐下,不得不低头",刘玄为了营救父亲,不得不向游徼示好,特请游徼入座,向他敬酒。刘显酒醉高歌,他在席间唱道:"朝烹两县尉,暮饮美酒醉;游徼随后来,正好调羹味。"游徼闻听刘显如此嘲弄,当即大怒,当即把刘玄捆绑起来,待还要来捉拿刘显时,刘显一看阵势不对,便急忙翻墙逃跑了。

刘玄被带到衙门,重重打了二百鞭。刘玄佯装气绝身亡,才被家人抬了回去。县令见刘子张连丧二子,遂把他从监牢放出。刘显咽不下胸中恶气,暗结宾客,刺杀游徼。后来,刘显、刘子张被官府捉拿,下入大牢。釜亭亭长的儿子又买通狱卒,把刘显在狱中害死。刘玄则逃亡到平林外公家躲藏起来。刘赐为了给哥哥报仇,变卖家产,结交江湖好汉,尽杀釜亭亭长一家,放火烧了游徼宅第,带领侄儿刘信,亡命天涯。近来,绿林军新市、平林、下江各部兵临南阳,官府无暇顾及追捕逃犯之事,刘赐才暗暗潜回家乡,藏身在妹夫樊宏家中。

时间不长,刘赐到来,和刘秀、刘稷相见。刘稷道:"赐哥温文尔雅,谦让谨重,想不到义烈如此,竟做下这般惊动州郡的大事来,族中弟兄无不敬佩。

伯升大哥每每提起,称赞赐哥是宗室子弟中又一安众侯。兄长何不回春陵和伯升大哥共同带领兄弟们轰轰烈烈大干一场?"刘赐苦笑着说:"伯升是我春陵刘氏翘楚,雄才大略,不在刘崇之下,愚兄算什么? 一时称匹夫之勇,竟成亡命囚徒。有家难归,有亲难投。每念及此,无地自容。我何尝不想回春陵和兄弟们相聚? 只是不愿累及族中昆仲父老罢了。"刘秀道:"龙蛇之蜇,以存身也;尺蠖之曲,以求伸也。自古至今,哪个英雄豪杰不是如此? 兄长不必气馁,来日方长。"刘赐叹息着说:"高祖创业,分封子弟,本欲屏藩皇基,捍我社稷。而今莽贼篡汉,倒行逆施。我宗室子弟甘为砧上鱼肉,上不能讨逆贼复社稷,下不能保封藩安黎庶,实在愧对祖宗,无颜立于天地之间。"刘稷则说:"兄弟们非无反莽讨贼之心,只是力不从心罢了。以安众侯刘崇之力,东郡太守翟义之势,尚难以成功,况我等无权无势的平民百姓呢?"刘赐道:"凡举大事,必得天时。安众侯刘崇虽是我宗室子弟中的英雄,但未明天心去就之机,举事过于躁急操切。当年他和家叔庐江都尉一道进京,助修明堂,眼见莽贼篡弑之迹已显,曾经私下里对家叔说:'安汉公擅权专政,群臣莫不屈从,社稷不日将要倾覆。太后春秋已高,而天子幼弱。高皇帝分封子弟,盖为扶保社稷。我等宗室子弟不能袖手等待莽贼篡弑。家叔赞赏刘崇的忠心胆气,但以为兹事体大,不可轻举妄动。王莽居摄,刘崇以为时机已到,若不挺身而出,乃为宗室之耻。他于是率区区百余乌合之众,攻打宛城,终因势单力薄而败亡。庐江都尉害怕受到牵连,欲结党树援,便和高陵侯翟宣联姻,让儿子刘祉娶了翟宣的大小姐。不料新媳妇刚娶进门,翟宣的弟弟东郡太守翟义便奉严乡侯刘信为天子,起兵讨莽。此时太后已薨,王莽鸩杀平帝,罪恶昭彰,故而翟义曾经一呼百应,拥众十万。但此时王莽毕竟还怀抱孺子,昼夜告祷太庙,俨然是我大汉忠臣。同时,他仿照《尚书·大诰》,写了一道策文,颁行天下。信誓旦旦,摄居之位,不久当还政孺子。这一鬼蜮之伎,竟然欺瞒天下。翟义兵败,家叔庐江都尉不免池鱼之灾,新娶的儿媳妇被杀,儿子也被投进监牢。家叔不得不上表谢罪,情愿率子弟宗族为王莽效忠。我春陵刘氏,一概削爵夺官。王莽以为大局已定,遂篡汉自立。徐乡侯刘快,义愤难平,起兵讨莽,攻破即墨,颇具声威;但其胞兄胶东王刘殷,却公然为虎作伥,帮助王莽,攻打刘快,被王莽封为'扶崇公',增益封地万户。

刘快举义,因而很快便被扑灭。兄弟不禁要问,同为宗室子弟,为何胳膊肘向外扭,令亲痛仇快?'龙生九子,各不相同',良莠不齐,原不为怪。关键在于时机未到。天意民心,当时还都未到举兵灭莽之际。"

刘稷、刘秀同声问道:"何时才是举兵灭莽之时?"刘赐回答说:"以愚兄观之,时机不远。由古观今可以知之。桀纣暴虐,汤武征伐,绝非汤武一人之力,乃天下诸侯、万民百姓之力。秦失其德,天下苦之,故陈涉揭竿而起,天下响应,诸侯影从,不数载,高祖兵破咸阳,而后创我大汉千秋大业。陈涉、高祖无不起自布衣,皆因与民同心。民可与之死,可与之生,而无畏也,故能成大业,亡暴秦。今莽贼罪恶昭彰,不唯我宗室子弟怨之,恨之,朝野士大夫,黎民百姓莫不怨之恨之,可谓天怒民怨,人神共愤。莽贼托古改制,蛊惑人心;朝令夕改,民怨沸腾。滥用名器,爵分十等,受封者两千多人,但口惠而实不至。这些人居住京城,三餐不继,怨声载道。王莽妄信小人之言,拆解我'刘'字,为'卯、金、刀',为灭刘氏'帝王之气',废五铢钱、大钱、契刀、错刀等钱币不用,实行'宝货五品',分钱币为'五物、六名、二十八品',致使商贾百姓、贩夫走卒不知如何进行买卖。农商失序,食货俱废。民穷无路,悉起为盗。法禁繁苛,民无所措手足。王莽把触犯法禁之人除灭三族、诛种嗣、掘祖坟之外,还把尸体陈之濮阳、无盐、槐里、鳌屋等地闹市通衢,以威慑天下万民。殊不知,'防民之口,甚于防川',防不胜防。如今已是群雄并起,四处狼烟。除近在咫尺的绿林、琅琊赤眉之外,还有琅琊吕母,临淮瓜田仪,河北的铜马、青犊、大枪、尤来……举不胜举。故而我说,此时举兵讨莽,正是时机。"

刘秀、刘稷齐声说:"听赐哥之言,令人心潮涌动。但群龙无首不行。兄长何不带领弟兄们乘时大举?"刘赐笑道:"愚兄哪有这等才能? 遍观我宗室子弟,能为此大任者非伯升莫属。但独木不成林,单丝难成线。刘崇,翟义,皆非庸才,但应援不力,反为莽贼所害;前车之覆,后车之鉴。转告伯升,千万当心。我宗室子弟或蛰伏闾里,或亡命在外,不通音讯者甚多,宜四处访寻联络,使各聚宾客徒众,共襄大举。万不可各行其是,自蹈败亡。"刘秀、刘稷齐声说:"兄长所见甚是,我二人一定把您的话转告大哥。"当晚三个人一直谈论到天光大亮。过了一日,刘秀一行前往宛城。

　　朱鲔追上张卬，劝张卬回去。张卬道："好马不吃回头草，开弓没有回头箭。我既然当众说过不报此仇，誓不回山，焉肯随兄弟回去？"朱鲔道："既然张兄不肯回山，我愿与兄同往。"二人于是并辔而行，一路追赶刘秀、刘稷。过了湖阳，不见刘秀等人的踪影，二人心中诧异。张卬道："按照常理，刘秀等人脚程再快，牛车也快不过你我骑马；湖阳到宛城大道只此一条，别无他途，难道他们能插翅飞到宛城？"朱鲔道："既然只此一条大道，他们会不会夜晚在一僻静之处住宿，我们没有发现，反倒赶到前面去了？"张卬道："如此，我们只用选一险要之处，在半道等候他们到来就是。"朱鲔道："大哥休怪小弟长他人志气，灭自己威风。若在夜晚，趁其不备，出其不意，我们暗中下手，或许有几成胜算；如今青天白日，你我又非其敌，即使追得上、截得住，能有几成胜算？岂非自寻其辱？"听朱鲔如此一说，张卬不禁泄气，低下头来，黯然说道："此仇不报枉为人也。你叫为兄如何咽得下这口恶气？"朱鲔道："我有一计，不知可行与否？"张卬道："贤弟请讲。"朱鲔道："我有一个朋友，姓李名轶，字季文。宛中名门宗卿师李守的亲侄儿，武艺出众，为人仗义，专好结交江湖好汉。李家在宛城财大势雄，听说在郡县衙门都有门路。刘秀等人早晚必到宛城。若请李轶出手相助，我想替兄长报仇，不是难事。"张卬道："不知李季文肯否援手？"朱鲔说道："有钱能使鬼推磨。小弟马鞍后颇有一点金银，专备不时之需。到了宛城，置备一份厚厚的礼物，登门拜访。他李轶焉有不给面子的道理？"张卬道："如此甚好。"二人于是赶往宛城，要找李轶帮忙报仇。

　　汉朝凡有宗室封藩的郡国，设有宗卿师的官职，负责郡中宗室事务。朝廷在京城设有宗卿师衙门，专管各郡国宗室事务，是各地宗卿师的顶头上司。王莽篡汉之后，沿袭汉制，宗卿师成为监视宗室的耳目之官。南阳李守，精通星象谶纬之学，和刘歆颇有交情。刘歆虽是汉朝宗室，但和王莽亲近，女儿刘愔嫁给王莽的太子王临为妻，二人成了亲家，他又是大儒刘向之子，名气极大，被称为"莽学士"。经刘歆推荐，李守当上了王莽的宗卿师，居官长安。李家既是仕官之家，又以货殖著称，是宛城商贾之首，家资巨万。李守之子李通，字次元，亦字伯玉，曾经当过五威将军从事，出补巫县县丞，以才能出众闻名。他见世局动荡，不屑于当供人驱使的小官，辞官归里。从此不乐吏事，居家富贵安逸，为闾里豪雄。李轶是他的堂弟，掌管府中事务。

朱鲔、张印来到李府，见到李轶便奉上礼物，说明原委。李轶听后满口答应下来。李轶道："李某虽不才，但在宛城似这等小事，不须李某动手，便可摆平，二位兄长尽管放心好了。但有一事，小弟不得不叮咛兄长。宛城为五都闹市，人多眼杂。比不得绿林山中，兄长们可以招摇过市，想到什么地方就到什么地方。我李府虽不怕事，但宗卿师毕竟在朝为官，食朝廷俸禄，树大招风，易惹人疑忌。近来，新市、平林、下江三路人马，兵临南阳，宛城风声甚紧，太守甄阜、属正梁丘赐如临大敌，盘查甚紧。请二位兄弟在寒舍静候佳音，少要外出，免得被人看破行藏，多有不便。另外，我大哥毕竟是官面上的人，座上非官即宦，暂时就不和二位见面了请二位多多见谅。"张印、朱鲔齐声道："李兄说得极是，'小心行得万年船'我们记下了。"当日二人便在李府住下。

宛城与洛阳、邯郸、临淄、成都在汉代并称"五都"，甚是热闹繁华。王莽末年，连年灾荒，城中米价一日数涨。刘秀卖米的车辆一到米市，便被籴米的百姓和商贩包围起来。刘秀问过当日米价，随行就市，开秤卖米。时近中午，米已卖了大半。这时却来了一人，像是大户人家的管家，又像是衙门的皂吏。身后跟着几个手执棍棒的奴仆。那人来到跟前，高声喝问："哪里来的卖米的，怎么如此不懂规矩？巳时早过，米价怎么还没有上涨？"刘秀茫然，不知那人所言何意，便拱手答道："舂陵刘秀，初来宛城，确实不知卖米的规矩，还望不吝指教。"那人冷笑道："不知道规矩，就敢开秤卖米？朝廷'六筦''五均'之法早已颁布，这物价必须依照官府规定，哪能私自做主？近来宛中米价一日数涨，各个时辰米价都不相同。辰时斗米大钱十五文，巳时已涨至二十文。如今天到午时，恐怕要涨到二十五文。一街两行，行商坐贾都在等待新价，偏偏你们仍按辰时米价粜出，同行们还怎么做生意？你没看看这籴米之人，都一窝蜂拥到你这里籴米，其他米店门可罗雀，今日非赔个血本无归不可。一行有一行的规矩。米行向有成例，单独私自降价，抬价侵害同行利益，要赔偿同行所有损失，枷号示众，逐出米市。你说今日之事该如何了断？"刘秀道："朝廷'六筦''五均'之法，明文规定，只管盐、铁、烧酒、铸钱、开矿、赊贷，并未涉及五谷。何况我卖的是自家田里的谷米，与他人何干？长安米市，朝廷明令禁止哄抬米价，并未规定不准降价。新野米市规定贷无二价，也就是同时同地不能随意更改价钱，焉有每个时辰都涨价的道理？况且前客未走，后客就涨价五文，焉能不争不吵？还怎么做生意？这样做公道吗？"那人高声叫道："少要啰嗦。要么按规矩办事，先缴出钱来赔偿同行损失；要么跟我到五均令大人那里说话！"说着，回头就命身后二人去夺刘秀的米斛。刘稷早已怒不可遏，把夺斛之人三拳两脚，打翻在地。那人见刘稷出手凶狠，不由冷笑道："想在宛城动粗撒野吗？怕是找错了地方！"他说着，纵身跃过粮车，一招"冲天炮"，挥拳直击刘稷面门；刘稷身形不动，倏然伸手抓住那人手腕；那人左手二指并拢，猛戳刘稷双眼，这本是攻其必救的狠招，一般人定会撒手护眼；但刘稷出手如电，后发先至，右手恶鹰捋索，一把卡住那人的脖子；接着两膀用力，把那人摔了个仰面朝天，跌倒在地。那人翻身起来，手指刘稷骂道："好，好，好！有种你等着！"说罢，转身带着仆从一溜烟地跑了。

籴米的人都说："快走吧，这是李府三少，宛城有名的惹不起。他必是回府搬兵去了，你们快躲躲吧！"霎时间，籴米之人走了一半。所谓李府三少，名叫李季，是李通、李轶的侄儿。在李府子弟中排行老三，府中上下都叫他"三少爷"。他身手健捷，是李府护院家丁的首领，同时在宛城"五均"衙门当差。李轶让他来米市上打打前站，看能否找到刘秀、刘稷，看看二人究竟是什么来头，也好见机行事，替张印、朱鲔教训教训这两个人，出口恶气。教训轻重自己掂量，只要不闹出人命就行。李季万没想到偷鸡不成还蚀了把米，恼羞成怒，回到府里，壁上摘下一双护手吴钩来，转身便走。李轶得报，连忙随后赶来。一群家丁，各执棍棒，跟在后面，气汹汹直奔米市。

李府在城中十字街西，米市在城东南隅，因每日鸡鸣便有人起早赶集做买卖，米市又被称作"鸡鸣市"。宛城"五均"衙门便在鸡鸣市附近。刘秀听众人说李家财大势雄，李季惹不起，不愿惹是生非，他于是劝刘稷说："米也差不多快卖完了，六哥带着伙计们先行一步。我卖了剩下的米，买点日用之物，随后追赶你们。"刘稷道："杀人越货的强盗，你我尚且不惧，难道还怕他一个市井无赖？我偏不走，看他能奈我何！"刘秀劝说道："强龙不压地头蛇，小不忍则乱大谋。家中大事甚多，大哥等着你我回去办理。出门在外，何必多惹是非？"刘稷听刘秀说得有理，带领庄客就先行走了。

李季来到米市，不见了刘稷，手握吴钩，厉声喝问刘秀："方才撒野的汉子哪里去了？快让他来见三爷，有种别做缩头乌龟！"刘秀拱手道："李府乃宛中名门，宗卿师南阳人望，盛名远播。大人自有大量，何必和乡野小民一般见识？方才冒犯之处，还请见谅。"李季道："说得轻巧，违犯行规，还撒野打人。想一走了之，哪有如此便宜的事？交出方才打人的汉子，还则罢了，不然拿尔是问！"刘秀笑道："光天化日，众目睽睽。这米市上的人都可见证，原本是尊驾和仆从先动手打人，怎么颠倒黑白，反诬他人？"李季道："少要啰嗦，三爷先动手，又待如何？"说着挥拳便打刘秀。刘秀侧身让过，仍然笑吟吟地说："有理不在高言，君子动口不动手。如此粗野，有辱宗卿师家风！"李季遭此奚落，怒不可遏，挥动吴钩便劈，刘秀连连后退避让。三招过后，刘秀一声怒斥："不识抬举的东西！"说着左手倏出直点李季双眼，李季不知是虚，闪身欲躲；刘秀右手疾探，一把抓住李季寸关，双脚连环踢出，把李季踢倒在地，随手夺过李季手中吴钩。众家丁一拥而上，有的来扶李季，有的围攻刘秀。此时李轶到了，大声喝道："退下！都往后站！"说着越众向前，抱拳当胸，对刘秀说："尊驾好身手！这招空手入白刃，漂亮极了！我来领教足下高招！"刘秀还礼道："请足下赐教！"二人于是拉开架式，拳来脚去，斗在一起。米市上生意买卖都停了下来，过往行人也都围上来看两人相斗。李季趁机挤出人群，溜走了。

李轶喜交游，见多识广，武艺多采众家之长，招式多变，几与刘秀相当。因而二人交起手来，招式不断变化，见招拆招，倏忽斗了五十多个回合，难分伯仲上下。正斗得难分难解之际，李季带领一群五均衙门巡逻的差役又赶来了。为首之人身高八尺，俊眉朗目，衣饰鲜明。此人，姓任名光，表字伯卿，宛城当地人，在郡中为吏。他奉太守之命来鸡鸣米市巡逻，恰好和李季相遇。李季和任光相熟，他说道："米市上发现形迹可疑之人，十有八九是绿林军中细作。我家二叔正和他们交手，任兄快去相助！"任光闻言，慌忙赶来。

刘秀和李轶正在酣斗，见来了一群衙门的差役，只听为首之人高声喝道:"四面围好了,莫要走了绿林强盗!"刘秀暗叫"不好!"心想,如此不明不白被官府当作绿林强盗拿了,岂不麻烦? 他于是高声叫道:"且慢! 我本安善良民,来宛中卖米,谁是绿林强盗?"李季道:"休要听他狡辩,我府中之人早已查明他的来历,拿下再说!"说着,跃身向前,来帮李轶。任光本是忠厚之人,见事情有点蹊跷,再看刘秀相貌举止不像绿林强盗,连忙拦住李家叔侄说:"二位且慢动手,是不是绿林奸细,带回衙门一问便知。青天白日,还怕他跑了不成? 交给我来处理吧!"

李轶不好相强,拱手道:"如此有劳任兄了!"说罢,他带领李季和府中家丁转身而去。回到府中,李季埋怨李轶说:"二叔怎么轻易把刘秀交给任光了? 岂不便宜了那小子?"李轶道:"孟子曰:'君子远庖厨',你小子懂什么? 杀人非要自己手上沾血吗?"李季连忙说:"叔父说得是。"也就唯唯而退了。

再说任光带着刘秀要回府衙,迎面碰见了五均令樊晔。两者都是南阳人,又同在衙门当差,彼此相熟,见面没有不打招呼的道理。二人正在寒暄,刘秀发现樊晔似曾相识,福至心灵,连忙上前见礼请安道:"舅父安好!"樊晔不由一愣,还礼道:"你是哪家外甥? 老夫眼拙,一时记不清楚了。"刘秀忙说:"我是舂陵刘秀,刘縯之弟。我大舅叫樊宏,二舅叫樊丹,和您老还没出五服呢。"樊晔一拍脑门,上前拉住刘秀双手说:"想起来了! 你是刘家三外甥文叔! 莫怪老舅眼拙,十多年不见,当年垂髫少年,如今已成仪表堂堂的魁伟男儿,叫人如何敢认?"樊晔正要滔滔不绝继续往下说,猛然想起身旁的任光,不禁心生诧异,连忙问:"文叔,出了什么事情了?"刘秀正要开口,任光忙说:"令外甥来宛中卖米,和宗师府李家叔侄发生点误会。事情已经过去了。既然遇见了樊大人,我也正好撒手。事情发生在鸡鸣米市,本来就该由五均衙门处理,这事就交给樊大人了。"任光送给樊晔一个顺水人情,转身就走了。

刘秀跟随樊晔来到五均衙门,把和李季、李轶冲突的前前后后讲了一遍。樊晔道:"李家虽然财大势雄,但很少招惹是非。贤甥来宛中卖米,和李府并无仇隙。李季一豪门子弟,仗势欺人,本属市井恶习,也还可以理解;这李季文系李府管家,宗师李守的嫡亲侄儿,也算是宛中名声在外的人,怎么不顾身份,无缘无故,行事如此孟浪? 其中必有蹊跷。"听樊晔这样一说,刘秀也感到纳闷，遂把路过蟒川遇到马武、张印劫粮的情形给樊晔说了。樊晔若有所悟，猜测道："莫非李轶是受了他人挑唆，有意寻衅？果然如此，这事可就麻烦了。"刘秀道："李府乃官宦之家，怎么会和绿林中人有来往？"樊晔道："生逢乱世，谁知道各人心中打什么算盘？既然这样，奉劝贤甥早早离开宛城这是非之地，快回春陵去吧！"刘秀道："我走之后，李府会不会找舅父的麻烦？"樊晔道："李家货殖世家，宛城商铺生意甚多，我这五均衙门正管着这一亩三分地。平日里他们总是刻意恭维我，怎么会贸然找我的麻烦？贤甥走后，我去李府探探虚实，看看这蹊跷究竟出在哪里。"

刘秀听樊晔说得有理，心里又担心刘稷等人着急，于是当即告别樊晔，离了宛城，追赶刘稷去了。

刘秀走后，樊晔立刻前往李府登门拜访。李通刚从长安回来，听说五均令樊晔来登门拜访，不禁心中诧异道："五均令虽说管着全城商贾，樊晔和自己素无来往，今日为何造访？"但来者是客，不能怠慢，连忙出迎。二人来到客厅，宾主坐定，下人献上茶来。樊晔捧茶在手，不无歉意地含笑说道："樊某冒昧登门，实为谢罪来了。"李通大惑不解，连忙问道："李某前往京师给家君请安，今日方回；不知家中子弟有何冒犯，大人何出此言？"樊晔道："李兄误会在下的意思了。樊某有一外甥，姓刘名秀，表字文叔，春陵节侯之孙。日前，来宛中卖米，不知何事和贵府'三少爷'发生口角，还惊动了府衙差役。樊某今日登门，一来替外甥谢罪，二来讨个人情。如果没有大的过节，请'三少爷'大度包容，宽恕小甥。"李通忙道："令甥现在何处？快带李某当面谢罪！"樊晔道："已离宛城多时，回春陵去了。只要和府上没有太大过节，樊某就放心了。至于后生子弟，集市上言差语错，争吵几句，也算不得什么，李兄不必介怀。"李通道："树大招风，盛名难副。家中子弟、下人太多，李某嘴唇都磨破了，还总少不了给我惹麻烦。还请樊大人海涵。"樊晔见李通对刘秀毫无寻仇之意，也就起身告辞去了。

李通送走樊晔，命人去把李轶、李季找来，询问鸡鸣市上和刘秀因何冲突。李轶怕李季说漏了嘴，连忙说道："没有什么大不了的事情，外乡人不懂规矩，压低米价做生意。小三儿和他们争吵了几句，那人不服气，和小三儿动手。我听说了，赶去劝架，恰巧碰到巡城的差人，把那人带走了。"李轶轻描淡写,敷衍过去。李通不再深究,转而温言对他们说:"宗卿师常常告诫我们,'月盈则亏,水满则溢',持盈戒满,方是远祸之道。我李家虽非达官显宦,公卿王侯之家,但合府上下衣食丰赡,不饥不寒。当此灾荒不断,兵连祸结之年,已属不易。前贤说,'金玉满堂,莫之能守;富贵而骄,自遗其咎'。汝等在外,千万不能骄横越礼,滋惹是非。我李家以货殖发家,生意人讲究的是仁中取利,义里求财,'和'字当先。一个外乡人,来宛城卖米,即使不懂规矩,能于我家损益几何? 值得你们出面干预,惊动官府?"李季想要辩解,李轶又连忙抢先说:"大哥见教得极是,今后小弟一定严加约束子弟,少惹是非。"李通问道:"以你二人所见,这鸡鸣市上与你等发生争端之人,身手如何?"李季这次不等李轶开口,抢先答道:"身手十分了得,我二叔也只是勉强能和他打个平手。时间长了,说不定还要落败。我说的是那个文静秀气的;开始那个性格粗豪的,更是厉害,三拳两脚……"李通听李季说到这里,不禁动气,打断他的话说:"怎么? 还有一人?"李轶见李通动怒,连忙接口说道:"小弟赶到时,先前和小三儿动手那人已经走了。和我交手的人自报姓名,姓刘名秀,说是春陵人,举止颇为儒雅。"李通闻听此言,勃然变色道:"罢了! 罢了! 你们办的好事!"李轶、李季大吃一惊。在他们的记忆里,李通深沉温和,府中办事的人,即使事情办错了,也极少震怒失态。二人呆立片刻,等李通恢复平静。李轶道:"亡羊补牢,犹为未晚。大哥既然如此看重刘秀,我现在就去府衙,把他请到府上,当面谢罪,以补前愆,如何?"李通道:"机缘已经错过,来不及了。"李轶道:"为何?"李通道:"刘秀已经离开宛城,回春陵去了。"李季道:"叔父若要见他,骑快马去追,还来得及。"李通道:"现在去追,倒也不必,如果有缘,日后再说吧。"李轶见李通言有未尽之意,小心问道:"此人与我李家有何瓜葛,大哥如此看重?"李通沉吟不语,良久说道:"生逢乱世,'结交一人多条路,得罪一人多道墙',这种道理还用得着我说?"李轶道:"大哥之意不只为此吧?"李通道:"你猜得对,不只为此。我在京师,老太爷曾经秘嘱于我:岁来王气聚于南阳,直贯紫微垣;五鼓将散又化为龙腾虎跃之状。谶记云'刘氏复兴,李氏为辅'。我李氏子弟不可不时时留意。南阳宗室子弟自安众侯刘崇兵败之后,表面蛰伏,有朝一日必然卷土重来。百足之虫,死而不僵,况二百余年帝王基业? 安知帝星照耀何人,谶应何人?"

李轶道:"天下刘姓宗室多矣,谁知哪个是应命真主? 如今德才名望无如太师公刘歆者,太师公与叔父交谊深厚,大哥何必多虑。"李通道:"王气聚于南阳,太师公与南阳何涉? 况垂暮之人恐非应命之主。天意从来高不可测,岂可把身家性命押在一人身上? 今四方扰乱,汉室将兴。听说南阳诸刘中,刘伯升兄弟泛爱容众,远近知名。今日你二人米市所遇之人,会不会就是这弟兄两个呢?"李轶摇头道:"我看不像。据李季所言,与其交手者,十分粗鲁,不像胸怀大志,腹有良谋之辈。"李通道:"与你交手之人呢?"李轶沉默不语。他仔细琢磨刘秀不仅相貌不凡,举止言谈,确实隐然有一种凛然与众人不同之气概。想到这里,懊丧不已。李季道:"古今帝王哪有求升斗微利粜谷卖米的? 我看就是凡夫俗子庄稼汉一个!"李通道:"舜发畎亩的话忘了? 高祖生下来就是万乘之主吗?"李季满面通红,无言以对。李通道:"下去吧。有缘千里来相会,无缘对面不相识。这事就算过去了,机会来了再说吧。"

李轶退出,与李季商议道:"府里那两位客人不能久留,必须打发他们赶快离开。不然,让你大叔知道,你我吃不了兜着走。"李季道:"请神容易送神难,如何开口撵他们走?"李轶道:"去府衙走一趟,请陈俊、贾复二位帮个忙吧。"于是,如此这般,给李季交代了一番,李季心领神会,便匆匆去了。

当晚,李轶略备薄酒,把朱鲔、张卬请至书房小酌。酒过三巡,朱鲔、张卬问起托付之事。李轶道:"二位放心吧,刘秀已被宛城郡吏拿获,关进大牢。太守、都尉正愁着抓不到绿林强盗邀功请赏,焉肯放过这等好机会? 明日,我去府衙打点一下,催促他们早点把事情办利索,不就结了?"二人一齐端起酒杯向李轶敬道:"季文兄果然好手段,不显山,不露水,就把事情办妥当了。佩服,佩服!"三人正推杯换盏,喝得高兴,有人惊慌失措地来报:"二爷,大事不好! 府衙来了两位捕头,带差役多人,正满院搜查绿林军奸细,大爷催二爷赶快过去拦当!"李轶大惊失色道:"二位莫非露了行藏? 若被官府拿获,如何是好?"张卬道:"千军万马之中,大爷我纵横驰骋,谁能拦当,况区区几个差役!"说着抽出腰间佩刀,便要冲出去拼命。朱鲔连忙拦住说:"不可鲁莽! 张兄难道忘了这是宛城李府,不是荒郊野外,深山密林。一着不慎,你我生死事小,累及李府上下,如何是好?"李轶道:"朱兄所言甚是,莫如二位从后门先行离开,我去拦住捕快差役!"说着转身大步走了。张卬、朱鲔由家丁引路,慌忙从李府后门逃跑。刚出李府,只听身后,灯笼火把,差役们大呼小叫追了过来。二人不敢停留,连夜逃出宛城,慌张而去了。

　　次日,天光大亮。二人一夜急走,已离宛城三十多里。张印道:"蟒川已不能回,你我何处安身?"朱鲔说:"听说王常、成丹二位兄弟的'下江兵'已到蓥溪,我们不如前往投奔。"张印道:"如今也只有这样了。走一步,说一步吧。"这二人于是就匆匆前往蓥溪投奔王常、成丹去了。

新野

  刘秀出了宛城，与刘稷会合。刘稷问："三弟如何脱身？李家之人没有再找麻烦吗？"刘秀笑道："若非贵人相助，几不得脱，也算是有惊无险。"他把巧遇樊晔之事讲了一遍。刘稷道："如此说来，李府之人米市寻衅，莫不是张印之辈暗中唆使？"刘秀道："宁可信其有，不可信其无。明枪易躲，小人暗箭难防。回去，我们不走原路了，免得再生意外。宛城回春陵本有东西两条大道；东边道路过蟒川经湖阳，也就是我们来时所经之路；西边之路取道穰邓，经新野，不过多行二十里。到了新野，六哥可以先行一步，回家给叔父和大哥报个平安，我顺便到新野看望二姐和几家亲戚，随后回去。"刘稷说："二姐要看，阴家大小姐更得看，一举两得。"刘秀说："六哥休要取笑，小弟与邓家姐夫有要事相商。"刘稷道："男大当婚，女大当嫁。《关雎》《桃夭》名冠《诗经》三百篇之首。难道到阴家看望，不是要事？"刘秀不禁脸一红，说道："六哥倒成风雅之士了！"说得众人都笑了起来。

  刘秀的二姐刘元，嫁夫邓晨，字伟卿，世居新野，三代宦门之后，曾祖邓隆曾经做过扬州刺史；祖父邓勋当过交州刺史；父亲邓宏曾任豫章都尉。当初刘邓两家联姻，也算门当户对。后来刘家败落，邓家富足，自然少不了接济照抚刘秀母子，因而邓晨与刘秀兄弟关系密切。除了邓家之外，在新野，刘秀还有两家至关重要的亲戚：一是刘秀的姑家，姑母虽然已经过世，但表兄来歙，字君叔，和刘家兄弟过从甚密；二是后来的阴皇后阴丽华的娘家。

新野阴氏,相传是管仲的后人。因为封地在荆山之北而得名阴,大致在今天湖北的老河口或谷城,后人即以阴为姓。阴氏后裔有一支迁居新野,也就有了阴丽华一家。阴丽华的母亲邓氏,本是邓晨族中姑母。阴丽华幼小之时,常随母亲来外婆家居住,因而和邓晨夫妇相熟。阴丽华的长兄阴识,和阴丽华同父异母,与刘秀同在太学读书,同乡兼同学,关系十分密切。阴丽华美貌贤淑,名闻新野。刘秀到阴府拜访阴识,和阴丽华一见倾心。刘秀在京师,偶见执金吾威风凛凛,车骑雍容从长安市中经过,不由慨叹道:"仕宦要做执金吾,娶妻当娶阴丽华!"刘秀的二姐刘元得知弟弟倾心爱慕阴丽华,便央媒人到阴家提亲。阴识也知道刘秀属意妹妹,极力从中撮合。两家于是遂结秦晋之好。阴氏奉管仲为先祖,世代供奉祭祀,尊为"相君"。汉宣帝时,阴家子孙有个名叫阴子方的人,至孝至仁。腊月二十三日祭灶,忽见灶神现形,遂以黄羊隆礼祭祀。自此之后把灶神当作先祖管仲,岁岁以黄羊祭祀,不数载家产万贯,车马仆从,富比邦国。至阴识、阴丽华一代,家业之富,仍非寻常人家可比。而刘秀弟兄家道中落,因而定亲之后,迟迟没有迎娶。刘秀辛勤耕作,心无旁骛,主要原因也是为了积蓄钱财,及早完婚。刘秀这次来新野名为看望姐姐,实际上更想见见日思夜想的阴丽华。

　　黄昏时分,刘秀一行来到湍河口。远望林莽一片,郁郁葱葱,如城如墙,堤岸隐约,渡口深藏。此处乃湍河与白河交汇之处,过河离新野县城也就不远了。刘秀道:"过河小镇名叫长聚。镇虽不大,但临近码头,甚为繁华,茶馆酒肆,客栈逆旅一家挨着一家,吃住都很方便,过往客商多在小镇住宿。今晚我们不妨过河就在镇上住下,明日一早可到新野。"刘稷说:"俗谚说得好,隔河十里远,不知渡河是否方便?"刘秀道:"长聚虽小,但有水运之便。新野、宛城、棘阳、湖阳之粮半藏于此。聚散转运,近则郡县,远则江夏荆襄,莫不由此。此乃通衢大道,比不得荒村野渡。平日里舟楫不绝,秋夏间帆樯如林,过河估计不难。"说话间月出东方,正当十五前后,月白风清,银辉遍野。众人穿过河岸丛林,渡口便在眼前。刘秀等人正要驱车赶往渡口,月光之下但见通往渡口的大道上堆满鹿角树枝,一道栅栏横亘面前。刘秀诧异地问道:"此乃南北官道,昼夜行人不断,何故被人拦当?"刘稷说:"当此乱世,什么稀奇古怪的事情不会发生? 必是地方强梁,或无赖子弟囊中羞涩,想变着法子拦断道路，讹诈过往客商，索取'买路钱'。这种事情哪里没有？"刘秀摇头道："此处离县城不远，无赖子弟安敢做此勾当？若要讹钱，怎么会无人把守？"刘稷笑道："强龙不压地头蛇。县城里无赖子弟还少见吗？大小官吏还不是睁一只眼闭一只眼，看见假装没看见吗？说不定这帮人白天银钱讹足了，夜晚赌博嫖娼取乐去了。管他何人所为，我们只管毁了栅栏，搬开树枝过去算了！"说着，便指挥庄客们动起手来。

正当此时，两边树林里灯笼火把齐明，窜出一群人来，高声吆喝道："何人大胆，竟敢毁坏栅栏，擅闯渡口，没看见府县告示吗？"就着灯火月光，刘秀观看来的这群人不像打家劫道的强盗，个个穿着衙门差役的公服。为首一人身材不高，却精悍利索，手执半截黑半截红的棍棒，指着道旁大树上的告示说："自春至夏，长聚镇上官库谷米屡屡失窃。本月初五一次丢失十数石。为缉拿盗匪，严防官库失盗，自本月六日起，各地津渡禁止夜行。过往行人舟船车辆严加盘查。发现形迹可疑者，着即捉拿，不得玩忽。你们没有看到吗？"刘秀细看，树上确实贴着告示，官府朱红大印清晰可见。方才只顾看路上的树枝和栅栏，竟然没有发现还有告示。刘秀于是连忙喝止刘稷和庄客，转身拱手为礼道："我等为春陵农夫，从宛城卖谷归来，只顾匆忙赶路，夜不观色，没有看见官府告示。行事莽撞了！还望官爷恕罪。你看这渡口左右，前不着村，后不着店，且不说这风清夜寒，我们已经一天没吃饭了，个个饥肠辘辘，还请官爷高抬贵手行个方便。"那人道："当差不自由，自由莫当差。官府的告示您也看了。实不相瞒，自打长聚官粮失窃之后，县里使君大人三天一小比，五天一大比，追索孔急，伙计们屁股都快被打烂了，谁敢玩忽职守，私放夜行？若是在白天，这大道虽然拦当了，你看这东西两边都留有小道，车辆行人盘查已毕，便可由小道前往渡口。到了夜晚，任你嘴皮磨破，也没人敢放你们过河。"刘秀不知如何是好，刘稷却沉不住气了，大声说："在衙门里混饭吃的人有几句实话？这荒郊野渡，夜半更深，使君大人也没在跟前，有人给你银子，你们还会较真吗？三弟，给他们十文大钱，我们走路！"那人闻言，冷笑一声说："怎么说话这样难听哩？既然足下这样说，今晚任你搬来金山一座也休想过河！"他回头对部属说道："伙计们仔细搜查，看这帮人身上、车上、行囊之中有无可疑之物！"众差役于是一拥而上，搜查起来。刘秀欲要拦当,已来不及。刘稷怒不可遏,大吼一声,叫道:"爷爷车辆行囊之中,金银珠宝甚多,想要打劫吗?我看谁敢动手!"手疾眼快,说话间把两个差役掼出一丈多远。差役中为首那人哈哈笑道:"伙计们退到一边,今夜咱算碰到硬茬子了。待我会会这位好汉!"说着,上前一步,黑红棍当胸,双手一抱,立定门户,对刘稷说道:"今晚月白风清,不期遇见高人,正好讨教高招。足下有兵器尽管亮出,在下候教!"刘稷哈哈笑道:"任你神兵利器,我只一双拳头,进招吧!"那人道:"好!果然豪气干云。我等风尘小吏,黑红棍是吃饭的家什,算不得什么神兵利器,接招!"说话间出手如电,棒端携风,直捣刘稷前胸;刘稷闪身躲过,伸手便要抓那棍棒,一拳如杵,猛击那人肋间。不料那人身似灵猿,棒法似实而虚,刘稷手刚伸出,棒端横扫,一招"玉带围腰",车轮般转过,险些儿击中刘稷肋间。刘稷暗道:"这荒郊野渡,寻常差役竟有这般手段!"他不敢怠慢,严守门户,见招拆招和那人拼斗起来。转眼间拆了三十多招,那人性急,棍法渐乱;刘稷故意卖个破绽,待那人一棒戳空,身形前倾,刘稷一招"老僧撞钟",一记"肘锤",把那人撞倒在地。刘稷不欲伤他,抱拳当胸道:"承让了。"那人一个鲤鱼打挺,跃身而起,拱手一揖道:"领教了!"转身对手下道:"放开大道,紧守两边,撤吧!"转眼间,没入两边丛林里不见踪影。

刘秀见那人举止有礼,本想解释,但没有来得及,一干人等,即刻星散。刘稷命人搬开大道上的鹿角树枝,一行人趁着月光,赶往渡口。端的是烟笼流水,月照平沙,河滩里静悄悄的,依稀可见有车轮碾过的辙印直通河边;岸边停靠着一只渡船,却不见摆渡的艄公。刘稷等人大喜,催促车辆直奔码头。离船不过一箭之遥,前边车辆轰然一声陷落深坑之内。刘稷虽然力能扛鼎,但猝不及防,随车跌入坑内。刘秀在后,尚未回过神来,脚下翻板跟着陷落,也落入阱内。众人欲待挣扎,黄沙眯目,又无处着力,身手越陷越深。这时灯火亮起,方才那群差役,从渡船上下来,拿着挠钩绳索,把刘秀等人,从陷阱中捞出,一个一个捆绑起来,然后上船渡过河东。

这长聚官库原本有新野县尉亲自带兵看守,但自入春以来连续被盗,县尉难辞其咎,被撤职查办。如此蓄粮重地,当此多事之秋,府县不得不选派干员来此镇守。江夏县力荐贼曹马成当此大任。马成,字君迁,"贼曹"也就是俗称的捕头,掌管防盗捉贼事务。马成文武全才,颇有智计。他预先在正当大道的码头挖下深坑,上覆芦席黄沙,暗置翻板;每至夜晚,渡船移至码头上游,盘查放行的车辆行人自上游过渡;强行擅闯的可疑之人,往往中计,落入陷阱。这天晚上刘秀、刘稷一行便着了马成的道儿。当晚马成回来,把刘秀等人暂行关押,准备天亮送往新野县衙。马成喜欢读书,和他同住的是其表弟邓禹,是长聚附近邓家庄人氏,年龄不大,学识极丰,深为马成佩服,表兄弟甚为相得。马成独身当差,看守官库,便邀表弟做伴儿,晚上剪烛夜读,切磋学问。当晚众差役检查刘秀行囊,银钱不多,却有书籍数卷。灯下打开一看,内有《尚书》一卷圈圈点点,丹黄满纸,扉页上写着"白水刘秀"四字。马成拿给表弟邓禹观看。邓禹见了,大吃一惊,忙问:"书从何来?"马成便把刘秀等人夜闯渡口的情形告诉邓禹。邓禹急忙说:"表兄,快带我去见此人!恐此人就是我时常给表兄提起的同窗好友春陵刘文叔!"马成道:"月光皎皎,我看就是一群农夫,并没有发现什么斯文之人。后来和一人动起手来,武功极其了得,便顾不得细看了。如果真的是表弟的同窗刘文叔,岂不惭愧!"于是,慌忙带领邓禹去见刘秀等人。

马成命人打开牢房,邓禹就着灯光一看,果然是刘秀。马成于是连忙为刘秀等人解开绳索,摆酒压惊。席间,马成频频奉酒向刘稷、刘秀谢罪。刘秀道:"此正所谓'不打不相识',马兄不必放在心上。何况月夜野渡,刘某匆忙间并未道及姓名,不知者不为过。我与仲华数载同窗,莫逆之交,情逾兄弟;仲华与马兄中表至亲,骨肉相连。相逢即是有缘,若不嫌弃,义结金兰如何?"马成闻言大喜,当即命人摆下香案,与刘秀、刘稷、邓禹结为异姓兄弟。刘稷年龄最长,马成次之,邓禹年龄最小,年方弱冠。当晚众人大醉方休。

次日,刘秀与马成邓禹作别,前往新野。刘稷道:"烦劳三弟向二姐问好,我就不登门拜见了,早点回去报个平安。"刘秀说:"六哥先行,多则三五日,我便回去,请家里放心。"

刘秀来到邓家,姐弟相见,刘元又惊又喜,拉着刘秀的手说:"见到你,我这颗悬着的心,总算落了地。你姐夫正要带人到南阳去找你哩。谢天谢地,总算平安无事!"刘秀大感惊诧,忙问姐姐:"家里出了什么事情,姐姐如此惊慌?"刘元道:"你卖米走后,大哥的门客劫道伤人,被官府拿获;受刑不过,攀扯到你。郡县捕役，已经多次登门了。二叔怕你不知，冒里冒失回家，落入巡徼之手，特意知会亲友，到宛城寻你。"刘秀一听，急了，起身便走，说道："这事躲藏不是上策。我又没有犯法，为何东躲西藏怕见官吏？躲着不敢见官，反而显得情怯心虚，好像真的做了什么犯法事情一样。我这就赶回家去，到衙门去说清楚！"这时，邓晨正好回来，拦住他道："你怎么清楚一世，糊涂一时？也不仔细想想，这事情一时能说得清楚吗？如果能说明白，大哥和二叔为何捎书传信，让你躲避？说不定这就是一种借口，有人想以此加害你和伯升，也未可知。安众侯刘崇兵败，本与刘礼无关，但累及刘礼一家，连七岁的刘隆都几乎不能幸免。王莽畏恶刘氏，郡县官吏秉承上意，往往借题发端凌辱宗室。子张、子琴的事情不就是前车之鉴？伯升做事张扬，树大招风，难免招惹地方官吏猜忌，安知此事不是由此而生？欲加之罪，不患无辞。何况有人攀咬，你一旦落入圈套，九牛二虎拉不出来。为今之计，唯有一个'躲'字，方为上策。你就在新野暂避一时，有何不好？"刘秀听姐夫说得有理，也就只好在邓府住下了。

刘秀在邓晨家中住了数日，心中烦闷，想到阴府看望。邓晨自然知道刘秀的心思，连忙置办礼物，由邓晨相伴前往阴府。两人共乘一车，出门不远便听见前边鸣锣开道，吆喝行人"肃静、回避"。原来是京中钦差巡察南阳诸县路过新野。王莽当政时，洛阳、邯郸、临淄、宛城、成都号称"五都"，时常有朝廷使臣来往，新野是必经之路。街道本不宽阔，钦使车骑仪从甚众，邓晨、刘秀回避不及，冲撞了仪仗前导。使者大怒，命人把二人带至车前。刘秀在逃之身，不敢以真名实姓相告，谎称"江夏卒史"，邓晨则自称"侯家丞"。"卒史"和"侯家丞"都是当时地方官职名称。王莽托古改制，花样翻新，把秦汉以来的官职名称，增删改易，以示与前朝不同。如原来朝廷的大司农，先改称"羲和"，后来改为"纳言"；把廷尉改称"作士"；中尉改称"军正"；地方官"太守"改称"卒正"，又称"连卒"。于是其属员掾吏，便称作"卒史"；有藩封诸侯的郡县，原来的郡丞、县丞便被称为"侯家丞"。江夏和南阳相邻，官吏来往频繁，所以刘秀、邓晨想以此蒙混过关。王莽自命是"土德"之主，五行轮回，火能生土，理所当然代汉而兴。于是服饰尚黄；所以百官朝服以黄色为主；地方上的小官吏偶尔还有穿着红色官服的，那是汉代遗风。今天刘秀、邓晨所穿衣服，既非黄色，也非红色；打算去阴府作客，穿了一袭当时读书人常穿的浅蓝色长衫。钦使无论怎样看，二人都不像地方官吏，不由心中生疑，命左右把二人拿下，带往县衙盘查。

县令潘叔和阴家有点"转折亲"，和邓晨也有交情。等到钦差走了以后，就把刘秀二人放了。为了给二人压惊，潘县令还摆下酒宴，请了阴识、阴兴兄弟，还有刘秀的表兄来歙等人相聚，潘叔的幕宾穰县人蔡少公前来作陪。酒至半酣，潘县令说："诸位有所不知，蔡先生不仅谙熟刑名钱粮，还精通图谶之学。今日座中没有外人，何妨请少公先生一展胸中锦绣？"众人齐声称好。蔡少公说："蔡某一介腐儒，素好谶纬不假，但实不敢当'精通'二字。图谶之说，本就幽微难明，加上好事之徒伪造符命，妄言祥瑞，杜撰荒诞不经之谈，这就更叫人真假难辨了。姑妄言之，姑妄听之，见仁见智，但凭诸位自己参详；切莫胶柱鼓瑟，刻舟求剑。"邓晨道："妙论佐酒，以助雅兴，但讲何妨？"蔡少公饮干杯中之酒，说道："图谶盛行，已非一日。'太史公书'记载，天帝告于秦穆公，'晋国将有大乱，五世不安，其后将霸'，这就是'秦谶'。后来，晋献公宠骊姬，杀申生，文公出亡，终成霸业，襄公败秦师于殽山，一一应验。'秦谶'之外，还有'赵谶'：赵襄子梦游钧天。天帝命襄子射熊，射死一熊一罴；天帝赐襄子两笥，属襄子一翟犬，并告襄子曰：'晋且世衰，七世而亡。嬴姓将大败周人于范魁之西。'后来赵简子灭了智伯和中行氏，这便是'射死熊罴'的应验，灭代应验了'翟犬'的前兆。至嬴氏大败周人，是各位熟知的掌故，我就不必说了。"刘秀道："《尚书纬》中有《中候》多篇，也是这一类谶语吗？"蔡少公道："是后学的理解和阐发，也是这一类文字。"邓晨道："《始皇本纪》上说，卢生泛海求不死之药，归来对始皇说'亡秦者胡也'。于是始皇大筑长城以备胡，却不知谶语中所说之'胡'，乃二世胡亥，终于二世而亡，应验不爽。《始皇本纪》还说，华阴道上有人持璧以付秦使说：'为吾归还高池君'，又说'今年祖龙死'。想不到那块璧玉竟是秦皇南巡沈江之物，当年秦始皇果然崩逝沙丘。各位说这谶语奇也不奇？"蔡少公说："谶语本就是上天预先告诉世人的隐语，有什么奇怪？既是天意，谁能改变？所以，即便贵为天子，机关算尽，想防，想躲，总也改变不了。"刘秀道："天道暝暝，真假实在难辨。大泽乡深夜狐鸣，鱼腹中的布条，'大楚兴，陈胜王'，这等谶语，当时谁能辨得真假?"蔡少公笑道:"假的就是假的,后来应验了吗? 譬如近年,武功县出现的白石丹书,说'安汉公莽为皇帝';齐郡辛当传天帝之语'摄皇帝当为真';巴中石牛,扶风石文送到京师,狂风中天降铜符,上写'天告帝符,献者封侯'。承天命,用神会。言汉室有'三七'之厄,自高祖至哀、平,十二帝二为一纪年,运数为尽。凡此种种,意指太过明显,反而启人疑窦:谶语哪有如此明显痕迹的? 若明若暗,百般猜度还难得要旨,方为谶记,一览无余,何用作图作纬解读?"众人齐道:"蔡先生说得极是,说白了,也就不可信了。"蔡少公拿眼瞟了一下座中刘秀,略一迟疑,然后说道:"近来京师有一谶语,流传甚广,不知诸位听说了没有?"众人不约而同,齐声问道:"什么谶语?"蔡少公稍停后说道:"刘秀为天子。"潘叔道:"是《包元太平经》里说的吗?"蔡少公说:"《包元太平经》是甘忠献给孝成皇帝的,深藏九重,民间何从知晓?"阴识、邓晨齐道:"莫非是指国师公刘歆?"蔡少公说:"富贵由命不由人。国师公名讳天下谁人不知? 原来就是一个'歆'字,后来为了避哀帝之讳,改名曰'秀'。也有人说,国师公早知这一谶语,才避讳改名的;更有人说,这谶语就是国师公伪造的。"潘叔道:"国师公是当今皇上的亲信,又是儿女亲家,不至于此吧?"蔡少公说:"'五色令人目盲,五音令人耳聋',况九重至尊、万乘之贵的诱惑? 听说太子王临的妻子刘愔就是国师公的女儿,精通星象,观星验斗,说宫中将有'白衣之会',怂恿王临谋杀王莽。事情败露,夫妻都被鸩杀。国师公从此失宠,有人参奏他颠倒《五经》,破坏经师家法。他现在在家闭门思过呢。"

刘秀哈哈笑道:"先生所言谶语中的刘秀焉知非仆也?!"蔡少公一时惊愕。众人皆以刘秀酒醉,来歙忙说:"文叔酒喝多了,不得乱说!"只有邓晨心中暗自又惊又喜。他连忙向潘叔致歉说:"文叔本不善饮,今日贪杯失态,还望使君海涵。"随后,扶刘秀离席告辞。

次日,邓晨试探刘秀说:"昨日酒后之言可曾记得?"刘秀道:"所言何事?"邓晨道:"刘秀当为天子。"刘秀道:"子曰'畏天命,畏大人言'。人言故不可畏,然天命岂由得人?"说罢,但笑不语。邓晨已知其意,接着说:"你姐姐常说,'文叔诞于南顿,当晚,赤光照于室中;百日问卜,吉不可言。当年南顿禾生九穗,凤鸟来集'。种种异兆,不足为外人道。今日又有此谶,你我当秘之、珍之。近闻,王莽有令,'出师行军,有敢违令犯法者,斩无须时'。自古及今,犯法当死,处决必待秋后,以体上天好生之德。如今王莽暴虐,盛夏斩人于都市,百姓震惧,亦自取败亡之日。天予弗取,非智者所为。转告伯升,莫失良机。到时为兄当助你等一臂之力。"刘秀颔首称是。

数日后,家中有书信来说刘良上下打点,风波已经过去。刘秀便告别邓晨夫妇,赶回春陵来了。

宛城

　　刘秀回到春陵,刘良郑重其事地对他说:"这年头,平安就是福。你和伯升志趣不同,少在一起搅和。这次又险些吃了他的挂累,害得我又白白花了一大笔冤枉钱! 明日就替我到田间转转,看看哪块地该浇水了,哪块地该锄草了,快点给佃户们分派下去!"刘秀唯唯连声,笑着答应。

　　到田间转了一遍,刘秀就来刘缜家中。刘缜正和刘稷、刘嘉、刘隆、刘终、朱祐等人谈天论地。朱祐,字仲先,复阳人。少孤,寄养于外家,为人质朴、直率,言谈交际能力不及刘秀,和刘秀、刘缜关系亲密。刘隆,是安众侯刘崇的族中兄弟。刘崇兵败,刘隆的父亲刘礼被杀。刘隆因年龄未满七岁而幸免。后来得亲友帮助,他到太学读书。这不,他刚从京师游学归来,听说刘缜正在秘密准备举事,立刻前来投奔。刘终,是刘良堂兄刘歆之子,一向敬重刘缜、刘秀,听说刘隆回来,在刘缜家里,也特地赶来相聚。二人同岁,意气相投。刘缜让刘稷传授他们武艺。刚刚耍了一阵枪刀剑戟,正喝茶聊天,刘秀来了。刘缜说:"仲先三人都是习武的好材料,跟老六习武时间不长,艺业皆有可观。当此乱世,毛锥不如刀剑,文武兼备才是有用之才。文叔和他们几个切磋几招如何?"刘隆、刘终齐声说:"听六哥说三哥拳脚尤其好,正想讨教几招。"刘秀便脱下长衫,和朱祐、刘隆、刘终三人拳来脚去比划起来。

　　自此,刘秀农事之余,日日来刘缜家里和族中子弟讲文习武。这日,他和朱祐、刘隆等人演武直到黄昏，众人方散，家里只剩刘縯兄弟二人。门客禀报，说有湖阳故友来访。二人以为是舅父樊宏差什么人来了，连忙迎出门外。及至和来客相见，刘秀大吃一惊，想不到，来客竟是马武。马武草笠低压两鬓，一身农夫打扮，赶着一辆骡车，车上躺着一人，破被蒙面，说是感受风寒。刘縯不知就里，正在迟疑，刘秀忙说："大哥，这位兄弟是我宛城卖米刚结识的一位朋友，还没有来得及给您引见，到家里再说吧。"他连忙把马武迎入家中。到了家里，马武对刘縯刘秀一躬到地说："蟒川马武，冒昧造访，还请二位恕罪！"刘縯摸不着头脑，刘秀忙把卖米路过蟒川和马武结识的情况粗略告诉了他。刘縯是那种胸襟豁达，性情豪爽之人，连忙说道："四海之内皆兄弟，马兄既是文叔的朋友，当然也就是我的朋友。马兄何事，尽管直说。刘某不敢说两肋插刀在所不辞，定会竭尽绵薄。"马武说："我等亡命之人，不到万不得已，决不会贸然登门。前不久王莽派司命大将军巡视荆襄，命纳言将军严尤和秩宗将军陈茂攻打山寨，众寡难敌，王匡、王凤二位头领带领弟兄们突围下山，在杀蟒坡前中了埋伏。王凤大哥身中毒箭，性命难保。弟兄们在卧虎山安营扎寨，打听得到春陵名医申屠臣，乃疗毒圣手。故而马某冒死下山求医。但以我等身份怎好出面？情急无奈，登门求助，万望贵昆仲出手相援。"刘縯道："区区小事，马兄但请放心，这事情包在弟兄我身上了！"他立即命人收拾一间干净僻静的房屋，安置马武、王凤住下，转身亲自去请申屠臣。

申屠臣乃是宛城李通的异父兄弟。幼小时，随其母改嫁来到李家，其母为李守的小妾。成人以后，归宗自立门户，又恢复姓氏。申屠臣对岐黄之术很有研究，成为一方善士。他后来得高人传授，又善于疗毒，名声更大。但生性古怪，成名之后，一般平民百姓请不起他。所以刘縯亲自登门去请。一来刘縯名重当地，二来出手阔绰，申屠臣当然不会不给面子。申屠臣一看王凤是被毒箭所伤，对王凤的身份难免产生怀疑。但碍于刘縯刘秀的面子，也不便多问。箭镞取出，敷药，包扎完毕，马武取出纹银一大锭，递给申屠臣说："先生劳苦，些须微酬，但请笑纳。等我兄痊愈，定当重谢。"申屠臣大吃一惊，掂了掂银锭约有二十两，他心中暗道："此人挥金似土，绝非常人，春陵豪门，无此手笔。"申屠臣心中更加疑惑了。

申屠臣果然名不虚传，三帖药过后，王凤体内之毒渐除，箭伤好了大半，已经能够在院中舒展腿脚活动了。马武大喜，又赠与申屠臣赤金元宝一个。申屠臣推辞道："如此重礼，何克以当！医者悬壶济世，本是分内之事，万不能受这等大礼！"马武道："这算得什么！先生救得我大哥性命，千金相酬，也不为过！"申屠臣把元宝揣到怀里，试探着问："二位在何处发财？做何生计？"王凤怕马武说漏了嘴，连忙说道："卑人祖居荆州新市，在宛城经商多年，微有积蓄。财帛身外之物，不可过于在意，有聚有散，方是正道。若非先生妙手回春，在下性命不保，要金银又有何用？"申屠臣连连称是。

申屠臣自小在宛城长大，李家又是宛城商贾之首，宛城有名的商贾他很少有不知道的。经过打听，宛城富商中并无这两个人。他断定马武、王凤二人所报姓氏绝非真名实姓，说不定二人是江洋大盗，身负重伤潜逃至此。这天，他又去给王凤换药，走到窗下，正听见刘缜刘秀正和马武、王凤闲谈，不由驻足屏息窃听。只听刘秀说道："子张兄，你我不过一面之缘，况且是在兵戎相见之后；你就那么大胆子，不怕我们弟兄把你和王兄卖了，到官府邀功请赏？"马武笑道："马武虽是粗人，但这双招手亮着哩。诚人君子和奸邪小人，我一看便知。自那日蟒川一见，我便知文叔是诚人君子。况且伯升之名远近哪个不知？"王凤道："古人说'白头如新，倾盖如故'。相交贵在知心，不在交往时间长短。有的人酒食游戏，流连征逐，多年多载，却难知心；有的人一见倾心，便可生死相托。得人千金，不如季子一诺。我等虽在草莽，但颇知人世间信义为重。贵昆仲之品节，道路相传，有口皆碑，我等仰慕已久。况贵昆仲志在复兴，广交天下豪杰，藏亡匿死，何人不知？不然也不敢拿生死开玩笑。不日我二人将回转山寨，今后但凡有用得着我等之处，刘兄尽管开口，新市军中上下，定当全力相助，以死相报。"申屠臣听到这里，惊出一身冷汗。正要转身离开，却被刘缜瞧见。但刘缜生性磊落，豪爽，不虞有它，连忙让道："先生来了，快请进屋里说话。两位朋友病已无碍，正要面谢先生。"申屠臣急忙掩饰说："正要给贵友换药，不敢打扰伯升会客，是以止步。"刘缜道："并无外人，是文叔前来探望两位朋友，先生请进吧。"

申屠臣匆匆给王凤换过药，又开了一剂内服汤药，便连忙告辞。刘秀心细，发现申屠臣神色与往日不同，等申屠臣走后，刘秀说："申屠先生今日给王兄换药，心神不属，不知何故？莫非方才我们的谈话，他听到了，猜破了二位兄长的身份？"刘缤道："猜破了，又有何妨？一个乡间郎中，还能把我等怎样？"刘秀道："听说申屠臣的哥哥在郡守衙门当差，和宛城宗卿师李府关系亲密，大小衙门都有来往。害人之心不可有，防人之心不可无。人心难测，不可不防。"马武道："多给金钱，嘱咐先生不要妄言是非就是。"王凤说："我的伤势已无大碍，早回山寨，免得给贵府招惹是非。"刘缤说："不必多虑，我现在就去见申屠臣，赠以厚礼，以掩其口；观其行止，再做定夺。"刘缤说罢，当即就去申屠臣家。

申屠臣的哥哥申屠建在郡守衙门当掾吏，颇得太守甄阜信重。申屠臣回到家里，反复寻思，若把王凤、马武藏身舂陵的消息密告郡守，不仅自己可以得到一笔重赏，哥哥也立一大功，能够不次升迁，真可谓一举两得。他于是准备给哥哥写信告密。墨研好了，提起笔来，才刚写了几行，刘缤来了。申屠臣慌忙把半封书信揉成纸团，扔到门后屋角；然后，他把刘缤让至书房奉茶。刘缤将所带礼物一件一件从包裹中取出，摆在申屠臣当面，金银珠玉满满放了一大桌子，令人眼花缭乱。送茶的小徒弟李宝偷偷看了一眼，惊得张大了嘴巴，合不拢嘴，馋涎滴落下来，连忙转身躲开。刘缤说："我那两个朋友，明天就要走了，让我向先生致意。收人钱财，替人消灾；病从口入，祸从口出；病人平安，先生自然也就平安。望先生慎言不该多言之事，勿做于己于人不利之事。"说罢起身告辞。申屠臣遍体生津，连声说："记下了！记下了！伯升尽管放心！"申屠臣本有"钱癖"，看见白花花、金灿灿琳琅满目的礼物，写信告密之事早忘在一边了。次日王凤、马武便回了卧虎山。

想不到申屠臣的徒弟李宝眼见老师收了刘缤送来的金银珠宝，墨研得停停当当，信也不写了，乐得直哼小曲，心里觉得奇怪。在打扫房间时，他捡起申屠臣揉成纸团扔掉的那半封书信，展开一看，大吃一惊，立刻揣到怀里。李宝把事情的前前后后想了一遍，觉得是一个发财的好机会。他次日一大早便到县衙去首告刘缤、刘秀窝藏绿林强盗；申屠臣收受刘缤贿赂，为绿林强盗治病疗伤。县吏杜茂，南阳冠军人，和刘缤交厚，看了那半封书信大吃一惊。他佯作大怒，把李宝打了二十板后斥责道："书信只有半封，无凭无据；信是何人所写，又无具名，焉知不是挟嫌诬告？诬告本应反坐，念尔黄口小儿,不加刑罚,逐出衙门去吧!"李宝挨了二十板子,沮丧懊恼,落荒而走,杜茂连忙把那半封书信送给刘縯。

刘縯见信大怒,当晚命人假扮请医看病之人牵一毛驴请申屠臣出诊。到了无人之处,刘縯拦住申屠臣,从怀里掏出那半封书信,责问申屠臣为何背信弃义,出尔反尔。申屠臣满脸通红,有口难辩,刘縯怒道:"杀人可恕,情理难容!你要首告,我不怪你;你不该接受钱财在先,然后食言自肥,又到衙门出首,出尔反尔图财害人!"说罢,他一刀杀了申屠臣,转身而去。

再说申屠臣的徒弟李宝,原想得一笔赏钱,不料却换了一顿板子,不敢回去见申屠臣。等屁股不疼了,又听说申屠臣被杀死在野外,思量前因后果,猜想申屠臣之死,一定和刘縯刘秀有关。想起申屠臣的哥哥申屠建在郡守衙门当差;申屠臣和李通不管怎么说总是兄弟。李宝于是便前往宛城,把申屠臣被杀之事向他们禀报,希望得到几个跑路的小费。到了宛城,申屠建带他去见李通,把事情的前前后后讲了一遍,那徒弟断言,申屠臣之死,刘縯、刘秀一定脱不了干系。申屠建说:"口说无凭,仅凭李宝一面之词,也奈何不了刘縯和刘秀。只有等拿到了真凭实据,再做议处。"李通赏给李宝一串大钱,李宝高高兴兴地走了。

申屠建虽然不像申屠臣在李府长大,但和李家毕竟是亲戚。他在郡守衙门当掾史,和李府过从甚密。李宝走后,他和李通、李轶还有李通的两个弟弟李松、李傸等人商议此事。申屠建说:"刘氏兄弟私藏绿林军首领,图谋不轨,且又擅杀我家兄弟,此仇不能不报。但刘氏毕竟不是寻常百姓,没有证据,很难下手。何况,现在的郡守改为'前队大夫',都尉改成了'属正',主要职责是平叛、剿贼、保卫城池。此等民间诉讼案件,根本不会放在心上。你把案子报上去,太守大人也不过批转县衙,交给县令去办理。与其这样,还不如小弟自己知会棘阳县去办好了,免得太守把事情束之高阁,丢到脑后,不闻不问。"李轶说:"前番刘秀在宛城卖谷,曾使我李府颜面大损。这事情如再不给他点颜色,宗卿师威名何在?"李通听了心中不快,说道:"就依申屠大弟之见,知会棘阳县去办吧。我看也可'先礼后兵',由为兄修书一封邀约刘縯刘秀来宛城相会。他们若心中有鬼必不敢来;如果来了,正好当面鼓,对面锣,问个子丑寅卯,相机行事。"李松说:"家有千口,主事一人。既然大哥如此说了，就按大哥的意见办吧。"申屠建说："这样也好，更显出大家风范。"李轶不好再说什么。当下李通命人研墨侍候，提笔写道：

"春陵侯盛名，高山仰止。贵昆仲丰采，临风想望。前番在宛，缘悭一面，未尽东道之义，歉何如之！道路相传，舍弟申屠臣与贤昆仲有隙，余不置信。欲杯酒释疑，化干戈为玉帛，从此结好，庶几两利，本应登门拜谒。又恐惊扰闾里，滋生他端。亟盼贤昆仲移玉宛城一晤，幸何如之！通及昆弟扫榻以待。"

书信写好，命李轶前往春陵。李轶儒服佩剑，白马银鞍来到春陵。正当仲夏时节，村头绿荫四合，一棵千枝椿下几个老人正在纳凉。李轶下马打听刘府。一老者道："春陵乃刘姓封地，家家都是刘氏子弟。不知客人打听哪家？"李轶道："请问刘伯升兄弟府第何处？"那老者道："村头下马坊西去百步是侯府。侯府西去百步即是郁林太守府第。一宅两院，左边是太守公旧宅，伯升就在旧宅居住。右边是萧令刘良的宅第。萧令是伯升的叔父，伯升之弟文叔和叔父一起生活。客官自此往西，不过三百步，便可看见高高直立的方斗旗杆，那是当年巨鹿都尉，也就是伯升的祖父刘回御胡有功的旌功旗杆。门旁绿柳数行，对面有小校场，是当年孝成皇帝御赐。如今伯升和族中后生天天在那里舞枪弄棒。你到那里，不难找到他兄弟二人。"李轶听了指点，牵着马，一直寻到门首。

刘縯、刘秀正带领族中子弟练习射箭；刘稷则指挥着刘隆、刘终、朱祐使枪。校场里悬挂着刘縯特意安装的高低"铜铃靶"：左右两架辘轳，丝绳系在辘轳上，铜铃大小如酒杯，系在丝绳上高低排成三行；有人不停地摇动辘轳，三行铜铃忽上忽下。射箭之人在百步之外，射中铜铃，则铜铃"叮当"作响；不中则铜铃随即转过。刘縯规定，每中一箭，赏酒一斗；三箭不中，罚举石锁百次。场中铜响声不断，欢声震耳。刘縯膂力过人，长臂善射。李轶到时，刘縯正在给后生们示范。摇辘轳的人故意把辘轳摇得风车一般，铜铃儿上下跳荡，令人目不暇接。刘縯援弓搭箭，瞄也不瞄，端的是，"弓开似满月，箭发似流星"，九发九中，铜铃叮叮当当响声一片。李轶在校场围墙外不由连声喝彩。刘縯闻声，回过头来，看见李轶装束打扮不似寻常行路之人，来看热闹，随即开口问道："尊驾何人，隔墙私窥他人庭院？"李轶面带歉意，只好赔笑道："宛城李轶，春陵访友。偶见尊驾神射，实乃平生仅见。窃以为养由基、李广不过如此，就情不自禁叫出声来，还请海涵！"刘秀闻声细看，认出是李轶。他连忙对刘縯说道："兄长，贵客到了。这便是我给你说过的宛城宗卿师府中的李二少爷，快快出迎吧！"于是，兄弟二人一同迎出门来。

当时风习，名门世家，相互拜谒本是常事。刘縯刘秀尽管对李轶心有芥蒂，仍然盛情接待他。席间李轶首先举杯向刘秀致歉，说道："请恕在下鲁莽，宛城米市多有得罪！"刘秀道："足下言重了，'不打不相识'，这一节从此揭过，不必介怀！"说罢，两人酒杯碰过，尽饮杯中之酒。李轶接着把李通的书信交给刘縯。刘縯看过书信，哈哈笑道："我兄弟与申屠先生同在乡梓，素无纤毫嫌隙；先生被杀之事，与刘某绝无关系。流言止于智者，刘某无须多言。李府树大根深，此事不难查个水落石出。贵昆仲盛情美意，刘某感佩莫名，改日一定登门回拜，亲聆教海。"李轶道："李某来时，家兄一再叮嘱，务请赏光，望伯升兄勿却。"刘秀道："伯玉先生盛情难却，大哥分身不得，我代大哥一行如何？"刘縯略一踌躇，说道："这样也好，文叔和季文先生同去，代我向伯玉先生致意，他日候教。"此事议定，刘家诸昆弟在座者轮番向李轶敬酒。刘稷原本以为李轶是登门寻仇，早就窝着一肚子火。见他来者不拒，豪饮不止，神色倨傲，不由性起。刘嘉正要给李轶斟酒，刘稷伸手夺过酒壶，让刘嘉坐下。他转身从几案上拿过酒坛，一口气尽饮坛中之酒；另取一坛，双手捧到李轶面前，说道："李二爷酒量如海，在下佩服。某已先干一坛为敬，请足下赏脸，饮干坛中之酒！"李轶连忙推让道："李某不胜杯酌，已经不能再饮了！"刘稷道："在座各位，除大哥之外，刘某马齿最长，各位兄弟们敬酒，李二爷来者不拒，为何单单不给我面子？莫非嫌某礼数不周？"说着双手把酒坛捧过头顶，这种酒宴上的礼仪名为"凤凰三点头"，极为敬重，不容对方不饮。李轶不敢失礼，连忙举手来接；不想刘稷手掌暗用内力，酒从坛内激射而出。李轶躲闪不及，酒箭直射前胸，仿佛一记重拳，直捣胸膛，五脏六腑气血翻涌，一屁股跌坐在椅子上。刘縯连忙喝止刘稷："谷卿！不得无礼！"刘稷连忙把酒坛放下，用衣袖给李轶擦拭衣上酒污，一掌轻拍李轶后背，潜运内力，使李轶定下心神。他口中说道："二爷勿怪，在下失礼了！"李轶掩饰道："酒逢知己千杯少。今日与各位幸会，不知不觉贪杯失态了！"说罢，无论如何不肯再饮。

当时席散，李轶佯称酒醉，早早安歇。刘縯和刘秀商议道："李次元殷殷相邀，不像心存恶意。如果是为申屠臣寻仇，以李府的权势，一纸诉状告入公门，自会有人替他们效劳，用不着费这等周折。若不赴约，反而显得我们胆虚情怯，托故回避，不如一见。既然贤弟答应李轶，代兄前往，凡事切记小心在意。"刘秀道："大哥放心，我观李家不似寻仇，反似善意结纳。其中缘故，虽然不得而知，但肯定不会难为小弟。况李家名门望族，轻易不会用鸡鸣狗盗的手段对付自己邀约的客人。"刘縯说："害人之心不可有，防人之心不可无。有备无患，兄弟此去，还是有所防备的好。"他取出短剑一把，交给刘秀。刘秀接过，藏入怀内。

且说李轶夜半醒来，见窗外明月似水，隐约听见呼喝之声，遂穿好衣服，循声来看究竟。他来到小校场，只见月光下两少年光着膀子在抛掷石锁。细看却是白日酒宴上陪坐敬酒的刘隆和刘终。当时二人儒衣兰衫，文质彬彬，谈吐风雅，想不到还如此尚武，夜半起来练功。不觉好奇，走到跟前。二人闻声，抬头一看是李轶，停止练功。刘隆拱手道："我二人月下玩耍，打扰二爷清梦了！"刘终道："二爷既然来了，不如我三人同练'三仙传道'如何？"说着随手把石锁抛向刘隆；刘隆接过石锁，叫道："二爷接着！"随着喊声，把手一扬，那石锁"呼"的一声掷向李轶。李轶大吃一惊，要躲闪已来不及，只好伸手来接；虽然接住了，但手腕酸疼，哪里还掷得出去？只好把石锁放在地下，拱手道："白天酒喝多了，现在还头昏眼花，恕难奉陪！"说罢连忙转身去了。

李轶回房，躺在床上，翻来覆去，再也睡不着觉。他暗想道："这春陵刘氏当真藏龙卧虎，小觑不得。两个毫不起眼的少年书生，竟有如此功夫！这石锁至少五十斤，一掷之力，非二百斤不能；要接着这锁，再随即掷出，得有多大力量？"

抛掷石锁是古代练武之人极为常见的游戏，有二人对掷，名曰"双龙抢珠"；三人同掷，名为"三仙传道"；四人互抛，名为"金刚拜佛"；五人抛起争抢，名为"五虎扑食"，既练膂力，又练矫捷。这些李轶自然熟悉，其中深浅难易，他当然也知道。

　　第二天李轶要回宛城，刘秀与他同往。刘縯把二人送到村头。二人上马正要离去，刘稷匆匆赶来。原来李轶的玉佩遗落在客房卧榻上了。刘稷离马尚有数十步，扬手把玉佩抛向李轶；李轶转身来接，未能接住。玉佩飞坠怀中，险些儿把李轶撞下马来。李轶满面通红，拱手为礼道："多谢刘兄还玉之情！"说罢，就和刘秀并辔而去。

结盟

刘秀来到宛城,李通大摆宴席,盛情款待,全然没有责难之意,绝口不提申屠臣被杀之事。李轶、李松、李倏等人轮番敬酒。刘秀盛情难却,时间不长便有了几分酒意。他端起酒杯回敬李通,等李通饮了杯中之酒,刘秀说:"蒙李兄盛情邀约,料非士君子寻常雅集。其中缘由,还请坦言相告。"李通说:"方今天下大乱,豪杰并起。贤昆仲人中龙凤,不知有何打算?"刘秀回答说:"李兄过誉了。春陵刘氏,忝列宗室,但已削爵夺封,贬为庶民。刘秀兄弟但知稼穑,春种夏耘,秋收冬藏。奉法纳税,按时交粮。图升斗谷物,谋蝇头微利,四时碌碌无为,安敢当龙凤之比?"李通道:"虎在山林,声震万方峡谷;剑埋泥土,光射九天星斗。龙腾鹏飞,难免风云相从。贤昆仲虽然韬光养晦,但美名远播,李通仰慕久矣。真人面前不说假话,若非对贤昆仲之志有所了解,焉肯冒昧邀约?"李轶也帮腔说:"文叔何必过谦,拒人千里?李某白水之行,贵昆仲及诸子弟之贤已领略一二。实不相瞒,若非志同道合,我又何必风尘仆仆往返于途?"刘秀见李氏兄弟推诚相待,若再一味虚与委蛇,便显得过于矫情。他于是略一沉吟,饮干杯中之酒,肃容说道:"既蒙诸位推心置腹,刘秀也不必再藏着掖着,顾左右而言他。身为汉室苗裔,眼见社稷倾覆,甚或奸贼篡弑,运革祚移,山河易姓,焉有不椎心泣血之理?家兄夙夜忧心,无奈势单力薄,无力回天,空谈何益!"李通说:"文叔既然剖肝沥胆,以心肺相见,李某敢不竭诚以告。请问文叔,听说过'刘氏复兴,李氏为辅'的谶记吗？"刘秀说："昔在长安游学，风闻此语乃钦天监王况为魏城太守李焉所造，二人因此被王莽所杀。李兄重提此事何意？"李通说："家父谶纬之学天下独步，虽为王莽的宗卿师，但洞晓天机。据家君所言，此谶绝非王况妄言，实乃《太平经》所记，考诸各家谶纬之书，确属神授。因此我李家子弟，不敢不恪遵天命、父命，矢忠矢孝，辅佐贤昆仲以成复兴之业。这便是李某寸衷所在，足下尚有何疑！"刘秀慌忙离座，躬身为礼道："多谢李兄抬爱，刘秀愧不敢当！方今之世，诚所为君臣相择之时。君择臣不易，臣择君亦难；士君子择友也当慎之又慎！宗室中贤者甚多，我弟兄才疏学浅，福薄德鲜，但愿附骥从龙，以效犬马驰驱，竭尽绵薄之力，以奉应命之主。能和李兄共襄盛举，同济风云之会深感荣幸！诸位美意谢过了！"此时，刘秀浑身燥热，宽衣敞怀，不意怀中短剑露出。李通哈哈大笑道："文叔，文质彬彬，一何武也！"刘秀脸色微红，报之一笑道："仓促间以备不虞，诸位见笑了！"李轶说："文叔孤身赴约，况前有米市的误会，后有申屠臣被杀的传言，本有嫌隙，有备而来，也是情理之中的事，有备无患嘛！"众人也都笑了起来。

刘秀听李轶又提起申屠臣被杀之事，暗道："若再不坦言相告，实在有失君子风度。"刘秀于是反客为主，给李通、李轶等人斟满杯中之酒，正色说道："这杯酒是刘秀代家兄的谢罪之酒。听我把话说完，若蒙诸位大度宽容，刘秀感激不尽；若各位不肯宽容，刘秀情愿代兄受过。"李通等人惊愕，一时摸不着头脑。但听刘秀娓娓说道："家兄伯升与申屠先生素无仇怨，但为朋友之义，愤怒申屠先生贪财背信，杀了申屠先生，并非传言。"他于是把马武、王凤春陵疗毒和申屠臣意欲告密的事情从头至尾和盘托出。李通听罢，饮尽杯中之酒说道："申屠臣贪财忘义，伯升为保朋友安全，何过之有？设身处地，易势而为，我等也饶恕不了申屠臣！文叔代我等转告伯升，这一节一笔勾销，永不再提！"李家弟兄听李通如此定调表态，就一个一个端起酒杯，饮干杯中之酒。刘秀如释重负，向众人一一道谢，前嫌尽释。刘秀又说："今日所议之事，非同小可，况宗卿师现在长安。稍有疏虞，走漏一点风声，必然惹来不测之祸，如何是好？"李通道："这一层，我已有安排。文叔放心，只要大计商定，我立命家人接家君还乡，许多事情还须他老人家谋划哩。"

当日席散，刘秀在李府住下。李通、李轶和刘秀密谋通宵，终于商定了一个举义反莽的初步计划。

汉朝自宣帝五凤年间开始，每年立秋朝廷和各郡县都要举行"材官都试"，也就是秋季大比武，检阅军队。所谓"材官"本指"材力武勇之官"，也就是武将。比武分作四类：轻车、骑士、兵革、楼船。前三类用于平野山林陆战，楼船用于江河湖海水战。优劣分为九等，第一等称为"最"；第九等称为"殿"；所以这"材官都试"，又被称作"立秋殿最"。州郡的"立秋殿最"极为隆重，不仅州郡官员要参加，朝廷还要派钦差观礼。

当年，东郡太守翟义起兵反莽就选在"立秋殿最"之日。翟义本是汉朝宰相翟方进之子，他的外甥陈丰，年方弱冠，勇猛善战。这二人与严乡侯刘信、武平侯刘璜等汉朝宗室合谋，比武开始，斩杀王莽派去的钦差，控制观礼官员，掌握接受检阅的军队，发动起义。然后奉刘信为帝，翟义自称大司马，柱天大将军。翟义利用郡中战车、马匹、枪刀、剑戟、弓箭，从郡中招募兵马，很快组织了一支声势浩大的军队。他传檄天下，揭露王莽鸩杀平帝，篡夺皇位的罪恶，一时震动全国。王莽恐慌万状，动员全国兵力，方才把翟义打败。事情过去多年，已经被不少人淡忘。但李通却从中发现许多可资借鉴之处，发现了希望。

李通告诉刘秀，这几年王莽为了平息此起彼伏的变乱和对付匈奴侵犯边境，大量招兵买马甚至把死刑囚犯和奴隶都编入行伍，名曰"猪突""豨勇"；王莽又多方招募奇能异士，任以为将。有人于是举荐能够不用舟船可渡江河的"浪里蛟"；也有人举荐不食五谷只服药物，不知饥饿的"无肠力士"；还有能够驭风飞行，日行千里的"飞人"。王莽心花怒放，让"飞人"当众表演。"飞人"用巨鸟的羽毛做成翅膀，自宫阙飞下，没有滑行多远便摔倒在地上。王莽心知这些异人并无异能，但为了虚张声势，自欺欺人，博取重士惜才的美名，还是把他们留在军中，委为材官。王莽同时降旨，各个州郡效法，广罗异能之士。渤海太守韩博奏报蓬莱东南，五城西北的昭如海边，有一奇士身高丈二，腰粗十围，大车四马才能拉得动。王莽亲自赐名，名叫巨毋霸，意思是说，此人为文母皇太后降生，帮助自己成就霸业。南阳郡太守甄阜、都尉梁丘赐皆非平庸之辈，心知王莽所选的异人异士全非治国安邦之材,但正好借此机会罗致郡中人才,以保南阳地方安宁。他们将朝廷旨意晓谕各县,定于立秋殿最之日比武选将。郡中士庶吏民,凡有武略将才者皆可应召比武。李通以为此乃千载良机,不可错过。

刘秀说:"凡举大事,天时,地利,人和,缺一不可。当年翟义立秋殿最举义,三者全具,最终仍然兵败身亡,却是为何?"李通道:"就东郡一隅言之,翟义确实三者具备;但放眼天下,大而言之,翟义天时、人和都不具备。当时王莽'居摄'未久,奸心尚未昭彰。翟义兵起,王莽惶恐万状,天天怀抱孺子,到宗庙哭泣祝祷,亲作《大诰》,信誓旦旦,说一俟孺子长大成人,立即归政孺子,退隐林泉。他同时向满朝文武哭诉,平帝绝非自己鸩杀;相反,在平帝病临垂危,将要驾崩之前,自己曾经祭告上苍,情愿折损寿限,身代平帝一死。当着满朝文武大臣的面,打开金匮,取出当时的祷文,让诸臣传阅。满朝文武莫不感动,认为王莽是当朝周公和霍光。因而州郡起兵,倾全国之力,打败了翟义。若在今日,王莽再耍这种瞒天过海的鬼把戏,还有几人相信?故而,我说翟义当年举兵,天时、人和都不具备。"

刘秀进而又说:"大而言之,今日情势远胜昔日。但就一郡而言,翟义为东郡太守,且有刘信、刘璜等宗室子弟相助,名正言顺出入殿最比武之地,掌握殿最过程及观礼官员生死易如反掌。我们能够做到这样吗?"

李通笑道:"事在人为。这些李某已有谋划。现今甄阜梁丘赐身边已有两个自己人,其一举一动不难知悉。殿最比武较技开始,应召比武者陆续进场,其中我们的人不少,并且各怀绝技,艺业非凡,要杀甄阜、梁丘赐易如反掌。到时候你我率众从校场外发动进攻,里应外合,大事成矣。"刘秀沉吟良久,说道:"应召参加比武的朋友能否相约一见?"李通笑道:"文叔是想试试他们的身手吗?"刘秀道:"兵法云:'知己知彼,百战不殆。不知彼而知己,一胜一负;不知彼,不知己,每战必败。'今知彼固不易,但不能不知己。况今后同生死共患难之日方长,彼此早点相知相交为好。"李通道:"我也正有此意,明日略备薄酒,大家一聚如何?"刘秀道:"如此甚好。"

次日应邀赴会的共有五人,李通、李轶一一把客人介绍给刘秀:第一位,姓张名舜,字尧臣,宛城人,是属正梁丘赐的从事,在太守衙门当差多年,交际甚广,颇得梁丘赐信重。第二位,姓贾名复字君文。南阳冠军人氏,自幼喜欢读书,对《尚书》很有研究。他是李通的故友,李通当巫县县丞时,荐举贾复为掾吏。贾复曾经前往河东押运食盐,途中遇到盗贼,押运之人都丢掉食盐逃跑,只有贾复独自杀散群盗,把盐完完全全运回县里,甚得县令信重。后来李通弃官归里,临行对贾复说:"君文容貌志气非寻常可比,而又好学不倦,将相之器,沉于下吏,诚为可惜,望君文珍重!"李通走后,贾复也回了南阳,成为李府座中常客。第三位,姓吴名汉,字子颜,宛城人,家境贫寒,在县衙当差,后来又到长亭当亭长。他虽质朴少文,但勇毅而富有智谋,深为李通推重。第四位,姓陈名俊,字子昭,南阳西鄂人,在太守衙门为吏,颇善骑射,开得硬弓,百步之内,箭无虚发,力透重甲。第五位,刘秀曾经于宛城米市见过一面,姓任名光,字伯卿,世居宛城,曾经在乡间当过管理农林的啬夫,现在太守衙门当差。性格忠厚,文武双全,一把大刀,出神入化。这些人身怀济世之才,报效无门,长期沉沦下层小吏,难免有怀才不遇之感。李氏兄弟着意结纳,遂先后成为朋友。众人今日和刘秀相见,各抒襟抱,自然十分投缘。豪兴淋漓之际,李轶道:"诸位难得一聚,立秋殿最之日不远,你我何不到后花园里活动活动筋骨,相互切磋一番?"众人轰然叫好,于是相偕来到李府后花园。

李府为宛中巨富,宅院宽阔,后花园规制十分气派,有一座宽敞的练武场,兵器架上枪刀剑戟,十八般兵器样样不缺。众人来到这里,各自拿起自己喜欢的兵器,舞弄起来。酒酣耳热之际,胸胆敞开之时,各逞绝技,龙腾虎跃。刘秀看了心中暗暗叫好。"外行看热闹,内行看门道",但见吴汉长枪沉雄,一招一式中规中矩;初不甚快,越练越猛,渐渐身裹在枪里,不见人影,端的是水泼不进。再看贾复身似灵猿,剑气如虹,轻灵迅疾中带有刚猛狠辣。剑随身走,但见白光一道,忽焉在左,瞬时在右,神龙见首不见尾。而任光的大刀,直劈横斩,飙发风起,声似奔雷,光如闪电。陈俊和李轶徒手相搏,忽分忽合,窜纵跳跃,闪展腾挪,拳掌腿脚并用,令人目不暇接。李通道:"你我与其'坐山观虎斗',何如与诸君同乐,也下场切磋几招?"刘秀道:"愿陪李兄切磋!"二人于是也跃身入场,一来一往争斗起来。

时间不长，众人已是热汗淋漓。大家各自放下兵器，到花厅饮茶纳凉，谈古论今。张舜、任光都在太守衙门当差，说起太守甄阜麾下将佐，皆道："属正梁丘赐虽然久历戎行，但武艺将略平平，远不及五官岑彭。甄阜倚重岑彭，郡中诸曹之事悉委岑彭。"刘秀问道："岑彭何许人也？"张舜道："他是本郡棘阳人，表字君然，事母至孝，为人信义，文韬武略皆有可观。"刘秀沉吟片刻说道："此乃劲敌，殿最之日不可不防。"李通道："大厦将倾，独木难支，不足为患。"张舜也说："梁丘赐妒岑彭之能，甄阜每欲假岑彭以兵权，梁丘赐都借故阻挠。因而至今岑彭名为掌管军中诸曹之事，其实手下无一兵一卒。"李轶道："岑彭虽然艺业非凡，在座诸君谁是省油的灯？大可不必长他人志气，灭自己威风。我倒希望立秋殿最之日，能与岑彭一较长短！"听李轶这样一说，众人都笑起来。

李通说："王侯将相无种，以诸君之才，若当高帝之时，万户侯何足道哉？淮阴侯、滕公绛灌，莫不起自州郡小吏或黔首布衣，后皆建不世之功，名垂竹帛。诸君若有此意，立秋殿最便是千秋难逢之机。到时候，勠力同心，劫得甄阜、梁丘赐等大小官吏，夺得兵马器杖，掌握兵权，便一举而下宛城。然后联合各路豪杰共襄大事，杀莽贼，复汉祚，建不世之功，彪炳青史。若能如此，岂不比庸庸碌碌老死户牖强胜百倍？"众人轰然响应。众人于是歃血为盟，决定立秋之日举事。刘秀说："凡举大事，必慎于始。孙子曰'多算胜，少算不胜'，不能不算。此事要慎重计议，丝毫不可疏漏。另外，事关诸君身家性命，九族安危，慎勿一语泄漏。"当日众人计议至深夜方散。李通与刘秀商定，立秋之日，刘缤在舂陵同时起兵，然后到宛城会师。为了便于双方联络，李通让李轶和刘秀一道返回舂陵。途经新野，刘秀知会邓晨到时也起兵响应，共襄大业。

且说立秋日近，李通等人紧锣密鼓地准备举事。申屠臣的徒弟李宝隔三岔五来李府催促为师父报仇之事，李通随口敷衍，每次李宝来了都让门下赏他几个零碎钱两，打发他快快离去。时间久了，李宝便留在李府，当了李通的随从小厮。这日，李通打算修书通知父亲李守离开长安回返南阳，命李宝磨墨。李通在书房踱步，思考着此信怎么写。墨磨好了，李通提笔写道：

"附子、当归、荆芥、防风,各十五钱,蜜炙。"李宝偷看一下,不过是一个小药方,也没有放在心上。信写好了,李通唤来李季,命他立即送往长安。

李季走后,张舜来了,在书房与李通交谈,命李宝奉茶伺候。二人坐定品茶,李宝在门外听候传唤,悄然贴近窗户,但听张舜说道:"昨日比武之人已进校场,今日操演阵法。明月辰初迫气,巳时郊礼,礼毕即开始比武。先弓马,后搏击,但听大哥号令。"李通道:"一切依计而行。天当午时,我在校场门外点响号炮,弟兄们即可杀向将台。擒贼擒王,只要拿下甄阜和梁丘赐,控制住观礼官员,大功便可告成。"张舜说:"观礼钦差乃纳言将军严尤之弟,名叫严悦,原是五威将军长史,听说此人十分了得。观礼之后便留在南阳当前队大夫副将,帮甄阜镇守宛城。"李通道:"那就连他一并拿下,免得节外生枝。"张舜说:"好,我现在就把大哥的吩咐,转告各位兄弟。"说罢匆匆去了。

汉代十分重视立秋祭祀。当日,夜漏不到五刻,官员们就要先穿上白色礼服,到郊外"迎气";接着换上朱红礼服,祭告天地,斩杀牺牲于东门,谓之"郊礼";礼毕,操演阵法,名曰"乘之"。将士演练孙吴六十四阵,官员肃立将台观礼。这一套繁文缛节完毕,才开始秋操比武。李通就是想乘着这个机会,出其不意,让进入校场比武的人冲上将台控制观礼官员,夺取兵权。因为操演阵法的将士中已有张舜等人暗中联络,应该说这一计划胜算在握。但百密一疏,一个小小的疏漏,使李通的计划落空了。

李宝本就心中怨恨李通不为申屠臣报仇,同时想着若到衙门首告李通造反,可得重赏,说不定还能得到一官半职,从此不再当仆役小厮。他心花怒放,连忙去找申屠建。申屠建听完李宝之言犹豫不决:他和申屠臣一母同胞不假,但李通待他一向不薄,况且申屠臣已经死了,人之常情,宁负死者不得罪活人。但转念又想,在衙门当个风尘小吏,奴颜婢膝,奉迎上官,一辈子很难有出头之日;如果首告李通,受到上官青睐,说不定从此平步青云,飞黄腾达,再也不用仰人鼻息。当他拿定主意要带李宝去见甄阜的时候,忽然又想到李府树大根深,李宝口说无凭,万一首告不为甄阜采信,"画虎不成反类犬","没捉到黄鼠狼,又惹了一身臊",和李家反目成仇,后患无穷。想到这一节,又马上打消了首告的念头。刚想打发李宝离开,低头看到衙门小吏这身素服,心中又泛起一阵酸楚和贪欲:身入公门多载,仍无半分功名,既羞愧又不甘心。官场铁律:朝中有人好做官,朝中无人做官难。若能借此机缘巴结上甄阜、梁丘赐这样的大官,今后便有了靠山,也有了进身之阶。以二人现在的地位,有了平息叛乱的不世之功,跻身卿相不难;搭上了这条线,升官发财不是春梦。想到这里,他一咬牙,一跺脚,决定不再犹豫,拉起李宝,就去找甄阜和梁丘赐。

事不凑巧,甄阜、梁丘赐陪着严悦到校场巡察还没有回来;巡察结束又径直赴宴去了;宴罢,三人都喝醉了酒,回府安歇,杜门谢客。申屠建无奈只好带着李宝回寓所睡觉,等到第二天再去拜谒。当晚申屠建辗转反侧,一宿没合眼,他一早起来顾不上洗漱便带上李宝去太守衙门,谒见太守。门房呵斥道:"亏你在衙门当差有年,怎么连一点规矩都不懂得!忘了今天是什么日子!太守老爷丑时便沐浴更衣,焚香以待;漏下五刻便要带领各位老爷去迎气,接下来举行郊礼,郊礼以毕还要去校场观操。哪有时间见你!"申屠建道:"我有要事向太守禀报,万分火急,万望通报一声。等太守大人进了校场,恐怕就迟了!"门房道:"那你就等着太守大人郊礼回来更衣时,拦轿禀报吧,我可不愿替你通报自我倒霉!"说罢"哐啷"一声,把大门关了。申屠建细想,门房说的也有道理:太守不可能在祭祀之前见客,轻慢神灵。他只好耐着性子,在门口等待。

甄阜郊礼回来,脱下白衣,换上赤帻绛衣,起轿准备前往校场。刚出仪门,申屠建便拦轿谒见。扈从校卫上前驱赶,申屠建攀辕不起,大声喊道:"有人谋反,事在燃眉,请大人容禀!"甄阜闻听,大吃一惊。他掀开轿帘一看,认得是衙中掾吏申屠建。甄阜急忙脚踩轿杆,命人落轿,然后把申屠建和李宝带回大堂询问。

听李宝把李通和张舜的谈话讲完,甄阜全身惊出一身冷汗。他连忙起轿赶往校场,此时宛城大小官吏都在将台等候。将台前面将士们已经列好阵势,等待号令进行操演。甄阜到来,严悦、梁丘赐等人连忙上前施礼相迎。甄阜顾不得还礼,一边用衣袖擦拭额头上的冷汗,一边轻声对严悦、梁丘赐说:"二位大人,请借一步说话,秋操典礼稍等片刻。"三人于是来到将台帅帐以内,甄阜把申屠建首告李通借立秋殿最之机,密谋造反之事告诉二人。二人闻言大惊失色。严悦道："申屠建何许人也？所言是否可信？李通乃宗卿师李守之子，宦门公子为何如此铤而走险？"甄阜道："申屠建是衙中掾吏，和李通乃'隔山'兄弟，并无仇隙，所言当无虚妄。"梁丘赐道："事情迫在眉睫，宁可信其有，不可信其无。事关你我三人身家性命，不可犹豫。以在下愚见，立刻捉拿张舜、李通等人，封锁校场，关闭城门，盘查所有应募参加殿最之人。"甄阜道："如此甚好。那就烦劳梁大人亲自去捉拿李通弟兄及其家人；严大人和岑彭捉拿张舜及其同党；下官分派人手把守城门。事情紧迫，分头见机行事吧。"

将台上观礼的官员，见三位主官到帅帐私议不出，人人惊愕，纷纷猜测；将台下等待检阅、操演阵法的将士和参加殿最的材官，也都焦躁起来。正在这时，只听中军校尉高声传呼："左营兵曹张舜，五官岑彭听令：二将进帐，都尉有事相商！"张舜不虞有他，奉命登上将台，甫到帐前即被拿下。岑彭进帐，梁丘赐道："事起仓促，来不及给将军细说了。将军立即把校场各门落锁，严禁出入，有敢擅闯者杀无赦！"岑彭得令，连忙去了。梁丘赐转身对严悦说道："借重大人，亲带中军卫队到校场弹压，有异动不轨者立即捉拿，胆敢顽抗，杀无赦！"严悦领命而去。紧接着，太守甄阜走到将台前边，高声说道："众将士少安勿躁，倾接密报，有不逞之徒欲借秋操殿最之机图谋不轨，为首之人已遭擒获。余党恐怕混迹营伍，藏身校场。现在听本官将令：众将士各归营伍，秋操大典俟择日举行。"台下登时大乱，有人立归营伍；有人犹豫观望，有人鼓噪起来，大声质问："朝廷秋操比武，怎么能说改期就改期？我等一年一望，好不容易等到一个为国家出力报效的机会，怎么能说取消就取消？说不定是哪个狗官借故弄权也未可知。既说有叛贼逆党藏匿校场，就请当众指给大家看看！"说着就有人涌向将台。贾复、吴汉等人聚在一起商议道："看起来事情已经败露，李大哥恐怕自身难保，不要再等午时号炮了。事在燃眉，我等不能坐以待毙。不如趁乱杀上将台，劫持观礼官员，再做计议。"两人于是各亮兵刃冲向将台。

严悦远远看见吴汉、贾复等人，手持刀枪冲向将台，急忙带领中军卫队前来阻拦。甄阜指挥校尉，调集兵马保护众官员离开校场。众多将士各归营伍，校场内剩下的多半是张舜等人秘密联络准备举义的人。甄阜下令，把这些人围在核心,调集众多弓箭手,一一射杀。一时间,箭如飞蝗,不少人中箭倒地。吴汉见事不可为,高声叫道:"诸君不可恋战,我来断后,各位快离校场!"他于是拍马如飞,杀向严悦。贾复、陈俊、任光,一边拨打雕翎,一边奔往校场门口。严悦见吴汉所向披靡,连忙舞刀来迎。吴汉枪出如龙,杀法凌厉,不出数招,严悦便手忙脚乱,难以招架。吴汉见贾复三人走远,连刺三枪逼退严悦,勒马回头便走。严悦以为吴汉怯战紧追不舍,不料吴汉一招鲁阳挥戈,枪挟风雷,回手扫来。严悦慌忙用刀来封,只听"当啷"一声,枪刀相交,严悦只觉两臂剧震,虎口欲裂,大刀脱手而飞。但听吴汉喝道:"饶汝不死,有胆便来追我!"说罢拍马而去。严悦呆若木鸡,眼睁睁看着吴汉远去。身后士卒等吴汉去远,帮他拾起大刀。严悦喟然长叹一声说:"由他去吧!"

贾复三人离校场口尚有一箭之遥,岑彭立马横刀拦住去路。贾复道:"我来会他,二位只管去夺大门。只要杀出这重大门,任他千军万马,能奈我何!"说罢,纵马来迎岑彭。陈俊、任光,刀枪并举杀开血路,直奔校场大门。岑彭想来阻挡,贾复枪招如风,狠辣迅猛,哪容他抽出身来?至于部下那些士卒,哪里敢拦陈俊、任光这两只猛虎?任光三刀两刀,劈开校场大门,高声叫道:"贾兄快走,不可恋战!"岑彭朗声说道:"要走,也得问问我手中大刀,肯不肯让路!"说罢挥刀如风,一刀紧过一刀,刀刀不离贾复要害之处。贾复连声叫好道:"好!不枉今日下校场一趟,算得真正比武了!不分出殿最,不出校场!"任光、陈俊见贾复脱身不得,又返身杀回来助贾复。任岑彭如何骁勇怎能斗得过这三个强敌?一时间手忙脚乱,只有招架的分儿,没有还手的力。正当叫苦不迭的时候,甄阜、严悦带兵赶来。岑彭高声叫道:"二位大人快快堵上校场大门,莫要走了这些反贼!"吴汉一马从斜刺杀出,高声断喝:"我看谁敢向前!"严悦及其部众知道吴汉厉害,不由驻足观望。吴汉道:"诸君莫要惊慌,新市、下江、平林三路人马已经杀进城来,甄阜、梁丘赐插翅难逃,岑君然快快下马!"甄阜等人闻言失色,侧耳一听隐约果有喊杀之声,当下犹豫起来。吴汉当先跃马冲出校场,贾复、陈俊、任光也紧随其后杀出。岑彭正要追赶,甄阜叫住了他:"君然回来!穷寇勿追,料他出不了宛城!"岑彭心知甄阜心中胆怯,不便说破。他自料独自去追也讨不到便宜,正好借梯下楼,不再追赶。

当局者迷。甄阜、严悦听到的喊杀之声不远，正是梁丘赐追赶李通弟兄的声音。听吴汉猛然一诈，竟然乱了心神。等他回过神来，吴汉等人已经出了校场。甄阜当然不愿承认中计，只好将错就错。

吴汉四人冲出校场，不敢结伴同行，只好各奔东西。吴汉正好遇到几个河北贩马的客人，夹在他们中间，混出北门，不敢还乡，从此去了河北。贾复等到天黑缒城而出，打算去投下江王常，路过龙山，被几个劫道的强盗邀上山去，便在龙山落草，招兵买马，后来竟然拉起一支几百人的队伍。陈俊、任光在宛城多年，人脉甚广，暂时在宛城潜藏下来。

梁丘赐带兵去捉李通。军中早有李通的耳目，慌忙抄小巷去向李通禀报。李通急忙紧闭门户，命李松、李傛通知家眷收拾金银财物，准备从后门逃跑，他自己亲带家丁宾客到前门阻拦官兵。刚刚布置就绪，梁丘赐已经带领人马来到。他见李府大门紧闭，知道李通已经得到消息，有了准备，立即下令把李府包围起来，然后叩门高叫："李通反贼，快快开门投降，饶尔不死！如若负隅顽抗灭汝九族！"李通登上墙内望楼答道："李某宦门子弟，家资不薄，一向奉法唯谨，红口白牙，说某谋反有何证据？"梁丘赐唤李宝上前，指着李宝说："你家小厮已经到太守衙门出首，告你勾结张舜等人，欲在秋操殿最之时，杀官谋反。你还有何话说？"李宝道："大少爷，你就不要抵赖了！你和张舜说的话我全都听见了。张舜已经……"不等李宝把话说完，李通拈弓搭箭，"嗖"的一声，把李宝射死，墙外立刻大乱。梁丘赐下令兵士们砸门攀墙。李通则指挥家丁，远则箭射，近则枪挑，刀砍，进行阻拦。众寡悬殊，眼看官兵就要破门而入，李松、李傛慌忙赶来支援。李通怒喝道："为何还没有出门？难道想全家尽丧于此吗？"李松道："各房眷属，舍不得财帛，至今尚未收拾利落，迟迟不愿离家。"李通道："财帛珍贵还是性命要紧？要财帛不要命了？传我的话，各房同时放火，不要命的就和金银财帛一起焚烧！"李松迟疑道："这祖宗家业，怎可焚毁？"李通冷笑一声道："与其等待他人抄没，何如付之一炬？"说罢，立命左右放火。

立秋时节，风干物燥，一时之间华堂高楼四处起火，烈焰熊熊，浓烟滚滚。适逢西北风呼啸，官兵尽在东南巽门，烟熏火燎，慌忙后退。李通带领家人从后门逃出。只是眷属们携带金帛包裹甚重，步履蹒跚。眼看追兵临近，李通顾不了许多，只带家丁宾客数人，和弟弟李松、李傛打马如飞，出城而去。

春陵

当日,李季奉李通之命前往长安,因立秋将至,唯恐耽误大事,马不停蹄,饥餐渴饮,赶路过于匆忙,再加上"秋后一伏",暑热难耐,将到洛阳之时,忽然得了暴病,腹中绞疼,吐泻不止,倒卧客栈。所幸店主人是南阳老乡,李季自料将死,把囊中金钱和书信尽交与他,请他务必把信送到长安,交给李守。李季死后,店主人拆开书信一看,竟是极为普通的药方,也没有放在心上,因而耽误了一天,方才动身前往长安。

李守看了书信,发了赏钱,打发送信人走后,不禁犯难:看药方上的隐语,是要他及早回乡,时间在本月十五以前;可是接书信已经是十五日黄昏了。他想早点"桃之夭夭",但仕官多年,薄有积蓄,携家带口,哪能说走就走?正当犹豫不决之时,同乡好友黄显来了。黄显是五官中郎将,也算是天子近臣。他见李守面色有异,言语举动与平日不同,忙问其故。李守乃以实情相告。黄显说:"如今京师门禁甚严,况李兄相貌非凡,携家带口,怎么出城?即使出得京城,千里迢迢,关山重重;若南阳奏报进京,朝廷发使追捕,李兄自料,能够脱身吗?今日十五,南阳之事已三日矣。吾料郡中奏章明日午后可到宫中,后天早朝可呈御前。君若诣阙自首,还来得及,或可免祸。"李守听从黄显的劝告,上书自首请罪,并请辞官,归骨还乡。李守表章写好,还未及上奏,南阳郡有关李通谋反的表章就已送到长安。王莽大怒,把李守及其在京眷属,逮捕下狱。黄显上书给李守求情说:"李守闻子谋反,不敢逃亡，信守忠义，归命宫阙。当年，刘崇谋反，刘嘉自首，被封为率礼侯；刘快谋反，刘快的哥哥刘殷自首，被封为扶崇公，增封万户。臣愿担保与李守同回南阳，让李守劝其子束手归降，以彰陛下天高地厚之恩。若其子不遵君父之命，令李守北向自刎，以全君臣之义。"王莽好名，最喜奉迎之语。他听黄显这样说来，立刻准奏，放李守及家人出狱，准其还乡。李守黄显打点行装正要出京，南阳郡的第二封奏章又送进京来。原来第一封奏章只写李通谋反，案子尚未审结；第二封奏章，李通家人的口供俱已完备，处治情况也写得清清楚楚：李府眷属六十四人尽行处斩，堆尸宛城闹市，烈火焚烧。王莽览奏，立即把李守、黄显一并逮捕。黄显抗辩道："君无戏言。昨日已免李守之死，命其返乡抚绥子弟；李守未及返乡，子弟被戮，与李守何干？"王莽置之不理，立即传旨：李守、黄显一并斩首。

刘秀与李轶返回舂陵，把与李通商定的计划告诉刘縯。刘縯大喜，立刻积极准备。刘良知道刘縯起兵是早晚的事，他已无力劝阻；但怕和刘崇、翟义、刘信一样，画虎不成，反惹灭族之祸，于是再次劝刘秀说："文叔，你和伯升自小志操不同，任他上天入地我都不管了。但你无论如何不要跟着他胡闹腾，要给郁林太守公这一脉保留一线根苗！"刘秀笑道："覆巢之下，焉有完卵。刘崇兵败，子弟几人幸免？宅为污池，枯骨扬灰，七岁稚子，难免囹圄之灾。大哥志在光复高祖之业，成则祖宗之幸，富贵与叔父及合族共享；败则天命亡我，叔父与侄儿万难苟活。您想独自保全性命，恐怕苍天不肯垂怜。如今大哥箭在弦上，不可不发；势成骑虎，断难收手。与其坐待诛族，何如助大哥共举大计？"刘良拍股大怒，手指刘秀斥责道："逆子！胆敢不听老父之言，枉费了老父多年养育！前番伯升惹了是非，太守传我前去，责我教尔无方，不能奖率子弟。今日你胆敢不听老父良言相劝，我就去南阳出首，告发你小子！"说罢气呼呼出门而去。刘秀见状，忙去告诉刘縯。刘縯笑道："二叔含辛茹苦半生，抚育你我成人，唯怕你我有什么闪失。他只是虚言吓唬罢了，哪会真去出首？你先回去劝他老人家消消气，我随后就去见他。"刘秀回去，刘良正在吃粥。刘秀笑道："二叔不是要去南阳首告我等吗？怎么还不动身？再不动身就来不及了！"刘良"啪"的一声，把筷子摔到桌子上，放下粥碗,大声说:"我高兴什么时候去,就什么时候去。你小子自寻死路,等不及了?"刘秀连忙跪倒,抱着刘良的腿说:"叔父的养育之恩,侄儿一刻也没有忘记。当年在萧县衙中,叔父公事之余青灯寒窗,教我读书;偶有闲暇带我游历丰、沛、萧、砀的山山水水,凭吊高祖创业遗踪,教我忠孝之义。大哥正是秉承忠孝之教,立志复兴高祖之业,还请叔父垂怜!"刘良道:"我岂不怜伯升之心?只是怕儿蹈安众侯刘崇的覆辙罢了!"说着摇头叹息,两行清泪直往下滴。刘秀连忙起来,为他拭泪。正当此时,族中几位和刘良辈分相当的老人联袂而来。刘歆、刘顺进门就嚷嚷道:"伯升杀我!伯升杀我!二哥快快劝劝你那胆大妄为的侄儿吧!我等虽然没有了爵禄和官位,但仍然薄有田产,衣食无忧,车马仆从齐全。这样的日子,我们已经心满意足了。如果伯升造反,九族受累,我等难免池鱼之灾!我们不稀罕什么王侯之贵,但求平安无事。求求二哥念在太守公一脉相传的分上,快劝劝伯升吧!"刘良不知如何是好,唯有赔礼打躬的份儿。正当此时,刘縯带着刘隆、刘终等一般族中后生来了。

刘縯当众一揖,说道:"王莽无道鸩杀平帝,擅废孺子,侵夺宗室爵封。变法乱政,百业失序,民怨沸腾。自公卿至黎庶,莫不愤恨。值此枯旱连年,兵戈四起,灭亡莽贼之时,我欲复高祖之业,起义讨莽;各位长辈多怀犹疑,伯升不敢自专妄为。今欲告天问卜,一决行止。不知各位叔父意下如何?"刘歆、刘良等人不约而同齐声问道:"怎样告天问卜?"刘縯道:"我欲以三牲祭礼,祷告上苍和我刘氏列祖列宗;然后以九枚五铢汉钱抛向天空,向天卜卦。若我大汉当兴,九枚五铢个个'五铢'朝天,如其不然,伯升则刀枪入库,终老不提兴汉之事。"众人齐声道:"如此甚好。若上苍佑我刘氏复兴,我等追随伯升虽死不悔!"于是,刘縯命人备下三牲祭礼,带领合族老少一齐到刘氏宗庙,顶礼焚香。说也奇怪,当刘縯手捧信香,刚刚接触烛火,香头紫光耀眼,立刻燃烧起来,那紫光足足闪耀了一刻多。众人又惊又喜,窃窃私语起来。刘縯插香于鼎,望空祷告良久,然后从怀中取出九枚汉宣五铢铜钱来,把手一挥,撒向天空;瞬时,九枚铜钱纷纷落到神案前的土地上。众人上前看时,都惊呆了:九枚五铢钱一枚一枚都是"五铢"二字朝上,平面朝下,果真是"五铢朝天"!片刻过后,刘氏宗庙前,欢呼声如春雷般响起。刘良、刘歆等人老泪纵横，一同跪倒在地一边叩头一边仰天相贺："苍天！苍天！我刘氏仍是九五至尊！我刘氏仍是九五至尊！"

刘缜立命刘嘉把铜钱捡起，供奉于宗祠。他高声对众人说："天意若此，诸位父老兄弟有目共睹。你我宗室子弟，高祖子孙，自当勠力同心复兴高祖之业，共举大计。伯升不才，愿与诸位共建不世之功，如何？"众人应声如雷。当日刘缜就祭告天地，宣誓举义，自称"兴汉柱天大将军"。不数日，刘缜便集合起舂陵子弟八千，准备与李通会合。

眼看立秋已过，却还没有李通的消息。刘缜不禁焦躁起来，连忙派人前往宛城打探。这日，刘缜正和刘秀、李轶、刘嘉、刘稷等人议事，派往宛城打探的人回来了，把李通等人事情败露，李府合家遇难，李通下落不明的消息报告刘缜。刘缜等人大惊失色，李轶痛不欲生，非要回宛城不可。刘缜劝道："季文此时回去，岂不是自投罗网？令兄生死未卜，我等势单力薄，此时报仇，还不是时机。君子报仇，十年不晚，何如等我们兵强马壮以后，再为家人报仇不迟？"刘秀也劝李轶说："令兄下落不明，说明已经脱离虎口；季文兄不如在此等候，一旦有了令兄消息，再定行止。"

刚刚劝住李轶，只听门外人声喧哗。刘缜等人慌忙去看究竟。原来，宛城事败的消息已经不胫而走，传播开来，众人立刻慌乱起来。那些胆小怕事的年长之人，有子弟在刘缜军中的，纷纷去召唤子弟。军营里乱作一团，刚刚聚集起来的八千子弟，眼看马上要作鸟兽散。正当此时，刘秀高冠红袍，大步走向军营。众人见往日文质彬彬，喜爱耕读的刘秀如今这身装束，不慌不忙，从容平静，大家也都安定下来。有人问刘秀说："文叔，听说宛城兵马即将到来，你为何不慌不忙，不怕杀头吗？"刘秀笑道："郡中招兵的告示就在舂陵街头，诸位也不看看。官府如果兵马众多，为何还要秋操比武，征兵选将？南阳到舂陵三百里，官兵要来，早就来了，还能等到今日？新野离舂陵一百二十里，棘阳离舂陵不足二百里，都是朝发夕至放马就到之地，至今毫无动静，大家惊慌什么！敌兵未到，我们自己先就乱了阵脚，这不是自寻败亡吗！今日天下，四面起火，八方冒烟。各位可能也听说了，去年赤眉在成昌大败官军，太师王匡和更始将军廉丹十万大军都被打得落花流水。廉丹被杀，王匡侥幸逃得性命，只身败回长安。河北的铜马、青犊、大肜、铁胫、五幡、尤来、重连、五楼，扯旗造反的讨莽义军，多得数不清；连种瓜的田夫瓜田仪、五旬的老妇吕母都敢举兵起义，何况草莽豪杰？近在咫尺的新市、平林、下江三路人马云集南阳，哪一家不比我们声势浩大？官军避之犹恐不及，哪敢去招惹他们？甄阜、梁丘赐能保宛城无事，南阳境内诸县安宁，尚且求之不得，他们哪里还顾得了我们！何况，我们既已举义，难道还有退路？只有一往无前，才能保住身家性命；如果离群散伙，各自逃生，身单势孤，官府只用一二小吏就能拿你归案，何用兴师动众！李家一百余口尽被屠戮，便是前车之鉴。假若李府有八千子弟刀枪在手，甄阜、梁丘赐能奈他何！如今我舂陵子弟只有同心同德，共进退，同生死，才能平安无事。如果闻风而散，只有死路一条！"众人听刘秀说得有理，情绪都安定下来。大家于是各归营伍，照常练兵。刘縯心中暗自佩服，喜不自胜。他自语道："打虎亲兄弟，上阵父子兵。有弟如此，吾复何忧！"他遍请族中父老兄弟共商进兵大计。

刘縯道："原想与李氏兄弟共举大计，不意宛城兵败。现在势成骑虎，却又势单力薄。常言道单丝不成线，独木难成林。我欲与新市、下江、平林三路人马联合，不知诸位意下如何？"刘良、刘歙等人说："我等好歹也是皇家宗室，高帝苗裔，举义讨莽，堂堂正正，岂能和绿林强盗为伍？况且他们树大招风，和他们联合，马上就会招致官兵来剿，岂非引火烧身，自寻麻烦？自古道，'道不同，不相为谋'，我等举义，志在兴复；绿林之众，实为饥寒所迫。铤而走险，逐利乌合，怎能合兵一处？"刘隆、刘终等人则说道："到这种时候，几位老人家还当自己是龙子龙孙天潢贵胄哩。既然扯旗造反，和人家绿林、赤眉、新市、平林又有什么分别？一旦兵败，落到官府手里，还不照样杀头、灭族，披枷戴锁蹲大狱？谁还认您是宗室子弟？高帝苗裔？时易势移，到河边脱鞋，到山上砍柴，什么时候说什么时候的话。如今只要人家愿意和我们联合就再好不过，还端什么宗室子弟的大架子，摆什么谱？"刘良、刘歙等人被噎得透不过气来。刘縯忙喝止刘隆、刘终等人说："怎么和叔父说话哩？老人家还不是怕我们打错了算盘走错路吗？耐心听听老人家的话有何不好？"刘秀道："时势如棋局。胸怀全局，方能高瞻远瞩，化险为夷。如今豪杰并起，凡反莽讨贼者皆为我友，为虎作伥者皆为我敌。就宗室子弟而论，贤愚不肖也不相同：徐乡侯刘快起兵讨莽，胶东王刘殷却助纣为虐，帮助王莽讨伐自己的亲兄弟邀功希荣。当此兵戈扰攘之时，英雄莫问出处。高帝起自泗水亭长，亦一介布衣也。麾下功臣也不乏草莽之士，终成我大汉二百余载基业。我观新市、下江、平林军中胸怀大志，腹有良谋之人不少；不然何以拥众数万，纵横荆楚，连破州郡？能够与之联络不失为上策。至于各位叔父担忧，'志不相同，难于为谋'，不无道理。但目下看来，吾与彼大敌均为莽贼，合则两利。他日利义相同则相合，不同则分道扬镳也未为迟。想当年高帝和项王不也是如此吗？"众人齐声称是，刘良、刘歙等人连连颔首。于是，事情就这样决定下来。

刘縯当日修书数封，命刘嘉为使，即刻动身，前去联络新市、下江、平林三路人马。刘嘉先到蟒川卧虎山见过王匡、王凤、马武等人。三人看了刘縯的书信，齐声道："伯升和文叔相约，我等断然没有不答应的道理。只是兵马未动，粮草先行。山寨中早已乏粮，将士枵腹临阵，怎能克敌制胜？连年荒旱，百里之内百姓家家无粮；有粮的大户人家不是躲进县城，便是修筑堡坞，深沟高墙自守，打粮实属不易。前几日几路弟兄下山打粮，几乎都是空手回来。像这样饿着肚子，弟兄们下了山，不要说打仗，恐怕闻风便作鸟兽散去，如何是好？"刘嘉道："诸位放心。粮草之事，伯升和文叔早已安排好了。弟兄们下山到了春陵，兵合一处，将为一家，粮秣供应不用发愁。有春陵子弟吃的，自然不会让新市兵中弟兄饿肚子；春陵兵吃稠的，不会让新市兵喝稀的；春陵兵吃好的，断不会让新市兵吃孬的。各位知道，这几年蒙上苍眷顾，白水乡收成比各处都好，伯升积草囤粮已非一日，等的就是这一天。军粮不成问题。"

王匡、王凤等人正为军粮发愁，听刘嘉如此一说，心中大喜，当即答应立即下山和春陵兵会合。马武道："众人拾柴火焰高。伯升既然有意联兵大举，我们何不邀约平林、下江两支人马共同举事？"刘嘉道："伯升正有此意。子张若肯相助，和我一道前往平林如何？"王匡、王凤道："陈牧、廖湛二位兄弟自从上次合兵攻打随州失利，就再也不曾见面，彼此似有诸多误会。马兄此去多多致意，代为问好，以便来日同执矛戈，并马驰驱。"马武道："谨遵二位哥哥将令，见了陈廖二位，我多加劝谕。"马武当日即拜别王匡、王凤，和刘嘉前往平林。

平林在随州东北。陈牧、廖湛的人马就驻扎在平林东南的洪山坡。去年新市兵声势正大时，王匡、王凤率众数万攻打随州。陈牧、廖湛起兵响应，率部相从。后来攻打随州失利，王匡、王凤退往蟒川一带，陈牧、廖湛又回平林上了洪山坡。因为二人自幼生活在平林，对当地山川河流林莽沟壑了如指掌，所以进退自如，州郡也奈何不得。宗室子弟刘玄字圣公，在平林军中当安集掾，和刘縯、刘嘉都是同族兄弟，他自告奋勇带刘嘉、马武去见陈牧、廖湛。

数日之前，平林降了一场大雨，长岭山崖，轰然倒塌，露出一个春秋战国时期的藏兵洞来。里边有古代兵器数件，有人捡到点钢长矛一支和七星长剑一把，献给陈牧和廖湛。陈、廖二人视为上天赐予的神兵利器，心花怒放。这几日，天天到山坡上舞剑练枪。马武、刘嘉到来时，二人兴致正高，全然没有发现。马武在一旁观看，时间一长，心中不快，一种被冷落、轻慢之感油然而生。他于是大声说："枪好，剑也好，只是分量重了些，不甚合手！"陈、廖二人闻声住手，看见对面不远之处有人看他们练功，刘玄一旁站立。一人似曾相识，另一人从未谋面。原来，新市、平林两支人马虽然曾经合兵攻打随州，马武和陈牧、廖湛并不熟悉。听了马武之言，陈牧和廖湛相视一笑，陈牧道："遇见行家了。我手中这支长矛，确实分量重了点，使着不太合手。"廖湛道："我也有同感。这把七星剑，光芒四射，只是不够轻灵，原来是分量过重了。"陈牧对马武拱手道："尊驾何方高人，肯否指教一二？"马武哈哈大笑道："高人不敢当。练武之人有句俗话，'剑走轻灵枪在猛'，在下旁观者清，见二位招数精奇，只是剑少灵动，出枪不够迅猛，似乎力有不逮，是以妄加议论。"廖湛道："果然是行家，一语道破我心中疑窦。此间山空林静，足下何妨试一试我与陈兄手中兵器是否合手？"马武道："某不善剑，平日也善用矛戈。有缘见此神兵利器，见猎心喜，借以赏奇，二位莫要见笑。"马武说罢，下马，接过陈牧手中点钢长矛来，掂了掂，轻重正好合手。他于是便一招一式耍了起来。马武是绿林军中有名的"马三枪"，枪招本就以迅猛见长；加上春陵寻医之时，得刘稷等人指点，艺业大进。今日有意在陈牧、廖湛二人面前炫才显能，那长矛舞动得如旋风般龙腾虎跃，陈牧、廖湛连声叫好。等马武收手，二人齐声道："佩服！佩服！这样枪到了足下手中，方真正显出它的非凡威力来!"马武道:"二位过奖了,在下不过多了几分笨力罢了。练武之人,讲究的是功夫,假以时日,二位内力自然见长,这兵器自然也就得心应手了。"

刘玄寻着机会,连忙上前把刘嘉、马武二人引见给陈牧、廖湛,刘嘉趁势把刘𬙂的书信递上。陈牧、廖湛看了,沉吟片刻说道:"此事体大,容我二人与众兄弟商议之后再说。二位鞍马劳顿,来到平林,在下不能不尽东道之义。请先回营中为二位接风洗尘!"刘玄于是带路,四人一同回营。

当日陈牧、廖湛在中军设宴,盛情款待刘嘉和马武。酒过三巡,陈牧说道:"在下身在草莽,说话直率。二位也都是舞刀弄剑的汉子,说话也用不着拐弯抹角,遮遮掩掩。刘伯升打算联兵大举,主意倒是不错,可是'生意好做,伙计难辩'。说远了,汉初的高祖和霸王,还有张耳、陈余;说近了,上次追随二位王大哥攻打随州,不都是活生生的例子?我算领教过了,歃血信誓旦旦,到了生死关头狗屁不如。见了便宜都争着上,遇到危难争着后退。攻城、陷阵狼上狗不上,如何能打胜仗?打了胜仗,争着表功,都往自己头上插花;打了败仗,你埋怨我,我埋怨你,各说各的理,相互指责,我看还是大路朝天,各走一边,独来独往的好。如今我们在平林,荆州管不了,南阳不敢管。瞅准机会,下山打粮;官兵来了,上山歇马。山高林深,官兵望山逡巡,不敢越雷池一步;我在山上观景,仿佛烽火戏诸侯。官兵退去,弟兄们市井逍遥,何其快活,用不着离开平林,自寻烦恼。"廖湛也说:"宁为鸡前,不为牛后。我等在山野丛林懒散惯了,今朝有酒今朝醉,天王老子管不着,最受不得约束。刘伯升宗室贵胄,礼数甚多,本不是一个林子的鸟,恐怕不好相处。与其他日反目分手,还不如各行其是的好。"

刘嘉说:"二位把话已经说到这份儿上,我本不该再多说无用的话了。人各有志,不能勉强。但既然来到了洪山坡,不妨把平林四周的情形说给两位听听。北边南阳郡太守甄阜,属正梁丘赐正在厉兵秣马,王莽又派纳言大将军严尤之弟严悦前来助阵督战,不日就要南下;秩宗大将军陈茂已经和纳言将军严尤会师,追剿王常、成丹的下江兵,一路西来已过荆门;荆州牧的前锋部队离安陆、随州也不远。三路大军来势汹汹,已形成合围之势,兵锋所指不单单是新市、下江和我舂陵三家,平林首当其冲。唇亡齿寒的道理,二位不会不知。如果我三家败亡,平林能够一家独存吗?就当前情势,四支义军,任何一家凭一己之力,独抗王莽三路大军都无异于以卵击石,螳臂当车;但合力抗敌,胜算在握。如今三家都已订盟,唯平林一家自外于各路义军之外,窃以为实非明智之举。二位请看这大营对面山坡上的树木,东面那棵又高又大,何以被暴风雨摧折?北面那片树林,并不怎么高大,为何能够抵御狂风暴雨,蓊蓊郁郁,岿然不动?独木不成林,高大参天难抗狂风暴雨;千百棵树木成林成海,雨大风狂能奈它何?"陈牧、廖湛无言以对。马武说:"当年马某亡命江夏,和一群叫花子寒冬腊月夜宿荒山破庙。有天晚上,大雪满山,一位衣服鲜亮的富家子弟也被风雪所阻,夜宿这座荒山小庙。他独处一隅,生怕我们这些衣衫褴褛蓬头垢面的叫花子身上的虱子、跳蚤爬到他身上去,因而躲得远远的,独自瑟瑟发抖。我们这些叫花子,挤在一起,抱成团,压成堆,相互枕藉,唯恐挨得不紧。天亮之后,我们这群叫花子一个个安然无恙,唯独那个富家公子却冻死在破庙里了。从中我们悟出一个道理:抱团取暖,可挡严寒;人多势众,能抗强暴。于是,我们这群叫花子结成'污衣帮',在江夏没人敢欺负,后来跟随王匡、王凤两位大哥上了绿林山,成为绿林军中一支打不散的力量。"陈牧、廖湛听了不禁动容,不约而同地起身下拜道:"多谢二位指点迷津,不然,险些误了大事!请向刘伯升致意,平林人马愿如约前往舂陵!"

刘嘉、马武离了平林,又匆匆前往下江兵的驻地蒌溪。当年王常、成丹下了绿林山,一路西进到达南郡的蓝口。但立脚未稳,严尤、陈茂的追兵就到了。王常、成丹仓促应战,大败溃逃,余部突围后又来到随县东部的蒌溪,依托石龙山和三钟山的深山密林站住了脚跟。饥荒之年,兵源不是问题。经过一段时间的休整,招兵买马,下江兵元气渐复,声威复振。刘嘉、马武来到时,王常、成丹正在酝酿着如何应付荆州牧的进攻。

马武与王常交谊甚厚。当年二人一同亡命江夏,后来又一同上了绿林山。马武生性粗豪,口无遮拦,当众论人长短,不知避忌。因而营中弟兄,知己不多。唯王常为人宽厚,大度能容,和马武交往密迩。马武、刘嘉到来,王常设宴款待,成丹、张卬、朱鲔等人都与宴作陪。席间刘嘉取出刘縯书信,交于王常。王常看了书信,面有难色,他沉吟片刻,对刘嘉说道:"刘伯升胸怀大志,邀约各路讨贼义军联兵大举,实为上策,王某心中佩服。但我下江兄弟自蓝口失利，一路奔逃，官兵紧追不舍，到了钟龙间方才站住了脚。如今严尤、陈茂追兵在近，荆州牧拦堵在前。我下江人马即使想赴伯升之约，前往春陵，能轻易走得了吗？"马武道："我倒有个主意，不知当行与否。颜卿兄率众西去，新市、平林、春陵三家人马出兵向东，夹击荆州兵马，与下江兵会师。这样，合四支义军之力，破敌不难。各位意下如何？"朱鲔道："子张只知其一，不知其二。忘了'螳螂捕蝉，黄雀在后'的故事。严尤、陈茂就在我们身后，甄阜、梁丘赐在春陵背后。如果彼两路人马联合南下，和荆州兵形成夹击之势，我们不尽在包围之中？春陵人马自顾不暇，哪还顾得上东进迎救我下江兄弟？"张卬也说："春陵三支人马刚刚会合，百事未定，前途未卜，能不能援手东进，谁敢肯定？"王常犹豫不决道："子张和刘兄弟鞍马劳顿，今晚就在营中住下。此事待我与诸家弟兄商议以后再定吧。"刘嘉、马武不便勉强，当晚住在娄溪。

席散之后，张卬和朱鲔商议。张卬道："一提到刘氏兄弟，我心中就堵得慌。以王常和马武的交情，保不准明天就会答应和刘氏联合。到那时，天天和刘秀、刘稷等人相处，说不定还要在他们帐前听令，听他们呼来唤去，我心中实有不甘。"朱鲔道："既然如此，你我弟兄，明天就告别王兄，另觅立身之地。当此乱世，竖起招兵旗，就有吃粮人，你我另立山头如何？"张卬道："不可。你我穷途来投，王常大哥待你我不薄。无故离去，不合道义，恐为江湖耻笑。"朱鲔道："不然你我同去劝阻王大哥，不与春陵结盟联合就是。"张卬又道："恐怕王大哥不会听从你我劝告。"朱鲔道："我倒有个办法，可以阻止王大哥不会与春陵马上结盟，说不定还会使我下江兵转危为安，重振声威。"张卬道："朱兄有何妙计，何不说来听听？"朱鲔道："法不传六耳。"于是轻声密语，如此这般讲给张卬听。

当晚，马武不能安睡，去找王常交谈。二人刚谈到联合讨莽利在诸方的时候，有人慌慌张张前来禀报，东西两面都发现有官兵夜袭，朱鲔、张卬两将军已经带兵迎敌，成丹将军正在调集人马，指挥各营，加强防守。王常连忙起身，拱手对马武说："子张，先安歇吧，结盟之事，明日再议。"说罢匆匆告别去了。

次日，天近午时，还不见王常等人回来，刘嘉、马武等得心焦。成丹匆匆来见，代王常转告二人：军情紧急，联盟之事只能他日再说了。请向伯升将军致意，务请见谅。刘嘉、马武只好回去向刘绩复命。

原来王常害怕成丹、张印二人有失，亲自带兵接应。想不到二人佯作追敌，越追越远，一直到了随县与春陵之间的上唐方才收兵。朱鲔观察上唐地形，吴山、资山、厉山三山环抱，林深路狭，处处可以设伏。如果能把官军引入此处，纵有千军万马，也难以逃脱全军覆灭的命运。他在返回蒌溪的路上，碰到王常，朱鲔说："可能是官兵的两支侦骑，人数不多；见我军势大，不战而逃。我和成丹大哥一路追杀，不知不觉追得远了，竟劳大哥亲自来接。不过，虽无斩获，但却发现上唐四周是一处设伏破敌的绝好战场。若能诱官兵至此绝地，必然大获全胜。"王常道："自从蓝口战败，军中士气一直低沉。我早想觅得战机，痛痛快快地打个胜仗，给弟兄们壮壮胆，鼓鼓劲了。"

回到大营，成丹说："子张和刘先生等不及大哥已先走了。临行让小弟转告大哥，结盟之事先不必急于一时，可以从长计议。"王常道："路上我还在想，借三路义军之力，打一个大胜仗鼓舞士气，不想他们走得如此匆忙。"朱鲔道："将在谋略，不唯在勇；兵不在多，还在指挥调度。以我下江现在之力，不靠别人帮助，也完全可以克敌制胜，何必指靠别人？"张印、成丹也说："靠别人之力，即便打了胜仗，功劳记在谁头上？胜之不武，也难鼓舞我军士气，扬我下江兵声威。何如凭我们自己的力量打个胜仗？况且胜仗之后再和他人结盟，也免得他人小瞧了咱们。"王常明白张印等人的心思，哈哈大笑道："既然各位弟兄有这种豪气，我何尝不想显显咱下江兵的威风？诸位说说吧，如何打一个大胜仗？"

朱鲔道："方才和成丹、张印二位兄弟商议，都说上唐是一个难得的好战场，我们何不设法把敌人引到这里，杀他个措手不及？"王常道："如何能把官兵引来？难道官兵就那么容易上当？"朱鲔道："机会不远，大哥只需稍待几日。你想：春陵兵起，南阳甄阜、梁丘赐，还有跟在我们屁股后面，一路穷追不舍的严尤、陈茂，还顾得上我们吗？这时候不妨放出风来，大军要去春陵和其他几路义军会合，荆州牧必然随后追来。我军主力可在险要之处设伏，然后命一队人马作诱饵，且战且退，敌军还能不上钩吗？"

王常大喜。下江兵等待时机，依计而行。

三　更始称帝

长聚　棘阳

　　新市、平林两支人马来到春陵，刘缜、刘秀杀猪宰羊大飨士卒，然后和王匡、王凤、陈牧、廖湛等人商议进兵方略。王匡、王凤说："严尤、陈茂追赶下江兵自绿林至蓝口，又从蓝口到菱溪，师老兵疲；甄阜、梁丘赐兵不过万人，况且多是新募之卒，不曾经过战阵；王莽各路人马尚未会合，宛城空虚，我军若趁此机会，发兵宛城，甄阜、梁丘赐措手不及，宛城不难攻破。宛城若破，粮草辎重尽为我有，即使王莽大军到来，又有何惧？"刘缜道："兵法云：'十则围之，五则攻之，倍则分之，敌则战之。'宛城有兵万余，今我军有三万之众，兵发宛城尚无必胜之算。况且我军初合，春陵之兵器械尚不齐备；新市兵几经顿挫，军中乏粮，士卒疲惫，平林兵刚刚到来。三路人马，人数虽众，但还需养精蓄锐。宛城乃五都之一，城坚池深，官兵虽少，但粮草充足，器械精良，守御之具齐全。甄阜、梁丘赐虽为孤军，但据守坚城，以逸待劳。夫战，勇气也；兵贵胜，不贵久。我军初揭义旗，气可鼓而不可泄。初战告捷，士气必然大振；初战受挫，士气必然低落，甚至动摇军心。因而这第一仗，至关重要，只能胜，不能败。以在下愚见，暂缓发兵宛城。"陈牧道："以伯升之见，这第一仗应当用兵何处？"刘缜道："孔子曰：'勿欲速，勿见小利。欲速则不达，见小利则大事不成。'我们的目的是反莽兴汉，光复高祖之业；但不积跬步，难至千里。路要一步一步走，饭要一口一口吃，性急不得。宛城要攻，长安也要攻,但要等待时机成熟。兵马未动,粮草先行。春陵之粮,可供我军十日之用;将士每人可带三日之粮,三日攻城不下,粮草不继,军心必乱;到那时,兵阻坚城之下,进退两难,怎么办? 为今之计,积草屯粮,壮大自己,是当务之急。南阳之粮,半在新野;新野之粮,半在长聚;另外,湖阳的唐子乡也是近在咫尺的囤粮之所。长聚、唐子,虽是弹丸之地,偏僻小镇,但却是南阳莽军辎重粮草的蓄积转运之所。既无重兵把守,又无深沟高垒。我军出其不意,必能一举攻克。如果攻克长聚、唐子,士气大振,然后再兵发宛城,岂不更好?"王匡、王凤等人齐声道:"伯升之言甚善,如此进兵最好!"

刘縯又说:"用兵之道,虚者实之,实者虚之。弱示敌以强,强示敌以弱,勇示敌以怯,能示敌以不能。明日,我军兵分三路出发。我欲以二位王兄带新市兵马先行,大张旗鼓,声言攻打宛城,兵过新野,距长聚十里安营,等候消息。我带春陵子弟直趋长聚,打头阵。陈、廖二位将军带领平林人马随后接应,多备车辆及运粮之具。俟我军攻破长聚,迅速把粮草运回春陵大营。"众人称是领命而去。

军中之事安排已定,刘縯唤来刘仲说:"老二,这舞刀弄枪的事情你干不了。从今以后这白水乡便成了刀光剑影的生死场,母亲一向体弱多病,如何经得起这等惊吓? 你现在就套牛车,把母亲和三妹送往樊家庄舅舅家。等局势安定下来,我和三弟再接她老人家回春陵。"刘仲答应一声就转身去了。刘秀说:"大哥,诸事已定,你也可以稍稍休息片刻,军队出发,想休息恐怕也就没时间了。"刘縯笑道:"你怎么不去休息? 此时你让我怎么能睡得着? 你派人去和邓禹、马成联络,事情怎么样了? 不会出什么纰漏吧?"刘秀道:"大哥放心,邓禹年纪不大,办事老成持重,你放心好了。等我们到湍河口,自会有人和我们联络,渡我们过河。马成会打开寨门,迎接大哥。到时候兵不血刃,长聚的辎重、粮草便可完全落入我们手中。"刘縯道:"果如三弟所说,我就放心了。"

原来,刘縯、刘秀兄弟,早已谋划停当:以邓禹、马成为内应,先取长聚,再图进取。春陵子弟兵中兵马器杖多半自备。王莽连年扩充军备,在民间征集战马,百姓家里的马匹极少。刘良家里有牝马一匹,舍不得让刘秀骑乘;刘縯家里有三匹马,他自己骑一匹,让刘稷、刘嘉各骑一匹。刘稷、刘嘉都要把马让给刘秀。刘秀说:"六哥是我军先锋,冲锋陷阵不能没马;四哥天天要到各处联络,没马岂不误事? 家里有牤牛一头,健硕有力,奔跑起来不亚骏马。庄客们都难驾驭,唯有我使唤起来十分驯顺。平日里我牵它到山坡放牧,河边饮水,横坐平躺都十分安稳,不如就当作坐骑吧。"众人都笑了起来。刘縯皱眉道:"这如何使得? 别人见了,岂不耻笑?"刘秀笑道:"老子跨青牛出函谷,化行秦陇,田单驱火牛破燕都是人所共知的事情。古人骑得驱得,我为什么就骑乘不得?'服牛乘马'自古并列,有何好耻笑的?"众人见刘秀说得严肃有理,也都不再说什么了。

刘縯、刘秀带领舂陵兵前锋来到湍口,邓禹早已在路上等候。邓禹告诉刘縯、刘秀,情况发生意外变化:原本长聚只有马成带领少数人马防守,昨天新野县忽然接到宛城急报,说新市兵准备攻打宛城,要新野县尉火速押运粮草前往宛城。现在粮草已经装车停当,明天早上就要出发。刘縯说:"等到粮草运走,攻打长聚这样一个乡村小镇还有何用? 不如今晚渡河,打他个措手不及!"邓禹道:"马成手下原有三百人,新野尉又带来五百人。但长聚虽小,两面临河,其他两边沟深墙高,易守难攻,恐怕不易攻破。况且,县城近在咫尺,援兵说到就到。援兵一到,腹背受敌,如何是好?"刘秀道:"既然如此,莫若等新野尉押运粮草出了长聚,粮车过了湍河,进入湍河和白河之间的沙滩,我们预先设伏在河堤林莽间,突然杀出,打他个措手不及,然后再渡河袭取长聚。"刘縯道:"如此也好。我们也可学学马成,在粮车必经之处挖好陷坑,等他们入彀。"刘秀道:"这样更好,仲华速去知会君迁作准备吧。"

翌日,新野尉押运粮草辰初渡河,巳时齐集沙滩,正准备前往宛城,周围林莽间喊杀声四起,刘縯、刘秀率众杀出。官兵见刘秀骑青牛出阵,莫不掩口而笑。新野尉喝道:"何方毛贼,敢劫军粮,自来找死!"催马舞刀向前,直取刘秀;不料方到刘秀牛前,连人带马跌入陷坑之内。刘縯扬声呐喊,故作抢夺粮车之状;官兵驱车慌不择路,多半落入陷阱。刘秀跳下牛背,一枪戳死新野尉;那马在陷坑中连连长嘶想跃出陷坑,可惜无处着力。刘终上前,勒住马缰,双手用力,那马顺势借力一跃,脱困而出。刘终牵马送与刘秀道:"三哥快上马吧,这骑牛将军实在不如白马将军!"刘秀也不谦让跃身上马道:多谢贤弟了! 说罢春陵子弟立刻欢腾起来。官兵见主将已死,纷纷弃甲投戈,春陵兵大获全胜。刘稷、刘秀商议:由刘稷押运缴获的辎重粮草,迎接刘缤带大队到来;刘秀分兵一半立刻渡河,转回长聚。

马成听塞外人喊马嘶,登城一望,见刘秀带兵到来,立刻对部下说道:"王莽无道,四方共讨。春陵刘将军乃汉室苗裔,兴兵大举。现在兵临新野,使君和县尉已经归降,命人前来取粮。汝等愿意归降的随我打开寨门,迎刘将军进寨;不愿归降的悉听尊便。"众人齐声道:"愿随大人归降刘将军。"于是打开寨门,迎刘秀率兵进寨。

春陵子弟兵不血刃占领长聚,粮草尽为己有,随后与新市、平林人马相会。刘缤传命:辎重粮草按人分往各营,三路人马一视同仁。各营将士莫不欢呼,士气大振。众将都说:"如今有了粮草,不如直下宛城。"刘缤笑道:"诸位都见过乡间田夫伐树。要伐大树,必先掘土挖坑,尽断其根,尽伐其枝,然后轰然拉倒树木。如今树根未断,就想拉倒大树,岂不难哉?"众人道:"刘将军的意思是先攻新野,抑或先攻棘阳?"刘缤道:"长聚已破,新野之粮已经为我所有;我们占一空城何用? 棘阳与新野毗邻,况其粮尽在湖阳唐子。以愚之见,莫如先取唐子之粮,再取湖阳棘阳。在棘阳站住了脚,再图宛城。"众人齐声说:"就依伯升所说,先取唐子之粮草!"王匡道:"攻打长聚,春陵兵出了大力;攻打唐子,由新市兵打头阵吧!"刘缤道:"分什么彼此? 王兄想打头阵就打头阵。不过,我已有了破敌之策。王兄现在就带兵先行,一路扬威,离湖阳十里安营扎寨,不要忙于攻打,且等全军都到,再定何时交战。"马武道:"那还算什么先锋? 小小一个唐子乡,我新市弟兄还能攻不下来?"刘缤笑道:"子张想打头阵还不容易? 先锋大印早晚给你留着就是。"众人都开心地笑了起来。

王匡、王凤、马武带领新市人马大张旗鼓,一路向湖阳、唐子进发,早有探马向湖阳县令禀报。湖阳令和县尉商议道:"前日已接严尤、陈茂二位将军书信,江夏郡将派兵千人帮我们防守唐子粮仓,可是至今尚未到达。军情紧急,新市贼兵已近,湖阳好歹还有城可守;唐子藏粮重地,却无沟堑墙垣,如何是好?"湖阳尉道:"不如这样,使君坐守湖阳,以待江夏援兵;我分兵一半去守唐子粮仓。若江夏援兵到了,使君速派人马前来助我。"湖阳令道:

"我再派人快马去江夏催一催，看江夏救兵几时能到；眼下只有拆了东墙补西墙，有劳足下去唐子乡了。"湖阳尉当即点了五百兵丁前往唐子，在仓廒四周挖沟设栅，仓促布防。

再说刘𬙂，在前往长聚的途中，刘终、刘隆带领的侦骑捕获了严尤、陈茂派往湖阳的信使。他当时心生一计，假借严尤、陈茂二人的口气，给湖阳令写了一封书信，告知湖阳令，不日新市人众将要进兵湖阳，为保唐子军粮万无一失，特从江夏派兵一支，帮助守护。湖阳令得到书信喜出望外，天天盼望江夏援兵到来。刘𬙂因为成竹在胸，所以破了长聚之后，不攻宛城，也不攻新野，决计攻打湖阳唐子。

湖阳尉督率部下刚刚把沟壕挖好，栅栏安置停当，探马报道："江夏援兵到了。"湖阳尉心中大喜，额手称庆道："天助我也！"连忙打开营门，出寨迎接。暮色苍茫，但见一支人马，衣甲虽不甚鲜明，却颇为齐整。马上一将身穿红袍，头戴赤帻，甚为年轻。湖阳尉不由惊疑：因为王莽自以为土德之君，军中将官贵黄贱赤，多穿黄袍，眼前这位将军打扮反常，心中猛然觉得不妥，正要下令关闭营门，哪里还来得及？马上那将，出手如电，一枪把他搠下马来。身后军士齐声呐喊，杀进唐子乡来。"蛇无头难行，兵无将自乱"。湖阳尉一死，部下官兵，狼奔豕突，顿作鸟兽散。

刘𬙂来到时，刘终已经命人把沟壕填平，栅栏拆除，搬运粮食。刘𬙂道："贤弟，这里就交给你了，多派车辆，把粮食运回舂陵！"刘终答应一声，转身去了。刘𬙂飞马前往新市大营，见了王匡、王凤、马武等人，不及下马，笑着对马武说："子张，你不是急着要打头阵吗？现在就命你尽起本部人马，前往湖阳。不过，不是攻城，需要依计而行，为兄替你掠阵。二位王兄，带兵跟在我和子张后边，偃旗息鼓，至少保持一里之距。听得喊杀声起，火速接应！"王匡、王凤心中疑惑，但不便多问，随声应道："谨遵伯升之令！"新市兵于是起营，向湖阳进发。路上刘𬙂和马武并辔而行，把心中盘算好的计划告诉马武，马武半信半疑。刘𬙂道："子张，你我兄弟打赌如何？"马武道："赌什么？"刘𬙂道："按照我的计划，今晚你我兄弟顺利攻占湖阳，贤弟部下人马从此打我汉家旗号；我若失算，甘做贤弟军中小卒！"马武笑道："我听大哥的便是，打什么赌！"刘𬙂道："有了彩头，才能拼命使出全身本领来；没有彩头，谁肯拼命!"二人都笑起来,笑罢,马武传令道:"湖阳珍宝山积,鼓勇先登者,赏百金!"士卒们立刻兴奋起来,莫不奋勇争先。湖阳渐近,城头上灯光人影都已看得清楚。马武又传令道:"禁止喧哗,出声者斩!"军中立刻悄然无声,一片静寂。

离城尚有一箭之遥,马武跃马来到护城河边,高声叫道:"城上听着,我乃江夏援兵到了,速速打开城门!"城上守城兵丁慌忙禀报湖阳令。湖阳令正当望眼欲穿之时,听到禀报,心中大喜。高挑灯笼,手扶雉堞向城下看,但见城外人马打的旗号仿佛是江夏兵,城河边横枪立马的将军颇为威武,便高声问道:"将军高姓大名,何方人氏? 为何这般时候才到城下?"马武亡命江夏多年,口音早和江夏人无二,随口答道:"末将马文,江夏人,奉纳言严将军之命前来湖阳帮助守城。路经唐子,分兵一半交给都尉大人保护粮草,耽误了两个时辰,因而来得晚了,请使君见谅。"湖阳令听马武口音果是江夏人,所说情由没有漏洞。他于是命人放下吊桥,打开城门,放马武等人入城。马武一马当先冲进城来,身后军士蜂拥而入。等湖阳令发觉有疑,为时已晚。马武带人杀上城头,喊声四起。王匡、王凤听到喊杀声,立刻催兵急进紧跟着杀进城来。

其实,马武兵到湖阳城下之时,刘稷、刘秀、刘隆等人带领的春陵兵已经早到一步,埋伏在城郊村落,和周围的草丛树林里。听到喊杀声起,立刻从四面八方攀城而上,杀入城内。天下动乱已久,各路义军抢掠成习。新市兵自从下了绿林山,屡屡受挫,窜伏山林,少有凯捷。士卒常常食不饱腹,衣不蔽体,穷困已极。湖阳是出蟒川后攻破的第一座城池,饥渴难耐的人,骤见食物和清泉,艰免暴饮暴食;贫穷已久的人,见了钱财,分外疯狂。新市军进城之后便大肆抢掠起来。春陵兵起兵之时,刘缜、刘秀本有训令,不准抢掠,不准擅杀无辜;但见新市军抢掠无人禁止,也不禁眼红,便跟着抢掠起来。春陵子弟多半熟知湖阳情形,哪家宅第富裕,金银珠宝广多;哪家商贾买卖兴隆,财帛钱财充盈,了如指掌。抢劫起来,也就熟门熟路,极为方便;下手虽晚,斩获却远远超过新市士卒。平林人马进城晚了一步,所得自然比不上捷足先登的新市兵和春陵兵。眼见春陵子弟人人背着大包小包的金银财物,得意洋洋,不由得心中忿忿不平。有人便重新闯进已经被劫掠过的人家，翻箱倒柜，再次抢掠；不能如意，恶气难平，忍不住杀人放火；有人便想"贼见贼，打一锤"，"黑吃黑"，于是乎，火并内讧接二连三，不断发生。

几个春陵子弟吃了亏，便去找刘稷、刘隆。刘稷、刘隆不问青红皂白，立即带人赶来助拳，帮忙夺回财物，把一帮平林兵打得抱头鼠窜。这帮平林兵狼狈逃回，去向陈牧、廖湛哭诉。陈牧、廖湛闻听大怒，立刻便要点起本部人马去找刘稷、刘隆算账。正在这时候，王匡、王凤也怒气冲冲地来了。陈、廖二人还没有开口，王匡就高声骂道："这帮宗室子弟强盗不如！全然不懂一点江湖规矩！见了金银珠宝苍蝇见血一般，恨不能一口独吞下去。把肥肉吃光吃净了，连一点菜汤也不想留给别人。这伙计没法辩合了，不如趁早散伙！"陈牧忙问："大哥为何动怒？"王凤道："子张从西门先登，我和大哥随后就进了城。新市弟兄只顾杀敌，春陵人马不知什么时候，就从四面攀城而入。不去杀敌，只顾抢掠财物。我军辛辛苦苦破了城，财物倒大半落到了春陵兵手里。按照常理，西半部既为我新市兵占领，春陵人马就不能染指；但他们抢了东城抢西城，不免和我新市弟兄发生冲突。士卒争夺财物发生冲突，领兵的就该从中调停，制止纷争。但刘稷、刘隆来了，不对刘氏子弟加以约束，反而打伤了大哥的侍卫亲兵，把财物夺走，哪有这种道理？我劝大哥找伯升和文叔商量个妥善办法，以免再有类似事情发生。大哥气不过，就到你这里来了。"廖湛道："找伯升和文叔有何用？说不定这情形，他比我们还清楚。"王凤道："伯升心胸旷达，他若知道，料必不会让刘稷、刘隆这样办事。"陈牧冷笑道："料必不会？我看倒不一定。二位还蒙在鼓里吧？唐子粮仓攻破，刘伯升就命刘终把粮草完全运回春陵了！"王匡闻听勃然大怒道："竟有这种事情？"陈牧、廖湛齐道："千真万确。本来押运粮草是交给平林人马的事情。不知为何，伯升却忽然交给刘终了。"王匡怒道："现在我们就去找刘伯升问个明白！"王凤赶快劝止道："大哥息怒，要问还是让我去问吧。你们三位稍安勿躁，等我见了伯升，再做商议。"王凤说罢，匆匆离去。

陈牧道："听说王凤大哥和伯升、文叔交谊甚厚，恐怕不好撕破面皮。你我不如早做准备，免得让春陵兵着了先鞭，到时候吃亏的还是我们。"王匡道："陈兄弟说得极是，我们准备去吧！"平林、新市两支人马于是暗中准备攻打春陵兵。

当时刘玄、刘赐都在平林军中，听到如此消息连忙去见刘縯、刘秀。刘縯和刘秀正在和王凤说话，刘玄、刘赐就去找刘稷和刘隆。刘稷、刘隆一听新市、平林两支人马要合起伙来对付舂陵子弟，立刻火冒三丈，传令下去，准备和新市、平林人马一决雌雄。正在这时，刘縯和刘秀来了。刘縯说："谷卿，在众子弟中，你我年齿最长；元伯，众子弟中你读书最多。你二人意欲何为？想陷伯升于不义耶？我舂陵子弟起兵为何？就是为了破城池，杀百姓，抢掠金银财物吗？若为此，和强盗何异？庄生说，'盗亦有道'。你们之中，有谁知道，这强盗的规矩？"众人不语。刘縯接着说："如果我们连强盗的规矩也不懂，那我们就连强盗也不如了。强盗的规矩有五条：'能料室中之藏，圣也；入先，勇也；出后，义也；知可否，智也；分均，仁也。'庄生说，'五者不备，而能大盗者，天下未之有也。'做个大盗尚且不能，我们如何光复高祖大业？人常说，'君子爱财，取之有道'。不知当取不当取，一概强取，便是不智；贪得无厌，是为不仁，强盗不取，而我舂陵子弟取之。你们不觉得害羞，我替你们害羞！"刘縯说罢，怒气冲冲地转身去了。

刘秀说："我们今日所为，成则功垂朱帛，败则九族不保。诸位三思，你要财帛何用？还想回白水乡当个田舍翁吗？大哥答应，王莽会答应吗？听说，南郡有一群富商自交州归来，各带金银珠宝无算。船到洞庭，风浪大作，马上就有倾覆的危险。舟人告诉富商说："眼下只有一条活路：要保性命，只有把金银珠宝尽沉于水，然后可保舟船不覆，大家平安。"富商各个舍不得金银珠宝，只得眼看着桅折船沉。这时舟人又说："抛下身外之物，随水漂流，侥幸可保一命。有人危急时刻，抛尽身外之物，果真保住了性命；有人至死不悟，最终葬身洞庭，人财两空。我等今日何异身处滔天风浪之中，要身外之物何用？"众人明白了刘秀说的道理，都把抢掠到的财物抛掷在地。刘秀命人收拾起来，悉数送往新市、平林军中。

刘縯和王凤一道来见王匡、陈牧、廖湛，见营中兵士披甲执戈。刘縯笑道："整装待发，唯等筹粮。运粮官何在？"陈牧、廖湛听到是刘縯的声音，吃了一惊，连忙出帐迎接。刘縯抱拳说："让二位将军担忧了，粮草之事刘某早已筹算妥帖：湖阳官仓藏粮千余石，足够我军一月之需。唐子之粮运回舂陵以备他日之用。我军马上要兵下棘阳，粮草贮于它地，不如舂陵。二位勿疑，有春陵兵吃的，绝不会让平林兵饿肚子。"陈牧、廖湛不觉面红过耳。这时候刘秀带人把春陵子弟抢掠的金银珠宝及布帛抬了进来。刘秀说："打着猛虎同吃肉，打不着猛虎同受伤。这些东西请诸位当面点过，按人均分了吧。"于是满营欢呼，一天阴云，顿时消散。

在湖阳歇兵三日，军中扰民之事不断，百姓不堪其苦。刘秀与刘縯商议道："湖阳毗邻春陵，宜属桑梓之地，士卒久驻，为害乡里，不义；且易生变故，不如早定行止。"刘縯说："棘阳为宛城屏障，欲下宛城，必先拔棘阳。在棘阳站住了脚，进退有据，攻占宛城，就是迟早的事了。但进军棘阳之前，两条事情，必须先定下来。"刘秀问："哪两条事情？"刘縯说："一是正名，统一旗号；二是严刑明赏，制定几条纪律。不然，说不定啥时候会生出大的变故来。"刘秀道："大哥说的极是。统一旗号不难，严刑明赏恐怕一时难以做到，不可操之过急。"兄弟二人商议定了，立刻知会新市、平林各位将军议事。

王匡、王凤、陈牧、廖湛见刘縯、刘秀说服刘氏子弟退尽财帛交于各营均分，不仅心中怨气消除，还增添了几分敬畏。新市、平林营中的士卒也都觉得刘縯、刘秀处事公道大度，各营弟兄关系变得融洽多了。刘縯说道："我军连克长聚、唐子和湖阳，兵精粮足，士气高昂，进军宛城时机已经成熟。但宛城毕竟是郡治所在，五都之一，不可掉以轻心。而棘阳是宛城屏障，正当我军进兵要冲。要破宛城，必先拔掉棘阳这颗钉子。反过来讲，只要我们占据棘阳，也就有了立足之地，进可攻，退可守，宛城必将成为我军囊中之物。"众人都说："唯伯升之命是听，快传令吧！"

刘縯稍停片刻说道："在进军棘阳之前，在下还有两件事要和各位商量，请诸位定夺。"众将齐道："请讲！"刘縯说："这两天军中发生的事情各位也都看到了。各营将士为了争抢财物，冲突不断，甚至还刀兵相见，发生了流血事件。虽说'人为财死，鸟为食亡'不足为怪，但士卒没有死在两军阵上，却为财内讧，不免让人痛心。为避免今后不再有这类事情发生，我想把三军旗号统一起来。旗号统一了，不再有春陵、新市、平林之分，成了一家人，有福同享，有难同当，财帛钱粮共之，也就不再有此厚彼薄的利益纷争；打起仗来，也好指挥调遣，赏功罚过，一视同仁，免得有亲疏之嫌。严刑明赏，各营将士一律平等，少了许多麻烦。最重要的是，讨莽兴汉是我们的共同意愿，汉为莽之敌；莽为汉之仇。汉莽不两立，天下之共识也。我们何不都打汉军旗号昭告天下？且举大事必正其名。'名不正则言不顺；言不顺则事不成'。以汉兵讨莽，名正而言顺；天下应之者必众，克敌必易。诸位意下如何？"王匡道："伯升所言极是。我绿林志在讨莽官府却以之为盗，百姓目之为贼，往往助官府与我为敌。打起汉军起号，我与官府易位而处，形势自然也就变了。人所共知，王莽篡汉而立，实为汉贼。如今人心思汉，汉兵起而讨贼堂堂正正，百姓也就自然站在我们这边了。伯升这个主意好。新市人马愿意打起汉军旗号！"陈牧也说："平林兵原本就是响应绿林举起义旗；绿林人马愿意更换旗号，我们还有什么不同意的！"刘缤道："既然各位都无异议，从此我们都是汉家兵马了。汉家兵马是堂堂之师，不是啸聚山林的饥民和强盗，不能没有规矩。现在我说最为紧要的三条，希望诸位晓谕诸营将士。一是不准滥杀无辜，纵兵焚掠。譬如这次攻破湖阳，因为抢掠，杀了多少不该杀的安善良民？长此下去，老百姓谁不害怕我们，仇恨我们？孟子说，只有不嗜杀人者，能统一天下，这话一点不错。百姓视之如洪水猛兽，纵有千军万马安能不败？第二条，不准奸淫。试问满营将士，谁无妻女姐妹？兽行反诸己，是可忍孰不可忍？第三条，财货均分。孔子说，不患寡患不均。不均乃纷争之源。财帛不在多寡，均之，匀之，人人心气平和；不均，不匀，难免仇多怨少，营伍离心。这次湖阳破后的纷争莫不由此而生。今后我们还要连克各郡大邑，为免再起纷争，这一条至为重要。诸位意下如何？"陈牧诸人心有不快，但也都表示同意。

当日三路人马尽换汉军旗号。刘秀、刘稷、马武、李轶、马成等人为前军；刘缤、王匡、王凤将中军；陈牧、廖湛押运粮草，率领后军，从湖阳出发进军棘阳。

刘缤合新市、平林之兵连破长聚、唐子、湖阳，早有探马报到宛城。甄阜、梁丘赐、严悦等人议道："刘缤、王匡三路贼兵如今粮草足用，声势浩大，早晚必然进犯宛城；而棘阳是宛城屏障，正当敌兵北进要道，必有精兵强将防守才可。"梁丘赐道："莫若太守和严大人坐镇郡城，我带一支人马前往棘阳如何？"甄阜道："都尉乃军中主帅，岂可离开宛城？岑彭文韬武略，皆有可观。我欲让岑彭出任棘阳令，上马管军，下马管民，不知二位意下如何？"梁丘赐道："大人慧眼识珠，岑君然确有将才。只是诸县令长，例由郡举孝廉，依次升迁；或由公卿举贤良方正之士补授。今岑彭不次擢拔，恐招物议。"甄阜知道梁丘赐一向不喜欢岑彭，婉言说道："今当非常之时，万事从权；见兔而顾犬，诚非得已。若坐失棘阳，岂非你我之过哉？"梁丘赐道："愿从大人之议。"于是命岑彭为棘阳令，走马上任。

棘阳在棘水之阳，古之谢国。棘水东流，斗折蛇行，城在"斗勺"之内，三面环水，唯有北面是岗峦原野。境内除棘水之外，大大小小的河流纵横交错，地形颇为复杂。马成是棘阳人，熟知棘阳地形。刘秀道："地形者兵之助也。知此而战者胜，不知此而战者败。君迁熟知棘阳，有何高见？"马成想了想说："棘水自北而南，然后折而向东，如七星曲折。棘阳便在天枢、天璇与天玑、天权之间。西边沿河津渡，宛若玉衡、开阳、摇光三星布列。故有人说棘河和天上的银河上下相对。棘阳三面临水，棘河便是天然的护城河，城门便是津渡。唯有北门面对冈峦，绵延十五里，尽是林莽荆棘，棘河由此得名。我军无水师，只有攻打北门。而欲攻北门，必先渡河到北岸，渡河又必须在离棘阳较远的浅水地带或渡口，然后沿河东进。棘阳守将岑彭，颇有智谋，我想他一定会集重兵于北门。"马武道："这是为何？"马成道："棘阳上下，水面开阔，水深难涉，关闭城门，拉起吊桥，人马近不得，攻城器械用不上，怎么攻城？"刘秀道："听君迁之言，我已经有办法了。"马武问道："什么办法？"刘秀笑道："至事不语，用兵不言。因形而变，到棘阳再说吧。"

兵到棘水南岸，城东二十里处，刘秀对刘稷、马武等人说道："依君迁之言，六哥和子张、季文带领大队人马寻觅水浅之处涉水过河，到了北岸，沿河东进，到棘阳北门外寻高阜处安营扎寨，明日巳时，单搦岑彭出战，不必伤他性命，但务必不能让他脱身回城。剩下一千人马，留在河南，我和君迁另有妙用。"

刘稷等人按照刘秀的吩咐带兵去了。次日辰时，刘稷等人带领人马在棘阳北门外扎寨。刘秀和马成则在南门和东门摇旗呐喊隔河射箭，抬着木筏和云梯佯作攻城之状。因为河水宽阔，羽箭纷纷落入城河，守城官兵在城上哄然大笑。岑彭在城上巡视，也不禁微哂。到了北门，见汉兵正在列阵，岑彭传令：四门紧闭，不准出战。到了巳时，刘稷等人在城下轮番叫战。岑彭自忖,棘水南岸的汉兵不过是虚张声势的佯动之敌,主力尽在北门。而北门兵强马壮,汉兵也奈何不得。他于是胆壮气豪,命人打开城门,点炮出城迎敌。汉兵阵中马武挺枪跃马,和岑彭厮杀起来。马武是有名的"马三枪",头三枪确实威猛凌厉,令岑彭大吃一惊。但三枪过后,威力大减,一招不如一招。岑彭心中暗喜,手中大刀疾风骤雨般地施展开来,上下翻飞,直劈横斩,杀得马武左遮右拦,招架不及。李轶怒马而出,高声叫道:"子张少歇!我来领教岑君然高招!"马武圈马回阵。岑彭也不答话,刀似迅雷疾电,直取李轶。李轶应变极快,长枪挟风,转瞬就是三枪。二人以快打快,十招过后,岑彭看出李轶的枪法以灵活多变见长,力道平平;于是就卖个破绽,回马托刀而走,待李轶纵马来追,岑彭头也不回,但听身后銮铃声响,猛然挥刀,横扫身后。这一刀名曰"玉带围腰",岑彭用了全力,刀光如闪电般画了个圆弧,把李轶连人带马圈了进来。李轶大吃一惊,"随风掩门",双手握枪,迎着刀光挡了过去。只听"咔嚓"一声,镔铁枪杆和精钢刀刃撞击在一起,火花四射。李轶两臂酸麻,如火灼电击一般。惊魂甫定,岑彭旋马又是一刀,"立劈华山",兜头砍下;李轶咬牙,双手擎枪,"金梁横架","咣啷"一声把刀架住;想不到岑彭收刀未半,又倏然挺刀平推,一招"顺水推舟",对着李轶的脖颈斩了过来。迅雷不及掩耳,疾电不及瞑目,李轶只好仰面朝天"鞍上观云",硬生生躺在马背上躲过这刀。刘稷在一旁掠阵,眼见李轶不是岑彭对手,急忙纵马上前拦住岑彭。刘稷看得清楚,岑彭以巧胜马武,以力胜李轶,知道遇见了劲敌,决定因敌而动,后发制人。他在马上拱手道:"将军身手非凡,令人佩服。已经杀了两阵,我若此时赢你,胜之不武;你心里也不服气,歇息片刻再战若何?"岑彭冷笑道:"三阵两阵算得了什么,不才尚有余勇可贾,有胆尽管放马过来!"刘稷道:"方才见将军与李将军交锋,不过以臂力占先。不知遇见臂力和汝相侔之人,尚能侥幸以此获胜吗?"岑彭道:"能与不能,一试便知,何需多言?"说着催马向前,抡刀便砍。刘稷不慌不忙,一招"拨云见日",轻描淡写,把岑彭的大刀拨向一边。岑彭心中暗惊,知道强敌到了。他不待刘稷马回,连肩带背又是一刀;这一刀用了十分力气,刀带风声,呼啸而至。刘稷仍然气定神闲,头也未回,一招"鲁阳挥戈","咔嚓"一声,把岑彭的大刀荡了回去,岑彭只觉两臂发麻,身体剧震,口中叫声"好"! 刀随声起,第三刀又劈面砍来;刘稷一招"力士推山",再次把岑彭的大刀架开。三刀过后,岑彭知道,刘稷的力量远在自己之上,不可力敌;马上变刚猛为迅疾,大刀舞动,如狂风匝地,落叶乱飞,令人眼花缭乱。刘稷见岑彭刀法陡变,反而以拙驭巧,护定马首,不时寻罅捣隙,忽焉在左,忽而在右,枪枪直攻岑彭必救,逼得岑彭章法大乱。既无进攻之术,又无脱身之法。

岑彭与刘稷二人正杀得难解难分之时,忽然一骑如飞而来,远远对着岑彭叫道:"一支汉兵杀向贵府栖凤寨去了,老太太和夫人捎信让将军赶快回府,迟了就来不及了!"岑彭闻言,脸色大变,旋马飞归本阵带着一队亲兵向东疾驰而去。剩下的官兵成了没王的蜜蜂,乱作一团。刘稷、马武、李轶麾兵勇猛冲杀。官兵挤着抢着往城里逃,汉兵紧随在后,城门关闭不及,汉兵潮水般涌进城来。守城官兵见主将逃去,立刻逃的逃,降的降,顿时作鸟兽散。片刻之间,棘阳四门城头尽插汉军旗号。

原来,岑彭上任仓促,未及搬取眷属,老母和妻子还都住在老家栖凤寨。岑彭事母至孝,和妻子恩爱非常。岑彭不次升迁,当了棘阳令。远近哄传,岑彭之所以能够平步青云,是沾了妻子王氏的光,王氏是王莽的干女儿。这些无根之谈,乡里人最感兴趣。刘秀一到棘阳境内就听说了。言者无心,听者有意。刘秀于是私下和马成商议,定下妙计:等刘稷等人和岑彭鏖战北门之时;带领少数人马,奔袭栖凤寨;等岑彭去救栖凤寨,趁乱攻取棘阳。刘秀、马成到了栖凤寨,只是擂鼓呐喊,并未攻寨。岑彭的老母和妻子急忙派人去召岑彭。岑彭果然中计,当他省悟过来,为时已晚。当岑彭保护母亲和妻子进退两难,徘徊在棘阳和宛城之间时,不少人提议半路截杀岑彭。刘秀说:"道路相传,众口一辞,都说岑彭是个孝子,杀之不仁,放他去吧!"众将方才作罢。

小长安

汉兵攻占棘阳,声威大振,四方豪杰望风来投者接连不断。邓晨带来了子弟及宾客数百,妻子刘元还有两个女儿也都来了。刘縯皱眉道:"兵凶战危,携家带口,如何行军打仗? 刀兵丛里,生死场中怎能护得周全?"邓晨苦笑道:"一自春陵起兵,九族尽为戴罪死囚。'跑得了和尚跑不了庙'。我们挺身离乡,她们都成了砧上鱼肉。不来军中,让她们坐以待毙呀?"刘縯也无奈地叹息起来。

刚安顿好邓晨及家人,李通、李松、李倏弟兄带着家丁门客来了。李轶、李通抱头痛哭。刘縯、刘秀都赶来相劝,安慰道:"李兄一门忠烈,汉室列祖列宗,从孝成至平哀,泉下有知都会感激,待汉业复兴,定会名垂竹帛。我军不日便要发兵宛城,为宗卿师和李府殉难的亲属复仇,望李兄节哀!"和李通相偕来归的还有陈俊、杜茂等人。刘縯、刘秀和他们一一相见。

三日后,刘縯留下刘祉、刘嘉、刘良等率千人守棘阳;他亲统大军与王匡、王凤、李通等人向宛城进发。李轶请命道:"请为前部,为家人报仇!"刘縯同意,命刘秀、马武、马成和李轶率兵三千,昂然前行。

棘阳失守,早有探马报到宛城。甄阜留下严悦守城,他和梁丘赐亲统大军五万,欲夺回棘阳。途中遇到岑彭败归,梁丘赐命人绑了岑彭,传命道:斩首军前,以壮军威。甄阜得报,慌忙赶来劝止说:"正当用人之际,岑彭是难得的将才。不如让他戴罪图功,以观后效!"梁丘赐道:"慈不掌兵,仁难取利。太公曰:'杀一人而三军震者杀之,赏一卒而千军善者赏之。'法令不明,赏罚不信,虽有兵百万,何益于用!岑彭丢城失地,临阵而逃,岂可不杀?"甄阜道:"管仲当初三战三奔,皆因有老母在堂,后来相桓公而霸诸侯。后人不以为管仲贪生怕死,知其为孝子。我听说,岑君然事母至孝,酣战之时,忽闻老母危难,故而生死不顾,去救老母。棘阳失守,明知罪不容诛,却不降不逃,回营请罪。仅此一节,我料其必能将功补过。将军何不饶他一死,让他戴罪图功?"梁丘赐道:"大人用心良苦,将士不服,如之奈何?"甄阜道:"可将其老母妻子尽系宛城狱中,若能立功,将功补过,然后释放;若不能立功,将其与老母妻子一并诛戮。"梁丘赐答应说:"就依大人之言,免岑彭不死,但愿他能戴罪立功。"

岑彭放回,谢过甄阜、梁丘赐不杀之恩。甄阜道:"弃城而逃,致使棘阳丢失,罪不容诛。念汝老母在堂,命汝戴罪立功,给你三千人马杀回棘阳。我和梁都尉在后接应。若能夺回棘阳,将功补过,恕尔无罪;若敢畏刀避剑,贪生怕死,再有折损,两罪俱罚。不唯杀汝,连汝老母妻子一并诛戮!"

岑彭道:"太守和都尉再造之恩,岑彭没齿难忘,敢不粉身碎骨图报!只是末将尚有一得之见,不吐不快,请二位大人容禀。"甄阜道:"你有什么话就说吧,我和梁都尉均非拒谏饰非之人,只要说得有道理,我们自然会听取。"岑彭道:"如今棘阳已失,敌我主客易位,攻守之势变化,再想夺回棘阳,绝非易事。再者,末将料反贼之志,不在棘阳,而在宛城。与其兴师动众复夺棘阳,不如以逸待劳,歼敌于宛城之下。三者,贼兵新破棘阳,气势正炽。善用兵者,避其锐气,击其惰归。以末将之见,不如趁敌未至,选择有利之地安营,当其冲要,列阵以待。"梁丘赐冷笑道:"分明是畏敌避战的托辞,还说什么粉身碎骨以报!如尔所言,贼若一日不来,我便一日不进,等到何时?朝廷若追究下来,这丢城失地,纵寇怯战的罪名谁来担当?"

岑彭道:"末将料定,不出三日,棘阳贼兵,必然北进宛城。谓余不信,甘当军令!"岑彭话刚说完,探马报道:"贼兵前锋离淯阳不到三十里了!"

甄阜道:"彼来何其速也!果如君然之言!"梁丘赐道:"兵来将挡,水来土掩,有何惧哉!我兵速进,暮时可达淯水之阳,明日与敌决战!"岑彭道:

"兵法云:'锐卒勿攻。'且隔河对阵,贼兵与我军地利相等,劳逸相同;贼兵新胜,鼓勇而来;我军虽众,胜算不多。以末将愚见,前行十里有一聚落名叫小长安,地处高丘,面对淯水,今秋雨水丰沛,淯水横溢,其东十里平旷低洼之处尽成泽国。秋尽冬来,水枯野荒,车马不通。唯有午夜清晨,天寒地冻,冰霜覆盖,方可行走,日出之后尽成泥沼。此地名曰'困龙滩'。相传黄龙年间,淯水泛滥。大水过后,有一黄龙困于浅滩,三日三夜,不能脱困。时值盛夏,烈日炎炎,黄龙奄奄待毙;天当午时,雷声大作,暴雨如注,那黄龙方得脱困。也就是这一年宣帝驾崩,孝元即位。自此,'困龙滩'年年如此,夏秋一片汪洋,冬季便成荒滩泥沼。若能引贼兵到此,彼纵有雄兵百万,勇将千员也必败无疑。"梁丘赐听得不耐烦,冷笑道:"贼兵能如你所愿,自蹈死地吗?"岑彭道:"兵行诡道。以诈立,以利动。能而示之不能,用而示之不用。山泽草木,不能随军而动,皆能为将所用。太公阴符曰:'妄张诈诱,以荧惑其将,迂其途,令过草泽',入我伏中,不是不能,就看我们诱敌之法是否得当罢了。绿林之兵,起自饥寒,以财利聚合,将士莫不贪财;岁值寒冬,士卒衣衫褴褛,我若以财帛衣物为饵,不难引其入彀。"

甄阜拊掌道:"好,就依君然之计,到了小长安,再详细筹划!"三军于是尽起,到小长安安营下寨。安营已定,甄阜道:"为将之道,不能不知天时地利。君然陪我和梁都尉到'困龙滩'看看如何?"岑彭躬身答道:"遵命!"他于是跟随阜、赐二人,带骑士十数人前往小长安的"困龙滩"。淯水自西而东本有长堤一道束水防洪,但自哀平至新莽多年失修,堤防决了一个口子,至今未能堵上。每到夏秋汛期到来,淯水便会自此缺口溢出,注入北岸平洼之地。秋汛过后,河水归槽东流,洼地便成沼泽。百姓害怕沼泽面积扩大,便在四周修建圩堰,水退之后,沿着圩堰种植桑麻。日久天长,这"困龙滩"四周便长起了郁郁葱葱的林莽来。虽是秋尽冬来,木叶尽落,但仍然是伏兵佳处。日落之后,暮色渐起,一望无际的原野浓雾弥漫,"困龙滩"更显得神秘莫测。甄阜、梁丘赐心中大喜。他们立即回营,调兵遣将,在"困龙滩"周围圩堰林莽间埋伏下人马。

翌日清晨,岑彭带领三千人马,衔枚疾进,到了淯河北岸擂鼓呐喊。对岸汉兵听见喊杀声,连忙列阵迎敌。但雾罩淯水,迷迷茫茫,只闻鼓声动地,喊杀连天，却不见一兵一卒渡河。刘𬘬亲到河畔，侧耳听了一阵，笑道："虚张声势罢了，如此大雾，谁敢涉水！"刘稷道："狗见狼，两边藏；狼见狗，两边走。彼此虚实都不知道，何妨命一小队人马涉水，一探虚实如何？"马武道："谷卿所言甚是，犹豫不进，何时能到宛城？敌人虚张声势，犹豫不进，必是胆怯，若有十分把握胜我，早就杀过河来了！观此情形，谁先渡河，谁就占了先机。过河迟了，就会失机受制，我先过河探探虚实！"刘𬘬道："也好。子张小心！"马武于是带领五百人马先行涉水过河，刘𬘬命人擂鼓呐喊助威。马武渡过河来，却不见官兵人影，只听鼓声渐行渐远，连忙派人过河向刘𬘬禀报。刘𬘬笑道："果然是虚张声势！"于是便传令三军一齐渡河。

此时辰末巳初，大雾已然不散。刘𬘬道："不知山林险阻水泽之形者，不能行军。如今大雾迷漫，不可轻进。但既已渡河，又不能背水为阵。传令下去，各营远派斥候，依次前行，首尾相连，不可脱离！"他又把李轶、刘秀叫到跟前叮嘱道："贤弟虽为先锋，切不可急进，待日出雾散以后再说！"李轶、刘秀等人得令，带兵缓缓前行。刚刚走了二里地，忽听前面喊杀声起，一彪人马拦住去路。李轶纵马上前，马首和马首即将相撞之时，李轶方才看清，来将竟是岑彭。李轶高声叫道："败军之将，安敢当道！"岑彭道："今日特来取汝等性命，我已等候多时，有胆便放马过来！"说罢挥刀来战李轶。李轶与岑彭二人斗了十数合，汉兵后队已到，岑彭回马便走。李轶鞭马要追，刘秀叫道："季文莫追！"李轶勒马回来，刘秀道："如此大雾，恐有伏兵。岑彭未败而走，分明诱我前进，不可不慎！"李轶道："兵法云：速来新至可击，未得地利可击，涉水半渡可击。我军半渡，敌人未动；我军刚刚渡过淯水，阵未列，军不齐，仍然不见敌人踪影。岑彭若敢进攻，为何坐失良机，不来进攻？以我所料，必是棘阳败后，所剩残兵不多，前不敢回宛城，后不能回棘阳，在此游疑，与我军邂逅，虚张声势而已，不足为虑！"马武道："季文所言有理，败军之将不可言勇，我们只管前进便了！"

众人于是带领人马继续前进。前行里许，岑彭又从左翼杀出，李轶、刘秀猝不及防，士卒登时大乱，狼奔豕突。岑彭斩杀一阵，鸣金数声，带领人马，又消失在浓雾里去了。等李轶、刘秀、马武把队伍整治齐毕，岑彭早已不知去向。马武气得跳脚直骂。刘秀道："岑彭显然是诱我入彀，不可轻进。

不如就地安营,待日出雾散,再进兵不迟。"李轶、马武同意。刚刚传令下去,岑彭又带兵杀了回来。马武大怒,立刻单枪匹马杀上前去。刘秀怕马武有失,慌忙起兵接应。岑彭且战且走,马武紧追不舍,刘秀、李轶不得不带领人马,紧随其后,一直追到"困龙滩"口,岑彭舍了马武,又迅速消失在雾阵里了。

刘秀急忙传令鸣金,马武勒马回营。马武道:"吾观岑彭之兵不过千余,若非赖此大雾,万难脱身,我军何不围而歼之?"刘秀道:"佯北勿从,锐卒勿攻,饵兵勿食。吾观岑彭金鼓不乱,进退有度,必是佯败为饵,惧有伏兵在后。"李轶道:"岑彭之众甚寡,纵有伏兵,能奈我何?"三人正犹豫不决之时,刘縯率大队人马来到。他问道:"为何不进?"李轶说:"疑有伏兵。"刘縯道:"凡设伏者必以日暮,伏于深草,要于隘路。这周围既无深草密林伏兵,又无山险可依,不似设伏之处。"王凤却道:"大雾弥天,数十步外,难辨人马,何处不可藏兵?"刘縯道:"既然如此,便选空旷之地歇兵,待雾散后再定行止。"于是传令各营,选空旷处,安营稍歇。

王匡、王凤、陈牧、廖湛各带本部人马进入"困龙滩"口,士卒忽然发现沿路尽是财帛,衣物,杂有旌旗矛戈。众人于是一哄而上,争相捡拾抢夺。王匡、王凤难以禁止。陈牧、廖湛道:"湖阳城破,我军迟了一步,财帛尽被他人占有。如今眼前的财物,再让他人,于理不合,难免士卒埋怨。无主之财,由他们去吧!"王凤道:"荒野之中,哪来的衣物财帛,恐是敌人饵兵之计。"王匡、陈牧等人道:"定是方才棘阳溃兵,闻我大军将至,只顾逃命丢下的。你看这旌旗器杖,不是败兵所弃是什么?"王凤下马,捡起一面军旗来,仔细观瞧,果是棘阳守军旗号,方才稍稍放心。众士卒只顾捡拾财帛衣物,不知不觉全部进入"困龙滩"内。

刘縯得报,慌忙赶来制止,却为时已晚。这时只听号炮连天,杀声四起。甄阜在东,梁丘赐在西,岑彭反旆冲杀。汉兵被截为两段;王匡、王凤、陈牧、廖湛、刘縯进入"困龙滩"内;李轶、刘秀、马武、马成等人的先头部队反而被隔在"困龙滩"外,首尾难以相顾。

已未时分,雾气将散,"困龙滩"内薄冰消融,千军万马杂沓,荒滩尽成泥沼。刘縯等人心知中计,急命士卒向四周高阜处突围。但刚刚接近圩堰堤防，林莽间伏兵尽起，万箭齐发，汉兵中箭倒地者不计其数，生还者，潮水般退回。如此者再三，士卒折损过半。天到午时，日出雾散。滩中泥淖，浅处没脚，深处没膝。人难举步，马难奋蹄。刘缤与王匡、王凤等人商议道："入此困境，若不退出，势必全军覆没。六韬说，被围之兵，暴用则胜，徐用则败；突围之道，勇斗为先。我军可分为左右两路：左军疾左；右军疾右，勿与敌人纠缠，杀出重围再说。"王匡道："浓雾虽散，官兵伏于圩堰之后，林莽之内，虚实难料，向何方突围为好？"刘缤思忖片刻说道："大水深坑为敌人所不守；即或守之，守兵必少。我军不妨选积水处涉水而过。出其不意，攻其不备，或可脱围。"汉兵于是分为两路，刘缤、王匡、王凤率左路；陈牧、廖湛率右路，专选有积水处行走。冰薄如纸，锋利如刀，寒冷刺骨。但逃命要紧，将士谁也顾不得疼痛寒冷，相继涉水而行。殊不知，涉水反比泥泞中行走省力得多。时间不长，便涉过积潦，到达高阜之处。刘缤、刘稷当先杀出，王匡、王凤、陈牧、廖湛，紧随其后，左冲右突。正如刘缤所料，甄阜、梁丘赐安排伏兵时，因见此处积潦广阔，估计汉兵不会自此突围，只派了少数兵丁在此防守，不意汉兵自此突围杀出。

甄阜、梁丘赐听见喊杀之声，连忙带兵前来堵截，霎时把刚刚突围出来的汉兵包围起来。汉兵饥寒交迫，哪是官兵对手？刘缤左冲右突，脱身不得。幸得刘稷、刘隆、刘终拼命护卫，方保无虞。

刘秀、李轶、马武等和岑彭缠斗，难解难分。忽听北边杀声阵阵，人如潮涌忽聚忽散，抬头望见汉军大旗在垓心飘扬，知是刘缤等人被困。他们急忙和马成带兵冲杀过来。甄阜梁丘赐正在指挥兵马围困刘缤等人，不意背后一支汉兵生力军杀到，登时乱了阵脚。刘秀、马成并马驰骋，当者辟易。刘缤等人望见官兵披靡，知是援军杀到，精神倍增，鼓勇向旗靡处冲杀，很快与刘秀、马成会合，杀开一条血路，溃围而出。甄阜、梁丘赐整军追杀，汉兵溃不成军，四散奔逃。

邓晨、李通带领一千余人为后军，护卫随军、眷属及粮草，离小长安尚有十里，忽见溃兵及追兵漫山遍野潮水般涌来，战、守、躲避皆来不及，随营眷属四处奔逃。邓晨匹马来寻妻子刘元和两个女儿，迎面遇见岑彭带兵杀到，走避不及，只好挺枪来迎。战不数合，无心恋战，拨马便走，岑彭随后追来。

邓晨的侄儿邓奉见了，拈弓搭箭，远望岑彭一箭射来。岑彭猝不及防，箭中右臂。邓奉护定邓晨，拍马而去。

刘秀护卫刘缤等人退过淯水便去打听后营消息。他不见邓晨归来，慌忙回去寻找，于草丛中寻得妹妹伯姬。伯姬涕泣以告刘秀："二姐与几个外甥女都在前边不远处荒冢间，不知生死。"刘秀扶伯姬上马，二人共乘前往。到了坟冢间，果见刘元和三个女儿依偎在一起瑟瑟发抖。刘秀下马，催促刘元上马。刘元手指三个女儿说："能共乘否？不然，让我舍谁？与其母女分离，何如生死与共？"刘秀不忍，抱起一女犹豫，三女皆哭。刘元从刘秀怀中夺过女儿，手推刘秀道："不能相救，无为两殁。你快点走吧。"这时人喊马嘶，大队追兵已到跟前。刘秀含泪打马，如飞而去。

汉兵溃不成军。刘缤、王匡、王凤见官兵势大，难以脱身，形势危殆。刘秀飞马到来说道："不用奇计，脱困难矣。不如虚张声势，诈称下江兵欲攻宛城，官兵闻讯必退。"刘缤依计而行，令士卒哄传王常攻打宛城。

甄阜、梁丘赐带兵追到淯水北岸，正要麾兵渡河，探马来报：王常、成丹带领下江人马已经到了宜秋，准备攻打宛城。甄阜急忙下令：回兵宛城。岑彭道："乘胜渡河，贼兵不战而逃，棘阳唾手可复。"甄阜道："螳螂捕蝉，黄雀在后。吾不能因小失大，为一棘阳而失宛城。若失宛城，今虽大捷，功不抵过。"莽军于是连夜起兵，回师宛城。

官兵退走，邓晨于荒冢间寻到刘元和女儿尸体，痛不欲生。刘缤收拾残兵败将退回棘阳。三日后，离散将士陆续归来，满打满算，所剩部伍不足三万，诸将个个垂头丧气，士气低沉。

来歙、阴识先后自新野来到棘阳。他们告诉刘缤和刘秀：淯阳兵败的消息传到新野，官府立即派人去抓捕他们的亲属。阴识闻讯把母亲和妹妹阴丽华连夜送往城里。来歙被抓，门客半道上救了他，二人相伴逃脱虎口。而邓晨的亲属多半被抓，祖宗坟茔、宅第皆被大火焚烧，挖作污池。族人都埋怨说："家自富足，何故追随妇家兄弟造反，令我等入汤镬中！"刘缤、刘秀听了悲愤莫名；邓晨听后捶胸顿足，大恸痛哭。刘氏宗室众子弟得知这一消息，散去大半。

坏消息一个接着一个。众人刚刚劝罢邓晨，樊宏又从湖阳赶来了。

原来，甄阜、梁丘赐得胜回到宛城，留守官吏都来祝贺。申屠建因为密告李通谋反，已经升迁为太守从事，道贺已毕，又向甄阜献计道："刘縯、刘秀的母亲藏身于湖阳樊家庄，若能捕获其母，不怕刘縯、刘秀不降！"甄阜传檄湖阳军帅，立即派人前往逮捕刘縯、刘秀的母亲、舅父及亲属，解押宛城。

刘縯、刘秀的母亲樊氏夫人，本已病临垂危，听到小长安兵败的消息，立即惊吓而死。樊宏正发愁如何通知刘縯、刘秀兄弟前来奔丧，湖阳军帅带领兵丁来到了樊家庄，把樊家男女老少及刘仲一并逮捕。湖阳官绅父老，遮拦军帅马头，一齐为樊宏一家求情道："樊重、樊宏父子，仁义恩德广布乡里，虽然有罪还望大人法外施仁，饶他不死！"军帅见樊氏夫人已死，樊家在湖阳根深叶茂，杀了樊宏，恐怕激起民变。他于是传令：杀了刘仲，樊氏眷属暂行收监。命樊宏立去棘阳，劝说刘縯、刘秀归降。如果劝降成功，将功折罪；劝降不成，定斩不饶。樊宏因而得脱虎口逃奔棘阳。

刘縯、刘秀听樊宏说罢，肝肠尽断，五内俱焚，立刻踊躅大恸。众人百般劝说，均无效果。李通道："既然如此，伯升当初就不该举义起兵。难道举义之时，就不知谋反是祸灭九族的事情吗？如今合营将士有多少人家破人亡，妻离子散，独伯升一人有高堂老母、妻子儿女吗？"马武道："既然如此，还何必结盟合兵换大旗，干脆散伙算了！"刘縯、刘秀闻言心惊，不得不忍痛拭泪。刘縯对李通、马武等人拱手为礼道："悲不自胜，一时乱了方寸。次元、子张勿怪！"他又转身面对王匡、王凤说："军中之事，请二位将军偏劳。容伯升定定心神，稍尽孝思。"众将见刘縯、刘秀情绪渐趋平静，纷纷告退。室内只剩下樊宏与刘縯兄弟二人。刘縯道："母亲辛劳一生，抚育我兄弟成人。我二人未能堂前尽孝，母亲反因我二人而死。伯升不孝，罪愆通天。我二人不能奉母入土为安，枉为人子。舅父不可再回湖阳了。我和文叔潜踪夜行，立刻启程，回到湖阳，办完母亲和老二的后事，马上就回来。"樊宏道："你们这不是自投罗网吗？果真这样，你母亲九泉之下能够瞑目吗？你弟兄为复兴汉室大业而举兵，你母亲不是不知，不加阻止便是赞同。如今你们移孝作忠，方遂她的心愿。将来若能建殊勋，成大业，你母亲定会九泉含笑。如果贸然自投死地，岂非枉费了你母亲一番苦心？实不相瞒，我临行已经暗中做了安排：你母亲的后事已托付族人樊巨公料理。"刘縯、刘秀听了，立即跪倒在地，泣不成声,给樊宏叩头不起。

甥舅三人正在流泪谈话,刘隆闯进门来,怒气不息地说:"大哥快去看看吧,新市、平林的人马要反出棘阳,六哥和他们交上手了!"刘縯、刘秀听了,大惊失色,连忙跟随刘隆大踏步走出门去。

淯水

刘縯、刘秀赶到北门,见刘稷和陈牧、廖湛二人正杀得难解难分。刘稷一杆铁枪指东打西,上下翻腾,陈、廖二将只有招架之力,没有还手功夫。身后的平林士卒见刘縯、刘秀来了,马上散了一半。刘縯喝令刘稷住手,陈牧、廖湛才得脱身。他们慌忙下马,给刘縯、刘秀见礼。刘縯问道:"都是自家兄弟,因何兵戎相见?"刘稷大声叫道:"还说什么自家兄弟,全不念大哥伤心断肠,趁大哥不在,从背后捅刀子,妄想带人马反出棘阳!"陈牧、廖湛满脸通红,异口同声道:"休要血口喷人! 弟兄们不过日久思乡,想回平林,谁说我们造反!"刘稷道:"带兵出城为何不让大哥知道? 为何不听劝阻强闯?"陈牧道:"谁说我擅闯城门? 行前我们已经禀报王匡大哥了,不信你去问问?"刘秀已经听出事情的缘由,他劝刘稷道:"六哥少说两句吧。'狐死必首丘,越鸟巢南枝',思念家乡是人之常情。弟兄们都刚从鬼门关里闯过来,思乡怀家更是情有可原。陈、廖二位大哥和你我心里都不好受,有话慢慢说。弟兄们想回乡看看,也不必急于一时,都先各归队伍。陈、廖二位将军和我们一道去和王匡、王凤二位将军好好商量商量一下,如何?"刘縯见刘秀临乱不惊,话说得入情入理,心中暗自赞叹:"文叔胜我十倍!"他于是拱手对陈牧、廖湛说:"谷卿心直口快,二位多多包涵。错在伯升,若我在军中,何至于此!"说罢,众人和陈牧、廖湛一道去找王匡、王凤。

刘稷和陈牧、廖湛在城门厮斗时,王匡、王凤、马武三人也正在争论不休。原来诸将劝罢刘缜、刘秀各归营帐，陈牧、廖湛来到王匡、王凤营中，入帐落座，陈牧道："伯升把军中大事交付二位王兄，不知二位有何打算？"王匡道："经此一战，我军损折过半，元气大伤，进攻宛城已不可能，恐怕这棘阳也非久留之地。但愿官兵不来讨伐，倘若官兵前来，真不知棘阳能守多久，前途堪忧。"陈牧道："王兄所虑甚是。这棘阳比不得蟒川和平林，更比不得绿林山，山高林密，有险可守，易守难攻。况且宛城近在咫尺，官兵说到就到，恐怕今后想睡个安稳觉也不容易。"王凤道："伯升胸怀韬略，腹有良谋，待他悲伤过后，必有应对之策。我二人不过这几日替伯升照料照料各营日常例行事务和城防安全，大事还得请伯升来拿主意。"廖湛冷笑道："王兄是真把从蟒川带下来的那点家当全交给他人了，真能放心？"王凤道："廖兄什么意思？"廖湛道："我没什么意思。只是看着那么多老弟兄们在'困龙滩'白白送命，心里难过。我们从平林出发时部众两万多人，如今只剩八千人了，实在叫人心疼。你们新市兵中的老弟兄还有多少？"王匡道："恐怕还不如你们平林，那日进入'困龙滩'的新市兵最多。要不是子张的部下在前军，没有进去，恐怕新市兵老本都输光了！"陈牧道："这就是刘伯升的韬略和良谋！以往我们哪里吃过这么大的亏？再跟着折腾下来，真不知会是什么结果！"马武在座，实在听不下去了，开口说道："陈兄这话有失公道，这能全怪刘伯升吗？你们几位谁没有在场，眼睁睁看着兄弟们争着抢着捡拾官兵抛弃的财帛衣物，不加制止，中了人家的饵兵之计。如今还好意思埋怨伯升？"王凤也说："若非伯升临危不乱，带领我们涉潦突围，还真要全军覆没了。世上没有后悔药，不要相互埋怨了。"陈牧、廖湛见话不投机，起身告辞。他俩临行对王匡说："我们营中有几个老兄弟想回平林老家看看，我已经答应了，告诉王兄一声。"王匡道："这等小事，你看着办就行，何须对我说？"陈牧阴阳怪气地说："礼多人不怪，后会有期！"说罢冷笑着走了。

待这二人出帐以后，王凤道："陈牧皮里阳秋，话里有话，恐怕要有意外之举。"王匡道："爹死娘嫁人，各人管各人。当此前途未卜之际，管好自己的事情罢了，休管他人之事！"马武道："大哥这话就不对了，伯升把军中之事托付于你，如果有意外之事发生，怎好向伯升交代？大哥一向守正持中，光明磊落，处事公道，如今这是怎么了？这事我看应该快点让伯升知道！"王匡不由动怒，斥责马武道："皇上不急太监急，你慌个什么？小长安兵败之时，将士逃散多少，谁能管得了？陈、廖二人的话，就没一点道理吗？你我千辛万苦，自绿林至蓲川，拉起的这支人马，如今还有多少？长此以往能保得住吗？比如商人做买卖，谁能不瞻前顾后，考虑是赔是赚？"马武不服气道："做买卖有赚有赔，能赢得起还要输得起。我随大哥自绿林山至蓲川，打过多少败仗，哪次不是蹶而复起，伏而后振？为啥这次输不起了？"王匡道："谁对你说输不起了？我只是想，该不该一条道走到黑，不撞南墙不回头。陈牧、廖湛想重回平林，怎知不是明智之选？"马武道："有话明说，何必遮遮掩掩，拐弯抹角！这不是明摆着要散伙吗？"王匡道："好合好散，未尝不好。"马武道："既有今日，何必当初！"王匡道："结盟之时，谁能料到今日之败！"王凤道："子张，不要再争了。我们应当体量大哥的苦衷。我看还不到山穷水尽之时。大哥每当忆起弟兄们绿林山不得不分手之事，伤感不已，常说'若不分手，会当如何？'今日又当临歧难决之际，不可不慎。不如与伯升、文叔商量好了再说。"三人正争议时，刘缤、刘秀和陈牧、廖湛来了。

虽然彼此心事，不言而喻，但谁也不愿戳破这层窗棂纸。沉默片刻，刘缤强颜为笑道："各位的心事，伯升明白，也能体谅。事成今日之局，皆因小长安之败。自古没有百战不败之将，胜败乃兵家常事。当年高帝创业，屡遭挫败，终成大业。彭城之败，尸横遍野，濉水不流；荥阳之败，太公、吕后皆为项王所房，纪信焚身以代方能脱身；成皋之败，太公险为项王所烹；固陵之败，三军尽没，若非淮阴兵至，后果难料。其大败者四，小败不知凡几。贵在愈挫愈奋，百折不挠。诸君请看这城外棘水曲曲折折、几分几合方能到东洋大海？事上之事，哪有一蹶而就者乎？今若一蹶不振，士卒尽散，不唯伯升死不瞑目，诸君能甘心认输吗？我闻下江兵在上唐大破官兵之后，今已到了宜秋。我欲亲往宜秋和他们联络。如果能与下江兵结盟，两家合兵一处，重整旗鼓，杀甄阜、梁丘赐，以雪小长安之耻，应该不难。诸位将军暂忍一时之忿，待破敌之后，再图良谋如何？"众人见刘缤言辞恳切，也只好勉强应允。

刘缤、刘秀和李通、李轶一起商量。刘缤道："新市、平林诸将，已有离心，如不早定良谋，大势去矣。"李轶道："莫若先下手为强，弭患于未萌。"刘缤笑道："季文把事情想左了。即令分道扬镳，何至于同室操戈？"李轶不觉面红,他问道:"伯升兄有何打算?"刘缤道:"诸将产生离散之心,皆因小长安大败,前途难卜。若能转败为胜,士气必然大振,狐疑离散之心,自然也就消失了。"李通道:"伯升之言甚是。但我军元气大伤,士无斗志。正宜养精蓄锐,避敌待时,怎能再战?"刘缤道:"兵无常势,水无常形。坐待良机,不是上上之策。若能因势而变,易弱为强,岂不更好?"李通道:"若能易弱为强,当然好了,但不知计从何出?"刘缤于是把自己的想法和盘托出。李轶道:"我军新败,下江新胜,怕下江诸将不愿与我结盟。"刘缤道:"十步之内,必有芳草。十室之邑,必有忠信。况下江兵千军万马,岂无智者?下江兵虽有小捷,但甄阜、梁丘赐精兵十万,近在宛城;严尤、陈茂在其侧背,大敌环伺,其军中智者岂能不知?当此之时,不唯汉兵需要臂助援手,下江之兵更需牴角应援。合则两利,分则两害。只要不是鼠目寸光、闭目塞听之士,都能洞察其中利害。我们何妨一试?"李通道:"既然如此,李某愿随伯升同往宜秋。"李轶踌躇道:"听说,张卬、朱鲔二人在下江军中颇得信重,恐其从中作梗。"刘缤道:"这是为何?"李轶支吾其辞道:"其中缘由文叔比我更清楚。"刘秀笑道:"此乃小节,张卬、朱鲔二人不会如此小肚鸡肠吧?"他于是把当年卖谷路过蓼川与张卬交手的前后情节讲给刘缤、李通。刘缤听后哈哈大笑道:"成大事何拘小节,这算什么! 相见之时,我和文叔多敬他几杯就是!"

　　次日,刘缤、刘秀、李通、李轶四人前往宜秋。一路无话,来到辕门,荷戟卫士喝问:"来者何人? 何事至此?"四人下马,刘缤道:"在下春陵刘伯升,宛城李伯玉求见下江军中贤将。"卫士道:"军中诸将皆贤,无不贤者。足下欲见何人,请道姓名。"刘缤与李通相视而笑。刘缤说:"强将手下无弱兵,把门小卒口齿如此伶俐! 烦请禀报颜卿王将军,我等有大事相商。"那小卒慌忙禀报去了。

　　时间不长,王常迎出辕门。互道仰慕寒暄之后,一起到中军帐内落座。刘缤道:"近闻将军在上唐大破官兵,兵强马壮,何不乘胜北进,挥师进攻宛城,却在此地驻兵?"王常道:"足下说笑了。宛城名列五都,甄阜、梁丘赐拥兵十万,我下江兵马区区一万之众,避之犹恐不及,怎敢攻打宛城?"刘缤道:"宜秋小镇,宛城近在咫尺。甄阜、梁丘赐卧榻之侧岂容将军安睡? 一旦兴兵,朝发夕至,宜秋绝非上唐,山险路狭,有地利之助。况且,纳言将军严尤,秩宗将军陈茂，兵在侧背，若三路大军一齐来攻，下江兵势如累卵矣。"王常色变，忙问："以将军之见，如何应对？"刘缤道："我四人今日前来，正为与将军共商应对之策。"王常如有所悟，他笑道："近闻汉兵在淯阳大败，折损过半，莫非前来求助耶？"刘缤道："将军差矣。汉兵虽败，尚有三万之众，诚所谓'瘦死的骆驼比马大，船破尚有三千钉。'棘阳虽小，易守难攻，远非宜秋可比。新市、平林之将半为将军旧友，其勇猛耐战，人所共知。以此之众，若攻宛城，诚然力不从心。若图自保，则绰绰有余。今日来见将军不唯求助，且欲助将军一臂之力，共克时艰。"王常道："愿闻其详。"刘缤进而说道："宜秋在东，棘阳在西，宛城之兵若出必经其中。若下江之兵与汉兵联合，互为犄角之势，则官兵腹背受敌，不能无所顾忌。若其东进，汉兵附其背；若其西进，将军蹑其后；若其南下，东西两侧共击之，破之必矣。"王常道："甄阜、梁丘赐精兵十万，合我两家之兵不足五万，焉能必破？"刘缤道："师不必众，善谋者胜。自古及今，弱以胜强，寡而胜众者多矣。太史公说，汤、武之众不过三千，而伐桀、纣；赵括拥众四十万而兵败长平；当年高帝合诸侯之兵六十万，难抗项羽八千子弟；而淮阴侯区区十万破楚救赵。可见兵不在众寡，而在调度。将军勿虑！"王常深为刘缤的话所打动，他感叹道："伯升人中龙凤，果然名不虚传！王莽篡弑，残虐天下，百姓思汉，已非一日。今豪杰并起，刘氏复兴，即真主也。常定当挺身为用，辅佐贤主以成大功！"刘缤道："果如将军之言，大汉复兴，富贵岂敢独享，定与将军共之！"刘缤与王常等当日歃血结盟而去。

成丹、张卬、朱鲔三人得知王常已与刘缤结盟，心中不快，齐来劝阻王常。成丹道："大丈夫既然举兵起义，当各自为主，何故受制于人？俗谚，'宁为鸡首，不为牛后'，况汉兵新败，自顾不暇，何能助我？与之结盟，徒受其累！"张卬道："宗室中人，一向骄矜，甚难共事，今势穷求我；危难过后，必难善待我等。到那时后悔莫及！"王常道："往者成、哀衰微无嗣，故王莽能够乘间篡位。既有天下，而政令繁苛，遂失百姓之心。百姓歌吟思汉，非一日也，故而我等乘时而起。夫民所怨者，天所去也；民所思者，天所与也。举大事者，必当下顺民心，上合天意，功乃可成。一味负强恃勇，纵情肆意，违天而行，虽得天下，必然得而复失！汉初，以秦、项之强，尚且败亡，何况今日我等布衣相聚草泽者乎！今虽小胜，难免它日不败；长此以往，必然重蹈秦、项覆亡之道。今南阳诸刘举全族之众起兵，吾观刘伯升及随行之人，皆有深谋远虑、王侯公卿之才，与之结盟，必成大功。此上苍所以佑护我等，诸君莫疑！"三人一向敬重王常，见王常与刘𬘬结盟之意已决，不便多言，齐声说道："大哥之言，使我等茅塞顿开，无大哥之言，我等几陷于不义。愿唯大哥马首是瞻！"

次日，王常、成丹等人率部与汉兵会合。刘𬘬大犒士卒，登坛设盟，三军士气复振。刘𬘬然后分全军为六部：前、后、左、右、中军、粮秣。王常、成丹将前军；张印、朱鲔为前军偏将；陈牧、廖湛将后军；王匡、王凤将左军，马武为偏将；李通、李轶将右军，陈俊、杜茂为偏将；刘𬘬自将中军，刘稷、刘秀为偏将；刘祉、刘嘉、邓晨诸人押运粮草。休士三日，准备再次进军宛城。

甄阜、梁丘赐得报，两人商议道："小长安之战，除恶未尽，今日复萌。此次出兵定要斩草除根，杀他个片甲不留！"岑彭因箭伤未愈，和严悦留下守城。当日，尽起精兵十万杀奔棘阳。途中，甄阜对梁丘赐说："兵行诡道，声东而击西，攻其不备，出其不意，方能出奇制胜。上次我们在小长安设伏，大获全胜；此次出兵，我们仍虚张声势前趋小长安。汉兵必于小长安一带盛兵待我；而我绕道东行，南渡黄淳水，出其不意，兵临棘阳城下，定可大获全胜。"梁丘赐道："太守此计甚妙，不妨依计而行！"新莽大军到了沘阳蓝乡，梁丘赐道："兵贵神速，辎重粮草随军而进，行动迟缓。不如暂留辎重粮草于此，你我轻兵疾进，克敌之后，视军中所需派兵转运如何？"甄阜道："将军之言，甚合我意。你我不如就此兵分两路，将军从东，沿沘水西进；我自此南下，然后会师棘阳，兵不血刃，便可破城；然后回师突袭汉军侧背，围而歼之，可收全功而无'困龙滩'功亏一篑之憾。"梁丘赐连声道好。二人于是尽留辎重于蓝乡，分兵而行。

这黄淳水上游本为黄水和淳水两条河流，向南进入棘阳县境内，合而为一；汇合之处有一聚落，名曰"黄淳聚"。过了黄淳聚南行数里，便到了沘水北岸，这沘水在棘阳一段便称为棘水。甄阜、梁丘赐为示其不胜不归之志，过了黄淳聚，便把河上的桥梁尽行毁坏，令士卒砸碎缶甄。新莽大军在两河之间安营扎寨。甄阜大营在西，梁丘赐大营在东，两营相距三十余里。

再说刘縯与下江之兵结盟之后，广派细作哨探，密切关注官兵动向。细作来报甄阜、梁丘赐委辎重粮草于蓝乡，扎寨于黄淳水与沘水两河之间，心中大喜。他立刻与诸将计说："兵法云：'无辎重则亡，无粮食则亡。'甄阜、梁丘赐不顾兵法大忌，尽委辎重、粮草于蓝乡，且扎营于两川之间。这两川之间，可以往，难以返，正所谓'卦地'；若我无备，彼可出而胜之；我已有备，彼出而不胜，回师难矣。机不可失，我决定今夜起兵，先取蓝乡之辎重粮草，明日破敌！各位将军可有异议？"众将齐声应诺："谨遵将军之命！"刘縯又道："甄阜、梁丘赐分兵扎营，意在图我；料我兵力单薄，新败之后，无力攻彼，必然疏于防守。明日我军出其不意，发起猛攻，必获全胜。前军、左军自东南攻梁丘赐；中军、右军从西南攻甄阜。东西同时发起攻击，务必使其首尾不能顾，将帅不能相救，士卒不能相助，乱而破之！"诸将应命而去。

新市、平林、下江诸将走后，刘縯又召刘稷、刘秀、刘隆、刘终、李通、李轶等人嘱咐道："师不必众，效命者克；士无皆勇，致死者胜。我新败之后，新市、平林之兵多有怯意，只能旅进旅退，难以奋勇陷阵。你我兄弟若一往无前，所向披靡，其必风从影随；你我兄弟若后退半步，其必溃若潮退山倒，正所谓群胆群威是也。此一战，事关大业成败，诸位谨记！"刘稷等人道："大哥放心好了！"

当晚，汉兵潜师夜起，衔枚疾走，涉过黄淳水，神不知鬼不觉到达蓝乡。甄阜、梁丘赐守御之兵甚少，又在睡梦之中。汉军兵不血刃，尽得莽军粮草辎重。明旦，汉军兵分两路，直扑甄阜、梁丘赐大营。

蓝乡守兵有逃归梁丘赐大营者，急忙报告梁丘赐，蓝乡已被汉兵袭取。梁丘赐大惊，慌忙禀报甄阜。甄阜主张回兵蓝乡，夺回辎重。梁丘赐道："恐怕回兵已晚，既不能复夺辎重，又耽误了袭取棘阳的时机。"甄阜道："没有了辎重粮草，如何打仗？"梁丘赐道："项羽救赵，破釜沉舟。当此之时，莫如急渡沘水，攻打棘阳。"甄阜道："原本打算，出其不意，攻其不备，东西夹击，一鼓而破棘阳。如今恐怕敌人已有准备，再要渡河，彼半渡而击之，我军必败。何如按兵不动？以我十万之众，敌彼三万乌合，何惧之有？"梁丘赐道："两川之间，地域狭窄，兵马虽众，一时难以施展，莫如东进沘阳，选一广阔之地与之决战。"甄阜道："兵忌狐疑，就这样决定吧。你先起兵东进，我随后拔营。

将军若先遇敌,乘其立脚未稳,只管纵兵掩杀,我即随后接应;如果我先遇敌,将军可回师夹击;若其中道而来,你我可迅速将其包围,聚而歼之!"计议已定,二人匆忙分头调兵遣将,准备出发。

甄阜正在发号施令,忽听四面喊杀声起,原来汉兵已经杀到。不少将士人不及甲,马不及鞍,满营乱作一团。甄阜慌忙提刀上马,出寨迎敌,刘稷挺枪跃马上前厮杀。不数合,甄阜便招架不住,勒马回营。刘稷哪里肯舍,随后杀来。刘秀在左,刘隆在右,奋勇冲杀,莽军四散奔逃,溃不成军。甄阜弃寨而逃。刘稷、刘秀、刘隆纵横驰骋,追亡逐北,三路掩杀。甄阜本想东去与梁丘赐会合,但迎面刘稷,北有刘秀,南有刘隆挡着去路,只好拼命向西,夺路而逃。方到黄淳聚,却见刘縯、刘终带着一队人马冲杀过来,慌忙旋马而回;不料身后追兵已到跟前,惊慌失措,瞬间犹豫,已被刘縯斩于马下。刘终下马,割下甄阜首级,命军士高高挑起,宣示各营,汉兵一片欢腾。莽军见主将已死,纷纷弃甲投戈而降。

梁丘赐刚刚回营,王常、成丹、张卬、朱鲔率领汉兵前军已到营前。梁丘赐列阵迎敌,张卬跃马出战。两人正在厮杀,梁丘赐忽然听见阵后杀声震天,原来是王匡、王凤、马武率领汉兵左军到了。梁丘赐腹背受敌,无心恋战,拨马要走,却被王常、成丹、朱鲔、马武等人围在垓心,左冲右突难以脱身,霎时间,盔甲歪斜,身被数创,一头栽下马来。众军士一拥而上,刀砍枪扎,梁丘赐登时化为肉泥。满营将士见主将已死,立作鸟兽散。东、西两面有汉兵追杀,南、北两面有黄淳水、沘水挡道,走投无路,溺水、马踏而死者不计其数。

纳言将军严尤、秩宗将军陈茂得知甄阜、梁丘赐兵败沘水的消息,大吃一惊,欲起兵救援,为时已晚。若按兵不动,又怕王莽追究下来,吃罪不起。严、陈二人急忙商议应对之策,严尤道:"想不到甄阜、梁丘赐如此无能,十万之众,竟被汉兵三万乌合打得一败涂地,还白白丢了性命。你我近在咫尺,朝廷若追究下来,责以畏敌观望、见死不救之罪,如何是好?"陈茂道:"如今宛城太守、都尉尽丧,成了空城一座,若贼兵乘势攻城,必然难保。宛城若失,你我更加难辞其咎。为今之计,你我只有迅速起兵,退据宛城。能保宛城无虞，即令朝廷降罪，你我也有话可说，或可转圜。"严尤道："将军所言，正合我意。事不宜迟，若让贼兵占了先机，攻破宛城，你我真的百口难辩了。"两人于是立即起兵北上。

汉兵大获全胜，刘缤下令犒赏三军。士气大振，诸将纷纷请战，都说："甄阜、梁丘赐已死，宛城空虚，群龙无首，正宜挥兵北上，一举攻克宛城。"刘缤道："各位将军之言与我不谋而合。甄阜、梁丘赐虽死，但严尤、陈茂大军就在新野以南，离我军不足百里，不得不防。"刘秀说道："大哥所虑甚是。纳言将军严尤，曾和王莽同学，甚得王莽信重。听说其人才兼文武，前远征高句丽，大获全胜，后数次带兵征伐，胜多败少。长安求学时，我曾见过他几面，其人足智多谋，博学多闻，不可小觑。我若贸然起兵，彼必邀击我于途中险要之处，抑或拊我背后；我若不动，彼必抢先一步，进据宛城。彼若进据宛城，攫城固守，我破城必难。以我之见，莫若以静制动，多派哨探，因敌而动，后发制人。"众将齐曰："文叔之言，万无一失。但彼也如我打算，岂不贻误战机？"刘秀笑道："严尤、陈茂敢像我们这样按兵不动吗？甄阜、梁丘赐十万大军覆没，朝廷死了两个方面大员，王莽能让他们拥众不动吗？即令王莽诏令未到，他二人也万不敢在中军大帐安坐不动了！"众将皆笑。刘缤立刻传令各营多派细作，四处哨探。

果如刘秀所言，不久传来消息：严尤、陈茂起兵前往宛城。刘缤立刻传令尽焚军中所积粮草辎重，前军、中军兼程前进，务必赶在严尤、陈茂之前，涉过淯水，在北岸埋伏；左、右两军衔枚疾进，伏于莽军两翼；后军鸣鼓而行，和莽军不即不离，以虚张声势。

严尤、陈茂刚刚接到宛城的告急文书，又传来王莽的催兵诏旨，不敢怠慢，连忙催促三军赶往宛城。陈茂道："汉军新胜，兵锋正锐。刘伯升颇通兵机，此去宛城，地形颇为复杂，小心为上。"严尤笑道："辽东、高句丽地形险恶，十倍于南阳矣。我且不惧，此处距宛不足二百里，放马即到，何惧之有？况且所谓汉兵，不过是揭竿而起的乌合之众耳，焉知黄淳虽败甄阜、梁丘赐，非侥幸致胜耶？"陈茂道："但愿如将军所言。"大军南临淯水，严尤传令，三军涉水过河。及其半渡，北岸汉兵杀出迎头痛击，莽军立刻潮水般退了回来。严尤在后督阵，连斩数人，仍不能止。这时，背后汉兵又冲杀而至。陈茂抵挡不住,往东败退,马武一马当先拦住去路;王匡、王凤挥兵截杀;陈茂又掉头向西,李轶、陈俊又迎了上来。陈茂正当左冲右突难以脱身之际,严尤带着残兵败将退了回来。严尤、陈茂二人合兵一处,勉强有了喘息机会。严尤道:"以将军之见,三面之敌何者最弱?"陈茂道:"南面为汉兵后军,其众最寡,兵力最弱。且闻统兵之将为平林陈牧、廖湛,贪财好利,且与诸刘有隙,曾有离心。"严尤道:"突围之法,勇斗为先,审知敌人空虚之地可以必出。贪者以财为饵,其军必乱,乘其乱,我与将军方可破围脱困。"两人于是并力向南,杀向陈牧、廖湛所统后军,且边杀边抛撒财物。后军士卒马上大乱,只顾捡拾财物,不顾杀敌。严尤、陈茂得以趁机夺路奔逃。马武、李轶等人随后追来,严尤、陈茂弃军而走。时已黄昏,王匡、王凤、李通三人怕马武、李轶等中了埋伏,下令鸣金。严尤、陈茂侥幸逃脱。这一仗斩首三千余,缴获辎重粮草无数,汉兵声威大震。

刘縯统得胜之师,包围宛城,自此望风归降者每日不绝。贾复、臧宫等人先后来归,刘縯皆任以为校尉,不数日汉兵人马超过十万。刘縯自称"六军都部柱天大将军"。消息传到长安,王莽大惊失色,他传旨:凡能斩杀刘縯之首者,位上公,封万户侯,赏黄金十万斤。令长安城中大小衙门及郡县乡亭皆画刘縯之像,早晚箭射前胸,以厌胜之。殊不料,这样一来,适得其反,时间不长,天下尽知刘縯之名,刘伯升隐然为兴汉之主。

更始

  刘缤威望日隆，自号"六军都部柱天大将军"，陈牧、廖湛、张卬、成丹诸将心中不快。他们相聚议论道："刘伯升春陵起兵，子弟不过数千人；若非得我新市平林之助能干什么？小长安兵败，若非我下江兵马救援，恐怕早为甄阜、梁丘赐杀得片甲无存，悬首宛城城门了，还威风什么，当什么'六军都部柱天大将军'！当年西楚霸王项羽，破秦之后，虽自号'霸王'，手下诸将大者王，小者侯，各有封赏。而今他刘伯升却好，只顾自己作福作威当大将军，把我们新市、平林、下江这些老弟兄们全都晾在了一边。真是岂有此理！"张卬道："既然他能当大将军，我们为何不能？ 他能自封，我们也不必求他赏赐，只管自己起个名号好了！ 谁也不是皇帝老子，怕他作甚！"朱鲔道："不妥。在我们绿林军中，王匡、王凤、王常三位大哥资历最深，威望素著。他们三人尚未有'大将军'名号，我等怎好僭越？ 莫如先尊奉三位大哥为'大将军'，我等再自立名号，岂不名正言顺？"张卬等人道："三位大哥与刘伯升交情不薄，碍于情面，恐怕不肯接受。"朱鲔笑道："千穿万穿，马屁难穿。送给的高帽，谁肯不戴！ 诸位何妨一试？"

  五人于是同去拜见王匡、王凤、王常，异口同声说道："刘伯升自称'六军都部柱天大将军'，也太自大了。全然不把三位大哥放在眼里。三位大哥在绿林山中举义之时，他还在白水乡间耕田牧牛拾牛粪哩。我们知道，三位大哥胸怀宽广，不和他计较这些虚名。但我们绿林军中成千上万的老弟兄咽不下这口气。大家商量,公推王匡大哥为齐天大将军,王凤大哥为横天大将军,王常大哥为辅天大将军。万望三位大哥俯允下情,不要推辞!"王凤、王常齐声道:"万万不可! 三军主帅只有一人,方能令行禁止。若人人都称大将军,政出多门,岂不乱了套? 政令不一,是为'乱军'。乱军必败,正是这个道理。"五人齐声道:"只怕老兄弟们寒了心,闹出乱子来,才更不好收拾。请三位大哥三思!"王匡道:"既然诸位这样说,也有道理,不就是个名号嘛。原本就是合伙的买卖,各有各的招牌,也无不可。"

王凤、王常听王匡这样说,也就不再多说什么。张卬、陈牧等人见三人默许,立即告辞退出,把王匡为齐天大将军、王凤为横天大将军、王常为辅天大将军的名号,宣示全军。紧接着,陈牧、廖湛、张卬、成丹也自称大将军。唯有朱鲔仍称"前军偏将军"。不数日,新市、平林、下江三支军中,大小将领,都自称"将军",连刘玄这样的安集掾,手下无一兵一卒,也被陈牧封为更始将军,王匡内弟宗佻、陈牧副将胡殷、张卬的亲信部属武勃等人也都封了将军。一时间将军如毛,品级高低谁也分不清楚,统属关系不要说士卒们摸不着头脑,连那些"将军"们也难以说得明白,军中难免混乱无序起来。李通、李轶和刘縯、刘秀关系非同寻常,不便擅称名号。李轶心中不平,暗中对李通说:"别人都已自称将军、大将军,独大哥不肯,如何号令三军?"李通道:"唯伯升马首是瞻,何必自立名号?"李轶去见刘縯。刘縯不等李轶开口笑道:"既已都称名号,伯玉、季文何必自我谦抑? 令兄称柱国大将军、季文称五威大将军如何?"李轶道:"虚名于我弟兄本无所谓,既然伯升兄这样说,我若再推辞,就显得矫情了!"说罢高兴地走了。

刘家军中,刘稷、刘隆等人见张卬、陈牧等人一个个都自称大将军,心中忿忿不平,都来找刘縯、刘秀发牢骚。刘稷说:"什么东西,也配称大将军!和大哥平起平坐。真若比武选将,他们若能在我面前走上十个八个回合,我便认他们这个大将军,不然请他们自个儿把大将军名号去掉!"刘隆、刘终也说:"是骡子是马,都牵出来遛遛,校场见真章!"刘秀劝说道:"万万不可! 没有三家结盟,我们岂能斩甄阜、杀梁丘赐,大败严尤、陈茂? 昔日秦晋结盟围郑,秦伯中途背盟撤兵。子犯等人欲攻秦,晋文公劝阻狐偃、狐毛等人说:'微斯人之力,吾不及此,背盟不义,以乱易整不智',说的就是我军今日的情况。宛城未破，王莽大军不日便到。正宜与新市、下江、平林三家同仇敌忾，万不可因一时之忿伤了和气，因小失大。"

刘稷道："这明明是对大哥的不敬，想和大哥分庭抗礼，如何能忍！"

刘縯笑道："小不忍则乱大谋。如今当务之急是乘莽军未到之前攻破宛城，其他事情，以后再说吧。况且，大将者，总文武，兼刚柔，晓战阵，知兵机，须勇、智、仁、信、忍五材具备。吾观绿林诸将，几人能当此任？若不能当，虚名何用？纵有虚名，能奈我何？你我兄弟，何须和彼一般见识，计较此事？"

刘秀道："不知三军之事，而同三军之任；不知三军之权，而同三军之任，则将士必然疑惑，不知所从。既疑且惑，三军必乱。孙子曰：'乱军必败。'大哥何不与王匡、王凤、王常三位大哥，讲明利害，晓以大义。我想三人必能顾全大局，约束部下。"刘縯道："三弟言之有理，我这就去和三位大哥作个商量。"

刘縯去见王匡、王凤、王常。刘縯说："诸将自建名号，无可厚非。但尊卑不分，统属紊乱，士卒多以此疑惑，无所适从、久则必乱。军以整齐胜，以乱败。我等如何处之？"王匡道："既然如此，莫如尽去将军名号，效仿'赤眉'，尊者称'三老'，次者从事，再次者为卒史，如何？"刘縯道："名利者得之则喜，失之则怨，人之通病。尽去将军之号，必然产生怨尤；怨则生离散之心，反为不美。"王常道："古之良将智勇威德，必足以率下安众，怖敌决疑。临敌不怀生，受命而不辞。士未坐而不坐，士未食而不食，与士卒寒暑必同，生死与共。若把将军之名当作虚饰荣显，实则大谬不然。明日与众将讲明为将之义，然后论功定名，当之无愧者，保留将军名号，余者尽削夺名号，厘清品级统属如何？"王凤道："此事当慎之又慎，不可草率。与各营将士熟议而后定如何？"刘縯、王匡都说："理当如此。操之过急，治丝益棼，就更麻烦了！"

听说要论功定名，满营将士都议论纷纷。中下层将佐都说：理当如此，严刑明赏，乃治军之道。也有一些人担心自己的将军名号被削夺，忧心忡忡，暗暗怨恨刘縯。张卬、朱鲔、陈牧、廖湛相聚窃窃商议，张卬道："此必刘伯升不愿我等与他同列，想出的鬼主意。若论功定名，宗室诸刘，功劳多在我等之上，品级名位定会超过我等，让那些后生子弟在我等面前作威作福。

我等闯荡江湖多载，反要听他们发号施令，呼来喝去，颜面何存！我实在咽不下这口气！"陈牧道："刘伯升表面光明磊落，实则心机深刻。每次打仗，总让刘氏子弟放在容易建功立业的地方，所以他们的功劳总比我们多。既出尽了风头，又得到了实惠，名利双收。如今又想出这个法子来算计我们！"廖湛道："空发牢骚有什么用处，我们何不去找王匡、王凤、王常三位大哥去讨个公道？"张卬道："去了也白去，听说'论功定名'的办法就是他们三位和刘伯升共同决定的。现在去找他们，还有什么意义？"朱鲔笑道："我倒有个办法，可以让三位王大哥改变主意，取消论功定名的决定，同时让刘伯升哑巴吃黄连，有苦说不出，从此以后受制于我等。"三人一听，迫不及待地问："朱兄有何妙计，快点说来听听！"朱鲔不慌不忙说出自己的计划来。张卬、陈牧、廖湛三人听了，一齐附掌称妙。四人于是联袂去找王匡、王凤、王常。

陈牧道："弟兄们自建名号，军中令出多人，确实不妥。但'论功定名'说来容易做来难。功劳大小，何人当将，何人不当将，一百人有一百人的看法，莫衷一是。营中诸将，人人炫己之能，夸己之功，相争不下，谁来裁定，怎样评判是非？莫不真要重演晏平仲二桃杀三士的故事？如果闹出反目成仇，同室操戈的悲剧来，如何是好？"王匡道："贤弟言之有理，我三人也正为此事犯愁，委决难下。贤弟有何高见，不妨直说。"张卬道："自古国家命将，国君一言而定。上至于天，下至于渊，皆付于将。谁敢不从？今者各自为将，互不相属，皆因无君。三位兄长与刘伯升结盟举义，共为复兴汉室，兄弟等鞍前马后相追随，生死不顾，名利不计，莫不为此。何不从宗室诸刘中推举一人，奉之为帝，然后由帝命将封官，定爵赏，论品级，各司其职，名正言顺，岂不省了许多麻烦？果能如此，三位便是拥立新君，复兴大汉的开国元勋，一人之下万人之上，名垂竹帛，荣于身后。请三位兄长孰计议之！"

王匡、王凤心有所动，不禁颔首。王常道："理是不错，似乎时机尚不成熟。刚刚打了两次胜仗，一个宛城尚未攻下，就匆匆立君，是不是太过早了点？莫如和伯升商量商量，从长计议。"王匡道："伯升志在复兴汉业，此举正符合他的心意，料他不会反对。"王凤道："每每听人说，赤符谶记，'刘氏当兴'，人心思汉已久。拥立宗室子弟，上合天心，下顺民意，以利号召。但南阳宗室子弟中支属远近我等不知，何者当立，宜慎重考虑。不如问诸宗室中耆老,然后再定。"王常道:"皇家立储,向有以嫡,以长,以贤之说。但王莽篡弑已久,成、哀无嗣。如今兴亡继绝,实同再造。不必考虑支系亲疏远近,嫡庶长幼,只宜择贤而立。遍观宗室诸刘,无过伯升之贤者。若要拥立,自非伯升莫属!"张卬等人听王常提议拥立刘縯,暗吃一惊。陈牧道:"既然要从宗室中择立君主,自然皇族近支为宜。至于贤与不肖,人言人殊,我们说'贤',他人或许认为不肖;天下之大,哪能都和我等识见相同?唯有择汉室近支子孙拥立,才便于号召天下。秦末项羽及诸侯拥立义帝,不就是因为他是怀王的孙子吗?若论其贤能,不过一刍荛儿罢了,何如他人?据我等所知,宗室诸刘,刘圣公与皇室支脉最近,莫如立之!"

王凤道:"这事还是听听宗室中人的意见吧。何人当立,他们比我等更清楚。"王匡、王常都同意王凤的意见,陈牧、廖湛、张卬、朱鲔不便再争,当日辞出。张卬道:"果如王常大哥之言,我等不是枉费了一番心机,反倒替刘伯升做件嫁衣吗?"陈牧道:"无论拥立何人,都不能拥立刘伯升。诸位都看见了,八字还没一撇,刘伯升就定了多少清规戒律,什么不准抢劫焚掠啦,财物归公均分啦,刑赏分明啦,哪一条不是给我们量身定做的枷锁?若让他当了皇帝,还有我们的好日子过吗?"廖湛道:"况且刘伯升明察秋毫,眼里揉不得半点灰星儿。我等那些老弟兄无拘无束惯了,稍微有点差池,若犯在他手里,那还了得?他手下有那么多心腹爱将,今后得了天下,我等还能得到什么好处?"张卬道:"若说到这一层,我和朱鲔大哥比你们就更惨了。早在结盟之前,我们和刘家兄弟就有过节,他若当了皇帝,我们迟早要遭殃!"陈牧道:"既然如此,你我莫如先下手为强,游说各营,阻止拥立刘縯。"朱鲔道:"不立刘縯,立何人为妥?"陈牧道:"刘玄在我平林军中当安集掾,其人我最清楚:懦弱平庸,向无主见。若立其为帝,极易为我等左右。况为我等拥立,断不会为难我等。名为我等共主,实同傀儡,权柄仍操诸我等之手,岂不两全其美?"张卬道:"刘伯升望重三军,又得宗室诸刘和李通、李轶相助,恐怕难如我等之愿。"朱鲔笑道:"张兄只知其表不知其里,若加细算,便知彼此各有几分胜算了。全军共分六军:王常大哥、张兄、成丹和在下在前军;王匡、王凤大哥和马武在左军;陈兄、廖兄在后军;李氏兄弟在右军;伯升弟兄在中军;邓晨、刘嘉在辎重粮秣。王匡大哥显然不喜刘伯升,王凤大哥和子张虽与伯升交厚，但绝不会胳膊肘向外扭，违拗王匡大哥之意，拥立伯升；王常大哥虽有心拥立刘伯升，但决不会为此而不顾成丹、张兄和在下与其多年的交情。后军是陈廖二位做主，自不必说了。"陈牧接口道："这也不过是平分秋色，我们的胜算在哪里？"张卬道："右军李氏兄弟和刘家兄弟本有前盟，不久前，李通又娶了刘伯升的妹子伯姬，两家成了骨肉至亲，焉肯助我？这不还是三军对三军的平局吗？"朱鲔笑道："诸位仍旧是只知其表，不知其里。表面看，确实如此。李氏兄弟投左则左胜，投右则右胜。听说刘李之盟盖因李次元听信'刘氏当兴，李氏为辅'的谶语。刘圣公难道不是姓刘吗？既然同是宗室子弟，圣公与伯升何异？立圣公与谶语毫无相悖之处，此其一；我还听说，李季文与伯升之妹年貌相当，本属意于伯升之妹；曾经央媒向伯升提亲；伯升因嫌李季文非李氏嫡传子弟，托辞婉拒。后来却把妹妹伯姬嫁给了李次元。为此李季文口虽不言，心中必有芥蒂，此其二。况李季文为人热衷名利，若啖之以利，不难为我所用。我与李季文素有交情，愿去说服他。若上苍佑助，季文或许能站在你我一边。"陈牧、张卬、廖湛齐道："如此甚好，朱兄快去，我等静候佳音。"

朱鲔见了李轶，满面春风地说道："贵昆仲同时荣膺大将军，特来讨杯喜酒。"李轶道："这杯喜酒还是留待他日吧。听说要'论功定名'，喜酒能否喝得，还在两可之间，现在喝喜酒是否为时尚早？如果喜酒喝过了，将军名号被削夺了，岂不让人耻笑？"朱鲔道："原来季文兄也听说'论功定名'的消息了。我有一计不仅能使季文兄和令兄保住将军荣名，还能建不世奇功。"李轶道："朱兄有何妙计，愿闻其详。"朱鲔于是便把他和张卬等人商量好的办法告诉了李轶。李轶皱眉道："朱兄计划是不错，但我大哥和刘氏兄弟有盟在先，恐其不肯背盟。"朱鲔道："这怎么能算背盟？'刘氏当兴，李氏为辅'，刘圣公难道不是刘氏子孙？令兄如果一时不肯同意，你和族中其他弟兄不妨暂时不告诉他。等到生米煮成熟饭，富贵到手，令兄还会怪罪你吗？现在新市、下江、平林三家同气连枝，都要拥立刘玄；令兄和你无论站在哪方，都难改变大局；如果一着不慎，坐失富贵，至为可惜。你我情同手足，才肯坦诚相告，还请三思，千万莫打错了主意！"李轶权衡再三，觉得朱鲔的话的确有道理，终于答应朱鲔，同意拥立刘玄。

送走朱鲔，李轶不敢擅做主张，唤来李松、李佟商量。李佟道："此事体大，必须禀报大哥知情。"李松道："大哥在宛城，和刘伯升兄弟在一起。禀报大哥，大哥必然告知刘家兄弟，事情必然泄漏出去。到时候刘家兄弟和新市、平林、下江诸将翻了脸，大哥左右为难，我等既得罪了绿林诸将，又失去了转圜余地，如何是好？"李轶道："三弟所虑甚是。如今汉军号称十万，主力仍是新市、平林、下江人马。刘家兄弟兵马尽在宛城，刘伯升心志专注宛城，不虞有它；左军新市兵在淯阳；前军下江兵在宜秋；后军平林兵守护粮草辎重在棘阳。三家相距既近，又暗通声气，同气连枝。一旦有变，刘家军腹背受敌，我等免不了要受池鱼之灾。依愚兄之见，此事莫如暂时不禀告大哥知晓，我等静观其变。刘伯升兄弟若能力挽狂澜，自然少不了大哥一份功劳；绿林诸将占了上风，我等不妨随波逐流，分羹一杯。大哥怪罪由我们三人担着，谅大哥必会体察我等苦心。"李松、李佟一齐称是。三人决定背着李通，见机行事。

张印、朱鲔、陈牧、廖湛、成丹诸人暗中串通各营，准备拥立刘玄为帝。王匡、王凤、王常心中犹豫，但不忍拂违这些老兄弟们的心意，只好默许。马武觉得不妥，他对王凤说："自起兵一来，军中大事莫不决于伯升。立帝大事，如何背着伯升？莫非众人心有异志？"王凤道："心有异志，还不至于。众人不过希图勋名富贵罢了。伯升胸襟广阔，必不计较。"马武不再多说，星夜单骑去见刘縯。刘縯对马武说："众人欲立宗室，本为美意，只是为时尚早。沘阳之战刚刚结束，宛城未下，立脚未定，定都何处，帝居何方，六部衙署怎么安置？这一切都难措置。请子张转告三位王大哥，立帝之事不如从长计议。"马武道："三位王兄恐怕也做不了主。众人欲立者乃刘圣公而非足下。这事透着蹊跷。"刘縯一愣，旋即笑道："圣公乃我族兄，戴侯嫡传，立之亦无不可。只是统驭十万之众，号令三山五岳豪杰，只怕力有不逮。"马武也说道："伯升何不亲赴淯阳和三位王兄面谈，以决大事？"刘縯道："宛城守将岑彭、严悦绝非泛泛之辈，不可等闲视之，军中不可无主。子张只需把我的意思转告众人，至于拥立何人，一从众议。"

马武走后，刘縯与李通、刘秀、刘稷等人商议。李通道："如此大事我等为何一点儿都不知情？季文一向精明，为何不来知会一声？"刘縯道："季文也许和你我一样,毫不知情,休要怪他。立帝之议本无不妥,只是为时早了点儿。春陵离宛不过三百里,距离破长安,杀莽贼,复汉业不啻万里之遥。此时匆忙立帝,岂不荒唐?"李通道:"眼前当务之急是攻下宛城;新市、平林、下江人马迟迟不来会合,却偏偏热衷于立帝这种不急之务,令人不解。"刘稷道:"陈牧、廖湛等人小长安兵败后便有离心,莫非此时又想另立炉灶?"刘秀说:"当时结盟,下江军中张印、成丹等人便不同意,幸得王常大哥力排异议,才订盟宜秋,说不定此时又反悔了。"李通道:"果真这样,伯升不如亲回淯阳与王匡、王凤、王常三位大哥当面相商,免得变生不测。"刘縯道:"也好,这里的事情,李兄与文叔、谷卿偏劳,明日我去淯阳,看个究竟。"

次日,刘縯正要动身,王匡、王凤、王常的信使到了。刘縯打发信使先行,密嘱刘秀、刘稷注意宜秋、棘阳下江、平林两处人马动向。他然后带领刘隆、刘终前往淯阳。

刘縯走后,刘秀对刘稷说:"陈牧、张印等人欲立圣公,无非利用圣公软弱可欺,不能约束其胡作非为,非真心拥戴宗室。其谋成败,全在李氏兄弟。"刘稷道:"文叔何出此言? 李次元诚信君子,刘李本有前盟,加之两家新结秦晋之好,文叔岂非多虑?"刘秀道:"次元胸襟坦荡,断不会背信弃义。季文就难说了,其人精明有余,忠厚不足;且功利心切,素与张印、朱鲔交好,一旦为其利诱难保见利忘义,不可不防。"刘稷笑道:"有次元在,他能不顾手足之义?"刘秀道:"二世胡亥与公子扶苏非兄弟邪? 阖闾与王僚非兄弟邪? 孝景时七国之乱非手足相残邪? 盖临大利大害,兄弟之情,朋友之义,均非牢不可破。不如早点提醒次元,让其告诫季文,莫为名利所惑。"刘稷道:"防患于未然,也好。"二人于是去见李通。李通笑道:"二位多虑了! 刘李骨肉至亲,何人离间得了! 我料季文不敢造次!"他立刻命人知会李轶,拥立之事,不可擅做主张。

王匡、王凤、王常三人遣使邀请刘縯回淯阳赴会之时,张印等人早已准备充分。下江、平林兵马已于午夜开赴淯阳,在淯水北岸安营扎寨,命人在河滩上面南筑坛,环坛遍插赤帜。时值二月辛巳(初一),准备即日拥立刘玄称帝。

刘縯来到王匡大营,与王匡、王凤、王常及张印、陈牧等人相见,发现新市、平林、下江三路人马齐集，暗观周围情势，知道事情大局已定，无可挽回。但是，既然来了，不能不陈述自己的意见。他拱手对诸将说："承蒙诸位将军心存汉室，欲尊立宗室子弟为帝，其德甚厚，伯升感佩莫名。然依鄙愚之见，意有未同。今赤眉起于青、徐间，拥众数十万。若闻南阳立宗室为帝，恐赤眉仿效我等，复有所立。'天无二日，国无二君'，如此，必将相争。今王莽未灭，而宗室之间反而相互攻打起来，定会使天下万民生疑，不知所从，自相损伤，实非破莽良谋。况且，首先举兵倡立名号者，鲜有能够遂心如愿，获得成功的。殷鉴不远，陈胜、项籍就是明显的例子。春陵离宛城不过三百里罢了。当初陈胜大泽乡举义，天下响应，号张楚诛暴秦，然而终不免败亡；项籍有拔山举鼎之勇，号为霸王，杀子婴，焚秦陵，终不免身死东城，为天下笑。与其相比，我等今日之功，算得了什么！若遽然尊立皇帝，必然成为天下众矢之的；战胜则兵疲，使他人乘吾之敝，更非计之善者。为今之计，莫若称王以号令。若赤眉所立者贤，相率而往从之；若赤眉无所立，破莽以后，降赤眉，削群雄，然后尊立举贤犹未为晚。愿各位详思熟虑。"

众人听了刘𬘡一席话，不免心动，不少人都说："伯升之言有理。"王凤、马武也说："王莽未灭，不如暂且称王。"张卬、朱鲔等见势不妙，多日心血将功亏一篑，便煽动各营将士鼓噪起来。张卬遂拔剑击地，大声喝道："疑事无功，疑行无名。今日之议，不得有二。"刘终、刘隆按剑斥道："汝不过下江军中一偏将耳，有主将在，哪里轮到汝吆五喝六？"张卬大怒，挺剑直取刘终、刘隆，二人拔剑相迎。刘𬘡喝道："刘隆、刘终不得无礼！张将军也是一番美意，为了拥立宗室，唯恐大事不成，还不退下！"说话间，七尺玉具剑随手一挥，把张卬宝剑格开。王匡、王凤等人见了，都过来相劝，王常把张卬拉到一边。王匡说道："要立何人，也须有个章程。不然恐怕难以服众。不如在白河滩上立赤黄两色旗帜各一面，欲立伯升的到赤旗下，欲立圣公者站到黄旗下。人多者当立，如何？"众人叫好。当日于是在白河滩上立好旗帜，虽经朱鲔等人多方游说，无奈刘𬘡威名素众，赤旗下人数仍然多于黄旗下人数。关键时刻李轶带领左军人马到来，站在了黄旗之下。成丹、朱鲔、陈牧、廖湛等人于是齐声喊道："各营将士共同拥戴更始将军刘圣公为帝，若有不服者共诛之！"在场诸将面面相觑，齐道："愿从众议！"于是陈牧、朱鲔一边一个搀扶刘玄登坛,祭告天地,即帝位,面南而立,接受群臣朝贺。

刘玄生性懦弱,面对诸将羞惭满面,手足无措,汗湿沾衣。他早已准备好的谦让慰勉之辞,慌急中全都忘了,结结巴巴说不出话来。朱鲔只好代为宣诏:即日大赦天下,改元更始元年。封刘良为三老,王匡为定国上公,王凤为成国上公,朱鲔为大司马,陈牧为大司空,刘缜为大司徒,王常为廷尉,张卬为卫尉,廖湛为执金吾,成丹为水衡大将军,李通为柱国大将军,李轶为五威中郎将。其余诸将也各有封赏。马武封了个侍郎,刘秀也只封了个太常偏将军。马武去找王匡、王凤说:"你我弟兄在绿林山中聚义时,张卬、朱鲔、陈牧、廖湛在哪里?如今都当大将军了。我马武没功劳也有苦劳,为啥就不配封个将军?'是狼是狗'我不在乎,只是我这丑八怪模样,让我去当侍郎,每日出入宫廷,陪王伴驾,不怕有碍观瞻,吓坏了三宫六院和当朝天子?刘文叔封了个太常偏将军,这公平吗?文韬武略三公九卿中有哪个比得上文叔的?是骡子是马拉出来,当着满营将士比划比划,让大家都看看怎样?这太常也就是掌管礼乐郊庙社稷祭祀之事,何况还是'偏'将军!这不是明摆着嫉贤妒能吗?"王匡、王凤急忙劝止马武说:"此事封赏确有不当之处,都是绿林山中的老弟兄了,子张万不可逞一时之忿,伤了兄弟和气。我们现在就去面见天子,为子张另请封赏。"马武道:"是狼也罢,是狗也罢,我不在乎,只是看不惯这假公济私的勾当!"他说罢气呼呼地走了。次日更始帝又下圣旨,加封马武为"振威将军"。

满营将士对封赏任职多有不服。刘缜回到宛城,刘稷、刘秀、刘祉、刘终、刘嘉、朱祐等人都来找他。刘稷道:"马打江山驴坐殿,这是什么道理!立圣公为天子,明摆着就是个圈套,新市、平林、下江那帮人,圣公能驾驭得了吗?当年项籍立义帝,生杀予夺操诸己手,最终还是杀了义帝。大哥明明知道这帮人的狼子野心,为何还袖手旁观?"刘嘉道:"治国治军,赏罚分明是第一条。自春陵起兵,哪一仗不是我刘家子弟冲锋在前,功劳最大。张卬、朱鲔、陈牧、廖湛竟然和大哥同列当了大将军。文叔只封了太常偏将,六弟阵阵都当先锋,连个将军的封号都没有,这公平吗?张卬等人名为拥戴宗室,但宗室中只有子琴封了光禄勋;巨伯封了太常,算是名列九卿;司马、司空、廷尉、卫尉等位高权重的要职都在他们手中。圣公徒具天子虚名,岂不是他们手中的玩偶吗？"

刘缤见众人义愤填膺，连忙劝解道："弟兄们所说，我焉有不知？但是，兄弟们要想一想，光复祖宗大业，仅靠我刘氏一族之力能行吗？小不忍则乱大谋。为了光复大业，我们不能不忍一时之忿。何况所立者是圣公，他人尚奉之为主，我等岂能不尽心辅佐？兄弟们务必以大局为重，宗室内部不能闹出嫌隙来。如果闹出嫌隙，正好中了他人奸计。况且，刚刚举义，百事待举，离大功告成还遥遥无期，鹿死谁手还未可知。若此时为此浮名斤斤计较，徒自让人耻笑。昔日义帝与诸将相约，先破秦入咸阳者王之；高祖先入关中，项籍背信弃义，自称'西楚霸王'，封高祖为汉王。高祖若不忍一时之忿，必为项籍所灭，也就没有我大汉二百年基业了。正是我高祖能忍常人难忍之辱，不和项羽争一日之雄长，隐忍待时，终成大业。诚如古人所说，'尧无三夫之众，舜无咫尺之地，禹无百人之聚，汤、武之士不过三千，终为天子'。得道者昌，失道者亡。你我弟兄何妨抛却眼前浮名，眼光看远大点？况且树大招风，自杀甄阜、梁丘赐，败严尤、陈茂之后，天下以我为准的，王莽命人画吾之头像，日日箭弩射之，必欲除之而后快。今日立了圣公，为我挡在前面，正可免为众矢之的。"

众人听刘缤如此说辞，只好忍下胸中怨愤之气。刘秀道："当务之急是催促新市、下江、平林各路兵马来宛城会合，攻下宛城。大哥何不上书圣公，让他早下旨意？"刘缤笑道："他做得了这个主吗？如今朱鲔是大司马，陈牧是大司空，张卬是卫尉大将军，拥立有功，大权在握，发兵不发兵，何时发兵，全由他们决定。我们只有耐心等待了。"

李通得知当日拥立情况，不禁大怒。他责问李轶道："李刘两家，盟约在先，联姻于后，生死与共，季文如此背信弃义，让我有何颜面去见伯升和文叔？"李轶道："行色匆忙，一时忘记了哪面旗下是拥立伯升，哪面旗下是拥立圣公。还望大哥恕罪。"李通冷冷笑道："季文如今拥立有功，我这大哥当不得了。你还是自立门户，独树一帜吧。"李松等连忙劝道："季文为兄长和我李家满门富贵谋，不得已而为之，大哥见谅。"李通道："自古皆有死，民无信不立。我既负刘氏，复有何颜为汝等之兄长？"他于是分兵一半给李轶，让他自成一军。刘缤闻讯，赶来相劝，但为时已晚，李通已自带部属不辞而去。

更始既立,刘縯在宛城连连催促各路人马前来会合。张卬、朱鲔等人商量道:"此番拥立,刘伯升不得不做出让步,心中肯定不满。他能做出让步,就是因为宛城未下。若如其所请,各路人马齐集宛城,进止悉听其指挥,我等徒具虚名何用? 一旦宛城攻下,这功劳记在谁的名下? 他刘伯升岂不是威名更重? 我等岂不是白忙活了?"陈牧道:"我等总不能按兵不动吧? 何况区区淯阳,绝非久留之地,只有攻下宛城,天子有宫室可居,百官有衙署理政,方算真正建都立国,我看还是早早发兵为好。"朱鲔道:"大司空误会我的意思了。当然不能按兵不动,但也不能把人马悉数交给刘伯升指挥,让他猛虎添翼。以我之见,诸将各带人马徇分各地,这样一可避免军权尽落伯升之手,让他一人独得大功;二可阻断宛城四方援兵,使宛城真正成为孤城一座;三可借机调开刘伯升亲信羽翼,削弱其势力,以收一箭三雕之效。"陈牧道:"原来大司马腹中早有良谋,请道其详。"朱鲔道:"以天子之命,由成国上公王凤、廷尉大将军王常亲统新市、下江主力北征,调刘稷略地鲁阳,刘秀徇颍川。李通、李轶徇汝南、舞阴各地。羽翼既去,刘伯升纵有经天纬地之才,复有何用?"张卬、陈牧等人连称妙计。

刘縯在宛城等待各路人马相会,等来的却是调刘稷、刘秀跟随王凤、王常北征,李通兄弟东徇舞阴、汝南的旨意,不禁大怒。刘秀劝道:"更始新立,君臣所忌者唯大哥威名素著,不欲大哥军权太重,速建大功,争也无益。况诸将四处,宛城之敌孤立无援,大哥只用长围久困,城中粮尽,破之必易。兵不在多,在于上下同欲,万众一心。即令新市、下江、平林三路人马齐集宛下,各怀一心,同床异梦,徒增扰攘而已。到时候大哥令不得行,计不得施,兵马虽众何益? 我等北徇,正可借机招兵买马,延揽英才,且去他人疑忌,未尝不是良图。"刘縯颔首称是。刘稷道:"攻城陷阵,总不能让大哥一人亲冒矢石出生入死,我又不曾受更始一命之封,得他一官半职,为何要听他调遣? 文叔去就去吧,我留在大哥身边,缓急也好有个照应。"刘秀道:"众人所忌者,大哥身边有六哥及各位兄弟。你我将兵在外,一可免除更始君臣猜忌,二可遥为应援,望六哥思之。"刘縯道:"文叔言之有理,谷卿放心去吧,为兄自有主张。"

张卬、朱鲔等人恐怕刘稷不肯应命，让刘赐前往宛城前线催行。光禄勋为宫中顾问之官，没有固定职守。同为宗室兄弟，他和刘玄血缘最近，但深知刘玄德才远非刘縯之俦。他知道刘縯心中不快，更怕宗室中其他子弟不服，闹出自相残杀的事情来。到了宛城，刘赐与刘縯等人相见，宣罢更始旨意，刘赐说："拥立之事，你我弟兄都难做主，也非圣公之愿。愿我等弟兄恪遵天命，勿生阋墙之争，令亲痛仇快。天子者，定于天命，不定于人。高帝驾崩，自惠帝以降，当立者何止一人，但天命属于孝文，其他人枉自明争暗斗。孝武之后，自戾太子而昌邑王贺，皆非承运之主，枉自殒命而待孝昭、孝宣。由此可见，天命难违。汉业当复，必有奉天承运之主，我兄弟何必斤斤计较汲汲于一时？"众人听刘赐说得有理，齐声道："子琴兄说得有理，我等一遵天命就是！"刘稷说："赐哥放心复命好了，我明日和文叔一起出征北上！"

李通、李轶将要出徇汝南、舞阴，也来向刘縯告辞。李通道："本欲助伯升共破宛城，与家人报仇，但奉命出徇，不敢违误。复仇之事只得拜托伯升了！"刘縯道："次元、季文放心，李家之事即伯升之事，为李家复仇，伯升义不容辞。你我各自珍重，尽心王命吧。"李轶满面羞惭，他对刘縯说："日前拥立之事，实属忙中出错，万望伯升兄恕罪，容季文后报。"说罢一躬到地。刘縯连忙搀扶，大笑道："此本伯升本意，贤弟何过？"送别李氏兄弟，刘秀对刘縯说："李氏兄弟并非绿林旧部，职膺重寄，李次元得封柱国大将军，季文得封五威中郎将，昆季皆得重用，大哥不觉得蹊跷吗？马子张本绿林旧将，论资历和王匡、王凤二位大哥相差无几，只因和你我兄弟亲近，仅封了侍郎而已。两相比较，其中奥妙，大哥还能看不明白？"刘縯道："李次元诚人君子，况骨肉至亲与你我相知并非一日。三弟不必多虑。"刘秀道："次元之诚，可共心肺。季文为人却不得不防。自拥立事起，其与更始左右新贵张卬、朱鲔等人过从甚密，其迹可疑。防人之心不可无，大哥一定要心中有数。"刘縯但笑未语。

次日，刘稷、刘秀将行。刘縯怕刘秀势孤，命邓晨、马成、杜茂等人相助。刘赐、刘嘉、刘隆、刘终等刘氏弟兄都来相送。刚到宛城郊外长亭，刘信气喘吁吁从后赶来，高声叫道："各位叔父慢走！平仲二叔在营门外和人打起来了！几个兄弟都被打伤了！"众人都停了下来。刘缤问道："何人如此大胆，怎么在营门外打起来了？"刘信道："那人要来投军，又说要见三叔，我说三叔不在营中，那人转身要走……有几个弟兄不放，就动起手来，茂二爷不是对手，被打伤了，平仲二叔出手相助，又打了起来……"

众人听得一头雾水，刘赐是刘信的亲叔父，见刘信情急中语无伦次，不禁动怒呵斥道："你这孩子，也是当了将军的人了，怎么一句话都说不清楚？"刘秀连忙劝道："这也怪不得孩子，我们刘家人丁兴旺，各支排行交错，大宗套小宗，又长期离散，孩子如何弄得明白？"刘信口中的平仲二叔名叫刘顺，也是刘缤、刘秀的同族兄弟，新近封了虎牙将军，兼着军中安集掾，负责招兵买马。刘信所说的茂二爷是刘终的叔父，按族中辈分也是刘缤、刘秀的叔父。刘缤起兵舂陵，刘茂自号"刘失职"，称"厌新大将军"，招兵数千追随。二人性情都十分暴躁高傲，对部属多有骄纵。这日营门外有一人前来投军，衣饰甚为华丽。刘顺以为必是富家子弟，想来营中谋一清闲差事，有意冷淡。那人见刘顺态度冷淡，便说和刘秀相识。刘顺以为他是信口开河套交情，便说刘秀不在营中，那人扭头便走。当时汉兵初起，将士中多半衣衫褴褛。营门校尉见那人衣饰华美，顿起恶意，便借故讹诈，要剥那人衣衫。那人大怒，和众校尉动起手来，三拳两脚，打得众校尉落花流水。刘茂见了，不问青红皂白，便下令把那人团团围住。不料那人毫无惧色，哈哈大笑道："堂堂汉营十万之众，竟无英雄，徒能以多为胜罢了！"刘茂十八岁便扯旗造反，一向心雄气傲，听了这话，冷笑一声道："好好好！今日便让尔知道汉营中有无英雄！"他命人后退，跃身向前和那人争斗起来。斗了三十多个回合，那人卖个破绽，待刘茂一掌劈空，二人身形稍近，那人双腿连环踢出，把刘茂踢倒在地。刘顺在一旁观战，见刘茂落败，连忙抢身而出，和那人又战在一起。那人边打边叫："我来投军，又不是比武打擂，为何打败一个，又来一个，这是何规矩？"刘茂、刘顺听了，不禁面红耳赤。但势成骑虎，欲罢不能。刘茂连忙让刘信去向刘缤禀报。

刘缤等人回到营门，只见刘顺大汗淋漓，身似蒸笼，只有招架之力，没有还手功夫。那人好整以暇，气定神闲。刘缤知道那人无意伤人，若非手下留情，刘顺早就不死即伤。刘稷正要上前接下刘顺，刘秀一眼认出那人正是任光，连忙高声叫道："伯卿兄，快快住手！自家兄弟有话好讲！"任光闻声，倏然住手，身形后跃，退出斗场。刘秀紧走几步，迎上前去和任光相见。然后与刘顺、刘茂、刘缤、刘赐等人一一引见。刘缤道："营外不是讲话处，进帐叙话吧。"众人于是同回大帐。当日刘缤军中设宴，为刘稷、刘秀的送行酒和任光的接风酒一并举行。席间任光告诉刘秀，当日杀出校场，在宛城潜藏了一段时间，等风声过去，逃到乡里，在一家富豪人家当看家护院的教习。近来听说汉兵攻打宛城，便前来投效，东家特意送了他一身光鲜的衣服，众兵士见了，以为他是富家子弟，便想讹诈，因而动起手来。众人听了也都笑起来。刘秀把奉命北徇的事情告诉了他，请他同行，任光欣然答应。席散后，任光便和刘秀等人到淯阳与王凤、王常等人会合，带领一支人马向北进发。

四　昆阳之战

冯异

　　王凤、王常、刘秀等人带领人马一路北进,先后攻克昆阳、定陵、郾城等地。他们然后分兵把守,所掠财物马匹钱粮转运宛下。王凤、王常驻军昆阳,命刘秀带兵三千北徇颍川。王常部下校尉臧宫道:"我本颍川郏县人,愿为向导,从刘将军北征。"王常许之。臧宫,字君翁,曾在郡县为亭长、游徼等吏职,后入下江军中当校尉。春陵合兵以来,屡与刘秀共同征伐,他知军中成大事者唯有刘秀,故有此请。于是,刘秀带领邓晨、马成、杜茂、任光、臧宫等人继续北上。众人至潩水边,臧宫说:"此孔子问津之处,西去父城,北至襄邑,取道二者之间,便可直达末将故乡郏县。将军若欲先取襄城,后取颍川,莫若走北边大道。"刘秀道:"襄城乃颍川门户,破襄邑之后放马可到颍阳。还是先攻襄城吧。"大家于是就直奔襄城而来。

　　襄城乃周襄王避戎狄之乱曾经居住之地。它南临伏牛山东端正当牛颈处有一关隘,名曰"红石关",南通宛城,北达颍川,关前有驿亭名曰"十里亭"。亭长姓傅名俊,字子卫,伏牛山下傅家庄人氏。他善骑射,通经史,见王莽失政,无意仕宦,被乡里举为亭长。汉兵连下昆阳、定陵、犨、郾城各县,远近震动,襄城县令命一掾吏带兵数百,扼守红石关,请傅俊相助。刘秀等人带兵来到关前,傅俊开关迎敌。刘秀道:"大汉将兴,天命所归。旌旗所指,迭克名城。汝欲以螳臂当巨轮乎?"傅俊道:"襄邑非名城也? 黄帝至此五圣皆迷,问天下于牧童;周襄王避难,居是城转危为安,何城可比? 将军欲过此关不难，麾下有赢得我手中大刀者，某愿恭送将军速至城下。"刘秀笑说："君子一言。"傅俊道："快马一鞭。"刘秀回首问道："哪位将军愿意领教这位英雄刀法？"任光应声而至："杀鸡何用牛刀，我来领教吧！"他于是跃马向前，挥刀来战傅俊。确实是将遇良才，棋逢对手，二人大刀对大刀，一来一往战在一处。但见刀光闪闪，金风扑面，令人眼花缭乱，难以分出彼此的刀法招数来，霎时间二人已经斗了二十多个回合。红石关上那个掾吏，见傅俊马首向东，任光马首向西，二人马尾相连，中间难得有了距离，拈弓搭箭，"嗖"的一箭，向任光射来，差点射中任光马首。关下臧宫见了，弯弓搭箭，快如流星，正中那掾吏咽喉。关上登时大乱，守关兵丁顿时作鸟兽散。邓晨、马成带兵便要乘机抢关。刘秀喝止道："比武尚未分出胜负，不得抢关！"众军士立刻停止。傅俊见了，立刻滚鞍下马，他对刘秀躬身施礼道："久闻将军仁义，不想守信如此！愿效驰驱！"傅俊于是引兵入关。

傅俊于红石关设酒招待刘秀，大犒汉兵士卒。他在席间献计道："此去县城十里余，料此时关上败兵早把红石关失守的消息告知县令大人，城中已经有了防备。襄邑虽小，但南临汝水，攻之不易，莫如夜间偷袭。"臧宫道："沿汝水南岸西行三十里便入郏县境。水上有长桥，桥距襄邑既远，地属郏县，襄令必不为备。过桥而东，袭襄邑必易。"傅俊说："我有同乡好友坚镡，在县衙当掾吏，廉干而有才能，甚得信重，若以为内应，破城将兵不血刃。"刘秀说道："如此甚好，就依二位所言而行。"

汉兵在红石关饱餐战饭，臧宫、傅俊为前导，沿汝水南岸西进。黄昏时分，到达长桥。过桥安营，傅俊差人入城和坚镡联系。刘秀等人厉兵秣马，专等坚镡消息，发动夜袭。时间不长，坚镡来了。刘秀打量坚镡一袭兰衫，满脸英锐之气，全不像衙门书吏，心中甚喜。刘秀问他："先生来何速也？"坚镡道："闻将军之名，临风渴慕，如大旱而望云霓。襄邑南门如临大敌，汝水之桥已毁。不虞将军兵从西来，是以出入方便，来之甚易。一路坦途，放马即到。"刘秀又问："以先生之见，襄邑破之不难？"坚镡道："破之不难，守之不易。襄邑者，南通于宛，北通颍阳、颍阴，正是孙子所谓'通形'之地；我可以往，彼可以来，先据高阳，利粮道，以战则利。今若据之，无高阳可据，无险隘可守，无万石积蓄；而阳翟、颍阳、颍阴之敌，裹粮半日即到。以愚之见，破与不破，无足轻重。莫如过襄邑而袭颍阳，北阻颍阴、阳翟之敌，以绝襄邑之援；西进父城占据形胜之地，进可控襄、郏、阳翟，退可保昆阳、叶、犨，此五县枢机，尽在掌控，不知将军可有意于此？"刘秀听坚镡说得条理分明，句句有理，自己所统之兵不过三千，若分兵以守难守之城，不唯削弱攻城略地的力量，得而复失也毫无意义。他于是欣然采纳坚镡的主张，过襄城而攻颍阳。

颍阳令闻汉兵前来，弃城而逃。城中吏民共推郡中决曹掾王�主持城中事务。王昉命其子王霸迎谒汉兵，以免黎民涂炭。王霸，字元伯，世居颍阳。刘秀驻军颍桥之南，王霸诣辕门求见。他对刘秀说："将军兴义兵，临颍阳，霸不自量，仰慕威德，愿充行伍。"刘秀问他道："足下何所长？"王霸道："某无所长。先祖曾为元帝时诏狱丞，父为郡决曹掾。霸少为狱吏，但耻为吏职，不喜文法，偏爱使枪弄棒。家君命我西学长安，得窥儒家五经、六艺，学然后知不足。粗读六艺经传，始知少时之见大谬不然，儒、道、名、法皆帝王治国之具。君无术则弊于上，臣无法则乱于下。古之明君治天下，经天地，纪人伦，序万物以信与仁。尧舜治天下，以民之饥寒，如己之饥寒，亲爱天下万民。方今天下失序，万民倒悬；群雄并起，唯将军所过，士庶吏民安居乐业。颍阳百姓愿以箪食壶浆以迎将军，唯请大军城外歇马！"听王霸如此一番言词，刘秀笑了，他心知王霸为民请命，担心汉兵入城扰民。刘秀深爱王霸之才，拱手说道："梦想贤士，共成伟业，岂有二哉！一如足下所请，满营将士尽在城外歇马！"

当晚，刘秀在帐中秉烛夜读，邓晨、马成在各营巡查。夜半旷野，忽见萤萤灯光，野风吹过，传来铮铮琴声，隐约可闻。邓晨、马成两人觉得好奇，遂入帐禀报刘秀。刘秀道："如此兵荒马乱之世，何人有此雅兴？许由洗耳之处，果有高士隐居吗？你我何不一探究竟？"三人于是遥望灯光，沿荒野小径一路寻来。来到跟前，方知是一座坟园，园内有茅屋一所，灯光琴声自茅屋内传出。三人驻足，方欲细听，琴声铿然而止。继而，听有人在屋内问道："何方贵客，夤夜造庐，有何贵干？"邓晨应道："羁旅行役之人，夜闻高山流水之音，悠然神往。有扰高贤清兴，还望恕罪。"灯光之下，但见一人降阶而立拱手道："有客自远方来，不亦乐乎！清夜荒冢，寂寂寥寥，难得有客来访，快请进来吧！"

　　三人来到屋内，借着灯光，方才看清主人面目：七尺身躯，一袭素衣如玉树临风；俊眉朗目，面似冠玉，仪表堂堂。室内还有一童子，约十四五岁，稚气中隐然英锐，一看便知，二人必是弟兄。童子正在读书，只听其兄吩咐道："次孙，贵客来了，你我刚从玄珠峰采摘回来的雨前三叶，烹几杯，让客人尝尝！"童子应声烹茶去了。主人自我介绍道："小人祭遵，草字元孙，祖居颍阳；方才是舍弟祭彤，字次孙。老母去岁仙逝，我与舍弟庐墓守孝。丙舍简陋，不是待客之所，诸多简慢，还请各位见谅。敢问贵客自何方而来？"刘秀答道："南阳刘秀，忝列大汉宗室，举义讨莽，兵临颍阳，不愿惊扰城中百姓，驻军颍水之滨。这两位是军中邓将军、马将军。虽列戎行，颇解宫商之雅，闻琴音顿生仰慕之意。冒昧造访，还请见谅。"祭遵道："久闻贵昆仲大名，不意今晚得识尊颜，实乃幸甚。兵者凶器，争者逆德。但王者以伐暴乱，国家以抗敌侵，保社稷安黎民皆不可无兵争，要在本乎仁义。将军驻军郊野以安百姓，实乃仁义之师。祭某身为颍阳百姓，多谢将军大德！"刘秀观察祭遵容仪，听其谈吐皆不寻常，心中暗喜。

　　时间不长，祭彤把茶烹好献上，又去读书。刘秀一旁询问祭彤所读何书，祭遵道："司马法。"刘秀道："令弟喜兵书耶？"祭遵道："先祖宣帝时曾为军中司马，每言军中之事，武为表，文为里，法令为先。百万之众，有令不行，有禁不止，即为乌合。乌合之众，难以用命。百万之师，若不用命，不如万人；万人之兵，如不用命，不如百人之奋。王者之师，赏如日月，信如四时，令如斧钺，法如刀剑。我弟兄不敢忘先人遗训，每思为国家效命；因而读经之余，常读穰苴遗书。"刘秀闻之大喜，起身为礼道："刘某不才，志在光复祖宗大业。忝列戎行，却乏率士之术。今晚天以足下助我，愿足下勿嫌刘某卑陋，请与某共成大业！"祭遵道："遵，庸驽之资，敢不从命！只是衰绖在身，不便相从。百日之后，服除孝满，我弟兄定当追随，鞍前马后，不弃不离，望将军容谅！"刘秀不便相强，他手执祭遵之手道："足下孝思可嘉，某于军中，早晚以待足下！"

　　刘秀在颍阳歇兵一日转攻父城。王霸向父亲辞行追随刘秀，王昶曰："吾老矣，不任军旅，汝随刘公前往，勉之！"王霸率宾客数十人以行，刘秀以他为功曹令史。刘秀兵到父城，县令苗萌紧闭四门，登城守御。汉兵架梯攻城,城上矢石齐下,兵士多有伤亡。刘秀鸣金收兵,退驻巾车乡。王霸道:"父城小县,地瘠民穷。城池虽然坚固,但城中积蓄粮食有限,守御必难持久。我军围而不攻,虚张声势,不数日城中粮尽。值此荒旱之年,城中吏民,必然出城觅食。我军趁机混入城内,破城必易。"刘秀从其计,每日擂鼓呐喊,盛兵佯攻东南两门,于西、北两门设伏,专伺城中吏民出入。

果如王霸所料,三日后城中乏粮,不断有人逾城外逃。苗萌与左右共商固守之策。当时,颍川郡掾吏冯异巡视郡属各县被困城中,与苗萌共同担负守城大计。冯异,字公孙,喜读书,富韬略。他进言说:"以父城一城之力,终难持久,不如寻机出城,请阳翟、襄、郏诸县之兵来援。"苗萌同意。冯异于是扮作出城觅食百姓,带领仆从数人出城。他们到了巾车乡,被埋伏在路旁的汉兵拿获。当时冯异的从兄冯孝,同乡丁綝、吕晏等都在刘秀军中当校尉,认出冯异,不敢隐瞒,共同为冯异求情说:"公孙大才,当世无双。满腹经纶,尤精通于《左氏春秋》《孙子兵法》。将军欲恢复汉室大业,此乃不可多得之人,望将军详察!"刘秀大喜,他亲为冯异解缚,请至中军帐中。一经交谈,两人大为投缘,刘秀遂请冯异留在汉军营中。冯异说道:"异一人之用可有可无,不足为强弱。现有老母在城中,愿归父城,禀告堂上;然后奉献五城,以效功报德。"刘秀说:"五城事小,愿得贤士共成大业。"他说罢亲携冯异之手,送其归城。

冯异回城,苗萌问他:"为何去而复归也?"冯异据实相告。他并且劝苗萌说:"今群雄并起,多出身草莽,横暴无长略。独有刘将军,所到不掳掠。昨下颍阳,驻军城外,百姓安宁。观其言语举止,非庸人也,你我可以归身。"苗萌道:"当今之世,诚所谓不唯君择臣,臣亦择君。你我死生同命,敬从公孙之计。"两人于是举城迎汉兵入城。刘秀辞谢说:"诸公既已归汉,大军入城,徒生滋扰,不如安营城外。"刘秀仍旧驻军城外。苗萌、冯异开城奉牛酒迎刘秀进城,刘秀委署冯异为主簿,仍助苗萌守父城。冯异趁机把同乡好友铫期、叔寿、段建、左隆等人推荐给刘秀,刘秀一一任命他们为掾吏。在这些众人中,刘秀尤其喜欢铫期。铫期,字次况,郏县人,身高八尺一二,容貌绝异,衿严有威。交谈之下,知其父铫猛,曾任桂阳太守。刘秀钟爱铫期是将门之后,气度不凡,翌日邀其同归军中。经此一番结纳,刘秀麾下英才济济,已非同列诸将可比。

这日，刘秀正与左右商议北进之策，探马来报，王莽大军已到阳关附近。刘秀说道："宛城未下，诸将分徇各地，一时难以会合。若任莽军长驱南下，势必危殆。不如趁莽军初来，不知我军虚实，立脚未定，我军于途中截击，一可阻滞敌军南下，二可速报我各路人马知晓，早做迎敌准备。"众人惊疑道："我军区区三千之众，怎敌王莽数十万大军，何如据守父城，以逸待劳？"刘秀说："以三千之众据守小城，无异于坐而待毙。途中设伏截击，胜则能进，败则能退，进退由我，岂不更好？何况莽军远来，不知我军虚实，必不敢轻进。我军并非与之决战，凭险截杀，战上几阵就走，有何不可？"诸将听命，立即拔营北进。

话说王莽在长安得知汉兵在南阳立更始为帝，派兵北徇颍川，连下数县，不禁气急败坏。他急忙任命大司空王邑、大司徒王寻，征调天下精通兵法者六十三家数百人以为军吏，选拔武将，招募猛士，令州郡各选精兵，牧守亲自率领，集合大军四十二万，号称百万。一时间，旌旗蔽空，辎重车辆千里不绝。内有一人，名唤"巨无霸"，身高丈余，腰粗十围，"轺车不能载"，三匹马拉不动，"卧则枕鼓，以铁箸食"，被王莽封为垒尉；"又驱诸猛兽，虎豹犀象之属，以助威武"，"车甲士马之胜，自古出师未尝有也"，声势确实吓人。王莽大军自洛阳出发，途中与纳言将军严尤、秩宗将军陈茂相会，浩浩荡荡杀奔颍川而来。

颍川治所在阳翟，西北三十里有一关隘名曰阳关。关前一坡名叫虎怕坡，又叫虎爬坡，左右皆为峡谷，深不见底。南行十里，又有一坡名曰好汉坡，左右两峰对峙；左面山头名曰豹子岭，右面山头名曰虎踞峰，地形十分险峻。臧宫、王霸等人道："自阳关至阳翟多有伏兵之所，我军不妨兵分两部：一部埋伏在'虎怕坡'，一部埋伏在好汉坡，远近岗峦多插旗帜，以为疑兵。莽军远来不敢贸然涉险，且山险路狭，兵马虽众难以列阵。我军前部截杀一阵，立即撤兵，退往后军身后埋伏；后军设伏于好汉坡，两侧豹子岭和虎踞峰，居高临下，多备滚木礌石，堵塞道路，截杀一阵之后，与前军相合。如此轮番设伏截杀，莽军车马辎重众多，要过阳翟，至少需要三日。有此三日，我军或守或退便从容多了。"刘秀连连称"善"，大家依计分头而行。

　　严尤、陈茂自淯阳兵败，连受王莽训责。他们自请为王邑、王寻前部戴罪立功，率领残部和新募之兵万余，逢山开路，遇水搭桥，一路行来，极为辛苦。到了阳关，探马报道，前方山林，隐约看见旗帜晃动，似有伏兵。严尤下令，三军停止前进，列阵以待，命人再探。王邑、王寻大军，见前面部队停了下来，不知何故，派人催问，方知前方发现伏兵，急忙催马来看究竟。此时，探马又报，方才山林中旗帜忽然不见，未见一兵一卒埋伏。王邑大怒，斥责严尤、陈茂道："二位真是'一朝被蛇咬，十年怕井绳'！漫说没有伏兵，即便有之，我百万之众，又有何惧！"严尤道："司空大人有所不知，刘伯升兄弟用兵匪夷所思，不可不慎！"王邑道："刘伯升，又是刘伯升！我看你是被刘伯升吓破胆了。刘缤远在南阳，怎会在颍川设伏？难道他有分身之术？"陈茂道："带兵略地颍川的是刘伯升之弟刘秀，其人虽一介书生，颇善用兵，不可小觑！甄阜、梁丘赐十万大军正是败在这等无名小辈手中，不可不慎！"王邑冷笑道："好意思说他人，怎不说你们自己也是败在这等无名小卒手里？这里不是南阳，是颍川！你们身后不是甄阜、梁丘赐，是百万'虎牙五威兵'！即令刘伯升兄弟部下兵马悉数在此，也难逃灭顶之灾！只管放心大胆前进，不得违误军机！"训斥完后，王邑带着一干人众，前呼后拥地走了。严尤、陈牧只得催促部下前进，刚到虎怕坡半腰，忽听坡上号炮连天，杀声四起，傅俊、臧宫、王霸等人带兵冲杀过来。严尤、陈牧虽有准备，但难敌汉兵居高临下猛冲猛杀。一时阵脚大乱，部下四散奔逃。道路狭窄，慌乱中跌入峡谷者不计其数。好则傅俊、臧宫、王霸见好就收，冲杀一阵，鸣金收兵，退回山坡去了。严尤、陈牧收拾士卒，随后追来，汉兵早已远去，不见踪影。严、陈二人看天色不早，不敢轻进，传令就地安营扎寨。

　　王邑、王寻，听见前面号炮声响，杀声传来，连忙带兵赶来助阵，迟了一步，见汉兵退去，严尤、陈茂却就近安营扎寨，不禁大怒。他们又斥责道："二位久在兵间，岂不知'九地'之变。此地山围谷绕，入者隘，归者迂；彼寡可以击吾众，疾战则存，不疾战则亡，正是兵法上所说的死地。你们却在此安营扎寨，不是自取败亡吗？"严尤道："山险路隘，敌之虚实不知，岂可轻进？"王邑道："山险路隘，百万之众如何停留？虚实不知，远斥候，多探报，可知虚实。赶快起兵，违令者斩！"

　　严尤、陈茂不敢违抗军令,连忙拔寨而行。前行十里,便到了好汉坡。时已夜幕垂空,严、陈二人远望面前山坡,高与天齐,星河灿然,若与山脊只差一线,不觉赫然止步。两人欲下令停军,又怕王邑责怪;欲催促过岭,又怕中了埋伏。正犹豫间,忽见山坡半腰处灯火忽明忽暗,仔细观察,正好七堆。秦汉以来,军中安营扎寨多按北斗七星布列,名曰"北斗七星阵",以便缓急应援。严尤、陈茂商议道:"看山坡星火,汉兵已经安营,稍待一时,我军衔枚疾进,突然掩杀可获全胜。"计议已定,传令三军马去铃,人衔枚,偷偷杀上山坡。谁知到了跟前,空见篝火,不见一兵一卒,正惊疑间,坡上滚木礌石齐下。严尤、陈茂欲待退兵,王邑、王寻带领大队人马赶到。王邑仗剑喝道:"狭路相逢,勇者胜,有敢后退者,杀无赦!"严尤、陈茂无奈,只好催促部下前进,眼睁睁看着不少将士白白送死。刘秀等人见敌兵前仆后继,潮水般涌来,不敢恋战。况且所备滚木礌石已经放完,连忙撤退。邓晨道:"敌兵势大,如此撤退,必被敌兵所擒,莫如多在山野点火,故布疑阵,敌兵必不敢穷追。"刘秀道:"此计甚好,传令下去,依计而行吧!"

　　王邑、王寻催促大军杀上好汉坡,但见山野火光点点,不禁惊赫。虽然也猜到是汉兵故布疑阵,但有了前两次的教训,不敢再贸然追击。于是传令:全军就地安营扎寨,等到天亮以后再进军。

　　刘秀等人带领人马缓缓撤退,到了阳翟与襄城之间,突然有一支人马突然杀出。原来是颍川郡守带领襄、郏二县人马听到王邑、王寻大军南下的消息,在此埋伏等候。刘秀等人猝不及防,黑夜之间,又弄不清敌人有多少人马,队伍立刻溃不成军。刘秀幸有邓晨、任光、马成、傅俊、王霸等人护卫,杀出重围,且战且走。颍川郡守见汉兵诸将杀法骁勇,不敢穷追。得胜之后,立刻向王邑、王寻邀功请赏去了。

　　刘秀等人直到汝水北岸方才收住阵脚。清点人马,三成溃散一成。刘秀以手掬水,洗去满面战尘,对在身旁洗浴的傅俊等人说:"今日疲惫已极,诸公宁不知累也?"傅俊道:"天将降大任于斯人也,必先苦其心志,劳其体肤,饿乏其身,动心忍性,增益其所不能。追随将军何苦之有?"刘秀道:"闻子卫之言,我也不疲倦了。"他转面见王霸独自一人临水濯足,问道:"昨日相从宾客哪里去了?"王霸道:"见莽军势大,皆散之矣。"刘秀道:"众客皆散,而子独留,真是疾风知劲草!"刘秀欲让众将士稍事休息之后,再过汝水,返回昆阳。傅俊道:"此去红石关不足三十里,何如到关上歇息?"刘秀道:"也好。到了红石关,你为东道主,将士可以饱餐一顿。"众人于是涉汝水,迤逦东进,退往红石关。谁知到了红石关,傅家宅院已成一片瓦砾废墟。原来,襄城县令知傅俊归降汉兵,得知王邑、王寻大军将至,遂把傅俊老小尽行诛杀,还放火烧了傅家宅院,傅俊见此惨状痛不欲生。刘秀命人把傅俊父母家人埋葬,然后带领残兵连夜赶往昆阳。

刘秀带领残部匆匆南行。沿途百姓听说莽军百万,且有虎豹狮象成群,纷纷扶老携幼南逃,村舍为之一空。刘秀等行至潕水边,遇一小村,草庐数间,炊烟几缕,百姓却安堵如常,刘秀不禁诧异。到了村头,但见一古槐树下,两位老者正在对弈。刘秀更加诧异,遂上前问道:"王莽大军将至,自阳翟至汝坟,村落一空,为避兵乱,人都跑光了,汝等为何还有闲心弈棋?"弈者笑道:"君不闻吾里谚语,'事不明,问君平,阴晴风雨看子陵',吾村名唤严村,这是严子陵先生来此隐居之后,才有的名字。严先生,学富五车,上知天文,下知地理,他说王邑王寻兵马虽众,但绝不会从此经过。今天一大早,就钓鱼去了,我们还慌些什么?"刘秀闻言,暗道:"严光为何不回江南会稽,却隐居在此?既然在此,何不见上一面?"刘秀于是问道:"先生现在何处?能否相邀一见?"弈者道:"潕水东流,不远便分为两支,中有小丘一座,名叫'黄成山',先生系舟山下柳荫处,想要问卜,自去寻觅便了,何须相邀?"刘秀也觉得弈者说的有理,便带着王霸、任光等人前去寻访严光。

东去里许,果然见潕水分流处有一小丘,形同沙洲,林木繁茂,扁舟一叶,系于柳荫。一人头戴十八圈的麦秆草帽,坐在船头正旁若无人地垂钓。看其背影,果然是严光。王霸扬声叫道:"先生,有人问卜!"那人头也不回,应声道:"老规矩,单日不卜,双日卜。今逢单日,明日去舍下吧!"刘秀道:"子陵兄,好雅兴,兵荒马乱,还有心在此钓鱼,真把潕水当作渭水了。我是刘秀,给你送地黄丸来了!"严光闻声站了起来,转身凝神一看,认出来者果然是刘秀,他连声说道:"文叔,果是你吗?不赶快逃命,还有心访友吗?"刘秀哈哈大笑道:"我已卜得一卦,巽下坤上,南行大吉,利涉江河,且利见故人,因而特来寻访子陵。"严光道:"巽下坤上,这不是升卦吗?虽利南行,但后有追兵百万，恐怕凶多吉少吧？"刘秀道："正因为如此，才恭请您高人指点。"严光道："鲲鹏图南，绝云气，负青天，扶摇而上九万里，其志非燕雀可知。然追兵已过阳关，唯有涉潕水，避昆阳，还有它途可走吗？"

一问一答间，小舟已到刘秀跟前。严光下船，与刘秀盘膝坐于河边草地。刘秀道："欲归宛下，恐怕已不可能。昆阳虽近，但城小兵寡，汉兵区区万人，焉能抗拒王邑王寻百万虎狼之师？"严光道："子不闻孟子云乎？三里之城，七里之郭，环而攻之，若无天时、地利、人和，三者齐备，尚无必胜之算。昔者，晋文公、秦伯合兵攻郑，烛之武片言退之；以秦之强，围邯郸百余日，危城之中，易子而食，析骨为炊。信陵君将门客三百破秦救之；乐毅率六国之师，东下齐城七十二座，即墨弹丸小城，久攻不克。田单率疲敝老弱以火牛破之。今昆阳城中尚有汉军万人，城池坚固，非不可为。王邑王寻，才非白起、乐毅可比；人马虽众，若无淮阴之长，安能指挥若定？昆阳地处潕水之阴，昆水之阳，地势狭窄，百万之众猥集，如何施展？其众虽多，实战接敌者有限，多余之众，徒靡钱粮，反成累赘。百万之众，人吃马嚼，日靡粮秣万石；虎豹狮象，日食生肉千斤。以朝廷今日之物力，安能持久？待其师老兵疲，再衰三竭，汉兵作困兽之斗，破之何难？"刘秀抚掌笑道："敬受教，得子陵之言，吾意决矣。军情孔急，不能旦夕候教，子陵何不随我同往昆阳？"严光道："戎马之中，百无一用之身，不肯为文叔之累。况余志在山水之间，不在庙堂之上。此处东与长沮、桀溺高贤为邻，西接轩辕铸鼎之炉，正好栖身。文叔兄多多勉之！"刘秀知其不可勉强，遂与其打拱作别。刘秀当即率众涉潕水，回昆阳。

破围

刘秀率部回到昆阳,已是黎明时分。昆阳城里早已乱作一团,诸将听说王莽大军已过阳翟,皆欲散归诸城,各保性命。"兵熊熊一个,将熊熊一窝",这话一点不假。士兵们见众将各顾财物性命,敌人未到,已纷纷打点包袱行囊,准备弃城而逃,于是也各离营伍,趁火打劫,准备临走再捞一把。散兵游勇,到处破门入室抢掠百姓。黎明前的小县城内,哭声一片,狼奔豕突。刘秀见状,一面命邓晨、马成、任光、王霸等人禁止乱兵抢掠,一面赶紧去见成国上公王凤和廷尉大将军王常。

昆阳众将正在商议逃跑之策,多数人准备逃往宛城。骠骑大将军宗佻说:"皇上及各位大臣都在宛下,大司徒刘縯大军也在宛下。我等前往会合,力量强大,方可与王莽大军相抗。"王凤道:"此去南阳三百里。莽军距我数十里,且多轻骑,只怕到不了南阳,便被莽军追上了。无城可守,无险可依,如何是好?"五威将军李轶道:"昆阳当南北冲要之地,为王邑、王寻大军南下宛城必经之处,势不能守;莽军志在必得之地为宛城,我等不如避其锋芒,东趋定陵、郾城,与此二处人马会合,再作打算。"王常道:"定陵、郾城,距此皆不算远,安知王邑、王寻不会分兵追我到定陵、郾城?"正当此时,刘秀排闼而入道:"方才各位之言,我已听到了。南走宛城,东趋定陵、郾城,恐怕均非良策。如今,我军兵马既少,粮亦不足,而莽军强大,并力御之,功庶可立;如欲分散,势无俱全。且宛城未拔,难以分兵应援。昆阳既破,一日之间,各部将尽被消灭。今日不同心并胆共举功名，反欲守妻子财物邪？况且，诸位要弃城而走，恐怕为时已晚，我想王邑、王寻的大军已经离昆阳不远了。"诸将勋名地位多在刘秀之上，见他竟然力排众人之议，侃侃而谈，心中不快，同声斥责道："区区一个太常偏将，何敢如是妄议军机！"刘秀见这般时候，这些人还有心斤斤计较地位尊卑，淡然一笑，转身而去。

刘秀方走，探马来报：王邑、王寻大军将至城北，军阵浩浩荡荡数百里，黄尘滚滚不见其后。诸将相顾失色，面面相觑：果如刘秀所言，要弃城而走，也已来不及了。时间不长，城外号炮声响，王邑、王寻大军先头部队十万人马已到城外安营扎寨；后续部队正源源不断赶来，昆阳很快便被包围。众将张皇失措，更不知如何是好。王凤、王常道："事情紧急，就不要论什么地位尊卑了，刘文叔刚自阳关归来，洞悉敌之虚实，快请他来出个主意吧。"于是，急忙命人去请刘秀。

刘秀再次来到中军大帐，他慨然言道："胜负之数也不全在众寡，上兵伐谋。孙子曰：'上下同欲者胜，识众寡之用者胜。'大敌当前，要在上下同心。"众人道："愿闻将军之计。"刘秀从容说道："王邑、王寻之众，号称百万，来自各郡，皆新募之兵，未经战阵，彼此又不相统属，很难收如臂使指之效。况百万之众，齐集弹丸小城之下，如何驱遣指使，须有良将之才；彼非淮阴侯韩信，焉能多多益善？况与我接兵交战者不过万人；莽军人数虽多，则徒自扰攘罢了。当年高祖将五诸侯之兵六十万，围项羽三万之众于彭城，结果反为项羽所破，原因就在这里。依某愚见，乘莽军初到，刚刚合围，可命人突围而出，到定陵、郾城各地求援；成国公和王廷尉带领诸位，督率将士坚守昆阳。俟各地援军到来，内外夹击，必可破敌。即令一时敌不能破，锋锐受挫，师老兵疲；我宛城之兵破宛之后，乘胜贾勇，星夜驰援，到那时候破之必易。"王凤、王常道："就依刘将军之言。哪位将军愿意突围出城？"众将相顾失色，皆不出声。刘秀道："突围求援之人，贵在骁勇不在众多；多了反而易为敌人觉察，行动不便。诸位将军若无可用之人，刘某愿率部下数人出城。只是刘某人微言轻，不便号令各地人马，哪位将军肯陪刘某同往？"马武道："死有何惧？马某愿往！只是马某和文叔一样，人微言轻，难以发号施令，奈何？"王凤道："骠骑将军宗佻、五威将军李轶和你们同往如何？"刘秀道："如此甚好!"宗佻、李轶不便推辞,只得应命。王常道:"此番突围求援,事关万众存亡。出城之后,尔等悉遵刘将军之命!"众人点头应诺。当众点验,刘秀、宗佻、李轶、马武、邓晨、任光、马成、王霸、傅俊、坚镡、臧宫、姚期、陈俊共一十三人。王凤、王常一一敬酒,为之壮行。夜幕四合,十三人结束停当,待命而动。

刘秀对众人说:"太公兵法说,突围之法,勇斗为首。审知敌军空虚之地,无人之处,可以必出,诸位不妨一同登城一望。"于是众将同刘秀一同登城观望,但见城北灯火明灭,直到潍水以北,无边无际,刁斗声声不断。城东灯火斗折蛇明,宛若星汉。唯城南、城西灯火稍稀。刘秀指点城外灯火,对诸将说:"由灯火疏密可知城西、城南乃敌空虚之处,兵力单薄,营垒之间,必有间隙可出。西门不利东行,不如从南门出。"众人齐声说道:"唯将军之命是从。"

且说王邑、王寻兵到昆阳,传令下去,列营百座,将昆阳团团包围。严尤、陈茂安营已毕,到大帐进见。严尤道:"昆阳城小而坚,今假号而立者在宛。宜亟进大兵,直趋南阳,彼必闻风而逃。宛下汉军兵败,昆阳之敌,不战自降,将军大功成矣。昔日末将东征高句丽,高句丽王之弟兵在安平,正当我进兵之路,高句丽王坐镇王城丸都,我大军直趋丸都,及丸都攻破,其弟不战而降。"王邑笑道:"将军又要夸耀当年之功了!昔日吾以虎牙将军围堵翟义,因为没有活捉翟义,而受切旨严责。今将百万之众遇此弹丸小城而不能下,还怎么示威天下,向朝廷交代!当先屠此城,喋血而进,前歌后舞,岂不快哉!"严尤道:"兵法云:'围城必阙。'何妨网开一面,使城中之贼逸出,或郊外伏兵歼之,或故意放少数敌人逃归宛城报告王师盛大之势,以乱其军心,败其斗志。"王邑道:"我堂堂百万王者之师,何用此雕虫小技!以此攻城,何城不克!以此攻敌,何敌不摧!堂堂之阵,足以破敌,勿用多言!"严尤不敢再言,遂与陈茂怏怏退出。回到营中,严、陈二人商议道:"因为淯阳之败,大司空以为你我怯战畏敌,建言屡不为用。我料今晚城中必有人突围而出,宜小心防守,勿使敌人从你我防守之地突围出城。"陈茂道:"将军所言甚是。"严尤又说:"兵行诡道,虚者为实,实者往往为虚。如今昆阳东边的定陵、郾城皆入贼手，汉军大兵在宛城。昆阳之敌突围求援，不投东，便投南，而大司徒、大司空重兵在北，你我列营在东。莫如在东边盛设灯火，做七星之状，游走不定；而集中兵力埋伏在南边昆水两岸，不设灯火，以待出城之贼。"陈茂道："此计甚好。昆水之上东西各有一桥。东边之桥正当昆阳南门，我若伏兵桥头，突围之贼东投定陵、郾城，南去宛城都必经此桥，正好自投罗网。"严尤道："就依将军所言，到时候举火为号，我必赶来应援。"

时值夜半，听城外刁斗声稀，刘秀等十三骑悄然出了昆阳南门，专拣灯火稀落处行走。遇到巡逻莽兵，能躲则躲，不能躲避则出其不意冲杀过去。将到昆水北岸，刘秀忽然发现前面一点灯火都没有，静得出奇，暗道一声"不好！"他立命众人勒马，向东边灯火最稠密处前进。众人不解，宗佻、李轶不约而同地问道："文叔何故忽然改道东行？"刘秀道："南边漆黑一片，灯火全无，显然是敌人张网以待；东面是莽军前锋严尤、陈茂，兵不过万余，观其灯火，如七星布列，仿佛十万之众。这不是虚张声势是什么？方才我们在城头所见城南城西灯火虽稀，但忽明忽灭，而今一灯全无，必是严尤故布疑阵，暗设伏兵。不如将计就计，直奔东方灯火稠密处。"众人将信将疑。宗佻道："如果并非刘将军所料，岂不危险？"李轶道："为防万一，不如分兵两路；我和宗将军、子张、任光、马成向南；文叔带其余各位向东，过了昆水相会，彼此也好有个照应。"时间紧迫，不及多议。刘秀道："就依季文所言，分头行动吧！"刘秀说罢带领王霸、铫期、傅俊、邓晨、臧宫等人纵马向东而去。

且说宗佻、李轶等人，方到昆水桥头，伏兵四起，灯火通明，喊杀声响成一片。陈茂横刀立马，指挥部众把宗佻等人围了起来。宗佻等人情知中计，只得拼命作困兽之斗。马武大吼一声，一马当先挺枪杀向陈茂。任光大叫："不是鱼死就是网破，季文君迁，快快并马杀过桥去！"马武大刀抡圆，上下翻飞，旋风般杀上桥头。马成、李轶、宗佻紧随其后，刀枪并举，五匹马如五只猛虎，直冲敌阵，转瞬间陈茂部将数人落马。陈茂抵敌不住，退往桥南。五人刚刚冲过桥南，忽听一阵锣响，黑夜里，箭如飞蝗，迎头射来。五人一面拨打雕翎，一面退下桥头。陈茂又命人点起火来。严尤望见火光，带领大队人马赶来助阵，把五人重重围在垓心。马武、任光等人虽然勇猛却难以脱身，宗佻深悔不听刘秀之言，暗暗叫苦。

再说刘秀，带领铫期、王霸、邓晨、陈俊、臧宫等人一路向东，果然不出所料，灯火虽盛，兵力却十分单薄，有的竟是空营一座。莽军营中虽然发现有人突围，只是虚张声势地鸣锣击鼓，却不敢出营截杀。再加上主将不在营中，蛇无头不行，谁也不敢轻举妄动。刘秀等人轻而易举冲过莽军防线，过了昆水。但过了昆水之后，却发现南门外昆水桥头灯光通明，杀声一片，知道宗佻、李轶五人中了埋伏，情况危急。刘秀当机立断，准备返身杀回。邓晨道："文叔不可！你我身负求援之命，好容易冲出重围，若再杀回，说不定你我也难脱身，谁去求援？莫如你带铫期、王霸只管东去，我和傅俊、臧宫、坚镡、陈俊回去接应子张、季文等人。"刘秀道："宗将军、李季文是求援主将，陷入围中，我焉能不亲自回去救援？况绿林中便有成规，'打得猛虎同吃肉，打不到猛虎同受伤'，入先奔后是本分，兄长要我坐享虎肉耶？"说罢，勒马欲回。王霸道："刘将军听我一言：我等八人都回去接应，也不一定能救出宗将军五人脱险。莫如趁敌不备，劫敌老营，在严尤、陈茂各营纵火。严尤、陈茂见老营处处起火，不知虚实，必然回兵来救。我等趁乱杀回，或许能救宗将军五人突围脱困。"刘秀大喜道："元伯此计大妙，若能突围成功，当属首功！"众人于是分头到严尤各营纵火。因为疏于防范，刘秀等人顺利得手。严尤各营先后着起火来，很快火光烛天，昆阳城东一片通红。

严尤、陈茂眼看就要得手，却发现老营起火，顾不得围攻宗佻等人，连忙撤围，回营救火。刘秀等人急马杀回，黑夜之间难知敌我众寡，莽军乱作一团。刘秀、邓晨、铫期、王霸等人如猛虎，马似蛟龙，所到之处莽军无不披靡，避之犹恐不及。时间不长，众人杀到昆水桥边。宗佻、李轶等人左冲右突难以脱身，自料必死。忽见东面火光冲天，杀声阵阵，越来越近，原想莽军援军又到，不料气势汹汹的莽军渐渐后退，竟然转身奔逃四散，料是刘秀等人前来接应，于是精神大振，鼓勇向东冲杀。时间不长，十三人会合一处，旋风般突出重围。严尤、陈茂不再追赶，只好由他们去了。此时已经天交五鼓，荒野里传来阵阵金鸡报晓之声。刘秀等人不敢停留，在血色黎明中一路东进……

天亮之后，严尤、陈茂又去向王邑、王寻禀报。王邑道："区区十数人，何必大惊小怪？说不定是胆小怕死之徒，为了活命，闻风而逃吧？今后这种事情还会不断发生，自行处置罢了，不必禀报！"严尤、陈茂齐声道："昨夜突围之人，绝非为了逃命，必是外出求援。司空、司徒大人，不可不防。"王邑哈哈大笑道："我正担心除恶不尽，巴不得贼兵悉数前来送死，正好一网打尽，一劳永逸，永绝后患，也免得我东讨西征，多费粮秣！"严尤见王邑全不把事情放在心上，心中暗暗叫苦。他又劝谏道："突围出城的数人之中，有刘缤之弟刘秀，此人不可小觑，泚水、淯阳之战，前日阳关设伏，均有此人。司空大人不可不防！"王邑故作惊愕道："此人有三头六臂耶？"严尤道："此人虽无三头六臂，却有勇有谋。他外表俊眉修目，温文儒雅，实则深藏不露者也。"王邑道："将军何以知晓？"严尤道："当年我在京师主管郡县上计，刘秀在太学读书。曾经为了其叔父逃租之事，到我那里告状，替乃叔打官司。我观其举止言谈，皆非常人，因而知之。后来淯阳一战，竟被其弟兄打败，始知其绝非一般儒生可比。"王邑哈哈笑道："将军焉知刘秀非长平之赵括耶？请为我备槛车栅锁待之，到时候与将军一同会会此美须眉儒生！"严尤唯有摇头叹息告退而去。

天将午时，刘秀等人到达定陵。守将陈侨、副将苏茂出迎。陈侨乃陈牧之兄，官封龙虎将军；苏茂乃陈牧、廖湛部下亲信之将，官封龙虎副将。宗佻、李轶传达王凤、王常将令，命陈侨尽起定陵之兵救援昆阳。陈侨犹疑道："王邑、王寻统兵百万，昆阳我军不足万人，合定陵、郾城之兵不足一万五千之众，安能与之相抗？兵法云：'敌则战之，少则逃之，不若则避之。小敌之坚，则大敌之所禽。'观今日情势，我军逃避犹恐不及，安可飞蛾扑火自取灭亡？成国上公与廷尉大将军坚守孤城已属不智，安可再命我等赴援？我等若应命而往，杯水车薪，难救燎原大火，无异于驱羔羊入虎口，如之奈何？"刘秀道："将军之言差矣。自古胜负之数不仅决定于众寡，还决定于天时、地利、人和诸般因素。昔日孙膑围魏救赵淮阴侯背水破赵，皆以弱胜强之例。即以我等泚水、淯阳之战为例，哪次不是以少胜多？且将军与大司空为兄弟，与成国上公、王廷尉为旧主。将军今日之富贵，不可无三人之强援。饮水思源，愿将军熟思之！昆阳围城之中，多半是将军下江、平林故旧袍泽，安忍见死不救？况王邑、王寻自恃兵多将广，骄傲不可一世，骄兵必败。我军困兽犹斗，背城借一，里应外合，不无胜算！"陈侨无言以对。他命苏茂飞骑前往郾城，通知郾城守将武勃、贾强前来商议。定陵在汝、潕二水交汇处，郾城在定陵之东，二城相距二十余里，放马即到。

时间不长，二将到来。武、贾二人都是张印部下，依恃张印之势，骄横狂傲。此次驻守郾城，纵兵抢掠，收获颇丰，自然舍不得刚刚到手的财物。听宗佻、李轶传达了王凤、王常的将令，他们肚子里转了个圈，十分为难地说："我们两个是成国上公和廷尉大将军的老部下，理当懔遵将令，只是部下将士常年衣不蔽体，食不饱腹，囊空如洗，如今刚刚有了点积蓄，就让他们离开郾城，抛弃财物，恐怕他们舍不得。一旦出了郾城，只怕走不到昆阳，就作鸟兽散，三成散去两成，这可如何是好？"宗佻听了，心中不快，他斥责道："这话亏你们能够说得出口？好歹如今你们也是当了将军的人了，平日是如何统带部下的？'养兵千日，用兵一时'，关键时候就能让他们作鸟兽散？"武勃道："骠骑将军有所不知，末将统带之兵，多半是大司空和大司马旧部。大司空和大司马一向体恤士卒，这些将士骄宠惯了，末将还真难以统带。"

武勃这样说辞，明显是借张印、朱鲔之名，堵宗佻之口。宗佻、马武都是绿林旧将，资历名望本不在张印、朱鲔之下，宗佻是王匡表弟，因而得封骠骑大将军，平日和张印、朱鲔关系不错，听武勃抬出二人来敷衍搪塞，不便开口；马武却忍不住了，接口道："既然难以统带，交给老子好了！他张印、朱鲔打得了，马武照样敢打；他张印、朱鲔杀得了，马武照样敢杀！慈不掌兵，马武不怕得罪人、落骂名！"武勃满脸通红，冷笑道："我二人无能统领部属，但也不敢拿兵权私相授受。马将军要想取而代之，请你亲自去找大司空和大司马！"说罢与副将贾强一同站起，对众人拱了拱手说道："恕末将无礼，郾城军中不可无主，失陪了！"

二人起身要走，马武霍地拔出剑来，拦住去路，厉声喝道："谁敢抗命，离此半步，取尔首级！"武勃、贾强见马武怒目圆睁，仗剑欲扑，不禁呆立当场，众人也都惊呆了。刘秀连忙上前，劝马武收起宝剑，拉武勃、贾强二人落座，然后笑着说："子张将军说'谁敢抗命，取尔首级'，军令如山，自古皆然。孙子斩魏王宠姬，穰苴杀景公宠臣庄贾，周亚夫阻天子车驾于辕门，诸位将军都听说过。但今日之事，尚算不得抗命不遵。武勃将军想分兵守郾城，将士舍不得财物，情有可原，'人为财死，鸟为食亡'嘛！殊不知王邑、王寻统百万之众,其志不仅仅在区区一个昆阳。试想,昆阳城破,定陵、郾城乃至南阳,能够安然独完吗?昆阳距定陵五十里,距郾城不足百里,朝发夕可至矣;昆阳胞泽败亡,武将军自料汝等首领可保吗?今若勠力同心共破莽军,珍宝万倍,大功可成;如为敌所破,首领尚且难保,还说什么财物!大敌当前,杀身之祸,迫在眉睫,尚要做守财奴,实属不智之至!望将军思之!况成国上公、廷尉大将军乃大司空、大司马旧主;将军等拥兵在侧,见死不救,如有不测,军法难逃。大司空、大司马虽爱将军,能救得了二位吗?"

刘秀说到这里,脸上笑容尽敛,他厉声又说:"我等冒死突围,奉命而来,不敢以军令为儿戏,安肯无功而返耶?"马武等人个个手按剑柄,怒目而视。武勃、贾强汗流浃背,连陈侨、苏茂也股栗失色,齐声道:"末将谨遵将令,随将军救援昆阳!"刘秀道:"救兵如救火,请各位速发将令,星夜起程!"陈侨、武勃等人点起三千人马,同刘秀等人一道兼程赶往昆阳。

再说王邑、王寻各路人马陆续到来,旌旗遍野,尘埃蔽空,铮鼓之声可闻百里。王邑下令列营数百座,把昆阳围困数十重,勿使一人走脱。昆阳四周架起云车,高十余丈,上有望楼,俯瞰城内,汉军动静虚实尽在掌握之中,于是便居高临下,积弩乱发,矢下如雨,昆阳城中汉兵伤亡惨重,连汲水做饭都要背着门板,遮挡箭雨。另外,莽军还用裹着铁叶的冲輣车撞城,在城外挖地道,准备从地道攻入城内。有几处地道已经打通,幸得巡逻士兵发现,急忙纵火熏烟,才把莽军挡在城外,然后用砖石堵塞地道。昆阳城虽然城墙坚固,但冲輣车连续撞击也会坍塌崩毁。汉兵缺乏守城经验,时间不长,城墙已有多处被撞出洞来。幸好王凤赶到,命士兵从城上投掷火把,泼下膏油,冲輣车立刻熊熊燃烧,莽军攻势才被阻止。但莽军攻城器械充分,焚毁一批还有一批,源源不断,王常、王凤不禁焦躁发愁起来。

夜幕降临,莽军停止攻城。严尤道:"大军士气正盛,正好一鼓作气;贼兵疲惫,何不夜以继日,挑灯夜战?"王邑道:"汝道贼兵疲惫,难道我军将士就不疲惫?善用兵者必爱其众,使其乐于效命,战不惜死。城中之贼,已成釜底游鱼,瓮中之鳖。破城乃朝夕事也,何必急于一时?令士卒养精蓄锐,明日一鼓破之!"严尤不再多言。

王常、王凤登城四望,但见城下灯火如海,无边无际;刁斗声声,号角盈耳,不禁胆寒。这二人商议道:"今方一日,城几不保,明日守御更难。刘文叔杳无音信,如何是好?"王凤道:"文叔信士,不会弃我等一去不归。但定陵、郾城不过数千之众,即使悉数来援,又何济于事?一将无能累千军。你我死而何憾,只是近万名将士,与你我一同送命,于心不忍!"王常道:"听兄长之言,莫非要降?"王凤道:"你我弟兄自绿林山举义,迄今已经五载,生死早已置之度外,为兄绝非贪生怕死之辈,只是不愿让弟兄们跟着你我白白送死而已。何况,你我即使投降,王莽能够饶过你我性命吗?"王常道:"既然如此,何必出此下策,尽毁半世英名?献俘阙下,辱而后死;何如轰轰烈烈,战死沙场?"王凤笑道:"一人杀身能换万人不死,众兄弟若能重归山林,闹他个天翻地覆,虽死何恨!"王常见王凤心意已决,低头不语。他沉思良久说道:"只怕王邑、王寻未必答应你我投降。若能缓上两日,待刘文叔搬兵归来,也无不可。"

翌日一大早,王凤、王常便遣使出城向王邑、王寻乞降。王邑接过书信,看也没看,便撕得粉碎,掷于地上,冷笑道:"釜底游鱼,还想重归江河?待决死囚,尚想活命也?"他喝令左右把使者推出斩首,命士卒用竹竿挑着使者首级,让城上汉兵观看。汉军士卒报于王凤、王常。王凤跌足叹道:"我害此公!我害此公!乞降不成,反受其辱。如何是好?"王常道:"困兽犹斗,况我九千将士!置之死地而后生,置之亡地而后存。王邑此举,未尝不是好事!"他转面对诸将士说:"成国上公为使诸位免死,不惜殒身受辱;奈王邑、王寻老贼不准若何?今降亦死,不降亦死,何如与昆阳共存亡,拼个鱼死网破?况援兵将至,何如死里求生?"众人齐曰:"唯将军之命是听,誓与昆阳共存亡!"王常于是下令,多拆官廨、庙宇房屋,砖瓦木石搬运到城上,以代滚木礌石,加强城防。

严尤听说王邑斩杀汉兵使者,拒绝王凤、王常乞降,急忙赶来相劝说:"自古平乱,恩威并重,剿抚兼施,不战而屈人之兵乃上上之策,攻城之法乃不得已。司空何不准其投降,不战而竟全功?"王邑道:"功在漏刻,破城易如反掌。此时若令其降,诛之也?生之也?如白起坑赵卒于长平,如项羽杀秦兵于已降,后人诟詈至今。如纵猛虎归山林,则后患无穷。何如一举破城,尽灭此贼痛快?公勿多言,准备攻城吧!"严尤只好唯唯而退。

更始元年，六月初一，已卯，朔。刘秀带三千援兵回到昆阳，离城五里安营下寨。刘秀私与宗佻、李轶、邓晨、马成、任光、王霸等人议道："众人不得已随我等救昆阳，心实游疑惧怯。我若不力战破敌以坚其意，彼徒来送死而已。诸君为我贾勇，务必旗开得胜，以壮其胆，以励其气！"刘秀于是亲率步、骑千人为前锋，壮语陈侨、武勃等人道："诸公紧守营门为我掠阵，击鼓为我助威，看我破敌！"刘秀说罢身先士卒，怒马前行，邓晨、任光、马成、王霸、傅俊、铫期、臧宫、坚镡等人，紧随其后，如狂风卷地，暴雨骤至，杀向莽军。

王邑、王寻得报刘秀等前来，惊疑道："彼何来救兵也？有多少人马？"有人道："远看不过千人。"王邑大笑道："区区千人，敢犯我百万大军？真乃以卵击石，自取灭亡！"王邑传令五千人马列阵以待。莽军列阵甫定，刘秀等人已闪电般杀入阵来。任光、傅俊大刀上下翻飞，王霸、铫期长戟直刺横挑；刘秀、臧宫枪到处血雨四溅；邓晨、坚镡剑飞时腥风扑面；马成生铁水火棍挟带风雷，当者辟易。九匹马如九条蛟龙；九员将似九只猛虎。霎时间莽军落花流水，溃不成军。刘秀等人来如疾电，去如狂风，斩首千余级得胜而还。汉营将士，莫不欢欣鼓舞，一时士气大振。

陈侨、武勃等人在营门观战，见刘秀等人杀进杀出，骁勇无比，不由赞叹道："刘将军平生见小敌怯，今见大敌勇，甚可怪也！我等复有可惧，敢不舍生忘死以助刘将军！"马武在一旁听了，接口道："诸君徒见其表，不知其里。刘文叔平生见小敌怯，是不愿与人争功，炫己显能罢了。今见大敌勇，方显英雄本色。当此生死存亡的危急关头，非刘文叔这样的雄才大略，大智大勇，不能力挽危局，是以挺身而出，当仁不让。有何怪哉！"宗佻、李轶听了，心虽不快，亦无话可说，随声附和道："文叔大才，无人可及！"

刘秀回营对诸将说："太公《六韬》，有疾战之法，用于溃围、破敌、暴用之则胜，徐用之则败。骁骑疾进以乱其军，寡可破众，弱可胜强。今与公等曷不试之！"众人齐说："唯刘将军马首是瞻！"于是十三人分为三队：刘秀、邓晨、任光、马成、王霸居中；李轶、马武、陈俊、坚镡在左；宗佻、傅俊、臧宫、铫期在右；陈侨、苏茂、武勃、贾强统兵在后，利箭般突进，莽军抵挡不住，避让闪开。汉兵则连战皆捷，直逼昆阳城下。

昆阳之战

刘秀初战告捷,在昆阳城东南十五里处安营稍歇。诸将安营甫定,南边官道上,有两骑如飞而来,马上健卒边跑边喊:"捷报!捷报!宛城已下!大司徒亲率大军来救昆阳,前锋已到堵阳!"刘秀等人闻报大喜,慌忙将其迎入军帐之中。汉军将士闻讯奔走相告,顷刻间满营欢腾。报捷士卒走后,邓晨半信半疑,他暗问刘秀道:"真耶?假耶?伯升真的已破宛城?"刘秀笑道:"我亦欲问姊丈,真耶,假耶,上天知道!'夫战,勇气也。'气可鼓而不可泄。当此生死存亡系于一线之时,我欲借此鼓舞士气,溃敌军心也。"

刘秀于是立命邓晨、王霸、坚镡等军中略通文墨之人,书写告捷文告多封,然后命善射之士,一半射入昆阳城内,一半射入莽军各营。时间不长,城内城外,两军将士尽知汉兵已破宛城,刘縯亲统宛下之兵将至。城内城外汉兵士气大振,信心倍增;王邑、王寻营中将士则莫不惊慌。严尤、陈茂连忙来见王邑、王寻,进言道:"宛下汉兵将至,我军腹背受敌,势必危殆。刘伯升绝非泛泛易与之辈,挟宛城新胜之锐,不可小觑,司空、司徒宜速做准备。"王邑哈哈大笑道:"纳言将军真的被刘縯、刘秀兄弟吓破胆了!宛下兵到,又有何惧?昆阳城内城外,疲敝之卒,不足万人。宛城赴援之兵,充其量不足十万,久战乌合,殆例送死!正好聚而歼之,免得我兴师动众,前往南阳进剿了。当年东郡之役,未竟全功,盖因翟义、刘信、刘宇诸贼狡黠,分兵围、陈各城,侥幸漏网,至今深以为憾。今日刘縯自投罗网,乃上天助我毕全功于一役,实为天赐良机！两位将军勿复多言，速带本部人马南面安营，以拒宛下赴援贼兵。待我攻破昆阳，悉数擒斩城内城外贼首之后，再破宛下赴援之敌！"严尤、陈茂正要辞出，王邑又把二人叫住命令道："两位只要深沟高垒，把宛城之兵拦截在三十里外即可，不得擅自出兵迎战。且看我如何破敌！"传令已毕，王邑、王寻亲带精兵数万人马列阵于昆阳城西，昆水之北，潍水之南，迎战刘秀。

诸将应命出帐，王寻问王邑道："我军列阵城西，重兵猬集潍水之滨，司空传令各营不得擅自助战。昆阳东门以外兵力明显薄弱，贼兵若不攻城西之阵，趁虚自东破门而入，与城内之贼合势，将如何是好？"王邑笑道："此正我所望也，其中玄机，司徒难道不知？当年朝廷七军齐出，以攻翟义，我被封为虎牙将军，与奋武将军孙建并攻东郡。翟义列营城外，分兵围、陈各地。苦战百日，耗费粮饷百万，难竟全功。若令翟义等人困守东郡一城，朝廷以重兵围困，岂不大功告成，省了许多周章？鉴往而知今，城外之贼若尽入城内，贼兵粮草早已匮乏，骤然增加数千之众，岂不雪上加霜？待其粮绝，不战自乱，我唾手可竟全功矣。"王寻恍然大悟道："此请君入瓮之法也，我竟不知，大司空果然高明！"王邑道："既然道破玄机，还请司徒公鼎力相助。现在就请您亲率数万之众，神不知，鬼不觉，移营昆阳城之东北，静待贼兵自东门入城，然后与我合围。时机不到，万不可令一兵一卒出战，以免打草惊蛇，功败垂成。"王寻连忙道："好，好，好。这点小事，大司空放心好了！"王寻说罢，点起人马，悄然移营东北。

再说严尤、陈茂奉命率部前往城南抵御宛城增援之敌。南行十数里，探马来报："前面不远，发现汉兵前锋人马。"二人大惊道："刘伯升果然用兵如神，何来之速也！"他们急令部众后撤数里，匆忙下寨，重设鹿角、栅栏，然后挖壕、掘堑，以固防守，严令将士出战。

"败军之将，不可言勇。惊弓之鸟，难再腾飞。"这话一点不假。严尤自从淯水败后，遇汉兵每战辄败，闻刘缜兄弟之名，便心生怯意。探马所报"宛下援兵前锋"，实际上不过是刘秀、马武等人派出的小股巡逻部队而已。这支小部队也发现了严尤的探马，就连忙禀报刘秀。刘秀等人也急忙准备应敌，后来却见敌兵不战自退，又派斥侯前去打探，打探的士卒回来报告说，来者是纳言将军严尤、秩宗将军陈茂的人马，正在深挖壕沟，高筑寨垒，无进攻之势，倒像是防守抵御，有生怕我军进攻之状。刘秀听了报告，立刻恍然大悟，他拊掌大笑道："严尤、陈茂一定是把我们当作宛城援兵了！我们何不将计就计，再吓吓这两位败军之将。"刘秀命铫期、陈俊、任光、王霸虚张声势，直逼严尤、陈茂营门叫战，扬声高叫："我等是汉大司徒刘伯升的前部先锋，前来解昆阳之围，有胆者速来决战！"严尤、陈茂听了，益加相信对阵的就是宛下来援之兵，任铫期等人喊破喉咙，就是不肯派一兵一卒出战。铫期等人叫道："严尤、陈茂听着，看尔等做缩头乌龟，能到几时。等我们解了昆阳之围，再来找尔等算账！"喊罢带兵回营。刘秀道："这样一来，我们少了后顾之忧，可以全力对付王邑、王寻了。"

　　陈侨、武勃诸将闻王邑、王寻列阵昆阳城西，声势浩大，见城东莽军兵力薄弱，便建言道："用兵之道，避实击虚，避强击弱，不如集中力量，先破城东之敌，然后与城中我军会合，以待宛下援军。"刘秀道："兵者，诡道也。虚者实之，实者虚之。焉知城东敌兵不是故意示弱于我，诱我等入彀耶？即令我等能够破敌入城，与成国上公会合，城中粮草本就不多，骤添数千之众，岂不雪上加霜？与其共困孤城，何如内外呼应，以谋破敌之策？况且，听说王邑有令，'各营按部勿动，不得相助'，欲单独与我军决战，独得全功。其骄矜之情，浮躁之气，无以复加。骄兵必败，擒贼擒王，只要我等勠力同心，击破王邑城西之阵，莽军百万，破之不难。诸君勿惧，莽军虽众，多为临时征调之旅，各怀鬼胎，其中如严尤、陈茂者甚多。只要王邑兵败，势必如沸汤沃雪，秋风扫落叶，一溃千里。请瞻余马首，直击王邑大营！"宗佻、李轶道："听说王邑垒尉巨无霸神勇无敌，且有虎豹熊罴之营，不可不防。"刘秀慨然道："将在谋而不在勇。巨无霸一匹夫耳，有何惧哉？霸王力能扛鼎拔山，难脱垓下之死，况一无知莽夫乎！人为百灵之长，能驭虎豹熊罴，这些兽类，必能制之，见机行事罢了！"马武言道："百兽莫不畏火，惧怕爆竹声响。绿林山中村民，常以火把、爆竹之声驱赶虎豹豺狼，我等何不学山民，命人暗中潜入虎豹营中，相机举火，燃放爆竹。野兽陡见火光，惊闻爆竹，必然反奔狂窜，说不定，还会帮助我等破敌。"刘秀大笑道："子张粗中有细，此计果然大妙。烦请子张就从你的营中，挑选精干士卒百人，依计行事好了。"计议已定，刘秀等人立刻拔营,迂回至昆阳城西,沿昆水北岸,自西而东,猛扑王邑中军大营。

王邑得报,颇感意外。帐下诸将皆道:"刘秀不选东门兵力薄弱处破围入城,竟敢以三千之众直扑我中军大营,是何道理? 如此有恃无恐,莫非宛下援军果然众多?"王邑笑道:"宛下贼众满打满算不过十万,倾巢而来,又有何惧? 刘秀小儿螳臂当车,不自量力,以卵击石,自取灭亡,孺子荒唐,不可教也!"他传令营门大开,命垒尉巨无霸出阵迎敌。刘秀等人兵薄王邑阵前,但见一人铁塔般兀立营门,虬髯戟张,狮鼻阔口,目似铜铃。他手执镔铁狼牙棒,碗口般粗细,凶神恶煞一般。刘秀谓左右道:"此必巨无霸也,果然凶恶,小心在意!"马武、铫期同声道:"俺们来会会这个怪物!"

两人说罢怒马而出,双枪并举,直刺巨无霸。巨无霸手中狼牙棒轻描淡写,随意挥舞,无招无式,但听棒挟疾风,"哐啷"声响,马武、铫期长枪脱手,飞出数仗,刘秀等人大惊失色。马武、铫期慌忙圈马而回,败归本阵。幸得巨无霸体形庞大,马不能载,步履笨拙,不便追赶,二将有惊无险。任光、傅俊纵马提刀,接替马武、铫期再战巨无霸。这两人有了马武、铫期的教训,知道巨无霸神力无敌,不敢刀锋硬接巨无霸的狼牙棒,只好以巧驭拙,等待巨无霸久战力疲,露出破绽,然后以巧取胜,寻机破之。谁知道这巨无霸不仅力大无比,且耐久战,愈战愈勇。时间久了,反倒把任光、傅俊累得气喘吁吁,遍体生津,手忙脚乱起来。而巨无霸手中的狼牙棒越舞越急,越舞越狠,任光手中大刀,稍一延迟,但听"咔嚓"一声,火光迸射,脱手而飞。任光身形巨震,差点掉下马来。傅俊连忙风舞梨花,连环三刀,扰乱巨无霸眼神,然后掩护任光败回。

王邑站在王莽御赐的戎辂云罼伞盖之下观战,见巨无霸连败刘秀四将,不禁哈哈大笑,他环顾左右道:"剪灭宛下、昆阳之贼,巨无霸一人足矣。早知如此,何须陛下兴动百万之师!"一语未了,战场形势突变,王邑目瞪口呆,挢舌难下。却原来,刘秀见马武、铫期、任光、傅俊四将接连败阵,忙把臧宫叫到身边,秘嘱数语。臧宫心领神会,依计而行。巨无霸连胜之后,只顾狂吼叫阵,毫无防备,刘秀、臧宫瞅准时机,暗暗拈弓搭箭,两箭齐发,寒芒两点,同时射中巨无霸双目。巨无霸吼声若雷,丢了狼牙棒,拔出眼中之箭,霎时血流如注,抱头狂走。傅俊、任光见状,勒马杀回,把巨无霸当场劈死。莽军顿时阵脚大乱,相顾愕然,不知所措。刘秀左右,邓晨、李轶、马成、陈俊、王霸等人纵马齐发,如狂风急雨冲杀过来。苏茂、贾强令士卒边杀边喊:"宛城大军到了!宛城大军到了!"莽军将士听到喊声,信以为真,无心恋战,立刻四散,纷纷丢戈弃甲而逃。王邑弹压不住,所乘戎辂被乱兵裹挟,如一叶小舟,败兵如水,随水漂流,十数里后方才立住阵脚,定神一看,已经过了老营,后世所谓"王莽港"附近,猛兽营就在此处。王邑于是传令:猛兽营立即放出虎豹狮象,拦挡汉军。

此时,阴云四合,狂风骤起,白昼如夜,大雨将至。隐隐雷声,与汉军的喊杀之声胶合在一起,仿佛大地都在抖动。虎豹狮象在笼中瑟瑟发抖,突然失去了往日目电声雷的雄威。这些猛兽原本来自辽东、交趾诸夷,由王莽重金聘请的驯兽师带领。驯兽师以牛角、海螺做成大小不等的觱篥,发出大小高低不等声音,虎豹狮象闻声进退奔腾,撕咬搏杀。今日,因天昏地暗,风雷之声、喊杀之声、金戈铁马之声交织在一起,"大音希声",人尚且震耳欲聋,何况虎豹狮象之属?驯兽师把笼子打开之后,觱篥一吹再吹,虎豹狮象却龟缩在笼中,就是不肯出来。就在此时,潜伏在虎豹营中的汉兵士卒突然冲出,点燃火把,投向兽笼。虎豹狮象畏火,立即破笼而出,横冲直撞,居然冲向了王邑刚刚收拢起来的队伍之中。驯兽师们一向以火为神,骤见火起,跪地叩头不止,尽被斩杀。王邑草草列阵的骑兵、战车很快被冲得七零八落,溃不成军,刘秀等人乘势追杀,追亡逐北。王邑大军全线崩溃,兵败如山倒。

起初,莽军各营见王邑部众与刘秀交战,齐作壁上观。不得将令,不敢擅自出营相助,后来见王邑兵败,便唯有自保,争着逃命。百万之众,彼此争先恐后,夺路逃命,相互拥挤践踏起来,其状甚是不堪。王凤、王常在城头看见汉兵获胜,立刻打开城门,鼓噪杀出,与刘秀等人会合,人倍其勇。欢呼声、喊杀声震天动地。恰在此时,雷鸣电闪,雨骤风狂,屋瓦皆飞。虎豹狮象,车马败兵,相互杂沓,莽军伏尸遍野,血流成河。王邑御赐戎辂难行,只好弃车换马,由中军将士簇拥着,踏着败兵尸体仓皇过河,惶惶若丧家之犬,往西北长安方向逃窜。

王寻在昆阳城东,闻王邑兵败,欲带兵来救。无奈,士无斗志,早已散去大半。王寻在半道上又被汉兵截杀,死于乱军之中。严尤、陈茂人在城南,得知王邑兵败，不知如何是好。严尤要带兵赴救，陈茂劝止道："大司空命你我抵御宛下南来之兵，不可轻举妄动，他又严禁各部不得将令，不得助战。今若救之，有功不赏，兵败必受严罚，何如按兵不动，再观成败？"严尤正在犹豫，又得探报，王邑、王寻已经逃过滍水，星散北走。严尤遂下令，追随王邑、王寻西归长安。陈茂又劝谏道："你我先败于清水，今又败于昆阳。王邑、王寻逃归长安，虽罪不可恕，但和当今天子一笔写不出两个'王'字来，加上一向圣眷优隆，尚有不死之望。但百万之众，全军覆没，朝廷不能不严加追究，总要找出个替罪的羔羊来。明公试想，这替罪羔羊，舍去你我，还有何人？"严尤沉吟不语。陈茂道："大厦将倾，非一木能支；狂澜既倒，非你我之力能挽。与其回长安做替罪羔羊，不如另觅他途。"严尤思虑良久，叹息道："想我严尤，君平庄公玄孙，曾与王莽共读于长安太学。自信有白起、乐毅之才。王莽虽弑君篡位，但与我也算有知遇之恩。任我以司马，位列三公，封我为纳言，托以财货之重。我也曾远征高句丽，不辱君命，奏凯而还。无奈命运不济，屡败于刘伯升兄弟，本想昆阳一战，一雪前耻。可恨王邑、王寻匹夫，嫉贤妒能，言不听，计不从，致有今日之败。命乎？天乎？汉祚果不当绝乎？"严尤、陈茂二人决计率残部逃往江南去了。更始元年，钟武侯刘望在汝南起兵，严尤、陈茂又率兵投效。刘望在汝南称帝，封严尤为大司马，陈茂为丞相。可惜，偏安割据时间不长，就被更始大将刘信所败，两人与刘望一同被杀。这是后话，暂且不表。

　　刘秀等人大获全胜，尽得王邑、王寻辎重粮草，缴获刀枪剑戟甲胄车辆不可胜数。大车小辆，运往南阳，连月不尽。初胜之后，时有王莽大军卷土重来的讹传，刘秀为避免来不及运走的辎重车辆重入敌手，遂命人在营外河边一火烧之，浓烟滚滚数日不绝，此河遂得名"烧车河"，今日仍在，为澧河一脉支流。

　　就在此时，捷报真的来了：刘縯攻破宛城。王凤、王常、宗佻、李轶等人率得胜之师回宛。刘秀道："昆阳为长安南下宛城的咽喉，末将愿率偏师驻守，进可图颍川、河洛，退可屏障宛城，不致使已得之地轻陷敌手。圣上若有西进关中之意，某等可为前部。"王凤、王常道："文叔既有此意，留镇昆阳甚好。某等回宛，定将文叔不世之功转奏陛下，以请荣封。"刘秀逊谢道："这倒不必了。昆阳之胜，乃上天护佑，天子洪福，将士上下一心所得，刘某不敢贪天之功！"

刘秀于是在昆阳城南筑城留守，此城即后世所谓"萧王城"也。城修好以后，刘秀又带领铫期、王霸、臧宫、马成等人北徇颍川，至父城与冯异、苗萌、祭遵等人会合，共谋进兵之策。谁能料到，就在不经意间，惊天巨变却要从天而降。

岑彭

昆阳城下刘秀虚张声势,扬言宛城已破,援兵将至的时候,刘縯确实已经攻破宛城。只因百事丛杂,还没有来得及向昆阳告捷罢了。

话要从头说起。刘縯兵围宛城,更始帝刘玄左右不欲刘縯骤成大功,派兵分徇各地。陈牧、廖湛率平林人马攻打新野。原以为,乘淯阳初胜之威,定能旗开得胜,轻而易举,攻破新野,不想连攻月余,损兵折将,寸功未建。新野令潘叔,亦字公临,与邓晨、刘秀有旧,他登城对城下喊话说:"若得司徒刘伯升一言,愿献新野。"陈牧、廖湛无奈,命人去宛城请刘縯相助。刘縯来到新野立马城下,与潘叔隔着护城河相见。刘縯道:"使君有何见教,伯升洗耳恭听。"潘叔道:"司徒汉室苗裔,兴兵讨莽,上应天心,下合民意。若能约束部众,破贼之后,禁焚掠,安黎民,某愿举城归降。"刘縯道:"新野亦大汉之新野,百姓亦大汉之子民。使君放心,若开城迎降,刘縯定保秋毫无犯。"潘叔道:"请司徒对天盟誓。"刘縯朗声说道:"汉兵进城,刘縯若不能禁其焚掠,人神共鉴,天诛地灭!"潘叔于是下令大开四门,迎接汉兵入城。入城之后,潘叔在县衙设宴款待刘縯、陈牧等人。刚刚饮了数杯,有人慌慌张张禀报:汉兵入城之后,四处焚掠,已有多人丧命。潘叔、刘縯闻听大惊,连忙起身观看。陈牧、廖湛神色泰然,若无其事,他们竟然还皮里阳秋道:"兵不由将,我等奈何?!"

平林人马军纪本来就不好,加上包围新野,久攻不下,士众多有伤亡,怨愤之气难禁。进城之后便纵情发泄,肆意烧杀抢掠起来。刘縯当街拔剑,连斩数人,仍不能禁。潘叔悔恨交加,他疾首大呼:"伯升负我! 天地难容!"刘縯又羞又气,命左右捕捉正在纵兵焚掠的平林将校数人,准备斩首示众,以儆效尤。平林士卒见势不妙,飞报陈牧、廖湛知晓。陈、廖二人正在推杯换盏喝得高兴,闻报大惊,慌忙赶来,他们劝刘縯道:"伯升息怒,此数人皆平林子弟,鞍前马后追随在下有年,请饶其不死,交给我二人处置!"刘縯说:"率土之滨,莫非王土,普天之下,莫非王臣。新野百姓非我大汉子民耶? 新君初立,新野一城百姓尚不能保,如何安天下,抚万民? 新野举城归降,仍难免生灵涂炭,今后何处尚肯归降?"陈牧道:"争城之战,流血盈城;争野之战,杀人盈野,自古皆然。攻城略地,宁能不杀人耶?"刘縯怒斥道:"汝数万之众,攻打月余,城不能下。某片言下之,盖因伯升对天盟誓,城破之后,严禁焚掠,秋毫不犯。今大军入城,焚掠难禁,伯升何以示信天下,面对潘令和新野百姓? 如不能杀此数人,立禁焚掠,请斩伯升首级以谢天下!"说罢,他把手中宝剑,递与陈牧、廖湛。这二人哪里敢接? 只能满面羞惭而退。此时有人来报,潘叔因百姓死亡众多,愤而自缢身亡。刘縯顿足失声道:"我负潘令,愧对新野黎民!"当即传令把被缚将校,枭首示众,然后出榜安民。新野百姓遂安。刘縯之后亲为潘叔治丧,吊祭甚哀。

次日,刘縯面见更始,请严治陈牧、廖湛之罪。更始面有难色,劝刘縯道:"宁肯为新野百姓开罪大司空与执金吾耶? 百姓与吾兄何亲,二人与吾兄何恨?"刘縯道:"圣公为天下万民之帝,还是绿林群盗之帝? 大司空、执金吾是汉室公卿,还是昔日草莽豪杰之雄? 欲得天下,安得不明此理!"刘玄面红耳赤,无言以对。刘縯愤然而退。

张卬、朱鲔闻讯也来见更始,刘玄把刘縯方才所言一一相告。张卬道:"刘伯升为陈牧、廖湛与臣等拥立陛下,耿耿于怀,常思报复。他与新野令私相串通指天地为誓,居心叵测。其沽名钓誉,邀买民心,不得不防。陛下慎之!"刘玄微微颔首。

新野既下,平林人马开往宛城。刘縯举荐刘赐驻守新野,陈牧、廖湛不悦,密奏刘玄:"伯升安插亲信,据地夺权。"刘縯面见刘玄解释说:"新野百姓恨陈、廖部众已入骨髓。若以平林人马驻守,恐变生肘腋,新野得而复失。"

刘玄深以为然,况刘赐为刘玄堂兄,他遂安慰刘缤说:"打虎亲兄弟,上阵父子兵,血浓于水。吾兄功在社稷,孤心知之。"汉兵围宛城已有三月之久,众将多欲强攻。刘缤道:"上兵伐交,其次伐谋,攻城之法,乃不得已。况我军攻城之具不足,强攻伤亡必重,以我之见仍不如久围长困。我军四处征粮,源源不绝;城中坐吃山空,日久天长,终有粮尽之日。现已围城数月,风闻城中粮已尽矣。我欲围三缺一,网开一面,使城中军民出城逃生。不要多久,城中不唯粮尽,守城之人也所剩不多。岑彭、严悦除了开城投降,还有何路可走?"众将齐曰:"司徒成算在胸,我等无疑矣。但不知缺口留在何方?"刘缤道:"我军南来,湖阳、棘阳、淯阳、新野均在我军手中,缺口留在南边,即令有残敌逸出,也在我掌握之中,料无大碍。"陈牧道:"我部新到,刚在城南扎营,难道还要移营吗?"刘缤道:"围城必阙,非真阙也。司空大营可后撤数里,佯作留下缺口,实则伏兵于要道。寻常百姓,任其出入不问;谨防官吏、将佐、奸细出入即可。另外,城南淯水岸有我军屯粮之所,宜重兵把守,以防万一。"陈牧道:"押运粮草历来为后军之事,何曾有过闪失? 司徒公尽管放心。"

岑彭、严悦被困城中三月有余,粮食已尽,厩中马相噬,城中人相食。百姓闻汉兵南门留有缺口,纷纷出城逃生,吏不能禁。严悦谓岑彭道:"汉兵围三阙一,军民士庶纷纷出逃,不数日,城中几无守御之兵、可役之夫,这可如何是好?"岑彭道:"末将思之久矣,不如将计就计。淯水东岸有汉兵藏粮之所,三五日便有军粮自水路运抵码头。我军乔装打扮,混在百姓中间,潜身城外;每日百人,数十人,三五日便可数百,然后末将乔装出城,出其不意劫得汉兵军粮,返身回来,可解燃眉。"严悦迟疑道:"某与将军艰危共济,勿出城不归也。"岑彭正色道:"末将老母妻子尽在城中,安敢不归?"严悦笑道:"君然信人,严某说笑而已。"

岑彭于是日遣士卒数十人乔装出城,汉兵虽有关卡盘查,浑然不知。五日后岑彭亦易容出城,与城外部属会合。黄昏时候,几艘大船停靠在淯水码头,早已等候在岸边的差夫立刻忙碌起来,把一袋一袋的军粮从船上解下来,或抬或扛,装到车上,准备运往仓库。三三两两的士卒漫不经心地在旁边游弋。突然间一声呼哨,差夫们暴喝声声,夺过巡逻士兵手中的矛戈刀枪，很快把他们制服，然后推起粮车，飞快消失在暮色里。

陈牧、廖湛得报，慌忙带兵追赶。岑彭带领百余人断后，灯火里，弯弓搭箭，廖湛应声落马。陈牧胆怯，不敢再追。岑彭押着粮车从从容容回到宛城。严悦前来道贺说："将军神机妙算，果然马到成功！"岑彭面无喜色，喟然长叹道："杯水车薪，这点粮食又能吃几天？"严悦则说道："昨得家兄书信，大司空王邑、大司徒王寻已经统兵百万出关南来。到时候汉兵闻风而逃，宛城之围自可解矣。"岑彭道："恐怕远水难解近渴了！"

刘縯得知城南粮草被岑彭所劫，不禁大怒，面责陈牧、廖湛玩忽职守，贻误军机。刘縯道："粮为三军命脉，岂可玩忽！数万之众竟不能保一蓄粮之所，是何道理！"陈牧、廖湛反唇相责道："若非司徒'围三阙一'，岑彭安能出城？贼兵若不出城，哪有粮草之失？如今粮草被劫，公不自责，反责他人！"刘縯奏报更始，请司马依军法治陈牧、廖湛丢失粮草之罪。他奏道："法不阿贵，赏罚分明，乃治军之本。刑及当路贵重之将以肃军纪；赏及牛竖马洗厩养之卒以励士气，自古皆然。陈牧、廖湛玩忽失粮，不可不惩！"张印、朱鲔道："刘伯升名曰'围城必阙'，实乃纵敌；敌不得出，何来粮草被劫之失？纵敌在先，失粮在后；纵敌为因，粮草被劫为果。刘伯升不知自责，反而诿过他人，分明拥兵自重，诬陷重臣，陛下不可不察！"刘玄道："宛城未下，自己人反倒相互攻讦起来，不就是丢失了几百石军粮吗？从速筹集，运往宛城就是了。是非曲直，姑且不论，等破了宛城，再议如何？"张印、朱鲔要的正是这种结果，明知陈牧、廖湛理亏，也就顺水推舟说："陛下圣明，如此处置是再好不过了。"事情就此不了了之，刘縯无奈，他担心粮草再度丢失，命朱祐带兵千人，严加防守。

陈牧、廖湛丢了粮草，虽说更始帝没有追究，自己也觉得脸上无光。他们一方面督责部下各处关卡严加盘查出城人员，另一方面搜肠刮肚想办法挽回颜面。这日，二人正在帐中对饮，一名小校来报：营门外有个衙门书吏模样的人求见。陈牧素恶公门书吏，挥手道："必是投效从军的，让他到安集掾那里报名好了！"小校道："已经说过了，那人说要面见二位大人。"陈牧正要发脾气，廖湛以目止之，开口说："让他进来吧，军中正缺少个文案师爷呢。"很快，小校带领一名方巾儒服的书吏来到二人面前。陈牧冷冷问道：

"先生尊姓大名，何方人士，有何贵干，非要面见我们二人？"那人但笑不语，廖湛忙命小校看座奉茶。那人落座，呷了一口茶，方才开口说道："在下申屠建，郡守衙门一书吏耳。身居危城，冒死逃生，求见二位大人，愿献一言。谚曰：'智者千虑，必有一失，愚者千虑，必有一得'，望二位听在下一得之诚。"陈牧道："先生有话不妨直说，不必讳言。"申屠建说："司空之职，周为六卿，汉列三公；孝成即位改御史大夫为大司空，执掌刑狱，位高权重。执金吾，贵官也，天子近幸之臣。出则导从，入则宿卫宫禁，以御非常，主辟不祥。但风闻二公因小过而每见辱于司徒刘縯，所以然者何？"

陈牧、廖湛闻言大惊色变，斥责道："无根妄言，自何而来？想离间我大汉将相吗？"申屠建笑道："二位大人息怒。所谓'无风不起浪'，何人能堵悠悠众口。在下出入宛城南门已数次矣，二位与刘伯升失和，汉营谁人不知？日前淯水东岸粮草被劫，二公与刘伯升争讼御前，全军尽知，道路喧腾。入于在下耳中有什么稀奇？"廖湛道："一家数口，父子兄弟之间纷争尚不可少，十万之众，千家万姓，一人一是非，纷争安可避免？这有什么稀奇，值得大惊小怪？"申屠建冷笑道："百姓之争口舌而已，公卿大臣之争，生死攸关，安可同日而语？"陈牧、廖湛一时语塞，无言以对。良久，陈、廖二人问道："我二人与刘伯升失和，固有之矣，与汝何干？先生为何如此关切？"申屠建道："宛城旦夕必破，在下不愿坐以待死；欲出城投效汉营，但与刘伯升有杀兄之仇，不愿在他麾下朝夕相处；良禽择木而栖，想投靠二位大人，又担心刘伯升厌恶和尚，恨及袈裟，迁怒二位大人。故而权衡再三，拜谒二位大人。在下今有一策可助二公从此不惧刘縯。不知二位大人愿意听否？"

陈牧、廖湛闻言大喜，屏退左右，邀申屠建前席入座，移樽就教。申屠建道："拥立更始，二位大人功莫大焉。新君之位操诸下江平林诸将之手，人所共知。然刘伯升与新君义为同宗，同气连枝，情非外人可比。新君虽忌伯升威名，但难与之决绝。因而二位与伯升之争，新君虽有心左右袒护，也难形之于外。若想使新君完全为二位所用，与刘伯升势成水火，必以重利巨祸相离间。在下不才，曾为太守甄公信重，其生前金帛珍玩半付于我，愿悉数奉献二位大人。其中有玉印两方，宝剑一把，运用得当，可收一箭双雕神效。"申屠建说着便打开包裹行囊，霎时间，珍玩玉器金银财宝堆满陈牧、廖湛面前书案,光华四射,琳琅满目,闪耀得二人睁不开眼来。申屠建指着两方玉印说:"这方是南阳太守之印,这方是安众孝侯之印。剑曰'七星玉璩剑',当年刘崇兵败,家产抄没,剑印落入甄阜手中。二位若把珍宝一半和太守之印献于新君,新君必然大喜。在下听说新君初立,檄书文告,尚无玺可用,不妨暂用太守之印代之。而安众孝侯之印和宝剑,选一可靠之人,在适当时候,秘密赠予刘𬘭,然后再密奏更始。新君必疑刘𬘭有不臣之心。不用他人多言,从此猜忌生仇怨,君臣兄弟再也难有情义可言。二位大人圣眷日隆,新君倚为心膂,刘伯升还何足道哉!"听申屠建把话说完,陈牧、廖湛不约而同,拊掌大笑,齐声道:"先生大才,张良、陈平不及!敬受教!"当日留申屠建同宿帐中,颇有相见恨晚之感。第二天,二人带申屠建去见刘玄,献上珍宝玉印。刘玄大喜,立封申屠建为绣衣御史,此官虽然品级不高,但却是皇帝近侍之臣。

且说岑彭,数日之后,粮草又用完了,援兵仍然杳无音讯,只好故伎重施。他把潜出城外的士兵分作两拨,一部分人扮作民夫去码头卸粮装车;一部分由自己带领半道接应,护送粮草进城。但装卸粮草的士兵装车完毕,还没有动手,就被汉兵悉数擒拿。然后朱祐部下剥去莽军衣裳,由汉兵穿上伪装,推拉粮车返回。岑彭以为劫粮得手,毫无戒备,押运粮草回城。离城不远,刘嘉、刘隆突然杀出。岑彭慌忙丢下粮车只身逃进城去,部下尽被汉兵所虏。刘嘉让被俘莽军饱餐一顿,挑选多名老弱病残的混入城中,诱城中莽军潜逃。三日之后,岑彭部众逃亡大半。

岑彭与严悦商议道:"救兵不至,城破是旦夕之间的事。你我食君俸禄,守城有责。老母妻子何辜,俱死城中,于心何忍!"严悦说:"将军高义,与严某共守城池,生死不弃。当此危难之时,某亦不忍累及令堂及尊夫人。闻家兄率师在道,已过颖川。某愿修书一封,请交于尊夫人,至夜,送令堂和尊夫人出城,一路往北,定可相遇。将军意下如何?"岑彭道:"多谢大人美意。南门虽缺,关卡盘查甚严;不如自北门缒城而出,乘其不备,或易于脱困。"严悦点头道:"如此甚好。"当晚岑彭命人备一吊篮,让老母和妻子坐于篮内,从城头缒下。时至夜半,刘终带兵巡营,发现有人自城头缒下,命人伏于左右。待岑彭老母妻子过了护城河,将其拿获,搜出书信。刘终不敢怠慢,立刻将婆媳二人带至刘縯大帐。

刘縯好生款待岑彭的母亲和妻子，然后以岑彭同乡的名义给岑彭写了一封信，劝岑彭投降。刘縯在信中除了讲明顺逆之理、忠孝之义以外，特别劝告岑彭以合城百姓为念，不要为了一己虚名，不顾百姓生死。刘縯还在信中写道："闻城中绝粮已久，百姓易子而食，折骨为炊，令人惨然。黎民何辜，罹此劫难，皆拜将军所赐也。将军岂可为一己荒唐名节，贻误苍生？况将军与伯升皆宛中之人，生于兹，长于兹；不能造福乡梓，宁可为祸乡梓耶?!"

岑彭览信，知道老母妻子尽在刘縯营中，持信去见严悦。严悦道："将军推诚相待，不肯卖友求荣，严某感佩不尽。你我困守孤城五个月矣，朝廷音问不至，内无粮草，外无一兵一卒之援，不降复有何路可走？死亦不足为忠，降亦不为不义。况刘伯升待之以乡梓，做人毫无骄矜之情，高堂与夫人尽在汉营，降为上策，不必犹豫。"岑彭、严悦于是开城投降。

刘縯立送岑彭老母、妻子回宛城与岑彭相见。然后，他一面向更始告捷，一面出榜安民。刘縯命刘嘉、刘隆、刘终、朱祐等严守四门，禁止各路人马入城。他又命朱祐为护军，刘终为刺奸，严禁焚掠，有违令焚掠者，杀无赦。宛城内外秋毫无犯，黎民安堵如常。

三日之后，更始移驾入城，定都于宛。太守衙门暂为行宫，文武百僚各归衙署，刘縯虽为司徒，仍居城外军营之内。一日帐外有人求见，自称是昔日安众侯刘崇家人，复姓申屠，单名一个建字。刘崇兵败，自己侥幸逃脱，藏有安众孝侯玉印一方，宝剑一口，欲献于麾下。刘縯正因为没有印信，调兵遣将，发布文告，诸多不便，见有人雪中送炭，不暇多想便高高兴兴地收下了，然后把宝剑还给申屠建。申屠建道："此剑虽连城拱璧，难当其贵。大司徒为何却之不受?"刘縯道："君子不夺人之爱，无功不可受禄。正因其贵，故而不受。"申屠建道："天地之间，物各有主。今日把宝剑赠予司徒，不过物归原主而已，司徒何必拒之?"刘縯不解地问道："先生何出此言?"申屠建说："司徒细观此剑，自然不难明白。"刘縯越发不解，遂接过宝剑，仔细观看，但见剑长三尺有余，柄镶碧玉，鞘饰龙纹，拔剑出鞘，精光夺目，寒气袭人，剑身隐然有七星闪烁，阴纹两行，细若蚊足，上镌"如朕亲临"，款识"大汉元朔"，八字昭然清晰可见，刘縯道："此剑与《越绝书》上所记诸名剑不同，似是天子御用之物,不知是否?"申屠建道:"大司徒果然眼光不差,此即大汉天子尚方宝剑也,又名'玉璲七星剑'。当初高帝芒砀山中斩蛇起义,仗剑入关,即此剑也。后登坛拜帅,将此剑授予淮阴侯韩信,嘱曰:'如朕亲临',韩信凭此剑号令三军,救赵下齐,破西楚霸王于垓下。孝景之时,吴楚七国之乱,孝景以此剑授周亚夫,以安天下。元朔二年,武帝命卫青北征匈奴,以卫青出身卑微,难以服众,遂命工匠在剑身镌刻八字,付予卫青。自元朔至元狩,卫青七征匈奴,建不世之功。孝武临崩,把此剑交付霍光,霍光才敢辅昭帝,废昌邑,立孝宣。代代相传,此剑遂成大汉传国之宝。王莽擅权,孝平帝暗中命人把此剑交付东郡太守翟义,翟义密令心腹把此剑传于安众侯刘崇。惜乎二人功败垂成,以身殉国。刘崇死后,此剑随家产被抄没,落入甄阜之手。他本应上缴朝廷,但义兵四起,纷乱不靖,故至今藏于太守衙门之中。今日献于司徒,岂非物归原主?"刘𬘘半信半疑道:"既是传国之宝,今新皇已立,理应献于天子,刘某不敢僭越。"申屠建道:"天子与司徒情同手足,俱为高祖苗裔,何嫌何疑?当今以六军尽付司徒,犹高帝信重淮阴,景帝信重条侯,孝武信重卫青、霍光何异?况天下无人不知,首义者乃司徒也,国家正当用兵之时,号令三军,征伐四方,有此剑在手,令行禁止,岂不更为方便?司徒何必过谦拘泥礼法?"刘𬘘心爱此剑,且轻更始,听申屠建如此说,遂不再多想,便欣然把玉璲七星剑收下了。

不数日,刘𬘘得到大汉传国之宝玉璲七星剑的消息,不胫而走,满营将士无人不知。刘玄听到消息,心中不快。他宣召申屠建责问道:"此乃大汉传国之宝,为何不献于朕,却私授他人?"申屠建叩头道:"臣幼读诗书,粗知君臣之义。当日正要献给陛下,司徒见了,必欲一观,小臣不敢拒绝,谁知司徒把玩再三,爱不释手。小臣道:'此乃传国之宝,理应献诸天子。司徒若爱此物,可请皇上赏赐。'司徒道:'此剑例由出征将帅掌管,高帝曾授之于淮阴,景帝曾授之于条侯,孝武曾授之于卫青、霍光。孝平秘将此剑传于翟义、安众,意在诛除莽贼。余乃高帝苗裔,举义讨莽,实则秉承孝平遗诏,掌管此剑,有何不可?'臣不敢违抗司徒之意,实属无奈,伏惟皇上明察!"

更始闻言,暗恨刘𬘘,但又无可奈何。朱鲔、张卬、陈牧、刘赐等人正好在侧,陈牧、朱鲔齐声道:"申屠建本要献剑于皇上,刘伯升见而夺之,申屠建情有可原。刘伯升藐视天子，实属无理！若在先帝之时，九族当诛！皇上登基，刘伯升心中不服，若再不惩戒，恐怕会更加无法无天！"张印道："皇上宜速降圣旨，命刘伯升把宝剑献上。若其抗旨，臣愿率本部人马前去索要，将其擒拿。"更始面有难色，他嗫嚅道："不可，万万不可。"陈牧、廖湛道："有何不可？怕什么！刘家军不过三万之众，我绿林部众十万，有何惧哉？"更始不知所措，无以应对。刘赐忙道："若依三位所言，岂不因小失大？皇上刚刚继位，莽贼未灭，便自相残杀，亲痛仇快，非智者所为。玉璩七星剑，一剑而已。说到底不过是假天子之名，命将出征发号施令的信物罢了。当初高帝既可托付于韩信，景帝既可以付之于周亚夫，皇上为何不能付之于伯升？况伯升乃皇上同宗同族，反不如韩信、周侯异姓之人？"朱鲔冷笑道："今之伯升，非昔之淮阴、条侯也。拥立之初，伯升阻挠再三。今手握兵权，与天子离心离德。若不提防，后患无穷。今天子宝剑在手，权事益重。若令太阿倒持，追悔莫及！"刘赐劝道："今日之敌，是王莽而非伯升，虽愚夫愚妇所共知。公等拥立皇上，皆皇上股肱之臣。若不明此理，恐为天下耻笑，将士所轻。事有轻重缓急，宛城初破，百事待兴，此事从长计议如何？"朱鲔道："子琴言之有理，当初韩信平定三齐，请封'假王'，高祖曰'大丈夫要做便做真王，何须'假王'？遂封韩信为齐王，最终还是诛杀韩信于未央宫。今日之刘伯升，焉知非昔日之韩信？这事情放一放亦无不可。"陈牧、张印似懂非懂，但见朱鲔这样说，也就随声附和道："也好，放一放再说吧。"玉璩七星剑之事也就暂时搁置起来。刘玄口虽不言，心中益发忌惮刘缤。

城中百姓断粮多日，为了觅食，每日成群结队，黎明出城，黄昏回返，把守城门的将士深以为烦。刘嘉、朱祐等人建议，从营中存粮匀出一些，在城中设立几座粥棚，每日巳中、末中舍粥安民，减少百姓出入。刘缤同意，于是便四门张贴安民告示，告示上盖上了"安众孝侯之印"的朱红大印。这种办法果然生效，每日出入四门的百姓大大减少。

百姓见了告示，奔走相告，街谈巷议，纷纷猜测起来。有人说，如今天子就是当年的安众孝侯刘崇；刘崇其实并没有死，当年悬首城门的不过是其替身。有人说，刘崇就是刘缤，也有人说刘缤就是当今天子。当时，刘伯升之名天下皆知，刘玄籍籍无名，人们争传：大司徒刘伯升，就是更始皇帝，其实是一个人。

消息传到刘玄耳朵里，他心中自然不是滋味。陈牧、廖湛见刘縯中计，乘机挑拨说："伯升不臣之心昭然若揭矣，竟然私藏安众孝侯之印，张贴告示，公然与陛下分庭抗礼，是可忍孰不可忍！况宛城乃五都之一，珍宝不可胜数，区区一方安众侯玉印不在话下；但于此可见一斑，其私藏珍奇之物谁知有多少？城破之日，不立迎陛下进城，却派兵把守四门，不准我下江、平林诸部将士入城，原来是为了私吞财宝！若不将珍宝悉数入公，臣等不服！另外，岑彭乃莽贼鹰犬，自棘阳至宛城屡与义兵相抗，小长安之败，杀我将士不可胜数。他走投无路方才开城投降，刘伯升却待之若上宾，是何道理？分明是和刘伯升早有勾结。刘伯升招降纳叛，结党营私，包藏祸心！陛下宜早降明诏，命刘伯升立诛岑彭、严悦，献上安众侯玉印，彼若抗命，即治其不臣之罪！"刘玄迟疑道："宛城新破，方有立都之地，伯升大功未赏，却要加罪，恐怕不妥吧？"张印、朱鲔道："即不治罪，也该责之以君臣之义，献出安众侯玉印，把岑彭交给朝廷处治。不然，今后破敌擒将之事甚多，诸将随意处之，擅自越权行事，如何是好？"刘玄道："就依大将军、大司马的意见降旨吧！"

刘赐听到消息，入见更始，恳切劝道："切勿轻信他人之言，徒增嫌隙。伯升胸怀坦荡，性情刚直，断不肯私藏珍宝。他身在军中，财宝藏于何处？况毁家兴兵，财帛素为伯升所轻，你我尽知。至于安众之印，不过借以调兵遣将，发布文告之用罢了，何须大惊小怪？何况安众一小县耳，于伯升而言，封赏酬功亦不算多；刘崇兵败族灭，此印至为不祥。伯升若有二心安能佩之用之？外人欲借此离间，倾陷伯升，皇上不可不察！"刘玄道："绿林诸将嫌恶伯升，我岂不知？然而大权操诸下江、平林诸将之手，我有什么办法！"申屠建进言道："安众固为小县，此印固然为不祥之物，但能煽惑民心，混淆视听，动摇至尊之位。且不可等闲视之！"刘玄然之。

刘縯接到更始诏令，笑道："圣公小器哉！九五之尊，天子之位，吾尚无意相争，况区区安众一小县耳。不过借此玉印调兵遣将发号施令罢了。彼既生疑，我当亲自交还。不过，岑君然举城归降，功在社稷，我已当面许诺保其不死。现已为我麾下之将，纵有诏令，亦不愿背信弃义。"他于是亲带安众侯玉印面见刘玄。

刘缤当殿奉上玉印，朗声奏道："陛下初登尊位，大业草创，文武百官皆无印信；檄书公文，军中号令至为不便。若有奸宄不法之徒矫传王命，伪造檄书，后果不堪设想。宛城初下，臣欲安黎民，权借安众侯玉印一用，不意招致猜疑，今日当殿奉上，以弥嫌隙。安众乃宛属小县也；安众侯刘崇无职无权唯有袭封虚名而已。何况他身死社稷，惨遭灭族，此物至为不祥。臣身在兵间，早将生死置之度外，不得已而用之。窃以为陛下身当社稷之重，用之不宜；左右重臣，身当辅弼之任，用之亦不宜。如何处之，唯陛下明察！"众人听刘缤如此一说，面面相觑。朱鲔道："司徒既然这样说，此印只宜封存，不可再用。司徒宜为国家惜身！"刘玄道："那就交给太常府封存吧。"于是当殿把印交给太常刘祉收下。

张卬奏道："岑彭不识顺逆，违抗天命，屡与我军为敌。势穷献城，乃不得已，罪不容诛。陛下宜降明诏显戮，悬首国门！"

刘缤抗声道："万万不可！千军易得，一将难求。岑君然当世良将，杀之可惜！我已许诺，只要其开城归降，定能保其不死。今若杀之，是我失信于岑彭。孔子曰：'人生皆有死，民无信不立。'我复何颜立于天地之间？况岑彭乃郡之大吏，尽心守城是尽其节；人臣各为其主，是尽其义。今举大事，应表彰忠义之士，不当诛戮尽节之臣。昔日管仲箭射桓公，中其带钩，桓公以之为相，辅佐桓公称霸天下；淮阴、陈平都曾在项羽帐下称臣，后为高祖所用，不失将相；季布数窘高祖，令高祖险遭不测；高祖亦命其出镇一方。陛下何不赦免岑彭，为己所用，以观其后？"刘玄听刘缤说得很有道理，又想抚慰刘缤，于是就给刘缤一个顺水人情，当即赦免岑彭，并封岑彭为归德侯，仍在刘缤帐前听命。张卬、陈牧心中不满，正要挺身抗争，不料朱鲔却抢前一步，出班奏道："陛下圣明，如此处置甚好，臣等遵旨！"散朝以后，张卬、陈牧责问朱鲔："朱兄为何顺刘伯升之意，不杀岑彭？"朱鲔笑道："刘伯升与岑彭非亲非故，意在笼络岑彭，我等何必为渊驱鱼，帮刘伯升把岑彭赶到他身边？刘伯升能笼络他，我们为何不能？岑彭最终站在哪边，为谁所用，现在谁能说定？长袖善舞，多金善贾，我们的本钱比刘伯升少吗？"二人听了朱鲔这番话，心有所悟，不再埋怨朱鲔。

渴者易为饮，饥者易为食。刘缤于四门设粥棚，每日舍粥，百姓感念其德,皆道:"司徒活我。"妇孺尽知刘伯升为大汉复兴之主,稀有人知更始之名。刘玄左右忌惮刘缜,便也在城内施粥,并于粥棚旁边各书官衔名号,仿佛店肆招牌。百姓见了却说:"司徒嫌粥棚不足,命部属各设粥棚,以济黎民。"还是把功德尽归刘缜。张印、陈牧等人又气又恨,索性尽撤粥棚。百姓们又纷纷议论说:"司徒必不知晓,是其部下吏贪鄙,撤粥棚,中饱私囊矣。"甚至还有老百姓到衙门投告此事,弄得张印、陈牧等人啼笑皆非,对刘缜更加恨之入骨。于是,轮番在更始面前攻讦刘缜:"刘伯升施恩小民,收买民心,意在谋夺大位,陛下不得不防!"刘玄默然半晌道:"孤赖诸卿之力,方有今日,亦仗诸卿之力保全。唯诸卿之谋是从!"

刘玄君臣正在筹划图谋刘缜之策,探马来报,王邑、王寻统兵百万,已将昆阳团团围住,王凤、王常危在旦夕。刘玄大惊,急忙召文武百官前来商议。刘缜道:"昆阳乃南下宛城锁钥,历为兵家必争之地。成国上公,廷尉大将军皆国家重臣,麾下不过万人,如何能抗王莽百万之众!昆阳有失,莽军朝发夕至,宛城危矣。宜悉发宛城之兵,火速救援!"朱鲔则道:"悉发宛城之兵,亦不过十余万,何异于螳臂当车?况宛城新下,四境不靖,大兵北上,变生肘腋,如何是好?宛乃根本之地,昆阳乃细枝末节,安有舍根本而求枝节之理?"刘缜争辩说:"司马之言谬矣。根本是人,不在一城一地得失。昆阳将士身在虎口,你我安能坐视不救?"张印、陈牧齐声附和朱鲔道:"以我十万之众,数百里星夜赴援,以抗莽军百万之众,非犬羊入虎口耶?司徒平日自诩熟读兵法,乃不知用兵之法,'十则围之,五则攻之,倍则分之,敌则能战之,少则能逃之,不若则能避之'。我军避之犹恐不及,安可贸然赴援,自取灭亡?"刘缜冷笑道:"用兵之道安可胶柱鼓瑟,只以众寡而论?我沘水、淯阳之战非以寡胜众耶?诸公若不肯与伯升勠力共救昆阳,伯升愿率部独往。请诸公坐守宛城,以观成败好了!"他说罢愤然而出。

刘缜正要起兵,昆阳捷报传来:刘秀等人已破王邑、王寻百万之众,杀王寻于城下,乘胜追向颍川。宛城于是一片欢腾,汉营将士莫不欢欣鼓舞。张印、朱鲔、陈牧等人惊诧莫名:"区区万人,如何能够大破百万之众?非得神助耶?"接着昆阳所得辎重军实,大小车辆源源不绝运抵宛城。王凤、王常留下一部人马驻守昆阳,命刘秀率领本部人马乘胜北徇颍川,他们带领宗佻、李轶、马武等人班师回到宛城。将士争相转告昆阳之战盛况，讲述刘秀带领十三骑突出重围，到定陵、郾城搬兵，大破王邑、王寻等诸般情节，绘声绘色，振奋人心。一时间，满营传颂。宛城军民皆以刘縯、刘秀兄弟为盖世英雄，甚至传为天上星宿下凡。更始君臣与绿林诸人更加坐卧不安起来。

刘缤之死

　　刘缤兄弟威望日隆,将士宾客皆来相贺。刘缤也不禁飘飘然起来。不少人慕名来投,刘缤迎来送往,春风满面。这天,表兄来歙来看望他。更始即位,因来歙之妹是刘嘉之妻,刘嘉乃更始族兄,遂以来歙为吏,随侍左右。来歙见左右无人,得间对刘缤说:"木秀于林,风必摧之;德高于世,人必毁之。君破宛城,文叔破莽军百万于昆阳,兄弟二人,旬月之间建不世奇功,威望如日中天。功高震主,必为同列所忌。君与下江、平林诸将嫌隙由来已久,能无怨乎!切望戒盈虚怀,韬光养晦,小心在意。"刘缤道:"骤得文叔捷音,喜不自胜,不禁忘形矣,多谢表兄提醒。"

　　次日,刘玄大会群臣,庆贺昆阳大捷。王凤、王常席间极口称赞刘秀之功。因刘秀北徇颍川未回南阳,二人轮番给刘缤敬酒道:"微文叔之力昆阳不保,吾等危殆矣!"刘缤道:"社稷之福,天地护祐,诸公同心协力,方有昆阳之捷,岂一人之力耶!"王凤、王常、马武等人同为刘秀请功,刘玄窃观张卬、朱鲔、陈牧等人脸色冰冷,心无主张,不知如何应对。刘缤举杯谢道:"承蒙诸公隆情厚意,伯升代舍弟谢过了。春陵风习,庄户人家修房盖屋,邻里四舍,亲朋好友都来帮忙。家中子弟,当然不能袖手旁观。屋成工竣,主人家免不了要款待、酬谢帮忙的街坊亲友;家中子弟概不与宴,更无酬劳之理。所以然者何?辛劳乃其职分。复兴大业乃宗室子弟本分,伯升与舍弟文叔,理应效命疆场,尽心尽力,何功之有!虽有微劳何足道哉!论功封赏就不必了。"

众人皆以刘缤为贤，莫不赞许。更始满面羞惭，低头不语。张卬、陈牧为解窘局，端起酒杯为宗佻、李轶、马武等人敬酒说："将军身率十三骑溃围请援，令人钦敬，实乃当世英雄，敬将军三杯！"宗佻、李轶端起酒杯欲饮，马武笑道："我等算得什么英雄！因人成事而已。若非刘文叔，皆成败亡之虏，能复饮此酒乎？"他推杯避席不饮。张卬、陈牧、宗佻、李轶皆窘，愣在那里。刘缤见状，忙说："子张过谦了！一人一骑能突出重围乎？单枪匹马能破百万之敌乎？十三骑皆英雄也，当之何愧！刘某先干为敬，诸君满饮三杯！"众人勉强饮了三杯，窘局方解。

当日席散，张卬、朱鲔、陈牧、廖湛、李轶齐集司空衙署。陈牧道："一个刘伯升已难对付，如今又加上一位刘文叔，兄弟并重朝野，如何是好？"李轶叹道："九死一生回到宛城，不意受此羞辱。万人之功尽归刘秀名下，是何道理？实在令人难以咽下这口恶气！"张卬道："俗谚，'树下难长树，人下难做人。'刘氏兄弟何德何能，竟在万众面前耀武扬威，凌驾于我等之上？更可恨的是刘伯升假仁假义，故作谦抑，人前装出一副荣辱不惊，功成不居的样子，盛名之后又得贤名，叫人如何不恨？"朱鲔笑道："诸位空自忿忿不平有何用处？刘氏兄弟皆有龙虎之姿，今日初露峥嵘而已。其智其勇，刘圣公实难与其同日而语。我等当初拥立圣公，已与刘伯升结下势不两立之恨，俟其羽翼丰满，我等必然死无葬身之地。汝等岂无悔乎？"廖湛道："开弓没有回头箭，悔有何用？一不做，二不休，大不了鱼死网破，两败俱伤，何惧之有？"张卬道："合我等之力，假天子之威，刘文叔远在颍川，还对付不了一个刘伯升吗？"李轶迟疑道："刘氏兄弟威名正盛，毫无缘由，如何下手？"朱鲔道："量小非君子，无毒不丈夫。先下手为强，后下手遭殃。等刘秀回到宛城，悔之晚矣。欲诛伯升，宜在近日。"这五人当日便密谋出一个阴毒的计划出来。

当日，刘缤回到军中，刘嘉、刘隆、刘终、朱祐、岑彭等人都来问询庆功宴情况，刘缤备述王凤等人为刘秀请功，刘玄委决难下，自己代刘秀谢绝封赏的过程。刘隆、刘终愤然道："三哥之功，天下皆知，有功不赏是何道理？赏罚分明，治军之本；今有大功，未得一语褒奖，反而横遭疑忌，岂不令将士寒心？以后谁还肯舍生忘死效命疆场？"刘嘉道："众兄弟少安勿躁，大哥处置极为得当矣。文叔功昭日月，赏与不赏，并无多少差异，公道已在全军将士心中。不居功，不希荣，反而荣名益盛；谢封赏，以弥猜嫌，有何不好？"众人退去，岑彭未走，他对刘缤说："司徒对君然有再造之恩，请听君然一言。"刘缤道："君然有话请讲。"岑彭道："古语说，'倾盖如故'，贵在知心也。岑某与公相交时日虽浅，但知公胸怀坦荡，光风霁月。世人安得尽如司徒光明磊落耶？防人之心不可无。龙在江海，百灵护佑，洪波随身；虎在山林，目电声雷，风云相从。一旦龙离江海，虎落平阳，鱼虾犬羊皆能狎戏。军中乃将军之江海山林，不可轻离。司徒部属半为春陵子弟，有他们在身后，危可为安，险可化夷，万不可轻易离开他们，孤身独行。"刘缤笑道："多谢将军关爱。吉凶祸福，皆有天定，岂人能趋避耶？"岑彭道："虽有天定，小心提防，亦能逢凶化吉。"刘缤领首，遂命人秘往鲁阳，召刘稷回返宛城。

数日之后，刘玄宣召刘缤、朱鲔、陈牧等人进宫，商议进兵之策。朱鲔、陈牧主张南下襄阳、南郡。朱鲔道："我军起自绿林，转战随州、安陆，声震荆襄；今宛城已下，若得襄阳南郡，便可奠定不拔之业。荆襄富庶，远胜关中，据荆楚之资，以北进中原，复兴大业不难实现。"刘缤道："昆阳大捷，王邑、王寻百万之众损失殆尽，中原震动。我军已乘胜北进，据报，颍川各县望风而下。若此时尽起宛中之兵，洛阳、长安指日可破。陛下与诸公熟思之！"刘玄道："诸卿所议南下、北进两策都有道理。士众大捷之后，亦需休息数日。进兵方略，他日再议。今日适逢孤之寿诞，大业未就，不敢奢华张扬。现略备薄酒，与卿等同饮，聊表寸衷而已。与宴之人除卿数人，尽宗室子弟及亲友，不必拘束，尽请开怀。"

刘缤不便拂违更始之意，遂同众人齐曰："多谢陛下美意！"然后同朱鲔、陈牧等人联袂来到后宫。所谓后宫者，郡衙之后宅也。时值炎夏，更始帝宴设后花园之观花亭水榭，旁临荷塘，塘边有假山为屏，垂柳掩映。塘中粉荷含苞，岸上木槿正荣，花木葱茏。花园后有一角门可通宫外。刘缤等人来时，刘祉、刘赐、刘嘉、刘顺等族中兄弟已在，稍时宗室长辈刘良、刘歙来到，一番揖让，尊卑长幼依序入席。除宗室子弟外，亲友樊宏、来歙等也应邀与宴。对面两边席上依次坐着朱鲔、陈牧、张卬、廖湛、宗佻、李轶等人，奉陪末座的是更始新封的绣衣御史申屠建。东面宗室席上，除刘缤、刘顺二人佩剑之外，余皆徒手。西边宾客席上除申屠建一人之外，人皆佩剑。刘嘉见状大惊，托辞入厕，急忙自花园角门出，回营召刘隆、刘终前来入席。

刘稷方从鲁阳归来，听刘嘉说罢宫中寿宴情况，他大惊道："今日之宴即昔日鸿门之宴矣，某当为闯帐樊哙，迟则危矣！"说罢转身便走。刘嘉急道："六弟自鲁阳不曾奉命而回，去则授人以柄，宜为之辞。"刘稷道："事在燃眉，哪里顾得了许多！"刘嘉说道："不妨以回宛城催粮为辞，求见司马。大司马朱鲔正在宫中，到宫中找他，名正言顺。"刘稷道："多谢四哥指教！"说罢与刘终、刘隆鞭马如飞赶往宫门。

宫中寿宴，酒过三巡，朱鲔道："今日陛下圣寿，宫中礼乐不备，太过清冷。五威将军剑法神通，何不宴前献舞为贺？"李轶道："祝寿图个热闹，一人独舞有何意趣，哪位将军愿与末将共舞，岂不更好？"说罢以目示意，欲请张印。没想到东面席上，虎牙将军刘顺，抢先一步，应声道："某与将军共舞如何？"说罢拔剑而起。刘缤笑道："平仲，汝剑不及愚兄之剑华美，请用吾剑与季文将军共舞！"说着把自己随身佩带的七星玉璩剑递于刘顺。李轶不禁迟疑，刘顺乃更始叔父刘庆之子，是军中出了名的冒失鬼，武艺平常，心性浮躁。朱鲔之意是想让自己与张印联手，出其不意，在座中刺杀刘缤，想不到半道杀出个冒失鬼刘顺，把计划全打乱了。但事已至此，只好走一步说一步，就和刘顺对舞起来。李轶看更始的面子，处处让着刘顺。刘顺偏偏看不出眉眼高低，招招紧逼。李轶一招不慎，避让不及，只好硬碰硬接了刘顺一招。只听"当啷"一声，李轶手中之剑，断为两截。刘顺吓了一跳，连忙收手；李轶面如死灰，呆立当场，霎时间举座失色。刘玄喝令刘顺退下。刘缤笑道："季文剑术远胜平仲，但忘了平仲手中之剑，乃我随身佩带的七星玉璩剑，安可直击硬撞！改天我送你一把好剑，不要为此坏了寿宴的兴致！"

李轶又气又恨，满面羞惭回到位上坐下。刘玄见刘缤之剑光华四射，遂开口道："司徒之剑切金断玉，实乃稀世珍宝，前日风闻，伯升得了传国之宝'玉璩七星剑'，非此剑乎？可否借孤一观？"刘缤道："什么传国之宝？好事之徒信口胡诌而已。以我之见，不过普通一剑。既云高帝曾仗剑斩蛇，后授之淮阴，为何款识却镌刻于七十年后的元朔？圣上喜爱，理当奉献。"说着双手把剑献给刘玄。对面席上申屠建看见机会到了,举起手中玉玦,连连向刘玄示意;座中张印、朱鲔、陈牧、廖湛等人手按剑柄,长跪而踞,蓄势待发;刘玄只顾把玩手中的七星玉璩剑,假装没有看见。

原来今日之宴是朱鲔、张印、陈牧、李轶等人与更始帝刘玄精心策划的一场戏。他们打算仿效昔日鸿门故事,只待申屠建举起玉玦,刘玄摔杯为号,假山之后埋伏的武士齐出,张印、朱鲔、陈牧、李轶等人一齐动手,把刘縯擒获,然后以篡弑的罪名将其斩首。没想到刘玄软弱,听了刘縯坦荡之言,临时委决难下。正在这时,宫门外一阵喧哗,执戟校卫拦挡不住,刘稷、刘终、刘隆三人吵吵嚷嚷闯进后宫来了。

张印、廖湛大声喝道:“大胆刘稷、刘终、刘隆,为何擅闯宫门?该当何罪?”刘稷笑道:“军情紧急,我自鲁阳赶回宛都催粮,大司马不在府中,听说在后宫为天子庆寿,就匆匆前来。一来面见司马,二来讨杯寿酒。”刘隆、刘终齐声道:“听说皇上祝寿,宗室长幼皆来祝贺,我二人非天子同宗耶?为何不能来吃杯寿酒?”刘玄所谓庆寿不过是托辞而已,宗室子弟多半不知。如果这样闹腾下去,更加麻烦。刘玄忙道:“三位贤弟既然来了,快请入席。大业未就,本不欲张扬,族中昆弟多半不知,不须介意。”刘祉身为太常,刘赐为光禄勋,执掌礼仪,兼管宗室事物,忙令人另备一席,安排三人坐下。三人谢座,为刘玄敬酒。刘稷道:“我三人来的匆忙,空手为皇上祝寿,不成敬意。莫若各献薄技,以助酒兴,聊博各位一笑。”刘玄道:“不知三位欲献何技?”刘稷道:“臣是粗人,一无所长,唯有一身蛮力。皇上请看,荷花池边,那尊青石雕就的乌龟,少说也有二百斤。臣能单手举起,绕池一周放回原处;若差分毫罚酒三杯。”刘玄道:“愿赌谷卿神力。”刘稷道:“遵旨!”说罢大踏步走出观花亭,来到荷花池边,探身只手抓起乌龟的脖子,轻喝一声“起!”便把青石乌龟高举过顶,健步绕池行走。路过假山旁边,一眼瞥见山后树丛中人影晃动,心中明白,佯装不知。待绕池一周之后,故作不支之状,暗中用力,把石龟放回原处,只听轰然一声,石龟尽没入土。刘玄等人见此,惊讶不已,挢舌不下。

乘众人咋咋连声之时,刘稷把刘终叫过一旁,附耳低言数语;刘终心领神会。刘终端起酒杯,为刘玄祝寿,他寿毕说道:“六哥天生神力,我这辈子怕是永远也比不上。幼年时得一江湖术士传授，学会隔墙断物之术，百步之内，任藏何物，闭目可知。诸位不信，不妨一试。"刘隆道："我与贤弟朝夕相处，汝有此能，我为何不知？今日怕是想在皇上与各位大臣面前故弄玄虚骗酒喝吧？"刘终道："元伯兄，若不相信，当面一试如何？"刘隆道："我偏不信。你猜假山后面花丛之中藏有何物？"刘玄、朱鲔、陈牧等人闻言大惊，面面相觑。刘终道："伏兔百只，兄若不信，请命犬来。"刘隆道："宫中哪里有犬？投物惊之，伏兔焉能不跑？有无伏兔，众人一看便知。"说着走出亭外，随手拣起鹅卵石数枚，接连掷向假山之后。山后埋伏甲士，猝不及防，瞬间有数人被击中额头，于是四处躲避。刘终拊掌大笑道："伏兔尽出矣！"刘良、刘歆、刘赐、刘祉等人目瞪口呆，刘玄羞惭满面无地自容。张印、陈牧、宗佻、李轶、廖湛等人不知所措。朱鲔以目示意，问廖湛道："金吾大将军在此，宫中卫士为何在假山以后？"廖湛身兼执金吾之任，宫中宿卫有责，他连忙道："皇上与宗室重臣在此饮宴，金吾卫士，不便惊扰，奉命隐在花园，诸位勿惊。"刘玄借梯下楼，忙说："赏以卮酒，让他们各自散去吧。"刘縯安之若素，饮酒自如。刘歆斥责刘终道："竖子不知尊卑！皇上与众大臣在，安敢为戏！"刘縯但笑不语。张印、朱鲔等人见刘縯已经警觉，忌惮刘稷之勇，直至席散不敢轻举妄动。

席散之后，樊宏对刘縯说："昔鸿门之会，范增举玉玦以示项羽。今席间申屠建频频举玦，其意不善。李轶舞剑，颇有项庄之意。文叔屡言'此人不可复信'，汝宜多加小心！"刘縯笑而不语。

回到营中，刘嘉、刘稷、刘隆、刘终等人齐声说："下江、平林诸将居心险恶，大哥宜多加小心！"刘縯笑道："有各位兄弟相助，何惧之有！况如今大业未就，尚非鸟尽弓藏之时，彼纵欲害我，还不到时候，兄弟们放心好了！"刘嘉道："张印、陈牧等人贪财好利，心里哪有什么复兴大业。大哥一心为了宗社复兴，威名日重，早已成为他们的眼中钉，肉中刺。即使圣公不忍倾害，哪能挡得住张、陈、朱、廖等人日夕煽惑？他们哪管什么时候？小心行得万年船，万万不能再只身犯险了！"刘稷道："我不稀罕什么将军不将军，明日不再回鲁阳去了，天天跟着大哥，看哪个狗娘养的敢动大哥一根毫毛！"刘縯笑道："六弟当为兄是村塾中教书先生耶？须知大哥也是千军万马中杀进杀出的人,还怕几个奸邪小人?"

次日,刘缜对刘稷说:"昨日酒席之上,平仲把李季文的宝剑毁了,让他颜面扫尽。今天你把这把宝剑给他送过去,算是给他赔个情吧。"说着,从墙上取下一把宝剑,递给刘稷。刘稷不情愿地说:"这种势利小人,自取其辱,管他做甚?"刘缜道:"冤家宜解不宜结。何况我与李氏兄弟当初结盟,共举大义;自兴兵以来,六弟和李季文屡为前部,披坚执锐、冲锋陷阵并马而行,胞泽之义不应忘却。宁可他不仁,你我不能不义。"刘稷在刘缜跟前一向唯命是从,只好带着宝剑,去找李轶。

当日宫中席散,张印、陈牧、李轶、廖湛等人个个垂头丧气。张印道:"人算不如天算,费尽心思,安排好的事情,却功亏一篑。偷鸡不着,反而蚀了一把米,把李季文好端端的一把宝剑毁了。"申屠建道:"三弟不必懊恼,我那里有把宝剑,乃太守甄阜心爱之物。我一介书生,放着也没有用处。宝剑赠英雄,正好奉送。"李轶原本怀疑秋操举义的事情泄漏,李家满门遇害,与申屠建有关,心中衔恨;自昆阳回到宛城,得知申屠建颇得更始信任,和陈牧、廖湛关系密切,见过几面,却极其冷淡。今见申屠建有意示好,愿以宝剑相赠,不得不投桃报李,表现出少见的热情来。他拱手含笑道:"多承兄长美意,小弟先谢过了!一把剑原本不算什么,但误中刘伯升奸计,心有不甘而已。"朱鲔道:"诸位不须气馁。今日棋输一步,皆因刘稷等人不速而至。猛虎为百兽之王,皆因其爪牙锋利;若去其爪牙,其与牛羊何异?刘稷等人为刘伯升爪牙之士,必一一剪除,方可除去刘伯升。"张印道:"理是如此,刘稷为我军中第一猛将,强悍无敌,如何剪除?"朱鲔笑道:"山中猎户,如何猎虎,你我久在山林,还不知道?或陷坑,或伏弩,或张网,或投毒,方法多矣,岂可墨守一法?俗谚:猛虎必有闭目困睡之时。刘稷一介武夫,心急性躁,除之何难?"申屠建道:"刘伯升骄横难制,所恃者舂陵子弟兵也。若分其兵,弱其势,制之必易。大司马何不奏明皇上,借宛城、昆阳大捷之后,重赏宗室子弟,命他们分别统领舂陵人马,将刘缜部众,一分为三,一分为四。然后命他们分徇各地。刘缜手下兵少将寡,制之何难?"朱鲔、陈牧一齐拊掌笑道:"先生果真大才,张良、陈平不及也!"

朱鲔、陈牧立即去见刘玄,奏请加封刘赐广汉侯,大将军;刘信加封奋威将军,二人将兵征讨南郡;刘祉因为是刘敞嫡子,诏封春陵侯,太常大将军;封刘终为侍中,偏将军;二人统兵西征顺阳,南乡;封刘嘉为兴德侯,扶威大将军;虎牙将军刘顺加侍中,二人统兵,西出武关;封刘稷鲁阳侯,抗威将军,仍回鲁阳;封刘縯汉信侯,准其所请,准备进兵洛阳。刘玄知二人用意,当即准奏,着择吉日降旨。圣旨未下,消息已在军中传开。

刘稷来见李轶,把刘縯所赠宝剑交给李轶。他按照刘縯的嘱咐,对李轶说:"大哥无日不念贵昆仲高义。刘李唇齿相依,非外人可比。平仲莽撞,不意毁了季文之剑。赠君一剑,聊表歉疚。望季文念及'刘李结盟'厚谊,务请海涵。自春陵起兵,季文、文叔与在下三人每为前部,并马驰骋,同生共死,远非泛泛之交。季文圣眷优隆,刘稷卑陋,不敢妄自攀结,犹旧日友情难忘,特来看望。休怪冒昧!"

李轶见刘稷说话文绉绉的,知是刘縯所教,暗自好笑。他接口答道:"刘李之盟,坚如金石,加以骨肉至亲,岂能因一剑之故而损伤? 伯升过虑了!我与谷卿生死之交,无日忘怀。今日正欲向谷卿道喜,来得正巧,你我痛饮几杯如何?"刘稷不解道:"我有何喜?"李轶道:"旦日便知。封侯拜将,出镇一方,还不是大喜吗?"刘稷道:"季文休拿粗人取笑。宛城、昆阳大捷,刘稷寸功未建,无功难以受禄,何以有封侯拜将之赏?"李轶笑道:"恩自上出,何必寻根问底,圣旨下来,你就知道了!"李轶于是把刘祉、刘赐、刘嘉、刘信、刘终、刘顺、刘縯等人同时加官晋爵受到封赏的情况,一一告诉刘稷。刘稷虽是粗人,但粗中有细。他略加思忖,揣摩出其中深意来,便冷笑一声道:"起兵图大事者,伯升兄弟也,更始何为者,尚不知足,反欲削伯升兵权耶? 宛城之功在伯升;昆阳之功,在文叔。天下谁人不知! 有功不赏,反欲倾陷是何道理! 刘稷宁为伯升帐下一卒,不要封侯之赏,意已决矣!"他说罢拂衣而起,不辞而别。李轶目瞪口呆,张口结舌。

刘稷回营,把李轶之言告诉刘縯。刘縯笑道:"几位兄弟封侯拜将是难得之喜,有何不好? 六弟不可过虑。"刘稷道:"分明是包藏祸心,欲分大哥兵权,有何可喜?"刘縯道:"六弟一心只为愚兄,大哥岂有不知? 你没想想:巨伯故侯嫡子,袭封名正言顺;子琴兄弟为更始父兄报仇,毁家舍命;孝孙、平仲皆故侯刘敞的亲侄,哪个不当封侯? 况此数人皆你我族中兄弟,情同手足,分兵由他们统带,一来可免他人猜忌,二来彼此应援,有何不好? 只要弟兄们同心同德,分兵何惧? 贤弟到鲁阳之后,为兄将带兵北征;到时候,你我与文叔合兵一处,直下关中。看宵小之辈还有何计可施?"刘稷听刘縯这样一说方才稍稍放心。刘縯又说:"你我若阻止分兵,正中朱鲔等人奸计。他们极易借机离间我等弟兄之间的关系,在圣公面前进谗,说我拥众揽权,心存异志。分兵之后,圣公放心,他们也就无由进谗了。"刘稷道:"既然大哥这样说,明日我就押运粮草回鲁阳去。"

李轶见刘稷愤然拂衣而去,便立即去找张卬、朱鲔、陈牧等人通报此事。朱鲔道:"自作孽,不可活。事情不可再犹豫了,刘稷一日不除,你我不得安卧!"几人于是联袂进宫,禀报刘玄,备言刘稷狂傲不臣之状。李轶等人道:"刘稷竟然当众丑诋皇上,说什么'首义图大事,破宛城,战昆阳,皆伯升兄弟;更始何物? 竟得拥立以登尊位'! 似此目无君上之臣,今日不杀,必成大患!"刘玄道:"刘伯升得知,必相责难,如何处之?"张卬道:"刘稷如此胆大妄为,所恃者刘伯升也,宜一并诛杀!"刘玄大惊道:"伯升手握重兵,诸位不可造次!"朱鲔道:"皇上安坐后宫好了,我等自有主张!"

次日,圣旨降下。封刘縯汉信侯,刘祉封春陵侯,刘赐封广汉侯,刘嘉为兴德侯,刘稷是鲁阳侯均各加大将军衔。封刘信奋威将军,与刘赐一道征讨汝南;封刘终侍中,扬威将军,与刘祉一道,西征顺阳、南乡;加封虎牙将军刘顺侍中,与刘嘉一道西出武关;刘稷抗威将军如归,仍回鲁阳;刘縯日前请命北征,今准其所奏,进兵洛阳。

圣旨下达之后,风平浪静。朱鲔等人原以为刘稷、刘縯一定会极力反对;那时候就可以名正言顺,以抗旨罪名将其拿获治罪;没想到二人竟然乖乖接旨。紧接着,诸将奉命出征,依照惯例,大将出征前,皇帝要在宫中设宴,赐酒壮行;刘祉、刘赐、刘嘉等人都奉命进宫,饮过御酒,高高兴兴地带兵走了,只剩下刘稷、刘縯在营中待命。二人纳闷,派人到司马府打听消息;得知是粮草尚未到齐,也就放心了。

　　三日后,更始帝忽然传旨,刚刚选练的龙骧军和虎贲军,要在校场会操演武,传谕百官都来观操。刘稷、刘縯一心想着不日就要出征,忙于营中事务;朱鲔、张卬等故意封锁消息,不让二人知晓。天将午时,更始宣召二人前往校场观操。二人接旨,慌忙骑马赶来。刘稷马快,刚进校场,大门落锁,刘縯被挡在校场门外。刘稷甫到点将台前,执金吾廖湛,喝令左右把他拿下。刘稷初以为是误了点卯时刻,分辩道:"接到宣召,已近午时,马不停蹄赶来,不想已晚。望金吾明察。误卯有因,乞请恕罪!"廖湛冷笑道:"诏旨早已发出,百官尽知,岂独你一人没有接到圣旨?尔藐视皇上已非一日,诸将奉旨出征,不羁昝刻;唯有尔接旨之后,迟迟不肯出征,分明怀有不臣之心。尔还有何话可说?"

　　此时,刘稷心中已经明白,今日之事是更始君臣早已设下的圈套,他怕刘縯也跟着中计,落入虎口,于是大呼冤枉,抗辩道:"自接圣旨,我日日待命出征,三番五次命人去司马府问询出征日期。司马答复,粮草未备,要我耐心等待。大司马敢指天为誓不是如此吗?"朱鲔闻言,冷笑道:"一派胡言!你何曾命人去过司马府?有何凭证?"刘稷见李轶在侧,高声道:"李季文可以作证,那日我谒见司马,李季文正从府中出来!"李轶故作惊愕道:"谷卿谬矣,我何曾见过你?"刘稷大声道:"今日之事,分明是汝等合谋倾陷,天理难容!"任刘稷大喊大叫,刘玄坐在将台之上一言不发。刘稷见状,直呼其字,叫道:"圣公!如今汝已是面南而坐,称孤道寡的人了,今日之事敢说心中无愧乎?君臣合谋,倾陷无辜之人,我看你有何颜面君临天下!"刘玄连忙转身,侧过面去,不敢与刘稷对视。张卬等人道:"死到临头,尚敢君前咆哮!立即将其斩首示众!"

　　正当此时,刘縯飞马来到,他高声叫道:"刀下留人!"众人见是司徒刘縯,不敢阻拦。刘縯直到点将台前下马,高声问刘玄道:"刘稷昨日封侯,今日问斩,法犯哪条?所为何事?"刘玄惊慌,无言以对。朱鲔等人道:"刘稷抗旨,图谋不轨,以律当斩!"刘縯道:"空口无凭,有证据吗?"朱鲔道:"圣上有旨,命其返回鲁阳,为何迟迟不肯启程?"刘縯道:"刘稷本为催粮转回宛城,大司马军粮齐备,交割完毕了吗?圣上有旨命其返回鲁阳。圣旨何在?何不当众宣示？请问大司马，从古至今谋反之人有几个不带一兵一卒，只身回京的？刘稷真要谋反，岂能把部众留在鲁阳，自投罗网？请问皇上：昨日刘稷为何蒙封侯之赏？今日为何妄加谋逆之罪？云雨反覆，何其速也？"刘玄汗出如浆，起身欲走，刘縯抢步拦住去路道："皇上今日不说出个所以然来，怎塞悠悠万人之口？臣知道，昨日封侯，必因刘稷有不世之功；今日降罪，必定有奸邪小人进谗倾陷无辜。皇上赏罚不能圣心独断，进止一决于奸邪小人，何以治天下、理万民？"张卬、朱鲔等人见刘縯咄咄逼人，刘玄不知所措，一时气急败坏，齐声叫道："刘縯大胆！全无君臣之礼，快快拿下！"众武士面面相觑，不敢动手。张卬、朱鲔、陈牧、廖湛、李轶、宗佻等人一齐拔出剑来，吆喝众武士道："养兵千日，用兵一时，今日不并力杀此逆贼，养尔等何用！"连斩数人，众皆惊恐。众武士见状一拥而上，把刘縯擒住。刘稷本来甘愿引颈受戮，见刘縯被擒，不禁怒火烧胸，虎吼一声，挣断绳索，从行刑的武士手中夺过鬼头刀来，虎扑狮跃，去救刘縯。张卬在将台望见，大吃一惊，暗暗弯弓搭箭，觑准刘稷，"嗖"的一声，射中刘稷面门。刘稷血流被面，犹直劈横斫，狂斗不止；张卬、陈牧、李轶、廖湛一拥而上，将其乱刀砍死。

刘縯见刘稷被杀，目眦尽裂，大呼："刘玄小儿，残害无辜，天理难容！六弟为我所累，死不瞑目！"

刘玄面色煞白，四肢乱颤。李轶、朱鲔等人齐曰："缚虎容易放虎难。纵虎归山，后患无穷，皇上快做决断！"刘玄道："伯升首义之人，望重宗室，必告宗室父兄，才能定其生死。哪能草率诛杀？"朱鲔道："此何时也，皇上尚存妇人之仁！欲君臣同死耶？！"刘玄掩面挥手道："从卿等所愿！"朱鲔等人立命武士动手，将刘縯斩首，然后以谋逆罪，昭告军中。

结褵

　　刘縯、刘稷猝然被杀，张卬、陈牧等人还欲尽杀刘縯部将，夺其兵属。朱鲔道："不可。刘祉、刘赐、刘嘉等人皆将兵在外，如此则大乱矣。莫如以刘赐代刘縯为大司徒，接掌其兵，安抚部众。刘赐与皇上亲近，且为刘伯升同宗兄弟，他居间调和，不至生变。"更始于是下旨立召刘赐回宛，以刘信代掌汝南之兵。朱鲔征岑彭为司马府校尉，命刘隆为骑都尉，随侍更始，以杜茂分属廷尉王常。刘縯旧部星散各营，唯朱祐仍为护军，留守司徒府，在刘赐麾下听令。

　　李轶与张卬、朱鲔秘议："刘秀北徇颍川，闻其兄被杀，必不肯善罢甘休，宜早作提防。"张卬道："其众不过数千，若带兵回宛，无异于飞蛾扑火，自取灭亡。你我张网以待好了！"李轶道："万不可小觑，其部下多智勇超群之士，不然，何能以三千之兵破王邑、王寻百万之众？"朱鲔道："季文所言甚是，严命将士，紧守四门，一有刘秀消息，立刻禀报！"

　　刘秀兵在父城，正与冯异等人商议北进之策。忽接宛城密报，刘縯、刘稷被杀，刘秀不禁心如刀绞，五内如焚。诸将多劝刘秀带兵回宛城，兴师问罪，报杀兄之仇。冯异道："不可。以父城数千之兵，怎敌宛城十万之众？况刘将军兄弟举义，以讨莽兴汉相号召，更始为汉室新立之君，宛城为汉新建之都，将士皆汉之兵将，同室操戈必致天下生疑。汉兵新胜，莽军新败；父城之兵一出，必致莽军复振，将军昆阳之功尽弃矣。况司徒衔冤被害，不少人

208

是非莫辨；我军一出，徒授人以柄，司徒清白百口难赎，岂非弄巧成拙？"王霸也说道："公孙言之有理。大丈夫报仇，十年不晚。莫如暂据父城，以五县为根基，招兵买马，积草屯粮。等到兵强马壮，再兴师问罪如何？"铫期道："若宛城之兵，不日即到，如何应对？"刘秀心乱如麻，他说道："诸君请便，容我独处一时如何？"

众人告退，刘秀掩门兀坐，不禁热泪纵横，往事历历如在眼前。儿时随父母在南顿县衙，大哥入塾读书，二哥带自己，在塘边玩耍，失足落水；时已薄冰，二哥张皇啼哭；大哥闻声而来，不及脱衣，踊身入水，把自己救出。母亲得知，却严责大哥，命大哥长跪当院。八岁那年，大哥学骑马，刘秀在一旁观看，闹着非骑不可；大哥把他抱负马背；不意马惊，刘秀坠马，大哥再次被父母责罚。九岁时，父亲亡故，刘秀由叔父抚养。叔父不欲刘秀习武；而大哥每乘叔父不知，教自己骑射，击剑。叔父知道以后，常常责怪大哥。刘缤屡受责怪，养成了坚毅刚强的性格，每逢受到误解，委屈，不言不辩，强忍而已。这也是他后来能够泛爱容众、广受部属爱戴的原因。想到宛城郊外，兄弟分别情景，刘秀倍感伤情：大哥殷殷相嘱邓晨、马武、任光，悉心辅佐自己；刘秀叮嘱大哥，谨防小人倾陷。不想此别，竟是永诀。

追忆往事，刘秀心潮难平。自春陵起兵，到小长安兵败；从沘阳、淯水大捷，到兵破宛城，昆阳之战；点滴胜利无不凝聚着大哥和他的心血。可以说，复兴大业能有如今这种局面，多半是由他们兄弟二人汗马功劳挣来的。白水滩上，拥立刘玄，大哥为了汉室江山，大度能容，想不到最终竟落到这种下场！想到这里，他恨不得把更始君臣千刀万剐，食肉寝皮。但转念一想，如今身单势孤，兵少将寡，若与更始君臣撕破面皮，不唯大仇难报，徒惹杀身之祸；还极有可能使复兴大业毁于一旦：自己若和绿林人马自相残杀起来，莽军乘势复振，大哥心血岂不尽付东流？转念又想：即使自己不起兵报仇，张卬、朱鲔等人也不会就此收手；依然要赶尽杀绝，兴兵征讨，自相残杀仍难避免。想来想去，起兵不妥；但坐等待毙更非上策。唯有一途可以避免自相残杀，那就是单人独骑返回宛城，以释更始君臣之疑，化干戈为玉帛。当然，这样做，十分冒险，极有可能是自投罗网。但刘秀想到，有两条护身符可保平安：一是宗室关系；二是昆阳之战的赫赫战功。刘缤虽死，但刘祉、刘赐、刘嘉尚在朝中，特别是在更始左右还有一定影响力，何况兵权在手；昆阳之战的赫赫战功，全军将士无人不知，更始君臣不能不顾及擅杀功臣的影响，况且王凤、王常这两位元老级人物也不会坐视不救。思虑过久，刘秀竟然白日入梦。梦见他回到宛城，即被张印、朱鲔擒获；大哥鲜血淋漓，瞋目大呼："文叔，谁叫你自来送死耶！"刘秀踊身扑向刘縯大呼："大哥！兄弟来迟了！我来救你！"

冯异等人自刘秀掩门入内，便一直守候在门外，听到刘秀惊呼，连忙推门而入。只见刘秀二目发赤，通体是汗，都惊呆了。冯异连忙命人端来凉水一盆，让刘秀盥洗。刘秀洗了一把脸，平静地对众人说："我意已决，准备只身返回宛城。父城军中之事，拜托诸位了。我若一去不返，父城士众尽付冯异、苗萌，其他人各奔前程。我若有幸归来，复于各位相聚！"众人齐道："将军何必只身犯险，入虎狼之窟！还请三思！"刘秀道："不入虎穴，焉得虎子。我意已决，诸君勿复多言。"众人苦劝不下，只得作罢。大家齐声说道："我等翘首以盼将军归来！文叔好自珍重！"

刘秀孤身一人，儒服佩剑回到南阳。黄昏时分，但见宛城四门如临大敌，行人进出盘查甚严。刘秀暗暗询问行人："宛城汉兵占领已久，为何还如此戒备森严？"行人道："更始杀了司徒刘縯，害怕刘秀带兵回来复仇，是以四门设卡，严加防范。你要进城不要耽搁，晚点城门落锁，就进不去了。"刘秀不敢停留，急忙回头，离开城门。他刚在城外寻到一家小店，准备投宿，只见一队巡逻士兵，在店门外吆喝："今晚刘秀人马便来攻城，为防奸细，客店不准容留北来客人！"刘秀只好牵马离开小店，好则夜色昏暗，巡逻士兵没有发现。刘秀不由叹道："我刘秀倒真成了有国难投、有家难归之人了！"正当徘徊无计时，夜色里一骑飞驰而过，恰与巡逻士兵相遇。但听巡逻士卒盘问："来者何人，夜晚急驰？"来人答道："我乃太常大将军春陵侯属下，今日午后大军兵破顺阳，特回宛都报捷！"巡逻士兵验过文书，报捷之人飞马而去。此时刘秀方知刘祉在顺阳。他心想道："巨伯乃故侯刘敞嫡子，望重宗室，更始亦敬其十分。我何不先去顺阳，面见巨伯，若能得巨伯之助，安危料无大碍。"刘秀于是便连夜赶往顺阳。

刘祉见刘秀此时到来，大惊道："伯升和谷卿之祸方过，你又何必自投罗网？身在父城，有兵有将，犹虎在山林，龙在大海；孤身一人回来乃虎落平阳，龙困浅滩。若落到张印、陈牧等人手中，如何是好？"刘秀道："我舂陵子弟举兵，原为光复祖宗大业；若要只顾个人安危，老守田园家业好了，何须冒死犯险？今大业未就，却凭空生出这等变故来，我岂能坐看刚刚有点眉目的基业毁于一旦？我若不归，更始君臣能够高枕安坐，就此罢休吗？能够心无所忌兵下洛阳进军关中吗？"刘祉道："必不可能。"刘秀道："不能心无所忌，高枕无忧，必要兴兵杀我；我不束手等死，自相残杀之祸，必将愈演愈烈。莽军乘势复起，卷土重来，复兴大业将尽付东流矣。"刘祉道："即令如此，汝也不当白白送死也？"刘秀道："蝼蚁尚且贪生，是人何不惜死？我也不愿白白送死；但又不忍复兴大业尽付东流。兄为宗室栋梁，请筹万全之策。"刘祉道："贤弟暂住顺阳军中，千万不可贸然回宛城，容为兄细筹之。"当晚，刘秀在刘祉军中住下。

次日，刘祉赶回宛城，邀刘赐一同进宫，面见刘玄。刘祉道："今日臣回宛城，见城中如临大敌，却是为何？"刘玄叹息道："张印、朱鲔等人杀了伯升，又害怕文叔带兵回来复仇，是以严加防范。"刘赐道："文叔兵不足万，远在父城，何必大惊小怪？"刘玄大摇其首地说道："王邑、王寻百万大兵，尚挡不住文叔三千人马；何况绿林三家，兵不过五万，哪是文叔之敌？"刘祉道："文叔深明大义，识大体，顾大局，断不会贸然兴兵，同室操戈。"刘玄道："手足情深，大仇怎能不报？悔不该妄杀伯升啊。"刘赐道："伯升刚直，居功之心尚或有之。若说其谋反，实系虚妄不实之辞。当日观操，谷卿、伯升皆未带一兵一卒；试想若居心谋反，焉有孤身犯险之理？下江、平林诸将，素惮伯升威名，合谋倾陷而已。"刘玄低头不语。刘祉道："如何平息事端，避免自相残杀之祸，皇上与下江、平林诸将可有良策？"刘玄道："他们能有什么好办法？既不敢兴兵讨伐父城，又怕文叔前来。日日置酒高会，哪有长图远略？"刘祉道："臣有一策，可以化干戈为玉帛，避免同室操戈。"刘玄大喜，忙问："王兄有何良策？"刘祉道："臣愿亲往父城，说文叔只身归宛，以弥缝彼此嫌隙。"刘玄怀疑道："文叔肯只身归来？难道不怕下江、平林诸将背信加害？"刘祉、刘赐二人道："伯升、文叔皆我宗室俊杰，社稷栋梁。杀伯升已经折一栋梁，皇上不可一误再误，轻信他人之言。文叔深明大义，胸襟广阔，不难说服。但你我君臣，必得保其平安无事。不然，我又何必自找麻烦，蹚这池浑水？"刘赐道："下江、平林诸将若不相容，皇上可明白晓以利害；彼若妄图加害文叔，我春陵子弟，决不会坐视袖手。"刘玄道："若能说服文叔只身来归，不失封侯之赏。请他放心！"刘祉、刘赐听刘玄如此明确表态，暗暗高兴，告辞退出。

刘玄召朱鲔、张卬、陈牧、廖湛等人入宫，把刘祉、刘赐劝说刘秀只身来归的事情告诉他们。朱鲔道："如此甚好。只要刘秀不兴兵作乱，与皇上为敌，我们决不过为己甚。"张卬、陈牧道："只怕是皇上一厢情愿罢了，刘秀决不会只身归宛。一来兄弟情深，刘秀必以皇上与臣等为不共戴天的仇敌；二来怕归来之后性命不保。此理昭然，只怕刘祉白跑一趟！"朱鲔道："这也未必。"廖湛不解问道："为何？"朱鲔道："以常理推之，自然如三位所料；但刘文叔非寻常人也，定会孤身一人回宛。"三人忙问道："刘文叔若真的只身归来，当如何处之？"朱鲔道："昆阳之功，天下尽知；其兄之罪，他远在颍川，与其何关？功高当赏，无罪难罚。彼若只身归来，不失封侯之赏。"刘玄道："大司马之言，功过分明，甚合孤意。待其归来再议吧。"

四人从宫中辞出。张卬、陈牧、廖湛齐声问朱鲔："果真不杀刘秀，反而封侯拜将耶？"朱鲔道："封侯拜将之赏虚名也。其无一兵一卒，虚名何用？当年，淮阴侯韩信，一世之雄；一旦削夺兵权，难逃未央之诛；灌、绛皆有万夫之勇，无兵无将，束手甘做阶下之囚。他刘文叔纵有淮阴之才，灌绛之勇，若无一兵一卒，只身入宛城，如虎入牢笼，还有什么作为？俯首听命还则罢了，若有异动，杀之何难？"三人连连点头，齐声说："彼若只身归来，我们也好睡个安稳觉了！"

三天之后，刘祉、刘秀同回宛城。刘赐陪二人一同去见刘玄。到了宫门，刘祉先入禀报刘玄道："微臣交旨。刘秀已经奉命只身归来，现在宫门待罪听旨。"刘玄连忙传宣，刘秀跟随刘赐进宫，见了刘玄，立刻跪倒，大礼参拜。刘玄双手挽扶，安慰道："你我名为君臣，实乃同宗兄弟。日夜盼卿来归，今得相见，心甚欣慰。昆阳之战，文叔居功甚伟，为我宗室子弟增光添彩，朕当重重封赏！"刘秀道："效命社稷乃臣分内之事，何功之有？昆阳之胜乃祖宗之德，圣上洪福，三军将士用命之功，不可归美一人。臣兄伯升，罪在谋逆,大汉律令,九族不免。臣束身归来,宫门领罪,不敢妄领无功之赏!"刘玄听刘秀言辞恳切,心甚感动,暗自愧疚。他又加抚慰道:"赏功罚过,国有成典,非一人之私。请文叔回馆驿候旨吧!"

刘秀三人辞出,暂回驿馆歇息。刘縯旧部及司徒府属吏,听到消息都来看望。刘秀避而不见,刘赐代为辞谢道:"文叔中途奔波,偶感风寒,卧疾在床,难见宾客。容他日再会吧。"众人只好叹息而去。

刘赐、刘祉暗问刘秀,是否为刘縯举哀发丧? 刘秀道:"举哀发丧,是彰皇上之过,显家兄之冤,吊客盈门徒遭他人之忌。逝者已矣,不须多生事端。"二人默然点头。刘秀于是不设灵吊祭,不服孝举哀,衣冠不改,言笑如常。刘秀与新市、下江、平林诸将相见,面无丝毫愠色,礼让一如既往。

次日,刘秀特备礼赞,登门拜见王匡、王凤、王常等人。王凤、马武忆及春陵疗伤,小长安兵败等节莫不唏嘘;王常特别提及和刘縯宜秋相会的往事,叹惋不已。刘秀有意避而不谈,只说昆阳之战同破王邑王寻的情谊,及别后常相思念情形,王凤、王常等人甚为感动。大家都说:文叔义薄云天,今生今世不会忘记。话及眼下处境,刘秀忧心忡忡地说:"家兄与张卬、朱鲔等人嫌隙极深,恐怕迁恨于我,难以相容。"王匡、王凤、王常都说:"文叔放心,我等必会极力周全。"刘秀当即谢过。

刘秀只身归来,使宛城的气氛顿时缓和下来。四门的哨卡一时尽撤,城上荷戈的士兵各归营伍,街市上人来人往,车水马龙。更始君臣见刘秀毫无衔怨之意,也都放下心来。这日,刘玄与朝中耆老重臣商议刘秀的封赏之事,王匡、王凤、王常等人极言刘秀之功;刘祉、刘赐则盛赞刘秀之德;张卬、朱鲔、陈牧、廖湛等人也不好提出异议。刘玄于是降旨:封刘秀为武信侯,破虏大将军,赐第于宛城市中当成里,为武信侯府。散朝之后,百官皆来道贺。刘秀在当成里府中设宴款待。朱鲔、李轶、申屠建等人也都来了,刘秀一一敬酒。朱鲔趁机试探道:"文叔当世良将,朝廷正当用人之际,岂可解甲安卧当成里耶?"刘秀笑道:"某当年游学长安,师从许子威先生学《尚书》,读经尚儒;归春陵以后喜稼穑,胸无大志。春陵兵起,身为宗室子弟,执干戈以履戎行。侧身兵间久矣,倦怠戎事已非一日。今喜得解甲,于愿足矣。"李轶道:"文叔徇颍川多得士心,英彦之士望风影从,当日昆阳突围有幸结识,这些人仍在父城军中吗?"刘秀道:"半归乡里矣。"李轶不无惋惜道:"此皆良材,惜生不逢其时!"刘秀道:"季文所言不差,颍川诸将生当高帝时不逊滕公、绛、灌,万户侯何足道哉!"

席散之后,朱鲔、李轶与张卬、陈牧等人商量说:"刘秀旧部皆在父城,一旦与其相会,必为后患。不如趁刘秀在宛,群龙无首,派人潜师以往,以绝后患。"朱鲔等暗命成丹、武勃、李松等人率兵五千攻打父城。

刘秀走后,冯异等人留守父城,不知刘秀生死,命人前往宛城打探。不想半道上却得知宛城兵马攻打父城的消息,连忙报告冯异。冯异等人料刘秀凶多吉少,义愤填膺,于是撄城拒守。成丹等人连攻数日不能得手,分兵驻扎父城四面要道,预作久困之计。晚上,冯异、铫期、王霸、傅俊等人从四门冲出,偷袭成丹、武勃大营,纵火焚烧,成丹等人弃营而走,兵马损折大半,败归宛城。此后更始大军分兵两路进军关中,都避开了父城:一路由定国上公王匡率领北伐洛阳;一路由申屠建、李松率领西出武关,进兵长安。这是后话,暂且不表。

邓晨与刘秀大破王邑、王寻之后,分兵北徇阳翟以东,直到京、密之间。邓晨班师归来,与刘秀相见,二人握手垂涕。刘秀道:"为释他人之疑,兄为我速回新野,前往阴家行聘,我欲择吉完婚。"邓晨道:"伯升新丧,仓促完婚,有悖常理,恐招亲友非议。"刘秀道:"人皆以我不念手足之情,方可尽释更始君臣疑忌。当年高祖兵败彭城,太公为项羽所虏,欲烹太公。高祖曰:'幸分我一杯羹。'高祖真不念父子之情耶? 抑或为势所逼耶?"邓晨道:"身在虎口,不得不如此。我知之矣。"

翌日,邓晨即回新野,前往阴府行聘。阴丽华长兄阴识,与刘秀同游长安太学,为刘縯军中校尉,曾随刘縯攻打宛城,劝降新野。宛城攻破之后,论功行赏,被封为偏将军。刘縯被杀,阴识称病回返新野。邓晨到来,转致刘秀之意,阴识道:"伯升尸骨未寒,文叔便要完婚,必有隐衷,请伟卿实言相告。"邓晨道:"以次伯与文叔兄弟之交,当知文叔志节。其孤身归宛,为释更始君臣之疑,消弭自相屠戮之祸。今虽封侯拜将,但寸柄皆无,可见疑忌无尽释也。身在虎口,疑忌难释,随时不免有杀身之祸。此时完婚,示其安于其位，再无他图，以除猜嫌也。唯次伯为文叔筹之！"阴识道："文叔用心良苦。但此时送小妹入宛城，亦入虎狼之窝。容我与母亲和丽华细筹之。"阴识与阴丽华同父异母。阴识生母早丧，由阴丽华之母鞠育成人，阴母视阴识如己出，阴识亦事母至孝。阴母说："吾不希荣华富贵，封侯之赏，只望女儿平安一生。文叔今在虎口，尚想以丽华为殉也？"阴识道："文叔龙虎之资，日后必当大贵，与吾妹亦天作之合。古今成大事者，哪个没有经过七灾八难？况吉人天相，一时困厄，必能逢凶化吉，遇难成祥。当其危难之时，理当助之。望母亲三思成全！"阴丽华之弟，阴兴，字君陵，年方十五，侍母在侧，亦劝阴母道："刘文叔当世英雄。吾姐嫁英雄，足耀门楣，吾愿送姐去宛城！"阴母私问阴丽华之意。阴丽华道："女儿承母教，妻之从夫，犹如日月东西相从，永世不绝。从一而终，为之妇节。子曰，'妻为亲之主'，文叔父母尽丧，又复丧其兄，是无亲也，忍能让其再失'亲之主'也？"于是，阴家受聘，择吉日送阴丽华至宛城完婚。

更始君臣听说刘秀即将完婚都感到意外。刘玄问朱鲔、申屠建等人道："伯升新丧，文叔便要完婚，有悖常理，不知何意？"申屠建道："刘文叔奉儒守礼之人，行事反常，必有隐衷。"朱鲔笑道："此韬晦之术也，为释皇上和我等之疑罢了。"刘玄道："此亦人之常情。久闻文叔幼年曾说，'仕官当为执金吾，娶妻当娶阴丽华'，其志可知。如今已得封侯之赏，再娶丽华，平生之愿已酬，还复何念？诸卿不必妄加猜测。"陈牧道："有无图谋隐衷，待其完婚之后，将其幽禁当成里府中，暗中察访，不就知道了？这又有何难？"朱鲔道："此举不妥。刚刚封侯拜将，又无丝毫过失，将其幽禁，难堵百官之口，徒招物议。"申屠建道："我有一计，可获幽禁之效，以塞众人之口。"众人齐问："申屠先生有何妙计？"申屠建捋须微笑，不慌不忙，说出一条计来。众人无不称妙，立即依计而行。

吉日到来，阴家送亲的队伍从新野出发前往宛城。刘秀及宗室亲友，出城十里相迎。送亲队伍，每过村镇聚落，便要鼓乐齐奏，停下来歇息片刻，再往前行。这样走走歇歇，天将午时才到了淯阳、棘阳、涅阳三县交界之处的饮马涧。此处方圆数十里人烟稀少，极其荒凉。秋夏之交，湍河、淯水洪水泛滥，交汇于此，秋尽潦缩，只余浅浅一涧；过往行人，多在涧边饮马，涧水因此得名。阴府送亲队伍正准备在此饮马，忽然一棒锣响，林莽中冲出一群强盗来，呼啸着来抢陪送嫁妆。阴府宾客慌忙各执枪棒护卫车轿，阴识本是久经沙场之将；阴兴又十分骁勇，顷刻间把强盗打得落花流水。尽管有惊无险，但阴丽华的陪嫁妆奁，还是损失了不少。刘秀、刘隆、朱祐等人得到消息赶来接应时，打劫的强盗早已无影无踪了。

刘玄闻知此事，立命执金吾廖湛分派金吾卫士二百人，护卫当成里武信侯府——实际上是把刘秀幽禁府中。"金吾"乃汉时皇家特别卫队，手执熟铜棍，两端镀金；皇帝出宫，"金吾"出警入跸，保护车驾安全；平时纠察九城，从黎民百姓，到文武百官；违法犯禁皆可缉拿。刘秀深知更始君臣之意，索性日夜敞开大门，任人出入。

新婚之夜，宾客散尽。刘秀凝神面对新房里的红烛，心乱如麻，悲从中来。蜡泪如血，无语滴落；新人如花，难慰断肠之痛。耳听更漏将尽，阴丽华柔声细语说道："蜡烛将熄，天快亮了。三哥要哭就哭吧，小妹陪你一倾心中之苦。"说罢吹熄残烛，扶刘秀同入帏帐。当夜鸳鸯合欢枕尽湿，刘秀腹中的苦泪无声无息一直流到旭日临窗。当听到门外有人禀报"有客来访"，刘秀方才起来盥洗，阴丽华为其栉发整冠。冠戴整齐，刘秀又佯作春风满面地前厅会客去了。

长安乱

王邑、王寻昆阳兵败，百万大军损失殆尽。消息传到长安，王莽和文武百官莫不心惊，黎民百姓也惶惶不安起来。王莽立召文武百官商议对策。司中大夫孙伋出班奏道："终南山中有一得道之士，名叫苏乐，能够呼风唤雨，伏虎降龙，驱遣六丁六甲，天兵天将。不妨将他礼聘进宫，咨以平息祸乱之方。"王莽准奏，立刻命人把苏乐请进宫来。苏乐道："岁星在南，陛下宜亲率百官祭祀南郊，然后臣为皇上建造七星炉一座，熔冶金、银、铜、铁、锡五金，加入五色石子，仿北斗七星之状铸成威斗，长五九四尺五寸，象征至高无上的天命王权。皇上亲执枢机之柄，南乱指南，北乱指北，安邦息乱，易如反掌。"王莽大喜，立刻照准苏乐之奏，祭祀南郊，建造洪炉，铸造威斗。不日威斗铸成，王莽让司命大臣扛着，亲自手握天枢星座，斗勺指向南阳，乘车在京城巡视一周，然后回到宫中，将威斗放置御案旁边。

谁知威斗铸成之后，宛城汉兵声势更大；山东赤眉别部董宪声威复振。王莽一方面调兵遣将，一方面又把威斗指向东方。这样日久天长，王莽心劳日拙，身体日渐消瘦，头晕目眩，夜不能眠，自觉性命不保。苏乐又建议说："陛下可于宫中兴建'八凤台'，台上种植五色粟谷，命人用五色之玉煮水，日日浇灌，食之可以延年益寿，长生不老。"王莽大喜，命人依法而行。苏乐的徒弟西门君惠，自诩精通星象谶纬之学。他跟随其师，出入宫中，跟王莽左右日渐熟悉。一日，他私下对卫尉将军王涉说："汉室当兴，刘秀为主，国师公刘秀,乃应命之主,这是天意。将军可有耳闻?"王涉说:"早有耳闻。但如今宛城称号的人是刘玄,与国师公何干?"西门君惠道:"富贵自有天定,陈涉、怀王、霸王哪个不是称号在先? 但哪个不是为高帝作嫁衣? 现在不管有多少人拼死拼活,你争我抢,到头来都不免竹篮打水,白白忙活一场,坐享其成的仍不免是国师公。将军欲永保富贵,机会不可错过。"王涉不禁怦然心动。

王涉与大司马董忠、司中大夫孙伋交谊素厚,一向党附王莽的太子王临,国师刘歆是王临的岳父。他们于是暗中商议,拥立刘歆。刘歆是大儒刘向之子,为避哀帝刘欣的名讳,改名刘秀,原本是王莽的亲信,拥立王莽有功,被封为国师。王莽有四个儿子,长子王宇,字公孙;次子王获,字仲孙;三子王安;四子王临。当初王宇和他的老师吴章、内兄吕宽不满王莽弄权,禁止汉平帝的生母卫后和平帝见面;卫后日日啼哭,想见儿子一面都不能够。吴章和王宇商量,让吕宽暗中命人把狗血洒在王莽的府门外,吓唬王莽;然后让吴章出面进谏,劝王莽善待平帝母子,允许卫后进宫,母子相见。不想事情泄漏,王莽大怒,杀了吴章、吕宽,连王宇也被投入狱中毒死。王宇的妻子吕嫣,身怀有孕,王获奉母亲之命,请求王莽放过吕嫣;王莽怀疑王获也参与其事,又鸩杀王获,待吕嫣产后缢杀吕嫣。王莽的妻子本是丞相王咸之女,因为痛丧二子,哭瞎了双眼。王莽篡位以后,立妻子为皇后,立王临为太子。皇后的贴身侍女原碧,颇有几分姿色,被王莽奸污,王莽答应有了时机要封她为妃子。后来因皇后眼瞎失宠,王莽很少来皇后居住的未央宫,原碧也难得再见王莽。太子王临奉王莽之命,时常来未央宫侍奉母亲,因而又和原碧勾搭成奸。原碧一怕奸情被王莽知晓,二恨王莽背弃前言抛弃自己。她于是怂恿王临谋杀王莽。太子妃刘愔,自幼受父亲刘歆之教,颇晓天文星象,她对王临说:"臣妾夜观星象,不日宫中将有白衣之会。"王临把这话告诉了原碧。原碧大喜,认为时机到来,二人便紧锣密鼓,做起了准备。王莽在宫中耳目众多,王临、原碧动作频繁,被王莽的耳目发觉,密报王莽。但因没有真凭实据,王莽又不愿家丑外扬,就降旨:"太子王临,侍奉皇后不能恪尽孝道,即日废黜,贬为义阳王,着即出宫。"

王临惶恐不安,急忙修书一封,命人秘密送进未央宫,交给母亲孝睦皇后，希望得到母亲的庇护。他信中写道："陛下于子孙极为严厉，王兄长孙、仲孙皆三十而殇。今儿臣又年届三十，母后若有不讳，恐怕死无葬身之地！"皇后双目失明，未及让身边宫女代阅转述，听说王莽将要进宫，忙将书信藏于枕下。王莽来到未央宫，探望皇后病情，看到了这封书信，勃然大怒。他立即下令将原碧下廷尉狱中，严加审讯。原碧受刑不过，供出与王临通奸、谋逆之罪。王临赐死，原碧绞杀狱中。王临不肯饮下王莽赐给的毒酒，撞死狱中。为防事情外泄，王莽降下密诏，把办案官员尽行杀死，不留活口，尸体埋葬狱中。此时王莽四子尽死，他命人将原郡妾侍所生的两个儿子王兴、王匡接进京来，分别加封王兴为功修公，王匡为功建公，拟准备让二人承继大统。

王莽得知王临谋逆，盖因听信其妃刘愔之言，"不日宫中将有白衣之会"。他于是责问刘歆："太子生性忠孝，本不懂星象，因其妻蛊惑，始生篡弑之心。养不教，父之过，国师能无过乎？"刘愔闻讯恐惧自杀。刘歆叩头不止，被王莽饶过。王涉、董忠、孙伋怕连累到自己，欲用卫尉之兵和孙伋手下宫中侍卫，联手共劫王莽，扶刘歆登基。刘歆自忖兵少将寡，难以掌控大局，决定事后投降更始以保富贵。孙伋见刘歆优柔寡断，难成大事，便向王莽告密，以脱罪自保。

王莽立即召见董忠。董忠不知事泄，应命进宫。王莽责问道："朕待汝不薄，何故谋反耶？"董忠情急，无言以对，矢口否认，孙伋当庭作证质对。王莽立命殿前虎贲武士将其擒拿，用五花斩马剑将其碎尸万段。王莽接着传旨把董忠合族男女老少一齐处死，挖了一个大坑，用浓醋、毒药、刀剑、荆棘把他们合葬一处，让他们的灵魂也永受折磨。

刘歆、王涉听到这一消息后，也都相继自杀了。王莽怕引起更大慌乱，没有公开他们的罪行和对他们的惩罚。

王邑回京，待罪在家。王莽考虑到正当用人之际，觉得左右比他更可信任的人不多。于是召他进宫，好言抚慰，改任他为大司马，以接替董忠职务。又任命大长秋张邯为大司徒，崔发为大司空，司中寿容苗䜣担任国师。从此，王莽寝食难安，只喝酒，吃鳆鱼。他读军书疲倦时，依案假寐，不再上床歇息。

严尤、陈茂不敢回归京师。听说钟武侯刘望在汝南起兵,正在招兵买马,便前去投奔。刘望匆匆登极称帝,见严尤、陈茂来投,心中大喜,便封严尤为大司马,陈茂为丞相。

一波未平,一波又起。接连又有两封急报送进宫来,一封来自陇西成纪;一封来自成都。

成纪人隗崔、隗义,上邽人杨广,冀县人周宗同时聚众起兵,响应南阳刘玄汉军。三路人马联合进攻平襄,与王莽的镇戎将军李育交战,斩杀李育。隗崔的侄儿隗嚣,字季孟,为国师刘歆属下元士。刘歆自杀,隗嚣回归乡里。平襄攻下以后,隗崔、杨广、周宗等人计议:军中应推举一人,共立为主。众人皆道:"季孟素有贤名,好经书,有智谋,宜立为上将军。"隗嚣再三辞让迫不得已,他说:"诸父众贤不弃晚生小子,若能用小子之言,乃敢从命。"众人道:"悉听遵命。"

隗嚣既立,乃以平陵人方望为军师。方望说:"足下欲承天顺民,辅汉而起。今拥立者乃在南阳,王莽尚据长安。虽欲以汉为名,其实无所受命,将何见信于众,取信于民乎?宜急立高帝刘邦之庙,称臣奉祀,所谓'神道设教',求助人神者也。"隗嚣从其言,乃于平襄东郊兴建高祖刘邦之庙。七月己巳(二十二日)祭祀高祖、文帝、武帝,隗嚣等人一律在庙前焚香称臣,杀马盟誓。礼毕,隗嚣移檄各郡讨伐王莽。檄曰:故新都侯王莽,慢忤天地,悖道逆理。鸩杀孝平皇帝,篡夺其位。矫托天命,伪作符书,欺惑众庶,震怒神灵。反戾饰文,以为祥瑞。戏弄神祇,歌颂祸殃。楚越之竹不足以书其恶,天下昭然所共闻见。今略举大端,以喻吏民。盖天为父,地为母,祸福之应,各以事降。莽明知之,而冥昧触冒,不顾大忌,诡乱天术,援引史传。昔秦始皇毁坏谥法,以一二数欲至万世,而莽下三万六千岁,言身当尽此度。循亡秦之轨,推无穷之数。此其逆天之大罪也。分裂郡国,断裁地络。田为王田,买卖不得。规锢山泽,夺民本业。造起九庙,穷极土作。发冢河东,攻劫丘垄。此其逆地之大罪也。尊任残贼,信任奸佞,诛戮忠正,覆按口语,赤车奔驰,法冠晨夜,冤系无辜,妄族众庶。行炮烙之刑,除顺时之法,灌以醇醯,裂以五毒。政令日变,官名月易,货币岁改,吏民惑乱,不知所从,商旅穷窘,号泣市道。设为六管,增重赋敛,刻剥百姓,厚自奉养,苞苴流行,财入公辅,上下贪贿,莫相检考。民坐挟铜炭,没入钟官,徒隶殷积,数十万人,工匠饥死,长安皆臭。既乱华夏,狂心益悖。北攻强胡,南扰劲越,西侵羌戎,东摘秽貊。使四境之外,并入为害,缘边之郡,江海之滨,涤地无类。故攻战之所败,苛法之所陷,饥馑之所夭,疾疫之所及,以万万计。其死者则露尸不掩,生者则奔亡流散,幼孤妇女,流离系虏。此其逆人之大罪也。是故上帝哀矜,降罚于莽,妻子颠殒,还自诛刈。大臣反据,亡形已成。大司马董忠,国师刘歆,卫将军王涉,皆结谋内溃;司命孔仁,纳言严尤,秩宗陈茂,举众外降。今山东之兵二百余万,已平齐楚,下蜀汉,定宛洛,据敖仓,守函谷,威命四布,宣凤中岳。兴亡继绝,封定万国,尊高祖之旧制,修孝文之遗德。有不从命,武军平之。驰使四夷,复其爵号。然后还师振威,囊弓卧鼓。申命百姓,各安其所,庶无负子之责。

隗嚣檄文传谕四方,诸县望风而降。隗嚣又将兵十万斩雍州牧陈庆,准备攻打安定。安定太守王向是王莽的堂弟平阿侯王潭之子,不肯投降。隗嚣将其擒获,斩首示众,攻占安定。

更始即位南阳,四方响应。南阳人宗成自称"虎牙将军",商洛人王岑自称"定汉将军",先后起兵汉中、雒城,合众数万人,打败王莽的庸部牧宋遵,将其斩杀。蜀郡太守公孙述,派遣使者迎宗成、王岑到成都。但是宗成、王岑到成都以后纵兵抢掠,横行残暴,公孙述发觉上了大当,看出宗成、王岑根本不是汉兵将军,只是打着汉军旗号的强盗而已。他召集当地豪杰说:"天下同苦新莽,思念刘氏久矣。所以听说大汉将军到来,奔走相告,道路相迎。想不到引狼入室,无辜使妻子儿女受到凌辱。这伙人根本不是汉军,而是强盗。"他命人假冒更始使者,授予公孙述"辅汉将军"、蜀郡太守、益州牧的印信,带兵西击宗成、王岑,将其斩杀,尽有其众,据有益州。

王莽接到急报,不知所措,忙召王邑、张邯、崔发等人商议对策。王邑道:"为今之计,出兵征讨已经兵力不足,只有分兵固守京师和洛阳,才是上策。三辅饥荒,贼兵攻城不下,粮尽必退。"王莽只好同意。他于是命太师王匡、国将哀章带兵守卫洛阳,王邑镇守长安。

马武从前线归来，去当成里看望刘秀，被金吾卫士挡驾。马武大怒，前去责问廖湛。廖湛说："皇上有旨，为保武信侯安危，命金吾宿卫。"马武冷笑道："小小武信侯府，竟用金吾宿卫，三公之府当由御林军把守了！"马武入宫去见刘玄。马武道："王邑、王寻百万大军尚可溃围而出，二百金吾欲困刘文叔耶？文叔若有他意，何必只身回来。莫以小人之心度君子之腹，令义士寒心！"刘玄羞惭，立命金吾从当成里撤走。

更始君臣听到陇、蜀各地都打着"汉"家旗号起兵，声势浩大，又喜又忧。喜的是人心思汉，王莽天下不得长久；忧的是群雄逐鹿，怕他人捷足先登，遂与身边众人相与商议应对之策。朱鲔道："秦陇相近，隗家军平襄兴建高帝祠庙，传檄天下，杀陈庆，斩王向，攻占安定、陇西、武都、金城、武威、张掖、酒泉、敦煌十余县；公孙述占据蜀中。若两家联合，攻打长安，抢占先机；我们拼死拼活，南征北战，不是白白为他人作嫁衣裳，到头来，反要向他人称臣？"刘玄忙道："众卿快拿个主意，无论如何不能让他人先入长安！"申屠建道："陛下不必惊异。秦末天下仿佛今日之天下。当初义帝曾与诸将相约，先入咸阳者为王。高帝先入咸阳，但项羽兵强马壮，高帝不得不拱手相让。虽说捷足先登，但归根结底，要听天命，凭实力。陛下汉室苗裔，天命攸归，谁人能比！天下终归还是陛下的天下！"刘玄道："话虽如此，还是赶快出兵为好。"刘祉道："复兴汉室宗社，臣等义不容辞。春陵子弟愿为前部，进军长安。刘秀昆阳之战，威名远扬；且曾北徇颍川，人地皆宜。不如以其为将，率兵北征！"朱鲔忙道："不可！宛城、昆阳之战，春陵子弟已经多日辛劳，今又大半将兵在外。进军洛阳、长安，还是让新市、下江、平林人马打前锋吧。"刘玄道："成国上公和王廷尉，不是刚从昆阳还宛都吗？"朱鲔道："臣等已有安排，准备兵分两路：一路由定国上公王匡率领，马武为先锋，北征攻打洛阳；一路由申屠建、李松率领西出武关，攻打长安。"刘玄迟疑道："申屠建、李松皆为文官，能领兵打仗吗？"朱鲔道："将在谋而不在勇。绣衣御史申屠建，胸有韬略，腹有良谋；丞相司直李松，文武双全，其勇不亚于其兄李轶。二人珠联璧合，相得益彰，必能马到功成。"刘玄听朱鲔这样说辞，也就放了心。刘玄当殿加封申屠建为西屏大将军，李松为征西将军，率兵出发。马武向王匡建议说："刘秀智勇双全，且其颍川旧部，能征善战之将甚多，兵在父城。能让刘秀一同北征，保证势如破竹。"王匡去见刘玄。刘玄难以做主，召朱鲔进宫商议。朱鲔道："皇上难道没有听说过'刘秀当为天子'的谶语吗？宁可信其有，不可信其无。国师公虽死，不可大意！"刘玄不再多说，王匡也只好作罢。

南阳两路大军齐出，消息很快传开。三辅震动，四方响应。析县人邓晔、于匡在南乡起兵，打着汉军旗号西进。王莽之析县令带兵数千在武关附近的三户亭守备武关。邓晔、于匡劝析县令说："刘帝已立，君何不知天命也。宁为王莽殉死耶？"析县令闻言归降。邓晔、于匡尽得其部数千人马，声威大振。邓晔于是自称辅汉左将军，于匡称右将军，两人兵不血刃攻占析县、丹水两城，然后兵发武关。守关都尉朱萌，闻宛城汉兵将至，误把邓晔之兵当作南阳更始大军，遂开城投降。王莽右队大夫——即弘农郡太守宋纲，急忙带兵前来迎战。莽军一触即溃，宋纲被杀。邓晔、于匡乘胜攻克湖县。李松、申屠建兵到武关，邓晔开关迎接，合兵一处，进驻湖县。申屠建道："武关乃秦之南门，进了武关，长安在望。昔日高祖即由此进入咸阳。长安军资多在京师仓，若攻占京师粮仓，破长安必易。"于是李松、邓晔带兵三千进军京师仓。

王莽得报，焦急万状。司空崔发献计道："《周礼》及《春秋左氏传》皆有记载，国家有了大灾大难，哭告上天可以得到上天救助，以胜贼兵。鲁宣公十二年，楚子率兵围郑十有七日，郑国自国君至守城军民大哭三天，感动天地，楚兵终退。"王莽无奈，只好率群臣至南郊，祭告天地，陈述自己接受符命，代汉称帝的经过，他仰天大哭道："皇天在上，既然把九州万民交给臣莽，何不殄灭叛贼！即令臣莽做错了什么，愿雷霆诛之与逆贼共亡！"三呼之后，捶胸大恸，声嘶气绝，伏地叩头出血。他命众儒生和城中百姓会集，从早至晚哭泣，飨以粥食。王莽又亲自写了《告天策》，自陈功绩千余言，命人诵读。哭得悲恸，诵得好者，赏以郎官之职。数日来，封赏郎官五千多人。

王莽又封史熊、王况、郭钦、陈翬、成重等九人为将军，皆以"虎"为号，号为"九虎"，由塞恽统领，率北军精兵数万人，东征以拒汉兵。出征之前，王莽将其妻子儿女一并拘押宫中,作为人质。当时宫中尚有黄金六十万斤,每万斤装为一柜,共六十柜;钱币无数,分装成柜,藏于宫中、府中尚方处;长乐宫、御府及都内平准帑藏钱帛珠玉珍宝甚多,王莽却舍不得拿出来。每个虎士只赏赐四千钱,将士们十分不满,毫无斗志,人人心里想着如何逃生。

"九虎"带领人马从长安出发,到达华阴回谿,扼守险要关隘,从渭水南岸直到华山安营扎寨。于匡带领数千弓弩手登高列阵挑战九虎。李松、邓晔将两万余人,从湖县西边的阌乡向南,绕道枣街,出其不意击败"九虎"大军的一部后,又向北从"九虎"阵地的背后发起攻击。"九虎"正和于匡激战,不料背后奇兵杀出,腹背受敌,大败而走。史熊、王况二人逃回长安,到宫门外领罪求死。王莽严旨责问:"部下将士都死在何处?尔等有何面目生还?"二人在宫门求告无效后自杀身死。这一战,"四虎"战死,郭钦、陈翚、成重三人侥幸逃脱,收拾残兵败将退保京师仓。

京师仓在华阴县东北渭口,即渭水与黄河交汇之处,关中粮秣多积于此。李松、邓晔久攻不下,他们与申屠建商议道:"小小京师仓尚攻不下,何况长安城高池深,兵多将广。莫如退兵华阴,修整攻城之具,待大军到来,请旨定夺。"李松道:"原本打算攻下京师仓,粮草无忧。如今粮仓没有攻下,军中粮秣将尽,如何是好?"邓晔道:"关中膏腴之地,就地筹措军粮不难。莫如遣将四处,攻城略地,以筹军粮。"申屠建、李松以为邓晔言之有理,遂任命弘农掾王宪为校尉将兵数百,北渡渭水,入左冯翊界,掠地筹粮;又命偏将军韩臣一路向西,直到新丰附近。

王邑得报,汉军兵锋已到新丰,大吃一惊,急命波水将军窦融带兵数千拒抵。其时,莽军斗志尽丧,一触即溃,窦融落荒败走。韩臣乘胜追击,直到长门宫门。

王宪向北掠地抵至频阳,一路所过,望风迎降。大姓豪门,皆募集宾客士众数千人,打着汉军旗号,自称将军,蜂拥而起。栎阳人申砀、下邽人王大,率众追随王宪。郃阳人严春、茂陵人董喜、蓝田人王孟、槐里人汝臣、周至人王扶、阳陵人严本、杜陵人屠门少,各率徒众杀向长安。汉兵未至,京畿已是烽烟四起了。

各路人马从四面八方汇集长安城下,各自为政,不相统属。大家也都听说天水隗家军将要到达。隗家军号称十万,兵强马壮。一旦来到,攻破长安,首功独居,珍宝尽有,自己岂不白辛苦一场?这些人不等号令,人人争着抢先入城,希图建立大功,抢掠财宝。一场疯狂的攻城之战,自动爆发。喊杀声震天动地,乱兵如大海波涛,涌向城门。

王莽急忙传旨,赦免京师所有监狱里的囚犯,发给武器,临时组成部队,杀猪饮血,让他们盟誓说:"如有不为新朝尽心效力之人,社鬼记住他!"然后命更始将军史谌带着这支刚刚组成的乌合军队,出城迎敌。队伍刚过渭桥,还没有列阵交战,就一哄而散,跑得净光,只剩史谌狼狈孤身逃回。

长安城毕竟是京师,城池坚固,仓促举事的义军,想一举攻破并非易事。受挫之后的义军怒不可遏,把王莽祖父、父母、妻子、儿子的坟墓统统挖开,焚烧棺材尸骨,接着又焚烧王莽的祖庙、明堂、辟雍,火光冲天,照亮城中。

九月初一,攻城义军攻破宣平门。司徒张邯,带兵阻挡,当即被杀。王邑、王林、王巡、蹇恽等人带兵在北阙抗击。战至夜晚,城中官吏及豪门大宅之人纷纷乘夜逃跑。次日清晨,城中后生朱弟、张鱼等人恐怕家财遭到抢劫,冒充入城汉兵,奔走喧哗,聚众成群,焚烧尚方处。尚方处乃供应、制造宫中应用之物的地方,朱木油漆之属着火即燃。朱弟、张鱼等人用斧子劈开敬法殿小门,高声大呼:"王莽反贼,为何不早早投降?"大火顷刻蔓延到掖庭、承明殿。王莽的女儿,本是平帝的皇后。平帝死后,王莽篡位,废孺子为安定公,女儿改为安定太后。当时安定太后才二十来岁,王莽为了让她和汉朝一刀两断,改封为"黄皇室主",承明殿就是黄皇室主居住的宫殿。黄皇室主自平帝驾崩后,一直卧病宫中。宫人劝她逃走,她说,"我还有什么脸面再见汉朝之人?"她于是整妆掩面,纵身投火而死。

王莽避火逃到未央宫宣室前殿,烈火总是追着他燃烧,宫女齐声惊呼:"如何是好?如何是好?"世人尽知,汉为火德,水能克火。王莽于是身穿天青色的服装,手持虞帝匕首,用以辟火。五行,青色象征水,王莽欲以五行相生相克之法胜之。天文郎在前,按着占卜天象的杖,王莽转动座席,随着斗柄转动的方向正襟危坐,口中念念有词。此时汉兵已入宫门,左右劝他快逃,王莽道:"天生德予余,汉兵其如余何!"

九月初三,黎明时分,群臣搀扶王莽自前殿西出白虎门,和新公王揖奉车骑等候在宫门外。王莽多日不食，已无气力，众人扶掖登车，前往渐台。这时公卿及随行官吏还有一千多人。

渐台在建章宫太液池中，为汉武帝所建，高二十五丈。王邑昼夜鏖战，困倦已极，部下士兵伤亡将尽。他见宫中火起，飞马进入宫中，辗转来到渐台。王邑看见儿子王睦脱下衣冠准备逃走，他厉声呵责："侍中乃皇上侍从之官，当与圣上生死相从，岂能离驾半步！"父子两人一同转回，护卫王莽。

各路人马涌入皇宫，不见王莽，纷纷呼喝："王莽反贼，快快出来受死！"一宫女告诉士兵王莽已逃往渐台，众人纷纷赶来，霎时把渐台包围了数百重。台上台下，弓箭互射，矢下如雨。台上箭用尽了，短兵相接，血肉横飞。王邑父子、蹇恽、王巡，尽皆战死台上。王莽躲进台上密室。下午三刻，成群的士兵冲上渐台，侍卫之臣王揖、苗䜣、唐尊、王盛等人都被杀死。商县人杜吴杀死王莽，夺得王莽的绶带，但他不认识王莽，高高兴兴佩着绶带走下渐台。宫中校尉公宾就见了，认出是王莽之物，忙问他："此绶带主人何在？"杜吴道："在台上密室，已被我杀死了！"公宾就闻言大喜，飞步登上渐台，进入室中，认出死者正是王莽，连忙割下首级，前去请功领赏。

当时长安盛传，杀了王莽，骨肉按轻重论功行赏，"一两莽肉一两银，一两莽骨一两金。"兵士们于是争着抢着斩下王莽四肢，分割王莽身躯肌肉，顷刻间王莽身躯被分成无数块。抢到王莽骨肉的人如从肉市归来，手提血淋淋的人肉，欢天喜地地领赏去了。

公宾就提着王莽的脑袋前往王宪那里领赏。王宪自称是汉朝的大将军，城中义军和王莽的残部几十万人都归降了他。小人得志，得意忘形，他大摇大摆地住进了长乐宫，把王莽的妃嫔当作妻妾，出入使用王莽的车马，穿戴王莽的衣冠，私藏宫中珍宝财物，甚至连传国玉玺也没有上交。九月初六，李松、邓晔进入长安，随后申屠建、赵萌也赶到了。听到王宪种种胡作非为的情事，相与商议道："此人若不及早诛除，必为后患！"于是，以私藏玉玺不交，秽乱宫廷，藏匿宫女等罪名将王宪斩首示众。众人紧接着命人把王莽首级送往宛城，向更始报捷。

大司空崔发和申屠建曾有师生之谊。汉兵进京，崔发投降。申屠建以师礼待之,崔发又飘飘然忘乎所以,到处宣扬和申屠建的师徒关系。申屠建深以为忌,命人斩之。当初京畿各县假借汉兵名义举事之人,皆望封侯之赏。不想申屠建杀了王宪之后,扬言还要追究他们假借汉将名号,烧杀抢掠之罪。各路人马于是拥兵据守各县,反戈攻击汉军。眼看着京畿又要大乱,申屠建、李松连忙向宛城报告,敦请更始帝早日起驾,迁都长安。

龙腾河北

一 芜蒌亭

北渡

　　王莽传首宛城，更始帝刘玄正坐便殿黄堂，与妃嫔嬉戏玩耍，他手捧王莽之首，审视之再三道："王莽若不篡位谋逆，当同霍光一样名垂青史。"更始宠妃韩夫人接口说："若不如此，皇上安得此位？"更始与众妃嫔都笑了起来。更始帝传旨把王莽首级悬挂宛城闹市示众，百姓都来观看，纷纷用瓦砾石块投掷，时间不长几乎要把王莽脑袋砸得稀巴烂，有人还把他的舌头割下来炒着吃了。不久洛阳又传来捷报：洛阳已经攻破，王莽的太师王匡、国将哀章被生擒活捉。汉定国上公王匡不日将献俘宛都，王匡、哀章也将被押解到南阳。

　　王莽的太师王匡与汉定国上公王匡姓名相同，本是王莽之子。当年王莽在封地新都有两名宠妾，一个名叫增秩，另一个则叫怀能，二人各生一子，分别名叫王匡、王兴。因为是庶出，没有接到长安。后来，太子王临死后，王莽把王匡、王兴方才接到京师，封王匡为功建公，封王兴为功修公，不久又加封王匡为太师。

　　国将哀章本是梓潼一个毫无德行、只会说大话、拍马屁的无耻书生。当初，为了投机骗取王莽信任，他特意制造了一个铜柜，伪造了两道符命：一道是"天帝行玺金匮图"，另一道是"赤帝行玺某传予黄帝金策书"。符命说王莽是真命天子，皇太后应该把天子之位传给王莽。因为献"金柜符命"有功，哀章被封国将。关键时刻，王莽派这样两个草包去镇守洛阳，后果可想而知。

王匡、哀章押解到宛城之后,更始帝传旨把他们斩首示众。到了十月,又有捷报传来:奋威大将军刘信平定汝南,斩杀刘望和严尤、陈茂,所属各县尽皆归降。

申屠建、李松等人催促迁都的奏章再次送达宛都。更始帝与朱鲔、陈牧等文武大臣商议,众人都说:"长安皇宫被焚,京畿至今不宁,不如先迁都至洛阳,待三辅平定,皇宫修缮完好,再移驾长安。"更始表示同意。司徒刘赐道:"今非昔比。帝业肇造之时,宛都宫室简陋,有司百官衙署,治事之所促狭不堪。迁都洛阳,应有一番新的气象。莫如先命人到洛阳修建宫殿及百官衙署,恢复旧制,安定地方。待一切就绪,再移驾迁移不迟。"众人都道:"司徒所言甚是,理当如此。"但议及命何人先赴洛阳时,众人又为难起来。朱鲔道:"我等多起自草泽,带兵打仗,冲锋陷阵尚可;若兴建宫室、恢复旧制施政理民,恐非所长。"刘玄道:"莫如命文叔去吧。文叔当年曾游学京师,修习《尚书》,对政事文诰,古今制度,当不陌生。听说他近日无事,天天在家里读书,也该派给他个具体差事了。"刘赐道:"奉旨办差,总要给一官职名义。让他以什么官职前往呢?"陈牧道:"他不是破虏大将军吗?"刘赐道:"将军封号,是统兵打仗使用,司空愿意让文叔带兵吗?"陈牧无言以对。太常刘祉奏道:"此行一要修建宫室及百官衙署,二要安定地方秩序,恢复旧制。孝武时设司隶校尉一职专司纠察缉捕违法犯禁之徒,原属司寇,后属司空;原本掌兵千人,后罢其兵,兼管宫室营建。臣以为刘秀此行,任命他为司隶校尉恰如其分。"朱鲔、陈牧等人对百官执掌之事,本不了解,不便多言。刘玄道:"依卿所奏,就让文叔以行司隶校尉之职前去洛阳吧。"当时制度,官缺未补,由其他人代理,即称为"行"。"行司隶校尉"也就是代理司隶校尉。

刘秀把新婚妻子阴丽华送归新野娘家后,立即启程前往洛阳。他先到父城与冯异、王霸、铫期等人相会,以冯异为主簿,王霸为功曹,铫期为校尉,祭遵为门下史。傅俊服孝未满,马成在郏县未归。刘秀在士卒中选数百精锐同行。到了洛阳,他命人修整宫室,设置僚属,任用从事十二人,督办文书,移文于三辅、三河、弘农所属各县,纠察不法,一如汉时制度。洛阳城内及附近各县很快便安定下来,秩序大体井然。

一切安排就绪，刘秀率三辅吏士迎接更始帝移驾洛阳。当时更始诸将多出自平民而骤然成为卿相，尚不知道衣冠服饰与地位品级的关系，仍然以布巾包着头，服色驳杂，衣履不整，有的还穿着乡间女人的衣裳招摇过市。那些见惯汉朝官吏衣冠装束的洛阳吏士，都暗暗耻笑。有的人见到这种极不正常的打扮，竟然误以为盗贼乔装打扮，吓得四散逃跑。等他们看到刘秀带领的司隶校尉属下官吏、士卒，衣衫整齐，进退如仪，莫不惊叹道："想不到今日又能看见汉朝官员的威仪！"自此，有识之士暗暗归心刘秀。

迁都之后，刘玄以刘赐为相，以赵萌为大司马，以胡殷为尚书，曹竟为左丞相，曹诩为侍中尚书，扈驾各官，皆有升赏。刘赐等人奏道："天下思汉已久，莽贼已灭，海内喁喁引颈而望。陛下宜分遣使节，巡行各郡国，颁发明旨昭告天下：'先降者复其爵位。'各地必感德畏威，传檄而定。"刘玄准奏，立即分派使者前往各郡国巡抚。

刘秀心中郁闷，下朝回来长吁短叹。冯异深知刘秀心中凄苦，劝慰道："将军心中悲苦，不敢形诸于外，独居不御酒肉，枕席常有涕泣之处。久而久之，不免伤及身体，还会被他人窥破心事，莫如早做脱困之计。"刘秀道："卿勿多言，我已思之久矣。今使者四出，唯众人疑忌未消，难寻脱困之机，如何是好？"冯异道："尚书曹诩与将军颇相得，其父左丞相曹竟甚得皇上宠信。右丞相刘赐与将军同宗，每每暗中回护将军。若得此三人相助，事情恐不难成功。"刘秀道："公孙为我求助曹氏父子，我去面见子琴。"有道是"世道难行金作马，愁城欲破礼为兵"。冯异重金厚礼谒见曹诩，备言刘秀之意，曹诩满口答应，愿意帮忙。

次日早朝，曹竟出班奏道："陛下威德布于四海，前日赤眉樊崇率部属二十余人诣阙归降，皆获封侯之赏。昨日刘永望风来朝，复封梁王之爵。但河北燕赵诸郡尚未归化，臣闻，卧榻之旁难容他人安睡，请陛下速派得力重臣，徇抚河北。"刘赐也说："左丞相之言甚是，臣闻都下童谣：'谐不谐在赤眉，得不得在河北。'今赤眉已降，河北若能奉命归降，金瓯无缺，万民沐化圣恩，岂不更好？"刘玄道："两位丞相之言甚合朕心，但不知遣何人前去为好？"刘赐道："宗室之中诸家子唯有文叔，堪当此任。"朱鲔出班奏道："臣以为不妥。刘秀职膺司隶校尉，身当纠察京畿重任，迁都未久，京中时有宵小违法干纪。

若此时司隶校尉改任他人，难保都城平安。"曹竟道："司隶校尉一职本属司空，大司空陈牧麾下人才济济，任选一人接掌司隶校尉一职，定无大碍。况刘秀代行此职不过是为了修建宫室及百官衙署，今此事已竣，改任他职亦无不可。"刘玄见几位大臣争执不下，心中狐疑，难下决断，遂开口说："此事改日再议吧，容朕再思之。"

当日散朝，朱鲔、陈牧入宫直谏刘玄道："刘缤之死，刘秀能无怨乎？'刘秀当为天子'之谶，皇上难道忘了？"二人方走，刘赐、曹竟又联袂而来。刘赐说："文叔之才，司隶校尉之任已可见矣。皇上心结唯因伯升被杀一事。自文叔孤身归宛，心迹已明，圣上复有何虑？"刘玄遂把朱鲔、陈牧之言告诉二人。曹竟笑道："王莽为了篡位，编造了多少荒诞不经的谶记？有哪一条应验了？'刘秀为天子'之谶显而易见是国师公刘秀及其左右编造而成，如今其人已死，陛下帝基稳固，何必再为无根之言所困？况一介使臣，无兵无将，又有什么好担心的？"刘玄心中释然，他当即说道："二卿代朕拟旨，命文叔徇行河北，加大司马衔，二千石以内官吏有专封之权！"这二人欣然领命而去。

朱鲔、陈牧闻讯又进宫谏止。刘玄道："单车出京，何异于身入虎狼之域，卿不须过虑！君无戏言，朕已命曹、刘二相拟旨矣！"朱鲔跌足叹道："刘文叔徇行河北，蛟龙入海矣！谁复制之！"朱鲔、陈牧二人急命人追赶，从孟津渡河，一路跟踪追到射犬，拟伺机截杀刘秀。

更始元年十月，刘秀从洛阳出发，北渡黄河循抚河北，镇慰州郡。更始帝不过给了他一个破虏将军行大司马事的空头官衔，一不给兵马，二不给粮饷，随行之士不过冯异、朱祐、臧宫、铫期、王霸、祭遵等人。北风凛冽，黄沙扑面。刘秀一行风尘仆仆，逆风而行。众人当晚住宿射犬古城。时至夜半，驿外突然杀声四起，火光烛天。刘秀等人从梦中惊醒，慌忙拿起刀枪抵抗。众寡难敌，事起仓促，黑夜里，箭如飞蝗。刘秀等人慌忙退入驿站，关闭大门，堵塞窗户，以避箭雨。这时外面的人又纵起火来，焚烧驿站。正当危急之时，敌人身后忽然喊杀声起，纵火射箭之人四散奔逃。刘秀等人乘势冲出，内外夹击，偷袭之敌顷刻逃得无影无踪。刘秀正不知救兵从何而来，火光里忽见一人纵马而来，高声叫道："三哥勿惊，我是刘隆！"刘秀大喜过望，他忙问："贤弟从何而来？"刘隆道："得知三哥徇抚河北，弟即托辞回南阳搬取眷属，出了洛阳便尾随兄长而来。过河便发现陈牧属下跟在三哥身后，意欲加害三哥。弟便跟在他们后面，一路到此。"刘秀笑道："这倒真应了'螳螂捕蝉，黄雀在后'那句老话了。不是贤弟相助，为兄险遭不测，这份情义为兄记下了。惜乎贤弟现成的富贵丢了！"刘隆道："我不稀罕什么骑都尉，甘做三哥马前一卒！"刘秀大笑道："得元伯一言，平生足矣！"

等到天明，一行人继续赶路。有了刘隆带来的数十人，这支人马热闹多了。当日黄昏，刘秀等来到蒲阳聚，这是太行山南一座小镇。刘秀一行正要寻觅住宿之处，忽见马成蓬头垢面，徒步负囊，踽踽而行，也来投宿。刘秀见了大吃一惊，忙问："君迁贤弟，何以至此？"马成又惊又喜道："闻兄徇抚河北，我即挂印郏县县衙，弃官来追。行色匆忙，忘了带盘缠，途中只好把马卖了，徒步跋涉，一路打听，前日听说兄长到了射犬，我赶到时，兄已启程。追到林虑，兄已入魏郡。我只得翻山越岭，抄近道赶来，不意于此地与兄长相会。"刘秀大为感动，他执马成之手说道："贤弟效萧相追淮阴耶？心急如此！"当晚同宿蒲阳店中。次日，刘秀把自己的坐骑赠给马成。他指着马对马成说："此马虽非宝马良驹，但自宛城至洛阳，我一直骑乘，脚力甚健。路遥知马力，聊慰君迁数百里相追之情！"

到了邺城，刘秀一行在驿馆住下，打算歇息数日再前往邯郸。刘秀道："邺城为齐桓公所建，后为三晋重镇，魏文侯命西门豹治邺，凿十二渠，引漳河水浇田，民众得以富庶。西门豹力矫陋俗，禁绝为河伯娶妇之风，百姓感念恩德，称其渠为西门渠，立庙于漳河畔，春秋祭祀。我等难得途经此地，何不前往一拜？"众人都说好，大家于是同往西门祠。

西门祠在邺城南面漳河岸边。刘秀等人来时已是日上三竿，天近午时。一人却在庙内神案前，熟睡未起。刘秀打量其人，衣饰不像乞丐，头枕行囊，一支竹杖在旁，满脸风尘，布鞋破烂，脚趾露在外面。再看他脚上穿的布鞋，竟是南阳人出远门常穿的"千层底踢死牛"，又细看那人面目，竟是邓禹。刘秀不禁又惊又喜，急忙俯身叫道："仲华！仲华！为何在此安卧？"邓禹翻身坐起良久，方道："文叔，竟是你吗？非梦中耶？"刘秀笑道："汝不见庙外红日高照，哪是梦中！"众人都笑起来。

刘秀等人草草给西门豹上了一炷香，便回转驿馆。邓禹洗浴更衣之后，和刘秀闭门小酌。刘秀道："在宛城之时，众人连番举荐，要你出山，你都婉言谢绝。今日为何千里迢迢，杖策徒步来寻我耶？莫非听说我有专封之权，来求取一官半职？"邓禹道："谁稀罕你那个空头官衔？官帽与首领何贵，愚人尚知，我独不知耶？"刘秀笑道："久不相见，开个玩笑罢了。贤弟千里来见，何以教我？"邓禹正色说："但愿文叔威德加于四海，邓禹能效尺寸之力，功名垂于竹帛。"刘秀也笑着说："得仲华如桓公之得管仲，高帝之得子房。愿闻高论。"当晚二人同宿一室，邓禹促膝密陈道："更始虽然建都洛阳，今山东未安，赤眉、青犊之众，动以数万，三辅独树一帜者往往群聚。更始既不能使其臣服，又不能独自听断。诸将皆庸人崛起，志在财货，争权夺势，只图朝夕享乐而已。此辈绝非忠良明智，深谋远虑，尊主安民者也。当今四方分崩离析，形势可见。历观古今兴亡，唯有两条：天时与人事而已。以天时而论，更始虽立，而灾变不断；以人事论，帝王大业，非凡夫能够成就。明公虽建藩辅之功，犹恐无所成立。于今之计，莫如延揽英才，取悦民心，立高祖之业，救万民之命。以公之智，天下不足虑也。"刘秀大喜，次日他命左右称邓禹为"邓将军"，伴随左右，倾心交谈。

三日后，刘秀等人离开邺城前往邯郸。但见山峦形胜，虎跃龙腾。刘秀雄心万丈，他在马上指点江山与众人说："燕赵藏龙卧虎，据以为资，足霸天下。昔日廉颇、赵奢、李牧等人，皆世之良将。如其不死，强秦无如赵何！诸君与我至此，镇慰四方，宜多多留意，延揽英才。"

是时王莽新败，更始初立，政令未及邯郸，地方豪强并起，纷纷割据一方。城南豪强张参，徒众万余，打家劫舍，白昼光天拦截过往客商，杀人越货。刘秀一行到来，张参得报，立率徒众数百前来劫掠。没想到遇见了"硬茬子""扎手买卖"，五百人被杀得落花流水。正奔逃时，张参又被数十骑拦住去路。张参顾不得部下死活，没命奔逃。刘秀正带王霸等人追赶，却发现帮助自己截杀张参的人是傅俊和坚镡，于是大呼："子卫、子伋，别来无恙吗？"二人闻声立刻飞马来到跟前，下马拜见。刘秀道："上天命二位来助我吗？何来之奇也。"二人说道："闻将军镇慰河北，喜不自胜。恨不能插翅飞来,与将军相会。"接着手指身后众人道:"这是我二人宾客旧部,以供将军驱遣。"刘秀大喜,紧握二人之手道:"颍川故人毕集,甚慰我心。今后颍川旧部自建一军,劳子卫为我将之!"王霸、冯异、铫期、臧宫、祭遵等人也都一齐过来相见,互道别后情形,亲热自不必说。

邯郸在望,刘秀压抑不住冲出牢笼后的喜悦,临风想望高祖刘邦逐鹿中原的风采,他在马背上轻声歌道:"大风起兮云飞扬,威加海内兮归故乡,安得猛士兮守四方!"邓禹深知其意,接口道:"海为龙世界,山是虎家乡。燕赵之地北据太行,南濒大河,东临沧海,正是大展宏图之地,机不可失!"冯异也说道:"天下同苦王莽,思汉久矣。更始诸将不知体恤百姓,纵横暴虐,所至掳掠,大失民望,老百姓无所依戴。今公专命一方,应广施恩德,收揽民心。夫有桀纣之暴,方显汤武之仁。渴者易为饮,饥者易为食。公宜分遣官属,巡行郡县,理冤狱,布惠泽,得民心者得天下。得百姓之助,方可大展宏图。"刘秀说:"卿言正合我意!"当日众人进住邯郸。

在刘秀出发之前,更始帝已经派出两路使者渡河北上:一路前往上谷,一路前去渔阳。上谷太守是扶风人耿况,字侠游,他与王莽从弟王伋拜安丘望之为师,共学《老子》,为人有贤名。因为官职为王莽所授,更始即位洛阳之后,耿况心不自安。使者到来,他亲自出迎,主动交上印绶,表示愿意归降。没想到使者接了印绶,次日尚无归还之意。功曹寇恂,为上谷昌平人,素为耿况所重。他见使者有背信之意,勒兵入见,要求他归还太守印绶。使者不肯,厉声责问寇恂:"我是皇帝钦派的使者,区区功曹敢威胁我吗?"寇恂道:"非敢威胁使君,只是觉得使君思虑有欠周详。昨日使君宣旨'先降者复爵位',耿府君上印绶归降。如今使君迟迟不还印绶,不知何故? 今天下初定,国信未宣,使君奉节衔命,以临四方,郡国莫不延颈倾耳,望风归命。今始至上谷,就背信弃义,毁坏朝廷信誉,阻碍百姓向化之心,制造离叛之隙,将复何以号令其他郡国? 且耿府君在上谷久为吏民爱戴,若更换府君,必使百姓不安。新来府君若贤,则令耿府君造次不安;新府君不贤,则更添祸乱。为钦差大人计,不如把印绶归还府君以安百姓。"使者迟疑不应,寇恂喝令左右:"请耿府君接印,钦使有请!"耿况到来,寇恂也不管使者同意与否,他从使者手中夺过印绶付于耿况。使者无奈，只好按照朝廷的礼制重新任命耿况为上谷太守。一场风波才算平息下来。

另一路使者前往渔阳。渔阳在太谷之东，使者乃刘玄宠妃韩夫人之兄韩鸿。韩夫人是刘玄在宛城登基当了皇帝以后所纳。韩鸿沾了妹妹的光，被封为黄门谒者。刘玄为了给他提供立功升官的机会，特命他"持节徇北州，得专封两千石以下官吏"。韩鸿原想当了钦差，无比荣宠，威风八面。自己到了地方，免不了高接远迎，吃不尽的山珍海味，走时还有丰厚馈赠，心中不免美滋滋的。

但他来到渔阳，只见太守衙门冷冷清清，门可罗雀。大小官吏不见一人出迎，唯见一老吏在门房打瞌睡。韩鸿觉得奇怪，上前询问。老吏睁开惺忪睡眼，看见韩鸿手中的节杖，大吃一惊，连忙叩头道："不知钦差驾临，有失远迎，还望恕罪！"韩鸿问道："太守大人哪里去了？"老吏惊诧道："哪里还有太守？去岁府君彭公被杀，新太守迄今没有莅任。渔阳没有太守已经一年多了，难道钦使大人不知道？"韩鸿一脸茫然。他接着问道："都尉、郡丞、大小掾吏呢？"老吏道："府君获罪，人人都怕受到牵连，都一窝蜂逃散了。郡丞大人临走，把太守大印交我看守，叮嘱我新任府君不到，不要离开。今幸钦使到来，我也可以回家了。"说着，不管韩鸿答应不答应，他慌忙抱出太守大印，交给韩鸿，就急匆匆走了。

原来，渔阳太守姓彭名宏，是南阳宛城人。哀帝之时，他来渔阳上任，颇有政声。王莽篡汉后，因不愿依附，他和何武、鲍宣等人一起被杀。其子彭宠，字伯通，在大司空王邑手下为吏，后来跟随王邑抵挡汉兵。当他得知胞弟在汉军营里当差，害怕事泄受到牵连，得间逃回渔阳，躲藏在父亲的一位老朋友家里。边地人喜欢养马，彭宠在渔阳生活日久，爱马成癖，有事没事总爱到马市上闲逛。一天，来到马市，见一马甚为神骏，不觉心喜。问价几何，卖马客索价甚贵。旁有一人身高八尺，浓眉紫面，虎背熊腰。听彭宠口音，忽然问道："尊驾何方人氏？"彭宠答道："我乃南阳宛人也。尊驾仙乡何处？"那人哈哈笑道："久旱逢甘雨，他乡遇故知，此乃人生一大快事。在下吴汉，亦宛城人也。兄台若爱此马，理当奉送，聊贺今日之会！"说罢从囊中取金一锭，送于卖马客，把马缰递给彭宠。彭宠也不逊让，接过马缰拱手道：

"美不美,家乡水;亲不亲,故乡人。离乡千里,与兄台相会渔阳边郡,乃前世有缘。今日相会,何不共谋一醉?"吴汉道:"兄台不弃,正合我意。"二人于是牵着马,寻觅一家酒店,喝了个一醉方休。二人从此成为莫逆之交。

原来当年秋操举义事泄,吴汉杀出校场,恰好碰到一伙贩马客人,混到他们中间,逃出宛城。他后来就来到渔阳、上谷一带贩马。因为吴汉为人厚道、豪爽,又有一身超群武艺,渐渐成为贩马商人中的首领。他自从和彭宠结为朋友,渔阳成为常来常往之地。这日,吴汉正和彭宠在酒馆饮酒,韩鸿来了。众人见韩鸿手持节杖,却囊中羞涩,尽皆暗笑。彭宠听韩鸿口音也是南阳人,不觉怜悯,遂拱手相邀同席饮酒。韩鸿困窘中喜遇同乡,自是高兴非常。彭宠得知韩鸿是更始皇帝的钦使,更是频频敬酒,恭敬有加。韩鸿悉知彭宠是前任太守之子,心中大喜。酒酣耳热之后,韩鸿道:"伯通乃前任太守公子,子承父职,宁有意乎?"彭宠道:"布衣岂能骤登太守之位?况宠才疏学浅,亦非治事之才。"韩鸿道:"我有二千石以下专封之权,有何不可?"他于是便封彭宠为偏将军,行渔阳太守事。彭宠当席举荐吴汉说:"吴子颜乃奇士也,可与计大事。"吴汉不善言辞,但酒量甚豪,连敬韩鸿数杯。韩鸿大喜,当即说道:"果然千杯不醉,足当百里之任!"脱口遂封吴汉为安乐县令。韩鸿当即把太守之印付于彭宠,渔阳太守就此产生。

申屠建、李松、邓晔见洛阳四周不宁,恐生祸乱,自己获罪,力促更始帝迁都长安。王匡、朱鲔、陈牧等人却道:"建都洛阳不久,又要迁都。天子移驾,能像寻常百姓搬家那样容易吗?"因意见不合,难以统一,迟迟不肯,迁都之事也就搁止下来。申屠建对李松说:"皇上喜享乐,诸公爱财货。投其所好,大事可成。"李松于是厚赠王匡、朱鲔、陈牧珍玩财货,极言长安宫室之美。虽有焚毁,不过未央宫一殿,其余宫室完好无损。申屠建、李松接着又自长安传送王莽所用乘舆、服御等物到洛阳。王莽的乘舆车盖华丽,高八丈一尺,共九层,四轮,六马;每匹马都披着七彩羽毛织成的龙形图案。更始帝见了,心旷神怡,不胜神往,便决定迁都长安。申屠建、李松马上派黄门侍从等官吏到洛阳迎驾。

更始帝到了长安,居住长乐宫。宫女数千,备御后庭,自钟鼓、帷帐、舆辇、器物、服饰,一应俱全,不改于旧。更始帝第一次在长安登殿,接受百官朝贺,由李松奉引,不料舆马警奔,乘舆撞在北宫门外铁柱之上,六匹马撞死了三匹。所幸,有惊无险,更始帝龙体安然无恙。他登殿后,郎吏依次排列殿前。更始帝虽说已经当了一年多皇帝,还从来没有见过这种排场,不禁羞怍低头,以手指刮御案,不敢正视群臣。有几个将军来得晚了,更始帝竟然开口问道:"将军,今日掳掠,所得几何?"殿前那些刚刚归降的王莽臣下,各相惊视,难以置信。而那些新市、下江、平林旧部也都忍俊难禁,哄笑起来。

棘阳人赵萌的女儿容貌出众,被更始纳为贵妃,赵萌因而受到信任。李松、赵萌劝更始大封功臣,以安定人心。更始于是封刘祉为定陶王、刘赐为宛王、刘嘉为汉中王、刘信为汝阴王、王匡为沘阳王、王凤为宜城王、朱鲔为胶东王、张卬为淮阳王、王常为邓王、陈牧为阴平王、廖湛为穰王、胡殷为随王、李通为西平王、李轶为舞阴王、成丹为襄邑王、宗佻为颍阴王、申屠建为平氏王。诸王谢恩,唯有朱鲔说道:"昔日高祖与诸将有约,非刘氏不王。臣非刘氏子弟,不敢干犯朝典。"他坚辞不受。更始帝也不再勉强,遂以朱鲔仍为大司马。其他将佐官吏也多有升赏。邓晨封常山太守,任光封信都太守,岑彭封淮阳都尉。宗室诸刘多得王封,唯刘秀不得封赏。刘赐、刘嘉等人为刘秀请封,朱鲔、张卬等人道:"刘秀巡抚河北,旧部闻风追随,恐成尾大不掉之势,不可封王。刘隆等人弃官私从刘秀,目无皇上,宜加重处。"刘玄令李轶尽杀刘隆妻子。

且说李轶受封王位,奉使徇诸郡国。他到了定陶,济平尹耿艾纳印归降,被封为济南太守。耿艾有子名叫耿纯,字伯山,曾游学长安,当过王莽的纳言士。"纳言士",是尚书属下小官。王莽败后,耿纯回家乡巨鹿。他听说李轶兄弟同时封王,权势熏灼,遂登门拜谒。一连数请,不得相见,后来通过父亲引荐才见到了李轶。当时李轶新封王位,权大位高,态度甚为倨傲。耿纯进言道:"大王以龙虎之姿,遭风云之时,奋迅拔起,期月之间兄弟双双封王,而德信不闻于士民,功德未施于百姓。宠荣暴兴,此智者之所忌也。暴得富贵者不祥,兢兢自畏,犹惧不能常保富贵,何况志得意满者乎?"李轶闻听此言,瞿然省悟,遂对耿纯刮目以待,封他为骑都尉。

此时刘秀已到魏地。李轶不欲刘秀功成河北,他得知耿纯为巨鹿大姓,遂遣派耿纯持节回河北，安抚赵魏以待自己。耿纯回到家乡，暗中观察刘秀情形。此时刘秀刚到邯郸，命冯异、王霸、邓禹、铫期等人乘传车抚循各县，造册登记狱中囚徒，清理冤案，抚慰鳏寡孤独，安抚流亡百姓。刘秀四处出榜安民，违法犯禁，逃亡在外者，自首归案皆宽免其罪。凡所过郡县，遍见二千石长吏、三老、官属，下至佐杂小吏，一概考察黜陟，尽除王莽苛政，恢复汉朝官职名称制度，仿佛从前州牧巡查地方。刘秀所到之处，吏民喜悦，百姓争持牛酒迎劳。耿纯看在眼里，暗暗赞叹道："真万民之主也，久后得天下者，舍其人复谁！"耿纯于是拿定主意，至驿馆拜见刘秀。

刘秀盛情接待耿纯，闻他是巨鹿大姓，执礼愈恭。刘秀奉酒问耿纯："入乡问俗，望足下不吝赐教。赵地士民何所苦，何所喜，何所望，请您据实告我。"耿纯说道："百姓苦繁苛，喜政简，惧兵燹，望太平，盼明主治之。"刘秀笑道："我欲为百姓去疾苦添喜乐，唯力有不逮，望足下助我一臂之力。"耿纯立即表态说："敢不从命！"耿纯于是献良马及缣帛数百匹，倾心追随刘秀。刘秀复问耿纯："邯郸望族如公之族者有几？可否引其与在下一见？"耿纯道："赵地著姓甚多，容我为君筹之。"自此，天天有人谒见，刘秀皆以礼待之。

这日，又有一人前来拜谒。刘秀见其衣饰华丽，相貌魁伟，甚礼敬之。来人自称是赵缪王之子，名叫刘林。刘秀笑道："如此说来，我便僭越了。缪王，为孝景七世孙，与在下平辈。足下是缪王嫡嗣，应该叫我一声叔父了。"刘林不由脸红，连忙躬身为礼，叫刘秀一声"叔父"。刘秀道："聊以为戏罢了。缪王乃孝景嫡传，地位尊贵。在下忝列宗室，但支脉甚微，不敢妄自尊大。足下今日来，有何见教？"刘林道："赤眉名义虽归顺朝廷，实怀二心。今在河东，终必为患。我今日谒见，特献破敌之策。"刘秀问道："何以破之？"刘林道："河水从列人北流，但决水淹之，百万之众，可使顿为鱼鳖。"刘秀闻言，为之色变，良久不语。刘林仍不知趣，自以为计妙无比，得意洋洋地说："以水为兵，可敌百万之众。"刘秀冷冷地说："百姓怎么办？赤眉百万皆可杀吗？洪水滔滔能别善恶、论贤愚吗？难道百姓不分善恶都一概淹死吗？"刘秀说罢，拂衣而起。刘林满脸羞惭，悻悻然而去。

次日，刘秀一行前往真定常山，留下耿纯驻守邯郸。但，一场始料不及的风云突变在刘秀走后发生了。

邯郸

　　刘林在刘秀那里碰壁而回,心中不快,前往丛台去寻好友王昌。王昌一名王郎,在丛台卖卜为生。丛台乃赵武灵王胡服骑射演武之地,秦汉以降,文人雅士多来凭吊。台畔有赵武灵王庙宇,香火颇盛。王昌每日在此卖卜。刘林之父缪王刘元,骄横不法,无故杀人,常恐地方举发。平帝登基,他欲入京朝觐,顺便贿赂公卿。刘元临行,问卜于王昌。王昌曰:"岁星在北,于赵不利,不如勿行。"刘元以新君方立,不能不朝,笑道:"岁星主土,我乃朝天,何碍于行!"他不听劝阻,前往长安。谁知他到了长安,果为大鸿胪参奏。王莽方欲邀买民心,裁抑刘氏王侯势力,遂杀了刘元,削其爵位。刘林自此落魄不堪,日日纵酒赌博。这日,他赌运不佳,垂头丧气自赌场出来,到丛台来见王昌。王昌赠刘林千钱作赌资,还对他说:"公子复回去赌,只买大,不买小,必胜。"刘林半信半疑,回到赌场,依王昌所言,只买大,不买小。场中赌客皆以为刘林赌资输尽,不可能有胆有资买大,皆押小。刘林连胜数局,尽赎所输赌资。自此,他对王昌佩服得五体投地,二人遂成莫逆之交。刘林本落魄王子,不甘寂寞,任侠赵、魏,结交豪杰侠士。王昌每言河北有天子之气,引诱刘林待机举事。

　　刘林把谒见刘秀碰壁的情形告诉王昌。王昌拊掌大笑道:"好端端一场天大富贵,偏要送于别人,是何道理! 如今宗室子弟皆为奇货,天下豪杰争相拥立。公子缪王嫡子、孝景之后,赤眉近在河东,铜马只在清阳,还愁无富贵吗？你何必拿热脸去贴人家的冷屁股，非去巴结刘秀？"刘林道："老兄差矣。我非不爱富贵，只是先王刚刚获罪，杀身削爵，我父子想在邯郸开基称号，人地不宜。只怕画虎不成反类犬，刻鹄不成却似鸡，岂不贻笑大方？"王昌一想，刘林的话也不无道理。以刘林父子的人望，要在邯郸扯旗立号，确实难以号召民众。他眉头一皱，计上心来。王昌狡黠一笑对刘林道："公子听说过长安男子武仲诈称成帝之子刘子舆的事情吗？"刘林道："曾有耳闻。这事情与你我何干，老兄为何忽然提及此事？"王昌道："此事真假，至今难辨。事涉宫闱秘事，谁能弄得清楚？"刘林道："可惜，子舆已经被杀，谁能使之复生？"王昌大笑道："谁说刘子舆死了？远在千里，近在眼前。活生生一个成帝之子刘子舆就在尊驾面前，难道公子不认得吗？"刘林不禁惊愕，旋即恍然大悟。他用手一拍脑门，大笑道："李代桃僵，谁能识得真假！臣刘林参见殿下！"二人相对大笑，于是密谋出一个以假乱真的惊人计划来。

原在王莽始建国二年十一月，长安大街上有一男子武仲冒充成帝之子刘子舆，拦住立国将军孙建的马车，大声呼喝："我乃成帝之子刘子舆，成弟下妻所生。刘氏当复，赶快腾出皇宫，让我居住！"王莽当然不会容忍这种荒唐事情发生，当即把武仲杀了，但留下的疑问却很难在老百姓心中消除。刘子舆是否实有其人，武仲是否真是刘子舆，如果实有刘子舆其人，武仲又非刘子舆，那么真的刘子舆是生是死，现在何处，都成为永久难解之谜。另外，翟义兵败之后，下落不明，也是世人关切的悬案。各地于是纷传，翟义未死，改名换姓，就在赤眉、铜马、青犊某支义军之中。王昌久在江湖，有的是无中生有、捕风捉影的本领。他于是日日在赵武灵王庙前宣称："吾真子舆也，生母乃孝成皇帝歌女。一日下殿突然倒地，不省人事。黄气笼罩全身，半日才醒。从此身怀六甲，移住别宫。孤降生之后，赵后屡欲害之。宫监伪易他人之子，故得保全。年十二，识命者李曼卿，与俱至蜀；十七到丹阳；二十还长安；辗转中山，来往燕赵，以待天时。"刘林又命人用旧黄绫做成皇宫中婴儿褓褓，上绣某宫字样，他把家藏玉佩刻上篆文"未央""长乐"，做旧后交给王昌。王昌把褓褓、玉佩遍传众人观看，说这两样东西，就是生母当年留下的遗物。寻常百姓谁见过皇宫御用之物？众皆遂信以为真。于是，一传十，十传百，众口喧腾，皆道卜者王昌即成帝之子刘子舆。每日，前往丛台看"真子舆"的男女老幼千百成群,络绎不绝。

刘林、王郎见时机已到,遂和邯郸大豪李育、张参等人合谋共立王昌。恰好此时,道路相传,赤眉军将要前来迎立刘子舆为帝,百姓大多相信。更始元年十二月壬辰,刘林、李育、张参等人率车骑数百,簇拥着王昌,在早晨进入邯郸,拥入赵王宫,立王昌为天子。刘林为丞相,李育为大司马,张参为大将军,分遣将帅传檄幽、燕各郡。檄曰:"制诏部刺史、郡太守:朕,孝成皇帝之子,子舆者也。昔遭赵氏之祸,因以王莽篡杀,赖知命之臣将护朕躬,脱身河滨,匿迹赵魏。王莽篡位,获罪于天,天命祐汉,故使东郡太守翟义,严乡侯刘信,拥兵征讨,出入胡、汉。普天率土,知朕隐在民间。南狱者刘,为其先驱。朕仰观天文,乃兴于斯,以今月壬辰即位赵宫。休气熏蒸,应时获雨。盖闻为国,子之袭父,古今不易。刘圣公未知朕在,故且持帝号。诸兴义兵,咸以助朕,皆当裂土享祚子孙。已诏圣公及翟太守,亟与功臣诣行在所。因刺史,二千石皆圣公所置,未睹朕之沉滞,或不识去就,强者负力,弱者惶惑。今元元疮痍,已过半矣,朕甚悼焉,故遣使者班下诏书。"

天下百姓思汉。见了檄文,不辨真伪,皆以刘子舆乃成帝之子,闻风归顺。王昌、刘林心知刘秀乃劲敌对手,特传檄远近,悬赏十万户,追购刘秀首级。王昌闻耿纯乃刘秀所立邯郸守,立命人马捉拿耿纯。吏卒至衙署门前,耿纯仗剑立于中门,他高声说道:"王昌乃邯郸卜者,谁人不知!他竟敢假冒称成帝之子欺世惑众,刘子舆弃市长安天下尽知,沐猴而冠,亦敢僭称天子也?"众人惊愕,耿纯慨然出城,跨马而去。刘林得报,急忙带兵追赶;但耿纯已经远去,刘林无功而返。

回到家乡宋子,耿纯与从弟耿䜣、耿宿、耿植立刻动员宗族宾客二千余人,皆衣绛衣,老病者恐死于途中,自抬棺木从行。离乡十里,耿纯与耿䜣、耿宿说道:"四方郡县多降邯郸,贼兵势大。父老子弟心生恐惧,难免要动摇回乡。你二人此时回去,尽焚家乡庐舍,以绝退路,使坚其志。"耿䜣、耿宿依命而行。父老回望宋子,见家乡浓烟四起,火光冲天,尽皆恸哭失声,齐声道:"从此无家可归矣!"耿纯安慰说:"纯指天为誓,待诛灭王昌,助刘公平定河北,定为父老昆弟重修家园庐舍!"众人毫无退路,只得坚定决心跟随耿纯追寻刘秀。

刘秀一行在前往真定途中，得知王郎邯郸称帝消息，半信半疑。刘秀欲回邯郸，手中无兵，自觉无济于事。众人尽皆劝说道："既无路可退，唯有北上；等到有了兵马，再回师讨平不迟。"到了鄗城，耿纯带兵追到，备言王昌、刘林起兵称帝情况。耿纯道："王昌不过邯郸城中一卜者耳。但百姓久旱思雨，久病思医。不辨真假，闻风归服。邯郸周围郡县多半已降，如何是好？"刘秀道："幽、蓟之地离邯郸尚远，王昌一时鞭长莫及。只有到蓟州先立住了脚，招兵买马，再作计较。"刘秀见耿纯族中父老抬棺以行，不禁叹道："伯山倾族相随，事若不成，何以面对父老！"得知耿纯焚烧家中庐舍之事，刘秀惊问："伯山何以如此？"耿纯道："窃见明公单车临河北，非有府藏之蓄，重金厚赏，可以聚拢人心者也，徒以恩德怀之，是故，士众乐附。今邯郸王郎称帝自立，北州疑惑；纯虽举族归命，老弱在行，犹恐子弟宾客半有不同之心。故焚烧屋室，绝其反顾之望。"刘秀叹息感动，他对众父老说："吾决不使父老长久无家。"

当晚，刘秀一行住宿鄗城传舍，耿纯亲带族中子弟宿卫。邓晨被刘玄封为常山太守，他听到刘秀在鄗城消息，便带领侄儿邓奉、都尉杜茂前来迎接，欲弃官追随。刘秀道："伟卿以一身从我，不如以一郡为我北道主人。"邓晨会意，乃命邓奉、杜茂带百余骑追随刘秀，他重回常山。

王昌闻耿纯举族追随刘秀，命将军李恽带兵追到鄗城。城中大姓苏公，闻邯郸兵马来到城外，暗中派家人与李恽联络，相约夜半打开城门，迎邯郸兵马进城。耿纯夜晚巡察城内，在城门口捕获苏公家人，他命人持苏公书信前往李恽营中拜谒。李恽不虞有假，约定夜半灯火为号。时方夜半，李恽望见城头灯火晃动，城门打开，心中大喜，便带领人马急速进城。入城不到百人，城门忽然关闭，吊桥升起。李恽想要退出，为时已晚，人马被截成两段。城上箭如雨下，入城百人，霎时中箭伤亡殆尽。李恽中箭想逃，被耿纯斩于马下。城外人马，"兵无头，将无主"，乱作一团；黑夜里四周灯火一片，杀声四起，刘秀等人各带少数人马虚张声势，把邯郸兵马围在护城河边。李恽部众纷纷弃甲投戈而降。其中慌不择路，落入护城河中溺水而死者无数。

次日，刘秀对耿纯说："王昌势大，不如暂避其锋。且父老不能久在军中，居无定所。卿暂留鄗城，待我北徇蓟幽，然后合兵征讨王郎。"耿纯遵命暂驻鄗城养兵歇马。刘秀一行北行六十里至下曲阳。太守邳彤字伟君，出城十里相迎。王莽分巨鹿郡为二郡：一郡仍以巨鹿为治所，名称不变；另一郡名为和成郡，治所就设在下曲阳。刘秀见邳彤诚朴又有将略，非常高兴，仍以邳彤为太守，原班官属，各司旧职。刘秀留住数日，前往卢奴。卢奴乃中山国治所。当年汉元帝共有三子，长子刘骜为王皇后生，后来即位就是成帝。次子刘康为傅昭仪所生，封为定陶王。三子刘兴为冯昭仪所生，封为中山王。成帝无子，晚年想让中山王继位，但王皇后和赵飞燕都坚决反对，结果立定陶王之子刘欣为太子，就是后来的汉哀帝。成帝怕中山王刘兴心里不高兴，为他增加了万户封邑，中山国成为较大的诸侯封国。哀帝也无子，就让中山王刘兴的孙子刘衎继位当了皇帝，也就是平帝。哀帝另立东平王的孙子刘成都为中山王，继承刘兴这一支香火。王莽鸩杀平帝刘成都死了以后，中山王一脉彻底绝后。王莽败亡，不少诸侯王趁势而起，自立为王，招兵买马，扩充地盘，但中山王绝后，当年最大的诸侯王国，反而成为权力真空。和中山郡国相邻的真定王刘扬，拥众十万，乘机向北扩张，势力波及中山。

刘扬听说刘秀前往中山，忙与从兄刘细和弟弟刘让商议。刘让说："卧榻之旁，岂容他人安睡？刘秀若在卢奴站住了脚跟，势必挡我北侵之路。不若趁其立足未稳，出兵击之。听说刘秀众不过数百，若要剪除，易如反掌。"刘扬道："不可造次。刘秀是长安钦使，挂着大司马的头衔，奉旨徇抚河北。若将其杀害，长安兴师问罪，以我真定之兵安可与之相抗？"刘细说："邯郸刘子舆乃孝成皇帝之子，与其联合，何惧长安兵来？"刘扬道："刘子舆翼羽未丰，不过虚张声势罢了。小心驶得万年船，不可莽撞。"刘让、刘细齐问："难道看着刘秀在卢奴坐大不成？"刘扬笑道："敲山震虎，把他们礼送出境好了。二位带兵万人前往卢奴，佯作攻城，他们必然不战而逃。走了也就算了，不必追赶。"二人领命而去。

刘秀方到卢奴在驿馆住下，贾复、陈俊联翩来见。刘秀且喜且愕道："君文、子昭不在长安，为何来到中山？"贾复笑道："大司马单车出京，缺少一人驾车，一人参乘。汉中王刘嘉特命子昭为公御车，命我为公当车右来了！"刘秀也随之大笑道："子昭御戎，君文为右，吾驾此车，纵横河朔无忧矣！"贾复、陈俊从怀中取出汉中王刘嘉书信,刘秀匆匆览过说道:"从宛城李伯玉府中相会,今已三年,君不知我?抑或我不知二君也?何用书信相荐?"他见陈俊尚有曲阳令信印,笑言道:"以子昭之才,何须贪一曲阳小县?欲与君左右共乘何如?"陈俊解释说:"印信不过是汉中王欲我二人途中方便罢了,哪里是真要我去曲阳当县令?"

刘秀问及长安情况,贾复、陈俊道:"皇上新纳赵萌之女为妃,赵萌专擅朝政,皇上日夜在后宫饮宴。汉中王与其他大臣,有重大政事想见皇上一面都不太容易。大臣奏事,皇上醉酒,就命侍中坐在帷帐中代替自己回话。韩夫人善饮,见中常侍向皇上奏报事情,就大发脾气说:'不见陛下正饮酒耶?安能此时奏事'!"竟然击碎书案。刘秀听了,摇头叹息不止。

刘嘉随更始帝刘玄到洛阳,被封为汉中王,但并未赴国。他见更始左右入长安后,唯知纵情淫乐,文恬武嬉,心中时常闷闷不乐。适逢延岑占据汉中,拥兵作乱,威胁京畿,刘嘉奉命征讨。延岑字叔牙,南阳冠军人,勇猛强悍,颇有智计。他始起兵于冠军,后为刘嘉收降。刘嘉进京,命其驻守南郑,降而复叛。延岑自以为熟知刘嘉军中情形,自料刘嘉军中无人可与之为敌。殊不知刘縯旧部贾复、陈俊,在刘縯死后尽归刘嘉。一经交锋,延岑便被杀得人仰马翻,于是故技重施,又投降了刘嘉。刘嘉部众十万,一时成为更始诸王中势力最大的一人。贾复眼见更始非有为之主,他劝刘嘉道:"如今天下未定,朝政混乱,大王不做远图,安于眼前富贵,自忖能够长久吗?"刘嘉道:"卿志大矣,吾无能为。"贾复说:"臣闻图尧舜之事,而不能至者,汤武是也;图汤武之事而不能至者,桓文是也;图桓文之事而不能至者,六国是也;定六国之规欲安守之,而不能至者,亡六国是也。谋事者取法乎上,仅得其中;取法乎中,仅得其下。人无远虑,必有近忧。今汉室中兴,大王以亲戚为藩辅,天下未定,而欲安守自保,所保得无不可保乎?"刘嘉回答道:"卿所言事大,非我所能任。人贵有自知之明,能当此大任者,唯有文叔一人。今文叔在河北,必能酬卿之志。卿若有意前往,我当修书一封,任卿去就。"贾复大喜道:"蒙大王成全,复终身不忘!"刘嘉修书方毕,陈俊来了。刘嘉道:"子昭亦欲河北寻文叔耶?可与君文结伴同行,我可荐卿为曲阳长,试作百里之侯。"陈俊谢道:"不图封侯,难却大王美意。"刘嘉大笑。他当即写了荐书,交于陈俊。他嘱二人道："见了文叔，多多致意，汉室兴亡，系于一身。今日长安，已非昔日大汉故都。河北才是兴汉根基，望善自经营，莫负初衷。"

贾复、陈俊结伴前往河北，一路打听刘秀行踪。到了邯郸，听说王郎称帝，刘秀在前，遂不敢多停，又自邯郸前往真定。途经巨鹿，二人在一家客栈歇马、用饭，忽见一锦衣劲装少年，从数十人投店。贾复见那少年器宇异于常人，不由多看了几眼。那少年一眼瞥见贾复、陈俊相貌气概，虽风尘满面，难掩英雄本色，遂相邀同饮。少年问贾复道："足下自何而来，欲往何处？"贾复回答说："自长安来，欲往中山。敢问足下何处来，欲往何处？"少年笑道："与君恰好南辕北辙。在下自渔阳边郡来，欲往长安。"贾复问他："观君相貌，非久留白屋之士，风云会合当平衢耳。为何西投藏污纳垢之处？"少年闻之大惊，乃移樽前席请教贾复："足下自京师来，必知京师情况。汉室中兴，新君方立。以足下观之新君何如之主？公卿辅弼之臣比汉初萧、曹、良、平如何？"贾复大笑道："燕雀安可与凤凰鸿鹄比耶？"他随即略言长安混乱情况。少年神色黯然，举杯感谢贾复道："若非闻君之言，几误前途！"贾复道："大司马刘公英雄盖世，近在中山，何不往投耶？足下若有意，结伴同往如何？"他于是自报姓名道："在下贾复，汉中王麾下骑都尉；这位姓陈名俊，字子昭，汉中王长史。因观长安政乱，正要前往中山，去投奔刘公。"少年亦自我介绍道："多谢二位美意。在下耿弇，草字伯昭，家君正是渔阳太守。奉家君之命正要前往长安面君，行动不敢自专，还请恕罪。"陈俊问道："王昌何许人也，竟在此时称号自立？"耿弇道："邯郸一卖卜者耳，沐猴而冠罢了！"

贾复、陈俊与耿弇作别，前往真定。是否继续前往长安？耿弇也不禁犹豫起来。

耿况勉强保住了太守职位，但得罪了更始使者，唯恐使者回到长安，在更始君臣跟前进谗，播弄是非。他命儿子耿弇携带重金厚礼奉表前往长安，面见更始，游说公卿，打点上下。耿弇时年二十一，文武全才，尤其喜欢将帅之事。听贾复讲述更始君臣及长安情形后，他心生犹豫，与同行之人商议道："长安君昏臣庸，政局不稳，我们何必千里迢迢去蹚那池浑水？莫如前往蓟州去投刘秀，看看刘秀究竟是怎样一个人物。"渔阳从事孙仓和兵曹掾卫包道："驿中见邯郸檄文，刘子舆乃成帝正统，近在眼前，舍此不归，为何去投刘秀？既然更始昏庸，左右缺少贤才，刘秀乃更始所遣，安知他非庸碌之辈？"耿弇冷笑道："王昌弊贼，假托刘子舆之名，虽得逞于一时，终为降虏罢了。我之长安，与朝廷陈述上谷、渔阳兵马之盛。回来兵出太原、代郡，往返不过十日，率突骑以击乌合之众，如摧枯拉朽耳。公等不识去就，自讨族灭也。"孙仓、卫包暗笑耿弇年少轻狂，不知天高地厚。他们在夜晚乘耿弇熟睡，卷了金银，去投王郎。耿弇醒来不见孙仓、卫包，金银不翼而飞，他知道不妙，骂道："无义之贼，竟敢背主！"他打听到刘秀正在卢奴，遂飞马去投刘秀。

刘秀和贾复、陈俊正在谈论长安情况，朱祐惊慌失措从外面进来报告："城外一支人马，从北而来，像是邯郸兵马准备攻城！"刘秀道："卢奴一无城守，二无官员，安用大张旗鼓兴兵来攻？况昨日尚无邯郸兵马消息，邯郸人马哪能说到就到？且勿惊慌，去问个明白再说。"当时冯异、王霸、铫期等人分徇各地都未回来，驿馆中只有邓禹、朱祐等人。时间不长，朱祐前来回报："打听清楚了，是真定王刘扬兵马，带兵的是刘扬之弟刘让和从兄刘细。"刘秀道："真定王是大汉宗室，率土之滨莫非王臣。我是大汉使臣，王命在身。告诉刘让、刘细，若还懂得法度，命他们前来见我！若要造反，就来杀我！"朱祐奉命去见刘让、刘细，坦然说道："大司马刘公是大汉钦使，奉圣命徇抚河北。真定王是汉室宗藩，自然知道大汉法度。如果还承认是大汉臣子，就恭恭敬敬地去拜谒钦使；如果真想谋反，悉听尊便！"刘让、刘细哈哈笑道："癞蛤蟆打哈欠，好大的口气！这是卢奴，不是长安，还抖什么威风！长安有皇帝，邯郸也有皇帝。长安皇帝远在千里之外，邯郸皇帝近在身边眼前，你说让我们跟着哪个走？"朱祐道："长安皇帝虽在千里之外，雄兵百万，战将千员，旬日之间，破长安，诛王莽；下洛阳，杀王匡，电扫河洛关中；邯郸皇帝，卖卜儿冒名而已，不数日便会成奔亡之虏。真定王何去何从，不难决断，用不着他人指教！"刘让、刘细闻言不由得犹豫起来。刘让对刘细说："大哥交代，不准造次，将其礼送出境即可。我们何不进城会会钦使？"刘细道："贤弟且带兵驻扎城外，待为兄去会会刘秀。"

刘细天性粗豪，行事莽撞，父母为他取名为"细"，其意就是希望他改变粗鲁莽撞脾性,遇事细心谨慎。但山水易改,禀性难移,刘细总改不了粗鲁、莽撞的性情。他跟随朱祐来到驿馆,不待通禀,便排闼而入。陈俊厉声喝问:"来者何人,如此无礼,敢擅闯天子使者驿馆?"刘细冷笑道:"我乃真定王堂兄,王宫尚出入随意,况使者驿馆乎!"邓禹道:"真定王刘扬乃帝室之胄,昆弟知书明礼,焉有如此粗俗无礼之徒? 尔道汝是真定王从兄,有何凭据?"刘细怒道:"部众万人就在城外,我只需一言,便可将汝等悉数擒杀,尚须何凭据?"陈俊道:"如今天子尚有人假冒,何况真定王一个堂兄? 尊驾若是真定王堂兄,又是真定王驾下大将,必然将略非凡,武艺出众。在下不过是钦使司马公的一个马夫,若汝有本领赢得我三拳两招,我便认你是真定王的堂兄;若赢不了,你便是个假冒王爷堂兄的蟊贼,绑你去真定王府领赏!"刘细听陈俊把话讲完,气得连声怪叫,拔出腰间佩剑,对着陈俊分心便刺。陈俊身似灵猿,闪身避开;他不等刘细回手再刺,猛然纵身跃起,连环双腿踢出,把刘细踢倒在地。朱祐吩咐左右把刘细绑了,刘细跳脚大骂:"汝等敢动爷一根毫毛,等我兄弟杀进城来,把汝等尽皆杀死,一个不留!"刘秀笑道:"尊驾尽管放心,没人动你一根毫毛,只是有劳尊驾送我们一程罢了。"刘细的随从见刘细被擒,转身想逃,被贾复、朱祐、邓禹等人拦住,一个个跪地求饶。刘秀好言抚慰,全部放他们回去,让他们传话给刘让:只要保证他们平安离开中山,决不会加害刘细。

刘让得知刘细被擒,本想杀进城去,救出刘细,但又投鼠忌器,怕刘秀伤害刘细。想到刘扬交代的话,目的不过是赶走刘秀。只要刘秀愿意离开中山,又何必兵戎相见,大动干戈呢。

次日,刘秀一行带着刘细一路同行,前往蓟县,刘让驻兵卢奴并不追赶。途中刘秀待刘细举动有礼,极为客气。过了卢水,就要出中山界了,刘秀与刘细作别,还不无歉意地说:"人在危途,不得不出此下策,还望将军见谅。请你上复真定王,当此风云变幻之时,去就慎重,好自为之!"刘细道:"我弟兄本无伤害汝等之意,何必多此一举!"他说罢鞭马回转卢奴。陈俊等人笑道:"此人亦快人也!"

刘细方走,忽见一骑从卢水南岸赶来。众人道:"刘细为何去而复返耶?"来骑越来越近,众人方看出不是刘细。朱祐说道:"刘细乘黑马,来人骑白马;刘细魁梧,来人劲拔。非刘细也。"贾复、陈俊齐声道:"是耿弇,耿伯昭。何来之速也!"二人于是拍马相迎。不一会儿,三人一齐来到刘秀面前,贾复为耿弇引见道:"这位便是司马刘公,我等之共主也。"耿弇慌忙下马见礼道:"渔阳耿弇,临风渴望司马公风采,特来投效!"刘秀见耿弇少年英俊,气宇不凡,甚为喜悦。刘秀又听说他是渔阳太守之子,更加高兴,他当即指着朱祐说:"这位是我等护军,南阳朱祐,字仲先,你先做大司马门下吏,助仲先处理中军事务。后生可畏,子其勉之!"耿弇道:"王昌僭立,传檄远近。各郡不辨鱼珠,归降者甚众。司马公何如跟我同去渔阳、上谷,征发两郡为之奔命,定邯郸,灭王昌?"刘秀说道:"小儿曹乃有大志哉! 今已至此,蓟门在望。我们先徇蓟燕,再去渔阳不迟。"耿弇以为与刘秀初见,不便多言,遂跟随刘秀前往蓟县。

刘秀一行来到蓟县,不意邯郸檄文已先一日到达。县中大小官吏,心中惶惑,相与议论说:"天无二日,国无二主。更始方在长安建都,成帝之子刘子舆又在邯郸登基。昨日邯郸天子檄文方到,今天长安天子使者又来。孰真孰假,谁能说得清楚? 一旦认错了主儿,身家性命难保。不如敬鬼神而远之,先把长安天使安置在传舍,我们躲起来避而不见;等到真假分明了,再行拜谒不迟。"于是乎二千石以下官吏都纷纷躲藏起来。刘秀及邓禹、冯异诸人,分头前往拜谒,处处吃闭门羹。他们快快回到传舍,无计可施。邓禹道:"蓟县乃广阳王封国,明公何不以宗室族人身份,登门拜谒?"刘秀道:"广阳王乃孝宣本始年间所封,孝元、孝成之世代代相袭,后被王莽削爵夺封,撤了封国。后人不闻有在朝在郡仕宦显赫者,拜有何用?"邓禹道:"瘦死的骆驼比马大,船破尚有三千钉。广阳王树大根深,门客故吏多半蓟人。明公新来乍到,人地生疏,安能没有当地人相助?"刘秀想了一下说:"仲华言之有理。"他于是备了一份礼物,带领冯异、王霸、铫期、马成等四人前往广阳王府。

广阳王之子刘接正与门客数人在后花园练武,家人来报,南阳宗室刘秀来拜。刘接笑道:"长安天使到了。如今东西各有一帝,本当首鼠观望。但彼以宗室、族人身份来访,不能不见。"刘接于是把刘秀等人迎入客厅。宾主落座,家人奉上茶来。刘接说道:"天使到来,本当迎谒,但如今京师、邯郸各有一帝，且邯郸刘子舆传檄天下，声言长安更始乃是其臣属，他才是帝室正统。远人真假难辨，不知所措，还望见谅。"刘秀道："今日前来先叙宗室亲情，再议他事。广阳王与长沙定王同为孝景之后，虽然分封南北，远隔河汉江淮，但同根同源。出京之前，太常查考皇室族谱，足下乃孝景七世玄孙，与天子同辈。在下妄自高攀，亦与足下同辈。你我远隔千里，血缘极近，实乃兄弟也，足下千万不要见外。"

刘接闻言大喜，他说道："天子亦知广阳王乎？亦知刘接乎？"刘秀笑道："焉有不知之理！昔日高祖分封子弟，就是为了让子弟屏藩社稷。王莽篡弑，先从削夺封藩开始，不正是要剪除皇家枝叶吗！新君初登大宝，自然要尽复旧封，以固社稷，所以特命臣下抚慰各地封藩，亟盼入京相见。前不久，梁王刘立的儿子刘永到洛阳觐见，当即绍封梁王之位，开府睢阳。足下若能西入长安面圣，复封何难！"

刘接说："闻言大司马有专封之权，不能立复广阳王之封吗？"刘秀笑道："在下蒙旨有权专封二千石以下官吏。广阳王一人之下，万人之上，哪是人臣有权复封得了的？不过足下若有意归服，在下当请命圣上，立下复封诏旨！"刘接道："那就多谢司马公了！"刘秀又说："职责所在，不必言谢。在下今日造访，还有一事请足下鼎力相助。"刘接答："司马公请讲，但凡我能做到的，当竭尽绵薄。"刘秀道："昨日来到蓟县，二千石以下长吏，都躲起来避而不见。请足下帮忙，到府中一会如何？"刘接笑道："这有何难？不是在下夸口，刘某虽一介布衣，但在蓟县，大小官吏还没有不给面子的。只需寸柬相邀，明日午时，蓟中二千石以下大小官吏，届时毕至，请司马公放心好了！"刘秀道："那就有劳了！"刘秀见目的已经达到，辞谢而出。刘接送至府门，抱拳作别。

刘秀等回到传舍，朱祐前来告称："探马禀报邯郸兵马，不日将至，宜早做准备。"刘秀道："今日和刘接相会，言谈颇为相得。其府中宾客家丁不下千人，若肯相助，背城借一，当能破邯郸之兵。但不知刘接肯不肯援手。"朱祐道："求人莫如求己。我等分头募兵如何？"刘秀道："如此甚好。"刘秀于是立命铫期、王霸等人到城中募兵。铫期、王霸等人到城中张榜招兵，一时引来众人观瞧。有人看了榜文，一言不发，回头就走；有人摇头；有人相聚，指手画脚嘲笑。铫期不解地问道："俗云：'竖起招兵旗，自有吃粮人。'大司马刘公，乃更始天子钦使，在此招兵，为何无一人应募？"一老者笑道："远行看天气阴晴，买菜看集市行情。如今真命天子已经在邯郸登基，檄文贴满通衢闹市。邯郸兵马即将来到，谁还肯跟着你们瞎闹腾？"铫期满面羞惭地回去了。

王霸等人和铫期遇到的情况也差不多。刘秀不禁发起愁来，他说道："邯郸兵马将至，我等兵不过数百，如何是好？"朱祐道："三十六计，走为上策。"刘秀道："走也要有个走法。不然，刚刚出城，邯郸兵马随后追来，诸君虽勇，走得了吗？走往何处？如何走，尚须深思熟虑。"耿弇道："今邯郸兵从南来，司马且不可南行。不然与之相遇，其势必危。渔阳太守彭宠，公之邑人；上谷太守即弇之父。发此两郡之兵，控弦万骑，邯郸之兵不足虑也。"刘秀左右，南阳人占多数，皆道："狐死必首丘，越鸟巢南枝。我等自南来，死亦南归，奈何北行，入他人彀中！"刘秀指着耿弇道："伯昭是我北道主人也！行止明日再定，诸位勿惊，歇息去吧！"

众人退去，刘秀与邓禹、冯异、王霸等商议："明日我再与刘接相会。蓟人若肯归降，邯郸兵至，亦无须惧；蓟人若应王昌，我等危矣，蓟县不可久留，宜速速离去。公等车马结束停当，等我消息。"邓禹道："城中流言四起，百姓惶惶不定，而刘接安如泰山，恐其有诈，不得不防。"刘秀道："诸位不必担心，我心中有数就是。"

且说刘接当日送走刘秀，方到书房，家人又来禀报：邯郸使臣来拜。刘接笑道："想不到我一个赋闲多年的落魄王子，如今却成了香饽饽了，看来我要交好运了！奇货可居，看哪家给的价钱高，货便卖给谁家，不可折了本钱！"刚把客人让至客厅，奉上茶来，不等刘接开口，客人即笑吟吟地对刘接说："给广阳王贺喜了！圣上已有旨意，即日命王爷袭爵绍封，择吉日赴邯郸行在朝见，另有封赏！"富贵来得突然，刘接不由愕然。良久才想起了叩头谢恩，继而说道："寸功未建，便蒙大恩，诚惶诚恐，定当粉身以报陛下！"使臣道："皇上蒙尘日久，初登大位，仰仗王爷之处正多。只要王爷肯竭忠效力，厚封重赏还多着呢。"刘接忙问："皇上有何差遣，请天使明说，刘接愿效犬马之劳！"邯郸使臣说："皇上即位，各郡闻风响应。唯有逆臣刘秀违抗天命，处处与皇上作对。圣上震怒，悬赏十万户，金万斤，购求刘秀首级。听说刘秀现在蓟县，王爷千万莫失良机！"刘接说道："这有何难！既然皇上降旨，微臣敢不从命！天使静待佳音，明日午时便可携带刘秀首级赶回邯郸复命！"王郎使臣大喜，忙问刘接有何妙计？刘接如此这般把打算告诉邯郸使臣，邯郸使臣连称妙计，当日就在广阳王府住下。

次日，刘秀前往广阳王府。陈俊御车，贾复参乘，铫期、傅俊、刘隆、马成相随。登车之前，刘秀对邓禹、冯异等人叮嘱："若有意外之变，分头出城，依耿弇之见，北门外漯水边会合。"刘秀驱车来到广阳王府门外，看见仪门大开，卫士执戟与昨日气象大不相同，庭中带刀佩剑家丁布列两行，从仪门直到客厅。刘秀情知有变，但神色如常。贾复说："今日之会，亦鸿门之会也。"刘秀道："不入虎穴，焉得虎子，君文即吾之樊哙也。"刘秀下车，贾复、刘隆相随入内，其他相随之人被拦在仪门之外。

刘接见刘秀儒服佩剑，神色夷和；身后两人皆意态悠闲，仿佛寻常官宦人家的随行僮仆，顿时放下心来。客厅中大小官员早已各按品级入席就座，主宾席上端坐一人神态倨傲，刘接安坐主位，表情诡异。刘秀对客厅扫视一周，哈哈大笑，抱拳当胸，朗声说道："某来迟了，座无虚席，广阳世子待客之道何其奇也，为何前恭后倨耶？莫非要你我共坐一席耶？"刘接冷笑道："果然好胆量！转眼便成阶下之囚，刀下之鬼，生死命悬一发之间，尚能嬉笑自如，令人敬佩。本王给汝引见一位贵客，今日汝之生死荣辱皆操诸其手。主宾席上那位便是邯郸钦使，天子悬赏十万户黄金万斤，索尔首级；汝若肯向邯郸称臣，不失封侯之赏；若求钦使宽恕，或许饶尔不死。如果执迷不悟，今日难逃一死！"刘秀道："天无二日，国无二主。天子今在京师，邯郸何来天子！王郎何物，一卖卜小儿而已，安可沐猴而冠，假号称帝！望广阳王三思后行！"众人尽皆失色。刘接正要呼喝门外卫士，只听刘秀厉声喝道："君文、仲平，还不动手？！"喝声甫落，贾复、刘隆纵身跃起，出手如电，众人尚未回过神来，贾复已把刘接揪撮起来；刘隆则手提邯郸使臣首级，鲜血淋漓，掷于当地。座中大小官员，个个目瞪口呆，两股战战。刘秀道："本司马代天子徇抚河北，有生杀予夺之权，但决不滥杀无辜之人！王昌早晚必为败亡之虏，诸公当知去就,好自为之!"刘秀说罢,仗剑出厅,贾复、刘隆推着刘接紧跟在身后。庭中家丁见刘接被劫,本想上前救护,但听刘秀喝道:"汝等若要你家主人不死,休要上前半步!昆阳城下王邑雄兵百万,我尚不惧,汝数十鼠辈,能拦住我吗?"众家丁闻言,个个呆立当场,不敢向前,眼睁睁看着刘秀等人出府而去。

刘秀登车,贾复、刘隆扭着刘接双臂跟在车后,铫期在前面开道,傅俊、马成护卫左右直奔北门。刘府家丁随后追赶。一街两行,行人大乱,见广阳王子被执,都来看热闹,顿然间,大街上拥挤不堪。铫期见状舞动铁戟,连声喝"踔"。众人怕伤着自己,连忙向两侧退避,让出一条通道来。陈俊鞭马如飞,冲出人群。谁知城门早已落锁,蓟县宰带领全城差役兵丁来救刘接。众人见刘秀人少势孤,齐声呐喊,杀到跟前。刘秀等人来到北门,傅俊挥起大刀斩落城门铁锁,众人簇拥着刘秀乘坐的车辆冲出城外。刘府家丁及蓟县令带领的兵丁紧追不舍;铫期、马成、傅俊等人断后,接连射杀多人,追兵才不敢逼近。刘秀此时说道:"把广阳王子放了吧,念他也是高帝子孙,饶他一命。"贾复、刘隆遵命放了刘接。刘府家丁和蓟县令救出刘接,不再追赶,转回蓟县而去。

芜蒌亭

　　刘秀等人出得城来,邓禹、冯异、王霸等人皆来相会,却单单不见耿弇。邓禹道:"城中乱兵四起,纷纷追向北门。我等见东西两门人少,分头从东西两门出城,慌乱中和伯昭走散。莫非伯昭单独回上谷去了?"刘秀道:"伯昭信人,决不弃我。莫非尚未出城也?"众人道:"伯昭久在北地,易于脱身,一旦出城,定会寻踪而来。此地不宜久留,应该赶快离开。"刘秀道:"与伯昭相约前往上谷、渔阳,如今伯昭不在,谁可为导?"众人道:"如今各地尽归邯郸,上谷、渔阳难保无变,不如南归。"刘秀知众人之意,遂决定南返。他们一路探知各县都已经接到邯郸檄文,悬赏擒斩刘秀。刘秀一行只好避开通衢大道,昼夜不敢入城邑,吃饭、住宿都在路边上,一有风吹草动,立刻起程。

　　天近黄昏,朔风骤起,寒气砭人肌骨。风沙夹杂着霰雪粒儿,打在人脸上,刀割一般疼痛。刘秀一行来到饶阳边境上的芜蒌亭,天已经黑了。刘秀说:"人困马乏,找一背风处住下,歇息一晚再走吧。"亭边断壁残垣,衰草枯叶,勉强可以挡风;朱祐、陈俊等人扶刘秀进入亭内,其他人便胡乱寻找背风处,席地幕天躺下。天寒地冻,腹中无食,饥肠辘辘,谁也睡不着觉。刘秀叹道:"堂堂钦使,竟成奔亡之虏! 一将无能,千军受累。诸君个个空负不世之才,却跟着我受此饥寒,岂不冤枉!"邓禹笑道:"仲尼之贤,尚不免绝粮陈蔡;颜渊、子路、曾皙,七十二人无一不贤,有何冤枉!"冯异不言,悄然独自出了芜蒌亭,但见不远处即有灯光闪烁,便朝着灯光寻去。到了眼前,见篱落疏疏,柴扉虚掩;茅屋一间,灯光自屋中漏出。冯异轻叩柴扉,半晌有一老者从屋中出来,问冯异道:"客从何来? 欲借宿乎? 欲乞食乎?"冯异道:"余自蓟县来,风雪迷路,一日一夜粒米未进。老丈若有残羹冷炙,请赐一饱。"老人道:"山野农夫,无物待客。幸有豆粥一瓯,与君聊充饥肠。"冯异大喜,捧了豆粥,千恩万谢而去。冯异回到芜蒌亭,刘秀尚未入睡。他献上豆粥,刘秀问道:"卿吃了没有?"冯异回答道:"某已用过。"刘秀便狼吞虎咽地吃了起来。顷刻之间,一瓯豆粥尽入腹中。

次日清晨起来,刘秀问众人道:"诸位昨晚睡得好吗?"众人齐道:"又饥又寒,谁能入睡?"刘秀道:"昨晚得公孙豆粥,饥寒俱解,我倒是睡得香甜。"铫期等人责问冯异:"既得豆粥,安可独享,不能分一杯乎?"冯异道:"谁知豆粥之味?"众人疑惑,冯异遂把夜晚乞食情形告诉大家。刘秀慨然道:"刘秀不死,终身不忘芜蒌亭豆粥之味!"众人不免神色黯然,不再言语。

邯郸兵马进入蓟县,得知使臣被杀,刘秀南返,便随后追赶而来。刘秀一行不敢怠慢,兼程向南。将近午时,到达饶阳,众人又饥又渴。冯异道:"我有一计,可令诸位饱餐一顿。"众人听说能得一饱,霎时来了精神,七嘴八舌问道:"公孙有何妙计?"冯异道:"法不传六耳。知道的人多了,就不灵验了。"于是,如此这般和刘秀轻声耳语。刘秀听了,不禁破颜为笑道:"君子亦用诈乎?"冯异道:"事出无奈,权且一用,又有何妨?"刘秀对左右说:"到了饶阳传舍,勿要多言,有饭只管饱餐罢了。"众人半信半疑,鼓勇向前。

到了传舍,刘秀整肃衣冠,持节而入,自称邯郸天使。传吏见刘秀气宇不凡,手持节杖,不敢怠慢,立刻传餐,不一时饭菜齐备。刘秀左右饥肠辘辘,早已馋涎欲滴。见饭菜端上来,早把刘秀、冯异的叮嘱忘到脑后,一窝蜂向前,争着、抢着,狼吞虎咽吃起来。传舍中人见了,不免生疑,连忙报于传吏。传吏猛然想起,昨日曾得蓟县驿报,说刘秀一行南逃,宜多加防范。他们暗中窥察刘秀左右行迹,心中已猜到了八九分。但见众人个个佩刀带剑,均非泛泛寻常之辈,又不敢轻举妄动。他们心生一计,立刻擂响传舍门前的警鼓,大声吆喝:"邯郸将军来到!"正在吃饭的刘秀部众,不知是诈,个个大惊失色,立刻丢下碗筷,拿起刀枪。刘秀也慌了神,不禁升车欲驰。他既而转念一想,如果真的是邯郸兵至,想逃已晚,不如静以待变。刘秀于是不慌不忙，又回到座位上平平静静地坐下来，他对传吏说："有请邯郸将军进来相见！"那传吏见刘秀镇定如常，反倒不好意思起来，借口出去传宣，连忙躲开了。刘秀命众人饱餐，然后升车，从容而去。

传吏连忙派人向城门校尉报告，请求关闭四门，不要放走刘秀一行。城门校尉道："天下何人为主，尚未可知，安可闭门阻挡天子使臣？"遂对传吏的报告置若罔闻，任由刘秀一行出城而去。此时风雪大起，刘秀一行冲风冒雪，兼程南归，面部和手脚都全部冻裂了。

过了饶阳，邯郸之兵越追越近。邓禹道："明公莫如乘马先行，直趋下博；让我乘公之车，带少数人，盛饰旗号一路向西。敌必以我等为司马部众，紧追不舍。我引敌西去，明公可从容南行。"杜茂、邓奉则说："此计可行，仲华西去，我等奉司马投东，前往常山。常山有兵有粮，有城可守，何惧王郎？"刘秀道："远水难解近渴，恐怕未到常山，我等已为王郎所虏。"刘秀复问邓禹道："仲华何以脱身？"邓禹道："船小易掉头，兔小易隐身。我等自有脱身之计，等摆脱敌兵追击，下曲阳相会。"刘秀只好说道："仲华小心！"于是小小队伍，又分兵两路，刘秀骑邓禹之马；邓禹登车，陈俊执鞭为御，贾复操戈在右，身后数十骑，一路向西。途中，邓禹命人在车马之后拖着树枝，一路扬尘；所过之处还点燃枯草假做炊烟。邯郸追兵在后，望见西面尘土飞扬，炊烟缭绕，以为必是刘秀一行，他们于是急急往西追赶。邓禹等人跑了数十里之后，又点了几堆柴草，然后躲藏了起来。追兵望烟追去，邓禹等人却返旆向东，去和刘秀相会合。

邯郸人马追到滹沱河边，不见了邓禹等人踪影，沿河搜寻，尽毁桥梁船只，把守津渡。刘秀等人只好从荒僻之处打算踏冰过河，派出去到河边探听情况的人，回来报告说："冰雪消融，满河流澌，不能渡矣。"刘秀道："追兵在近，滹沱难渡，如何是好？悔不听伯昭之言。"众人道："不如散归各处，先躲藏起来，然后待机相聚。"王霸道："冬日早晚冷暖变化极大，午时冰雪消融，日落凝结，是惯常之事；何况今日风寒，午后便觉寒气袭人。诸位稍安勿动，待我再到河边一探究竟，然后再定行止。"王霸说罢，策马前往滹沱河边。他来到河边，便闻河水哗哗流淌之声。王霸叹道："天意竟然如此！"他下马以手探水，寒冷彻骨，心中暗暗祷告上天："若祐司马公兴复汉业，祈请冰封滹沱！"默默祷告数遍之后，竟然发现，河岸边竟然结了薄冰。王霸心中窃喜，但手指轻轻一按，薄冰即破，不觉又摇头苦笑。王霸无奈，只好牵着马离开河岸，边走边想，若如实禀报，众人必然惊慌四散，后果不堪设想；如果迁延时刻，使人心暂时安定，子时以后，极寒之时，河水或许能够结冰，说不定事情就有了转机。想到这里，他心中有了主意，上马缓缓而回。众人见王霸回来，争先恐后地问："冰冻乎？可渡乎？"王霸笑道："冰坚可渡。"众人一时都放下心来。刘秀说："方才探路之人也太粗心了，让大家虚惊一场。"众人道："风烈天寒，说不定是偷懒怕冷，没有走到河边就回来了。"王霸听了，默然沉吟，一言不发。

众人来到河边，王霸策马前行，想不到河水果然结冰，心中大喜。刘秀急命王霸指挥众人过河。铫期、刘隆、臧宫等人殿后，催促车仗，但离对岸尚有丈余，河冰忽然断裂。幸得三人马快，跃马上岸。再看满河之冰，尽皆融化，哗哗东流，众人皆目瞪口呆。刘秀连忙跪倒河岸，叩头而泣道："感谢苍天护祐，保我等脱此危难！"

王霸此时，方把探路真情告诉大家，他向刘秀谢罪道："情急智短，谎言欺公，请司马恕罪！"刘秀道："安定众人之心，我等能够渡过滹沱河，脱离困境，君之力也，何罪之有！"王霸道："此明公之德，神灵之祐，虽武王白鱼赤乌之兆不过如此！"众人齐声道贺。刘秀道："王霸权以济事，殆天瑞也。诸公勿以一时之困气馁，与吾共勉之！"刘秀当即拜王霸为军正，赐爵关内侯。

刘秀等过河行至南宫边境的赤龙驿，忽然阴云四合，狂风大起，霎时间下起大雨来了。幸好道旁有一破旧驿站，老屋数间，刘秀一行慌忙进去避雨。众人一个个淋得水淋淋的，像落汤鸡似的。邓禹于破屋之内寻了些柴草，冯异生火，刘秀等人脱下淋湿的衣衫，围着火堆烘烤。正当此时，又有一辆马车，众人簇拥着赶来躲雨。刘秀道："都是风雨行路之人，快把西边厢房腾出，让人住下。"部属应命，立即把西厢腾出。但见车上走下来一位老太太，衣饰华贵；后面还有一位妙龄女子，雨鬓风鬟，仍然风姿绰约。丫鬟仆妇搀扶着她们匆匆进屋去了。刘秀猜想，必是官宦人家的眷属，投亲访友，遇到了风雨，也没有怎么放在心上。

　　风雨一直下到黄昏,方才渐渐停了下来,众人只好在驿中过夜。陈俊在马厩喂马,夜里就睡在马厩。给刘秀驾车的黑骡子已经数日没有吃过麸料了,骨瘦毛长,没精打采,有气无力地咀嚼着草,陈俊不免觉得心疼。正在这时候,西厢房里,给老太太驾车的马伕,也来喂马,大把大把地撒着炒得喷香的饲料,那马打着鼻嘘,大口大口吃得欢快。等老马夫给马添完料回西厢房去了,陈俊忍不住把老马夫留下的饲料袋掐过来,也给黑骡撒了几把。黑骡子闻到饲料香,立刻来了精神,大口大口地吃起干草来。陈俊心里高兴,添了一次又添一次。正在这时,冯异巡夜,来到马厩,见陈俊正给黑骡子加料,闻到料香,不禁好奇,他悄悄问陈俊:“子昭,哪里弄来的麸料?”陈俊用手指了指西边厢房,狡黠一笑,没有作声。冯异会意,不便再问,他伸手抓起麸料袋中的麸料借着灯光一看,又惊又喜,心想:“这位老太太果然是富豪人家,喂马的麸料竟然是磨碎的麦仁!我等已经一天粒米未进,何不用此麸料做一锅粥,以充饥肠?”他于是把半袋麦仁背走,煮了一锅麦仁汤。冯异半夜把刘秀及众人叫醒喝粥,众人吃了尽道麦仁汤香甜可口平生仅见。刘秀问麦仁自何而来,冯异但笑不语。

　　次日清晨,老马夫起来喂马,不见了饲料口袋,疑心是陈俊藏了起来。他又在陈俊马槽里发现了麸料屑儿,便和陈俊争吵起来,非要陈俊交出剩下的饲料不可。老马夫道:“都是出门在外之人,借东讨西,相互帮忙,本是寻常之事。麸料你喂也喂了,我不与你计较,把剩下的还给我好了。”陈俊自知无物可还,只得一口咬定,压根没见过麸料口袋。老马夫动气,高声骂道:“看着衣冠楚楚,不想却是鸡鸣狗盗之徒!”骂得陈俊火起,挥拳便要打那老马夫。谁料那老马夫竟然身手矫捷,身形微动,便躲过陈俊的拳头;出掌如风,横击陈俊面颊;陈俊低头躲过,但觉劲风袭面,微微作疼。陈俊暗道:“今日遇见强敌了!”于是不敢大意,屏气凝神,立定马步,一招一式和老马夫打斗起来。

　　二人在院中打斗,惊动了厢房中的老太太。她隔窗问道:“郭福,何事和人争斗?这般年龄,怎么还和当年一样逞勇好斗?”老马夫纵身跳出圈外,躬身答道:“东屋客人偷了咱家马料,却不认账,不肯归还,因而争斗,惊动老郡主了。”老太太道:“一点麸料算得了什么!行路之人,谁能不遇到点困难,相互帮衬一下还不应该吗？六十多岁的人了，还不怕人笑话。快去看看道路上有泥没泥，能不能行走，休要再与人争斗！"老马夫连忙应命去了。

刘秀在东厢房听到院中打斗，正要命人去看，听见老太太和老马夫说话，已知来龙去脉。刘秀笑道："仓廪实则知礼仪，衣食足方知荣辱。夫子绝粮，子路猜疑，以今日我等处境推断，此事不虚。子昭、公孙皆千金不顾、志如金石之伟丈夫，竟为昨晚一餐麦仁汤折节，其可叹欤！"他遂从腰间解下镶金龙凤比目佩来，递给邓禹说："劳仲华前往西厢，把此佩付于老太太，以偿昨晚一餐之费！"冯异道："事因我起，我去西厢赔罪罢了。此佩乃文叔与夫人阴丽华订亲信物，岂可轻与他人！"刘秀道："身无长物，唯此佩可示人以信。待明日有钱，再行赎回，又有何不可！"

原来，这枚镶金龙凤比目佩，是刘秀当成里完婚时，阴丽华所赠，以志夫妻永不相弃。众人皆劝刘秀不可以玉佩送人，刘秀道："自古皆有死，人无信不立。我等值此困窘之时，唯有信义可守，复有他哉！"

邓禹奉命来到西厢，献上玉佩，他说道："昨日风雨，与老太太有幸同在驿中避雨。敝主人宦囊羞涩，川资用尽。昨晚不忍左右饥饿，食用贵府麦仁数升，无以为报，特献玉佩为质，还请笑纳。他日登门相谢，也好作为凭证。"

老太太见邓禹骨骼清奇，相貌非凡，且谈吐儒雅。她故作惊奇地问道："足下何出此言？麦仁一事何从说起？"邓禹遂把夜晚冯异把半袋麸料偷走，煮汤之事原原本本讲给老太太听。老太太听了，不禁动容。她又开口问道："贤主人尊姓大名，何方人氏？足下何人？"邓禹道："敝上姓刘名秀，表字文叔，孝景七世玄孙，更始皇帝驾下大司马武信侯，奉节徇抚河北。不意邯郸王郎称帝，故颠沛至此。在下邓禹，南阳书生，大司马麾下牛马走。"

老太太笑道："听足下如此说来，这玉佩我更不能收了。司马公是汉朝宗室，景帝七世玄孙。老妪娘家姓刘，也算是宗室之女，司马公也算是我的娘家人了。寒舍就在鄗城漆里，离此不过五十里。焉有娘家人到了家门口，一餐麦仁汤尚不能饱，还要饭钱的道理？玉佩璧还，贤主人如蒙不弃，不妨过西厢一会。"邓禹听老太太这样说，只好带着玉佩又回东厢来了。

原来这位老太太并非寻常富家老妪，乃真定恭王刘普之女，功曹郭昌之妻，真定人号为"郭郡主"。郭家为真定著姓，郭昌曾经把百万田宅家产让于继母所生的幼弟，仁义闻名乡里。郭昌死得早，郭郡主虽为王家之女，但贤淑且治家有方，家业兴旺，累资巨万，郭家宗族昆弟莫不敬仰。她膝下育有一男一女，儿子名叫郭况；女儿名唤郭圣通，年方一十八岁，容貌端庄宛丽，正待字闺中。郭郡主受其夫指点，素喜星相，有鉴人之明。当晚住宿赤龙驿，雨过天晴，夜观星相，见龙虎之气聚于驿站上方，五彩分明。夜半，刘秀等人起来喝麦仁汤，把她惊醒。老太太悄然起来，偷窥众人行迹，见刘秀左右之人虽然高低瘦胖粗豪、文雅各有不同，但人人虎步龙骧，举止不同寻常。她见冯异给刘秀献粥，不觉大惊暗赞："真君臣龙虎也。"当晚即筹思接纳结交之计。

刘秀听邓禹回禀，老太太乃宗室之女，暗忖道："此地距中山、真定甚近。中山王后继无人，真定豪门首推郭氏，地广千顷，常山至高邑老百姓多半是郭氏佃户。郭氏的当家人乃一老妪，号称'郭主'，乃真定王刘扬的亲姐姐。莫非这位老太太就是郭主？"想到这里，刘秀遂和邓禹商议道："河北诸藩，真定最盛，真定王刘扬归附邯郸乃心腹之患。老太太若是真定老王之女，即刘扬、刘让的姐姐郭郡主，不妨一见。若能使郭主说服真定王化敌为友，岂不是一大好事？"邓禹道："不妨一试。"于是，邓禹前导，刘秀亲往西厢拜见郭老太太。

驿站中无处回避，郭主命女儿改换衣衫杂在侍女中间，侍立身边。刘秀拜见，执礼甚恭。他问郭主道："闻言老夫人乃王家之女，在下忝列宗室，乃孝景七世玄孙。不知该对老夫人怎样称呼？"郭主笑道："老妪乃真定恭王之女，论起辈分来，当长足下一辈。"刘秀连忙离座，跪下叩头道："姑母在上，小侄有礼了。昨晚多有不恭，未禀姑母知晓，取用府上麦仁数升，望乞恕罪！"郭主连忙起身来扶刘秀，她连忙说道："折杀老妪了！司马公乃天子重臣，身负皇命，岂可行此大礼！既然司马公认老妪为姑母，便是老妪娘家亲人。若在舍下，山珍海味犹恐不周，数升麦仁何足道哉！真是不足挂齿。途中无以待客，请司马公见谅。"刘秀道："多谢姑母高义。敢问姑母和真定王刘扬怎么称呼？"郭主笑道："什么真定王？乃老妪胞弟。未得天子金典降旨诏封，就自己称王，成何体统？还请司马公奏明天子，早降明旨，方算名正言顺。"

刘秀道:"路人相传,真定王归附王昌,与天子分庭抗礼。姑母可知此事?"郭主道:"老妪年迈,素不与闻外事,尚不知情。若果有此事,吾当拼了老命阻止他胡来。"刘秀闻言大喜,当面谢道:"姑母深明大义,务劝真定王迷途知返。当此去就抉择之际,一失足即成千古恨,千万莫要打错了主意!"刘秀起身作别,郭主意犹未尽,遂至门口,轻声问道:"司马公家有几房妻室?"刘秀不知郭主何意,随口答曰:"身在戎间,哪里还顾得上儿女私情?"郭主暗自窃喜,更有了主意。

送别刘秀,郭主与女儿圣通私下说道:"司马公日角隆准,相貌贵不可言。儿其有意乎?"圣通面红过耳,但笑不语。良久,才低声说:"但不知有无妻室?"郭主道:"天家不与百姓同。妃嫔六宫,皇后一人,唯看福命厚薄,造化高低耳。"

刘秀一行出了赤龙驿,行不数里,探马来报,邯郸兵马迎面而来,离此不远。刘秀大惊,急命人掉头向北而逃。匆忙中迷失道路,竟然来到了漳河岸的下博。前有河水挡路,后有追兵,刘秀不知如何是好。正走投无路时,忽见一白衣老人,衣袂飘飘,立于道旁。刘秀命陈俊停车,他下车来到老人跟前躬身为礼道:"南阳刘秀,远来迷路,请老人家指点迷津。"老人耳聋,刘秀连问数遍,所答皆非所问。陈俊焦躁,大声问道:"何处可避邯郸追兵?"老人这次似乎听明白了,大声说:"信都为长安门户,郡守仍被任命为长安守,离此八十里,子其努力!"刘秀拜别登车而去。待他回头再望,老人倏忽不见。刘秀以为是神人指点,连忙又跳下车,望空叩拜。

前行数里,忽见前方,数骑狂奔而至,后有人欢马叫之声。刘秀大惊失色,车后的铫期、傅俊、刘隆、贾复等各持兵刃,跃马向前,杜茂、朱祐、邓奉、马成急忙护卫刘秀。这时,忽见来将滚鞍下马,躬身问道:"敢问车上可是大司马武信侯刘秀?"铫期等人答道:"正是。尊驾何人?自何而来?"来将答道:"末将和成郡五官掾张万、督邮尹绥,奉太守邳大人之命,带精骑二千沿路来迎候司马大驾,恭候差遣。"刘秀闻言大喜,唤二将至车前亲加抚慰,然后问道:"邳大人和郡中情况如何?"二将高声答道:"周边各郡尽归王郎,唯和成、信都二郡固守以待王师。大司马来得正好,请移驾前往和成,邳大人

已经恭候多日了!"刘秀从容回应道:"信都距此不远,先往信都,明日前往和
成如何?"张万、尹绥道:"谨遵司马之命!"

刘秀等人至此悬着的心总算暂时放了下来,他们与张万、尹绥一道,前
往信都。

邳彤　任光

王昌邯郸称帝，传檄四方，各郡闻风归降。唯有信都太守任光、和成太守邳彤仍然尊奉长安更始为帝，不肯服邯郸。王昌深以为虑，他与丞相刘林、大司马李育、大将军张参、谏议大夫杜威商议征伐二郡之事。王昌说："二郡近在肘腋，不肯归服，甚失朕望。若不加兵征伐，定使他郡藐视朕躬。若归而复叛，必坏大局。诸卿宜速筹良策，以降二郡。"大司马李育道："二郡未服，理宜加兵征讨。但立国未久，士众不敷调用，如何是好？征伐宋子，李恽损折；追拿刘秀，蓟县之兵，尚未班师。若要举兵征伐信都、和成二郡，皇上须传檄各郡，悉发奔命，齐集邯郸，然后出兵。"刘林道："臣有一计，可纾圣虑。命谏议大夫杜威前往真定，劝真定王刘扬出兵相助。另外再派善辩之士前往二郡，先礼后兵，劝任光、邳彤归降。"王昌道："丞相之计甚好，但不知前往二郡，何人可使？"杜威道："某有一同窗，扶柳县廷掾赵斌，能言善辩，可担此任。"王昌道："劳卿即刻前往扶柳，传宣朕的旨意，加封赵斌为光禄少卿，前去信都。事成复命，还有重赏。"杜威应命而去。

这日，任光正和都尉李忠、信都令万修、功曹阮况、五官掾郭唐等人商议守城之策，忽报邯郸使臣扶柳廷掾赵斌到来。任光问道："赵斌何许人也？"郭唐道："当初王莽改制，设置二十七大夫、八十一元士。赵斌曾在长安当过元士。王莽败亡以后，他回到家乡扶柳，在县里当廷掾，为人贪鄙，颇有舌辩之才。"任光道："着他进来，看他有何说辞。"赵斌进见，呈上王昌檄文。任光看也没看，一把将檄文撕了，掷于地下。赵斌大惊，他责问任光道："怎能如此轻慢天子使臣，檄文看也没看，就此撕毁了？"任光道："天无二日，国无二主。天子在长安，邯郸哪来的天子！分明是鱼目混珠，欺罔百姓。没有天子，何来天使？看汝仪表堂堂，竟是江湖骗子！"任光说罢，喝令左右："把这等无耻之徒，赶出府去！"帐下卫士，应声上前，拖了赵斌便往外走。赵斌大声叫道："邯郸天子乃是成帝之子，皇家血胤，天下皆知，谁敢不尊！"任光闻言，命人把赵斌带回，他冷笑道："你口口声声说王昌是成帝之子，我问你，当年长安街头，武仲冒充刘子舆的事情，汝知之否？"赵斌道："当年我在长安太学读书，亲眼所见，焉有不知？"任光道："事在何年？何月？"赵斌道："王莽始建国二年，十一月。"任光道："所记不差，距今几年？"赵斌道："十有二年。"任光道："王昌檄文自称，十二在蜀，十七在丹阳，二十至长安。以此推算，王昌今年几岁？成帝崩逝了多少年？王昌若真是刘子舆，为何生在成帝崩后三年？何况邯郸人人皆知，三十年前王昌即在丛台卖卜，何时去过四川？何时去过长安？这笔账你可给我算清楚了。今日若算不清楚，休想活着离开信都！"赵斌闻听任光此言，不禁额头涔涔下汗。任光唱令左右："把这个招摇撞骗的无耻之徒，推出府门，斩首示众！"赵斌此时方醒过神来，他大声呼叫："两国交兵，不斩来使。各为其主，不能杀我！"任光道："卖卜小儿何敢妄称一国耶？斩之以正视听！"任光左右遵命斩了赵斌首级，悬诸高竿，置于闹市。

李忠等人说道："斩了邯郸使者，王昌必然发兵，当早做准备。"任光、李忠、万修等人在郡中紧急募兵，招得精壮四千人，日夜登城防守。这日，探马来报，刘秀一行自南宫前来。任光等人大喜，立即出城迎接。信都百姓日夜担心邯郸兵马到来。见刘秀来到，皆以为援兵大至，莫不欢欣鼓舞，高呼万岁。

刘秀一行入住传舍，任光、李忠、万修等人带领大小官属齐来拜谒。任光一一引见。任光以手抚李忠说："这位是信都都尉，姓李名忠，字仲都，东莱人。将门之后，其父就曾当过高密都尉。子承父职，元始年间任为郎，后任新博都尉，信义素著。"他又手指万修说："这一位是信都令，万修万大人，字君游，扶风茂陵人，文武全才，非一般令宰可比，实乃干城之具。"刘秀一一抚慰。

众人既退，刘秀问任光说："信都兵马几何，伯卿敢毁王昌檄书，斩邯郸使者？"任光道："兵不过四千，将不过李忠、万修数人而已。但箭在弦上，不得不发。"刘秀道："伯卿，今我势力单薄，距离邯郸不远，若王昌发诸郡之兵来伐，众寡悬殊，势必危殆。莫如率众去投城头子路、力子都，以避锋芒。你看如何？"任光道："不可。"刘秀问："为何不可？"任光说道："明公但知城头子路、力子都人多势众，可知其内情乎？"刘秀答："不知。"任光道："城头子路，姓爰名曾，字子路，东平郡人。他与肥城刘诩起兵卢城头，因而号其兵为'城头子路'。世人皆知，仲尼弟子七十二贤，子路以勇闻名，世人慕子路之勇而乐于跟随城头子路，于是爰曾很快拥众二十万。更始入长安，爰曾、刘诩遣使归降。爰曾被封为东莱太守，刘诩被封为济南太守，二人皆行大将军事。但其部众多强悍难驯之士，不久前杀了爰曾，刘诩夺其军，被众人拥立为主。名虽归服，实乃拥众自雄。更始新封刘诩为助国侯，令其交出兵权，回归济南，刘诩不肯。像这样骄悍不驯之徒，司马事急投奔，与羊入虎口何异？试想靠得住吗？"刘秀点头道："果如伯卿所言，当然不能自投罗网。力子都呢？"任光道："力子都是东海人，众有六七万。他和城头子路同时归降，被封为徐州牧。但归降不久，即为部下所杀。后来余部聚于檀乡，以董次仲为帅，先在茌平，后来渡河北上与五校强盗合流，现拥众十余万，就在魏郡清河。此等乌合之众，互不相统属，唯以劫掠财物相联结。若分赃不均，便相互火并大打出手。似此情形，我等能与之同流合污吗？"刘秀笑道："此辈和新市、下江、平林之众相比，又等而下之矣，焉能与之为伍？但四千之众确实难与邯郸兵马相抗，如何是好？"任光道："可募发奔命之兵，相会信都。再四处攻略旁县。若举县归降，则招之麾下；若不肯归降，则纵兵掠之。人贪财物，兵可招而至也。另外，可虚张声势，对外佯称城头子路、力子都百万之众尽归于我。以此攻城，何愁不克？"刘秀笑道："伯卿多智。不妨与卿试之。"

　　次日，刘秀即以司马名义，征发郡县奔命之兵，但应者甚少。所谓"奔命"，即闻命驰援之兵。唯有和成郡邳彤带兵前来应命。众人见兵少、势弱又动摇起来，皆劝刘秀借信都之兵，护送、回转长安，再作良图。刘秀犹豫不决，他与左右议道："好不容易脱困出笼，得专命一方之权；今一事无成，无功而返，有何面目见长安故人？"邳彤说道："众人之议皆非也。吏民歌吟思汉已久，故刘圣公举尊号而天下响应，三辅之民清官除道迎其入京。一夫荷戟大呼，则千里之内，王莽之将无不弃城遁逃，俯首请降。自古以来，未有如此万民闻风感动的情形。卜者王郎，假名因势，驱集乌合之众，遂震燕赵之地。非其德能所致，盖因百姓思汉。若明公奋二郡之兵，扬响应之威，亦高揭复汉大旗，以攻则何城不下，以战则何军不服！今若舍此而归，岂徒空失河北，必更惊动三辅，毁损司马威重，绝非上策也。若明公无复兴汉之志，丧失征伐之意，信都之兵亦难跟从也。若问为何，试想，明公既西，则河北百姓不肯弃父母，舍妻子，离乡背井，千里送公，其离散逃亡必不可免。后有追兵，前有应邯郸之命处处拦挡之敌，司马公想安然回到长安，岂不难乎？"刘秀闻邳彤之言，瞿然心惊，当众谢道："古人言，'一言兴邦，一言丧邦'。伟君将军之言，足可兴邦者也。若从众人之议，因二郡兵马西返，必成千古之恨！"刘秀于是拜任光为左大将军，李忠为右大将军，邳彤为后大将军，万修等人为偏将军。任光乃传檄各地道："大司马武信侯徇抚河北钦使刘公将城头子路、力子都兵马百万余众，从东方来，击诸反虏。"任光又遣飞骑，驰往巨鹿界中，张贴檄文，宣扬刘秀征讨王昌消息。吏民闻讯，互相传告。一时间，各县都轰动起来。

邳彤率先头部队到达堂阳，张万、尹绥绕城晓喻城上吏民：大司马百万大军将至，若识时务，及早开城投降，保证秋毫无犯，吏民相安无事；若不识去就，破城之后，难免玉石俱焚。堂阳令已经归顺邯郸，见城下兵马不过数千，不以为意，一面撄城拒守，一面派人向邯郸求救。

时近黄昏，刘秀、任光带领信都兵马来到堂阳，众将准备攻城。任光道："孙子说，'用兵之法，全国为上，破国次之，全军为上，破军次之'，'上兵伐谋'，'其下攻城，攻城之法，为不得已'。我军本就不多，攻城损折必多，不如智取。"他于是，命士卒多备火炬，骑兵手持火把，往来奔走。堂阳四野，山川冈峦，火光点点，无边无际。守城吏民见了莫不心惊胆战，一齐哀告县令说："檄传刘秀将城头子路、力子都雄兵百万，果然不假。若等城破玉石俱焚，大人合家老小命且不保，不如早早开城投降！"县令无奈，只好开城投降。

堂阳令向刘秀献计说："赀县令和在下交谊甚厚，愿意前往，劝其归降。"任光道："若非漳水两岸火光烛天，公肯开城归降否？"堂阳令不禁脸红道："不肯。"任光道："若非兵势逼迫，公尚不降；今公已知我军虚实，怎好劝他人归降？公莫非欲以诈脱身乎?"堂阳令说："不敢。"任光说："使君不必害怕,开个玩笑罢了。公既有意相助,只需按照我的吩咐去做就是。"任光于是连夜起兵,和堂阳令同往贳县,将士尽打堂阳旗号。到了城下,天将破晓。堂阳令在城下叫道："快报使君得知,我是堂阳县令。昨晚兵败,堂阳城破,连夜前来投奔,请使君收留。"守城士卒连忙禀报贳县县令知晓。贳县令登城观望,认得是堂阳县令,不及多想,就命人打开城门,放老朋友进城。任光兵不血刃,又占领了贳县。

歇兵一日,刘秀、任光又移兵前往苦陉。邳彤率部前行,途中捉到苦陉前往、真定、曲阳求援搬兵的使者,邳彤心生一计,立刻换下旗帜,让张万、尹绥扮作真定都尉和偏将来到城下。守城将士几天前就得到探报,刘秀大军将要到来。城中兵力单薄,急忙向附近郡县求救。他们见救兵到来,自然喜出望外,连忙打开城门迎接。城门刚刚打开,忽然想到求救使者刚刚派出,以里程计,救兵不可能来得这样迅速,恐怕有诈,连忙又要关闭城门,已经来不及了。张万、尹绥纵马挺枪抢进城来,城头矢下如雨,入城士卒死伤过半。邳彤亲自督战,将士前赴后继,杀进城来。接着各路人马齐到,四门先后攻破。依照原来的军令,见檄不降者,城破之后,任由兵士抢掠。这下可苦了城中百姓,家家户户被洗劫一空。李忠见状不忍,连忙传令制止。邳彤也下令把兵士撤出城外,留下张万、尹绥出榜安民,秩序这才慢慢安定下来。

刘秀召集诸将,询问各部掳掠情况,只有李忠部属无所掳掠。刘秀把自己所佩绶带从身上解了下来,亲自佩戴李忠身上。刘秀对诸将说："纵兵掳掠,只可不得已而用之,不可以为成例。今日我想特别赏赐李忠,各位将军不会怨恨我吧?"刘秀又当众把自己所乘的大骊马和服用的绣被衣物赏给李忠。李忠谦让辞谢。刘秀说："将军为我温暖百姓之心,我当温暖将军之身。"刘秀自蓟县至信都一直没有脱过衣带,衣服又脏又破。李忠命人为他换洗袍子,不禁鼻酸叹息。李忠命人给刘秀做了一套新衣服换上。

刘秀连克数县,回师信都。路过昌城,远远看见一行人牵牛载酒顶礼焚香迎于道左。朱祐上前询问,为首一人回答道："大司马宗人昌城人刘植率父老昆弟欢迎大军入城歇马。"刘秀大喜。他早就听说,刘植弟兄在昌城拉起一支人马,聚众数千,但是敌是友尚不清楚,生怕他归依王昌。今日见他出城相迎,登时放下心来。刘秀连忙下马与之相见。刘植道:"大司马枉戟遥临,未能远迎,还望恕罪!"刘秀道:"南阳、巨鹿相隔虽远,天下刘姓本是一家。终日碌碌奔波,今日与公等相逢,如回到家里了!"刘植等人听刘秀说话如此亲切,莫不感动,尽道:"君之视臣如手足,臣乃视君如天地。敢不举城以随!"当日迎刘秀入传舍。刘秀拜刘植为骁骑将军,封其弟刘喜、从兄刘歆为偏将军,皆封列侯。刘秀即日带兵与耿纯会合。此时,刘秀已经拥兵数万,兵强马壮,准备攻打巨鹿。

王昌得报,忙与左右商议应敌之策。大将军张参说:"兵来将挡,水来土掩。刘秀之兵新聚,士众不过数万,何足惧哉?"刘林道:"刘秀大军尽往巨鹿,信都必然空虚。皇上不如命一上将,带兵攻打信都。此乃围魏救赵之法。刘秀若要回兵救信都,巨鹿之困自然就解了;若不救信都,我们攻破信都,以信都城中官属与刘秀将士眷属为质,不怕刘秀不就范。"王昌道:"刘秀不除,难解心头之恨。莫如双管齐下,大司马带兵去救巨鹿,大将军带兵去攻信都,让刘秀首尾不能相顾。杜大夫不妨再辛苦一趟,前往真定,催促真定王刘扬同时出兵,务将刘秀一鼓捉擒。"刘林道:"臣有一故人,姓马名宠,乃信都巨富,家财万贯。张大将军到了信都,若与此人联手,里应外合,破城必易。我当修书一封,付于将军,以助将军建此奇功。"张参道:"如此甚好。有了丞相书信,信都之功就算有了一半把握。皇上静候佳音好了。"王昌道:"重赏之下必有勇夫。大将军代传朕的旨意,马宠若献城归降,便封他为信都王!"张参领命而去。

刘秀带领人马前往巨鹿。他命南阳人宗广暂代信都太守之职,命都尉李忠押运粮草前往巨鹿。李忠部下有一校尉,是马宠之弟名叫马宝,立刻把李忠起程时间告诉马宠。马宠与张参联系,趁李忠押运粮草前往巨鹿之际,张参带兵兼程赶往信都。夜半时分,马宠打开城门,张参轻而易举占领信都。太守宗广及李忠、邳彤的父母妻子一家老小都被俘虏。张参传宣王昌旨意,封马宠为信都王。马宠一夜之间,骤登王位,心花怒放,立刻把李忠、邳彤的父母妻子叫到庭前,命他们给李忠、邳彤写信,劝说二人归降,声言二人若听命归降,不失封侯之赏;若抗命不降,其父母妻子,性命不保。

李忠得信，立传马宝来见。他当众责问马宝："本督一向待汝不薄，奈何负恩背主，兄弟同谋献城反叛？"马宝羞惭莫名，无言以对。李忠立即命人把马宝斩首军前。有部下劝解道："大人父母亲人皆在马宠手中，若斩其弟，马宠必然为弟报仇，杀害大人父母亲人。望请大人三思！"李忠道："纵贼不诛，是怀二心也。自古忠孝不能两全，我不能因私废公。"邳彤得父母之信，不禁流涕，他给马宠回信说："得公之书，'降者封侯，不降族灭'，吾已知之矣。但为臣事君，不得顾家。父母妻子家中亲人得安于信都者，刘公之恩也。公方争国事，邳彤不敢复念一己之私。"

刘秀得知消息，急忙召见李忠、邳彤，他抚慰二人道："今兵强马壮，二位将军可带兵回信都搭救老母妻子，宜自募吏民能救老母亲人者，赐钱千万，钱从我取。"邳彤、李忠二人叩头说："多谢明公大恩，思得效命，臣不敢内顾宗亲，贻误国家大事。"刘秀立命任光带兵回救信都。任光之兵半为信都子弟，亲属多在信都城中，不愿刀兵相见，途中散去泰半。任光回见刘秀，他献计道："叛贼马宠及邯郸大将张参，必以为我兵远在巨鹿，回救信都不易。其小心提防者，是巨鹿我军动静。听说更始之兵近在东昌，统兵主将乃振威将军马武，与大司马交谊甚厚。司马公修书一封，命其助一臂之力，信都不难收复，城中眷属不难得救。"刘秀大喜，立刻修书，命任光前往东昌去见马武。

话说长安更始左右，自刘秀前往河北，随时关注着刘秀在河北的动静。自从王昌邯郸起兵，刘秀席不暇暖，惶惶如丧家之犬，四处奔逃。更始君臣一则以喜，一则以忧。喜的是刘秀不足为患，忧的是王昌坐大，兴兵南来。更始于是派兵北上，既监视刘秀，又防范王昌。尚书令谢恭带领马武等人进兵东昌。任光到了东昌，暗中见到马武，把刘秀书信交给他。马武说："伯卿，此事尚不能惊动谢尚书。你知道，谢尚书和朱鲔、张卬等人亲近，素嫌文叔之才。若让彼知晓，必然从中阻拦。明日我以筹粮为名，带领本部人马先行下博，入夜直奔信都。"任光道："如此甚好。"次日，马武去见谢恭说道："军中粮草将尽，如之奈何？"谢恭道："还不是多年来的老规矩？各营自行从当地筹措。将军是绿林旧部，还不知晓？"马武道："明日我将带本部人马前往下博、观津一带筹粮，预先禀报尚书。"谢恭道："预祝将军满载而归。"马武笑答："多谢尚书吉言。"

次日,马武即和任光一道先赴下博,黄昏时分直奔信都。任光命随从之人先行一步,混入城内。任光随从是信都土著,在信都亲友甚多。他们入城之后用金钱买通把守城门的官吏,相约夜半打开城门,放马武入城。

张参、马宠以为刘秀兵马尽在巨鹿,日夜派出多批探报,轮番报告巨鹿消息,不见刘秀有一兵一卒回救信都。到了黄昏,以为万事大吉,马宠对张参说:"大将军高枕安卧好了,刘秀清晨发兵,不过黄昏,难到城下。你我养好精神等待他的消息吧。"

天交子时,马武兵临城下,守门官吏如约打开城门。马武带领人马神不知鬼不觉进了信都。任光熟门熟路,带兵进入太守衙门。马宠熟睡未醒,被人从床上揪撮起来,刚刚当了七天信都王就成了阶下囚。张参在帅帐中高枕安卧,睡得正香,营外杀声忽起。他梦中惊醒,知道不妙,人不及甲,马不及鞍。张参慌乱从马厩中拉了一匹马,翻身上马,夺门而逃。满营将士成了没头苍蝇,四散奔逃。马武带领部下追杀一阵,收兵回城。任光从狱中救出宗广及李忠、邳彤的父母、妻子一家老小,然后命人向刘秀报捷。

次日一早,马武向任光告别,匆匆赶回东昌去了。刘秀闻捷大喜,当即任命李忠为信都太守,让他带领本部人马回转信都。李忠回到信都,登堂拜见父母,叩头涕泣道:"若非司马公搭救,父母难得再见,难逃不孝之罪!"他立即下令,尽捕与马宠同谋作乱献城投降邯郸的豪门大姓数百人,与马宠一并斩首。信都叛乱,终于平息。

刘秀兵临巨鹿,正准备攻城,探马报道:"邯郸大司马李育带兵十万来救巨鹿,已到柏人。"刘秀立命邓禹、朱祐带领精兵万人去迎战李育。分派方定,又接探报:"真定王刘扬起兵五万,已到常山。"刘秀大惊,他与诸将商议道:"老兵坚城之下,腹背受敌,不可久留。"刘秀于是退兵信都。邓禹道:"上兵伐谋,其次伐交。若能使真定王刘扬退兵,化敌为友,邯郸之兵,不足为患。"刘秀道:"刘扬已降王昌,岂能轻易说其退兵?"刘植道:"在下与刘扬同族。真定王世袭王爵,门第隆盛;在下三代布衣,门籍寒微,贵贱相差甚远。但举兵之初,真定王曾屡次致书,欲罗致在下归其麾下,言辞恳切。在下愿前往一试,但不敢期以必。"刘秀大喜道:"尽人事,听天命而已,不成又有何妨?"他于是命刘植前往真定去见刘扬。

二　初封萧王

郭圣通

再说郭郡主自南宫赤龙驿邂逅刘秀,回到槀城县漆里府中,念念不忘刘秀嘱托。这日天气晴和,风柔云淡,她遂命郭福备车,带着女儿郭圣通和儿子郭况前往真定。漆里离真定六十里,是郭老太太常来常往之路,老姑娘回娘家用不着张扬招摇,是以轻车简从,随行人员甚少。郭家乃真定首富,槀县百里之内尽是郭家田产。当地谚曰"锅里吃,锅里转,百里不出郭家院"。做饭所用之"锅"和郭姓之"郭"同音,因而老百姓用来形容郭家田地之广。刘扬拥众十万,半是郭家佃户子弟,粮饷半由郭家供应。从这种意义上说,"刘家军"也就是"郭家军"。在这片土地上,"郭主"的名头不亚于真定王。郭郡主所乘的马车豪华超过真定王刘扬,朱轮华盖,马被银鞍,车裀上用金线绣着丹凤朝阳的图案,当地吏民见了,老远便认出是郭主的马车,用不着喝道,便早早回避。

这日,郭富赶着马车,走到真定与槀城之间的野狐坡,突然冲出数十名拦路抢劫的强盗来,拦住郭主的马车。郭富喝道:"眼睛瞎了吗? 没看看是谁的车辆,也敢拦截,还不赶快让开!"强盗中为首之人哈哈笑道:"本大将军还真不知道是谁的马车,今日劫定了! 本大将军倒了大霉,走了'背'字,囊中羞涩,急着用一笔银钱,不截这样的阔主儿,让我找谁去讨去借?"郭郡主在车内听强盗张口闭口自称"本大将军",感到奇怪,在车内说:"郭富,不用多费口舌了,肯定是远处蓥贼。要是近处小贼,不认得你,还能不认得这辆马车？听口气来头不小，问问他们，想要多少银钱，让他们到漆里府上去取，要不到真定王府去要！"那贼听得清楚，冷笑道："想用大话吓人，也不看看爷是什么人。八岁起，爷就干这营生；十八岁，坐地分赃，三十岁，家产万贯，手中金银财宝买得下真定王府，稀罕什么'七里府上，八里府上'！爷要的就是这辆马车。识相的赶紧下车，饶尔不死，若不识相，休怪爷爷心狠手辣非要尔等性命！"话音甫落，坐在车前的郭况早已忍耐不住，一跃下车，挺剑便刺那为首的强盗。那强盗哈哈大笑道："初生犊儿不怕虎，不怕枉送了小命！"说罢便挥舞手中长枪，拨草寻蛇，分心便刺。郭富怕小主人有失，手中长鞭倏然甩出，风声呼啸，直击强盗面门。那强盗头儿，吃了一惊，连忙勒马后退。他知道这一老一少均非庸手，遂大声吆喝同伙："犹豫什么！还不并肩齐上！"群贼一声呐喊，纷纷挥舞刀枪拥了上来。这可苦了郭富和郭况，双拳难敌四手，好汉斗不过人多。顾了车左，顾不了车右；顾了马前，顾不了车后，险象环生。累得郭况、郭富汗流浃背，气喘吁吁。千钧一发之际，有数骑飞奔而来。郭郡主在车内见了，立刻手掀车帘，高声喊叫起来："过路君子，快来救命！救得老身性命，不惜千金相谢！"

刘植奉刘秀之命前往真定，刘喜带领数人相随。正飞马狂奔之时，忽听前面有人高喊救命。抬头观望，见一老一少被围垓心，危急万分；一老妪在车上呼喊，只道是官宦人家的眷属探亲访友遇到了拦路打劫的强盗，不及细想，便拔剑出鞘纵马冲杀过去。刘喜见哥哥冲了上去，便招呼随行护卫，各抽兵刃，紧随其后旋风般杀向群贼。

强盗们眼看就要得手，想不到飞将军从天而降，登时四散逃命。为首之人勒马要跑，刘植拍马追赶；马头将近马尾，那人竟然挥手掷出一物，"呼"的一声直冲刘植面门飞来。刘植手疾眼快，探手接住。正要挥手反掷回去，忽然觉得不似暗器，沉甸甸的，颇有分量，不禁哑然失笑。原来强盗行中，有一故伎，叫作"买放"。即危急之时，把所带金银财宝，掷于追赶公差、捕头；公差、捕头得了钱财便不再穷追，这也是公门规矩。强盗是公差的"衣食父母"，双方相互勾结，是以自古及今强盗绵延不绝，公差也总少不了。刘植暗道："这伙强盗大概把自己当作衙门公差了。"转念一想，自己使命在身，不可节外生枝，也就不再追赶。回头打开那强盗抛来之物，竟是一方铜印，刻有

"大将军印"四字篆文,心中暗暗纳闷。

郭富、郭况、刘喜各自擒获强盗一名。郭郡主把强盗叫到车前询问,不禁大吃一惊:原来这伙强盗竟是邯郸大将军张参的部下。张参兵败,只身逃出信都,天亮之后陆陆续续遇到逃出城来的残兵败将,本想转回邯郸。但他转念想到出师之前曾夸海口,荡平信都易如反掌;如今全军覆没,无颜面见王昌及朝中同僚。有部下建议,莫如前往真定,投奔刘扬;若能在真定借得数千兵马,攻掠信都周边各县,庶可将功补过,挽回颜面。张参道:"此计虽好,但徒手谒见,太过寒酸。好歹本大将军也是位列三公之人,岂不让刘扬小瞧?"部下道:"此处又非邯郸,大将军新败之后,拿什么作进见之礼?"张参哈哈大笑道:"本大将军如今位列三公,家产万贯,汝道是祖宗留下来的、天上掉下来的吗? 某自幼惯做没本生意,名动燕赵,四十岁后金盆洗手,归隐邯郸市中,成为富甲一方的大富豪。能屈能伸,方是英雄本色;如今人在窘途,何妨重操旧业,再作冯妇?"部下也乐得跟随张参发点小财,于是便在方圆各县做起打家劫舍、拦路抢掠过往客商的勾当来。一连做了几票买卖,张参和部下囊中也都有了点盈余,便一路前往真定。张参等打算再做最后一单生意,便去拜谒刘扬,不巧就遇见了郭郡主。

郭主谢过刘植救命之恩,她询问刘植姓名居处欲往何方。刘植道:"在下昌城人,姓刘名植,草字伯先;这位是舍弟刘喜,小字共仲。今奉大司马刘秀差遣,前往真定。"郭主又问道:"昌城刘姓,和真定刘氏同宗。敢问足下,刘昆、刘季孝与足下怎么称呼?"刘植闻言一惊,忙问:"老夫人贵姓? 怎知先君名讳?"郭主笑道:"老妪夫家姓郭,家住漆里。娘家姓刘,家居真定。昌城刘季孝,乃族中小弟也。"刘植、刘喜慌忙下马,给郭主请安道:"小侄给郡主姑姑请安了! 久闻姑姑大名,今日得识尊颜,三生有幸。拜见来晚,望姑姑勿怪!"郭主大喜,她手执刘植、刘喜之手,仔细端详道:"季孝有子! 我看汝兄弟之相,日后必当大贵,可为昌城一脉光耀门楣!"郭郡主然后唤过郭况道:"此汝昌城二位表兄也。若非二位表兄来得巧,今日吾儿岌岌乎殆哉!"郭况重与刘植、刘喜兄弟见礼。郭主又唤女儿郭圣通与刘植、刘喜相见,郭圣通就在车中对刘家兄弟敛衽为礼,叫了一声"表兄",刘植、刘喜忙在车前还礼。一路上刘植、刘喜兄弟随侍在侧，把奉刘秀之命，说降刘扬之事告诉了郭主，极称刘秀雄才大略，非常人所及。郭主心中大喜，她问刘植："以伯先所见，大司马比高帝如何？比文景如何？"刘植道："小侄不敢妄言，吾观司马公文胜高帝，武过文景。文武并论，高帝、文景皆不如矣。"郭主但笑不语。

到了真定，郭主对刘植、刘喜说："伯先和共仲只管在馆驿住下，奉使之事，包在姑姑身上好了。"刘植、刘喜二人心中暗喜。

刘扬虽为真定恭王的嫡子，但自幼体弱多病，项下生有大瘿，从小就得不到父亲的宠爱。弟弟刘让虽是庶出，但体魄健壮，相貌英俊，却深得父亲喜爱。刘让年及十二，真定恭王萌生废长立幼之意。功曹郭昌是恭王的爱婿，窥破了岳父的心思，他回家和妻子商量道："废嫡长以立庶幼，自古是家国致乱之源，宜亟谏父王。"郭主道："父王待汝如腹心，何不劝谏？"郭昌道："疏不间亲。婿者，外人也；女者，骨肉也。劝谏父王，我不如卿。"郭主于是入见恭王。郭主道："明日就是小弟的生日，我想把父王给我的碧玉如意送给小弟，可否？"真定恭王笑道："让儿必不肯受，因为他知道那是父王送给你的陪嫁之物。君子搏节退让以明礼，让儿焉肯接受你的心爱之物？"郭主道："小弟不负父王疼爱教训，小小年纪就知书明礼，果真当得起一个'让'字。父王当初给小弟取名叫'让'，是这个意思吗？"真定恭王答道："《尚书·尧典》曰：'允恭克让。'父王号恭，故给你弟弟取名为让。推贤尚善为让，孔子称赞泰伯'三以天下让'。正因为泰伯'三以天下让'，才有了周朝八百载的天下啊。"郭主道："父王欲以何人为泰伯也？若以泰伯为子，何必给小弟取名为让？出乎尔又反乎尔，乃致乱之源。手心手背都是肉，能不疼乎？晋献公废申生，秦始皇立胡亥，终致家破国亡，后世不可不慎。"真定恭王知道女儿的心思，又惮于郭家财大势雄，女儿如果和刘扬站在一起，自己强行废立，后果不堪设想，也就打消了废长立幼的想法。后来，刘扬继承王位，招兵买马，处处都离不了郭家作后盾。他对姐姐自然是言听计从了。

刘扬听说姐姐来了，连忙前去迎接。到了王府，郭主道："兄弟，差一点你我姐弟就阴阳两隔，今生难得见面了！"刘扬大惊，连忙问："姐姐何出此言，府中发生什么事情了？"郭主道："府中能出什么事情？是今日途中，遇到了拦路抢劫的强盗，险些丢了性命。"刘扬道："何处孟贼，如此大胆，竟敢冒犯姐姐?"郭主道:"寻常强盗岂敢拦截真定王的亲姐姐? 人家是邯郸的大将军。"刘扬一听,笑了。他摇头道:"姐姐真会说笑话,把弟弟吓了一跳。我还当真的是姐姐遇到拦路抢劫的强盗了呢。"郭主正色道:"姐姐哪有心思和你说笑话,不信你问问两个孩子是真是假?"郭况姐弟二人齐声道:"母亲说的不假,抢劫的强盗确实是邯郸的大将军张参。"刘扬仍然半信半疑地问道:"你们怎知道强盗就是张参呢?"郭主从怀中取出张参的铜印递给刘扬。刘扬仔细看了铜印,说道:"张参堂堂一个大将军,怎么会去当强盗呢?"郭主道:"这有什么稀奇? 本来就是打家劫舍的强盗,机缘巧合当了所谓大将军;打了败仗,全军覆没,又重操旧业当了强盗,不是顺理成章的事情吗?"她于是把张参信都兵败,无颜面逃回邯郸;就带领残部拦路抢劫,偏偏又遇到了自己的事情根根底底讲给刘扬听。老太太说:"若非遇见刘植、刘喜兄弟出手相助,我和你外甥、外甥女岂不是凶多吉少?"刘扬道:"是昌城刘植刘伯先吗? 他们到何处去? 怎么会和你们相遇?"郭主道:"他们正要到真定来见你,恰巧同路。"刘扬道:"听说伯先归降刘秀,我已奉邯郸刘子舆为主。双方正在交兵,他来真定干什么?"郭主道:"特来劝你迷途知返,归降刘秀,共讨王郎。"刘扬道:"伯先兄弟起兵,我曾经多次写信,劝他们合兵一处,但他们心性高傲,不肯来归。偏偏鬼迷心窍,去投奔势单力薄、无处安身的刘秀。如今又想拉我下水,岂不荒唐可笑?"郭主冷笑道:"荒唐可笑的恐怕不是刘植弟兄,是你自己吧?"刘扬闻听此言,大惊失色。他沉默良久,方才说道:"姐姐何出此言?"郭主道:"堂堂世袭王爷,宗室帝胄,却对一个江湖卖卜骗子俯首称臣,岂不荒唐可笑?"刘扬道:"刘子舆乃成帝之子,龙胤正统,怎能说他是江湖骗子?"郭主道:"若真有刘子舆其人,孝成皇帝,太皇太后何必大费周章,立哀帝、平帝? 其时赵飞燕已废、王莽尚未篡权,太皇太后一言九鼎,为何放着自己的亲孙子不立,偏偏迎立他人? 刘子舆若在,当时何不现身? 王莽篡弑,天下共讨,人神共愤。宗室子弟为讨王莽殒身亡命,家破族灭者不止一家,刘子舆哪里去了? 其若挺身而出,必然万众影从,何待遍地假号称名? 等到南阳更始兵破长安,王莽败亡,邯郸却冒出个无根无底的王昌,信口雌黄,说自己是成帝之子刘子舆,不是骗子是什么? 成帝驾崩三十余年,果有子嗣,必过而立之年;三十余年寂寂无闻,何以君临天下!"刘扬张口结舌,说不出话来。

郭主又说:"姐姐平生阅人多矣,自谓百不失一。机缘巧合,与司马公刘秀曾有一面之缘,观其品貌,贵不可言;其左右皆晋文从亡之臣,后必出将入相。若失之交臂,悔不可及!"刘扬惶恐,忙问:"弟已臣服邯郸,如何是好?"郭主道:"良禽择木而栖,良臣择主而事,自古皆然。管仲曾事公子纠,后来桓公以之为相,九合诸侯,争霸天下;淮阴侯、陈丞相,都曾是项羽之臣,背楚归汉,照样出将入相。君主所争者,天下也;所重者,人才也。当今刘秀和王昌相持巨鹿,真定有众十万。正如当年蒯通游说淮阴的情形,投楚则楚胜;投汉则汉胜。奇货可居,此时归服刘秀,必得上赏,受倚重,王位稳固。"刘扬道:"既然如此,为弟现在就去馆驿见伯先,答应归服刘秀。"郭主道:"且慢,姐姐还有话对你说。"她于是命郭况和郭圣通回避,掩门说道:"当年重耳之齐,而娶齐姜;入秦而娶怀嬴,固结永好。弟弟如今以十万之众归降刘秀,刘秀自然另眼看待。但身边多南阳、颍川故人,日后得了天下,时过境迁,一旦忘记今日情谊,弟弟何以自重?"刘扬道:"姐姐有何良策?"郭主道:"王氏五侯七贵,盛极元、成、哀、平数代,盖因太皇太后王政君一人。你外甥女圣通年已及笄,待字闺中,吾观其有大福大贵之相。若能嫁于刘秀,不唯郭氏一门荣宠有望,真定王之位可保代代永固。你看如何?"刘扬道:"悉听姐姐安排。我去馆驿面见伯先,就请伯先为媒。刘秀如果答应这门亲事,弟即传令,命常山之兵撤回,十万之众尽付刘秀调遣。他要是不答应呢?"郭主笑道:"江山美人,一举两得,刘秀不是傻子!"

刘扬立即到馆驿去见刘植。刘植见刘扬降尊纡贵,亲来馆驿相见,料到说降之事十有八九成功,连忙带领刘喜等人到馆驿门口迎接,大礼参拜道:"以家事论,植是晚辈;以国事论,公是王爷,怎好让王爷枉驾亲临!"刘扬道:"三番两次信使相邀,伯先都不肯移玉相见;今日奉使前来,焉能不来看望!"说罢,二人握手言欢,互道仰慕。刘扬对刘植弟兄途中救护郭主之事再三致谢。刘植道:"路见不平,拔刀相助,本是理所应当的事。何况是郡主姑姑,何足挂齿?"刘扬道:"先前屡屡致书相邀,不为不诚,伯先不肯屈就;今日为何举众以从刘秀,甘效犬马之劳,其中必有缘故。望伯先不弃,实言相告。"刘植笑道:"大王门第尊贵,独树一帜不难;植出身寒微,非能自立者也。诚所谓'蚊蝇非附骥尾,难致千里;不攀鸿翮,难翔四海'。吾遍观天下,以区区三千之众而破王邑、王寻百万之师者,唯司马公一人而已。假号称名者,比比皆是,而所过安黎民,抚百姓,理冤狱,选贤任能,兴亡继绝者,亦司马公一人而已。良禽择木,凤鸟非梧桐不止,非练实不食。当今乱世,人何能不长图远虑以择明主?大王与在下,皆赵人也,王昌何物,焉能不知?数十年卖卜邯郸,一朝自称成帝血胤,岂可信乎?"刘扬道:"人云亦云罢了,谁知根底?我也不愿跟着王昌一条道走到黑,只是担心司马公乃南阳人也,左右多是南阳、颍川故旧,难结腹心。若司马公肯答应本王一个请求,本王甘愿委真定十万之众,悉数归其调遣。"刘植道:"大王有何请求,但说无妨。"刘扬于是便把郭主交代之事告知刘植。刘植大喜道:"郭、刘两家若能喜结秦晋之好,王爷和大司马就成了骨肉至亲,真定王也就成了铁帽子王爷,为臣也跟着沾光。这个大媒我保定了。王爷和郡主静候佳音。"刘扬高兴地说:"伯先既已答应月老这一差事,我们快一道去向老郡主回个话吧。"二人正要去见郭主,府门校尉前来禀报说:"邯郸大将军张参前来拜谒。"刘扬不禁一愣,随即说道:"让他先在门外候着,就说本王会客未归。"刘植听在耳中,立即把刘喜叫过来,附耳低言几句,刘喜匆匆去了。刘扬和刘植相偕到王府内宅去见郭主。

张参在王府门外等候接见,左等右等不见刘扬出迎,心中焦躁,暗暗咬牙骂道:"狗眼看人低!等本大将军重回邯郸,叫你认得二郎神三只眼!"正在这时,郭况、刘喜带领数十名带刀校尉来了。到了跟前二话不说,喝令左右把张参拿下。张参大叫道:"我乃邯郸天子驾前大将军,快叫真定王刘扬出来见我!"郭况道:"分明就是拦路抢劫老郡主的强盗头目,死到临头还敢冒充什么大将军!与我砍了!"府门校尉连忙劝阻道:"王爷有旨,让他府门候见,郭公子可否等王爷回来再杀不迟?"郭况道:"还等什么?抢劫时我就在现场,此贼还曾和我恶斗良久,还能有错?"众校尉面面相觑,不肯动手,早有人飞报刘扬知道。刘扬闻讯连忙赶来,老远便喊:"刀下留人!"郭况假装不曾听见,手起刀落,就把张参首级砍了下来。刘扬到迟一步,只好摇头苦笑道:"这孩子,也太性急了点。可让舅父如何对邯郸交代?"刘植笑道:"往后只有兵戎相见,大王尚何须交代?"

次日,刘扬正要送刘植回返信都,刘让、刘细二人从常山回来,听说刘扬杀了张参,准备和刘秀联合,慌忙来见刘扬,劝阻道:"邯郸与刘秀之争,胜负难料,大哥率尔做此决定,太过操切了。若邯郸获胜,真定近在肘腋,岂不危险?况且'赤九之后,瘿王为主'。谶记所载,大哥应运当立,何必归降他人?"刘扬笑道:"贤弟若不提起,我早把谶纬之事忘了。似为兄这般模样,哪里是面南称帝的样子?况且'有福不用忙,无福枉断肠'。果真天命在我,也用不着冒死争夺。等他人争得死去活来,机会到了,我们再出手也未为晚。郡主姐姐看好刘秀,我等怎好拂违她的意思?'骑驴看春秋',走着瞧吧!"刘让道:"江山社稷,万人觊觎,争着抢着,捷足先得,哪有袖手坐等之理?王兄且坐,我去馆驿面见伯先,回绝刘秀。只说真定小国,无足轻重,持中求和,两不相助。待邯郸和刘秀争得精疲力尽,王兄可坐收渔翁之利。"刘让说罢,不等刘扬发话,径自带领部从,前往馆驿去了。

刘植一行正准备返回信都,等着刘扬辞行,却见刘让带着随从校尉来了。刘让道:"家兄偶染微恙,不能亲来送行,特命末将恭送大驾,并转致贵使:真定小郡,无足轻重,归降之事,还需从长计议。请回复司马刘公,今日真定愿持中守恒,两不相帮,还望司马公见谅。"刘植闻言大惊,旋即神色如夷,他笑道:"布衣之交,尚以然诺为重,千金为轻,况国家大事乎?真定王绝非出尔反尔之人,足下何人,敢冒真定王之名,矫传旨意,背弃前言?"刘让冷笑道:"我乃真定王之弟,临邑侯刘让,安能有假?"刘植道:"失敬了,原来是临邑侯。常言道,'家有千口,主事一人'。临邑侯虽然贵为王弟,但此等大事,恐非难以做主。真定王昨日亲言,今日为我送行。既然身染贵恙,伯先礼当亲往探望。至于昨日所订之盟,背与不背,悉决于真定王一言。"刘让大笑道:"我之言即真定王之言也,何须亲见王兄?"刘植道:"临邑侯失言!为臣为弟该说出这种话吗?我要去见真定王,汝能拦得住吗?"刘让道:"此非昌城,亦非信都,汝能来去自由吗?"刘喜拔剑而起,挺身向前道:"何人敢挡?"刘让亦拔剑道:"左右把馆驿围了!休要放走一人!"

正当剑拔弩张之时,馆驿门外传呼:"老郡主驾到!"刘让闻报,吃了一惊,连忙转身去迎郭主。郭主道:"什么时候这真定王的位置让给二弟了,二弟也不告诉老姐姐一声,赏老姐姐一杯酒喝?"刘让连忙躬身为礼道:"姐姐言重了,二弟不过替大哥跑腿传话而已,焉敢妄自做主?"郭主道:"大胆!你大哥何曾有过背盟的旨意?归降朝廷的事,是你大哥和我商议好的,如有改议,我焉能不知?何况伯先不光是大司马的信使,还是你外甥女的月老,真定府哪里去不得?谁敢阻拦?做大事要知天命,识顺逆,就你那点小聪明能济什么事?回府好好歇着,等候消息,准备给你外甥女办喜事。若再打什么歪主意,休怪老姐姐不给面子!"刘让唯唯连声,慌忙带着部众走了。

刘植忙问:"郡主姑姑从何处得到消息,来得如此及时?"郭主道:"这真定王府还有能瞒得过我的事情?我这个小弟呀,眼巴眼望,日夜盯着真定王这个位子,专好无事生非。他一从王府出来就有人告诉我了。"

原来刘细自从卢奴被刘秀擒获,反而对刘秀心生仰慕。他听刘让和刘扬商量背约中立之事,心中颇不以为然。出了王府,他就立即去向郭主报告。郭主得报连忙赶往馆驿,三言两语就把一场风波平息了。

刘植回到信都,备言出使真定情形。众人皆大欢喜,刘秀却犯起难来。众人皆知,他和阴丽华情深意笃,"娶妻当娶阴丽华",南阳人传为美谈,若让他背弃前言,另觅新欢,确实困难。邓禹、朱祐和他既是发友又是同窗,情同兄弟。邓禹道:"帝王三宫六院,官宦之家妻妾成群,寻常百姓妻妾同室,也是司空见惯之事,再娶郭氏于阴氏何损?况能得郭氏之助,大业成就,明公壮志得酬,亦阴夫人平生所望,明公无须多虑。"朱祐道:"大行不顾细谨,苟利社稷,何须斤斤计较儿女私情?晋文公在狄娶叔隗,在齐娶齐姜,在秦娶文嬴,非用情不专也,为社稷谋也。今娶郭氏,骤得十万之众,何虑邯郸不灭?为阴氏计,百利而无一害,将来荣华以酬恩义,富贵以偿前情,又有何不可?"左右相继劝谏,刘秀终于答应下来。

刘秀无以为聘,又把随身佩带的碧玉龙凤比目佩解下来交给刘植,送往漆里郭府,婚事就算定下来了。郭主高兴地对左右说:"姻缘自有天定,这块玉佩,在赤龙驿,文叔就曾交到我手里,被我璧还,今日又送到郭府来了!"

更始二年春二月,万物复苏,漆里郭氏宅中,喜气洋洋,鼓乐高奏,鸾凤和鸣。刘秀和郭圣通完婚,再次做新郎。想起一年前,在宛城当成里和阴丽华新婚之夜红烛泣泪,彻夜难眠的情景,刘秀别有一番滋味在心头。郭氏宅里,高朋满座,盛友如云。作为舅舅的真定王刘扬高坐首席,刘秀亲自奉酒为寿,随从文武一个接一个敬酒。三杯过后,刘扬飘飘然起来,当席击筑为欢,咿咿呀呀地唱道:"投我以木瓜,报之以琼琚,非报也,永以为好也……"众人齐声道好,当日皆大醉而归。

刘秀骤添十万兵马,又得郭氏粮秣之助,一时兵强马壮。郭圣通自幼生长豪门,呼奴喝婢,仆从如云。左右使唤的婢仆,也多倚势骄纵惯了,在主人面前俯首帖耳、百依百顺,但到了外面,则趾高气扬、飞扬跋扈。嫁给刘秀之后,随嫁亲随数十人,照顾夫妻二人起居。刘秀看郭氏面子,对这些人爱屋及乌,自然分外优容。其中一人,名叫郭小儿,三代在郭家为奴,从郭主到郭圣通,对其都青眼有加。他随嫁到了刘秀身边,刘秀便提拔他当了随身侍卫。从漆里回到信都,司马府中一应事务都由郭小儿操办。郭小儿自恃是刘秀夫妇心腹,到了外面难免仗势欺人,招摇张扬。上下多半知道他是刘秀身边之人,睁只眼闭只眼,任由他胡作非为,不管不问。这小子越来越胆大,某日竟然在大街上策马狂奔。一老一少躲避不及,被马踏倒。郭小儿头也不回,飞马而去。

军市令祭遵听说了,亲自带人在街上巡察,恰巧又见郭小儿飞马而来。祭遵立刻命人把郭小儿拿下,当街询问有无把人踏倒之事,郭小儿答道:"司马公有急事,马踏两个小老百姓,有什么可值得大惊小怪的!"祭遵道:"人命关天的大事,怎能不管不问? 在下职司所在,怎好说是大惊小怪? 大司马有何大事,竟比人命还要重要?"郭小儿冷笑道:"你去问司马公好了! 我管不着。爷还有要紧差事,没工夫和你等多费口舌!"说罢起身要走。当街围观群众齐声吆喝:"请大人与百姓做主,不能放了这等恶奴!"那个被马踏伤的老者跪地不起,郭小儿抬脚便踢那个老者。祭遵怒喝一声:"大胆的奴才,当着本官之面,还敢如此嚣张!"他喝令左右,把郭小儿当众斩首。两街老百姓一片欢腾,无不拍手称快。

刘秀得报大怒,欲治祭遵之罪。有人向刘秀进谏说:"明公常欲士众整齐,军纪严明。今祭遵奉法不避亲贵,是难得之才。况其自颍川追随大司马,患难相从,忠心不二。令其执法,定能教令所行,令行禁止。"郭夫人也说:"女子既嫁从夫,不能因郭家奴妨公令名,更不能因舍中厮仆寒将士心。"刘秀转怒为喜，封祭遵为剌奸将军。刘秀谓众将道："谨防祭遵。吾舍中儿犯法尚敢杀之，何况他人？若犯法纪，必不给诸位留情面！"从此，军中风纪一新。刘秀暗暗高兴，又加封祭遵为偏将军。眼看反击条件已经成熟，刘秀决定举兵再征王郎。

柏人

　　刘秀以朱浮、邓禹为先锋,进兵巨鹿。两人一路上连破元氏、房子等城,将近柏人。刘秀知朱浮年轻气盛,立功心切,告诫邓禹说:"叔元年少,急于事功,仲华持重,宜时时告诫。"刘秀又对朱浮说:"叔元可知当年高帝过柏人而不宿的故事吗?"朱浮道:"略有耳闻。"刘秀又问:"可知其然乎?"朱浮说:"末将不知。"刘秀说:"赵王张敖乃张耳之子,高帝之婿。高帝以其性懦,常责骂之。张敖左右贯高、赵午等人抱怨高帝无礼其主,欲伏兵以杀高帝。高帝自东垣归,路过柏人,本欲入城歇马,但忽然心动,对左右说:'柏人者,迫于人也,其地不祥,今晚不入城住宿了。'高帝于是躲过一劫。后人多以高帝有命在天,福至心灵,评说其事。其实,并不尽然。"朱浮道:"那是为什么呢?"刘秀道:"柏人地近太行,丘壑甚多,伏兵之处比比皆是,险地也。高帝久在兵间,处事周详也。汝今为大军前部,宜多加小心,不可贸然轻进。"朱浮点头说道:"末将记下了。"

　　邯郸大司马李育得知刘秀连下元氏、房子等县,忙与部下商议。部将倪宏、刘奉道:"刘秀连战连捷,士众骄盈。探马报告,前部孤兵轻进,已到济水、汦水之间。这二水之间兼葭遍地,林木茂盛,正好伏兵。末将愿带一支人马,前往埋伏,杀他个措手不及,必获全胜。"李育大喜,遂命倪宏领兵前往。

朱浮、邓禹领兵过了房子，但见济水、泜水之间蒹葭一片，林莽无际。邓禹急忙传命，停止前进。朱浮问："此去柏人不过五十里，放马便到，为何停止前进？"邓禹道："兵法云：'蒹葭林木荫蘙者，必谨索之，此藏兵之所。'叔元请看，两水之间，芦苇蒹葭，无边无际，不可大意。"朱浮笑道："将军也太过小心了。你看这树木不动，飞鸟不惊，风平浪静，哪像有伏兵的样子？"邓禹道："出征之时，司马公殷殷相嘱，不可忘记。"朱浮又道："司马叮嘱，不过是要我们谨慎行事，不可小心过度，误了军机。"二人正犹豫之时，忽见前边，尘头大起，一支人马鸣鼓而来。邓禹道："你看，敌军说到便到，岂可轻敌？"朱浮道："兵来将挡，有何可惧？待我冲上前去，杀他个片甲不回！"朱浮说着，便带领部众杀上前去。

来将正是倪宏。他和朱浮战不数合，大败而逃。朱浮纵马便赶，邓禹见了，连忙鸣金收兵。朱浮听到锣响，只好带兵回来。他愤然问邓禹道："正要乘胜追杀，生擒敌将，将军为何鸣金？"邓禹道："兵法有云'近而静者，恃其险也；远而挑战者，欲人之进也。'敌将远来挑战，未败而逃。显系诱敌，不可不防。"朱浮大不以为然道："分明是兵败而逃，哪里是诱敌？我军连战连胜，敌兵吓破胆了，哪会有什么伏兵？将军若不肯前进，愿分兵一半，我自前往。将军待前军无事后，再进如何？"邓禹道："叔元这是什么意思？你我同受司马之命，理当同生死共进退，哪有分兵而进的道理？"二人于是领兵继续前行。人马来到芦苇林莽深处，忽听号炮连天，杀声四起，箭似飞蝗，矢如雨下。朱浮、邓禹拼命杀出重围，辎重粮草，尽为倪宏所得。

倪宏得胜而还，押运着缴获的辎重、粮草正在高高兴兴地往回走，忽听炮声响起，迎面一支人马拦住去路，为首大将乃是铫期，倪宏挺枪来战。铫期道："汝等鬼蜮伎俩，早在大司马预料之中。留下粮草车仗，饶尔不死。回去告诉李育早早开城投降。不然，城破之后，定斩不饶！"倪宏道："休出狂言，快来受死吧！"说罢举枪分心便刺。铫期舞动长戟，急架相还。十招之后，倪宏招架不住，败下阵来。铫期也不追赶，夺回粮草，与朱浮、邓禹会合，缓缓前进。

原来，朱浮、邓禹领兵走后，耿纯入帐来见刘秀。耿纯说："柏人之北，房子之南，芦苇兼葭一片，林莽无际；李育必于其间设伏，不得不防。"刘秀道："前锋已发，如何是好？"耿纯道："李育能够设伏，司马何不将计就计，于贼兵归途中设伏？亦可大张旗鼓，佯作紧跟先锋部队之后，逶迤进军；暗派突骑，从东西两侧兼程疾进，出其不意，进至柏人。李育若出城迎正面之敌，我军可将其围于城外，趁机夺城，此非淮阴背水破赵之法也？"刘秀大喜，立命铫期带突骑三千，后发先至，伏于倪宏归途。然后命耿纯、王霸带兵，分从东西两侧，兼程渡泜水，前往柏人。

李育闻听倪宏兵败，刘秀大军将至，急与骁骑将军刘奉商议道："将军守城，我带人马迎接倪宏将军。待刘秀人马半渡，率兵击之。将军在城上观战，若我军获胜，不必出城；若我军不胜，立即出城接应。"刘奉道："莫若司马守城，末将出战。"李育道："还是将军守城吧。"李育于是亲带大军，迎接倪宏。

倪宏刚刚过河，铫期、朱浮、邓禹大军已到泜水北岸，李育在南岸列阵以待。铫期、朱浮欲涉水攻击，邓禹道："敌若击我半济，其必败矣，不可鲁莽。"刘秀大军到来，命将士伐木为筏，推筏过河；浅处徒涉，水深处乘筏。邓禹谏道："敌若半渡击我，奈何？"刘秀笑道："仲华无虑，但渡无妨。"朱浮欲将功补过，率先涉水。军至半渡，李育发起攻击。方与朱浮先头部队接战，忽闻背后杀声四起。耿纯自东，王霸自西冲杀过来。李育大惊，不知兵从何来。他顾不得渡河的朱浮，慌忙和倪宏分兵迎战耿纯、王霸。朱浮趁机鼓勇登岸。李育、倪宏登时被围在垓心，左冲右突，难以脱身。城上刘奉见势不妙，亲率人马杀出城东，迎接李育、倪宏进城，然后紧闭城门，吊桥高悬。刘秀大军过河，把柏人紧紧围困起来。

柏人城虽不算大，但城池坚固。李育、倪宏、刘奉同心防守，刘秀连攻数日不下。邓禹道："明公曾对我等说过，高帝过柏人而不宿，以柏人为'迫人'，非吉祥之地。智者趋吉避凶，孙子曰：'三里之城，七里之郭，环而攻之而不胜，天时不如地利也。'今贼得地利之便，据城固守；我屯兵促狭之地，不如移兵巨鹿。"冯异道："柏人小邑，得之不足以壮我声威，弃之无损于我之军威。巨鹿大邑，举足轻重。我若移兵巨鹿，邯郸必派兵来救，正好寻机破之。"刘秀于是尽撤柏人之围，移兵前往巨鹿。东行三十里，一举攻占广阿。

刘秀道:"文武之道,一张一弛,弗张弗弛,文武弗能。士众连日劳顿,于此地歇兵三日如何?"邓禹曰:"广阿者,广有山河也,地名甚佳。右背山陵,前左大陆泽,正安营扎寨之处。"大军于是安营驻扎广阿城外。

刘秀与邓禹等人登广阿城楼,极目四望燕赵大地,西北山岳隐跃,东南川原无际。他命左右展开地图,指着地图对邓禹感叹说:"天下郡国如此之多,今始得一信都。当日仲华在邺,曾对我说,以我之才,天下不足定也。今为何如此之难?"邓禹道:"方今海内大乱,人思明君,犹赤子之慕慈母。古之兴者,在德厚薄,不在地域大小。诚如苏子之说赵王曰:'尧无三夫之分,舜无咫尺之地,禹无百人之聚,汤、武之士不过三千,而有天下,盖因德厚得人。'"刘秀听了,心中稍安。

刘秀、邓禹二人正议论间,探马慌忙登楼禀报,城西有一支人马,杀奔广阿,道路相传"为邯郸来"。刘秀大惊,左右皆恐。急忙传令,各营列阵,准备迎敌。刘秀手扶雉堞远望,但见西边尘头大起,人欢马乍,为首一将,仿佛耿弇,心中大喜。时间不长,耿弇来到城下,刘秀高声问道:"城下可是耿伯昭吗?"耿弇朗声答道:"正是耿弇,自上谷、渔阳归来,参见司马!"说着滚鞍下马,跪在城下行礼。刘秀急忙命人打开城门,亲率左右,迎耿弇进城。

当日耿弇在蓟县和刘秀等人走散。刘秀出南门,耿弇出北门,久等不见刘秀等人到来,他又反身入城来寻。时城中纷乱,正在搜寻刘秀左右随从。耿弇不敢久留,鞭马又自北门而出。守门亭长拦住耿弇马头,耿弇下马,愿以坐马赠亭长,求亭长放自己出城。亭长贪得耿弇之马,遂放其出城。耿弇出了城门,去而复返,手举马鞭,喊亭长道:"足下请回,马鞭一并赠汝!"亭长回头,见耿弇马鞭甚美,牵马出城,欲接马鞭。耿弇撮唇呼哨,那马听见哨声,挣脱缰绳,飞奔而至。耿弇跃上马背,大笑而去。那亭长瞠呼其后,哪里还来得及? 耿弇单人独骑回到昌平,面见耿况,极言刘秀人品、才能非常人可及,力劝耿况发兵,追随刘秀。耿况犹豫不定。正当此时,邯郸王昌也派使者来到上谷,备言刘子舆乃成帝亲生之子,非其他假号称尊者可比,如今各郡闻檄归降,他催促耿况速发上谷突骑勤王。耿况左右属僚也纷纷请求归降邯郸。功曹寇恂、门下掾闵业则共劝耿况说:"邯郸刘子舆突然起兵称帝，令人难以置信。王莽在位时，所惧怕者唯有南阳刘伯升耳。通衢大道，大小衙署，皆画刘伯升之像以箭射之，谁人不知？今闻大司马刘公即伯升胞弟，曾于昆阳破王邑、王寻百万之师。尊贤下士，士多归心，可攀服也。"耿况道："邯郸方盛，如日中天。上谷势单力孤，难以独拒。如何是好？"寇恂道："今上谷粮草充足，控弦万骑，举大郡之资，可以慎择去就。若嫌势孤，在下愿意为使，前往渔阳，说服渔阳太守彭宠与公齐心合力。邯郸不足图也。"耿况同意，当即派寇恂前往渔阳去见彭宠。

邯郸使者见耿况迟迟不肯发兵，天天来催。耿况好言抚慰，安置其在馆驿住下，每日美酒美食供奉，暗中命人监视其动静。

寇恂到了渔阳，邯郸使者已先一日到达。寇恂到府门投书请谒，门吏说："府君有恙，闭门谢客。"寇恂答："在下非寻常之客，能医府郡之疾。"彭宠传语请入。寇恂入见彭宠，见彭宠红光满面，但眉宇间带有忧色，已知就里。他笑而言道："府君之疾与敝上耿太守之疾相同，不必用药，在下一言可除。"彭宠惊异，他问道："耿太守亦染此疾耶？何言可除？"寇恂道："当机立断，斩邯郸使者，此疾即不药而愈矣。"彭宠大惊道："功曹何出此言？"寇恂道："闻府君善食，今以食喻。孟子曰：'鱼我所欲也，熊掌亦吾所欲也。二者不可兼得，舍鱼而取熊掌者也。'府君蒙更始信重，由布衣而膺方面之任；今邯郸王昌托名诈立，于公恩义何有？府君何须犹豫？所难以决断者，惧邯郸势大，渔阳独力难抗；一旦邯郸加兵，今日爵禄不保。患得患失，犹豫生疾。公之心病与耿府君相同尔。若杀邯郸使臣，两郡联手，同心协力，归服司马公刘秀，邯郸何足道哉？若明个中道理，去就抉择，岂不比鱼和熊掌更容易？"彭宠道："功曹与司马公交何深耶？"寇恂笑道："府君谬矣。在下与大司马刘公素昧平生，何来交情？倒是听说府君与刘公谊属同乡，曾有书信往还，将来还寄望于府君引荐哩。不过刘公盛名，天下尽知，尚须何人揄扬？"彭宠颔首良久说道："此事体大，尚须与左右熟议之。"

寇恂辞出，忽闻太守衙门西边鼓声不绝，遂循声前往。原来不远处有一校场，材官骑士正在较技比武。边郡尚武，上谷渔阳各郡每月都要校场比赛骑马、射箭、刀枪之术，称作月操，届时郡中各县令长都要带领县中健儿参加比赛。这日正逢月操之日，天将午时，竞技正达高潮，因而鼓声不绝。寇恂站立拦马墙外，但见一人身高八尺，虎背熊腰，猿臂长身，座下白马，手挽雕弓，连射九箭，箭箭皆中红心，场中欢声雷动。都尉命人把箭靶移了又移，远在二百步左右；那人命取过三百斤硬弓来，飞身上马、打马如飞，一连三箭，仍然无一虚发，且箭透重甲。寇恂暗道："此人神射，飞将军李广不过如此！"暗中打听，原来此人姓盖名延字巨卿，渔阳要阳人，人称赛李广，现为彭宠护军。寇恂暗自赞道："名无虚致，赛李广，当之无愧！"

寇恂接着又见一人身材五短，四肢健硕，行动不疾不徐，远望似非练武之人。他手牵两马，一黑一白；白马在前，黑马在后。但见他挥动马鞭，鞭花"啪"的一声炸响，两马一声长嘶，四蹄生风奔腾起来。那人不见如何作势，早已跃身跨上黑马；接着挥动长鞭，猛抽前边白马；白马负疼狂奔起来；他两腿用力，暗夹马腹，黑马绝尘紧追白马；马首将近马尾，那人又纵身跃起，腾空翻了一个跟头，稳稳当当落在白马鞍桥之上。如此翻转腾挪，反复易马换乘，随心所欲，捷似灵猿，令人匪夷所思，眼花缭乱。寇恂暗暗赞道："人不可貌相，骑术进乎技矣！"正想打听此人姓名，旁边有人议论道："渔阳鹞子王梁名不虚传！"有人接口称赞道："若在野外草原上，一人数骑，起落如鹰鹞钻天入云，更好看了！"

寇恂一直看到比武结束，众人陆续离开校场。但见盖延、王梁和一人相偕进入一家酒肆，寇恂也紧随其后进来。三人刚刚落座，寇恂却抢先一步，命酒家将酒菜端过来，拱手对三人说道："上谷寇恂，不揣卑陋，与三位共饮几杯如何？"燕赵之士本性豪爽，三人见寇恂气宇不凡，连忙起身还礼道："四海之内皆兄弟也，相会便是有缘，同饮何妨？足下远来是客，不能主客颠倒，当然还应我们做东！"寇恂方要逊谢，王梁却从怀中取出一锭银子付于酒家道："酒菜只管伺候，多余银钱不必退还！"酒家高高兴兴接了银子转身去了。不等寇恂开口，王梁便自我介绍道："在下王梁，草字君严，本郡要阳人。"他指着对面那人道："这位是在下同乡，姓盖名延，表字巨卿；上首这位是南阳人吴汉，表字子颜，太守彭公同乡。"寇恂连声说："久仰！久仰！今日得与三位相会，三生有幸！"三人忙道："多蒙抬爱！观寇兄仪容，不似白屋之士。你在上谷高就何职，来渔阳有何公干？"寇恂道："惭愧得很。寇某备位功曹有年，一无建树。昨奉府君差遣，来渔阳说服彭太守联兵共拒邯郸，恐怕有辱使命,要无功而返了。"

吴汉道:"寇兄何出此言?见过彭太守了吗?"

寇恂道:"刚刚拜谒府君,察言观色,怕府君难下决断,误听不智之言,关键时刻打错主意。"

盖延道:"司马刘公乃当世英雄,王昌不过是邯郸一卖卜小儿,岂可与刘公同日而语?寇兄放心,我等愿助您一臂之力,劝说彭公,两郡联手共拒王昌。吴兄和太守交谊匪浅,一言九鼎。寇兄但候佳音好了。"

当日酒后,吴汉、盖延、王梁一同去见彭宠。吴汉道:"司马刘公信义素著,士众归心。渔阳、上谷突骑,天下闻名。君何不合二郡精锐,归服刘公,共击邯郸,建不世奇功?"彭宠道:"我岂不知何去何从也?奈何官属皆以邯郸势大,近在郡侧,欲归王昌。我不能强夺郡中士大夫之志,一意孤行。"三人闷闷辞出。王梁道:"太守心结仍在刘子舆乃成帝之子这一端,若能破其心结,余不足虑。"盖延道:"王昌明明不是刘子舆,偏偏就有那么多人相信,岂非咄咄怪事?"吴汉道:"你我与太守同在渔阳,见闻与太守相近,欲说动太守不易。若有人自邯郸来,见闻真切,太守必信。"三人正议论间,忽见一儒生服饰步履似邯郸人,自南而来。吴汉忙令王梁上前询问。王梁道:"尊驾自何而来,欲往何处?"儒生答道:"从邯郸来,欲往北地买马。"吴汉熟知边地马市行情,乘机便和儒生攀谈起来,他问道:"尊驾孔孟弟子,为何不在书斋,却到边地贩马?"儒生道:"一言难尽。王郎假号称帝,与大司马刘公交战,遍征民间之马,无马者科以重金。在下家中无马,岳父家无马,兄弟亲友皆无马。相与商议,邯郸一匹马的价钱,上谷、渔阳可买五匹。大家于是凑钱让我到北地买马。实在是赶鸭子上架,无可奈何。"吴汉摇头叹息,他问道:"王昌究竟何许人也?果真是成帝之子刘子舆耶?"儒生道:"李代桃僵,以讹传讹罢了。在下今年三十有二,自打记事起,王昌即在丛台卖卜,与刘子舆何干?檄文上说,他十二至蜀,十七到丹阳,二十还长安;辗转中山,来往燕赵,纯系信口雌黄之言。邯郸人谁不知道,他十二岁就跟着师父摆摊占卦,二十岁,师父死了,就独立门户,算命糊口。但拥立者都是邯郸豪门,没人敢戳破这层窗棂纸罢了!"吴汉又问:"大司马刘公此前徇抚邯郸,为政如何?可有所闻?"儒生道:"刘公所过,辄见三老、掾吏、二千石以下长吏。吏民有口皆碑,郡县众望所归,岂王郎辈能比?"吴汉三人大喜,与儒生酒食,对他说:"足下买马之事,包在我等身上好了。但须帮我等办一件事情。"那儒生道:"我一介贫儒,手无缚鸡之力,能干何事?"吴汉道:"足下放心,只请你把方才所说之事,原原本本讲给太守听好了。"

吴汉三人于是让书生扮作大司马刘秀的信使,以刘秀的名义给彭宠写了一封书信,劝说彭宠发突骑三千征讨王昌。儒生见了彭宠,备言刘秀仁义,众望所归;王昌实非刘子舆,不过是邯郸的一个卖卜先生。彭宠心中疑虑尽消。吴汉给那儒生买了几匹好马,打发那儒生走后,立即又去见彭宠。彭宠不再犹豫,当即答应发突骑三千,命吴汉、盖延、王梁三人带领,与上谷兵会合,支援刘秀。

寇恂不辱使命,说服彭宠发兵,高高兴兴回转上谷。他正要到太守衙门向耿况复命,耿弇和长史景丹,慌慌张张拦住了他,告诉他太守衙门发生了惊人变故。原来邯郸使者在馆驿三日不见发兵,猜想出了变故,铤而走险,在耿况来馆驿看望他的时候,和随从出其不意,把耿况控制起来作为人质,要挟郡中两日内发突骑三千,不然就要杀害耿况。耿弇带兵围了馆驿,双方相持不下。景丹道:"邯郸兵众不过百人,杀之易如反掌。但府君在其手中,投鼠忌器,难下决断。"寇恂略一思索,说道:"孙卿答应他今日发兵,让该使和府君一同前往校场点将。就说将士不见太守之面不肯出发。点将之后人马即交由他带领,前往邯郸。看他如何能出昌平。"景丹会意,当即前往馆驿,面见使者说道:"郡中同意发突骑三千。但依例,将士出征,府君要亲往校场点将送行。不然,将士不见太守之面,疑而生变,反而不美。"使者道:"长史言之有理。点将之后,本使自会放太守还衙理事,人马交给本使好了。"

邯郸使臣和耿况一同前往校场点将。点将已毕,剑印符节交于邯郸使臣,使臣自以为大局已定,立命左右恭送耿况回衙。邯郸使臣方要点炮启程,耿弇健步走上将台,躬身为礼,请令道:"不知何处人马,离城十里,请令定夺。"使者大惊道:"兵自何方而来?有多少人马?"耿弇道:"请贵使登城观望。"使臣方下将台,耿弇手起剑落,将其斩于将台之下。邯郸使臣左右随从大惊，欲待反抗，将台前面卫士一拥而上，将其悉数擒获。

次日，耿况命寇恂、耿弇、景丹三人带领突骑三千，和渔阳人马合兵一处去投刘秀。两郡突骑，风驰电掣，所向披靡。一路上斩杀王昌大将、九卿、校尉以下四百余级，得印绶一百二十五颗，斩首三万，连定涿郡、中山、清河、河间共二十二县，到达广阿。他们打听到刘秀驻军城中，遂来相会。

耿弇把寇恂、吴汉、盖延、景丹、王梁一一介绍给刘秀，备言别后情况。刘秀手执众人之手说："道路相传，上谷、渔阳二郡突骑是为邯郸而来，众皆惊慌。今见卿等，心始定矣。当与两郡士大夫共建大功，富贵同享！"刘秀乃以六人皆为偏将，各自带领本部人马。刘秀又加封耿况大将军、兴义侯；彭宠大将军、建忠侯，各领太守如旧，有权自置偏将。

众人散去，刘秀独与吴汉促膝长谈，详问别后情形及彭宠情况，吴汉一一告之。两人临别，刘秀执吴汉之手道："吾有厚望于子颜，福祸共之！"

王郎

刘秀新得上谷、渔阳两郡突骑三千,更有吴汉、耿弇、寇恂、盖延等虎将,声威大振,遂进兵巨鹿。骑兵疾如狂风,迅似奔雷,广阿离巨鹿一百里许,放马即到。太守王饶得报,立即紧闭城门,登城固守。骑兵长于奔袭,冲锋陷阵,短于攻城。耿弇、吴汉、寇恂、盖延等人,四门叫战,王饶一概置若罔闻;离城稍近,城上强弓硬弩齐发,箭如雨下。耿弇等人只好退兵十里,安营下寨,等候刘秀大军到来。

刘秀听耿弇等人说了情况,唤邳彤进帐,问道:"卿与王饶为邻,可知此人否?巨鹿大郡,非堂阳、元氏、房子小县可比,何策可破?"邳彤道:"昔王饶为太守,我为督尉;后王莽分巨鹿为两郡,我为和城卒正,驻守下曲阳。曾因同僚之谊,时有书信往还。王饶乃王莽族中侄儿,王莽败亡,因害怕更始不能相容,拒不降汉。王昌称号,许以高官厚赏,遂归降邯郸。其为人,文武兼备,颇能得士;且性沉毅,恐难说动。"刘秀道:"巨鹿名城,易守难攻。昔日赵王、陈余、张耳区区数万人据城固守,章邯数十万之众久攻不下,终为项羽所破。今我军初合,攻之不易,公试为说之,不果再做良图。"邳彤道:"彤素无舌辩之才,愿为公试之。"邳彤于是匹马单枪,来至城下,呼王饶城头答话。王饶不待邳彤开口说道:"伟君勿多言,昔日同僚,今日各为其主,唯有刀兵相见,请回吧!"邳彤道:"以君之智,宁不知真伪耶?王昌邯郸一卖卜儿而已……"不待邳彤把话说完,王饶立命城上放箭乱射。邳彤不得不打马回转。

邳彤回营交令。刘秀道："人各有志，卿亦尽力矣。兵法云'攻城之法，十则围之，五则攻之'。今以我之兵攻则有余，围则不足。卿且回营，多备云梯之械，准备攻城。"邳彤道："巨鹿城高池深，云梯之械，难为其用。莫如堆土为堙，居高临下，可攻可守。"刘秀然之，命军士堆土成山，俯临城内。刘秀然后命盖延、臧宫、马成等善射之将带领弓弩手从土山上向城上射箭，掩护士卒架云梯攻城。王饶亲冒箭雨，指挥士卒向城下投掷石块、火把，勉强打退攻城的士兵。到了晚上，王饶命人连夜赶制楼橹，放置城上，高于城外土山，箭射山顶士兵。这样一连数日，互争高低，刘秀无计可施。王饶派人夜晚缒城，连连向邯郸求救。

王昌怕巨鹿有失，急令李育派兵救援。李育命倪宏、刘奉带兵三万，救援巨鹿。刘秀得报，与诸将商议。冯异道："倪宏、刘奉皆能战之将，王饶智勇兼备；若两军会合，不唯巨鹿难下，我军腹背受敌，大为不利。"耿纯道："此时撤巨鹿之围，独对邯郸援兵亦非上策。莫若围城打援，分兵一半围城，使巨鹿之兵困守城中，成为棋局中的无用之马；另一半迎战倪宏、刘奉。"刘秀道："伯山之言深合我意。"邓禹道："兵法云'十则围之，五则攻之，倍则分之，敌则战之'。我兵围且不足，一分为二，其势更弱，怎能既围且攻？"刘秀笑道："对敌亦分兵之法也。巨鹿之围以非周而实围，只要能够阻其不出，难与援兵合势即可，万人足用矣。"耿纯又道："巨鹿之北有广阿泽，东西宽二十里，南北长三十里。广阿泽东即漳河。两水之间地势平旷，南面即赵公子成囚禁赵武灵王之沙丘台，也就是秦始皇驾崩之处，地势为两水间最高处。上谷、渔阳骑兵若伏于沙丘，引敌兵至广阿泽东狭长平旷之地，然后断其归路，必可全歼此敌。"刘秀拊掌称妙。方案已定，刘秀于是命邳彤、刘植、刘让、刘细各领本部人马，安营巨鹿四门，每日虚张声势，攻城依旧，不准放王饶一兵一卒出城。刘秀又命耿纯带领本部人马，扼柏人南面渚水岸，勿令倪宏、刘奉南下，直奔巨鹿。他又令冯异、铫期、王霸伏兵南栾北面广阿泽畔，命耿弇、寇恂、景丹、吴汉、盖延、王梁带领两郡突骑埋伏沙丘台上。刘秀自带邓禹、朱祐、贾复、陈俊、傅俊、臧宫等人奋勇迎敌。

倪宏、刘奉带兵出了柏人，原本打算南下直趋巨鹿，但探马报道，渚水北岸至广阿泽有汉兵把守。倪宏道："救兵如救火。若突破汉兵把守，一日一夜可到巨鹿；若自广阿泽北东进，由南栾至巨鹿须两天一夜方可到达。莫如直趋渚水，攻击汉军防线。"刘奉劝道："不可。汉兵既于渚水设防，必料你我要从柏人直接南下巨鹿。莫如反其道而行，东出广阿泽北，自南栾赴巨鹿。南下和敌兵交战，胜负难料；万一不如意，欲速则不达。东进出敌不意，或可畅行无阻，看似绕远，却可早到巨鹿。"倪宏道："若东进路上也有敌兵阻拦呢？"刘奉道："汉兵人马十万，既要围城，又要各路设防阻拦我军。此乃用兵大忌，智者不取。刘秀深谙用兵之法，必不如此。"二人于是带兵自广阿泽北东进。广阿泽东北薄落津，乃漳河与广阿泽的交汇处。倪宏、刘奉自薄落津过漳河畅通无阻，未见汉兵一骑一卒。倪宏道："刘将军料事如神，此路果无汉兵阻拦。若刘秀麾下有智谋之士，在薄落津布兵，你我必然腹背受敌，可就危险了！"刘奉道："刘秀麾下多半南阳、颍川之人，对大陆泽周围地形不甚了了，这也难怪，为将者天文地理缺一不可。"二人正议论之时，忽听号炮声响，一支人马拦住去路。二人大惊，抬头观看，认出军旗下两员战将，一是朱浮，另一位是邓禹。倪宏不禁大笑起来，说道："刘秀帐下岂无人耶？怎么又是这两个人？上次在房子之南被我杀得大败，今日又来送死！"刘奉道："当心饵兵之计，败将诱敌，惯用之法！"倪宏道："我自有把握，将军为我瞭敌好了！"说罢，拍马去迎朱浮。

二人战了十数合，刘奉见朱浮、邓禹兵不过五千，身后并无伏兵迹象，便挥动全军冲杀过来。邓禹、朱浮抵敌不住，且战且退，败往南栾。倪宏、刘奉一路追杀，不知不觉到了广阿泽与漳水之间的狭窄之处。倪宏忽然警觉，忙令军伍止步。刘奉问道："将军为何突然停止追击？"倪宏道："敌兵虽败，旗不靡，阵不乱，似有所恃，恐有伏兵。"刘奉笑道："西临大泽，东临清漳，一无山峦，二无林莽，何处伏兵？敌兵旗不靡，行不乱，盖因我追之不急。若鼓勇急追，其必旗倒阵乱矣！"刘奉于是鸣鼓急进，催促将士加紧步伐追击。不料，听到追兵击鼓急进，朱浮邓禹反倒停了下来。后队变做前队，弓箭手，弯弓持满，稳住阵脚，旗门严整，二人并马而立，哈哈大笑道："倪宏、刘奉匹夫，中了我大司马刘公的计了！快快下马投降！不然汝二人今日插翅难逃！"二人正愕然间，忽见朱、邓二人身后尘土大起，定神远望，大旗高扬，鼓声如雷，刘秀亲率大军到来。

倪宏、刘奉挥军欲退，身后号炮声响，冯异、铫期、王霸早将退路堵死。倪宏道："今日之战无退路矣。置之死地而后生，投诸亡地而后存，有死而矣！"刘奉道："望其旗，观其众，与我军略等，狭路相逢勇者胜。趁其立脚未稳，急击勿失！"倪宏道："大旗飘处中军旗鼓也，必刘秀所在，擒贼擒王。我将突骑直冲刘秀，公急列阵！"倪宏说罢带领军中精骑数百，直扑汉兵中军。朱浮、邓禹始料不及，拦挡不住，倪宏旋风般向刘秀冲去。贾复、陈俊慌忙来迎，倪宏势若疯虎，避开贾复、陈俊，专拣兵力薄弱处冲杀。转瞬间离刘秀只有一箭之遥。刘秀端坐马上，手抚剑柄兀自不动。傅俊、臧宫、朱祐、马成，分列两旁。臧宫援弓搭箭，一连射杀倪宏亲兵数人；贾复、陈俊又回马杀到。倪宏见讨不到便宜，只得退回。贾复、陈俊一直追到倪宏、刘奉阵前。刘奉冲出接应倪宏，回归本阵。

倪宏、刘奉列阵于沙丘以北，刘秀陈兵于沙丘之上。天过午时，倪宏、刘奉将士又饥又渴，精神疲惫，远望刘秀营中炊烟袅袅，似做午炊，于是命各营将士准备午饭。正当此时，刘秀营中号炮声响，营门大开，耿弇、吴汉、寇恂、盖延、景丹、王梁等率领上谷、渔阳突骑，从沙丘之上，俯冲而下，势如疾风骤雨，坂上走丸，杀声震天动地。倪宏、刘奉人不及甲，马不及鞍，将士午炊未熟，乱作一团，弃甲丢戈，望北而逃。冯异、铫期、王霸、坚镡等人拦住去路，强弩硬弓迎头乱射。倪宏、刘奉部众中箭倒地者如大风偃草，死伤无数。上谷、渔阳骑兵，如虎入羊群，纵横驰骋，追亡逐北，似秋风横扫落叶。

倪宏、刘奉左冲右突难以脱身，知陷入绝地，犹作困兽之斗。倪宏在马上高声呼喝道："今进亦死，退亦死，鼓勇向前，或可鱼死网破，绝处逢生！不怕死的随我来！"他于是跃马挺枪，直扑铫期阵地，身后部众前仆后继冲了过来。兵法云："归师勿遏"，倪宏所率必死之士，为了求生，莫不以一当十。铫期虽勇，也难以阻挡。冯异、王霸、坚镡见了，连忙过来助阵，方把倪宏、刘奉拦住。倪宏披头散发，势如疯虎，一枪直刺铫期面门；铫期俯首躲过，复手一枪直透倪宏前胸。这本是两败俱伤的拼命战法，幸亏铫期躲避得快，巾帻被倪宏枪尖挑下，额头划破，血流被面。王霸见了，大惊失色，赶忙过来为铫期裹伤。铫期哈哈大笑道："朝朝打虎，焉有不被虎伤之理？"铫期遂自整巾帻，舔血复战,连斩五十余级,意态自若,众人无不惊骇。刘奉见倪宏已死,遂拔剑自刎。蛇无头不行,兵无将自乱。倪宏、刘奉三万人马顷刻之间土崩瓦解。刘秀立马沙丘之上,见诸将凯旋,一一抚慰。他笑对耿弇、吴汉、盖延、景丹等人说:"吾闻北地突骑天下精兵,今日方亲见其战,乐不可言!"刘秀见铫期负伤,亲自为他束发整冠,抚背叹息道:"杀一倪宏,险伤一虎,得何偿失!从今而后,卿当为国惜身!"

刘秀率领得胜之师重回巨鹿,连攻三日,仍旧不下。耿纯道:"久围巨鹿不下,士众疲弊;不如趁我军新胜之后士气旺盛,直接攻打邯郸。如果攻破邯郸,诛灭王郎,巨鹿不攻自破。"刘秀道:"伯山之言甚善。攻打邯郸,我军兵力略嫌不足。谢恭、马武兵在魏郡,可知会二人带兵来会。王昌兵马在外者,唯巨鹿王饶、柏人李育。邯郸被围,二将必然救援,如何应对?"

邓禹道:"一如南栾之法,围邯郸而打援兵。巨鹿之围不必尽撤,依旧牵绊王饶,使其不能赴援邯郸,待李育自柏人南下,可于途中择一伏兵之处,围而歼之。若邯郸出兵相救,我则分兵击之,趁机攻城;若其不出兵,除去李育也好,以免后顾之忧。"

刘秀环顾邳彤、李忠、万修等人道:"诸卿皆久居燕赵,可知柏人至邯郸途中,于何处宜伏兵耶?"

邳彤道:"林莽山泽,皆可伏兵。柏人南下邯郸,途经渚、漉、渭、泜诸水,山峦沟壑极多,只是要选一个绝佳战场不易。渭水之南即龙冈山,林木茂盛。山上有亭,名叫苏人亭。相传晋获秦谍,诛杀于此,三日后复活。也有人说路人饿死于山上桑林之下,因得桑葚而食,死而复苏。后人名之曰苏人亭。亭南便是十里坡,又名跑马坡,赵武灵王胡服骑射,于此处练兵跑马。再往南去,便是檀台;台北临泜水,台西即鸡泽。南北狭长、平旷,是李育必经之地。若在此处伏兵,将其困于两水两山之间,破之不难。"刘秀大喜,立命邳彤、任光、李忠、万修伏兵于苏人亭,命寇恂、景丹、王梁设伏于檀台。刘秀还差人知会谢恭、马武起兵会于邯郸,广征各郡奔命,把邯郸包围起来。

王昌惊慌失措,忙与丞相刘林、骠骑将军少傅李立、谏议大夫杜晓等商议对策。王昌道:"朕以成帝龙种血胤号召天下,奈何数月之间,损兵折将,兵败如山倒。如今刘秀兵临城下，如何是好？"刘林道："皇上勿惊。邯郸牛水、白渠、邯沟环城为池，横山为城，刘秀纵有兵马十万能奈我何？陛下汉室正统，天命所归。请立即传檄天下，广征勤王之兵，忠臣义士必然闻命赴援。到时候叛贼自退。"王昌道："大道沦丧，君不君，臣不臣，何来忠臣义士？前番遣使上谷、渔阳，不仅没有发来一兵一卒，突骑数千还助纣为虐，归降刘秀；真定、昌城也相继倒戈相向。发檄尚有何用？"谏议大夫杜威道："唯有巨鹿、柏人之兵可用，皇上速降圣旨，宣召王饶、李育回兵勤王，方为上策。"李立道："有巨鹿、柏人两城兵在，邯郸尚有牴角之援；如果二城弃守，邯郸岂不势力更为单薄？"王昌道："如今势在燃眉，邯郸不保，巨鹿、柏人复有何用？"他于是立即降旨，宣召王饶、李育援救邯郸。催兵使臣刚刚派出，忽听四门号炮连天，汉兵已经来到城下叫战了。

王昌道："丞相乃国之肱股，危难之时，望卿殚精竭虑为朕分忧。"刘林叩头道："陛下放心，臣保二人可以退敌。"王昌道："丞相所举何人，快快奏来。"刘林道："刘奉之弟刘举、倪宏之子倪光，均有将略，堪当大用。现在丞相府中充任校尉，可命其随骠骑将军李立出城迎敌！"王昌道："准卿所奏，加封刘举为讨逆将军、倪光为靖难将军。情势紧急，勿用进殿谢恩，出城迎敌去吧！"

李立、刘举、倪光领旨，立即点起五千人马，出城迎敌。汉军先锋朱浮、刘隆早已立马阵前，等候多时。双方交锋不过十数个回合，刘举便被朱浮枪挑马下，朱浮正要举枪结果刘举性命，倪光一箭射来，正中朱浮马头，那马长嘶一声，前蹄跃起，差点把朱浮掀下马来。李立抢出阵来，把刘举救回。刘隆见了，怒马来追，倪光接住，两人战在一起。斗不数合，刘隆诈败，回马便走，他听得马铃声响，头也未回，一招鲁阳挥戈，化枪为棍，挟风带啸，往身后扫来，不偏不倚恰恰击中倪光的天灵盖。倪光一时脑浆迸溅，栽下马来。李立见势不妙，连忙收兵败回城内。刘林在城上观战，连忙命人拉起吊桥，紧闭城门。刘隆拍马追到护城河边，邯郸的护城河和邯沟、白渠、牛首水相连，又深又宽，人马难近，只好退回。

再说李育、王饶接到邯郸檄文，不免为难。王饶在巨鹿围城之内，根本出不了城；李育兵不过三万，要救邯郸，必弃柏人；不弃柏人，难救邯郸。李育父母妻子、万贯家产尽在邯郸，他只好舍了柏人，回救邯郸。李育方过湡水，驻军于苏人亭下，邳肜、任光、李忠、万修等人就从十里坡冲杀过来。李育慌忙拔营南走；寇恂、景丹、王梁又迎头痛击；李育不得不掉头向东，最后被围于鸡泽西边的饮马滩，左冲右突脱身不得，只好派人向邯郸求救。王昌闻报大惊道："本指望大司马带兵救驾，想不到大司马又被围途中。邯郸自顾不暇，哪有兵马去救他突围？"少傅李立是李育胞弟，他奏道："邯郸城高池深，敌兵虽众，一时难以攻破。家兄被围途中，无城可守，粮食将尽，万难持久。救兵不至，必死无疑，皇上断不可坐视不救！"刘林道："城中之兵，守城尚不敷调度，哪里有兵他用？况且邯郸层层被围，怎么出城？"李立道："李府家丁千人，宾客数百，某愿带领突围，去救家兄。"王昌道："区区千人，无异于以卵击石。突围不成，反致贼兵趁虚而入，如何是好？"李立请求再三，王昌坚决不允。

次日，败报传来，李育全军覆没，死于乱军之中。李立闻讯，称病不再上朝。城中粮尽，军民恐慌。大户人家，仓中有粮，不肯献出。王昌、刘林派兵挨家挨户搜求。李府家丁和搜粮的士兵冲突起来，士兵被杀伤多人。王昌大怒，派兵把李府包围起来。李立胳膊扭不过大腿，不得已献粮米百石，风波才算平息。李立恨透了王昌、刘林。王昌、刘林、杜威等人商议道："一无粮草，二无救兵，终非长久之计，不如请和。"杜威道："能屈能伸，乃帝王之术。文王拘于羑里，终有天下；高帝盟于成皋，蹶而复起。臣愿赴刘秀军中请和，但不知皇上有何交代？"王昌道："苟全性命足矣，时至今日，复有何求？"刘林道："皇上乃孝成皇帝之子，至不济保一等公，万户侯。彼若不答应，背城借一，誓与周旋到底。北走匈奴，南投赤眉、青犊、铜马，何处不可安身？"王昌摇头叹息道："误我者三卜矣，悔之已晚。"刘林、杜威异口同声问道："皇上何出此言？"王昌道："举事前夕，我曾焚香独处，连卜三卦，皆上上大吉。释文曰：'甲子重光，匹夫得之为人君；诸侯应之为帝王。'误信此言，一致于此！"杜威道："自古帝王将建国受命，兴动皇业何尝不以卜筮为助？昔武王身染重病，周公连卜三龟，武王大病痊愈。晋文将定襄王之位，卜得黄龙之兆，卒受彤弓之命。楚灵王将背周室，卜龟不吉，终有乾谷之败。皇上三卜大吉，必有应验。自古帝业没有一帆风顺的，焉知没有峰回路转的机会？皇上且请宽心，待臣出使归来，再定行止。"

刘林道："皇上昔在丛台，神卜无驭，百言百当，屡试不爽。今杜大夫将行，何不卜上一卦，以占吉凶？"王昌道："朕方寸已失，卜有何益？况卜筮之术信则灵，不信失灵。吾既生惑，不如不卜。"终不肯卜。杜威道："卜以决疑。吾心意已决，何劳皇上卜卦？"杜威于是在当日缒城而出，前往汉营。

杜威来到汉营，备言王昌实乃成帝之子刘子舆，刘秀不当以下犯上，兴兵讨伐。刘秀冷笑道："李代桃僵，但李终归是李，桃终归是桃。王莽篡弑，刘氏子孙为复高祖之业，舍身亡命，杀身成仁者前仆后继。王昌安在？子舆安在？今王莽败亡，更始已立，邯郸冒出个无根无底的刘子舆来，何人能信？何人能服？时至今日，成帝复生，天下已不可得；何况鱼目混珠、冒名顶替的刘子舆呢？"杜威道："自古以国降者，不失封侯之赏。邯郸请降，必封一等公，万户侯。"刘秀冷笑道："王昌冒名僭立，安可与以国降者相提并论？本应枭首弃市，祸灭九族。念其穷途请降，饶其不死，保全首领可矣。"杜威勃然变色道："邯郸虽小，尚有众数万。军民固守，足旷日月，终不肯君臣相率投降，只得保全性命而已！"遂愤然辞出，昂然不屈，左右欲杀之。刘秀道："一腐儒耳。杀之何益？况两军相争，不斩来使。"

次日，刘秀督率各部加紧攻城。王昌、刘林也督率吏民固守不退。半月过去了，邯郸仍然没有攻下。城中粮尽，百姓易子而食。王昌、刘林天天挨家挨户搜粮。李立与家人商议：与其坐待城破，玉石俱焚，为王昌、刘林殉葬，莫如另择出路。李立于是夜晚派人缒城而出，到汉营给刘秀下书，愿为内应约定日期献城投降。刘秀大喜，他答应李立：事成之后，赏万金，爵通侯。四月五日夜半，邯郸北门，灯火晃动，李立带家丁打开城门，放汉兵入城。耿纯、邳彤等人带兵包围赵宫。刘林、杜威等保护王昌自后门逃走。

更始丞相谢恭应刘秀之请合兵攻打邯郸，驻守城西，令马武驻守城南。刘秀部属驻扎城东、城北。汉兵自北门入城，起初谢恭不知，得到消息之后，乘乱从西、南两面破城而入，于是城中大乱。刘林、杜威保护王昌乘乱出城。耿纯、邳彤进入赵宫，不见王昌，急报刘秀。刘秀命冯异、王霸、铫期、傅俊等人出城，分头搜寻追赶。王昌、刘林、杜威虽逃出邯郸，走投无路，茫然四顾。

刘林道："皇上火德,不如投东。东方属木,木能旺火。"王昌道："天过子时,甲子更迭,东不如西。还是往西去吧!"三人于是往西而去。王霸追至十字路口,见天色将晓,下马察看踪迹,见一行马蹄印错乱往西,便随后追来,一直追到堵山。王昌询问行路之人："此地何名?"行人答道："西去之路至此则断,名为堵山。"王昌叹道："后有追兵,前有堵山,吾命合断于此。"他于是拔剑自刎。顷刻之间,王霸追到,刘林还想逃脱,被王霸斩于马下,杜威也死于乱兵之中。王霸命人取了三人首级,回营交令。

刘秀立命快马前赴长安,向更始帝报捷。耿纯、邳彤自赵宫搜寻到文书数箱,其中有不少汉营官吏、将佐,在王昌势力强大时,暗中和王昌来往的书信。邳彤、耿纯不敢自专,连忙禀报刘秀。刘秀看也不看,命人当众焚毁。有人劝刘秀道："借此以别忠奸,为何要付之一炬?"刘秀道："生死关头,人欲自保,不必苛责。焚之令反侧自安。"众人无不暗服刘秀雅量风致,目光远大。

谢恭带兵将入城,乘刘秀部属围攻赵宫追击王昌之机,抢占繁华、富庶之地驻兵。刘秀部将多有不满,纷纷抱怨说："我等攻城之时,谢恭将士作壁上观;我等争斗未息,他们却安享其成。这是何道理!"刘秀劝道："卿等眼光宜往远处看,你我欲久住邯郸邪?何须计较一时得失?"刘秀当日亲自前去谢恭营中拜会,并对他说："赵宫轩敞,请尚书移住赵宫,以便起居,处理政务。"谢恭道："大司马亲冒矢石,劳苦功高,理当驻节赵宫。下官暂住太守衙门,早晚聆训,'铁打的衙门流水的官',何必搬来搬去呢!"刘秀与谢恭于是两家分城而处。

萧王

　　捷报送达长安，更始左右又喜又忧。喜的是王昌剪灭，不再有人假借成帝之子的正统名义来蛊惑天下；忧的是刘秀坐大，拥兵河北，难以驾驭。赵萌、朱鲔、李松等人奏道："刘秀持节徇抚河北，诛杀王昌，功勋卓著，宜晋封王爵，令其带领有功诸将速回长安，论功行赏，其部属交尚书令谢恭统领。"更始道："如此处置甚好。文叔自幼长于萧县县衙，就封他为萧王吧。丰、沛、萧、砀，地瘠民贫，远离长安，交他治理，朕也省心。"朱鲔道："将在外，君命有所不受。若刘秀借口北土未宁，不肯罢兵回转长安，皇上可奈他何？"更始道："刘秀一向恭顺，不至于此吧？"朱鲔道："此一时也，彼一时也。先前刘秀手无寸柄，自然唯命是从；如今他拥兵十余万，战将数十员，恐怕不会再像从前那样唯命是从了。以臣之计，皇上莫如下三道圣旨：第一道圣旨，晋封刘秀为萧王，命他带领有功诸将解散部属回京受赏；第二道圣旨，密令尚书令谢恭暗中监视刘秀，如果发现刘秀有不臣之举，先斩后奏；第三道圣旨，命心腹之臣出任幽州、上谷、渔阳太守，以削刘秀之权，弱刘秀之势，使其无可募之兵，可征之粮，以防不测。"更始称是准奏，当即连下三道圣旨，命侍御史黄党为钦差，前往邯郸；命苗曾为幽州牧，韦顺为上谷太守，蔡充为渔阳太守，立即走马上任。

　　黄党到了邯郸，先到太守衙门会见谢恭，秘宣更始旨意。谢恭道："此事不难，命人宣刘秀前来接旨听封，让其交出兵权，随大人一道前往京师。如果他顺顺当当领旨,交出符节印信,和大人一道前往长安,皆大欢喜。如果他不肯奉旨交出兵权,当即拿下,依旨诛杀。"黄党道:"不可造次。今日刘秀远非当年刘缤可比,他拥兵十数万,左右心腹多智勇之士,皆在邯郸。若处置不当,必生大乱。"谢恭笑道:"当年刘伯升无十万之众耶? 何况我军不下十万,足与刘秀之众相抗。本尚书所部六将个个能征惯战,大将军刘庆、陈康、振威将军马武,皆有万夫不当之勇,何惧刘秀?"黄党道:"刘秀徇抚河北,功勋卓著。破邯郸,诛王郎天下尽知。不臣之心未显,无罪而诛,非朝廷之意。命其前来,若奉旨进京不可节外生枝;若不肯奉旨,再斩不迟。"谢恭道:"谨遵钦使之命。"二人商议已定,立即派人去请刘秀。谢恭则密令刘庆挑选精甲武士数百,埋伏在太守衙门,待命而动。

刘秀与邓禹、冯异、王霸、耿纯、寇恂、耿弇等人正在赵宫议事,门下有人禀报谢尚书命人下书。刘秀览书,乃知更始使臣已到邯郸,现正在太守衙门,谢恭请自己前去接旨。邓禹道:"此事有悖常理。圣旨若是下达大司马,使臣应亲临赵宫宣旨;若是下达谢尚书与司马公两人,大司马爵在尚书之右且奉节在外,理应先见大司马,而后知会谢尚书。为何尊卑如此颠倒耶?"冯异道:"理有反常,事必有隐,不可不防。"刘秀笑道:"二位多虑了。朝廷礼制混乱,使臣粗疏,或与谢尚书私谊交厚,都是极有可能的事情,何须斤斤计较繁文缛节? 况众卿皆在左右,部众就在城中,有何风吹草动,须臾即至,何惧之有?"耿弇道:"防人之心不可无,小心行得万年船。邯郸新破,为防非常之事,弇愿随侍明公前往。"邓禹、冯异等人齐声道:"伯昭之言不错,多带几人何妨?"刘秀于是命耿弇、贾复、刘隆、马成、邓奉随行,前往太守衙门。

马武见刘庆带兵前往太守衙门,感到奇怪。他问刘庆道:"府中何事,需要带兵防卫?"刘庆道:"长安使臣到来,请大司马刘公过府听宣旨意。"马武更奇,又问:"使臣宣旨,安用带兵防卫?"刘庆道:"听谢尚书言,担心大司马不肯奉旨。"马武大惊道:"此事体大,刘将军不可孟浪。当年王邑、王寻百万之众,大司马尚且不惧。以你区区数百人,能奈他何? 何况今非昔比,刘公部众十数万,与我军同城,帐下猛将如云,绝非你我可敌。一着不慎,代人受过,祸及自身,悔之晚矣。"刘庆道:"多谢将军提醒,我自有分寸。"

马武入见谢恭道:"适才自营中来,见大司马营中诸将顶盔贯甲,如临大敌,不知何故。敢问谢公,邯郸有强敌将至耶?"谢恭脸色大变道:"何至于此也?不闻有强敌至,只是长安使臣前来传宣旨意。"马武道:"这我就放心了。素闻大司马治军严整,一至于此!"谢恭料刘秀已有防备,连忙暗暗传令,命刘庆带兵退去。

刘秀坦然到来,谢恭道:"黄御史本来要亲往赵宫传宣圣旨,是下官擅做主张道:'大司马和下官同在乡梓,同殿称臣,今又同住邯郸,情义非寻常可比,不妨请来一聚,公私兼宜。'司马公切勿怪罪。"刘秀道:"谢尚书思虑周详,甚合我意。今日尚书做东,明日请天使和尚书同赴赵宫,算是刘某回拜如何?"谢恭、黄党齐道:"如此甚好!"

刘秀听黄党宣读更始旨意,叩头谢恩道:"皇上知臣深矣。在下幼年失怙,由叔父抚养,长于萧县县衙。萧水犹白水,亦刘秀根本之地。铜山龙城,魂牵梦绕。封臣于萧,皇上亦望臣不忘根本也。君之视臣如手足,臣则视君如腹心,刘秀敢不粉身碎首以报!请天使上复皇上,臣不日当率诸将回京谢恩!"黄党、谢恭闻言大喜,心中一块石头总算落地。黄党问道:"大司马不知何日能够启程?"刘秀笑道:"刘秀倦于戎事久矣。就其本意来说,巴不得此时就可动身。但部众十数万,将佐数百人,安置不当,后患无穷;散归草泽,不入赤眉,便归铜马、青犊之伍,河北必复糜烂矣。天使容我处置完毕动身,如何?"黄党道:"理应如此! 理应如此!"

刘秀平安无事归来,诸将听说刘秀得封萧王,都来祝贺。刘秀一无喜色,他说道:"封王恐非更始本意,实欲让我等罢兵解甲,归返长安耳。"邓禹等人道:"将在外,君命有所不受。况邯郸方定,河北未宁,哪能马上罢兵解甲归京?"刘秀道:"欲我等把部众交谢尚书,回长安安享富贵,有何不好?"冯异道:"听说长安政乱,赵萌专擅,作威作福,更始左右皆群小贾竖,或有膳夫庖人。长安谚曰:'灶下养,中郎将;烂羊胃,骑都尉;烂羊头,关内侯。'此辈日日绣衣、锦裤、襜褕,骂詈道中,公欲我等与此辈为伍也? 况朱鲔、张卬、成丹、李轶辈皆手绾兵权,公能安卧长安享富贵耶? 我等还听说,军师将军李淑上书进谏劝更始'厘改制度,延揽英雄,因才授爵,以匡国政',反而被下了大狱。公归长安又能有何作为?"刘秀道:"谢恭统六将之众,拥兵十万,就在肘腋；更始命苗曾为幽州牧、韦顺为上谷太守，蔡充为渔阳太守，以夺耿况、彭宠之兵，已占先机。我等稍有不慎，必贻奸人口实，授人以柄。公等容我仔细筹之。"耿弇、王霸、耿纯、任光等人齐道："先发制人，后发制于人；当断不断，必受其乱。望明公三思而行！"刘秀道："今日倦矣，容我思之！"众人告退。

刘秀待众人退去，方瞑目兀坐。朱祐为护军将军，侍卫赵宫。他乘机进言道："长安政乱，公有日角之相，此天命也。天予不取，恐非上计。"刘秀怒道："召刺奸将军祭遵来，立收护军将军！"朱祐忙道："大王息怒！末将失言，知罪了！"朱祐连忙退出。

入夜。刘秀卧赵宫温明殿，倚枕秉烛读书。耿弇请入，密造床前，请屏左右。刘秀道："卿欲何言，不可待明日也？不欲我一夕安枕？"耿弇说："更始命韦顺至上谷，代家父为太守，收其兵符。家父若拱手交其兵符、印信，是对大王不忠也，必不肯，但不交则有性命之危。身为人子，安有父临危难而无动于衷者乎？连日征战，吏士死伤者甚多，臣请归上谷，一来解父危难，二来为大王招兵买马。"刘秀道："王昌已灭，河北略平，用兵何为？况圣旨已下，我不日即要罢兵进京，卿不必再招兵马。回上谷省父母，代致问候，劝其交出兵符印信，息事宁人好了。"耿弇道："臣不敢奉大王之命。王郎虽破，天下兵戈方始耳，岂可罢兵？使者自长安来，欲大王罢兵解甲，千万不可听也。今赤眉、铜马之属数十辈，每辈十万、数十万人，合众数百万，所向无前。更始必不能控驭，不久必败。"

刘秀一听耿弇说出这等大逆不道的话来，不禁大惊，猛然从床上坐起，厉声喝道："卿失言了！不怕本王斩尔首级吗？"说着伸手便去墙上摘取宝剑。耿弇跪下，从容进言道："大王待耿弇情同父子，故敢披赤心以对大王。要斩耿弇，就请动手！"刘秀连忙赤脚从床上下来，双手扶起耿弇道："特与卿为戏耳。卿有何言，尽管说来，你我通宵畅谈如何？"耿弇道："今更始失政，君臣淫乱，诸将擅命于畿内，贵戚纵横于长安。天子之命，不出都门，所在牧守，辄自改易，百姓不知所以，士人莫敢自安。朝廷诸将，掳掠财物，劫掠妇女，怀金玉者，性命不保。原本百姓痛恨王莽，思念刘氏，闻汉兵起，莫不欢喜，如去虎口，得归慈母。而今百姓失望，更思莽朝，人心向背可知。大王首义南阳，破王莽百万之师；今定河北，据有天府之地。以义征伐，发号响应，天下可传檄而定。社稷至重，不可令他姓得之。罢兵解甲西归长安之命，万不可从。弇愿北归上谷、渔阳招兵买马，以济大计。"刘秀大喜，当即说道："听伯昭之言，吾意决矣。更始命苗曾、韦顺、蔡充与本王争幽州、上谷、渔阳十郡之地，本王安能坐视？本王命卿为大将军，明日就回上谷、渔阳，与卿父及彭太守商议规复两郡之计。"耿弇领命而去。

刘秀召邓禹入宫，两人商议道："欲发幽州之兵，何人可使？"邓禹道："吴汉勇而善断，坚毅多智，鲜有其匹。"刘秀于是连夜召吴汉进见，他说道："深夜召子颜前来，事涉机密，不欲众人知也。长安已命苗曾任幽州牧，意在掣吾之肘。我欲征讨赤眉、铜马、大肜、高湖、重连等贼，但兵不敷用。欲以卿为大将军，前往幽州募兵，苗曾必加阻拦，不知卿有何计破之？"吴汉道："兵者诡道也，临机决断而已。但得王命，便宜行事足矣。"刘秀道："依卿所言，但得幽州十郡之兵，准卿便宜行事。"吴汉回营，挑选精骑百人，连夜出城前往幽州。

次日，刘秀于赵宫设宴款待钦差黄党、尚书谢恭及马武、刘庆、陈康等人。席间，刘秀把邓禹、任光、贾复、朱祐、陈俊、马成、杜茂、刘隆等人一一介绍给黄党、谢恭，朗声说道："这些人皆谢尚书和刘某同乡。离家千里，他乡相逢，乃人生一大乐事，请谢尚书开怀畅饮。"众人于是轮番向谢恭敬酒。时间不长，谢恭便酩酊大醉。刘秀接着又指着在座诸将对黄党说："昨日诸将闻听圣上有旨，论功行赏，莫不欢欣鼓舞。这位是信都太守任光，这位是和成太守邳肜。诸郡皆叛归王昌，唯信都、和成二郡，忠于王室，坚守不降。若非二位，刘某几无立锥之地，从我破邯郸功居第一。这位是信都督尉李忠，这位是信都令万修，与任太守共守信都，对朝廷忠贞不贰，破邯郸功不可没。这位是偏将铫期，随我徇蓟，攻拔宋子、乐阳、藁城、肥累各县，巨鹿城下，南栾之战，击杀倪宏、刘奉，冲锋陷阵，身被十创，居功甚伟；这位是功曹王霸，追斩王昌，得其玺绶，平定河北，功不可没；这位是偏将耿纯，攻下曲阳，斩王昌大将李恽，从我平邯郸、功勋卓著……各将功劳，一一登记在册，请钦使恭呈御览。"

黄党见刘秀属下诸将，个个气宇不凡，心中暗自称奇。刘秀又道："项羽曾说'富贵不归故乡,如衣锦夜行',诸将功成名显,各欲还乡。但军中不可一日无将,诸将尽去,十数万之众顿作鸟兽散,大为不妥。请天使上复皇上,待军中之事安排妥帖,本王率领诸将立刻回京。另外,王昌虽除,河北尚有铜马、大肜、高湖、重连、铁胫、大枪、尤来、上江、青犊、五校、檀乡、五幡、五楼、富平、获索等贼未灭,各有部众十万、数十万不等,合众几达数百万,实为朝廷心腹大患。今日罢兵,祸乱必起。请天使代本王转奏皇上,假本王以时日,平定诸贼,再行罢兵回京。"黄党为难,欲和谢恭商议,只见谢恭烂醉如泥。他只好答应道:"下官定把萧王所请转奏陛下,愿萧王莫负皇上所望。"刘秀道:"请大人转致皇上,河北平定,本王立刻罢兵回京。"

当日席散,刘秀挽留马武同游丛台。马武道:"今日之会,公欲图谢尚书乎?"刘秀笑道:"彼欲谋我,得子张一言,而罢其图谋。我岂能不顾子张安危而图谢恭?况师出无名,图之不义,吾不为也。"马武道:"谢公非奸非邪,只是各为其主罢了。"刘秀道:"子张放心,只要彼不谋我,本王亦绝不伤彼。但愿相安无事。"接着,他手指台下旷野道:"此赵武灵王胡服骑射教战处也。我将得上谷、渔阳两郡骑兵,欲借重子张为我将之。子张意下如何?"马武笑道:"在下驽怯无方略,恐难胜任。"刘秀握马武之手道:"自蟒川与卿一见倾心,昆阳之战,生死与共,岂泛泛之交可比也?吾昼夜虚位以待,子张思之!"当日别后,马武已心属刘秀,坚定不移。

邯郸初破,诸将营伍相连,多生事端。刘秀与诸将计议,全军分为前、后、左、中、右五营:邓禹将前军,冯异将后军,王霸将左军,铫期将右军;刘秀自将中军大营,命贾复为都护将军。冯异为人谦退,从不居功自傲,路上与诸将相逢,常常引车避道。诸将并坐论功,冯异常常独坐树后,军中号为"大树将军"。重新分配部属,将士大多愿意在冯异麾下听令。王霸爱兵如子,有名将之风。军中乏食,士卒不食,自己不食,军中乏水,将士不饮,自己不饮。死者脱衣敛葬,伤者亲为裹伤调养,因而士卒用命。铫期勇猛过人,重于信义,颇得将士爱重。独有贾复,因为秉性刚直,出口常常凌折同辈,况且投奔刘秀较晚,常被同辈排挤。一次,诸将齐至赵宫议事,贾复与大司马府督尉段孝同坐,段孝对贾复说:"卿督护将军,我大司马督尉,不得共坐。"贾复道:"你我同为刘公下属,有何尊卑?共坐何妨?"众人皆以贾复不逊,多帮段孝说话。贾复气愤不过,冷笑道:"诸公临战之时,何其怯也,争坐,何其勇也?!"他勃然变色,拂衣而去。恰好,次日要调中军营中一名将军到地方郡县任职,段孝便利用职务之便,把贾复调往郿县当县尉。朱祐听说了,连忙报知刘秀。刘秀得报大怒,斥责段孝等人道:"贾复有折冲千里之威,方任以职,勿得擅自更动!"刘秀当即罢免段孝职务,抚慰贾复。

谢恭密切关注刘秀营中动静,这点小小风波立刻传到谢恭耳中。谢恭命人召见段孝,好言抚慰道:"萧王不日便要回京,军中事务尽付于我。卿与本尚书同乡,大展宏图之日不远。"段孝道:"多蒙尚书垂青,敢不泥首以报!"谢恭道:"卿仍回萧王军营中去,隐忍一时。替我多留意萧王动静,若有异动,速报我知,将来必有重赏!"段孝唯唯告退。

段孝回营,不敢隐瞒,遂把谢恭召见情形,一一禀告刘秀。刘秀道:"知人知面难知心,谁道谢公诚人君子也? 竟如此奸诈!"刘秀于是将计就计,命段孝每日向谢恭报告军中情况,说刘秀部下将士日夜盼望回长安受赏封官,安享富贵。谢恭信以为真,渐渐放下心来。刘秀为了使谢恭彻底消除疑虑,三天两头请谢恭到赵宫饮宴,并主动请他到各营巡察,诚恳地对谢恭说:"十数万之众,早晚要交给尚书统帅,宜早点熟悉军中情形。"同时当谢恭之面对诸将说:"将来各位都要在谢尚书帐前听令,彼此宜多亲近。"如此这般,不出数日,谢恭疑虑尽消,全心全意去理冤抑,决词讼,治事理民。刘秀人前人后极口称赞谢恭:"谢尚书真贤吏也!"

谢恭疑虑既消,决定带兵回郿,其妻劝他说:"君与司马刘公失和已久,如今信其虚谈,撤兵回郿,恐怕最终要受制于人!"谢恭道:"妇人见浅,岂知丈夫胸怀! 彼以诚待我,我岂能以不义待人!"刘庆道:"萧王以北土未宁为辞,不肯罢兵回京。整军经武,恐有异志。尚书职膺皇上重寄,应据实上奏。倘有意外之变,庶几可免罪责。"谢恭觉得刘庆之言有理,遂把刘秀不肯罢兵回京情况,据实上奏长安更始。

黄党回京把刘秀请求延缓回京日期的情形据实上奏,紧接着谢恭的奏章送达御前。更始君臣明知刘秀不愿交出兵权,解甲回京,但也无可奈何。当时长安政乱,四方背叛。梁王刘永擅命睢阳,公孙述称王巴蜀,李宪自立为淮南王,秦丰自号楚黎王,张步起兵琅琊,董宪扯旗东海,延岑起汉中,田戎起夷陵，各置将帅，侵掠郡县。铜马、大肜、高湖、重连、铁胫、大抢、尤来、上江、青犊、五校、檀乡、五幡、五楼、富平、获索各领部曲，聚众百万。赵萌与更始道："刘秀不肯罢兵回京，所说也是实情。催得急了，他也走了梁王刘永的路，岂不弄巧成拙？"更始道："太师所言不错，如今八方冒烟，哪有闲工夫管这种不急之务？"遂把刘秀的事情搁在了一边。

铜马贼帅东山荒秃，军师上淮况，大肜渠帅樊重，尤来渠帅樊崇，五校贼帅高扈，檀乡贼帅董次仲共议道："汉兵不日将撤。巨鹿、邯郸空虚，我等何不进军清河，转掠巨鹿、邯郸？"他们于是合众数十万，进兵清阳、巨鹿。刘秀得报，与诸将商议："秋高马肥，正好用兵。贼众进至藁城，欲掠巨鹿。剪灭此贼，以绝后患。"刘秀于是兵分两路：一路以盖延为先锋，率领突骑三千，突袭铜马大营所在的清阳；邓禹带领大军随后接应，一路由铫期率领右营大军两万，迎击铜马前锋于藁城。刘秀亲统中军，居间指挥调度。

铜马贼帅东山荒秃带领五校首领高扈、五楼首领张文前往巨鹿；铜马军师上淮况带领大肜首领樊重、尤来首领樊崇、檀乡首领董次仲留守清阳。盖延骑兵势如狂风暴雨，铜马联军列阵未定，盖延便一马当先冲杀过来。樊重、董次仲等人抵挡不住，慌忙逃进清阳。上淮况与樊重、樊崇、董次仲三人商议说："渔阳骑兵，天下无敌，只可智取。骑兵之长在于平旷之地纵横驰骋。城东屯氏河北旷野无际，二位樊帅黄昏之后出城，在荒野平旷处多挖陷马坑、草丛中多设绊马索；然后埋伏在屯氏河畔丛林中，多备弓箭。我和董帅守城，故作弃城而逃，然后于旷野列阵。渔阳骑兵必然纵兵追杀，则入我彀中矣。"众人称善，依计而行。

次日，盖延攻城。上淮况、董次仲略做抵抗，便弃城而逃，盖延轻轻松松攻下清阳。盖延入城之后，出榜安民，本要等待邓禹大军到来，再定行止。城上士卒来报，铜马大军在城东旷野处列阵挑战。盖延登上城头一看，不禁大笑道："狂贼！自寻死路也。旷野列阵，怎能抵挡我渔阳骑兵铁蹄驰骋！"他于是亲率突骑冲出东门。上淮况见盖延中计，立命将士伴作溃不成军，四散奔逃。骑兵放马追杀，纷纷跌入陷马坑中。有侥幸从陷坑中跃马而出的，一入荒野，又被绊马索绊倒。这时，樊重、樊崇伏兵杀出，乱箭齐发，骑兵纷纷中箭落马。盖延慌忙麾军后退，亲自断后。樊重鼓勇来追，盖延一箭将其射落马下。盖延接着箭无虚发，一连射杀数人。众人见了，不敢紧追，只得远远看着盖延收拾部众退回清阳。这一仗，三千骑兵折损千余，盖延懊丧不已，整军休息。上淮况指挥部众把清阳团团围住。

邓禹兵到屯氏河南，得知盖延被困清阳，他与副将朱浮、宗歆、耿䜣等人商议说："骑兵长于野战，驰骋奔袭；短于守城。盖将军被困清阳，断难持久。况清阳小郡，得之何贵，失之何损？莫如弃之。"他于是命副将各建大将旗鼓，分数路渡河，虚张声势，开往清阳。上淮况得报，与樊重、樊崇、董次仲商议说："汉兵势大，腹背受敌，不是上策，不如撤清阳之围，与元帅合兵。"上淮况等于是连忙撤围，前往藁城与东山荒秃会合。邓禹遂与盖延合兵，尾随上淮况西进。

铫期率领右营与东山荒秃率领的铜马联军在藁城以东的漳水西岸相遇。东山荒秃力大无穷，临战不戴盔，不披甲，不乘马，步行如飞，捷如奔马，又长发披拂，形似骏马鬃毛。汉武帝时，金马门外立有铜铸西域名马，十分威武神骏，因而军中号东山荒秃为铜马，其部被称为铜马军。铜马军长期转战河北，迅疾飘忽，部众人人善走。每破一郡，饱掠之后即往他处。东山荒秃一双镔铁狼牙棒重逾百斤，每当临阵，舞动如风，且战且吼，须发戟张、声势吓人。铫期素以勇猛著称，初见东山荒秃亦不免胆寒。二人酣战数十合，难分输赢；高扈、张文率五校、五楼之兵忽从两翼掩杀过来，铫期抵敌不住，一直败退到巨鹿东南的曲周。夜晚，铫期与部下议道："贼兵势大，破之不易。白日打了胜仗，夜晚必疏于防备。今晚月黑风高，我带精骑三千前去劫营，杀他个回马枪，必获全胜。"铫期于是亲带三千人马，衔枚疾进，偷袭铜马大营。

铜马军师上淮况，得异人传授，颇通兵法。他使铜马士卒晚上安营，状如星斗拱月，中军居中，其余各营环卫中军，名曰"五马同槽"；各营巡逻之兵，必于两营之间交会，相互击柝，通报平安。是夜，铫期兵马到来，即被巡逻士兵发觉，柝声响起，灯火齐明，铫期连忙退走。所幸夜晚天黑，东山荒秃不明虚实，没有出营追赶。

次日，铜马大军整军追来。铫期一直退至清漳河西，背水列阵，名为"七杀阵"。布兵七重，铫期亲率精锐三千居前，他命诸将道："后队既为前队援兵，又负督战之责。见前队不支，立即增援前队；若见前队畏葸不前，临阵退避，格杀勿论。此战有进无退，退即漳河，非战死，即溺水死耳！"当时铜马兵十万，汉兵二万余。铜马连胜，铫期连战不利，但背水为阵，困兽犹斗，自辰末战至午时，胜负未决。铫期担心将士不能持久，高声说道："探马来报，萧王大军午后即到，诸军随我，直冲铜马右翼，迎接萧王！"原来铫期远望铜马阵中，右翼旌旗散乱，细看认出军旗色是五校兵马。

五校贼帅高扈以贪财著称，将士人人身负囊橐，腰缠金玉，唯恐财货丢失，最惧久战。铫期带领精锐，猛击五校兵马，高扈抵挡不住，右翼动摇。铫期趁势连续攻击，铜马全线溃退。铫期跃马挺枪，直扑高扈。高扈马驮金银无心恋战，回马便走。铫期弯弓搭箭把高扈射下马来。众随从不去救护主将，却抢了主将财宝顿作鸟兽散。恰在这时，刘秀带领援军赶到，汉兵声威大振，铜马大败。东山荒秃带领人马且战且退，到博平一带和上淮况等人会合。刘秀、铫期和邓禹、盖延会合驻军清阳，准备来日和铜马决战。

三 鄗邑践祚

铜马帝

却说吴汉奉刘秀之命,持节北上,前往幽州,调上谷、渔阳、右北平、辽西、辽东、涿郡、渤海、广阳、乐浪、玄菟等郡骑兵。邓奉与吴汉同往。邓奉向吴汉进言道:"苗曾世居新野,与家君有故,在下愿说其助我等募兵。"吴汉道:"苗曾为更始信重,岂肯助我? 事涉机密,苗曾若不肯助我,必误萧王大事。不可。"邓奉不再多言。果然不出吴汉所料,幽州牧苗曾得到消息,立下密令,诸郡不得擅发一骑一卒。吴汉一入涿郡,发现情形不妙,便对左右说:"擒贼先擒王。不先除苗曾,各郡相互观望,不肯发兵,延宕时日,必误萧王大事。为今之计,莫如先奔无终,征调右北平之兵。"邓奉道:"若依在下之见,不如先礼后兵。况苗曾为朝廷大吏,岂可擅加诛除? 某愿先见苗曾,宣萧王之命。"吴汉又不准。邓奉愤然道:"公一意孤行,必偾萧王大事!"左右忧心道:"苗曾为幽州刺史,手握重兵,若不奉萧王之命,如何是好?"吴汉道:"诸位怕死乎?"左右同声说:"不怕!"吴汉笑道:"死且不怕,何事不可为! 尽管听我号令好了!"

无终本秦之山戎国,境内有山名为无终,城以山名,汉代为幽州治所。出城十里有接官亭,名为无终亭。世人以为不吉,呼曰"武亭"。吴汉命随从埋伏在武亭四周,他只带二十骑前往。苗曾得报,以为吴汉无备而来,也就没有放在心上,毫无提防,只带随行数人前往武亭迎接。亭内落座,吴汉宣读刘秀调兵旨意。苗曾道:"下官出京时,皇上有旨,不奉圣旨,不得擅发一兵一卒。萧王既要调兵,宜先请旨,州郡奉旨,才敢发兵。"吴汉道:"萧王已请得圣旨矣。"苗曾愕然道:"萧王已请得旨意,我怎不知? 旨意何在?"吴汉高声喝道:"幽州牧苗曾抗旨违命,着即拿下!"随行骑士,应声而上,把苗曾擒拿。变起瞬间,苗曾随行之人想要救护,为时已晚;欲要逃走,亭外伏兵齐出,将其一一捉拿。吴汉道:"萧王奉旨征讨铜马诸贼,亲冒锋镝,披坚执锐,军情急如星火。本将军奉萧王之命,征调幽州十郡突骑,军前听命。苗曾大胆妄为,阴阻各郡发兵,贻误戎机。依律当斩,为抗命慢军者戒!"吴汉立命左右把苗曾斩首。邓奉欲待为苗曾转圜,还未及开口,吴汉手起刀落,苗曾人头落地,苗曾随从尽皆股栗,跪地求饶。吴汉手持苗曾首级号令军中,立夺其兵。各郡闻讯,莫不惊骇,悉发郡中突骑,交由吴汉率领,星夜南下。邓奉自此怨恨吴汉霸道武断,心狠手辣。

耿弇回到上谷,秘与其父商议,于家中设宴邀请太守韦顺赴会。前此一日,耿况遗送韦顺百金,请托韦顺道:"犬子耿兴、耿霸年已弱冠,学书学剑,皆无所成。人老怜子,尤恐身后二子无以立命,恳请府君在郡为其谋一吏职,则没齿感恩。"韦顺念及是前任太守请托,欣然答应。耿况设宴答谢,也是顺理成章的事情,韦顺当日高高兴兴应邀赴宴,耿弇即于家中将其擒获,夺其印信,仍由其父耿况代太守之任,即发郡中之兵。

上谷事毕,耿弇立即驰往渔阳,秘见彭宠。蔡充到渔阳上任,彭宠惧蔡充害己,逃匿在外,蔡充多方搜求未获。这日,彭宠府中苍头彭子密前来衙门首告,说彭宠于夜晚潜回府中。蔡充立刻带兵将彭府包围,由彭子密带领进府捉拿彭宠。谁知一进彭府,大门立刻关闭,耿弇、彭宠带领彭府家丁立刻将蔡充及随从全部拿下,当即把蔡充斩首,然后打开府门,众兵丁见耿弇手提蔡充首级,原任太守彭宠紧随其后,尽皆伏地归降。耿弇道:"蔡充矫传圣旨,谋夺太守之位,今已奉萧王之命将其戮诛。太守彭公官复原职,军中郡中将士吏佐各安其职,黎民百姓各安其业,勿惊勿扰!"于是,兵归营伍,吏归衙署,彭宠又回太守衙门施政理事。次日,彭宠尽发郡中突骑交于耿弇,与上谷兵马会齐之后南下清阳。

吴汉率十郡突骑,兵强马壮,回到清阳,诸将见了,人人艳羡,个个嫉妒。

大家相互私下议论道:"吾等日日拼杀,损兵折将;吴子颜不费一刀一枪,却得精骑数万。萧王于其何厚,于我等何薄!"大家于是结伴去找刘秀,要求把吴汉带回的兵马,分配给自己数百,以补充兵员。刘秀笑道:"卿等勿以己心推人意,吴子颜必不以一骑一卒私属己营!"诸将不信,尽道:"其宁肯分兵与他人也?"刘秀道:"日久见人心,诸卿回营等着吧!"邓奉亦先入见刘秀,备言吴汉专擅、刚愎之状。刘秀神色怡和地说道:"不必多言,此皆本王之意。"邓奉惭然告退。吴汉回到中军大帐交令,把征兵簿籍当众交于刘秀,士卒悉由刘秀调度。诸将闻之,纷纷又来寻找刘秀。原来只求分给五百骑卒的,又要一千;原来希望分给八百的,想要二千。刘秀笑道:"昨日担心不肯分与一人,今日要求何多耶?"诸将羞惭而退,自此人人佩服吴汉度量恢弘。

刘秀士马腾跃,诸将纷纷求战。刘秀道:"知己知彼,百战不殆。铜马虽有小挫,但部众仍有十数万。尤来在山阳;青犊、上江、铁胫、五幡之众在射犬,互为应援,于我不利。莫若以静制动,等待时机。铜马屯兵之处,在大河故道与清水之间,粮草有限,断难持久。诸贼习于奔掠,不耐久驻。一旦粮尽,立刻转掠他地。铜马方从北来,若要转掠,必然南下。我军不若坚营自守,绝其粮道,伺其派兵四处打粮,于途中截杀。这样以多胜寡,每战必胜;连胜数战,贼心胆寒。待其举营败逃,我再与其决战,可围而歼之。"诸将皆道:"谨遵王命。"刘秀于是命诸将各带人马,扼守铜马出外打粮必经之路,将其困于清阳、博平之间。

盗亦有道。铜马长期以来形成的习惯,打粮必于大营三十里外,名曰"兔子不吃窝边草",以求驻地附近百姓支持,为其保守军事机密或通风报信,充当耳目。汉兵扎营亦在其驻地三十里外要道处,远设斥候逻骑。每当其打粮队伍出动,便出动骑兵拦截。吴汉、耿弇、盖延、景丹所部骑兵,行动迅疾,长于骑射,铜马军数次打粮都被截回,且伤亡惨重。军中乏粮,军心自然动荡起来。东山荒秃与上淮况等人商议,决定亲自带兵出去打粮。上淮况道:"大帅是三军之主,不可轻出。若真要亲自出马,不如以兄弟之见,多派几路弟兄,虚张声势,分头出动。汉兵难辨虚实,必然分兵阻挡,大帅可乘虚而出。"东山荒秃道:"军师之计甚妙,就此依计而行吧。"当日铜马营中,多支打粮队伍四方齐出,汉兵果然中计,急忙分兵拦截。东山荒秃乘机而出,前往厝县、贝丘一带打粮。等到汉营诸将发觉，为时已晚。

刘秀道："铜马营中不少人久经沙场，深谙用兵之道，此番中了其声东击西之计，不足为怪，今后小心就是。"吴汉说："用兵之道，虚者实之，实者虚之，此乃惯用之法。我们何不以其人之道，还治其人之身？"刘秀道："子颜有何妙计，请道其详。"吴汉道："东山荒秃饱掠归来，必经之路有三条，东、南两路便捷、平坦，利于车辆行走，我军不妨多设疑兵，虚张声势，东山荒秃归来必不敢行。西边道路迂远难行，途经大河故道，芦苇葭蒹甚多，不便骑兵奔袭。东山荒秃为避我骑兵拦截，必走此路。我若于途中伏兵纵火，保其有去无回。"刘秀然其计，立命吴汉、盖延等人在东、南两面大张旗鼓，纵横驰骋，烟尘四起，数里之外便能看见。刘秀又密令铫期、陈俊带兵埋伏在西路芦苇蒹葭中，多备枯草、干柴、硫磺膏油等点火之物，以逸待劳。

东山荒秃打粮归来，老远就看见东、南两面尘土飞扬，他临风深深吸了数口气，闻到有马尿气味，便知前面有大队骑兵。这是他多年戎马练就的特殊本领。他于是传令道："改道西行，穿过大河故道回营。"左右不解，问他道："东南两面皆是坦途，利于车辆行走，为何要舍近求远，改行西路？"东山荒秃笑答："汉兵所恃者北郡突骑，往来如风；东面、南面大道利于骑兵驰骋，我若前往，正中其计。西边大河故道，芦苇丛生，骑兵难于展其所长。况且汉兵料我打粮归来，车辆必走东、南两面大道，西路无兵。虽然迂远难行，岂不比东、南大道好走？"众人尽道："大帅远见万里，我等不如！"

铜马众人于是催攒车辆改行西路。一开始确如东山荒秃所料，路途风平浪静，不见一兵一卒。但行至大河故道，忽见前面堆土如山，沟深丈余，把路拦断，土山之上旌旗飘扬。东山荒秃大惊，慌忙传令人马车辆掉头从原路返回。此时，只听号炮响起，路两旁芦苇丛中箭如飞蝗扑向粮车和铜马打粮队伍，火箭、火把、硫磺柴草膏油铺天盖地抛掷过来，霎时间粮车四周烈焰腾腾、熊熊大火燃烧起来。铜马士卒晕头转向、狼奔豕突，而前后左右都是汉军，箭飞如雨，时间不长死伤过半。东山荒秃冲烟冒火，突出重围，被铫期迎头拦住，战不数合，陈俊在旁觑着机会，一箭射去，正中面门，铫期又复一枪将其结果性命。这一仗，东山荒秃所带打粮队伍全军覆没。

铜马军中粮尽，东山荒秃战死，军中无主，人心大乱。上淮况等人决定乘夜突围南下，与高湖、重连之兵会合。刘秀穷追不舍，吴汉、耿弇、盖延、寇恂、景丹、王梁的北州骑兵，势如秋风扫落叶，一直追杀到馆陶。铜马余众走投无路，纷纷投降。刘秀正当用人之际，传谕军中，铜马降者，帅封列侯，将升一级。上淮况与樊重、樊崇、董次仲、张文等人商议道："军中无粮，汉兵势大，降者越来越多。如不早做打算，到部众散尽，我等请降，恐怕也不可能，不如早降。何况自起兵以来，降而后叛，已非一次。过了这重难关，彼待我等有恩有义，不妨就跟着萧王打天下；若待我等无义，再作他图，为时未晚。"众人皆道："军师言之有理。"上淮况于是命人前往刘秀营中请降。刘秀答应，命诸将罢战，来日商定受降事务。

不料当晚，高湖、重连之兵自东南赶来。上淮况等人连夜拔寨起营，与其会合，向北逃去。刘秀命耿弇、景丹、寇恂兼程前去拦截；又命吴汉、盖延、王梁为前部，自己亲率大军随后追杀。铜马之兵虽善奔走，但远远没有骑兵迅疾，到了蒲阳，被耿弇、景丹、寇恂拦住去路，刘秀大军随后追到。铜马、高湖、重连之兵已经疲惫不堪，被刘秀大军重重围住。战不能战，降不敢降。因前番在馆陶请降之后复又逃跑之故，铜马众人疑虑重重。

刘秀故意写了书信数封，分别给樊重、樊崇、张文、董次仲等人说："上次议降不果，我知道是上淮况从中作梗，非诸君之过。如今山穷水尽，公等应宜早作决断，如果能取上淮况之首，共破高湖重连，仍不失封侯之赏。"刘秀书信命已经投降的士卒带回，有意交到上淮况手里。上淮况看信大怒，立即带兵杀了樊重、张文。樊崇、董次仲得到消息，攻杀上淮况，带领铜马、五校、五楼大部投降刘秀。高湖、重连之兵突围逃跑，被刘秀杀伤大半，残部逃往射犬，与赤眉一部、青犊、上江、大肜、铁胫、五幡等众会合，尚有十多万人马。

诸将多劝刘秀说："铜马之众，降而复叛，已成习惯。每到山穷水尽，辄以诈降为缓兵之计，渡过难关，便兔脱鹰扬，东山再起，不加剪除，必为后患。"刘秀笑道："卿等欲劝我为白起也？为项羽也？为将者，过莫大于杀已降，仁者不为。何况征伐之日方长，今日杀降，来日谁复肯降？困兽犹斗，胜之难矣。"刘秀于是依约封樊崇、董次仲等人为列侯。

刘秀诸将仍不放心，列营之时多在铜马各营四周遍设岗哨逻骑严加防范。樊崇、董次仲等人相与商议道："我等虽降，汉将防我如防盗贼，早晚必遭荼毒,不为长平之坑,便遭新安之戮,悔不当初。"樊崇说:"人为刀俎,我为鱼肉,时至今日,也只好听天由命了。"铜马众人道:"与其坐而待毙,何如死里求生? 闻汉营诸将,不日将南归邯郸,行军途中,寻机分散逃跑,然后边地复聚,待时再起。"董次仲说道:"就这样办吧,慎勿外泄。若令他人知道,吾等死无葬身之地矣!"

谁知铜马各营,尽有汉兵眼线,樊崇、董次仲等人秘议之事,立刻有人报于刘秀。诸将多劝刘秀先发制人,消弭哗变,刘秀严令诸将不得轻举妄动。刘秀然后命铜马诸营整肃队伍,等候检阅。樊崇、董次仲等人以为机密泄漏,立刻紧张起来,全营将士顶盔贯甲,执戈以待,准备自卫。天将午时,刘秀单人独骑,轻衣缓带,命人酒食相从到铜马各营劳军,他晓谕铜马将士说:"诸君当初举义,皆为复汉反莽;今王莽败亡,诸君功在社稷,归降朝廷,实乃明智之举。疑惧不能自安者,盖因相互猜嫌也。前番馆陶之变,实因高湖、重连煽惑,汉营诸将恐重生馆陶之变不得不防;诸君因此生疑,亦属人之常情。本王今日为诸君释疑:自即时起,他人不得在铜马营外设一兵一卒之防,违令者斩。铜马营中将士降与不降,悉听尊便。愿意归降者,与汉营将士一视同仁。本王指天地为誓,决不相负!"樊崇、董次仲等率众士卒投戈于地,叩首道:"萧王推赤心置人腹中,安得不以死相报!"刘秀于是尽以其众分属各营,汉兵士众增至数十万。关西以铜马部众多归刘秀统辖,故称其为"铜马帝"。

刘秀准备挥师南下,征讨赤眉、青犊、大肜、铁胫于射犬,但仍有后顾之忧。他知道谢恭觊觎邯郸已久,但心有余而力不足。如果趁自己领兵南下之机,袭取邯郸,自己腹背受敌,将十分危险。刘秀在出兵之前,前往邺城拜见谢恭,他对谢恭说:"不日我将带兵南下射犬,征讨赤眉、青犊,留下吴汉、盖延的北郡骑兵驻守邯郸。我军追击射犬,必大破之;尤来之贼现在山阳,势必闻风惊走。闻此贼半载饱掠,金玉无数,欲回隆虑山中老巢。若以君威力,击此残贼,必获大捷。既建奇功又多斩获。不知尚书宁有意乎? 若尚书不愿多费辛劳,我当另遣别将。"谢恭道:"萧王专心射犬之贼,不必旁骛,这事交给我好了!"刘秀道:"有谢尚书亲自出马,当然最好不过!"谢恭当即决定留下大将刘庆和魏郡太守陈康坚守邺城，他亲自带兵去追尤来。刘秀密嘱吴汉留意谢恭动静，相机行事。

谢恭和河内太守韩歆同为南阳老乡，交情甚厚。河内郡治在怀县，与邺临近。他临行前写信给韩歆，密嘱韩歆，刘秀不日将南下射犬，征讨赤眉、青犊，宜多加提防，小心刘秀假途灭虢。韩歆得信，与左右商议，欲据城防守。岑彭被封为颍川太守，他在上任途中，得知刘茂起兵于京密间，已经占据颍川。刘茂原来是刘縯部下，刘縯被杀以后，愤而从南阳出走，重回京密扯旗自立。岑彭不欲和刘茂撕破面皮，也不愿和刘茂结合公然对抗更始朝廷，遂往河内投奔老乡韩歆，在其部下当一清客。岑彭得知韩歆打算据城抗拒刘秀，连忙劝阻道："萧王征讨赤眉、青犊是奉旨讨贼，公应牛酒劳军，供给粮秣，军前听命，万不可据城相抗。王昌假号称帝，诸郡风从，萧王数月之间，尽行剪除；铜马合数十万之众尚且归降，况以河内一郡之力，安能与之相抗？"韩歆道："顷得谢尚书之书，言萧王有不臣之心，恐其行假途灭虢之计，袭取河内。"岑彭说道："萧王奉旨徇抚河北，要占河内，何用假途？以其现在兵马之众，何人能挡？谢尚书昧于大势，自身尚且不保，安能保全河内？"韩歆不听岑彭之劝，立即修书回复谢恭，并请其派兵相助。

刘秀途中截得韩歆给谢恭书信，不由大怒，立即前往河内，很快兵临怀县城下。韩歆见势不妙，只好开城投降。刘秀立命左右把韩歆捆绑起来，推至辕门斩首。韩歆大呼"冤枉"，刘秀命人把他写给谢恭的书信，交给他看，韩歆垂首不语。刘秀道："汝身为太守，职任封疆，守土有责。却听任赤眉、青犊、上江、大肜、铁胫等贼纵横境内，荼毒百姓，此其罪一；本王奉旨讨贼，汝身为本郡太守，职责所在，本应供应粮草，执戈前行，却据城相抗，形同从贼为恶。其罪又加一等矣。本王依律斩汝首级，有何冤枉？"

岑彭求见。刘秀素知刘縯爱重岑彭之才，连忙亲迎入帐。岑彭道："今赤眉入关，更始危殆。长安权臣放纵，矫称诏制，道路阻塞，四方蜂起，群雄竞逐，百姓无所归命。窃喜大王平河北，开王业，此诚皇天祐汉，吏民之福也。岑彭幸蒙司徒公保全性命，未曾报恩，司徒公旋被祸难，岑彭永抱无涯之憾。今日幸得与大王相见，愿报效军前。"刘秀大喜道："家兄生前常谓君然大才，可方留侯、淮阴，今日相见，幸何如之？愿君然每有良策教我！"岑彭道："韩太守南阳故人,岑彭穷途来投,即蒙高义收留。其人宽厚,治政理民,将略戎事,皆有长才。因谢恭之故,冒犯大王,还望大王海量宥容,报效帐下。"刘秀道："以君然之故,救其不死,命他到前军襄赞邓仲华处理军务吧!"于是韩歆为邓禹军师。岑彭又道："更始大将吕植屯兵淇园。当年我随司马朱鲔征讨扬州李圣,兵下淮阳,吕植为张印部下。钱伟反叛,围张印与吕植于淮北,我曾帮他解围,救其性命。此后吕植与我颇有交谊。彭愿前往淇园,说其归降大王,以助大王征讨射犬。"刘秀道："那就有劳君然了。"

岑彭立即动身前往淇园。淇园以产竹闻名,诗经上说"瞻彼淇奥,绿竹猗猗",即是此地也。岑彭见了吕植,陈说天下大势,以为赤眉兵下长安,更始败亡不远。今后天下必归刘秀,劝吕植早早归降。吕植以为岑彭分析得有理,遂带兵归降。淇园多竹,因此产箭。吕植献箭十万支予汉军。刘秀封其为上将,仍旧统带本部人马。刘秀封岑彭为刺奸将军,持中军号令,督察各营。岑彭知魏郡为刘秀心腹之患,乃献计道："魏郡太守陈康与臣有故,且与谢恭、韩歆同为乡梓故人,时有书信往还。臣请大王允准,携前番韩歆与谢恭书信前往魏郡,游说陈康来降。"刘秀允准。岑彭于是持前番韩歆写给谢恭的书信,前往邺城,欲游说魏郡太守陈康,乘谢恭不在邺城,举城以应刘秀。

河内之事既定,刘秀准备进攻射犬。刘秀让邓禹与韩歆留守河内,命朱浮为上将兼幽州牧,出镇幽州。他令耿纯带领人马先行;命铫期押运粮草辎重殿后,自己亲统贾复、陈俊、耿弇、刘隆、臧宫、马成诸将,带领中军大营进驻修武城西小南阳。刘秀又密令寇恂、景丹、王梁率骑兵前往射犬西北茅田,阻断青犊、赤眉等部与山阳尤来之兵联合。铫期屡为先锋,这次奉命殿后,押运辎重粮草,心中不快,他去找刘秀。刘秀道："自昆阳至蓟北,次况与我马首不离马尾凡三载矣。每役必与,且屡为前锋,临战奋不顾身,有进无退。南栾之战身被五创,伤在面门;清阳之战,身被三创,伤在胸前。旧创未愈,新创又增。似此命悬一线之景,能不令人思之痛心乎!君不为己惜身,我宁不为国惜君乎!是以此次命汝殿后,押运辎重粮草。卿当谅我之心,为国惜身。待汝痊愈,借重之处正多,卿其无怨!"铫期心潮激荡,感怀不已,他含泪答道："为将者受命忘家,临敌忘身,乃是本分。多谢主公爱臣。臣遵命就是了。"

　　铫期告退，刘秀召樊崇、董次仲入见，他问二人道："卿二人与赤眉、青犊军中诸将相熟，知其将略长短乎？"樊崇道："牛王之勇不逊于东山荒秃，智略稍有不及；古先生之谋过于军师上淮况；其余诸将如徐少、铁卿俱能征惯战之人，不可小觑。"刘秀问道："牛王为谁？古先生犹何许人也？"董次仲道："青犊大帅牛独，军中号为牛千斤。少为卢奴驿卒，力大如牛，能独挽千斤之车，因而世人称之为'牛犊'。举义之后，其部唤作'青犊'。诸部联合，因其为青犊、赤眉、大枪、铁胫、富平，各家之首，被尊为'牛王'。他手中大刀，神勇无双，且力大耐战。军中谚曰：'青犊一把刀，头颅随风飘。'古先生者，获索大帅古师郎也。诸部联合以后，他为牛王军师。王莽时曾游学于长安，后入扶风池阳山鬼谷中学道，自称得窥鬼谷先生秘笈本经七篇，好为奇谋。传闻能呼风唤雨，撒豆成兵，不知真假。"刘秀微微一笑，不置可否。

邺城

耿纯带领本部人马先行,夕阳衔山之时,抵达射犬南面十里冈。此时,探马来报:冈北数里发现青犊、赤眉兵马。耿纯传令:立即冈上扎营,列阵以待。耿纯立马冈上远望,但见前面丛林漠漠,炊烟袅袅,惊鸟乱飞,果有兵马安营。耿纯与其弟耿植、耿宿、耿诉三人说道:"此地彼可以往,我可以来。正是兵法所说的'通形'之地。这种地形,宜先居高阳,以利粮道,不绝水源,守则能固,战则能胜。赤眉、铜马之众,兵临射犬已非一日,当知地形之利。今有冈不据,却安营林莽,必有所待。观其炊烟多寡,我料前面之敌多不过五千,少则三千。现在安营甫定,若骑兵突袭,必获全胜。"耿植道:"小弟愿带突骑,杀它个措手不及。"耿纯道:"为兄正有此意。但日近黄昏,惧其伏兵在后。二弟不可恋战,彼走即返,见好就收。"耿植于是率领骑兵三千,杀向赤眉、青犊营寨。

果如耿纯所料,赤眉、青犊之兵安营方定,正在埋锅造饭,汉兵突骑突然杀到,猝不及防,弃寨而逃,耿植追杀一阵,收兵回营。耿纯道:"射犬距此不远,我军离中军大营已三十里,宜多加小心。"耿植道:"敌军新败,怕我军乘胜进攻,即不远遁,也必深沟高垒,不敢轻出。"耿纯道:"用兵之道,虚者实之,实者虚之。强示以弱,能示以不能,是惯用之法。小敌败走,安知不是强敌在后? 攻而必取者,攻其所不守也;守而必固者,守其所不攻也。善守者,敌不知其所攻,有备无患。天干物燥,草盛水远,月黑风高,谨防烟火。诸营不得紧连，各伍宜有间隙。斥候逻骑，昼夜不得疏虞！"耿植应命而去。

耿植所败之兵，正是青犊前哨，离射犬大营不过十里。败兵归来禀报汉兵情况，军师古师郎对牛王说："汉兵大营在后，离十里冈三十里；前锋孤军轻进，安营十里冈上。此'通形'之地，彼可以来，我可以去，无险可守，无城可据，夜晚发兵袭之必获全胜。况其新胜之后，防守必疏。秋尽草枯，风干物燥，纵火于外，营内必乱，乱中取胜，破之不难。"牛王道："汉军北郡骑兵剽疾如风，若闻讯赴救，如之奈何？"古师郎道："黑夜之间，彼必不敢轻出。若其赴救，大王可亲率一军在途中埋伏，多挖陷坑，盛设绊索，强弓硬弩，其必败走。一箭双雕，岂不更好？"牛王大喜，于是命徐少、铁卿，各率本部人马，衔枚疾走，偷袭耿纯大营。牛独亲率大军于途中设伏，拦截汉兵援军。

耿植、耿宿、耿䜣轮流巡夜。时值半夜，难免困乏。耿䜣道："大哥难免小心过度，子时将过，风平浪静，说不定明日便有恶战。二位哥哥且回帐休息好了，我带士卒再到各营走走也就快天亮了，估计今晚也就平安无事了。"耿植、耿宿正要回帐歇息，忽见西北角火光烛天，杀声骤起。耿植道声："不好！"急命左右鸣起锣来，准备迎敌。

耿纯正在大帐读书，听到锣响，连忙仗剑出帐。耿植、耿宿、耿䜣正调集人马前往起火处。耿纯急忙传令道："各营不得妄动，有擅出营者杀无赦！"他密令耿植道："火发上风，火随风走，必然延烧营内。西北各营后退数丈，深沟高垒，盛设弓弩，后退半步者斩！"耿纯又令耿宿、耿䜣道："火光烛照，我在明处，敌在暗处，命将士各找背光处隐身，张弓持满。敌不动，我不动，发现敌踪，然后射之！"耿纯接着高声说道："萧王大军离此不远，望见火光，必来救援。诸君勿惊勿扰，天亮之后，必破敌兵！"分派已定，他亲带三千精锐之兵，各带弓弩，多备羽箭，自下风出营，传谕将士道："上风暗处，即敌伏兵之所。诸君随我绕至敌后，专从极暗处行走。然后在敌后纵火，贼兵即为我等靶的，不死于火，必死于我等乱箭之下，破之必矣。"

徐少、铁卿纵火之后，听到汉营锣声骤起，本来要发起攻击，但锣声响过，营中反倒又平静下来。徐少道："兵法上说：'火发而其兵静者，待而勿攻。极其火力，可从而从之，不可从则止。'今汉营火发而兵静，不宜轻动，只宜弓箭射之。"耿纯营中老幼随军者甚多。闻听贼兵劫营,又见火光烛天,不禁惊慌奔走。赤眉、青犊之兵暗处看得清清楚楚,如校场射靶,乱箭攒射,箭如雨下,霎时间杀伤一大片。耿植等人见了,急忙持盾向前救护,带他们到暗处躲藏起来。徐少、铁卿见汉营箭射转稀,商议道:"汉兵箭将用尽,不如发动攻击。"正在这时,身后杀声忽起,火光顿燃,箭如急雨般倾泻。顷刻之间,士卒中箭伤亡者不计其数。战场形势,瞬时主客易位;赤眉、青犊之兵被大火包围,暗处变为明处,成为汉兵的活靶子,无所藏身,狼奔豕突起来,时间不长,折损过半。徐少、铁卿见势不妙,急忙带兵撤退。汉兵乘胜追杀,赤眉、青犊之兵,大败溃逃。黎明之前,旷野如墨。耿纯不敢穷追,鸣金收兵。

当晚,刘秀在中军大营,远望射犬方向火光冲天,知道耿纯军中有变。诸将纷纷请战,欲率骑兵驰援。刘秀反倒冷静下来,他对诸将道:"耿伯山智勇过人,必能临机处置。黑夜移兵,兵家大忌,诸君少安勿躁!"

牛独等到天将破晓,也不见汉军援兵,只好带兵转回射犬。

天亮以后,刘秀大军拔营,前往十里冈,耿纯迎出营门。刘秀亲执耿纯之手慰劳道:"昨夜多劳将军了!"耿纯道:"赖大王威德,有惊无险。"刘秀道:"大军不可夜晚轻动,是以未能赴援,望伯山谅之。"耿纯道:"大王明见未萌,虑事周详。幸亏昨晚不曾出兵救援;如果救援,必中贼兵奸计矣。早起探马禀报,昨晚青犊渠帅牛独,亲率人马伏于途中,黎明才退。设若出援,岂不险哉?"刘秀见营中士卒多有挂孝之人,连忙询问。耿纯不敢隐瞒,遂把营中父老多有中箭身亡情形一一禀告。刘秀道:"军旅进退无常,兵凶战危,宗族父老不可悉居军中。如今河北略定,我欲在常山选定一县,以安卿之宗族父老,卿意如何?"耿纯连忙叩头谢恩。刘秀于是赏蒲吾县为耿氏宗族居住之地,命耿伋为蒲吾长,以安军中将士亲属。

耿纯营中之事处置未了,忽接急报:后军铫期押运辎重粮草,途中遇袭,正在激战之中。刘秀大惊,他急令傅俊、马成、刘隆、邓奉等带兵前去救援。

徐少、铁卿劫营不成败回,牛独埋伏无果而归,莫不沮丧。古师郎道:"兵无常势,水无常形。胜负乃兵家常事,何况又无大折损,不必丧气。转败为胜,仍有良机。"牛独说道:"有何良机?"古师郎道:"鬼谷先生有'抵巇'之术，抵者击也，巇者，间隙罅穴也，事之疏漏之处也。智者千虑，必有一失；万事万物，多有疏虞。汉兵长驱而来，各部首尾脱离，相隔数十里，此巇大矣。鬼谷先生说，可抵而却，可抵而得，可抵而塞，可抵而息。昨夜劫营，功亏一篑；今闻其辎重粮草在后，距十里冈尚有三十里。我军若乘虚抵巇，可获全胜。彼无粮草，不战自乱，破汉必矣。"牛独大喜，欲亲带大军前往。古师郎说："三军不可无帅，今汉兵在前，随时都有可能开战，牛王不可轻离帅位。"徐少、铁卿因昨晚无功，急于将功补过，请战道："杀鸡何用牛刀，劫粮小事，末将愿往。"古师郎道："宜加小心，不可再有闪失了！"二将应命而去。

　　铫期勇而多谋，每次行军必远设探马斥候。青犊劫粮之兵远在数里之外，铫期已经得知。左右皆欲走避，铫期道："辎重车辆行动迟缓；劫粮之兵多轻锐之师。走避不及，必为所破。辎重粮草，军之命脉；粮草若失，大军必败。我等身负萧王重托，安可退避？诸君紧护辎重粮车有进无退，待我破敌！"铫期说罢带领敢死之士五百，各带弓箭，疾驰而前。距青犊前锋百步，铫期一声断喝，身后士卒乱箭齐发。铫期纵马驰射，青犊军中掌旗之将及左右数人应弦而倒。徐少、铁卿猝不及防，麾军急退。铫期边追边射，步步进逼。徐少急调盾牌兵前来，一面阻挡铫期逼近，一面立定阵脚，准备厮杀。铫期一眼瞥见道左荒坟一片，残垣环绕，传令将士暂入坟院之内，据荒坟残垣列阵，保护辎重粮草，然后率众迎敌。

　　铁卿原本太行山中猎户，自幼翻山越岭，追寻猛兽，腿脚劲健矫捷，肌肤黧黑，筋骨如铁，人送绰号"铁胫"。他后来举义反莽，啸聚山林，名头越来越响，"铁胫"便成了部众的旗号，前不久与赤眉别部、青犊、太枪、富平、获索等军联合，成为联军主将之一。他手使太行猎户惯用的钢叉，勇猛无比，且善射、善走，常做军中先锋。适才见铫期箭无虚发连伤数人，不由激起好胜之心。两军对阵，铁卿钢叉横在鞍前，抱拳说道："方才亲睹将军神射，无限敬佩。愿与将军赌射，一决雌雄。"铫期道："此非校场较技，乃杀场生死之搏，何必多此一举？"铁卿道："杀场即校场也，先赌技艺，后赌生死。技胜一筹则生，技不如人则死。一赌何妨？"铫期性本豪爽，见铁卿说话爽直，不由心生英雄相惜之心。他遂答应道："既然将军乐意赌射，恭敬不如从命。但不知怎样赌法？"铁卿道："将军善射，不妨仍用弓箭，我却用甩手一掷。"铫期不禁心生好奇,问道:"何为甩手一掷?"铁卿道:"我腰间豹皮囊中,有短箭十二支,箭镞带有响铃,随手一掷,疾愈弓弩。请将军赐教。"铫期道:"今日得遇奇人神器,愿一睹为快。"铁卿道:"请将军先射,一马三箭。"铫期道:"在下方才献过丑了,不须再射,请君先射。"铁卿道:"多呈相让,那就多有得罪了!"话音甫落,并不见其探囊取箭,扬手就是一箭。铫期大惊。原来铁卿临阵时,箭已藏在衣袖之中,先用言语麻痹铫期,出其不意,先发制人。待铫期知道中计,为时已晚。但听铜铃尖啸,一点寒芒直扑面门。铫期仰面观斗,硬挺挺直卧鞍鞯之上。铁卿眼见铫期中箭,心中大喜,抽出宝剑,拍马来取铫期首级。将到跟前,冷不防铫期霍然起身,张口吐出那支箭来。不偏不倚短箭倒插铁卿右眼。铁卿"啊呀"一声,勒马回头而逃。铫期拍马来追,徐少见了,连忙拦住铫期厮杀。

铁卿逃回本阵,立命士卒,一拥而上,把荒坟破院团团围定,四处搜寻柴草,准备放火。铫期不敢恋战,撇了徐少,往返驰骋,射杀抱柴纵火士卒。徐少亦命士卒回射铫期。霎时,铫期部也有多人伤亡。铫期身中三箭,因怕部众惊骇,咬牙拔箭,恶斗不已,左右多劝铫期弃粮而走。铫期大怒道:"人在粮在,有敢言弃粮走者,杀无赦!"将士肃然。

铫期见赤眉、青犊劫粮之兵势大,麾众退至坟院之内。他单骑立马门前,手挽强弓,见青犊士卒稍前者,立射杀之。徐少、铁卿远望铫期浑身是血,威风凛凛,莫敢近前,亦远射之。双方正相持不下之时,傅俊、马成、刘隆、邓奉四将带兵赶到了。徐少、铁卿连忙退走。铫期见救兵到来,再也坚持不住,一阵晕眩,从马上跌落下来,众人慌忙把他救回营内。

回到大营,刘秀亲来探望。铫期趁机说道:"河北之地,界接边塞,人习兵战,号为精勇。今更始失政,大统危殆,海内无所归往。大王据河山之固,拥精锐之众,以顺万民思汉之心,谁敢不从?"刘秀笑道:"卿重伤在身,犹想为我前踟躇?!好生与我调养,勿得妄言妄动!"医者来为铫期疗伤,但见浑身伤痕累累,几无完肤。刘秀叹道:"卿金刚不坏之身邪?今后当为我惜之!"刘秀亲为调药,方才离去。

数日之后,刘秀大军与赤眉别部、青犊、大肜、铁胫联军在射犬决战。刘秀命傅俊、坚镡居中,马成、臧宫居右,刘隆、祭遵居左;自将贾复、陈俊、朱祐、耿纯、耿弇等人在后。刘秀军中高搭望楼，俯瞰青犊阵中虚实。但见青犊阵中旗分五色，黑色居中，红黄蓝白分别左右。黑旗阵中大纛高挑，阵形如锥，最前列将勇兵强，各执长枪大戟，威猛无比，其众不过数百；后列人数倍之，其后再倍之。左手赤旗阵下，单刀盾牌，右手蓝旗下，强弓硬弩；两翼黄旗、白旗下各列突骑。刘秀问董次仲和樊崇道："二位可知青犊阵中虚实乎？为何以步卒居中，突骑部列两翼乎？"董次仲道："青犊牛王与末将原本都是城头子路旧部，后来城头子路被杀，末将先入力子都军中，后入檀乡；牛独奉刘诩为主独树一帜。刘诩操练一阵，名为'青犊阵'，军中皆称为'牤牛阵'，相沿至今。阵中每百人有一牛首，每十人有一牛勇，皆勇猛敢死之士。最勇者为前列，三百、五百、七百不等，次列倍之，三列再倍之，直至九列，约两万余众，为军中精锐之师。临阵一往无前；前列伤之，次列上前补之；次列折损，三列立刻补之，锐不可当。左右盾牌、弓箭为之辅翼，突骑、往来侧应。战则能胜，守则能固。中锋牛首尤不可犯。"刘秀道："知道了，破之有策矣。"刘秀遂命傅俊、坚镡深沟高垒，以阻黑旗牛首；不求必胜，但能阻其前进即为有功；又命马成、臧宫猛攻其右；刘隆、祭遵疾攻其左；再命耿弇带领本部人马绕至射犬以北，从青犊阵后发起攻击。

牛独亲率精锐猛攻汉军大营，被汉军强弓硬弩射回，如是三攻三退，遂于营门叫战。傅俊命坚镡紧守营门，自己带领五百人马出战牛独。傅俊道："久闻青犊军中牛王刀法无双。某亦用刀，久经战阵，尚未遇见高手。今日有幸遇见牛王，实为平生快事。愿与牛王打赌：十招之内，胜者为师。如何？"牛独高声说道："少啰嗦，接招吧！"一刀立劈华山，兜头直劈下来。傅俊随风拂柳，顺势把牛独大刀，引到一旁，高声道："一招了！"牛独出道即在山林，后在义军队中，罕遇其匹，自以为天下无双；不意今日遇见傅俊，轻描淡写便把自己的大刀拨向一边，暗暗吃惊。不及细想跟着一招玉带围腰，挥刀横斩傅俊前胸；傅俊风来掩门，两臂用力，"哐啷"一声把牛独之刀封住，荡开数尺。前招为虚，以巧驭拙；后招为实，以力打力，牛独两臂剧震，虎口发麻，知道遇见了劲敌，刚要举刀准备使出第三招，傅俊道："来而不往非礼也！"一招顺水推舟，斩向牛独咽喉；牛独狮子摇头，侧身躲过，傅俊刀锋已将其耳朵削去半边，鲜血被面。牛独勒马便回，败归阵去。傅俊纵马欲追，青犊阵中，千牛奋蹄,长枪太戟如牤牛触墙,排山倒海撞了过来。坚镡急忙鸣金,阵中弓弩齐发,方挡住青犊的冲击。傅俊连忙带兵回归本阵。

马成、臧宫、刘隆、祭遵从左右两翼冲击青犊大军。青犊两翼动摇,抵敌不住,渐渐溃退。耿弇从阵后发动攻击,青犊人马腹背受敌;汉军士腾马跃,杀声如雷。刘秀指挥士众从四面包围,青犊阵中形势危殆。想不到号炮声响,旌旗变易,青犊阵形忽变;一阵分为四阵,牛首四向,向汉兵发起反击,汉兵纷纷后退。刘秀道:"想不到青犊军中竟有如此异能之士,精于阵法,破之难矣。"耿纯道:"阵战之妙在于变化,但万变不离其本。青犊精锐尽在其中路,两翼之敌弱不耐战。我军莫如集中精锐,猛攻其中军,轻骑虚张声势,频频挑战,扰其两翼;敌人不知虚实,分兵以对,中军必因分兵而势弱。不难一鼓破之。"刘秀然其计,汉兵渐占上风。刘秀亲统贾复、陈俊、朱祐、耿纯等人带领中军护卫攻入青犊阵中。但好景不长,青犊阵法又变,四面精锐掉过头来,一齐杀向刘秀等人,时间不长便把刘秀等人困于阵中。贾复、陈俊、朱祐、耿纯等护定刘秀左冲右突脱身不得。刘秀道:"日已过午,吏士皆饿,斗志已衰,不如暂用战饭,饭后再战。"贾复道:"兵有十败,将食未食,阵地移动,士卒奔走,将无斗志,皆取败之道,临阵大忌。两军相持,我将士饥饿,难道敌军士卒就不饥饿? 当此之时,所恃者,勇气也,坚韧不拔也。士气可鼓而不可泄,先破此贼,然后饱飨士卒可也!"

贾复抬头,忽见青犊阵中有一望楼:青犊军师古师郎在望楼之上,手挥令旗;左挥则牛首向左冲;右挥则牛首向右冲,士卒离合进退悉与令旗挥动契合。他心中忽然明其玄机,对刘秀道:"青犊阵法变化之机,吾已知之,我为主公破之!"说罢,他率领突骑百人,手执赤旗旋风般杀向阵中望楼。一时青犊阵中大乱,精卒勇士,撇了刘秀等人一齐来拦贾复。贾复势如疯虎,叱呼连连,当者披靡,顷刻间冲到望楼近前。牛独、徐少、铁卿等人见了,急来救护;刘秀、陈俊、朱祐、耿纯等人也来帮助贾复。瞬时望楼前成了激战漩涡,血雨横飞,杀声震天动地。贾复弯弓搭箭向望楼之上射去,古师郎应弦坠落楼下。青犊将士顷刻失了耳目,成了无头苍蝇,千牛乱奔,首尾不能相顾,阵法大乱。牛独、徐少、铁卿三人各带部众大败奔逃。傅俊、臧宫、刘隆、马成、祭遵、坚镡、耿弇等人从四面杀来,赤眉、青犊之众,狼奔豕突溃不成军。刘秀指挥部众追亡逐北，大获全胜。

牛独带领残部，逃到射犬之北，被傅俊、坚镡追上。败军之将，难以言勇，战不数合，便被傅俊斩于马下。徐少、铁卿带领残部，逃往幽州去投五校。经此一役，青犊十万精锐尽丧，从此一蹶不振。余众数千，和赤眉别部到关西去投赤眉樊崇、谢宣等人。

刘秀虽然大获全胜，但心情沉重。决战之前，铫期身负重伤；这一仗贾复又身被数创，皆在要害之处，性命堪忧。刘秀亲来营中看望，见贾复昏迷不醒，气若游丝，不禁神色黯然道："微贾君文，此役胜否难卜。我所以不令贾复独将一军者，盖因其勇往直前，战不惜身也。今日虽胜，失吾名将，得不偿失。吾闻其妇有孕在身，生女则我子娶之，生男则我女嫁之。决不令其九泉忧其妻子，不得瞑目也。"命人护送贾复回河内养伤，刘秀自将大军去追徐少、铁卿残敌。

不想贾复一日之后竟然痊愈，闻刘秀兵在蓟州，又单骑前往蓟州。贾复真定之战，再建奇功。此是后话。

再说寇恂、景丹、王梁奉刘秀之命，进至茅田。尤来部众本想南下射犬和青犊人马会合，但害怕汉军骑兵拦截，只好北趋太行。不想汉军骑兵后发先至，迎头痛击，一路败往隆虑山中。好则汉兵并未穷追，尤来人马整军北进。此乃刘秀驱虎入山之计。

谢恭已在途中等候数日，见尤来兵马果然败归隆虑，心中大喜。他与左右说道："果如刘秀所料，尤来残贼真的自投罗网来了！"谢恭于是扼守关隘，当道布阵，挡住尤来去路。尤来虽败，但元气未伤。后有寇恂、景丹、王梁的骑兵，前有谢恭拦路，家乡在望，财帛连心，不能不做困兽之斗。且尤来之兵，多太行山中贫苦百姓，山中道路甚熟，深谷悬崖亦可攀援潜行。尤来兵分两路，一部与谢恭正面对敌；一部绕山而过，从谢恭背后发起攻击。谢恭久在兵间，却忘了"归师勿遏"的道理。尤来士卒归家心切，人人拼死向前，谢恭腹背受敌，反被杀得大败。尤来之众尽得地利之便，又处处截杀，谢恭仅得百余骑，侥幸逃出隆虑山中。

吴汉依刘秀秘计，闻谢恭带领人马去追尤来，立刻由盖延守邯郸，他与寇恂、景丹、王梁合兵一处，星夜直下魏郡，包围邺城。此时岑彭已在邺城，他劝陈康道："谢尚书奉更始之命，阴图萧王；萧王尽知之矣。以君之见，谢尚书胜算多于萧王乎？"陈康道："恐怕未必然。"岑彭道："既知未必，何不早作良图。"陈康道："事关生死，且兵柄在谢尚书，容吾细筹之。"陈康因不知谢恭胜败，心存游疑，降与不降，委决不下。吴汉兵至城下复修书一封，命人进城秘见岑彭。岑彭又劝说陈康道："盖闻上智不处危境以心存侥幸；中智能因危境建立功业；下愚安于危境自寻灭亡。危亡到了极点迫在眉睫，却浑然不觉，听天由命，实不智之至。今京师败乱，四方云扰，公所闻也。萧王兵强士附，河北归命，公所见也。谢恭内背萧王，外失众心，公所知也。公今据孤危之城，坐待危亡之祸，义无所立，节无所成。何如开门纳降，转祸为福，免下愚之败，收中智之功，此为上策也。不然玉石俱焚，悔之晚矣。"岑彭诈言谢恭兵败，不知所归。陈康不再犹豫，立擒刘庆及谢恭妻子，打开城门迎吴汉等带兵入邺。

谢恭自隆虑败归，尚不知陈康已降。他贸然与百余骑入城，进城即被擒获。岑彭欲为谢恭求情，急忙来见吴汉，只见谢恭俯伏在前，心中不忍。岑彭方要开口，吴汉道："何必与鬼魂说话！"遂拔剑斩之。岑彭愕然道："谢尚书朝廷大吏，怎能不请命萧王而斩之？"吴汉于是把谢恭屡欲加害刘秀，二人交恶情形一一告知岑彭，进而说道："萧王之意不问可知，何必令其犯难也？"岑彭领首称是。

马武听说谢恭已死，立即带领本部人马去投刘秀。刘秀大喜，设宴与马武接风，他与诸将说："子张乃吾春陵起兵之前故友，昆阳并马突围，同生共死之人，勿以新人视之。"马武奉酒逊谢道："心属大王久矣，勿怪来迟！"刘秀命其率部归邺，马武却道："归来已迟，敢不执鞭以从！"刘秀越发高兴，遂命其率部同往幽州。

鄗邑

吴汉、耿弇、盖延、景丹、岑彭、王霸、祭遵、耿纯、刘植、陈俊、马武、坚镡、朱祐等人追击尤来、大抢、五幡余众方回，听说冯异、寇恂又大败朱鲔，都来祝贺。众人退去，独余马武迟迟不退。刘秀道："子张有何话要讲，你我尚须吞吞吐吐？"马武道："今天下无主。如有圣人乘敝而起，虽仲尼为相，孙子为将，犹恐无能为益。反水难收，后悔无及。大王虽一再谦退，奈宗庙社稷何！不如还鄗即位，再议征伐。"刘秀大惊道："子张何出此言，谁谓天下无主？更始现在京师，妄议拥立者当斩！"马武道："近闻长安三王谋反，赤眉入关，更始之位岌岌可危。诸将皆有此意。"刘秀连忙使人晓喻将士，谨守臣节，不得妄议。

大军从蓟城南归，路过范阳。传令三军停进，收葬阵亡吏士尸骨，隆礼祭奠。到了中山，诸将又联名上奏道：

"汉遭王莽，宗庙废绝，豪杰愤怒，兆民涂炭。我王与令兄伯升首举义兵。更始因之据帝位，而不能奉承大统，败乱纲纪，盗贼日多，群生危蹙。大王初征昆阳，王莽自溃；后拔邯郸，北州弭定；三分天下而有其二，跨州据土，带甲百万。言武力则莫之敢抗；论文德则无所与辞。臣闻帝王之位不可以久旷，天命不可以谦拒。惟大王以社稷为计，万姓为心。俯顺臣等所请。"

刘秀辞以更始仍在，不能僭越，置诸一旁。

大军行至南平棘，诸将再次劝进，固请刘秀早登大位。刘秀道："贼寇未平，四面受敌。河内之战方息，邓禹西征，胜负未知。岂可匆忙登极乎？卿等且退。"诸将退出。耿纯因此番追击尤来折臂，他请求刘秀道："臣臂已折，一时难从大王征伐，请回蒲吾，以养残病。"刘秀道："如今征战未息，卿何得离我左右？"耿纯道："臣臂折，拉不得硬弓，拿不起刀枪，病废若此，在军中何用？"刘秀笑道："卿臂虽折，腹中良谋仍在，安用卿冲锋陷阵耶？卿昆弟之中谁可为将？命其将卿部属，卿只需运筹帷幄好了。"耿纯道："臣从弟耿植，差可统领士卒。"刘秀传旨命耿植为骁骑将军，统帅耿纯兵马，耿纯为前将军留在中军，参赞军机。耿纯趁谢恩之机奏道："臣请解甲归蒲，非吾本意也，意欲劝主公从诸将所请也。天下士大夫捐亲戚，背井离乡，从大王于矢石之间者，其计固为了攀龙鳞，附凤翼，以成其平生之志耳。今功业既定，天地人和俱备，而大王拂逆众人所请，不正号位，深恐士大夫失望丧志，则生归去之心，不愿长久自苦也。大众一散，难以复合。时机不留，众不可违。望大王思之！"刘秀深为耿纯的真诚所打动，他说道："卿且退，容我思之。待我征询在外诸将之意，尔后决定。"

刘秀首先要征询邓禹、冯异、任光、铫期、寇恂等人的意见。此时，邓禹正与王匡、成丹、刘均大军十万战于解南，铫期正忙着平定魏郡内乱。

更始三年正月，邓禹兵临箕关，传檄河东，言奉萧王之命追赤眉、青犊、铁胫余众，河东都尉王令守关不开。箕关东西两峰相峙，峡谷前宽后窄，形似簸箕，易守难攻。邓禹连攻十日不下。邓禹佯言军粮将尽，命士卒缘山捡拾果实，采摘树叶，寻找野菜充饥，王令得报，与左右道："邓禹军中粮秣将尽，不日将退。乘其退兵，开关追杀，必获全胜。"邓禹密令冯愔、樊崇、宗歆、邓寻各带本部人马埋伏在关前山中，次日带兵撤退。王令在关上望见邓禹拔营，连忙带领人马开关追杀。邓禹佯败，且战且走。冯愔乘机抢占箕关。樊充、宗歆、邓寻截断王令退路，从背后掩杀过来，邓禹带领人马反旆冲杀，把王令围在垓心。王令知道中计，左冲右突，脱身不得，拔剑自刎，士卒纷纷弃甲投戈而降。邓禹大获全胜，挥师进关。这一仗获辎重千余车，新得士卒万人。邓禹乘胜进军安邑，把安邑紧紧包围起来。河东太守杨宝一面登城拒守；一面火速向王匡、成丹告急。

王匡、成丹接到杨宝急报，立刻命大将军樊参带领数万人马驰援。樊参从大阳渡黄河，越中条山到达解池南岸。邓禹命韩歆、冯愔继续围攻安邑，阻挡杨宝出城与樊参援军相会；他亲带樊崇、宗歆、邓寻、耿诉、左宇诸将迎战樊参。中条山北，沟壑纵横，邓禹处处设伏，樊参步步受挫，三日后被围于解池南岸。残冬未尽，冰雪在地。但解池水中有盐，经冬无冰，泥淖难以安营；水咸又难以饮用，军中难以为炊。将士又冻又饿，苦不堪言，纷纷逃跑。樊参几次突围，都没有成功。邓禹故意在军中散布消息说：刘均带兵前来接应樊参，前锋已到臼城。同时在解池西边留下缺口。樊参果然中计，乘夜突围，一头又钻进邓禹的口袋阵中，全军覆没，樊参被斩。

王匡、成丹、刘均得报，大惊失色。王匡道："邓禹南阳一少年书生耳，不意用兵如此！当初在宛，圣上屡征以为吏，辞不就征。今日竟为祸如此！你我不尽起大军，恐怕安邑难保，河东丢失，弘农、河南危矣！"刘均道："胜败无常。沘阳王不必为此长他人志气，灭自己威风。樊参将军勇而少谋，误中邓禹诡计，遂使竖子成名。末将愿为前部，与定国上公和襄邑王同赴安邑，与邓禹一决雌雄！"王匡、成丹道："如此甚好！"三人于是各率部众，起兵十万，救援安邑。

邓禹年少，且举止儒雅。初掌大兵，军中多有不服，皆以为其因刘秀信重，得掌军权。邓禹入箕关，战解南，斩樊参，每临阵戎装仗剑，从容决断，诸将咸服。闻听王匡、成丹、刘均十万大军来救安邑，邓禹与诸将议道："王匡、成丹绿林旧将，身经百战，大军十万，兵锋正盛。我军不如据猗氏固守，以乘其弊，相机破之。"韩歆道："猗氏城小，固守不易。彼若包围猗氏，与安邑东西应援，我军则腹背受敌。莫如临涑水列阵，进可击敌于半渡，退可背城借一，至不胜则可据城固守。"邓禹道："军师之策进退裕如，万无一失，就依计而行吧。"于是，以樊崇、宗歆为先锋居中；积弩将军冯愔、建威将军邓寻居左；赤眉将军耿诉、军师将军左宇居右；邓禹自将韩歆、李文、李春、程宪居后策应，列阵涑水以东以迎王匡、成丹大军。

王匡军到解县，兵分三路：先锋大将军刘均率精锐万人直薄涑水；王匡则自桑泉，成丹从暇城渡水，从东西两翼包抄邓禹军。樊崇原是铜马降将，立功心切,见刘均人马半渡,不等邓禹将令便发起攻击。刘均人马溃退,樊崇过河追杀。这时王匡自东,成丹自西冲杀过来。冯愔、邓寻、耿诉、左宇抵敌不住,节节败退。邓禹、韩歆、李文、李春、程宪慌忙带兵接应,一路退到猗氏城下,方才立定阵脚。先锋部队折损殆尽,骁骑将军樊崇阵亡,车骑将军宗歆带领千余人丢盔撂甲逃回。

王匡、成丹见天色不早,鸣金收兵,驻军臼城。刘均道:"敌军溃退,正好乘胜追杀,一鼓破之。为何鸣金?"王匡道:"日暮天晚,兵不厌诈,惧有伏兵在后,不得不防。"成丹也说:"敌军虽败,旗不靡,行不乱,恐其有诈,谨慎为上。"刘均不再多言。

邓禹兵败,韩歆及李文、李春等人见军锋受挫,樊崇阵亡,王匡、成丹兵势强大,皆劝邓禹道:"夫战,勇气也。兵锋已挫,将士胆怯,不如乘夜退去,以图再取。"邓禹道:"今若退兵,一过箕关,前功尽弃,河东不复为我所有。今日之战,虽有小挫,我军实力未损,敌军虚实我已知之矣。我已有破敌之策,诸君勿惊。"韩歆等人忙问:"将军有何良策破敌?"邓禹笑道:"天机不可泄露,说出来就不灵验了。君等回营安卧,明日休兵一天。我料王匡、成丹明日必不敢战。"众将半信半疑。韩歆等人退出后,告众将道:"将军年轻,连胜之后难免轻敌。我等不可尽信将军之言,各营宜小心提防,不可疏虞。"诸将应命而去。

王匡、成丹兵在臼城以东,邓禹大军在猗氏以西,相距三十里。夜晚两营灯火相望,柝声可闻,动静可知。当晚相安无事。次日,韩歆等人命斥候四出,逻骑派了一拨又一拨。果然如邓禹所说,王匡、成丹营中营门紧闭,免战高悬,直至午时过后,不见动静,众人皆服邓禹神机妙算。大家相与议论道:"昨日彼军获胜,按照常理,今日必乘胜挑战,为何反倒偃旗息鼓?大将军说,已有破敌之策,莫非当真?"军中士气于是复振,畏敌心理顿消。

原来新市、下江之兵久驻南阳,邓禹对其习俗知之甚详。绿林山中巫风极盛,那年绿林山瘟疫流行,绿林将士死亡过半。山中有一方士,精通六甲六丁之术,颇通医道,救治军中弟兄甚多,军中敬以为神。王匡、王凤等人每当用兵,常向他请教休咎吉凶,百灵百验。老神仙说六甲之旬,即按照干支纪年的历法，甲子、甲戌、甲申、甲午、甲辰、甲寅，其中必有丁神；比如甲子旬中的丁卯；甲寅旬中的丁巳，即为丁神；丁神忌日主军中将帅不利，不能出战。于是，自此军中相沿为习，六甲六丁之日，不动刀兵。昨日癸亥，今逢甲子，邓禹因此料定王匡、成丹必然罢兵不战。有了这个机会，正好让将士休息一天，养精蓄锐。

猗氏乃猗顿归隐之地，货殖之风极盛，商贾云集。地近解池，因盐致富之家不可胜数。邓禹密令耿䜣、左宇收钱数万，听候号令使用。次日一早，王匡、成丹、刘均整军出动，以攻邓禹。邓禹严令全军，不得轻出。韩歆道："将士争欲出战，士气可用，为何不战？"邓禹道："公知左传论战之语乎？一鼓作气，再衰三竭。待彼三鼓过后，我军再出不迟。"王匡亲援桴鼓，接连数次猛攻，均被邓禹强弓硬弩射回。天近午时，士气渐渐怠惰，方欲收兵，邓禹营中鼓声大作，各路人马杀声震天冲出营来。耿䜣、左宇各带骑兵千人，马驮钱囊当先冲入王匡、成丹阵中，随手抛掷铜钱。王匡、成丹之兵，多绿林旧部，日久积习，抢掠成性，见满地铜钱，都丢了刀枪，伏地捡拾，一时大乱。邓禹人马奋勇冲杀，王匡、成丹大败。邓禹亲率轻骑急追，一直追过涑水，俘获抗威大将军刘均、河东太守杨宝、持节中郎将弭强，缴获符节六杖、印绶五百，兵马器杖不可胜数。王匡、成丹带残兵败将不足万人过河逃走。

邓禹立斩刘均、杨宝、弭强，遂定河东。他以刘秀名义拜李文为河东太守，悉数更换河东所属各县令长，出榜安民。邓禹然后向刘秀告捷。从此邓禹威名益振。

再说铫期，初到魏郡上任，重伤未愈。檀乡、五楼余众，流窜魏郡繁阳、内黄境内，得郡中大姓暗中相助，声势复振，渐得数千之众。谢恭、刘庆被杀，部将卓京归降之后，心中怀念旧主，常思为其复仇。卓京遂与檀乡、五楼之众联合，被推为首领，倒反邺城。铫期抱病带领郡中兵马数千前往征讨。

卓京以为铫期重伤未愈，不足为惧。铫期独臂执枪，指着卓京道："在下重伤未愈，难耐久战。欲与尔等速战速决，十合定输赢，如何？"卓京道："两军阵前生死相搏，何必定于十合？"铫期道："汝等乌合之众，有能在我马前走十个回合者，吾便服输，愿拱手以邺城相让如何？"卓京冷笑道："将军神勇，军中尽知,但如今猛虎伤爪,苍鹰折羽,独臂余勇,何足为惧?军前不可为戏。"铫期道:"君子一言,驷马难追,有不惧死者,不妨放马一搏。"话音方落,卓京身后,立刻有人高声叫道:"我来领教将军高招!"但见一将纵马而出,铁盔铁甲,坐下乌骓,手执长枪,望铫期分心便刺。铫期身形微动,虎躯侧转,单手抢枪,如鞭似棍,但听"咔嚓"一声,那人已经栽下乌骓,气绝身亡。

铫期气定神闲,浑若无事。紧接着两骑齐出,又有二将冲出阵来,刀枪并举,分从左右攻向铫期,但见铫期出手如电,枪出如风,忽焉在左,逼退执枪之将;忽焉向右,却把抢刀之将挑下马来;左边执枪之将正要刺出第二枪时,铫期头也未回,一招鲁阳挥戈,自右至左,电光石火般猛扫过来,那人手中铁枪脱手而飞,不禁目瞪口呆。铫期旋转马头,复一枪,直贯前胸,那人呼声未出,立时毙命。铫期不过五招,连杀三将,卓京部众胆战心惊。铫期道:"久闻卓将军乃谢尚书帐下名将,何必让无名小卒无辜送死?何不亲自与在下一较高低?"卓京满面通红,催马抢刀来战铫期。卓京是谢恭军中有名的花刀骁将,刀法娴熟,每一实招常常杂有多种虚招;虚中带实,令人眼花缭乱,难辨虚实。铫期但见卓京刀舞梨花,银光乱闪,知其心意;遂不顾其招式变化,只管以拙驭巧,取其面门、咽喉、胸前三处要害挺枪直刺。这一下卓京刀法大乱,再也顾不得要那些炫人眼目的花架子,急忙来封挡铫期铁枪。铫期天生神力,虽然有伤在身,一臂之力,犹非常人可及。卓京挡过面门一枪,却躲不过胸口一枪;但觉铫期枪尖直抵前胸,只有闭目待死。但听铫期喝道:"你妻子、儿女均在城中,快快下马投降,犹得亲人团聚,不可执迷不悟!"卓京回答道:"能见妻子儿女一面,甘愿归降!"

铫期收回长枪,回头命左右,唤卓京妻子儿女来见。不一时,卓京妻子偕一双儿女来到阵前,铫期命其夫妻答话。不意铫期刚一转身,卓京却弯弓搭箭要射铫期。其妻连声惊呼,铫期闻惊躲避,箭从耳边飞过。卓京复一箭却把妻子射死。卓京勒转马头,带领人马逃走。铫期大怒,骂道:"人之无情若此,狗彘不如!"遂带兵急追,直到太行大破之,斩首六百级。卓京亡入山中,不知所踪。铫期怕邺城有失,得胜而回。铫期接着带兵巡视繁阳、内黄,肃清余寇,境内安定。

督尉李熊世为邺城豪富,其弟李陆与卓京勾结,阴谋迎檀乡、五楼之兵入城。陈康得知消息，暗暗告知铫期，请铫期收李熊入狱，以绝后患。铫期不应，说道："李熊世为郡中豪富，有家产万贯，且老母在堂，其反无凭无据，无故系狱，必致猜疑。姑且待之。"后来卓京兵败，其谋败露，铫期召李熊询问。李熊叩头服罪，愿与老母俱死。当时李陆尚逃亡在外，藏匿太行山中。铫期见李熊之母年近七旬，发白似雪，心中不忍。他对李熊说道："其子谋反，老母何辜？公身为邺城督尉，如果以为当官吏还不如造反当贼快乐，你就带上老母亲去投李陆吧，勿扰郡中不宁。"遂派官吏送李熊母子出城，前往太行，前去投奔李陆。

时值风雪，山路难行，李熊母子千辛万苦找到李陆。李陆又愧又悔，遂带众出太行，回邺城投降。到了邺城西门外，李陆请李熊奉母先行入城，自己待罪城外。他不胜感愧道："我尚有何面目见使君与家中父老！"遂自杀身亡。

铫期得报，感叹不已。他命人以礼安葬李陆，让李熊官复原职。魏郡吏民于是尽服铫期威德信义，合境安定。铫期把郡中情况一一奏报刘秀。刘秀高兴地说："姚次况勇冠三军，且能治国牧民，真贤才也！"

刘秀南下走到鄗县，接连接到邓禹、铫期的捷报。诸将又一齐前来贺喜，请求刘秀登极称帝。冯异奉召来到，刘秀询问四方之事，冯异趁机奏道："淮阳王张卬、穰王廖湛、随王胡殷，皆更始心腹，倚为股肱之人，却谋反京师，纵兵掳掠，战于宫中。更始败亡，逃离长安。如今天下无主，宗庙之忧，在于大王。宜从众议，上为社稷，下为百姓。"刘秀道："昨夜我梦乘赤龙上天，醒来心中悸动，正不知主何吉凶。"冯异连忙再拜叩头，祝贺道："贺喜我王，此天命发于精神，故有此梦。大王心中悸动，此重慎之本性也。望吾主勿再游疑，早正大位。"冯异辞出，遂与诸将商议，拥戴刘秀早登大位，上尊号。

正当此时，刘秀在长安求学时的同舍同学，颍川儒生强华自关中赶来，献上《赤伏符》。这本是王莽末年流传已非一日的谶语，文字不同，传说各异，谁也没有见过原本。但强华所献与众不同：玉版阴文，书曰："刘秀发兵捕不道，四夷云集龙斗野，四七之际火为主。"据说，符为两块，阳文所刻，在天帝之手；只有阴文赤符传世。自高帝举义至刘秀兄弟舂陵起兵，四七二百八十年,即赤符所说"四七之际火为主"也。群臣见符,又共同上奏道:"受命之符,人应为大。万里合倍,不谋而合。周之白鱼,曷足比焉?今上无天子,海内淆乱,符瑞之应,昭然著闻,宜答天神,以塞众望。"

至此,刘秀已经三请三辞,他终于答应下来。于是命人设坛场于鄗南千秋亭五城陌,择日登基。

强华自长安而来,对关中情形知之甚详。连日来,刘秀听到的种种传闻,来龙去脉,终于大致弄清楚了。

几乎在邓禹兵入箕关的同时,赤眉军樊崇、逢安与徐宣、谢禄两支队伍在弘农会师。更始皇帝急忙派刚从河东败阵逃回来的讨难将军苏茂带兵迎敌。败军之将,不可言勇。苏茂一触即溃,大败而逃。刘玄又命丞相李松带兵出战。赤眉军三十万众,万人一营,共三十营,旌旗漫山遍野,更始军望而生畏。两军战于蓩乡,李松大败,兵众损伤三万多人,退归长安。赤眉大军进驻湖城,兵薄潼关。

紧接着,王匡又从河东败归长安。败报接连不断,更始君臣惶惶不安。淮阳王张卬与王匡、陈牧、成丹等人商议道:"赤眉兵薄潼关,不日便临长安城下。今日情势,我等万难与之相抗。与其坐而待亡,不如饱掠长安,逃回南阳。至不济重入江湖,再做强盗,一样逍遥快活!"他们于是一同进宫,去见刘玄。张卬道:"赤眉大军旦夕就到长安,皇上自料长安之兵能与之相抗乎?"刘玄道:"长安城高池深,众卿尽在长安。若兵不敷用,可立下旨意,速召各地勤王之师。赤眉虽众,何足虑哉?"成丹道:"临渴掘井,恐怕为时晚矣。京外诸王,各郡守牧,自顾尚且不暇,谁肯勤王?"刘玄脸色不怡,闭口不言。张卬又道:"长安帝都,历代经营,财货珍宝无算。待赤眉到来,尽入他人之手,岂不可惜?莫如乘其未到,我等掳掠一空。宫中之物尽归皇上,宫外之物归臣等及诸将,然后回归南阳。宛城虽小,皇上仍可面南称尊。至不济重归绿林,亦胜亡国之君百倍矣。"刘玄大怒,拂袖而去,回转后宫。张卬、成丹、王匡等人,面面相觑,不再多言。

李松、赵萌、刘恭等人入见,苦劝刘玄道:"危难之时,君臣不宜离心。张卬、成丹等人起自草莽,识见短浅,皇上不必计较。用人之际,宜加笼络。当务之急是命将出征，以御赤眉。"刘玄道："张卬等人反心已见，尚能用乎？"赵萌道："交臣节制，能用则用；若不能用，临机处置，可保无虞。"刘玄于是命赵萌与王匡、成丹、陈牧带兵屯驻新丰，命宰相李松屯兵掫城以御赤眉。

御史大夫隗嚣入宫面见刘玄道："形势危殆，唯有一策可解燃眉。"刘玄问："卿有何策？请道其详。"隗嚣道："方今天下，能当赤眉之兵者，唯萧王一人而已。今邓禹在河东，冯异在孟津，若肯奉旨勤王，赤眉可破。"刘玄道："卿非痴人说梦邪？且不说萧王不肯奉召；即使奉召，非引狼入室也？"隗嚣道："事急从权。皇上若委政于国之三老刘良，萧王焉有不奉旨勤王之理？"刘玄不从。隗嚣出宫遇见右相申屠建，申屠建邀其同往淮阳王府，与张卬、廖湛、胡殷三人议事。

张卬道："皇上身在焚屋之下，犹不自知；贪恋帝位，坐以待亡，我等不可坐以殉死。长安虽好，不是久恋之乡，宜早作它图，及早南归。"申屠建道："立秋之日，吏民皆有貙膢之俗，宫中依例要到宗庙祭祀，乘此劫持御驾出京。赵萌在新丰，李松在掫城，畅行无阻，可南归矣。"隗嚣道："君等南归，我亦西归天水回乡。"众人计议已定，准备立秋之日举事。

侍中刘能卿与申屠建相善，公余常到申屠建府中饮酒。这日，他携宫中美酒一坛，到申屠建府中来小酌。酒至半醉，申屠建道："下次卿来，宜多携数坛，恐怕今后欲饮此酒难矣。"刘能卿不解，遂问道："丞相何出此言？"申屠建酒醉，遂把与张卬等人商议之事告之刘能卿，并嘱之道："公宜早做准备，多藏几坛宫中好酒。"刘能卿大惊，略饮几杯，慌忙辞出，进宫即向刘玄报告。

刘玄得报，遂在宫中伏兵，然后称病，命刘能卿召张卬、廖湛、胡殷、申屠建、隗嚣等人入宫议事，准备将五人一网打尽立加诛戮。张卬等人入宫，唯隗嚣久等不至。更始命张卬、廖湛四人偏殿等候，他命刘能卿去催隗嚣。伏兵久等不见号令，一小校出外探看，被张卬视破，知道有异，遂与廖湛、胡殷并力杀出。申屠建身为文官，手无寸铁，束手被擒，遂被斩首。执金吾邓晔带兵去拿隗嚣。隗嚣部将王遵、周宗率家丁自卫，战之黄昏，突围而出，连夜逃回西北天水。

张卬、廖湛、胡殷三人商议道："我等本无伤害皇上之心，皇上反倒生疑要杀我等。非为臣下不忠，实为君上不义。不如杀入宫去，诛除昏君，尽得珍宝,返回南阳。"三人于是率兵焚烧宫门,杀入宫中。邓晔、刘能卿拼死抵抗,勉强等到天亮,二人保着刘玄,杀出皇宫,出长安东门投奔赵萌去了。

刘玄怀疑王匡、成丹、陈牧与张卬、廖湛、胡殷同谋。赵萌道:"定国上公与襄邑王、阴平王都是拥立皇上的元勋重臣,与臣领兵出城,并未见其与张卬、廖湛、胡殷三人往来。若草率处之,激起意外之变,反为不美。明日设宴为皇上压惊,定国上公,与襄邑、阴平二王若欣然应命前来,皇上尽可释疑;若其心怀鬼胎必不敢来,然后再拿其问罪,名正言顺。"刘玄应允。

王匡、陈牧、成丹听说张卬、廖湛、胡殷三人谋反,火焚皇宫,劫掠长安,更始逃到新丰,心中惊惧,相互商议说:"我等平日与张卬、廖湛交厚,前几日一同进宫谏君,劝其重回南阳。想不到这三人竟然闹出这样大的事情来。皇上必然怀疑我等与其同谋。你我有口难辩,如何是好?"成丹道:"三十六计,走为上策。当初拥立,就是失计。自己给自己披枷戴锁,自讨苦吃,如今早脱枷锁为妙。"王匡道:"迟则生变。兵权在赵萌手中,晚了,我等想走恐怕也就来不及了。"三人正在议论,执金吾邓晔前来传旨,更始宣召王匡、成丹、陈牧到赵萌军中相见,三人尽皆失色。陈牧问道:"不知圣上何事宣召,将军能见告否?"邓晔道:"赵相为皇上压惊,请三王赴宴相陪罢了,不闻有何大事。"邓晔走后,三人又犹豫不决起来。陈牧道:"皇上若要降罪,执金吾带兵前来,奉旨锁拿好了,何必再多此一举,摆这个鸿门宴? 若不赴宴,反而显得心虚,徒招皇上猜疑。看来,皇上现在尚未有加害之心,正好一探虚实。"王匡道:"此时此地宴设鸿门,实属不吉。防人之心不可无,小心行得万年船。"三人于是各命部属弓上弦,刀出鞘,密切注意赵萌军中动静;若发现异常,立即相救。安排妥当,身穿铠甲,怀揣利刃,前去赴宴。

成丹、陈牧料大敌当前,更始、赵萌轻易不会节外生枝,内部启衅;王匡心虚,等二人走后,迟迟不肯赴宴。更始心生疑问,赵萌派人再去催请,发现王匡、成丹、陈牧三营人马,弓上弦,刀出鞘,已经做好战斗准备,连忙向赵萌报告。赵萌大惊,立刻擒拿成丹、陈牧,这二人大呼"冤枉",赵萌问道:"何故满营尽甲也?"二人无言以对。更始立刻传旨,将二人斩首。王匡得报,带领部众,进入长安和张卬、廖湛、胡殷等会合,与赵萌对峙。

赵萌带领人马,手持成丹、陈牧首级来到二人营前,传宣更始帝旨意:

"成丹、陈牧勾结张卬、廖湛、胡殷谋反，准备迎接赤眉进京，已被处斩。将士无罪，各归营伍，胆敢抗旨滋事者祸灭九族！"众将士立刻散归营伍。赵萌尽收成丹、陈牧之兵。

赵萌、李松两人商议："事有缓急，赤眉尚在潼关。张卬、廖湛、胡殷劫掠长安。不能让皇上久离宫中，宜兵回京师，讨平三王之乱。"二人于是合兵，扈驾回京。

张卬、廖湛、胡殷、王匡带兵阻挡，赵萌、李松势大力强，攻入城内。于是乎，"三王""两相"在京师大战起来。谁也顾不得兵薄潼关的赤眉大军了。

刘秀不再犹豫。六月己未，登皇帝位，诏告天下：

"皇天上帝，后土神祇，眷顾降命，属秀黎元，为民父母，秀不敢当。群下百辟，不谋同辞，咸曰：'王莽篡位，秀发愤兴兵，破王寻、王邑于昆阳；诛王郎、铜马于河北，平定天下，海内蒙恩。上应天地之心，下为元元所归。'谶记曰：'刘秀发兵捕不道，卯金修德为天子。'秀固辞，至于再，至于三。群下佥曰：'皇天大命，不可稽留。'敢不敬承。"

于是，改元建武，大赦天下，改鄗县为鄗邑。设置百官有司之时，刘秀不禁为难。依照强华所献赤伏符所说，"王梁主卫作玄武"，"孙咸征狄安天下"。赤伏符既是上天之命，应该凛尊无疑。玄武主北，乃水神之名；司空水土之官。王梁任野王令，与寇恂南拒洛阳，北守天井关，朱鲔不敢出兵。以王梁为司空上合符命，也合情理。但帐下勇将如云，智士成群，论德，论能，论功劳，论资历，远胜王梁者比比皆是，恐怕越次擢拔王梁为司空，由县令骤升三公，众将不服。而以孙咸为大司马，就更难服众了。孙咸名为征狄将军，将略平平，籍籍无名，让他去统帅诸将，指挥千军万马，不唯诸将不服，刘秀自己也不放心。他暗示强华，让他反复解说"赤伏符"的谶语，诸将也都烦恼起来。马武道："谶纬之言，神鬼难明，岂书生能尽知也？秦始皇轻信'亡秦者，胡也'的谶语，使蒙恬北筑长城，盛兵御胡。孰知这一'壶'不是那一'壶'，应验在二世胡亥身上。王莽想要篡位，编造了多少符书，各地谎报了多少祥瑞，又应验了多少？"诸将多议论道："若论南拒洛阳，安定河内，寇恂功居第一，拒朱鲔，除李轶，冯异功不可没。若论大司马人选，吴汉、景丹最为相宜。"刘秀深知众人之意,遂缓缓言说道:"景将军北州大将,才兼文武;吴将军有建大策之功,又诛苗幽州、谢尚书,其功甚伟。旧制骠骑将军与大司马官阶相等也,诸卿所见尽当也。"刘秀于是诏拜前将军邓禹为大司徒;野王令王梁为大司空;大将军吴汉为大司马;偏将军景丹为骠骑大将军;大将军耿弇为建武大将军;偏将盖延为虎牙大将军;岑彭为廷尉;贾复为执金吾;臧宫、马武、陈俊为侍中,其余诸将,各有封赏。

强华谓刘秀道:"自三皇而五帝,五德相生不绝。黄帝德土,而尚黄;夏禹德木,而尚青;周文德火,而尚赤,终克商汤金德而有天下。八百载以后,秦以水德而兴。五百年后,高帝以火德之君开大汉基业。今皇上诛无道,再正火德,以复炎汉,色应尚赤。军中宜用赤职,百官宜服赤衣,官舍及应用器物皆宜赤色,以应运数奉天命。"刘秀诏令有司实行。刘秀君臣然后在郊外点燃大火,以告天地鬼神。

阴丽华

　　光武登基后，偏偏天象反常：夏末大旱，误了农时；仲秋月蚀，误了赏月；十月间，秋霜早降，荞麦正当盛花期，却遭霜打，几乎绝收。接着又传来了陇西地震的消息。天象频频示警，军事上又不断受挫，邓禹西征，在安邑城下受阻，几个月未有寸进。赤眉势盛，兵薄潼关；青犊、铁胫、五幡、尤来诸部，散而复聚，有死灰复燃之势。光武接到铫期急报，各部集于檀乡，百姓称之为"檀乡贼"，恐有威胁魏郡之势。光武深以为忧，急忙召集左右商议应对之策。

　　光武说道："朕践祚以来，天象频频示警，诸事亦多不顺畅。莫非朕德能鲜薄，登基匆忙，神灵降罪乎？"诸臣皆劝解道："陛下奉天承运，上得天时，下得民心，有赤符为证。诸事不利，原因甚多，况胜败乃兵家常事，不足忧虑。赤眉势张，诸贼复起，乃更始失政，力不能制之过，又与皇上何干？"强华因献《赤伏符》有功，得封谏议大夫，上管钦天监。他见光武言及天象、神灵之事，连忙出班奏道："严霜不时而降，伤及秋禾，显然是阴阳失调之兆。臣认为大业初创，百官司职虽备，兵强马壮，猛将如云，阳刚之气至盛；但后宫不充，坤势难副乾阳。古者，天子六宫、三妃、九嫔，宫娥采女以千数；今者，后宫空虚，不及寻常百姓之家。坤德厚重，社稷根基，方能稳固。望陛下及早降旨，选聘良家女子入宫，以充妃嫔之位。"光武闻言大为不悦，他愠色言道："卿欲朕效桀纣耶？效王莽耶？殷鉴不远，十二年前，王莽复古，效九嫔之法，广征良家女子，日进百女入宫，天怒人怨。今天下未定，正宜选贤与能，整军经武，与民休息，安能为此不急之务？"强华羞惭而退，不再多言。

朱祐与光武、强华，当年同游太学，有同窗之谊。他见光武动怒，连忙为强华缓颊解窘道："当此百事丛集之秋，选秀确实不宜。但阴难副阳，后宫空虚，坤位虚悬，也非长久之计。久则阴阳失调，实非社稷之福。今后宫虽有郭贵人主持大局，但左右缺少使唤之人，夜无宫人点灯照明，晨无鸡人报晓兴作，日无内侍酒扫庭除，如何是好？况人气不足，阴气必重。秋风夜雨之夕，黎明昏暗之时，谁能安卧无惊？自皇上单车下河北，阴贵人避难乡里，颠沛流离，迄今已三载有余。当此兵荒马乱之年，臣下不能不替皇上担忧。今大业已定，皇上与贵人不宜长久分离。依臣之见，不如早遣宫使，前往新野，迎接阴贵人前来鄗都，以补坤位之虚，俾使阴阳和谐，诸事顺遂。"众文武齐声附和道："请陛下早迎眷属来京！"

光武面色稍霁，但犹豫道："前朝冠军侯霍去病曾有名言'匈奴未灭，无以家为也'？贤士大夫尚能不忘以社稷为先，况天子乎？今天下未定，烽烟未息，百姓流离失所，朕何能顾一己之私？况鄗都宫室不备，居处局促，多有不便。此事姑容后议。"

当日散朝回宫，光武面色不乐。郭后已闻朝议情况，便婉言劝解光武道："天子家事即国事矣。寻常百姓之家，尚以阖家团聚为福，琴瑟和谐为幸。皇上宜从诸臣之请，早迎亲眷赴行在团聚。臣妾仰慕阴家姐姐久矣，亦望早日相会。鄗京后宫虽然局促，但人气不旺，臣妾实感孤单。阴家姐姐到来，定会平添许多和乐之气。"光武道："难得卿有此贤德胸襟雅量，只是大业未成，兵革未息，军国要政，百端待举。鄗都，小县也，粮赋不足，房舍有限，朝廷百司丛集，已不堪重负。若再添许多眷属，实在是诸多不便。"郭后道："古之圣君，茅舍不剪，采椽不斫，衣褐被布，疏食野炊，以成其丰功伟业。周之丰镐，秦之雍城，起初规制，恐怕去今之鄗都远甚，终成数百代基业。皇上不必担忧宫室局促，漆里郭氏可助皇上修房舍，纾宸忧。"光武道："朕有今日，多得卿家之力，郭家资财半入军矣。孤不忍再劳郭家之助，费郭家之资。"郭后笑道："率土之滨，莫非王土；普天之下，莫非王臣。郭家非陛下臣民也？况臣妾委身于皇上，即皇上家人，哪里还有彼此之分？郭家之财，即皇上之财也。"光武大喜,他抚郭后之背说:"多谢卿家!朕不负卿!"刘秀于是传旨:命陈俊为侍中,钦使;邓奉为侍郎,副之;册封阴丽华为贵人。这两人即日带领百余骑启程,前往新野,迎接阴丽华及其他眷属,前来鄗京团聚。

郭后把迎接阴贵人之事秉明母亲郭主。郭主立即命人鸠集工匠,大车小辆运送梁檩木材、屋瓦砖石等应用之物,前往鄗城修建宫室。真定王刘扬听说此事,入见郭主。姐弟礼毕,刘扬道:"皇上登基数日,皇后之位未定,六宫之主属谁,天下瞩目。花落谁家,尚在不可知之数。外甥女年幼,不知后妃名分,天壤之别,外家权位也因此判若云泥。老姐姐年逾花甲,竟也如此糊涂,不帮女儿好好谋划,如何邀荣固宠,夺取六宫主位,反倒忙于不急之务,掏自己腰包,修建鄗城宫室,迎候南阳新贵到来,此非为他人做嫁衣乎?"

郭主冷笑道:"我看汝枉为一人之下万人之上、当朝一品的真定王了!识见竟然如此鼠目寸光!六宫之主,虽然富贵尊荣无比,天子可以荣之,亦可以废之。外戚权倾朝野,煊赫一时,天子一怒,祸及九族。前朝吕、霍、窦、许,何家不是如此?当今皇上,英睿无比,旷古罕见。为何登基至今,不降册封皇后之旨,使皇后之位虚悬,其意显而易见,真定王难道看不出来?"刘扬道:"不问而知,欲待阴氏。"郭主道:"何以见得?"刘扬回答道:"弟闻皇上幼年时,曾对人言,'做官要做执金吾,娶妻要娶阴丽华',天下尽知,足见其情深义重。今日皇后之位虚悬,非待阴氏为何?"郭主道:"汝但知其一,不知其二。皇上与南阳阴氏,结发之情,固然无人可比。但天子胸怀天下,爱美人更爱江山,重情重义更重社稷。皇上今日之基业,若非我刘、郭两家鼎力相助,恐怕还要大费周章。不是你真定王十万之众,漆里郭家万贯家财,尽为军用之资,邯郸王郎哪能束手就擒?河北群雄哪能渐次荡平?哪有他登基鄗都之业?皇上虚悬皇后之位,举棋不定,犹豫不决,盖因立阴氏不忍负郭、刘两家之功,以伤社稷根基;立郭氏恐伤令名美德,难舍结发情深义重。当此皇上两难之时,你这当舅舅的,设身处地,替你外甥女谋划谋划,该当如何是好?是恃功力争?还是谦抑退让呢?"

刘扬不觉面红耳赤道:"'老子道,曲则全,枉则直,夫唯不争,故天下莫能与之争,将欲取之,必先予之。'外甥女深得其妙也。以退为进,不争之争,方能稳操胜算。高明!有其母,必有其女,愚弟佩服!愚弟佩服!"郭主笑道:"自己人就不要拍马屁了。说说你这当舅的,该怎么办吧。"刘扬道:"外甥女此举,必然更得皇上欢心。姐姐慷慨解囊,修建宫室,定然得皇上嘉许,内外钦敬,皇后之位非外甥女莫属。为助外甥女心想事成,我这当舅舅的,也不能坐享其成,愿献财帛十万,以助修建宫室之用!"郭主道:"有脂粉,要涂在脸蛋儿上,好钢要用在刀刃上。汝既有此意,何不奏明皇上,献诸朝廷?"刘扬心领神会,忙道:"就依姐姐之见,小弟这就回府忙写奏章,上奏皇上!"

刘扬回到真定王府,把欲献财帛十万助修宫室的打算,告诉其弟刘让,劝刘让也献财帛以取悦光武。刘让迟疑道:"姐姐和兄长的计谋,原本不错,但小弟总觉得仍非万全之策。'人心隔肚皮,虎心隔毛衣',天意从来高难知。万一皇上把虚情当实意,只顾嘉赏郭、刘两家的隆情高义,顺水推舟,把皇后的名位,反倒真的给了阴丽华,我们岂不是枉费心机,白搭上了数十万财帛?"

刘扬向无主见,听刘让如此一说,又不免犹豫起来。沉吟半晌,他反问刘让道:"依汝之见,何计可策万全?"刘让笑道:"伐树刨根,治病寻因。扬汤止沸,不如釜底抽薪。外甥女能否捷足先登皇后之位,登上之后,能否安坐无虞,决定于阴丽华能否平安抵达鄗都。当此兵荒马乱、干戈扰攘之秋,闭门家中坐,祸从天上来,也属常事。何况南阳至河北,山水相隔,千里迢迢,一个闺阁女子,谁能保其平安无事? 若途中遭遇不测之祸,死于非命,谁还能与外甥女争夺皇后之位?"刘扬道:"混账话! 你我身居王侯之尊,安能为此荒唐下流之事! 何况稍有疏失,事情败露,你我有何面目挺立于河北士林? 画虎不成,不唯你我遭灭顶之灾,还要累及姐姐和外甥女,此事万不可为!"刘让笑道:"王兄以为我要让你赤膊上阵,亲自去行凶杀人吗? 孟子曰,'君子远庖厨',肉食不必杀生。更始君臣衔恨当今皇上远非一日,今日赤眉兵薄西京,更始盼勤王之兵,如身居焚屋急盼救火之人。皇上名为更始所封萧王,却拥兵数十万,隔岸观火,趁势命将攻城夺地。更始君臣能不恨之入骨,欲食其肉,欲寝其皮,若得知皇上遣派使者迎接眷属的消息,岂能无动于衷,坐失良机? 到那时候,何须你我动手? 自然有人替我们效劳。"刘扬迟疑道:"此话当真?"刘让道:"昔日项羽与高祖争夺天下,烹太公,虏吕后,所为者何？为要挟高帝就范而已。更始君臣即使不杀阴氏，以泄胸中之愤，也必会劫持阴氏为质，逼皇上让步，或交出兵权，或退位称臣。皇上必不肯为一女子而不要江山社稷，阴氏必死无疑。外甥女的皇后之位，不就坐定了？"刘扬大笑道："此借刀杀人之计也，妙极！妙极！"两人遂立即派人前往长安，散布光武迎接眷属的消息，人口相传，不胫而走，几成街谈巷议的焦点。

长安城中，朱鲔、陈牧、李松、申屠建等人很快得到消息，便相聚商议道："赤眉兵薄长安，邓禹兵下河东，前门有虎，后门有狼，形势危如累卵。各地勤王之兵，迟迟不肯到来。皇上身居焚屋之下，尚沉醉酒色温柔之乡，这可如何是好？"朱鲔道："城中风传，萧王刘文叔近日命人前往南阳，搬取眷属。若能半道劫归长安，皇上降旨，命使前往河北，面见萧王，陈述利害，晓以君臣大义，命尽撤邓禹之兵，转而勤王。如此则峰回路转，赤眉可破，长安可保，社稷转危为安。诸位以为如何？"李松道："风闻萧王已在鄗城妄称尊号，他岂肯听命？"朱鲔道："丞相是南阳人，当知刘文叔'仕宦要做执金吾，娶妻当娶阴丽华'的美谈，伉俪情深，可见一斑。只要阴丽华劫归长安，刘文叔焉能不肯就范？即使不肯就范，焉能不乱心神？据以为质，遣使商谈，刘文叔不让步，行吗？"李松道："大司马说得有道理，不妨一试。"申屠建道："司马之计虽好，恐怕皇上不纳忠谏，也是枉然。况且皇上深居后宫，你我难得一见，如何进谏？"李松道："赵萌之女深得圣心，爱屋及乌，赵萌也深得皇上信重。你我何不邀赵萌一道，同赴长乐宫，叩宫求见？"朱鲔道："如此甚好，让赵萌说服女儿，在皇上耳边吹吹枕头风，免得让我等吃闭门羹。"

次日，朱鲔、李松、陈牧、申屠建，邀了赵萌一同谒见更始。因有赵妃吹风，更始于长乐宫召见五臣。更始一边由赵妃陪伴饮酒欣赏歌舞，一边听众臣奏报。听了这几人奏毕，更始懒洋洋地说："诸卿之计固好，但长安城中，兵微将寡，守城御敌，尚不敷调遣，派何人去劫持刘秀眷属？"李松道："南阳诸王均已接到圣上勤王圣旨，不日将陆续起兵赴京。只用命一人前往新野，便可成功。"更始冷笑道："说得轻巧。南阳诸王，个个与刘秀交厚，谁肯为朕效命？丞相岂非痴人说梦？"李松默然。朱鲔道："宛王刘赐，邓王王常，西平王李通等人，素与萧王交厚，恐怕碍于往日情面，不肯撕破脸皮。但臣敢担保，随王胡殷、舞阴王李轶，一向与萧王有隙，一定会奉旨效命。"申屠建趁机也说:"二王正要赴京勤王,一举两得,他们途经新野,不费吹灰之力,事情就可办妥。"更始不愿与五臣多说,便挥手道:"依卿等所奏,就命李轶、胡殷遵旨办理吧。成与不成,催促他们早日带兵赴阙才是。"五人退出,立即拟旨,命人飞马星夜兼程,前往随县和舞阴。

胡殷接旨,立即起兵到舞阴和李轶会合。李轶道:"赤眉兵薄关中,京师危殆;萧王已非昔日可比,兵强马壮,声势夺人。时势难料,天下纷纭。鹿死谁手,尚未可知。满朝文武,竟无一人去干这为怨结仇的事情,皇上偏偏让你我二人去替他火中取栗,得罪刘秀。王兄你有何高见?"胡殷道:"你我与刘文叔本就素不相能,但并未撕破脸皮,兵戎相见。如果依照当朝诸公旨意,公然劫持萧王眷属,恐怕和萧王之间的仇怨不共戴天。萧王一旦得势,我二人必将万劫不复,这可如何是好?"李轶道:"我也正为此犯愁。公然抗旨,非为臣之道;甘做替罪羊,也非智者所为。"胡殷道:"这有何难? 当此盗贼遍地,狼烟四起之时,啸聚山林草泽者,不可胜数。自南阳至河北,荒无人烟之地,穷山恶水之间,无处不是盗贼渊薮。命你手下将士扮作强盗,谁人能够识破?"李轶领首言道:"也只好如此了。"李轶、胡殷两人于是让人打探刘秀眷属行踪,命部署依计而行,扮作强盗,在途中拦劫,并严令部下,不准伤人性命。

陈俊、邓奉来到新野,恰好刘秀的姐姐湖阳公主也在阴家。湖阳公主新近死了丈夫,加上与刘秀分别多年,姐弟情殷,要同阴丽华同往河北鄗都。李通镇守荆州,得知刘秀在河北称帝,料日后必取更始而代之,欲修旧好,遂送夫人宁平公主前往新野,随行探亲,以作他日之计。众眷属聚齐,已经到了冬初时节。女眷们分乘四辆辀车,既可载物,亦可卧息。阴丽华之兄阴识、弟弟阴兴带领童仆数人随行,侍奉母亲起居。小弟阴欣年幼,与母亲同乘一车。

众人行至堵阳东南与舞阴西北交界之处,但见冈峦起伏,村落渐稀。山虽不甚高,但林莽森然无际,罕见行人踪迹。本来,自王莽末年以来,绿林、赤眉兵起,兵连祸结,闾里为墟者,到处都是,但此处凄凉尤甚。十里不见炊烟,不闻鸡鸣犬吠之声,寂静得令人可怕。陈俊生在南阳,久历戎行,且处事精细,见此情景,不禁皱起眉头,仍故作淡然地说道:"'出了舞阴城,路无十里平,林中藏虎豹,山间有毒虫',此地乃舞阴、堵阳交界之处,冈峦起伏,山险林密,正是盗贼出没之处。说不定还有豺狼虎豹,诸位打起精神来,要格外小心了。"话音刚落,邓奉眼尖,一眼瞥见林子里蓬蒿丛中仿佛伏有人影,便立刻跃马来到跟前,厉声喝道:"何方毛贼,藏身此地?不怕死的赶紧现身!不然,爷要放火烧荒了!"

时在秋尽冬初,正是衰草连天、枯叶遍地之时,天干物燥,山林间最怕火起。一把火往往引起漫山遍野烈焰腾腾,名曰"烧荒"。一旦火起,藏在山林荒草间的豺狼狐兔,便四处逃窜,此是山民常用的狩猎之法。邓奉一声吆喝,草丛中果然钻出七八个衣衫褴褛的山民来,颤颤巍巍来到了马前,磕头不止,请求饶命。其中一老者,年逾花甲,哀求道:"官爷饶命,我们都是前面村中百姓,昨日有军队从南边来,一路掳掠,我们害怕,故而躲避到野外林子深处。方要回村,又见官爷车马过来,连忙钻入草丛躲藏,还是被官爷发现了。我们随身所带,都是一些破破烂烂的日用之物,无一值钱的东西,还望官爷可怜。"邓奉笑道:"我们是太守衙门的眷属,前往颍川探亲,老丈不必害怕。你说昨日有军队经过,可知是何人部众?有多少人马?"老丈道:"听说是随王胡殷和舞阴王李轶的人马,奉调进京。但不知何故,到了山北,却留下一部安营扎寨,不往前走了。"邓奉闻听此言,顿然起了疑心。等众山民走后,他连忙告知陈俊。陈俊略一思忖道:"李轶、胡殷素与皇上不睦,定是知道了皇上搬取眷属的消息,有所图谋,你我不得不防。"邓奉道:"刘、李两家结盟在先,况宁平公主乃李季文之嫂。季文安能不顾西平王李通的面子?"陈俊道:"李轶为人名利心最重。自大司徒刘伯升死后,刘、李两家哪里还有情义可言?你我势单力薄,阴贵人及两位公主安危为重,断不可掉以轻心。不如改道东行,至西平暂住,然后再定行止。"邓奉道:"如此甚好!"陈俊、邓奉两人随即带领车马折而向东。

李轶、胡殷部众改扮作强盗山贼,在荒山野岭里白等了一日一夜,不见刘秀眷属人影,连忙向李轶、胡殷报告。李轶命人打探,方知陈俊一行已经改道东行,往西平方向而去,尚未离开舞阴境内。李轶道:"陈俊一向机警精细,一定听到什么风声了。事机已经泄露,这可如何是好?"胡殷道:"看来,我们和萧王这梁子是结定了,陈俊既已怀疑到我们头上,季文欲留后路,亦不可能。一不做，二不休，不如追上前去，把人截下，带回京城交差，免得两头获罪，里外不好做人。"李轶道："事已至此，也只好如是了。"李轶、胡殷带着精骑千人，风驰电掣一般，前去追赶刘秀眷属。

陈俊、邓奉一行，有乘车的，有骑马的，有步行的，女眷又多，有老有少，行动难免迟缓。大家行至嵯岈山麓，阴老妇人一路颠簸，身体不适。陈俊只好寻得一荒村小店，让车马停下来，稍事歇息。安顿甫毕，忽听人喧马嘶之声，李轶、胡殷带兵追上来了。陈俊一面命阴识、阴兴保护众眷属登车逃走，一面带数十骑断后，迎战李轶、胡殷。昔日故友，兵戎相见，难免有几分尴尬难堪。李轶在马上拱手为礼道："子昭兄别来无恙？"陈俊道："托舞阴王之福，尚能驰骋沙场，临阵杀敌，开百石之弓，取上将之首。舞阴王不妨一试？"李轶哈哈笑道："陈兄取笑了！听说将军迎接萧王眷属路过舞阴，在下洒扫庭院，欲尽东道之谊。恭候多日，不意将军却不肯赏光，改道他途。李某恐将军误听无根之传，伤两家昔日之谊，特此赶来相邀。还请将军移玉，容李某剖沥肺腑，以释前嫌，重修旧好，如何？"陈俊报之一笑，说道："舞阴王美意，在下心领了。一定转致主公，他日投桃报李。恕王命在身，不能从命，还请舞阴王见谅。"

胡殷在一旁，早已经听得不耐烦起来，高声叫道："啰嗦什么！敬酒不吃要吃罚酒，怨不得他人！今日之事，由不得尔等做主。识相的，早早随我们去吧！"陈俊冷笑道："要强行留客吗？尔不过绿林军中一无名小卒，能在陈某马前走上三五个回合，我便随你前去，如何？"胡殷大怒，立刻鞭马而出，挺枪直取陈俊。李轶要阻拦时，已来不及。陈俊气定神闲，大刀一挥，轻轻把胡殷手中长枪拨开，待胡殷战马冲过，不及转身，陈俊头也不回，大刀抡圆，一招乌龙摆尾，刀背正砍在胡殷后腰。胡殷仿佛身躯已被砍断，疼痛难忍，差点坠落马下。胡殷咬牙忍痛，刚刚勒马回头，不及挺枪，陈俊刀疾如风，又一招清风落帽，刀挟寒光，横斩胡殷面门。这一招名目虽雅，但实则凶险之极，胡殷急忙伏鞍缩颈，头上巾帻已随刀四散飘落。胡殷亡魂直冒，勒马便逃。邓奉叫道："随王休惊，陈将军若要取汝性命，这三刀你哪能躲得过去？还不谢过不杀之恩再走？"陈俊也不追赶，提刀立马说道："念汝曾为更始御前执戟，是阴平王陈牧连襟，不忍取汝项上人头，劝汝好自为之！"

胡殷羞惭不语，带领部卒便走。李轶抱拳当胸，大声说道："子昭兄出马三刀，果然厉害，也让我领教领教！"李轶说罢，怒马冲了过来。邓奉道："杀鸡不用牛刀，我来领教舞阴王高招！"邓奉话未落点，也立即跃马相迎。陈俊知道李轶枪法非比寻常，担心邓奉有失，便故意扰乱李轶心神道："舞阴王枪法军中无人不知，多半出自刘家。当年刘、李联盟，李季文亲赴白水刘府，刘伯升命诸兄弟把十八般武艺倾囊相授，刘家军中第一枪刘稷，亲传绝技九招，名曰：枪中夹棍，化枪为刀，变枪为鞭，各三招。萧王传花枪十路，招招精奇。从此李季文名扬天下，并以刘家枪法杀了汉军第一猛将刘稷。邓奉贤侄，你可要十二分地小心了！"李轶闻听陈俊这样一番抢白，果然上当，又羞又怒，心神烦躁起来。两军阵上，生死攸关之际，稍一疏神，便有性命之忧。邓奉本就骁勇，瞅准李轶分神，知其已中陈俊之计，越发精神抖擞，一枪比一枪快，且奇招频出，一时间杀得李轶手忙脚乱起来。邓奉寻隙击虚，等李轶露出破绽，暴喝一声："着！"一枪扎在李轶胸前护心镜上。李轶急中生智，本能地一招鞍上观云，直挺挺躺在马背上，邓奉的枪尖，寒光嗖嗖，紧贴其鼻尖而过。

李轶落败，勒马退回。他抱拳拱手说道："子昭兄好心计！今日有幸领教邓家子绝妙枪法，幸甚幸甚！二位须知，独虎斗不过群狼，好汉难敌人多。霸王虽勇，难脱垓下之围。谓予不信，咱走着瞧！"陈俊马上一揖，欠身还礼道："季文难道忘了当年昆阳城下，你我十三骑溃围而出的往事了吗？舞阴王难道比当年王寻、王邑人马还多吗？"李轶也不答话，带领部众，绝尘而去。陈俊、邓奉追上阴识、阴兴兄弟以及阴丽华等人车马，继续前行。陈俊道："李轶、胡殷断不会就此善罢甘休，大家要分外小心了。等离舞阴远了，也就安全了。"宁平公主问道："想不到李季文竟然如此胆大妄为，再怎么说，我也是李家的人。如果他再追来，你们只管走，我来拦他。看他敢把我怎么样！"邓奉道："怎能让姨娘身临险地？李季文胆敢无礼，定叫他有来无回！"

阴丽华一行人众前行三十里许，但见两山对峙，如恶狼东西相向而立。陈俊道："这便是两狼山了。过了此山，便是舞阳地界。李轶兵过舞阴，到了他人领地，主客易势，不能肆行无忌，我们或可平安了。"一语未了，前边士卒禀报：前面巨石挡道，车不能过。陈俊心中暗惊，命车马停下，让邓奉带人察看四周。但见空山寂寂，荒野悄然，不见人影，并无异常。阴兴年方十五，但身材魁梧，膂力过人，他在一旁说道："管他是哪个缺德鬼干的，搬开好了，免得耽误行程！"说罢便跳下马来，搬开巨石，就往路边扔去。众家丁见主人动手，立刻推的推，抬的抬，时间不长，便把挡路的巨石清理干净。阴识催促车马继续前行。方到两狼山口，忽听山上轰然如沉雷响起，无数巨石从山坡滚落下来。阴识急忙挽车后退，但为时已晚。一块巨石大如黄牛，疾若奔马，正撞在阴老夫人和小儿子阴欣乘坐的辎车上，霎时间，辎车辕断轴折，翻到路边沟里。众人大惊失色，连忙上前救护。巨石接连滚落，立刻又有数人受伤。亏得阴兴急中生智，一连搬了数十块巨石，堆垒成墙，众人方有了藏身暂避之地。大家急忙仿效阴兴，用石块把车辆包围起来，以阻挡不断滚落之石。陈俊、阴识把阴老夫人母子救起，但见阴欣血流被面，人事不省，阴老夫人和阴丽华哭得死去活来，众人都来劝慰，但哪里劝得住啊？

陈俊抬头，远远望见胡殷正在山顶指挥士卒往山下抛掷石块，便立刻喊过邓奉秘语数句。邓奉立刻带领数人，绕过路边树林，捷若灵猿，疾若猎豹，翻山越涧，悄然来到胡殷身后，出其不意，将其擒获，并杀散众人，把胡殷押回，来见众人。

任阴丽华母女哭得昏天黑地，小阴欣还是气绝身亡。阴兴、邓奉要杀胡殷为阴欣偿命，祭奠亡灵。陈俊则以为不可，他劝阻道："胡殷身居王位，毕竟与皇上曾经同殿称臣，其罪该诛，但我等不宜擅杀。况你我尚未离开危险境地，留下胡殷，或许缓急可济脱困之用。"正在此时，李轶带领人马，鞭马如飞，边跑边喊："刀下留人！刀下留人！"邓奉、阴兴翻身上马，准备厮杀。陈俊道："诸位少安勿躁，保护好贵人母女及两位公主，待我会会李季文。"陈俊说罢，提刀上马，越众上前。宁平公主忙道："将军一身系众人安危，彼众我寡，且慢动手。我料李轶天良未必丧尽，待我劝他罢兵如何？"阴丽华也说："先礼后兵，不妨一试。若能不战而退，则为更好。"

说话之间，李轶来到跟前。宁平公主手掀帷幔，高声问道："来者可是季文吗？你若还以西平王李次元是你大哥，我便是你大嫂。若不认李次元是你大哥，尽可放马过来，先杀了我，然后到长安去邀功请赏。"李轶见是宁平公主，慌忙下马，躬身道："给嫂嫂请安！季文万死不敢冒犯大嫂。盖因王命在身，身不由己，还请嫂嫂恕罪！"宁平公主道："既然蒙你叫我一声大嫂，你我便都是南阳李家之人。我有一言相劝，望汝三思：你虽不惜与刘家为怨结仇，但今生今世，你就不打算和你大哥见面了吗？今生不见，到了阴曹地府也不见面了吗？"李轶满面羞惭，垂首不语。他良久言道："季文万死不敢忘记大哥之恩。请放了随王胡殷，弟便带兵回京交旨。"宁平公主道："嫂嫂虽是女流，也知道礼尚往来。"她回头对陈俊道："侍中以为如何？"陈俊点头颔首，令左右放了胡殷。李轶躬身为礼，向宁平公主说道："请嫂嫂代李轶向文叔致意，今日之事，为公不为私，各为其主而已。"李轶说罢，翻身上马，头也不回地去了。

李轶此番回到长安，正值赤眉兵临城下，王匡、成丹自安邑败归，更始君臣焦头烂额，哪里还顾得上其他事情？何况正是用人之际，遂命李轶带领本部人马与朱鲔共守东都洛阳去了。

阴丽华等众眷属经此劫难之后，一路上晓行夜宿，倒算有惊无险，终于到了鄗都。光武与阴丽华相见于燕赵，自是一番感慨莫名，暂且不表，而陈俊、邓奉此行办差，劳苦功高，让光武满意非常。无言嘉勉，都在意中了。

四　入洛建都

李轶　朱鲔

　　刘秀亲率大军追击青犊、铁胫残部,人到中山,忽接探报:赤眉大军兵分两路,一路由樊崇、逢安率军从武关向西;一路由徐宣、谢禄、杨音率众从陆浑关出发直薄关中。更始帝则派定国上公王匡、襄邑王成丹、抗威将军刘均等人各带兵马前往河东、弘农两郡堵截。刘秀急忙带领人马回转河内。

　　刘秀与诸将集于怀宫商议应变之策。邓禹曰:"更始君臣猜嫌主公已久,谢恭被诛,河内归服,必更惮之。今王匡、成丹集重兵于河东,既外防赤眉,亦阴图河内、魏郡而防备主公,我们不得不预作防范。"刘秀道:"更始诸将必非赤眉之敌,长安早晚必破。我且坐观成败,再定行止,如何?"邓禹道:"先发制人,后发制于人。兵形无常,变生瞬间。更始大军近在河东,若未攻赤眉,先攻河内,我毫无准备,必失先机;若赤眉获胜,分兵以攻河内,又当如何? 有备无患,不如早做准备。"刘秀道:"卿思虑缜密,深沉计远,就依卿所言,命卿辛苦西征如何?"邓禹道:"谨遵王命!"

　　刘秀于是拜邓禹为前将军,分麾下精兵二万,持节西征,偏裨将校由其自命。邓禹奉命遂以韩歆为军师,李文、李春、程虑为祭酒,冯愔为积弩将军,樊崇(此樊崇与赤眉首领樊崇同名同姓,但非一人)为骁骑将军,宗歆为车骑将军,邓寻为建威将军,耿䜣为赤眉将军,左于为军师将军,即日挥师西进。刘秀亲自送行至野王。临别之时,刘秀又问邓禹道:"我欲亲征幽州,河内、魏郡乃根本之地,城邑完好,仓廪充实,交付何人镇守为宜?"邓禹道:"昔日高祖任萧何于关中,无复西顾之忧,所以得专务山东,终成大业。今河内带河为固,户口殷实;北通上党,南临洛阳,形胜势要。寇恂文武足备,才可御众,能足治民。镇守此根本之地,非此子莫属。"刘秀颔首称是。

回到怀宫,刘秀立召寇恂,拜他为河内太守,行大将军事。他嘱寇恂道:"河内完富,吾将以此为根本,平定天下。昔高祖留萧何镇关中,吾今委公以河内,公即吾之萧何也。望公坚守此根本之地,转运不绝,给足军粮,率励士马,防遏它兵,勿令北渡,绝我后顾之忧。"寇恂回答道:"谢主公以腹心相托,敢不竭忠尽智,粉身碎骨以报!"刘秀道:"请问子翼为政方略,可否择要告我?"寇恂道:"讲兵肄射,整军经武;伐淇园之竹,为矢百万;养边郡之马万匹,劝农励耕,收租万斛,转给军前;谨守西河,以固根本。"刘秀大喜抚掌道:"闻子翼之言,我无忧矣!"

更始君臣闻刘秀派兵向西推进,乃遣舞阴王李轶、廪丘王田立、大司马朱鲔、白虎公陈侨将兵三十万,与河南太守武勃共守洛阳。刘秀闻报不禁又忧心忡忡。恰在此时,冯异刚从前线回来。刘秀大喜,急忙召冯异问计。

原来射犬之战前夕,为防铁胫、五楼别部,南下射犬与青犊、赤眉之众会师,刘秀命冯异率部前往北平拦截。铁胫、五楼之众北走匈奴与林塌顿王联合,与冯异战于易水之北,最终为冯异所败。

冯异道:"河阳、孟津,西挡河东,南阻洛阳,历为兵家必争之地。不如派兵西进河阳,以为河内、魏郡牴角之援。"刘秀道:"正合我意。不过,将军方从北平归来,又劳将军西行,于心不忍。"冯异爽然说道:"方此创业艰难之秋,陛下尚且南征北战,不得安席,臣下安辞辛劳?"刘秀即拜冯异为孟津将军,统率本部人马驻军河上,与魏郡、河内二郡之兵互为牴角,共御更始李轶、田立、朱鲔兵马。

铫期因重伤未愈,刘秀前去探望。刘秀道:"卿且安心静养,待我北征归来再相见。"铫期道:"虎豹虽病,不离山林;将军虽死,不离战场。安有华屋之下锦榻之上的将军?臣请从行!"刘秀不许。铫期请之再三,刘秀道:"魏郡初定,次况且为我守之。"于是命铫期为魏郡太守,陈康副之,共守魏郡。

诸事安排就绪,刘秀率领大军北征。徐少、铁卿收拾残兵败将与尤来、大枪、五幡各路散兵游勇,集于元氏。刘秀命邳彤、刘扬各带本郡人马在前面拦截,大军随后追来。徐少、铁卿溃围而出,逃往北平。刘秀以为徐少、铁卿已成惊弓之鸟;尤来、大枪、五幡不过乌合之众,紧追不舍。刘秀等到了顺水之北,徐少、铁卿忽命各部化整为零,散入顺水上游的五回岭和易水南岸的九虬峪,不见踪影,诸将皆大惊。岑彭道:"此太公六韬所谓乌云阵法也,聚散不定,如乌如云。我军若分头搜寻追击,其必聚而攻之。这时我军由众变寡,由强变弱;贼则由寡变众,由弱变强,势必危殆。为今之计,宜按兵不动,各部择有利地形安营下寨。然后,居阳备阴,居阴备阳;处高备下,或处下备上。以静制动,可策万全。"刘秀道:"依卿所言,各营择有利之处安营下寨。"不料到了夜晚,尤来、大枪、五幡兵马,却四处袭扰,火光漫山遍野,杀声山鸣谷应。岑彭持刘秀节令,严禁各营出战。徐少、铁卿扰攘到天亮,并无收获,又散归山野林谷之中。

一连三日,夜夜如此,刘秀不禁烦躁起来。他与诸将商议道:"知己知彼,方能百战不殆。如今贼在暗处,我在明处;贼军虚实动静,我一概不知;而我军虚实动静,贼尽知晓。长此以往,不能破贼,反为贼困,此非良策。"他于是多发斥候,广遣逻骑,探寻敌踪。

刘秀很快得到消息,尤来、大枪、五幡兵马准备北渡易水,前往涿郡,刘秀立命吴汉、盖延、景丹向东,岑彭、马武、朱祐向西,王霸、祭遵、坚镡向南;他自己亲率耿弇、耿纯、陈俊、刘植、刘隆等人随后,四面包抄追杀过来。谁知三路追击的不过是尤来、大枪、五幡军中的一支佯动之敌,而徐少、铁卿带领主力仍在九虬峪、五回岭按兵未动,见汉兵各路齐出,只剩刘秀在后,便集中兵力包抄刘秀而来。等到刘秀发觉中计,为时已晚。耿弇、耿纯、刘植、刘隆、陈俊等保护刘秀,左冲右突难以脱身。耿纯道:"贼兵势大,且得地利;我军分散,势力单薄,不能突围与大军会合,势必危殆。莫如我和伯先将军各建大王旗号,分头突围,贼必分兵追赶;伯昭、元伯、子昭、邓奉四位保护大王,乘虚而出,然后到范阳相会。"耿弇道:"如此甚好。"

耿纯、刘植于是各打刘秀旗号,一路向东,一路向西分别杀出,徐少、铁卿各带兵马追赶而去。耿弇、刘隆、陈俊、邓奉保护刘秀乘虚从北面突围而出。徐少、铁卿与刘秀多次交锋,识得刘秀面目,知道中了刘秀金蝉脱壳之计,弃了耿纯、刘植不顾,又回头紧追刘秀。慌急之中刘秀、耿弇、陈俊被尤来、大枪、五幡兵马冲散,彼此难以相顾。徐少远远看见刘秀所乘白马,急率突骑来追,刘秀慌不择路,跃马奔上一处山冈。不想山路坎坷,越走越窄,前面竟是悬崖,马不能前,后面追兵又越来越近,刘秀不及细想,跃马跳下崖去。白龙马虽然神骏,但崖高谷深,立时首碎骨折,倒地而毙。说来也怪,刘秀竟然安然无恙。恰巧耿弇部下小将王丰,奉耿弇之命找寻刘秀,从悬崖下经过,赶忙过来,扶起刘秀上马,去和耿弇会合。很快,追兵又来,耿弇命众人保护刘秀前行,自己断后。追兵稍近,耿弇便弯弓射之,频频射杀多人,追兵方退。众人出了九蚬峪,耿纯、刘植、刘隆、陈俊皆来相会,检点人马,士卒折损数千人。众将齐来问候,刘秀笑道:"几为贼寇所笑,众卿放心,必雪此辱!"众人一路前往范阳歇马。徐少、铁卿虽获全胜,但忌惮刘秀之威,不敢穷追,前往安次驻扎。

吴汉、岑彭、王霸等人追至易水。尤来、大枪、五幡兵马忽然不见,知道中计,连忙回头来寻刘秀。寻到九蚬峪,遇到刘秀散兵,皆道刘秀被围,人马走散不知去向;赶到悬崖下面,寻到刘秀所乘白马尸骨,尽皆惊慌。众人皆道:"马死于此,主公不在,凶多吉少。如何是好?"吴汉道:"卿等勿惊,主公生死未卜,但其兄有子,现在南阳,后继有人,何患无主!战前主公曾与诸将相约范阳相聚,我们何不暂往范阳,再定行止?"

诸将于是同往范阳,大家见刘秀安然无恙,皆大欢喜。听刘秀讲罢脱险情况,无不唏嘘。王霸等人道:"大王一人系天下安危,披坚执锐,冲锋陷阵,乃臣等之事。庙谟运筹,发号施令即可。斩将夺旗,攻城略地请命臣等。"刘秀笑道:"高帝当年以九五之尊,一统天下,尚亲自征伐;今当创业之时,我何能垂衣安坐?"马武道:"大王帐下无人可使耶?要我等何用?"刘秀道:"众卿之言我记下了!今后谨慎便是!"

刘秀在范阳歇兵数日,复与尤来、大枪、五幡之众战于容城、广阳、安次。漯水之南,地势低洼,骑兵难于驰骋,尤来、大枪、五幡等得地利之便乘势反击。陈俊命部众下马,短兵接战,所向必破,追奔二十余里,亲斩徐少首级。刘秀大喜道:"诸将尽如子昭,尤来何足为虑!"五幡之兵败逃渔阳,所过掳掠不止。陈俊献计道："宜令轻骑赶到贼兵前头,督率各地百姓坚壁清野,以绝其食,以断其饮,诸贼可不战殄灭。"刘秀然其计,命陈俊带骑兵先行,处处抢在尤来、大枪、五幡人马之前,督令各堡各寨坚壁清野固守;散居寨堡之外者,悉令携粮入寨堡躲避,藏粮掩井。尤来、大枪、五幡之众,一路奔逃,饥不得食,渴不得饮,渐渐逃散,溃难成军。刘秀道："破尤来诸贼者,子昭之策也。"他命人为陈俊记下大功。

刘秀兵到蓟县,幽州牧朱浮带兵迎接。起居安排,饮食供应,甚为周详,刘秀心中暗自高兴。歇兵三日,刘秀即令耿弇、吴汉、景丹、盖延、朱祐、邳彤、耿纯、刘植、岑彭、祭遵、王霸、坚镡、陈俊、马武等十四人,各带本部人马,穷追尤来、大枪、五幡残部,务必斩草除根,以绝后患。诸将应命而去。

诸将走后,渔阳太守、建忠侯彭宠前来拜谒。刘秀设宴款待,亲为之奉酒道："微将军之力,河北平定不易。临风渴念将军久矣,今日相见,当满饮三杯!"彭宠并不逊谢,安然饮之。刘秀本不善饮,自刘縯被杀戒酒有年;统兵之后,驭下甚严,军中禁酒。彭宠自负其功,以为刘秀慢己,心中不快。当日辞出,心中怏怏不乐。刘秀看在眼里,心虽知之,并不在意。朱浮道："彭伯通意有不快,大王知之乎?"刘秀道："布衣相交,贵在知心;况君臣相交,何必以杯酒介怀? 大行不顾细谨,我以北州安稳相托,腹心相寄,伯通尚有何不快也?"朱浮道："前番吴汉奉命发十郡之兵,大王赠彭宠以所佩之剑,又倚之为北道主人。宠今日拜谒,自负其功,意望甚高。原想大王能出大门相迎,亲握其手,并肩而坐,欢饮同醉。不想大王只敬了三杯酒,便问政事,所以大失所望。"刘秀笑道："卿何不实情以告,军中禁酒,今日之宴,已属破例矣。"朱浮道："伯通焉有不知? 何须我言? 当初王莽为宰相时,甄丰为王莽左膀右臂,心腹之人。旦夕出入其府,参与谋议,时人曰:'夜半客,甄长伯。'及王莽篡位以后,甄丰被封为更始将军。他自以为功高赏轻,心中长怀不平之意,卒以诛死。"刘秀道："卿失言了,何至于此!"朱浮话说到此,不再多言。

再说冯异。他带领人马驻扎河上,与副将丁綝、吕晏、冯孝等人商议道:"李轶、朱鲔将兵三十万,与河南太守武勃互为应援,十倍我军;若大举攻我,我军必败。若能使其彼此离心,以分其势,各个击破,方有胜算。诸位有何高见？"吕晏道："更始诸将，舞阴王李轶爵秩最高，兵众最广，大司马朱鲔权势最重。朱鲔不满异姓封王，常与李轶、田立龃龉；陈侨、武勃皆平林旧部，与李轶貌合神离，不难离间。"丁綝道："久闻舞阴王李轶与萧王同乡，首义盟友，以萧王名义说之如何？"冯孝道："丁兄只知其一，不知其二。李轶与萧王有盟在先；但李轶曾参与杀害刘伯升之谋，早成张耳陈余，说之难矣。"吕晏道："时移势易，今非昔比。赤眉兵薄关中，更始危殆；萧王已平河北，如日东升。舞阴王当初背萧王兄弟而投更始，究其原因是为名利富贵。今日独不为名利富贵而动心耶？"冯异心有所悟，遂应道："君等所言，各有道理，容我思之。"

众人退去，冯异心中有了主意。他立即修书一封，命人秘密送交李轶。冯异在信中写道：

"愚闻，明镜所以照影，鉴往所以知今。昔微子去商而入周，项伯叛楚而归汉，周勃迎代王而黜少帝，霍光尊孝宣而废昌邑。彼皆畏天知命，睹存亡之兆，见兴废之事，故能成功于一时，垂功于万世也。苟令长安尚可扶助，延期岁月，疏不间亲，远不逾近，季文岂能独居一隅哉？今长安坏乱，赤眉临郊，王侯构难，大臣乖离，纲纪已绝，四方分崩，异姓并起，是故萧王跋涉霜雪，经营河北。方今英俊云集，百姓风靡，虽邻歧慕周，不足以喻。季文诚能觉悟成败，亟定大计，早图去就，论功古人，转祸为福，在此时矣。若猛将长驱，大军围城，虽有悔恨亦无及矣。"

李轶览信，心乱如麻，往事历历涌上心头。他与刘秀兄弟相交往的诸般情节，如在昨夕。初因朱鲔、张卬之托，宛城米市与刘秀相争；后因"刘氏当兴，李氏为辅之谶"，李刘结盟；往来舂陵日夕与刘秀兄弟相处，何其相得；刘伯升雄才大略，义薄云天；刘秀温文儒雅，识高见远，实非常人所及。盖因一个"妒"字反目，悔不该白水拥立更始，与朱鲔、张卬、陈牧、廖湛等人结盟谋害刘縯。时至今日，更始败亡不远，朱鲔、张卬、陈牧等人各怀心事。前不久听说王匡、张卬、陈牧、成丹、廖湛、胡殷、申屠建等人谋反，更始察觉，杀了申屠建，张卬、廖湛、胡殷反出长安，京师乱成了一锅粥。当此大厦将倾之时，自己确实应该另谋出路，早作打算了。纵观天下，"刘氏复兴"之谶，已成必然；而应运之主，非刘秀莫属。但刘秀能够不计前嫌，宽容自己吗？虽说为大业者不计小怨,桓公能释管仲射钩之恨;高帝能恕季布数窘之罪,但刘秀幼年失怙,长兄如父,手足情切,他能有桓公高帝之量吗？想来想去,犹豫不决。李轶思之再三,他给冯异复信道:

"轶本与萧王首谋造汉,结死生之约,同荣枯之计。今轶守洛阳,将军镇孟津,俱据机轴,千载一会,思成断金。唯望深达萧王,愿进愚策,以佐国安民。"

冯异见信,心中大喜,急忙秘奏刘秀。刘秀深恨李轶背信弃义,杀害刘縯。他秘戒冯异道:"轶多诈无信,人难得其要领,公孙慎之。"

刘隆闻李轶有乞降之意,夜见刘秀道:"昔李季文与大哥、二哥歃血为盟,共举大义,但李轶背信弃义,与张卬、朱鲔、陈牧、廖湛等人暗中勾结拥立更始,杀害大哥。弟追寻主公,李轶杀害弟之妻子。此等小人,弟实难与之共天地之间！"刘秀对刘隆说道:"元伯不言,吾能忘杀兄之仇乎？贤弟隐忍勿躁。"

冯异秘与李轶相会,答应为其在刘秀跟前转圜斡旋,以释前嫌。李轶答应暗与冯异罢兵息争,各守徇地。冯异乘机挥兵北上,破天井关,入太行,攻拔上党两城;冯异又南下河南成皋以东十三县,降者十余万。武勃大惊,将兵万余人东进,传檄李轶、朱鲔,共拒冯异。朱鲔命讨难将军苏茂,将兵数万相助。李轶按兵不动,作壁上观。

冯异则命副将丁綝迎战苏茂,他亲自带兵迎战武勃。冯孝与武勃接战佯败,一步一步把武勃引到成皋西边的士乡亭。冯异伏兵尽起,把武勃的一万多人层层包围起来。武勃大败,屡向李轶求救,而李轶则闭门不救。武勃不屈战死。冯异大获全胜,斩首五千余级。

李轶自以为暗助冯异立了大功,他写信给刘秀,希望得到他的谅解。刘秀得李轶书信,当众宣示,左右传看。刘秀还传檄各郡知晓,李轶已经归降,愿为前驱,进军关中。马武、铫期等人入见刘秀,急切进谏道:"李轶请降,事涉机密,岂可早泄？季文与朱鲔同在洛阳,朱鲔若得知季文之谋,岂不败事？"刘秀笑道:"李季文聪明有余,决断不足,多谋善变。吾此举,正欲使朱鲔闻讯,使其彼此离心,以断季文退路,决计来归,以免其首鼠两端耳,卿等勿虑。"马武、铫期退出,遇见王霸、朱祐二人,略言劝谏刘秀之事,王霸笑道:

"主公明见万里,岂是你我可比?李季文见利忘义,立更始,杀伯升,阴阻主公大计再三,主公岂能养虎遗患乎?"马武、铫期颔首不语。军中新降之人甚多,亦不乏更始奸细。立刻有人把李轶暗中和冯异勾结,与刘秀暗通款曲之事报于朱鲔,朱鲔深恐有诈,将信将疑。李轶、朱鲔在洛阳皆有府第,相距不远。这日有人到朱鲔府门投书道:"南阳故人,有书信呈舞阴王,有劳大驾代为奉上。"把门校尉道:"这里是大司马府,不是舞阴王府。"那人仿佛没听见,留下书信,扬长而去。把门校尉道:"好糊涂的信使,没有弄清府第,留下书信就走,岂不荒唐?"正在为难之时,朱鲔回府,校尉忙把书信呈上,禀报有人错投书信情形。朱鲔触动心事,接了书信,未置可否,便回内衙去了。

回到内衙,打开书信,朱鲔大吃一惊,书信竟是刘秀给李轶的复信。信中如此写道:"贤昆仲本与家兄首谋举义兴汉,结生死之约,又结骨肉之亲,义成断金;讵料临歧分道扬镳,竟成陌路之人。幸历尽劫波,季文迷途知返。人非圣贤,孰能无过;过而能改,善莫大焉。家兄之祸,季文情非得已;季文苦衷,吾谅之矣。举大事不计小节,苟能助我报丧兄之恨,亦足慰我无涯之痛。卿其勉之!"

朱鲔看罢,不禁心惊肉跳,怒火烧胸。他咬牙骂道:"竖子,竟敢背我!"朱鲔于是立即动手书写奏章给更始,参劾李轶背主求荣,勾结刘秀,见死不救,致使武勃全军覆灭,战死土乡;以及丢失上党、成皋等地的诸般罪恶。朱鲔奏章写好,忽又想起,长安已乱,更始泥菩萨过河,自身难保;即使奏章到京,也是一纸空文,于李轶毫发无损,他于是又把奏章投诸纸篓。想来想去,朱鲔击案而起道:"量小非君子,无毒不丈夫;本为尔无情,休怪我不义!"他于是召帐下勇将贾强进帐,命其夜晚带领健卒数人,潜入李府刺杀李轶。贾强犹豫道:"两国交兵,谨防反间之计。舞阴王与司马公一向交厚,且与萧王有杀兄之仇,岂能轻易舍王位而投效萧王?望司马公三思而行!"朱鲔瞿然而惊。他沉默良久说道:"我已熟思之矣,李轶心萌异志,毫无疑义,不然,拥兵十万,为何坐视冯异北取上党,南下成皋,破武勃之军见死不救?顷接密报,给萧王书信暗通款曲;与萧王复信,如合符契,尚需何疑?先下手为强,后下手遭殃。我不谋彼,彼必害我。不须多言,遵命行事吧。"

贾强不再多言,立命众人换上李轶部下士卒服装,入夜潜入李府,刺死李轶。朱鲔尽收李轶部众,而李轶部众猜疑主将是为朱鲔所害,纷纷逃离洛阳,去投奔冯异。从此洛阳城中,更加惶惶不安起来。

朱鲔已并李轶部众,势力倍增。他知刘秀大军在河北,邓禹在安邑,冯异在孟津,河内兵力单薄。朱鲔于是命讨难将军苏茂,副将贾强,将三万多人,渡河攻打温县,以图河内。苏茂道:"何不大军尽出,以攻河内?"朱鲔道:"温县虽小,乃河内门户;攻占温县,怀城难守。我若大军尽出,冯异必攻洛阳,或蹑我军之后;今我军分兵攻温,冯异必不敢出兵救援,河内兵少,破之必易。"苏茂道:"大司马高见,我等不及。"

冯异本想说降李轶,联手以图洛阳。不料刘秀竟然把李轶之事公之于外。初时不解,欲加阻止。忽然省悟:刘秀恨李轶入骨,不能饶恕,借朱鲔之手诛杀李轶,为兄报仇。冯异既知是刘秀计谋,便不好点破,佯作不知。冯异料到朱鲔既夺李轶之兵,必攻河内。他于是命护军校尉丁綝,副将吕晏带兵渡河北上,应援河内。朱鲔得报,兵出平阴,牵制冯异。冯异立命快马传檄河内,告知寇恂。

寇恂立刻率军疾出,并传檄河内所属各县兵马齐集温县。左右劝谏道:"萧王大军北征未归,洛阳兵马渡河,前后不绝;宜待萧王大军归来,众军毕集,出兵不迟。温县小城,即令有失,只要保全怀城,河内大局无虞。"寇恂说道:"温城虽小,乃郡之藩蔽屏障,温城有失,郡不可守。"寇恂遂驰赴温县。寇恂先苏茂、贾强一步入城,然后迎战苏茂。刚刚交战,各县兵马齐至,丁綝、吕晏援军也恰好赶到。人欢马叫,旌旗蔽野。寇恂命士卒登城高声欢呼:"萧王兵到!"苏茂士卒闻之,以为真的是刘秀大军从河北回来,不禁惊慌,阵脚大乱。寇恂急忙击鼓,猛烈冲击。苏茂、贾强大败,寇恂随后追杀。贾强被丁綝、吕晏迎头拦住,战不数合,被斩于马下。苏茂人马逃至河边,投河溺死者数千,弃甲投戈降者万余人。苏茂匹马单枪只身逃回洛阳去了。

寇恂率得胜之师与冯异合兵一处,进兵平阴,攻打朱鲔。朱鲔见势败走。冯异、寇恂自平阴一直追杀到洛阳,并带兵绕城一周而还。自此,洛阳白日城门紧闭,一夕数惊,吏民惶惶不安起来。

刘秀在河北初闻朱鲔攻打河内,道路相传,河内已失,不禁枕席难安。有顷,捷报传来,冯异、寇恂大破朱鲔。刘秀大喜,慨而说道:"我知寇子翼可任,不会令我失望!"

刘盆子

　　赵萌、李松与张卬、王匡、廖湛、胡殷等人连战月余,张卬、王匡等人败走,更始重返长安。但长乐宫已被火焚,更始只好移住到洛门内长信宫中。

　　长安城中同室操戈,赤眉得乘其便,畅行无阻,直到华阴。赤眉军中常有齐地神巫祭祀城阳景王刘章,以为将士驱灾祈福。城阳景王刘章,即朱虚侯刘章,因其诛吕氏,安汉室有功于社稷,封地城阳,与琅琊、莒城毗邻,各郡国多为立庙,祀以为神。琅琊本樊崇故乡,部众信奉尤笃。这天,齐巫又在军中跳神,忽然大声呵斥众人:"汝当为帝,何以为贼?"众人皆笑齐巫疯狂。次日,凡嗤齐巫疯狂者皆头痛欲裂。军中于是,风传齐巫当日乃城阳景王附体,口宣真言。

　　长安乱象日益严重,人心离散。孺子刘婴被王莽废后,封为定安公,封地百里,民万户,此时已经长大成人。他左右近臣弓林、方望等人皆说:"王莽已灭,定安公本为大汉之主,理当复位。"遂立子婴为帝,更始帝命李松带兵将之讨灭。孺子刘婴被更始帝杀害,方望之弟方阳投奔赤眉,在樊崇帐下当一幕僚。听到军中传言,他乘机劝樊崇说:"更始昏庸荒唐,政令紊乱,诸王不从,因而将军能够顺利入关至此。今将军拥百万之众,西向帝都,而无所称号,名为盗贼,难以持久。孔子说,'名不正,则言不顺;言不顺,则事不成',不如也拥立宗室为帝,挟义征伐,以宗室为号令,谁敢不从?"

　　樊崇等人皆以为然,而城阳景王附齐巫之体的传言也越传越盛。方阳说道："刘玄不过宗室旁支，一列侯苗裔，而能号令天下，而我军中景王之后，不止一人，若从中择立一人，岂不强过更始百倍？"谢宣、杨音等人都说："今迫近长安，鬼神之意如此，不如速求景王之后，及早拥立。"

赤眉大军有百万之众，很快找到城阳景王刘章的后代七十余人，其中刘恭、刘孝、刘盆子与景王血统最为亲近。刘恭、刘盆子是汉式侯刘萌之子刘章玄孙。赤眉军兵破式县，被掳掠从军。后来樊崇等人在洛阳投降更始，刘恭求见更始。刘恭幼年学习《尚书》，颇通历代典章制度，遂被更始封为侍中。刘盆子年幼留在赤眉军中放牛，归右校卒史刘侠卿统辖。

樊崇、谢宣、谢禄、逢安、杨音等人商议说："古时候，天子又称作上将军，莫如抓阄以定上将军之位。天子者，有命在天，让鬼神决定谁为天子，最为公道。"于是，用木板三片，其中一片上写"上将军"三字，一齐放入竹筒之中。在郑县北面设立坛场，供奉城阳景王刘章牌位，各营三老、从事齐集，拈香祷告，然后请刘盆子等三人登坛，按长幼之序并排站立，依次抽签。刘盆子年龄最小，年方十五，披头散发，赤着双脚，破衣烂衫，紧张得小脸紫红，浑身冒汗。他抽签最晚，却偏偏抽中了"上将军"之签。樊崇、逢安、谢宣等人，于是带领全军大小将士一齐围着刘盆子跪拜，叩头称臣。刘盆子不知所措，吓得要哭。刘孝在旁边提醒他说："快把木签拿好！"他却把写着"上将军"三字的木片咬断扔掉了。

樊崇等人请刘盆子加封官职。这本是事先商定的程序，但刘盆子紧张过度，又不知道各种官职的尊卑大小，职掌权限，难免张冠李戴。好则樊崇等人自己也搞不清楚，也并不计较。刘盆子于是封谢宣为丞相，樊崇为御史大夫，逢安为左大司马，谢禄为右大司马。其余的都被封为九卿、将军。

次日一早，众大臣都来朝拜天子。刘盆子却像往常一样，去叩拜刘侠卿去了，刘侠卿慌忙叩头请罪。刘侠卿为他做了一件红色单衣，一顶未成年人戴的空露头顶的红色帻巾，一双新布鞋，并派了一辆马车，罩上绛色车帏，把他送回。刘盆子却又找往日一同放牛的牧童，放牛去了。樊崇、谢宣和众大臣啼笑皆非。刘侠卿厉声吆喝："天子赶快临朝！"连叫数遍，才把他叫回去了。但众大臣早已散去，从此再也不来朝拜他了。

"天子"只管放牛，却没有耽误赤眉大军西进。赤眉军到达高陵，张卬、王匡、廖湛、胡殷各率本部人马前来投降,与赤眉军联兵进攻长安。李松领兵出战,很快兵败被擒。李松的弟弟李汎为城门校尉,赤眉使者告诉他说:"开城投降,饶汝兄不死。"李汎于是打开城门,赤眉大军进入长安。更始帝刘玄仓皇单骑逃走。洛城门边有侧门,临近厨宫,俗称厨城门。刘玄欲出厨城门,宫中妃嫔齐呼:"陛下,当谢城!"刘玄下马望城而拜,然后上马匆匆而去。

刘秀听说赤眉入长安,更始不知去向,遂降诏曰:"更始破败弃城逃走,妻子裸袒,流离道路,朕甚悯之。今封更始为淮阳王,吏民敢有贼害者,罪同大逆。"刘秀回到河内,立遣建威大将军耿弇率强弩将军陈俊,进军五社津,防守荥阳以东。刘秀又命大司马吴汉率建义将军朱祐、廷尉岑彭、执金吾贾复、扬化将军坚镡等围堵朱鲔于洛阳,诏令邓禹、冯异率军西进。

吴汉等围攻洛阳数月,久攻不下。朱鲔、苏茂军中粮尽,已是强弩之末,两人相议道:秋禾已熟,谷黍在野。若能出城,必有所获。朱鲔于是带兵出城,佯攻岑彭、朱祐诸营,苏茂则带兵到伊阙抢粮。当日,城外大雾弥漫,双方但闻金鼓之声,谁也不敢轻出。朱鲔以为岑彭大军尽出,收兵回城。苏茂抢粮归来,岑彭中途截击。苏茂猝不及防,大败而逃。拼死逃回城内,士卒折损大半。抢掠的粮食,尽为岑彭所得。

朱鲔部将李友守卫洛阳东城。巡城至上东门,他在城上望见汉营中扬化将军坚镡,坚镡乃其姑母家表兄。李友自忖洛阳绝粮,不日将破,不如归降坚镡。他回到营中,暗暗修书一封。次日巡城,将书信射入汉营。士卒捡得书信,交于坚镡。坚镡与建义将军朱祐商议,认为此是破城的大好机缘,遂与李友相约,若能献城归降,保其不失封侯之赏。于是,当晚李友开上东门,朱祐、坚镡率部入城。不料,李友部下小校告密,朱鲔闻讯带兵赶来。尽倾城之力,与朱祐、坚镡战于建始殿东之太仓武库前。武库乃洛阳兵器之库,弓箭充足,守御条件极好,朱鲔据此顽强反击,朱祐、坚镡不得不退出城外。此战虽有斩获,但李友被杀,功亏一篑。

刘秀闻洛阳久攻不下,亲到河阳督战。吴汉、岑彭、朱祐、坚镡、王梁、贾复、祭遵、王霸等人都到行营拜谒。刘秀谓岑彭道:"卿曾为朱鲔校尉,颇得朱鲔信重。何不晓之以义，劝其归降？"岑彭道："朱鲔心性，陛下知之，自负雄才，恐难说服。"刘秀道："以朱鲔之智，当明去就。卿不妨试之。"岑彭单人独骑来到城下，高声对城上将士说道："烦请禀报大司马，昔日部下校尉南阳岑彭特来叙旧。"朱鲔因苏茂抢粮不成，反而折损了数千人马，李友献城，城几不保，心中烦恼。正在彷徨无计之时，听到士卒禀报，心中窃喜，继而又犯起愁来。他是那种喜怒不形于色之人，于是整饬衣冠，登城来见岑彭。

昔日故交，一在城上，一在城下，相见互道别后思念之情，言笑晏晏，语如平生。岑彭道："在下往者得执鞭侍从，屡蒙荐举擢拔，恩德无一日敢忘。常思有以报答，恨无机缘。今赤眉已进长安，更始为三王所反，不知生死。新皇受命，平定燕赵，尽有幽冀之地，百姓归心，贤俊云集，亲率大军，兵临洛阳。天下之事，不问可知，大势去矣。况城中粮尽，军心不稳。上东门之变，已现危兆。公虽撄城固守，将何待乎？"朱鲔道："君然所言，我岂不知？大司徒被害，鲔与其谋；萧王北伐，吾又屡谏更始，从中阻拦。今事已至此，我自知罪孽深重，当今必不肯容我。唯有以死相抗，听天由命而已。"岑彭道："自古争天下者不计小怨，桓公能恕管仲射钩之过，高帝能容季布数窘之罪。当今天子容量如海，公静待回音好了。"

岑彭以朱鲔所言禀告刘秀。刘秀道："夫建大业者，不计小怨。朱鲔若肯归降，官爵可保，身家性命可全。河水在此，吾不食言。"诸将皆言朱鲔之罪过于李轶，不可宽恕。刘秀道："朱鲔与李轶不同。李轶兄弟与我指天地为誓，歃血为盟，结骨肉之亲，而背信弃义卖友求荣，谋害吾兄；朱鲔陌路之人，各为其利，各为其主，虽与其同谋，正所谓'杀人可恕，天理难容！'况绿林诸将皆受更始王侯封号，朱鲔固守臣节，坚辞王爵，'非刘氏不王'，大节荦荦。仅此一端，便可饶其不死！"

岑彭把刘秀及众人之言一一告之朱鲔。朱鲔犹有所忌，迟疑不决。岑彭道："吾以性命作保，当今天子决不害公！"朱鲔从城头垂下绳索道："欲我必信，君然援索上城，与我结盟！"岑彭应声道："亦无不可。"岑彭说罢，急步走到城前，援索便上。朱鲔在城头见了，心知岑彭不相欺，立刻说道："君然请止。请回复天子，朱鲔愿降！"

五日以后，朱鲔将轻骑数人前往岑彭营中。临行，他对苏茂与诸将说：

"我与萧王有杀兄之仇，彼虽已答应我献城归降，爵禄可保，既往不咎；但人为刀俎，我为鱼肉，难保彼不背弃前言，以报兄仇。诸君坚守城池待我，天过午时，我若不归，必是已遭不测。诸君可率城中人马南下轩辕关，投奔郾王尹遵，不必管我死活！"诸将皆道："既然如此，司马何不率我们一起去投郾王？"朱鲔道："既已答应投降，焉可言而无信？况我若不出城，诸君能够出城至轩辕关吗？"诸将应诺。

朱鲔匹马出城，先到岑彭营中，然后面缚与岑彭俱往河阳大营，面见刘秀。刘秀亲解其缚，待之以礼。朱鲔叩头道："罪臣朱鲔自知获罪于天，请求陛下降罪。"刘秀道："王莽篡弑，汉失纲纪；将军拥立更始以续汉统，有功无过；更始既立，尽忠辅佐，乃人臣本分。当初公只知有更始，何罪之有？况随更始入长安，坚辞封王之赏，大节可嘉，非常人可及。公可安心回洛阳，以慰部众之心。待明日朕起驾前往，诸将皆有封赏。"当日，岑彭送朱鲔回归洛阳。

入洛

次日，朱鲔率领全军将士出城投降。

冬十月癸丑，光武车驾进入洛阳。朱鲔前导，文武扈跸，幸临南宫却非殿。刘秀封朱鲔为平狄将军，扶沟侯；苏茂官职依旧。

洛阳有南、北两宫，相去七里许，中有大殿名曰宣德，复道相通，分左、中、右三行。天子行中道，文左武右，以从天子，临朝议政。更始之初，洛阳宫室虽经修缮，但只是粗具规制。今既定都于此，百官皆嫌其简陋、促狭，多有建言兴建者。光武道："大业草创，四海未宁，不可为此不急之务。"刘秀降旨，南、北宫规制如旧，一切从简。刘秀合高帝以下至平帝为一庙，祀十一帝神主于其中。宗正详查皇族谱系，元帝当第八，光武当第九代，于是以元帝之庙为祖庙，接着立社稷在宗庙之右。方坛，东西南北中，分为五色，上不建庙宇，仅设门墙而已。群臣多进言道："社者，土也，国无土不立；稷者，五谷之长，民无谷不食。立社稷者得阴阳中和之气，以固根本，不可过俭。"光武说："国以民为本，民以食为天。百姓衣食不赡，安及鬼神？既然众卿皆以为不可过俭，坛上可建庙宇三间，不可过华。"强华、卓茂等人又建议应立天坛于城南，光武允准。于是，筑坛八陛，五帝皆供奉坛上，赤帝位在丙巳。汉初本以土德尚黄，至此始明火德，徽帜尚赤，服色以红为正。

朝中礼制粗定，群臣奏道："赤眉焚掠长安，发掘皇家陵寝，寇掠关中，宜降明旨督促征西大将军邓禹加紧进兵，歼赤眉丑虏，以尽快复西京，安皇陵！"光武准奏，立命奉车都尉持节前往安邑，催促邓禹进兵。

时刘永称帝，隗嚣据陇右，卢芳起安定，公孙述据巴蜀，各地盗贼或啸聚山林，或占据州郡者甚众。光武剿抚并用，先易后难，命岑彭平荆襄，贾复击尹遵，盖延征讨刘永，破虏大将军叔寿击五校于曲梁，骁骑将军刘植击密县贼于洛州。五路齐出，但胜负各半：贾复、盖延各有捷报到京，尹遵归降，刘永被围。但叔寿战殁，刘植殉国。

时诸将多出征在外，光武决定亲征五校。刘秀于秋八月出征，驾幸魏郡内黄。五校者，本尤来、大枪、青犊、五幡、铁胫残部，乘汉军西征，死灰复燃。闻光武亲征，聚于内黄东北羛阳。光武围之，以绝其粮道。刘秀晓谕贼众，降者足食免死，不降妻孥不赦。七日后，五校尽降，诛其首恶，赦其老弱，青壮者编入营伍。光武然后振旅还京。

时六宫称号，唯有贵人，金印紫绶，奉不过数十斛。后宫寂寥，旷古罕见。伏湛、卓茂等人于是上书请求立后，并选宫人以充后宫，书曰：

《周礼》，王者立后，三妃九嫔，二十七世妇，八十一女御，以备内职。皇后正位六宫，同体天王，妃嫔坐论妇礼，掌孝四德；世妇主丧祭宾客，女御主君王燕寝。女史记功书过，各司其职。居有保阿之训，动有佩环之响。进贤才以辅君王，哀窈窕而不淫声色。所以能述德宣化，六宫肃雍，内则和熙，险谒不行。故康王晚朝，《关雎》作讽；宣后宴起，姜氏请愆。陛下中兴，斫雕为朴，百事尚俭，后宫唯有贵人主内，美人、宫人、采女三等寥寥无几，又各无爵秩，实不敷后宫之用。阴阳和合，方为兴盛之本；后宫清冷，亦非社稷之福。汉法常因八月选秀，宜遣中大夫与掖廷丞及相工于洛阳城乡，选良家闺秀年十三以上二十以下，姿色端丽，品貌兼佳者，以充后宫。并请早日择吉册立皇后，以正中宫之位。伏乞圣览。

光武览奏，心中不禁犯难。时侍中陈俊等方迎阴丽华到京，郭贵人已诞育皇子三人，皇长子刘强五岁，聪慧敦厚，光武甚爱之。以先后论，光武先娶阴丽华于当成里，况二人青梅竹马，"娶妻当娶阴丽华"之语，南阳从龙故人尽知。就光武心意所属，皇后之位非阴氏莫属。但自己东下河北数困于王郎，若非得郭氏所助，实难成光复之业。况自漆里结缡，患难相随，鄗城践祚,已有皇后之实,百官皆以皇后视之。且郭氏在河北根基深厚,真定王刘杨手握重兵,非郭氏在,万难甘心臣服。刘秀思前想后,难下决断。

侍中陈俊入见,劝说光武道:"臣幼时学书学剑,皆无所成,后从乡贤学《易》。不为通阴阳之化,大富大贵,唯求温饱,无灾无难,因而粗知《周易》。记得《坤》卦说:'利牝马之贞。君子攸往,先迷后得主。利西南得朋,东北丧朋。'《象》曰:'至哉坤元,万物资生,乃顺承天。坤厚载物,德合无疆。含弘光大,品物咸亨。'以臣之见,颇合陛下今日情状。行天者莫若龙,行地者莫若马,故乾以象龙,坤以象马;帝以为乾,后以为坤,牝马即后妃也。陛下为立后之事,犹豫不定,非'君子攸往,先迷后得乎'?陛下难决之事,《易》为陛下决之:'利西南得朋,东北丧朋',天意何其明也。新野与真定相较,一在西南,一在东北,陛下复有何疑?"光武不怿道:"子昭冲锋陷阵,折冲千里,朕所知也,何时学会说《易》谈玄了?莫非受人请托乎?"陈俊正色道:"臣自昆阳从陛下突围,后自汉中千里迢迢追陛下至柏人,何曾请托于人或为人请托?"光武笑道:"与卿为戏耳。你我君臣,何事不可言,立后大事,正欲听卿肺腑之言。"陈俊道:"臣奉旨南阳迎请贵人,自新野至洛阳侍卫左右。见贵人'至柔而动也刚,至静而德方',知其可副六宫之主,母仪天下。陛下思之!"陈俊辞出,光武心中翻腾起来:"至柔而动也刚,至静而德方",本是坤卦《文言》的话。这话用来评价阴丽华,绝非溢美之辞。他清楚地记得当年当成里新婚之夜夫妻相对而泣,第二天又喜笑如常的情景;特别是他得更始允准,单车东下河北前夕,夫妻毅然诀别,令他刻骨铭心,终生难忘。今日苦尽甘来,这皇后的凤冠理所当然应戴在阴丽华头上。他不再犹豫了。

就在此时,幽州牧朱浮参奏渔阳太守彭宠的奏章,和密报真定王刘扬招兵买马的消息接连传来,光武立阴丽华为后的打算又动摇了。他把自己的苦衷告诉了阴丽华。出人意料,阴丽华倒比光武淡定得多,她平静地对光武帝说:"夫妻之道,参配阴阳,德合天地,乃人伦之大节也。乡梓愚夫尚知'嫁鸡随鸡,嫁犬随犬',宁论其富贵贫贱乎!当初陛下微时,曾言'仕宦当做执金吾,娶妻当娶阴丽华'。妾闻之,铭感五内,已心许陛下矣。二人同心,其利断金。同心之言,其臭若兰。设若皇上今日仍为白水寒士,妾白头相伴,甘之如饴;今日贵为天子,妾得备位掖庭,义如当年,尚有何不知厌足,何计其名分尊卑！妻不贤无以事夫，况后妃之事天子！郭贵人门第尊贵，且郭氏有大功于社稷，自应为六宫之主，勿复犹疑！"光武执阴后之手，喟然叹道："上天以卿赐朕，实乃社稷之福，朕必不负卿！此事容朕再思！"

郭氏闻朝中立后之议，颇不自安，归而谋诸其母郭主。郭主道："皇上千辛万苦，方有今日之成，断不会置根本于不顾。河北乃社稷根本所在，我郭氏在河北根基深厚，皇上不会不知。汝且从容待之，万不可自乱方寸，有失大家风范！"郭后依母亲之言，次日拜见光武，从容奏请道："阴贵人初来京城，居处狭促，多有不便。南宫长秋宫房舍甚多，不如分出一半，我们姐妹同居，也免得陛下万机之后，奔走于南宫北宫之间，栉风沐雨。"光武闻操知意，婉尔笑道："难得卿有此意，后宫之中祥和融洽，朕也就免去后顾之忧了。阴氏已在北宫温德殿安置妥当，卿放心好了！"这长秋宫乃宣元以降皇后居住之地。郭后听光武这样一说，心中暗喜：虽然没有明旨册封自己为皇后，但其心意似乎已经明白。她于是静心等候册封的圣旨。想不到朝野议论纷纷的立后大事，竟然又被光武搁置起来了。

且说邓禹，安邑、河东大局粗定，他正与韩歆、冯愔、宗歆诸将商议进兵之策，奉车都尉持节来到。邓禹接旨，诏曰："前将军邓禹，深执忠孝，与朕谋谟帷幄，决胜千里。子曰：'自吾有回，门人日亲。'斩将破敌，平定山西功勋尤著。唯百姓不亲，五品不训，汝作司徒，敬敷五教。今授予印绶，封为酂侯，食邑万户。敬之哉！"

邓禹叩头谢恩，诸将都来祝贺。邓禹时年方二十有四，他谦让道："周之司徒，掌管教化；汉之司徒即为丞相。位列三公，表率百僚。某才疏学浅，年少德薄，何堪此任？请天使上复皇上，不若别选年高德劭、望隆位尊之人。"奉车都尉道："司徒无须过谦，甘罗十二为上卿，一言下赵五城。皇上以颜回待公，何人堪比？"邓禹道："司徒乃庙堂之臣，宜常伴君侧；禹长在兵间，岂非徒有其名，贻误国事？"奉车都尉道："司徒无需多虑。皇上已征平原太守伏湛为尚书，使典定旧制；司徒出征在外时，兼领司直，行大司徒事；已任密县令卓茂为太傅，咨询左右。"邓禹道："此二人皆名儒旧臣，堪备顾问。皇上思虑周详，非臣下所及。"

奉车都尉走后，诸将皆问邓禹："皇上初登大位，从龙之士出生入死者众多。为何征召伏湛、卓茂无功之人，授之高官厚禄？"邓禹但笑不语。韩歆道："诸位不闻燕昭王修召贤馆，筑黄金台的故事吗？燕昭王欲雪齐耻，修召贤馆，广纳贤士，但三天只召到了一个平庸无奇的郭隗。昭王有点丧气，郭隗给昭王讲了秦穆公买千里马的故事。秦穆公欲买千里马，命人带千金前往西域诸国。三年后，那人回来了，没有买到马，却带回了一只千里马的骨头。穆公大怒，要斩那人，不想那人却不慌不忙说了一番道理：'大王不妨恕臣之罪，厚葬千里马骨；世人得知此情，千里马则源源而至矣。'穆公似乎明白了其中道理，果真饶恕了那人之罪，厚葬千里马骨。于是，世人尽知秦穆公渴望得到千里马，天下名马源源不断献来。可能是郭隗的故事打动了燕昭王，燕昭王以师礼厚待郭隗，于是贤士源源而来。乐毅自魏至，被拜为上卿。下齐城七十二座，终为燕国雪耻。伏湛、卓茂非陛下之千里马骨耶？"众将都笑了起来。

邓禹西渡汾阴河，入阳夏。更始中郎将左冯翊都尉公乘歙带兵十万迎战，双方战于衙县。正当此时，赤眉军进入长安的消息传来，公乘歙无心交战，率军逃走。邓禹挥兵追杀，直入三辅。

此时三辅方遭赤眉之祸，百姓不知所归。邓禹军纪严明，所过秋毫无犯。百姓望风相携，奉酒食劳军。归降之人日以千数，不数日众号百万。邓禹所到之处就停车住节，慰劳百姓。父老、童稚、垂发戴白之人，围满车前，莫不感叹喜悦。邓禹于是名震关西。

诸将及地方豪杰皆劝邓禹直接攻打长安。军师韩歆道："赤眉新得长安，民心未附；更始诸王、张卬、胡殷、王匡等人虽降，但同床异梦，兵众虽多，但破之不难。"宗歆道："更始初年，大军未集，王莽九虎之众，土崩瓦解；长安既破，天下望风归附，传檄而定。今日情势，远胜当年。司徒若直下长安，兵不血刃，关中平定。论功，古今将相，何人能比？"

邓禹道："诸君之言各有道理。但今日情势与昔时不同：吾众虽多，能战者少。旧部不过二万，余众皆新得之兵。前无可仰之积粮，后无转馈之军资。兵马未动，粮草先行。兵无粮草，安能克敌制胜？赤眉新拔长安，财富充实，兵锋正盛，未可当也。盗贼群居，共处一城，无长久之计。财谷虽多，久必生变。赤眉、更始余众，各怀异心，变故万端；待其内生变故，再攻不迟。上郡、北地、安定三郡，地广人稀，谷物丰饶，牛马成群，吾且休兵三郡，就粮养兵，静观其变，然后长安可图。"邓禹于是率领大军北进枸邑。赤眉所据城堡尽被击破，不少郡县开门迎降。西河太守宗育遣子奉表归附，邓禹派人送其前往洛阳，拜谒刘秀。

刘秀询问关中情形，知邓禹久不进兵，心中不快，便降旨催促，旨曰："司徒，尧也；亡贼，桀也。长安吏民，惶惶无所依归。宜以时进讨，镇慰西京，安百姓之心。"

邓禹接旨，置诸一边，仍然按照原来的军事部署，分派诸将攻打上郡诸县。韩歆、宗歆劝道："皇上之意，先攻长安，再安各郡。司徒依然分兵攻打各郡，得无不妥乎？"邓禹道："将在外，君命有所不受。攻打长安，时机未到。况军中乏粮，岂可轻动？"邓禹亲自带兵，前往北地郡县征粮，命冯愔、宗歆二人留守枸邑。

冯愔、宗歆一向不和。前番涑水之战，骁骑将军樊崇战死，宗歆、樊崇同将前部。兵败回营，宗歆把兵败的原因归咎于樊崇不听号令，贪功轻进。冯愔不愤，则指责宗歆见死不救，致使樊崇阵亡，反而把责任推到死者头上。二人在邓禹面前竟然动起手来，幸得诸将相劝，方才罢休。积弩将军与车骑将军品级相当。积弩者，连弩也，因军中有连弩营，其将为积弩将军。车骑将军中因军车、马众多而得名。但文帝的舅舅薄昭曾被封为车骑将军，这个名号便显得贵重起来。宗歆为车骑将军，冯愔心中不服。邓禹命二人同守枸邑，却让宗歆兼城门校尉，负责把守城门，冯愔以为邓禹信重宗歆过于自己，心中大为不满。

枸邑属扶风郡，地近京师。冯愔见诸将都领兵分徇各县，也想出征。他对宗歆说："诸将分徇各县，均建大功；独我二人守城，寸功未立。将来论功，颜面何存？守枸邑将军一人即可，莫如我将本部人马，为司徒扫除西进长安之敌；待司徒自北地归来，轻车直进长安矣。"宗歆道："不可。司徒命我二人守城，将军此言，是公然违抗司徒军令。万万不可。"冯愔道："皇上有旨命司徒西进长安，司徒却迟迟不进，非违抗皇上旨意也？我奉命西进有何不可？"宗歆道："司徒持节专征，君命有所不受，无可厚非。你我安可与司徒相比？

况枸邑方下，乃大军根本，若有闪失，你我难辞其咎。不得司徒之命，不可轻动。"冯愔道："我自带本部人马出征，与你何干？司徒怪罪，由我一人承担好了！"说罢，他径自点起本部人马，便要出城。宗歆急忙下令关闭城门，命人前往北地郡，禀报邓禹。

冯愔大怒，带领本部人马夺门欲出，宗歆带兵阻拦。二人便于枸邑南门以内争斗起来。冯愔和宗歆本来旗鼓相当，可以战成平手；但宗歆本以为拦住冯愔就好，事情等邓禹回来，自会解决；不料冯愔积怨已久，早想杀掉宗歆。二人斗了十数合，冯愔回马便走，宗歆鞭马要追，却犹豫了一下，停了下来。冯愔乘机一箭把宗歆射死，然后宣称宗歆造反，尽收宗歆兵众。

邓禹进至北地郡大要县，征得军粮数千石，正要回返枸邑，接到宗歆急报，急忙催攒人马往回赶来。冯愔知道邓禹不会容忍自己杀害宗歆，索性一不做二不休在半路上伏击邓禹。邓禹猝不及防，退往大要。冯愔据守枸邑抵抗。诸将闻讯，纷纷要求，讨伐冯愔。邓禹道："大敌当前，自相残杀，必为赤眉所乘。诸君坚守营垒，少安勿躁，我自有处置方略。"邓禹于是遣使前往洛阳，秘奏刘秀。

更始帝之死

　　光武接到邓禹秘奏，立召尚书宗广进宫，如此这般交代了一番，他付与宗广三道圣旨：一是擢拔冯愔为征西先锋，二是命护军黄防代宗歆为车骑将军，三是督促邓禹南下长安。宗广奉旨星夜起程，赶赴邓禹军中。诸将闻听宗广宣旨完毕，心中多有不服，皆愤然道："冯愔作乱，攻打大将，不加诛戮，反而擢升，是何道理？"邓禹故作无奈，他安慰诸将道："圣命难违，诸公各归营伍，准备随我攻打长安吧！"只有韩歆神色如常，密告诸将道："诸公少安勿躁，擒冯愔者，必黄防也，公等且待之。"众将将信将疑，拭目以待。

　　宗广接着前往枸邑，传宣光武旨意，安抚冯愔道："圣上久欲大司徒攻打长安。闻将军急欲为大司徒前部，扫清道路，其志可嘉。虽有微过，盖立功心切所致。圣上烛照万里，吞舟是漏。特命将军为西征前部先锋，戴罪立功，枸邑防务交黄防将军处置。"冯愔领旨谢恩。当日黄防于军中设宴，一为宗广接风，二为冯愔践行。冯愔和黄防同乡，平日最为莫逆，不虞有它，欣然如约赴宴。冯愔及至来到黄防帐中，即被收擒。宗广当众宣布其罪，收掌其军，然后押解冯愔，回京交旨。

　　至此，诸将尽服韩歆之见，争问韩歆何以知晓擒冯愔者必黄防也。韩歆道："皇上独照神明，何事能瞒过他的眼睛？司徒外柔内刚，焉能容得冯愔抗命犯上作乱？且圣上与司徒君臣一体，千古一遇，如此大事，岂能不心意相通？"诸将异口同声道："军师言之有理！"其实，完全如韩歆所说，邓禹在给光武的秘奏中早已把冯愔、黄防交谊深厚和自己的处置方略，奏报得清清楚楚，故而一场严重内讧，才得以很快平息。

宗广押解冯愔东归，行至栗邑，忽报前有赤眉人马挡道。宗广大惊道："我军不过数千，又无险可据，宜速走而避之。"冯愔劝道："不知敌军虚实，慌忙走避，是示弱于敌也。近日不闻有赤眉大军在冯翊，来敌强大，纵兵追击，前后皆无险可守，必为敌所破，逃之不及。不如盛设旌旗，建司徒大军旗号，虚张声势，列阵以待。敌兵虽众，亦不敢轻进；敌不如我，势必避而远走，不战自退。"宗广道："此乃弱示之以强，不能示之以能之法也，姑且试之。"宗广于是列阵挡道，盛设旌旗，严阵以待。

前方赤眉人马见汉兵列阵有备，迟迟不敢进攻。良久，但见一骑，缓缓而来，骑上之人手持节杖，老远便喊："我是信使，请勿放箭！我是信使，请勿放箭！"待他到了宗广阵前，滚鞍下马，躬身问道："请问将军，可是汉大司徒邓禹的麾下吗？"阵前将士随口答道："正是汉持节钦差的人马，尔是何人？有何贵干？"那人答道："吾乃定国上公沘阳王王匡、随王胡殷的信使，特来司徒辕门投书。"阵前将士慌忙报于宗广。不一时，宗广命信使进见。信使误把宗广当作邓禹，入帐即叩头道："给司徒大人请安！小人奉定国上公及随王之命，前来下书，现有书信呈上！"宗广将错就错，面沉似水道："定国上公王匡、随王胡殷，已经背主投贼，成为赤眉同党，尚有何颜面差汝下书？"那人道："二王投贼，情非得已。虽身在赤眉营中，心向大汉如故，还望司徒公明察！"信使一面说着，战战兢兢用双手递上书信。宗广看罢书信，心中暗喜：原来王匡、胡殷脱离赤眉，走投无路，误把自己当作邓禹大军，请求投降。宗广问道："二王迎赤眉入京，甚得赤眉信重，为何又离开长安？既然脱离赤眉，为何仍打赤眉旗号？"信使道："二王降贼，实有难言苦衷。想重回南阳，无奈京畿赤眉人马众多，不打赤眉旗号，恐怕难以脱身。不想出得京来，司徒大军早已在此，赤眉、延岑兵马又在西。二王欲东进自华阴渡渭水再出武关，不意司徒神算，抢得先机，已于要道列阵。我军军中无粮，士无斗志。二王商议，本与当今皇上同根同源，自南阳举兵至洛阳分别，风雨同舟；后虽分道扬镳，但情义犹存。穷途末路来投，还请司徒大人大度包容。"宗广道："当今天子海量无边。朱鲔与天子有杀兄之恨，一旦归降，不失拜将封侯之赏。若二王肯随本使亲赴东都，诣阙请罪，爵禄可保，富贵依旧。"王匡、胡殷之使闻听宗广之言，高高兴兴回去禀报二人。王匡、胡殷二人大喜，当即率众投降。

王匡、胡殷投降之后，方知带兵之人不是邓禹，而是宗广；宗广部众不足万人，和自己的人马差不多，不禁又后悔起来。但既成归降之虏，已无兵权，失去自由，后悔已晚。宗广对二人虽然礼敬有加，但防护甚严。每日无事，便和二人谈论长安城中赤眉情况。

赤眉纷乱进京，抢掠长安。更始帝刘玄逃出京来，步行至高陵，栖身传舍，俨然如丧家之犬。右辅都尉严本闻之，立刻派兵包围传舍，名为救驾，实乃囚禁，亲自将兵在外守护，居为奇货，与赤眉讨价还价。侍中刘恭因为其弟刘盆子被赤眉拥立为帝，自己戴上枷锁，投入诏狱。后来赤眉进京，他才从诏狱脱身出来，和定陶王刘祉一道前往高陵，陪侍更始帝。赤眉遣使下书劝更始帝投降，书曰："圣公降者，封长沙王。过二十日，不受。"

更始命刘恭请降，赤眉遣右大司马谢禄至高陵受降。更始帝刘玄肉袒面缚，由刘恭陪同，跟随谢禄诣长安长乐宫，把传国玉玺交给刘盆子，刘盆子为他解开绳索，命他在一旁坐下。二人正要说话，赤眉诸将进来，把更始拉到庭中，准备斩首。刘恭、谢禄连忙阻挡，齐声道："有约在先，降即封王，不可失信！"诸将置之不理，拉起更始便往宫门外拖去。刘恭大哭，追出宫门，边哭边喊："臣已经用尽全力了！不能救主，请得先死！"于是就要拔剑自刎；恰好此时樊崇、谢宣归来，急忙制止，救下更始，封其为畏威侯。刘恭大声道："百万之众，失信天下，何以服人！有约在先，降即封长沙王，安得更改！若不守信，君臣唯死已矣！"说罢即横剑颈上。樊崇等人为刘恭所动，遂改封刘玄为长沙王。刘恭伴刘玄与谢禄同住，日夕不离，唯恐有失。

更始自入长安，对百姓无恩德可言。但赤眉入京为祸倍于更始，暴虐益甚，百姓转而怜悯更始。归降赤眉的更始旧部，也暗中密谋，寻找机会欲救出更始，逃归山中。张卬得知这一消息，劝谢禄道："今军中将士多有密谋劫夺圣公之人。一旦圣公走脱，众人以其相号召，合兵共同攻打将军，将军危矣。公收留圣公，自取灭亡之道也。不如杀之，以绝后患。"谢禄道："圣公已经封王，杀之必惹非议。"张印道："时局如此混乱，天天有人死于非命。杀于荒郊，弃于山野，谁人知之？"谢禄与张印于是同谋，命随从亲兵把更始带到荒郊牧马，缢杀其于山坡。数日之后，刘恭寻到更始尸体，偷偷收藏。后来，刘秀听到这一消息深为伤悼，诏命邓禹，以王侯之礼，葬更始于霸陵。此是后话。

刘盆子虽然被赤眉立为皇帝，改元建始，居于长乐宫，但寸柄皆无，赤眉群豪也丝毫没有把他当作皇帝。在长乐宫中，众人当着他的面，聚会论功，吵吵闹闹，一言不合，便挺身而起，拔剑相斗，各不相让。三辅郡县，贡献之物，大小将士争相抢夺，刘盆子难得一见。诸将四处抢掠，侵暴吏民；各地民众聚集城堡坚壁固守，以拒赤眉。到了腊祭之日，樊崇设宴，鼓乐大会。刘盆子坐于正殿之上，中黄门持兵在后，谢宣、杨音等公卿大臣列坐两旁。酒宴尚未开始行酒，其中一人拿起御案上的刀笔，想书写自己的名字，请谒朝贺；那些不识字，不会书写自己名字的人纷纷起来，争先恐后，要求代写自己的名字。大家恐后争先互相拥挤、争斗起来。大司农杨音按剑骂道："诸卿皆老奴也，今日设君臣之礼，反而更加淆乱，成何体统！儿戏尚不如此，请各安其位。不者，格杀勿论！"众人不听号令，更相吵闹争斗。在长乐宫外的兵众，遂逾墙破门入宫，抢掠酒肉，互相杀伤。卫尉诸葛秩听到消息，赶快带兵入宫弹压，格杀百余人，秩序才算勉强安定下来。刘盆子惶恐发抖，日夜哭泣，不敢独处宫中，只好与中黄门共卧起，关起宫门，不闻外事。

当时后宫中宫女尚有千余人。更始逃走之后，众宫女皆被幽闭宫中，米粮俱尽，只有挖掘后宫荷花池边的芦菔根，捕捞池中金鱼充饥。饥饿而死者接连不断，仅被草草埋于后庭。原来在甘泉宫供奉当差的乐师，不知世间沧桑之变，尚共击鼓歌舞，身穿祭祀的服装，彩色鲜明。鼓乐之声传到长乐宫中，刘盆子童心忽动，与中黄门循声来看，众乐师乃知是当今天子，一齐叩头说："饥。"刘盆子命中黄门赏米数斗供给乐师及宫女，众人皆呼"万岁"。后来刘盆子离宫，众人尽被饿死。

刘恭眼见赤眉众豪全无治国之策，只知抢掠，图一时享乐，知其必败。他担心兄弟二人并受祸害，暗教刘盆子交还玉玺，学会一番辞让之言。朝会之日，刘恭先对樊崇、谢宣等人说道："感谢诸公共同拥戴舍弟为君，恩德深厚。拥立将近一年，京中淆乱日甚，诚不足以君临天下也。恐怕终其一身，也不会对天下、诸公有什么好处。请让他退位得为庶人，更求贤智之人，取而代之。请诸君谅察我兄弟苦衷！"樊崇等人道："此皆我等之罪也，非皇上之过。"刘恭叩头不止，决不起身。逢安怒斥道："此事是式侯该管的事情吗?!"刘恭慌惧，不敢多言。刘盆子从御座上下来，解下玺绶，与其兄并跪叩头道："诸公立我为天子，而为贼如故。吏人贡献，辄被劫掠；流闻四方，莫不怨恨，不复有信誉可言，此皆立非其人所致。愿乞骸骨，避位以让圣贤。诸公必欲杀盆子，以塞责焉，盆子甘为替罪羔羊，无所怨言。愿诸君哀怜！"说罢涕泣嘘唏。樊崇等人既惭且愧，莫不哀怜，皆避席叩头道："臣等无状，深负陛下。自今以后，不敢放纵。"于是共同抱持盆子重坐御座之上，为其戴上玺绶。盆子哭号不已。樊崇等人相率退出，各归营伍，连日不敢出营抢掠。京师总算难得平静了数日。

王匡、胡殷等人在更始之时，贵为王公，骄横惯了。他们自降赤眉以后，屡为樊崇、逢安、谢宣等当众凌虐，屈辱感日益强烈。王匡、胡殷又见赤眉众将，治政理民远不如更始左右，知其不能持久，两人于是借出外就粮之机，匆匆离开长安。

过了阳夏，渡河东进。王匡故地重游，顿生感慨。他私与胡殷道："数月之前吾与成丹、刘均统兵十数万，过河而东，邓禹闻风走避。不意今日落到这种下场！一年之前，我兵下洛阳，建不世之功，名动天下。今日回洛阳却成阶下之囚，情何以堪！"胡殷道："天道不公，造化弄人。自绿林山中至京师，自天子至公卿王侯，半为定国上公之旧部。没有定国上公，哪有更始天子？何来当今皇上？我实为公不平！昔日田横，不过五百之众，高帝许以'大者王，小者侯'。今我二人尚有众万人，宗广一尚书，却待我二人如囚徒。洛阳日近，前途未卜，不如寻机逃走。至不济重回绿林山中为盗，也胜似回洛阳任人宰割！"王匡道："田横因何蹈海而死，我知之矣。虽死犹强过为囚为奴百倍！"二人于是暗中联络部众，准备逃脱。

冯愔与王匡、胡殷关押在一处，他发现二人举动异常，密报宗广。宗广道："王匡为定国上公，皇上念及旧谊，必不肯诛戮；胡殷被更始封为随王，曾与皇上同列，我亦无权处置。须请圣命而定。"冯愔道："尚书乃持节钦使，自有临机决断之权。军中发生不测之变，王匡、胡殷之众过半，公有几成胜算？若无胜算，轻则二人逃走，重则损兵折将，尚书前功尽弃矣！"宗广道："微冯将军之言，几误大事！"他于是当机立断，决定除去王匡、胡殷。

行至安邑，恰逢元夜，太守李文到营中劳军。王匡、胡殷、冯愔等人同入传舍。宗广、李文道："三位虽然为戴罪之身，但毕竟与寻常囚犯不同。诣阙面圣之后，依然少不了高官厚禄，我们还是同殿之臣。今晚尽管开怀敞饮，共庆元宵。另外，我二人受司徒之托，今晚要到郊外祭奠阵亡将士之灵，就不陪三位饮酒了，还请见谅。"说罢二人匆匆离去。

王匡、胡殷心中大喜。他们对冯愔道："我三人先前虽不相识，今日同病相怜，也算有缘。今夜人人都去观灯赏月，我们不妨一醉方休。好歹我等也曾是拥兵数万之人，今日饮酒，不能没人侍奉汤水，使唤左右。军中旧部均在，何不叫来几个，以供差遣？"冯愔道："我与二王不同，犯法当死之人，哪里还有什么旧部？二王若有尽管传唤就是。"王匡一听，正中下怀，他立命驿卒，传唤几个得力部下过来。三杯两盏过后，冯愔就烂醉如泥，伏案而睡。王匡、胡殷见机会难得，急忙命部众分头到各营召集旧部将领到传舍议事。人刚到齐，宗广、李文带领人马到来，很快把传舍包围起来。王匡、胡殷情知中计，但箭在弦上，不得不发，立命左右舍命突围。不料冯愔乘其不备，把传舍后门打开，宗广带人一拥而入，把王匡、胡殷擒获。王匡部众纷纷跪地投降。

宗广立即以叛乱逃亡罪把王匡、胡殷斩首示众，然后命人快马向刘秀奏报。宗广回到洛阳，据实禀报冯愔功劳。刘秀赦免冯愔死罪，命其到宗广部下戴罪立功。

赤眉之乱，道路堵绝。更始之死，关东多有不知。邓禹粗定河东，即奉命西征，河东州郡多更始故吏，复奉更始为尊，而背弃光武。更始尚书仆射、中阳侯鲍永听谋士冯衍之计，诈称更始未死，尚有兵众数万在雍。太原、上党诸地于是尽归鲍永。鲍永以冯衍为立汉将军，领狼孟长，带兵屯驻太原。

他与上党太守田邑联兵，整军经武，割据并州。光武得报，深以为患，欲遣将征伐。尚书令伏湛、太傅卓茂进谏道："鲍永、冯衍皆忠义之士也。不过因不忘故主，不肯臣服。若命使者晓以大义，使知更始已死，陛下已命司徒邓禹以王侯之礼厚葬，对其妻子恤典优渥，料其必能幡然来归。"武光准奏，乃命谏议大夫储大伯持节前往太原，劝说鲍永等来降。

鲍永犹豫不决。冯衍劝说鲍永道："天下罹王莽之害久矣。更始皇帝以圣德灵威，龙兴凤举，率宛、叶之众，将散乱之兵，喋血昆阳，长驱武关，破百万之阵，摧九虎之军，威震四海，席卷天下，攘除祸乱，诛灭无道，期月之间，海内大定。更始继高祖之休烈，修文武之绝业，社稷复存，炎汉更辉，德冠往初，功无其匹。天下自去新莽，就圣汉，当蒙其福而赖其愿。然而诸将掳掠，逆伦绝理，杀人妻子，燔其屋室，劫其财货。百姓啼饥嚎寒，无所归命。大将军以明淑之德，统三军之政，存抚并州之民。惠爱加乎万姓，声腾河东，闻乎群士。夫并州之地，东带名关，北逼强胡。年谷独熟，兵强马壮，物阜民丰，斯四战之地，攻守之场也。如其不虞，何以待之？故曰：'德不素积，人不为用；备不豫具，难以应变。'今万众之命，悬于将军一念。宜早下决断，更选贤能。夫十室之邑，必有忠信。然后简精锐之卒，发屯守之士，三军既整，甲兵已具，相河东土地之饶，兴水泉之利，习骑射之教，则威加四方，民安其业矣。若镇太原，抚上党，收百姓之心，功烈施于千载，富贵传于无穷矣。且衍闻之，兵久则力屈，力屈则变生。今三辅多事，战事不息，兵革云集，百姓震骇，洛阳何暇东顾？望将军思之！"鲍永听了冯衍这番宏论高议，遂打消西归洛阳刘秀之念，将储大伯收系太原传舍，对抗光武。

光武大怒，遂驾幸怀都，命骠骑将军杜茂、宗正刘延、积弩将军冯愔兵分三路，以下河东。冯衍以为上党为河东西部屏障，有井陉、壶口之险，宜设重兵防守，鲍永于是传檄田邑紧守天井关。杜茂攻井陉、以图太原；刘延攻天井，冯愔攻东阳。田邑与刘延战于天井关，冯衍扼井陉以拒杜茂，鲍永分兵守东阳。田邑与刘延在天井关大战十日，互有胜负。田邑据险扼关，刘延只得退兵十里扎营。冯愔自东阳关过太行直下潞城。田邑大惊，因其老母妻子俱在潞城，他急忙命人前往潞城搬取眷属。冯愔得知消息，命人在途中截获田邑老母妻子。冯愔、刘延于是以此相要挟劝田邑投降。田邑无奈献天井关以上党归降。光武闻报大喜,遣骑都尉弓里游,谏议大夫何叔武持节赴上党,诏拜田邑为上党太守。刘秀又命田邑劝鲍永、冯衍归降。冯衍忿恨田邑背约,乃致书田邑,痛责其贪生畏死。冯衍此信颇长,抄录如下:

"盖闻晋文出奔而子犯宣其忠,赵武逢难而程婴明其贤,二子之义当矣。今三王背叛,赤眉危国,天下蚁动。社稷颠陨,是忠臣立功之日,志士驰骋之秋也。伯玉(田邑,字伯玉)擢选剖符,专宰大郡。夫上党之地,有四塞之固,东带三关,西为国蔽,奈何举以资强敌,开天下之匈,假仇雠之刃,岂不哀哉!大丈夫动则思礼,行则思义,未有背主而身名能全者也。

为伯玉深计,莫如与鲍尚书同心勠力,显忠贞之节,立超世之功。如以尊亲系累之故能捐位投命,归之尚书,大义既全,敌人纾怨,上不损剖符之责,下足救老母妻幼之命,申眉高谈,无愧天下。若乃贪上党之权,惜富贵苟全性命,必陷千秋恶名。伯玉闻此至言,必若刺心,自非撄城而坚守,则策马而不顾也。圣人转祸而为福,智士因败而成胜。愿伯玉自强于时,无昧大义。"

针对冯衍指责,田邑据理力争,陈词激昂,他回信道:

"仆虽驽怯,岂贪生而畏死哉!曲戟在颈,不易其心,仆之素志也。间者老母诸弟见执于军,而邑浑然不顾者,岂非重其节乎?若使人居天地,寿如金石,要长生而避死可也。今百令之期,未有能至,老壮之间,相去几何?诚使故主尚在,忠义可立,虽老亲受戮,妻儿横分,邑眉不皱,心坚如旧也。间者上党黠贼,大集围城,兵分两路,入据井陉。近者宗正大军临天井关,邑亲溃重围,拒击宗正。自信智勇,非不能当。诚知故主已为赤眉所害,新帝司徒已定三辅,陇西、北地风从响应。其事昭昭,日月经天,河海带地,不足以比。死生有命,富贵在天。天下存亡,诚为命也。邑虽殁身,能如命何?夫为人之本,有恩有义;义有所宜,恩有所施。君臣大义,母子至恩。今故主已亡,何处尽义?老母拘执,恩所当留。而责以贪权诱以策马,抑其利心,必其不顾,何其愚乎!邑年三十,历位卿士,性少嗜欲,情厌事为。况今位尊身危,财多命殆,鄙人知之,何疑君子?

君长(鲍永字)、敬通(冯衍字)揭节垂组,自相署立。名不正,言不顺。盖子路使门人为臣,孔子讥其欺天。君长据位两州,加以一郡,而河东叛国,兵不入巂,坐视故国破亡,旧主身死;上党见围,不窥太谷,宗正兵临上党,莫之能援。三王背叛,赤眉害主,未见兼行倍道勤王,若墨翟累茧救宋、申包胥泣血哭秦、卫女驰归唁兄之举。主亡一岁,莫知所定,虚冀妄言,徒事塞责,未能事生,安能事死? 未知为臣,焉知为主? 岂厌为臣子,思为君父乎! 敬通欲撼泰山而荡北海,事败身危,要思邑鄙陋之言。"

鲍永、冯衍得田邑书信,明知更始已死,但仍不甘心臣服,还要负隅顽抗。道路讹传,更始仍在北地赤眉军中,二人以讹言惑部众,屯兵界休。冯衍命间人潜入上党,散布流言,说更始在雍,以惑百姓。鲍永之弟鲍永、女婿张舒诱降涅城县都尉李匡,里应外合,占据涅城。田邑侦知张舒家居上党,乃拘其家人,然后迫张舒归还涅城,释其家属。田邑又劝鲍永、冯衍归降,二人拒绝不答。

光武欲命诸将进兵。田邑道:"鲍永乃忠臣之后,其父鲍宣,哀帝时任司隶校尉,为王莽所杀。鲍永少有节操,尤善欧阳《尚书》;且事母至孝,臣闻其妻尝于母前斥狗,鲍永即休其妻。他在更始时为尚书仆射,行大将军事,击青犊屡建大功。虽身居高位,却车服敝素,无骄矜之情,为百姓所爱。其忠心事主,乃人臣本分。冯衍之祖冯野王,元帝时曾为大鸿胪。衍九岁诵诗书,二十通经史,实为不世之才。陛下大业肇造,正当用人之际,不如大度包容,劝其来降。"光武说道:"已劝其再三矣,卿还有何策,能劝其来降?"田邑道:"其所恃者,托言更始未亡也。陛下何不宽限时日,命其遣使赴长安,亲探虚实,然后再定抚绥征伐,仁至义尽,教而后诛,其必感恩怀德矣。"光武从其言,命人再次致书鲍永、冯衍,暂缓进兵征伐。

鲍永、冯衍兵困介休,闻汉兵不日将要进兵。杜茂、冯愔已兵临太原,尽有河东之地。两人正彷徨无计之时,得光武书信,自然求之不得,立刻命人前往长安,探听更始消息。这不过是借梯下楼而已。数日之后探听消息的人回来了,报道更始已亡。鲍永、冯衍于是在军中为更始发丧,然后放了储大伯,礼送他回京师洛阳,并交出上将军、中阳侯印绶,请储大伯带回。

数日之后,鲍永尽散介休之兵。冯衍道:"长袖者善舞,多财者善贾。数万兵士乃尚书财货也。今尽散麾下将士,安得皇上信重?"鲍永道:"公但知其一,不知其二。你我拥兵河东,至今方归。手握数万之众,朝廷安得不忌?

尽散兵众,以去其疑,有何不好?"冯衍叹道:"尚书去兵释疑,因为自保之策,但鹰犬去了爪牙,尚有何用?"鲍永但笑不语。

鲍永、冯衍幅巾便服,从百余骑拜诣河内行在,宫门请罪。光武宣见,温言抚慰。他问鲍永道:"闻卿麾下尚有数万之众,今在何处?"鲍永离席叩头道:"臣事更始,不能令全,有亏人臣之节,羞于以其众邀富贵,尽命其解甲归田,散之矣。"光武闻言色变,心中不悦。他良久方道:"卿言差矣,正当用兵之际,数万之众,尽行解甲,岂不可惜?"鲍永道:"将士之用,在于攻城略地。今河东之地,尚有十数城未下,臣愿单人匹马下之,以赎擅散兵马之罪。"光武点头允准。鲍永乃独骑离开怀宫,旬日之内,尽下河东诸城。光武大喜,遂封鲍永为谏议大夫,赐洛阳城中上商里宅第一所。鲍永坚辞不受。

是时董宪拥兵东海,被刘永封为海西王,为祸山东。光武命鲍永为鲁郡太守,带兵讨之。鲍永力荐冯衍为尉,同赴鲁郡。光武愤怒冯衍屡阻鲍永、田邑归降,囚系储大伯,遂不加任用。鲍永、田邑等人共向刘秀进谏道:"昔季布、丁固同为霸王项羽麾下之将。季布数窘高帝,而丁固受高帝之金,私放高帝。高祖登基赏季布之罪,而诛丁固之功,以诫后人为臣不忠者。今臣等幸遇明主,请陛下网漏吞舟,赦冯衍之罪,量材擢用!"光武仍旧不应。冯衍请见刘秀,他当殿对光武说:"臣曾读《战国策》,陈轸对秦王说,其邻人有一妻一妾。其妻年长,其妾年少,皆姿容美艳。邻有少年,贪其妻妾美貌,伺其夫外出,辄挑逗调戏之。戏其妻,则妻诟詈之;戏其妾,则妾渐与少年有染。待其夫亡故,少年则遣媒娶其妻,而绝其妾。有人不解,问道:'所娶非当初诟骂汝者也?'少年答曰:'然也。昔为他人之妻,欲其私我;今为我之妻,正欲其骂人也。'夫天命难知,人道易守。守道之臣,何患生死?昔高帝欲烹蒯通,蒯通道:'桀犬吠尧,尧非不仁,狗因吠非其主。当是臣唯独知韩信,不知陛下也。'高帝乃赦通之罪。臣在河东,不知更始已死,故宁死不降,为尽臣节也。匹夫纳妻,犹知娶詈己者,明君取士,反弃尽忠故主之人。臣愚昧,不知当否?"群臣相顾私语,光武破颜为笑道:"卿之譬喻,朕知之矣,言前为故主守节,冀为朝廷尽忠也。昨得急报,剧贼郭胜反于曲阳,常山不宁。朕命汝为曲阳令,平叛归来,论功行赏。"冯衍叩头谢恩,当日即往曲阳赴任。

冯衍秘召河东旧部，前往曲阳。郭胜始料不及，遂为冯衍擒杀，降其部众五千余人。论功当封，尚书令王护、尚书周生丰秘奏光武冯衍私召河东旧部之事。光武本就为鲍永当初遣散将士不满，遂迁怒冯衍，不加升赏，调其回京为郎。冯衍不屑吏事，自曲阳回京，向刘秀上书直言八事：一曰显文德，二曰褒武烈，三曰修旧功，四曰招俊杰，五曰明好恶，六曰简法令，七曰差秩禄，八曰抚边境。光武览奏大喜，他与左右道："冯衍果有大才，久屈下僚，实为可惜！"刘秀立即传旨召见冯衍。

当初，冯衍在河东为狼孟长时，邑中大姓令狐略，横行乡里，侵暴百姓，曾被冯衍依法惩处。光武兵下河东，令狐略挟重金逃往河内，投效光武军前。时军中粮饷不继，令狐略献重金无异于雪中送炭。光武大喜，遂封令狐略为司空长史，让他听命于大司空王梁帐下。尚书令王护、尚书周生丰，皆与王梁相熟，令狐略自然和王护、周生丰过从密切起来。他听说光武要召见冯衍，且有重用之意，妒恨油然而生，他于是向王护、周生丰进谗说："冯衍上书求见，欲取代二公之位。前者二公参劾冯衍私募河东旧部，冯衍衔恨二公久矣，彼若代公而掌台阁之任，二公危矣。"王护、周生丰闻听令狐略之言，又恨又怕，遂在光武跟前谗毁冯衍道："冯衍自恃其才，常怀怨望之心。此前陛下封其为曲阳令，彼不知感恩，出宫便说：'陛下以珠弹雀，朝廷多碌碌之辈，无一人有郾侯之明。'待其奉诏自曲阳归来，以为功高，必膺重寄，却只得任议郎之职，复怨皇上功高赏薄，背弃前言。其上书所言八事，显文德、褒武烈，明为向朝廷建言，实为自己鸣不平也，陛下思之。"光武听信王护等人之言，遂罢召见冯衍之念。

冯衍久等不闻召见之音，知道有人向光武进谗。他遂上书刘秀道：

"臣伏念高祖之略，以陈平之谋，毁之则疏，誉之则亲。以文帝之明，魏尚之忠，绳之以法则为罪，施之以德则为功。逮之晚世，董仲舒言道德，见妒于公孙弘；李广奋节于匈奴，见排斥于卫青，此忠臣而常为流涕也。

臣衍自惟微贱之臣，上无魏无知之荐，下无冯唐之说，乏董仲舒之才，少李广之勇，而欲免谗口细语，毁谤之言，岂不难哉！臣之先祖，以忠贞之故，成私门之祸。姑祖母为中山王太后、孝哀祖母，为傅氏陷以大逆，合族蒙难。臣当兵革之际，事君无倾邪之谋，将帅无掳掠之心。昔在更始，于太原执财货之柄,居位食禄二十余年,家无布帛之积,出无舆马之饰,居处日贫,两袖清风。

今遇明主,遭清明之时,而怨仇丛兴,讥议横生。盖富贵易为善,贫贱难为工;谗谄易蔽上,方正难立身也。请乞骸骨,放垄亩之臣,无望高阙之下,惶恐自陈,以救罪尤。”

光武览奏,益加衔恨冯衍孤高自傲,遂准其归里。卫尉阴兴进谏说:“冯衍才兼文武,不可轻弃。”光武道:“冯衍恃才傲物,负能骄人。富贵骄人,则丧国失家;贫贱骄人,则难为所用。不若全其节义,以成其名。”

冯衍终生不得志,退而著述,作赋自励,命其篇曰《显志》。冯衍居贫年老,卒于家,他有《问交》《德诰》《慎情》及赋、诔、铭、序五十余篇传世。

彭宠　刘扬

建武二年正月初一，日食，众人迟疑。光武帝问："朕初登帝位，有何失德之处，上天如此示警？众卿不必有所顾忌，知无不言，一一奏来。"尚书伏湛奏道："日者，太阳之精也，在下如君。君道有亏，为阴所乘，故有日蚀。日蚀实为阳不克阴之兆。但过不在陛下，而在更始；更始失政，致使三辅赤眉、延岑祸乱不息，至今未除；张步又拥兵齐上，僭号称王。凡此种种，皆上天示警之由也，陛下不须自责。"光武帝道："话虽如此，但朕难以自安。唯勤修其德，以除咎害。德政缺失，亟望众卿拾遗补阙。朕欲悉封功臣为列侯，以资辅弼，而减缺失。"

数日之后，光武降旨封邓禹为梁侯，吴汉为广平侯，寇恂雍奴侯，冯异阳夏侯，岑彭舞阴侯，贾复冠军侯，王霸富波侯，祭遵颍阳侯，盖延安平侯，陈俊新处侯，臧宫成安侯，铫期安成侯，耿弇好畤侯，朱祐堵阳侯，景丹栎阳侯，王梁武强侯，杜茂乐乡侯，马成平舒侯，刘隆元又侯，傅俊昆阳侯，马武山都侯，耿纯东光侯，任光阿陵侯，李忠中水侯，万修槐里侯，邳彤灵寿侯，刘植昌成侯。大国四县，小国一县，依据功勋，各不相等。刘秀下诏称：

"人情得足，苦于放纵。快须臾之欲，忘慎罚之义。唯诸将业远功大，诚欲传于无穷。宜如临深渊，如履薄冰，战战栗栗，日慎一日。其显效未赏，名籍未立者，大鸿胪趋上，朕将依功行赏，一一录之。"

未得封赏诸将于是各自上表述功，请求封赏。这是一件十分麻烦的事情,怎样评定功劳大小,爵位高低,殊非一蹴而就,要绝对公平允当,自然十分困难。

光武正在为此犯难,铫期进京谢恩来了。铫期道:"臣功微赏重,愧不敢当。况臣非理民之才,诚恐负皇上重托。"光武笑道:"朕每启驾出行,常思卿为朕蓟县喝跸之事。卿既回京,魏郡之事,朕就另付他人了。"刘秀于是封铫期为卫尉,掌管京城兵马及宫中宿卫。光武询问铫期道:"卿在魏郡,身边可有长于算术,处事公道之人?"铫期奏道:"知臣莫如陛下。臣生性粗疏,只爱枪刀剑戟,吏事本非所能。臣守魏郡,幸尔未出大错,全仗主簿冯勤。此人善于计事,并且公平正直,清廉无私。"光武问:"此人何方人氏,家世如何?"铫期道:"冯勤表字伟伯,魏郡繁阳人。曾祖父名扬,曾作过弘农太守,号为'万石君'。"光武忙问:"太守不过二千石也,何谓'万石君'?"铫期道:"其人教子有方,生有四子,官皆二千石,父子万石,故得此名。冯勤之祖父冯偃,身材短小,不如诸兄魁伟,自惭形陋。他恐怕子孙如己猥琐,为子娶妻特选高大者,故生孙冯勤身高八尺三寸,天性擅长算术,八岁就通九章算术,长勾股之数。"光武大喜,当即宣召冯勤入京,除拜议郎,给事尚书,命其根据功劳大小,掌管封侯之事。

冯勤果有才干,量功计劳,依国土远近、地产丰薄,多方参酌,不相逾越。他把一件十分复杂的事情处理得有条不紊,且大多数人都无话可说。

阴乡侯阴识是阴丽华的兄长,论功理应增加封地。阴识叩头辞谢道:"天下初定,诸将功高者甚多。臣托属掖廷,若增加封地,恐致天下妄议,有伤陛下至公之明。"光武深嘉阴识识大体,命其镇守函谷关。

河南太守丁綝,请求改封故乡。光武帝道:"众人皆愿封富庶之地,爱卿家乡贫瘠,何故独望封故乡也?"丁綝叩头道:"臣始自颍川追随陛下,不过一小卒耳。以德以能,皆不足道,功劳又少,能封个乡侯,就深感天恩浩荡了!"光武笑道:"富贵不归故乡,如衣锦夜行。依卿所请,封卿为新安乡侯好了!"

博士丁恭进谏道:"古帝王封诸侯不过百里。易曰:'震惊百里','利建侯',取法乎雷。孝景削藩,强干弱枝,所以为治。今封诸侯四县,不合法制。"光武帝道:"古之亡国,皆以无道,未尝闻功臣地多而灭亡者,卿其勿言。"刘秀乃命谒者赐印绶于各位诸侯,金印紫绶。颁策曰:"在上不骄,高而不危；制节谨度，满而不溢。敬之戒之，传尔子孙，长为汉蕃。"诸侯叩头谢恩，皆大欢喜。

刘秀又征李通为卫尉，封固始侯，拜大司农；封邓晨为房子侯。王常带领妻子诣拜宫门，肉袒请罪。光武相见甚欢，他抚慰道："王廷尉劳苦。每念往昔，共履艰危，何日忘之。莫往莫来，难道忘了昔日之言乎？"王常叩头道："臣蒙上天之命，得以鞭策托身陛下。始遇宜秋，后会昆阳，幸赖灵武，辄成断金。更始不量臣愚，命臣出镇南阳，遂与陛下南北暌违，天各一方。赤眉之难，丧心失望，以为天下复失纲纪。闻陛下即位河北，心开目明。今得见阙庭，死无遗恨。"光武笑道："朕与廷尉戏耳。吾见廷尉，不忧南方矣。"刘秀于是在南宫大摆宴席，召公卿大臣为王常接风洗尘。刘秀对群臣道："王廷尉以匹夫兴义兵，明于知天命，故更始封其为知命侯。公与朕相见兵中，一见如故，尤相厚善。朕与家兄兵败小长安，部众离散，乃至宜秋，与廷尉订盟。微此公之力，何来复兴之业！此公率下江诸将辅翼汉室，心如金石，真忠臣也。"光武遂封王常为山桑侯，拜为左曹，加汉忠将军。王常感激涕零道："臣敢不粉身碎骨以报！"

光武接着又颁诏旨：凡更始诸将来归者，爵禄依旧，信重如常。复汉将军邓晔、辅汉将军于匡等闻风来归，皆复爵位。

彭宠在渔阳闻听光武大封功臣，王梁、吴汉并列三公，盖延封安平侯，自己仍然是当初的虚衔大将军建忠侯，难免心中闷闷不乐。涿郡太守张丰前来拜访，功曹韩利等人共与饮宴。张丰道："当初皇上困于王郎，穷蹙无计，使君发突骑三千，解危济难，转粮秣，给军实，前后不绝。皇上遂得破邯郸，诛王郎，成就帝业。今大封功臣，使君旧部皆得封侯，位列三公。但不知皇上何以酬使君盖世之功？"

彭宠叹道："论功劳，我当封王。惜乎，陛下忘我昔日之功也。"韩利道："吴汉，使君之长史也，今为大司马；王梁，一狐奴令，竟为大司空；盖延，公之护军校尉，今为虎牙大将军，三人皆得封侯，与使君同列。以此而论，使君封王，亦不为过。唯高帝与诸将有约：'非刘姓不王'，使君也只有屈居建忠侯之位了。"张丰道："话虽如此，赏以公爵，加以荣显，总是应该的吧？"

彭宠心中五味杂陈，唯有摇头、叹息。他当日饮酒不多，却酩酊大醉。彭宠回到后宅，其妻见其大醉，心中不快，数落他道："公有何能，唯知饮酒也？门下吏个个飞黄腾达，直上青云，汝终老一边地太守耶？"彭宠惧内，其妻一向刚强，不肯下人。彭宠醉中答道："夫人少安勿躁，不日即有诏命，我必封王矣！"其妻冷笑道："那我就等着做王妃了！也不看看汝有没有那福气！"

幽州牧朱浮得封舞阳侯，食三县。朱浮少年得志，颇欲大展宏图，收买士心。他于是广召州中名士如王岑之属，以为从事。朱浮同时把王莽时候幽州二千石以上的旧官吏都罗致幕府，待遇优厚，他从各郡调拨大量钱粮来赡养这些人的妻子儿女。当时幽州各郡，大多残破凋零，唯有渔阳相对完富。旧时，渔阳设置铁官，彭宠擅经营，以铁换取谷物，积聚珍宝财物，日以富强。彭宠、朱浮本就不睦。彭宠性格刚烈倔强，自恃资深功高，又在官场失意的时候；而朱浮骄矜急躁，正逢春风得意之际，每每以上司自居。二人互不服气，隔阂越来越深。朱浮频频征粮征物，彭宠则不胜其烦，认为天下未定，征伐不断，不应该多设冗员，靡废军用物资，因此经常抗命。朱浮怀恨在心，屡次向刘秀进谗，陷害彭宠。朱浮还密奏彭宠招兵买马，集草囤粮，意图不轨。

光武得奏，降旨宣召彭宠进京。彭宠知道是朱浮进谗、诬陷自己，他上疏辩冤，请求与朱浮同时进京，当殿对质。光武不准，彭宠疑心光武偏袒朱浮。彭宠乃写信给吴汉、王梁、盖延等，盛言朱浮凌辱自己的情况，辩解冤枉。这三人不敢隐瞒，立即把书信呈献光武。

光武私下问三人彭宠情形。吴汉等三人尽道："其人性情刚直倔强，希冀恩宠之心有之。若论其有无异志，臣不敢妄言。不如遣使安抚。"彭宠的堂弟子后兰卿为尚书令史，光武宣其进宫，嘱咐道："令兄功在社稷，朕无一时忘怀。渔阳大郡，命其守之，朝廷倚为柱石。望其勿自生疑，奉诏来京，朕当面垂询边郡之事。"子后兰卿奉旨回到渔阳，去见哥哥。

彭宠左右皆恨朱浮，纷纷为彭宠打抱不平，都劝彭宠不要前往洛阳。韩利道："朝廷若不偏信朱浮，何不召其一同进京？若信任使君，何不罢朱浮以使君代掌幽州之事？使君万不可轻离渔阳，一旦离开渔阳则如龙游浅滩，虎落平川。"其妻更是力阻彭宠进京，她说道："天下未定，四方英雄，各霸一方。赤眉杀了更始皇帝，立了个牧马小儿刘盆子；隗嚣占据陇右；卢芳起兵安定；刘永、张步先后称帝。渔阳大郡，兵强马壮，为何要远离根本之地，到洛阳去受窝囊气？"子后兰卿劝道："兄长万不可轻信小人之言，自毁锦绣前程。一身执掌太守、大将军、建忠侯三块金印，举国上下能有几人？"彭宠之妻不屑地说道："三方金印有何稀罕？彼能荣之，亦可杀之；天子一言，三印尽收，性命不保，不可不虑！"彭宠命人把子后兰卿关押起来。

彭宠迟迟不肯奉召，朱浮又上书参奏彭宠三款大罪：一、忤逆不孝，遣使迎妻不迎其母，令老母冻馁；二、贪赃受贿，杀害友人；三、多聚兵谷，意计难料。光武以朱浮所奏责问彭宠，催促彭宠明白回奏。彭宠生母早故，庶母与其妻失和。其妻闻知此事，顿作河东狮吼，当众怒骂道："皇上管得也太宽了，连婆媳斗嘴这样的琐屑小事也管吗？"受贿杀友一事，彭宠更觉冤屈：当初更始命韦顺为上谷太守，蔡充为渔阳太守。光武让耿弇回上谷、渔阳，与彭宠合谋诛杀韦顺、蔡充。后来光武征射犬，谢恭命韩鸿秘来渔阳，劝彭宠与谢恭联手，共图光武。彭宠不肯，又怕光武生疑，于是杀了韩鸿。此事，彭宠后来曾经奏闻光武，光武也曾嘉许彭宠忠义。如今朱浮又抖露出来，反而成了自己的罪过。彭宠越想越气，骂道："天子寡恩，果然不假。能共患难，难共太平，安能坐待狗烹！这一切均拜朱浮小儿所赐，我与朱浮势不两立！"彭宠遂决意起兵，攻打朱浮。

彭宠亲自带兵二万攻打幽州，并分兵徇广阳、上谷、右北平。韩利劝道："公与上谷太守耿况素有交往，且俱有大功于朝廷，恩赏一样微薄，同病相怜。不如遣使劝耿太守联兵同反，以壮声威。"彭宠然其计，遂遣使联络耿况。耿况斩其使者，与之绝交。彭宠又知会涿郡张丰，张丰遂起兵相应，不日之间，连下数城。朱浮频频告急，光武帝命游击将军邓隆带兵救援。

邓隆驻军潞南，朱浮驻军雍奴，南北相距百里，中隔漯水、丘水。光武帝闻奏大怒，他谓使者道："两营相去百里，缓急岂可相济？怎样救援？汝速回，迟则邓隆、朱浮必败矣！"

果如光武所料，彭宠兵临漯河以拒邓隆，另派骑兵三千，袭其背后，邓隆大败。朱浮救援不及，彭宠乘胜杀来，朱浮连忙退兵。彭宠遂拔右北平、上谷数县。朱浮无奈，他写信给彭宠，劝其罢兵言和：

"伯通以名字典郡，有佐命大功，临人亲职，爱惜仓库；而浮秉征伐之任，欲权时救急，二者皆为国耳。即疑浮进谗，何不诣阙自陈，而起兵相攻，自取灭族之祸乎？朝廷之于伯通，恩亦厚矣，委以大郡，任以威武，事有柱石之寄，情同子孙之亲。匹夫漂母尚能致命一餐，岂有身带三绶，职典大邦，而不顾恩义，生心外叛者乎！伯通与吏人语，何以为颜？行步起拜，何以为容？坐卧念之，何以为心？引镜览形，何施眉目？举措建功，何以为人？惜乎弃休令之嘉名，造枭鸱之逆谋；捐传世之庆祚，招破败之重灾，高论尧舜之道，不忍桀纣之性，生为世笑，死为愚鬼，不亦哀乎！

"伯通与耿侠游俱起佐命，同被国恩。侠游谦让，屡有降挹之言；而伯通自矜功伐，以为功高天下。往时辽东有豕，生子白头，异而献之，行至河东，见群豕皆白，怀惭而还。若以之功论于朝廷，则为辽东豕也。今乃愚妄，自比六国。六国之时，其势各盛，廓土数千里，胜兵将百万，故能据国相持，多历年世。今天下几里，列郡几城，奈何以区区渔阳结怨天子？此犹河滨之人捧土以塞孟津，多见而不知自量也！

"方今天下适定，海内愿安，士无贤不肖，皆乐立名于世。而伯通独中风独走，自捐盛名，内听骄妇之失计，外信奸邪之谀言，长为群后恶法，永为功臣鉴戒，岂不谬哉！定海内者无私仇，勿以前事自误，愿留意老母幼弟。凡举事无为亲厚者所痛，而为见仇者所快。不胜区区，望熟思之。"

朱浮素负其才，一篇求和书信反而写得激昂急切，多所讥讽责难。彭宠字伯通，先以表字称之，以示敬重亲切，后陈其佐命之功，这都没错，还算客气；但后文笔锋忽转，先责彭宠辜负朝廷厚恩，后责彭宠居功自傲。耿况，字侠游。和彭宠功劳、封赏完全相同，却常怀谦让，而彭宠却自以为功高天下。朱浮用辽东有人献白头猪仔的故事，讥讽彭宠，不知天高地厚：若论功劳，你那点微薄功劳，不过像辽东白头猪仔，丝毫不值得骄矜居以自傲。成语辽东白豕，即出自朱浮的这一《与彭宠书》。朱浮最后告诫他以渔阳一郡对抗朝廷，不自量力，不过是"河滨之人捧土塞孟津"的枉费心机。

彭宠得书更加恼怒败坏，加紧进兵。彭宠还遣使前往匈奴，赂以财货美女绸缎。单于使左南将军率轻骑八千，往来游弋北郡，以助彭宠。彭宠南与张步及富平、获索各部人马相结为盟，进兵攻拔蓟城，自立为燕王，割据称雄。

朱浮当初以为彭宠起兵，光武必亲自带兵讨之，平定幽蓟自然不在话下。不意光武只派邓隆带兵来援，又被彭宠击破。北州忧急，蓟城失陷，彭宠兵困无终。朱浮又急又怕，方寸大乱，他连忙上书，不无责问光武道：

"昔楚宋列国，俱为诸侯，庄王以宋执其使，遂有投袂之师，魏公子无忌为朋友之义触冒强秦之锋。今彭宠反叛，张丰逆节，以为陛下必捐弃他事，以时灭之。既历时月，寂寞无音。望围城而不救，纵逆房而不讨，臣诚惑之。昔高祖圣武，天下既定，犹身自征伐，未尝宁居。陛下虽兴大业，海内未平，而独逸豫，不顾北陲百姓惶惶，无所系心。三河、冀州曷足以传后哉！今秋稼已熟，复为渔阳所掠。张丰狂悖，奸党日增，连年拒守，吏士疲劳，甲胄生虮虱，弓弩不得施，上下焦心，相望救护，仰望陛下，生活之恩。"

光武览奏，忙与众臣商议，皆道："事无两全，宜暂缓西进，以解幽州之围。"光武道："往年赤眉跋扈长安，朕策其无谷无粮必东走，后果来归降。今度此反房，势无久全，其中必有内相斩杀者。今军资未充，故须等待麦熟，可诏令上谷太守耿况救援。"众人知道，三辅未宁，光武无力两顾，只好把幽州之事暂时放下。

无终城中粮尽，人相食，马相噬。破在旦夕，幸上谷太守耿况遣骑来救，朱浮方得突围走脱，彭宠攻占无终。朱浮南逃至良乡，将士哗变，反戈相向遮道围攻。朱浮害怕难以脱身，杀死妻子，只身逃跑。数日之后，回到洛阳，待罪宫门。尚书令侯霸参劾朱浮败乱幽州，构陷彭宠，逼其造反；劳师败军，丢城失地，不能死节，罪当伏诛。光武帝不忍加诛，且惜其才华，他说道："彭宠叛乱，罪不全在朱浮；朝廷救兵未至，至有幽州之失，亦不能归罪一人。朱浮给彭宠的书信，朕曾亲阅，皆至情至理之言。其冥顽不悟，与朱浮何干？"刘秀于是饶朱浮不死，徙封父城侯。光武传檄北州，晓谕吏民："杀彭宠来降者赏千金，爵通侯！"

光武帝命建威大将军耿弇、建义大将军朱祐、征虏将军祭遵、汉忠将军王常、骁骑将军刘喜,与上谷太守耿况共攻彭宠与张丰。耿弇因为父亲耿况久在上谷,与彭宠同功,多有交情;父子兄弟同掌兵权,且无一人在京师伴君,生怕光武生疑。他不敢独进,上书光武,请求前往洛阳。光武知其意,降旨抚慰道:"将军舍身举家为国,何嫌何疑而欲赴京?朕与将军一体,且与汉忠将军王常进兵涿郡,勉思方略。"

耿况听说耿弇请求赴京任职,知其心意。他遂与其子耿国、耿舒等人商议,遣一人入京。耿舒道:"大哥将兵在外,父亲身边不能无人;三弟有捷才,善应对,不若遣三弟入京侍君。"耿况同意,于是遣耿国入京。光武大喜,封耿国为黄门侍郎,加封耿况隃糜侯。

耿弇与朱祐、王常进击望都,连破固安、西山叛军十余营,兵薄涿郡城西。时征虏将军祭遵驻军良乡,在涿郡城北;骁骑将军刘喜驻军阳乡,在涿郡以西,对涿郡张丰形成包围之势。

彭宠遣其弟彭纯将匈奴骑兵二千,亲自领兵数万,分两路进攻祭遵、刘喜以救涿郡。胡骑轻锐剽疾,越军都山迅即南下。耿弇命其弟耿舒埋伏途中,命其父拦截;双方一交战,耿舒自后杀出,前后夹击,大破彭纯胡骑,占领军都,斩杀匈奴二王。彭宠慌忙退兵。

张丰与彭宠联合起兵,号称"无上大将军"。彭宠称燕王,张丰不甘人下,也想称王。张丰平素好方术,信天命。有道士为其看命,言其必为天子。用五彩布囊裹一顽石系于张丰右臂,告诉张丰石中有玉玺,张丰信之不疑。汉兵围城,祭遵亲冒矢石率众架云梯攀登,为弩射穿其口,血流被面。将士惊赫欲退,祭遵仗剑怒斥道:"后退者斩无赦!"众将士只能奋勇争先。破城在即,张丰部一功曹孟宏,捆绑张丰献城投降。祭遵下令,立斩张丰,安抚百姓。临刑被斩之际,张丰犹大呼道:"我当为天子,肘上锦囊石中有玉玺!"祭遵当众把石块击碎,里边什么也没有。张丰这才知道上当受骗,仰天叹道:"妖道误我!妖道误我!当死,无所恨!"

涿郡危急之时,张丰数遣使者向彭宠求救。彭宠命部将李豪率兵三千赴援。涿郡已破,李豪尚未得到消息。祭遵命护军傅玄,带领人马伏击李豪于潞南,大破之,斩首千余级。于是,汉军各路人马,齐下渔阳。

败报连连,汉军兵到渔阳,彭宠忧急万状,其妻连夜做噩梦。梦里赤裸着身子,却戴着凤冠,想翻过城墙逃跑,被一个髡首的刑徒推坠城下,四肢尽折,她醒来浑身疼痛难忍。彭宠白天坐在堂上,却听见火炉下有蛤蟆乱叫,立即命人掘地三尺寻找,却什么也没有找到。怪变不断,彭宠请卜者占卜,望气者、风水先生纷纷相看,皆言,"哇鸣地下,乃变生于内,祸起萧墙之兆。"彭宠于是猜忌从弟子后兰卿。他对其妻说:"子后兰卿为质于汉,奉使归来,必有二心,不可留于城内。"其妻子说:"不为我用,必为我仇。不如杀之以绝后患。"宠曰:"不可。令其将兵于外好了。"于是命子后兰卿带领老弱二千屯驻郊外。彭宠府中从此无亲近之人。

彭宠戒斋便室,独居其中,祈福神灵,苍头子密素为彭宠亲信,在斋室侍奉起居。子密与两个同伴商议道:"汉兵旦夕破城,我等为奴为仆之人,也难免池鱼之灾。大王府中珍宝无算,城破之日,尽为他人所有。我等为奴为仆多年,晨昏侍候却难得其分毫,岂不冤哉?人为财死,鸟为食亡。我等分毫之财未得,却白白跟着主人丧命,心中实有不甘。"二伙伴道:"心有不甘,又有什么办法?老兄有何高见,尽管说来,我二人唯老兄之命是从。"子密道:"现有一计,可化祸为福,一举而得大富贵,不知二位有无这种胆量。"二人道:"横竖难免一死,富贵险中求取。有何不敢?"

当日入夜之后,彭宠熟睡,三人把彭宠捆缚在床。子密对斋室外面的卫士道:"大王斋戒七日,恩准各位休假,七日之后入值。"众人应诺而去。子密又假传彭宠旨意,命府中奴婢与闲杂使唤之人各至一处,然后分别囚禁。子密最后矫传彭宠之命,请其妻前往斋室。彭宠之妻来到斋室,见彭宠被缚,子密三人各执利刃,大惊失色,回头要走,却被子密一把拉住,利剑加颈。彭宠忙道:"各位将军急需钱财,夫人速去办理!"子密冷笑道:"大王抬举小人三个了,我们只是你手下奴仆,但如今顾不得尊卑贵贱了!"子密与一人押着彭宠妻子去取财货,留下一人看守彭宠。彭宠趁机对小奴道:"汝尚年幼,本王一向待汝不薄。我知道今日之事,乃子密一人所为,汝被逼无奈而已。汝解缚放我,本王当把郡主彭珠嫁给你,府中财物全部赏赐于汝。岂不胜与子密共谋强百倍!"小奴心动,正要为彭宠解缚,子密回来,小奴连忙缩手。

三奴尽收彭宠府中金玉财帛，命彭宠妻缝了两个大布袋，准备了六匹马，他们欺诈彭宠说："我三人将保大王夫妇一同逃出渔阳。"然后给彭宠解开双手，坚请彭宠亲笔写好一道手谕："今遣子密三人至子后兰卿军中公干，速开城门，勿得稽留。"手谕写好，子密手起剑落，砍下彭宠夫妻首级，装入囊中，飞马出城，前往洛阳请功。子密到了洛阳，请谒宫门，献上首级。众人皆道："弑主求荣，为大不义，依律当斩。"光武道："君无戏言，不可失信。"遂封子密为不义侯。

彭宠夫妇被杀，府门白日不开，属下官吏惊疑，命人逾墙而入，方知王府发生变故。彭宠尚书韩立等人扶立彭宠之子彭午继承王位，以子后兰卿为将。国师韩利又击杀彭午，把首级献给征虏将军祭遵。至此彭宠国破家亡，宗族夷灭，渔阳之乱得以平定。

彭宠、张丰举兵叛乱之时，北州震动。关中未定，光武帝无暇东顾，真定王刘扬素有异志，趁乱命人伪造谶记说："赤九之后，瘿扬为主。"刘扬脖子上生有赘瘤，民间俗称为瘿，方士告诉刘扬，此为龙珠，贵不可言。刘扬以更始为汉室第八代天子，自己是景弟九世子孙，当应"赤九"之谶。他于是暗中招兵买马，并与绵曼山贼勾结，准备起兵。光武帝得到消息，密召耿纯计议。耿纯道："彭宠、张丰之乱未平，关中不宁。四方多在用兵之时，不宜操之过急。况真定王乃贵妃娘舅，贵为皇亲，宜加抚慰，示以恩宠。"光武从其计，加封刘扬为太中大夫，征其入京。

刘扬接旨，心中惊疑，以病为辞，不肯奉召。光武命骑都尉陈副、游击将军邓隆为使，连番催驾，刘扬益发心虚，拒绝使臣入城。他与其弟临邑侯刘让、从兄刘细商议道："当断不断，必受其乱，不如尽早起兵。"刘细劝道："知足知止，戒满戒盈为福，身居王位，贵为皇亲，还希图什么？今耿弇、朱祐、祭遵、王常各路人马都在左近，一有风吹草动，必致灭顶之灾。"刘让却道："彭宠已占幽州，张丰据有涿郡，汉兵哪里顾得上我们？机不可失，失不再来。等汉兵破了涿郡，灭了彭宠，机会错过，哪里再去寻找！"刘扬道："既然如此，二弟就快点命人去召绵曼之兵，准备举事吧！"弟兄商议方定，忽报前将军、高阳侯耿纯持节劳慰各郡国王侯，将到真定。刘扬大惊道："耿纯乃当今心腹大将，莫非听到了什么风声？"刘让道："听说耿纯在战斗中折伤一臂，不能执刀枪、开弓射箭，早已不带兵了，有什么可怕？"刘扬立刻命人打探耿纯随行多少人马，一路过往情形。探马回报，耿纯未带人马，随行不过百余骑。光武登基，大赦天下，诏令"狱多冤人，用刑深刻，朕甚悯之。子曰：'刑罚不中，则民无所措手足。'其中二千石，诸大夫、博士议郎议省刑法。"耿纯此行，主要是传宣赦令，巡察郡县省刑情况，顺便慰劳王侯。刘扬听罢，放心许多。

探报所说，只是表面情况。光武连召刘扬不应，知其欲反。他欲命将征伐，又有诸多顾忌。刘秀与耿纯、铫期等人议道："彭宠之祸未息，贵人新诞皇子。真定王乃贵人之娘舅，朕欲加兵，投鼠忌器。二卿以为当如何处之？"铫期道："君为臣纲，夫为妻纲，父为子纲。真定虽贵，但违悖纲常，不加挞伐，难正纲纪。臣愿提一偏师，前往真定。"光武沉吟不语。耿纯道："臣愿代皇上传宣赦令，劳慰王侯，前往真定，相机行事。"光武道："此乃朕所愿也。刘扬若肯见卿，卿可临机决断，不必请旨。"耿纯于是持节出京。耿纯一路上邯郸、巨鹿、安平、常山，所过拜谒王侯，施恩布义，波澜不惊。他到常山与陈副、邓隆相会，俱至真定，驻城外传舍。

刘扬故技重施，称病不见。耿纯致刘扬书信说："纯持节出京，身负皇命，本无谒见真定王之礼；但纯母乃真定宗室之女，纯系真定刘氏所出，真定王乃耿纯娘舅辈，故不敢忘根本，请谒王府，探病。"刘扬与刘让商议："耿纯乃天子使臣，且系真定宗室所出，不可拒之千里。况一路上拜谒王侯，广布皇帝恩德，不闻有其他使命。若坚拒不见，反而显得情怯心虚，不如出城见之。"刘扬于是命刘让、刘细带兵护卫自己，前往传舍拜谒耿纯。

刘扬等到了传舍，投书请见。耿纯命人传话道："奉使见牧守王侯，皇命在身；牧守王侯未闻圣命，使臣不得先行拜谒。请真定王入传舍接旨。"刘扬自恃兄弟各带兵马左右，耿纯意态安静，传舍周围不见一兵一卒，自料无妨。他于是带领属下官吏入内。耿纯春风满面，隆礼相迎，摆设几案，欲待宣旨，忽道："临邑侯刘让，骁骑都尉刘细，二千石以下官属俱宜听宣。快快请进！"刘扬不虞有它，即命人传唤。刘让、刘细等人见刘扬传唤，鱼贯而入。耿纯早命人等候传舍门口。刘让、刘细等人方入，即被迎入其他室内，分别擒拿。刘扬不见刘让、刘细入内，方自惊疑，耿纯朗声说道："真定王刘扬接旨！"刘扬无奈向案而跪,耿纯道:"真定王刘扬,伪造图谶,图谋不轨;私藏兵甲,招兵买马,勾结绵曼山贼,意图造反。屡屡抗命,不肯奉召。着即押解进京议处!"刘扬大呼:"本王数万兵马就在门外,谁敢造次!"耿纯怒喝一声:"拿下!"随行护卫应声向前,把刘扬及其属下尽行拿获。耿纯道:"天子本念汝为贵妃娘舅,不忍加诛,不意汝狂悖如此! 自寻死路,谁能救汝!"喝令左右当即把刘扬斩首。

耿纯持节在前,命左右持刘扬、刘让兄弟首级,巡视各营,宣示刘扬兄弟谋反情形,传宣光武旨意。满营将士无一妄动,真定上下震怖。耿纯命人飞马入京奏报。光武帝念惜刘扬、刘让蓄谋未发,不欲震动朝野,不忍废其佐命之功,并封二人之子承袭真定王、临邑侯的爵位。刘秀立命耿纯还京复命。

耿纯还京,他向光武帝自请道:"臣本吏家子孙,幸遭大汉复兴,圣主受命,备位将帅,爵为通侯。臣臂伤残,难再临阵驰驱。天下略定,臣于军中已无所用。愿自试治一郡,为陛下牧民,尽力自效。"光武笑着说:"卿既治武,复欲修文邪? 东郡未宁,朕不得安枕,劳卿为朕治之。"刘秀遂拜耿纯为东郡太守,即日前往濮阳上任。

将相和

刘扬、刘让被诛，郭贵人心中忧惧。大皇子刘强已满三岁。光武年过三十，戎马倥偬，喜得贵子，疼爱有加。侍中陈俊迎接阴贵人及湖阳、宁平两位公主到京，后宫喜气盈盈。汉自武帝、元帝之后，后宫佳丽三千，妃嫔宫女分为十四等，品级纷繁。光武中兴，斫雕为朴，崇尚节俭。六宫之号，唯有皇后、贵人。贵人金印紫绶，俸禄不过粟米数十斛。其余美人、宫人、采女三等宫女，并无爵秩，唯有岁时节庆赏赐而已。诸大臣以为过俭，纷纷奏请增添后宫眷属及秩奉。

光武以天下未定，民生穷蹙，一概不允。今河东、河北相继平定，群臣又奏请册立皇后，勿使中宫之位旷日虚悬，光武准奏。刘秀归后宫，与阴贵人私语。两人再次忆及当成里新婚之夜，夫妻相对红烛而泣情形，不禁唏嘘。光武帝道："朕微贱之时，心许于卿，患难之中，结为夫妇。旋即将兵出征，一别数载，独留卿于虎口。今得团圆，将以后宫付之，以慰平生。"阴贵人道："不可。陛下困厄无助之时，得郭氏臂助，始成帝业；今郭氏已诞育皇子二人，母同子贵，宜立郭氏为六宫之主。况郭贵人门第隆贵，素娴礼仪。妾出身寒微，难副其任。"光武道："民间妻室尚以先后为序，卿勿谦辞。"阴贵人道："帝王与寻常百姓不同。尊卑之位已定，嫡庶名分随之而立。大皇子已满三岁，陛下若立妾为后，欲置大皇子何处？"光武叹道："后宫争宠，代代不已；萧墙之祸，层出不穷，致使成、哀绝嗣，王莽篡弑。不意卿宽仁贤德如此！"

郭贵人又闻朝中立后之议，心中不安，秘与其母郭主商议。郭氏道："陛下微时，曾言'仕宦当做执金吾，娶妻当娶阴丽华'，足见其意属阴氏久矣。况以后先而论，娶阴氏在先，皇后之位与女儿无缘矣。奈皇儿命薄何！"郭圣通说罢不禁垂泪。郭主则道："天意自古高难问，帝王胸襟深似海。陛下识见，非常人能料。真定、临邑谋反，祸将灭族；陛下法外施仁，诏命其子袭爵，其意深远。我看这面子是留给女儿和大皇子的。母因子贵，自古皆然。女儿宜倾心于皇子，以固皇上恩宠，后位可得。"

郭氏心领神会。次日，他佯称大皇子刘强有恙，宫监立报光武知晓。光武帝急忙前来探视。他见郭氏垂泪不止，询问左右方知，郭氏已有一夜未眠，三餐未食。光武不禁心生怜意，宽慰郭氏道："皇儿偶染小恙，卿何至于此？"郭氏垂泪道："陛下为复社稷，戎马倥偬，年过而立，得育子嗣，命系汉室百代血胤，重于妾身万倍不啻。妾焉得怠忽？苟能捐弃性命，保皇子平安，妾亦心甘情愿矣！"光武心戚戚焉，有所触动。

事隔一日，光武又来探望。方到长信宫外，便听见鼓乐之声。刘秀入门见郭氏怀抱皇子，笑靥如花，正在观看歌舞。接驾已毕，光武问道："皇儿无恙乎？"郭氏禀道："皇儿昨夜哺乳如常，安睡至晓，妾亦不觉心宽。故而鼓乐，惊扰圣驾了！"光武道："母子连心，忧乐共之，天性如此！"郭氏抱皇子跪倒谢恩道："皇儿常得陛下宠爱如此，妾愿足矣！"光武知其心意，遂温言说道："卿意朕知。母以子贵，自古皆然。阴氏乃朕微贱时发妻也，其已数次让后位于卿矣。望卿二人和睦相处，勿妒勿忌，常如百姓家同胞姐妹，朕就放心了。"郭氏忙叩头道："谨遵圣命！"

次日早朝，光武帝降旨：立贵人郭氏为皇后，皇长子刘强为皇太子。大赦天下，百官皆增秩俸一等。封皇后之弟郭况黄门侍郎，绵蛮侯；封皇后从兄郭竟骑都尉，新郪侯；从弟郭匡发干侯。同时，封阴贵人之弟阴兴黄门侍郎，典将武骑；从兄阴嵩为谒者，以示荣宠。

紧接着，光武叔父刘良，侄儿刘章、刘兴，更始定陶王刘祉，元氏王刘歆先后来到洛阳。光武封刘良广阳王、刘章太原王、刘兴鲁王、刘祉城阳王、刘歆泗水王、刘终临淄王。更始郾王尹尊、宛王刘赐及诸大将未降者尚多，光武帝与诸将商议进兵征讨。诸将因为郾、宛多昔日故人，不愿兵戎相见，多沉默不语。光武以檄掷地道："郾最强，宛最大，谁愿领兵击之？"冠军侯贾复应声道："臣愿征郾！"光武笑道："执金吾击郾，朕复何忧！征宛之事非大司马莫属，诸将悉听大司马调度！"贾复、吴汉叩头领旨而去。

苍头子密得封不义侯，洋洋得意。钱财既多，每日买酒取乐，逍遥快活。大小官吏耻于与他交往，子密道："义侯不义侯，得自两颗头；何人得富贵，不从刀剑求？"王梁曾得彭宠厚恩，欲为彭宠报仇。他奏请光武，调子密帐下听用，光武允准。子密知王梁为渔阳故吏，意欲结好，赂以百金。王梁道："恶奴！欲以百金买死耶？"弃金于地，然后以子密违命不尊斩之。光武知其故，佯为不知。

吴汉奉旨征宛，诸将王侯悉听调遣。王梁心中不悦，私与左右道："司空、司马并列三公，品级相同；我与司马共率突骑出渔阳至广阿，跟随陛下征战。且命应图谶，拱卫北方，建有大功。理应与大司马各领一军，共伐南阳，为何命司空与诸将同列，悉听司马调遣？"王梁居然迟迟不肯发兵。吴汉知其有意，私与王梁书曰："君颜勿自误，陛下于你我恩重如山，倚重并无二致。司空、司马皆列三公，你我义同手足。况此番征宛，名为司马挂帅，实则陛下亲征。不可争一日长短，拂违圣意。"王梁意犹未解。出征日期已到，吴汉奏请光武道："大司空王梁染病未愈，一时难以征伐。臣请带兵先行，与诸将宛下相会。"光武准奏，知道吴汉为王梁掩过饰非。刘秀遂降旨道："着大司空王梁居家养疴，司空之任暂命太中大夫、枸邑侯宋弘代之。"

王梁接旨大惊，急发野王之兵，将与吴汉相会，准备南下宛城。光武又降旨道："司空国之重臣，朕倚为泰阿，不可抱病从征，宜止兵野王县所。"王梁进退两难，其左右劝道："皇上之意，怨司空出兵迟也；不如从速出兵，以补前过。"王梁于是上疏复奏道："军情似火，臣不敢小病惜身，贻误戎机。"光武览奏大怒道："身为大臣，恃宠而骄，前后违命，终不肯以诚待君。文过饰非，实为不忠。"他立命尚书宗广持节前往王梁军中，收其兵符，斩王梁首级。

宗广接旨，心中犹豫："王梁有过，罪不当诛；光武一向宽仁待下，今日为何下此严旨？君命难违，自己该当如何处之？"下朝回府，他召冯愔商议。冯愔道："以大人之见，今日司空之过，与昔日小人之过孰重孰轻？前日朱浮之过与司空之过相比,孰重孰轻?"宗广道:"王司空前后违命,意欲补过;汝逞私忿攻杀同列,又反攻司徒,情同造反,怎可同日而语?朱浮进谗在先,逼反彭宠,弃城不守在后,又欺君误国,自然比王梁之罪大多了。"冯愔道:"末将罪不容诛,幸得尚书大人曲意周全就不必说了。朱浮之过,诸臣尽知,况左右交章参劾,帝犹不忍加诛,只是略加惩戒而已。朱浮之贵幸,胜于大司空乎?"宗广道:"朱浮不过一幽州牧,大司空位列三公。朱浮虽贵宠超过同列,犹不及大司空也。"冯愔道:"由此可知,皇上非真的要杀大司空,必另有深意。尚书不妨细加揣摸。"宗广沉思良久说道:"孟子曰,'他人有心,予忖度之。'当初,皇上因王梁名列赤伏符,谶曰:'王梁在卫作玄武。'故封王梁为大司空,诸将多有不服,以圣意有私。王梁不解皇上苦衷,不知谦让,有违圣命。莫非皇上要借此小过重惩,以示至公无私,且儆诫王梁,俾其知过能改乎?"冯愔道:"尚书言之有理。据此推断,随后皇上必有恩旨,赦司空之罪。"宗广道:"君无戏言,皇上怎好出尔反尔?"冯愔道:"甘露雷霆,皆是天恩。杀之有理,赦之有恩,有何不可? 尚书若为皇上计,莫若到了司空军中,将司空打入槛车,戴上枷锁,押解进京;然后为司空求情,给皇上以施恩之由,借梯下楼。如此,皇上知尚书能体察苦衷,心中必喜;王司空亦感念尚书援手。两全其美,岂不善哉?"宗广道:"敬受教,闻君之言,胜读十年书矣!"

宗广到了王梁军中,宣读光武旨意,王梁接旨垂泣。宗广道:"司空有何衷曲,何不向皇上直陈,以求原宥?"王梁道:"圣旨已下,我哪还有机会面见皇上,以诉衷曲?"宗广道:"司空若有衷曲君前倾诉,下官愿担干系,械系司空进京面圣。"王梁道:"在下不过以司空、司马并为三公,欲独将一军,前往南阳。后来知错,怕贻误军机,益增圣忧,故而违命起兵。不意错上加错,益增圣怒。"宗广道:"司空当知,皇上对司空的恩宠,无人可比。贤者多责,倚之愈重,责之愈切。司空见了皇上,务必披肝沥胆,不欺不隐,万不可文过饰非。以皇上对司空的信重,必有恩旨。"王梁谢道:"尚书高义,恩同再生。若能诣阙面君,绝不敢有丝毫欺隐。"宗广于是把王梁打入囚车,押解进京。

光武帝降旨要杀王梁,事后果然后悔。一则王梁罪不当诛;二则王梁命应赤符,杀之恐于社稷不利。但君无戏言,既已降旨,更改必得有人求情,且有堂而皇之的理由;没人求情,怎好出尔反尔? 王梁封为司空,众人多有不服;时过不久,又遭严谴,不少人乐于袖手,光武帝束手无策。

正在此时,有人奏报宗广没有依旨诛杀王梁,而是木槛囚车,把王梁押解回京了,光武帝暗暗松了一口气。宗广回宫交旨,光武问道:"为何不杀王梁?"宗广道:"王梁位列三公,命在赤符,臣不敢不慎。经查,王梁前后违命,事出有因。宣旨之后,王梁请求有衷曲向皇上奏禀。臣斗胆把他押解进京,请皇上发落。"光武道:"既有衷曲倾诉,宣他进宫来吧。"宗广于是传旨,宣王梁进见。光武问道:"汝有何衷曲向朕倾诉?"王梁叩头道:"臣由区区野王县令,蒙圣上不次擢拔位列三公。此等际遇,旷古罕有。臣常想粉身碎骨以报。臣识见短浅,不察圣虑,愚意司马、司空品级相当,不愿与诸将同列,听命于司马帐下。私意想独将一军,建功立业,以酬皇上天高地厚之恩,是以迟迟不肯发兵。后来接旨,皇上命臣养疴;臣已知大错,故而不敢奉旨;军情似火,臣怕贻误戎机,急忙起兵。前后违命,实乃乱了方寸,为了将功补过,反而错上加错,罪无可逭。此臣愚忠一点,唯陛下明察!"光武道:"起来吧,知错就好。君臣之间,贵在开诚相待。汝之错不在违朕旨意,在于不识大体。你道司马、司空品级相当。品级相当,才能就相当吗?高帝登坛拜帅,以韩信将萧、曹、灌绛,品级相当吗?运筹帷幄,调兵遣将,指挥千军万马,汝不妨直言,比吴汉如何?"王梁叩头道:"臣自知不如子颜。"光武道:"这就是了。尺有所短,寸有所长,物有所不足,事有所不明。你可知朕以汝为司空,实尊赤符之命,卿功在北方,职司水土。此番南征,不利卿建功立业。是以命卿隶于吴汉帐下,实为卿计也。"王梁再拜顿首道:"愚臣有负皇上圣恩,罪不容诛!"光武道:"人臣侍君,贵在一个'忠'字。人非圣贤,孰能无过?过而能改,善莫大焉。卿下殿候旨吧。"

次日降旨,罢黜王梁司空之职,贬为中郎将,带领本部人马,出镇箕关。月余,王梁击破赤眉别部于箕关之外。光武降旨,命王梁代贾复行执金吾事。日月几何,王梁又峰回路转了。

再说执金吾贾复率领骠骑将军杜茂、骁骑将军刘植、骑都尉阴识统兵三万,自五社津南下赴宛。光武命寇恂征调河内舟车转运辎重粮秣。连年征战,河内舟车频发,转输不绝,百姓颇以为苦。寇恂爱惜民力,供应难免不能尽如人意。贾复心中不快,参劾寇恂贻误戎机。光武知寇恂不易,数次以策书劳问,寇恂深感不安。从事董崇乃寇恂同窗好友,他建言道:"皇上初登大位,四方未定,而君侯此时据守大郡,深得皇上信重,内得人心,外破强贼苏茂,威震四邻,功名显赫。木秀于林,风必摧之;行高于众,人必毁之。此谗人侧目,忌妒滋生之时也。昔日萧何守关中,用鲍生之言而高祖心悦;今君之左右,皆宗族昆弟也,何不以萧相为镜戒,以堵小人之口,释天子之疑?"寇恂然其言,上表称病,以让河内。光武亲至河内探视,寇恂请求从军出征。光武知其意,抚慰道:"卿欲效萧相故事也?不必如此,河内未可一日离卿。"寇恂数求不准,乃遣兄子寇张、外甥谷崇率突骑从光武,请为前锋。光武大喜,封二人为偏将军。其后,颍川郡严终、赵敦聚众万人造反,与密县人贾期连兵为祸,光武乃调寇恂为颍川太守,带领破奸将军侯进进讨。寇恂到任月余,破严终、赵敦,斩贾期,郡中安定。寇恂轻徭薄赋,与民生息,刑宽政简,兴利除弊。时间不长,甚得百姓爱戴。

贾复至郾,连战连捷,屡破尹遵。尹遵投降,贾复平定郾地,班师还朝。先锋小将崔豹,途经颍川,酒醉杀人,巡徼将其拿获。崔豹道:"吾在郾城有斩将夺旗大功;不日还京,将有封侯之赏,汝奈何?"时天下初定,诸将皆以战功封侯赏爵,将悍兵骄,地方官睁只眼闭只眼,法律形同虚设。将士犯法,大过小罚,甚或有罪不罚。巡徼知崔豹乃贾复营中小将,不敢做主,押赴太守衙门,请寇恂发落。寇恂道:"天下初定,安民第一。郡守乃百姓父母之官,忍看子民无辜被杀而置若罔闻,要郡守何用?杀人偿命,法不阿贵;王侯犯法,与庶民同罪。况其功劳,尚未封侯者乎?"他于是把崔豹斩首示众。

贾复闻讯,方欲修书为崔豹求情,得报寇恂已将崔豹斩首。贾复不禁大怒道:"吾与寇恂并为将帅,同殿称臣;部下犯法,宜交其主将处置。打狗欺主,分明羞辱于我。大丈夫岂有蒙羞忍辱不报之理!明日见恂,吾必手刃之!"有好事之徒,立把贾复之言报于寇恂。

寇恂知贾复秉性刚烈,素好凌辱同列,有意避之。他命左右道:"金吾部众明日路过颍川,所过之处盛设供张,好生招待多备美酒,一人兼两人肴馔,若有不合,休得与之相争。"谷崇道:"大人与之同列,崇素闻金吾剑法通玄,愿随侍舅父之侧,有幸领教金吾剑法。"寇恂斥道:"小子休得无礼!你以为娘舅畏刀避剑耶？昔蔺相如不畏秦王而屈于廉颇者，为国家也。区区一赵，尚有臣明此大义，吾受皇上深恩重寄，安可不明此理，因私愤而误国事？"谷崇不敢再言。

贾复到了颍川，寇恂出城相迎。寇恂礼毕，即称疾而还。贾复想带兵追赶，将士皆大醉，只好作罢。贾复马过颍阳，犹回头骂道："不能雪颍川之耻，誓不为人！"

光武得知贾复、寇恂之事，宣召寇恂进京，详问原委，赞叹道："卿之胸襟识见，堪比蔺相如；朕怕贾复不及廉颇。朕欲成就卿二人一桩佳话，不知卿能否恕贾复之过乎？"寇恂道："臣与执金吾并无私怨，苟利社稷，个人意气之争，何足挂齿？"光武大喜，立命寇恂把崔豹所杀之人的父母妻子接到洛阳，安排到驿馆住下。

贾复得胜还朝，光武帝于南宫接见，正要叙功，黄门侍郎入宫奏道："有人叩阙喊冤要告御状。"光武道："命其到京兆衙门投诉好了，何等大事非告御状不可？"黄门侍郎道："叩宫之人言道，冤情重大，所告之人乃天子重臣，京兆衙门，不敢受理。"光武大惊道："天子重臣与寻常百姓何冤何仇，竟然叩阙告状，朕颜面何存？若有具状，快快递进宫来。暂将叩宫之人安置到谒者令处，食宿供给不得短缺，休要令其惊吓。待朕事毕，亲自询问。"黄门侍郎道："具状在此，恭请御览。"

光武接过具状，匆匆一览，颜色陡变，以手击案道："是可忍，孰不可忍！光天化日通衢杀人，奸淫良家妇女，抢劫钱财，非豺狼禽兽而何！王法何在？"贾复在侧，不知所措。他沉默良久，叩头道："陛下息怒，此等不法之徒何时没有？尧天舜地不可免也。况天下初定，圣教王化未到之处尚多，不足怪也。交付有司或郡守令长处置即可，勿劳圣虑。"光武冷笑道："执金吾亦掌刑法之官，此案即交卿代朕审理如何？"贾复道："皇上差遣，义不容辞。只是臣出征之时，金吾之事已有他人代掌；臣自汝南方回，尚未交旨，越俎代庖，多有不便。"光武道："卿既知不应越俎代庖，崔豹杀人于颍川，太守依法斩之，卿何必耿耿于怀？"贾复顿首道："臣知错了！"光武道："卿知叩阙告状者，所告何人？"贾复道："微臣不知。"光武道："具状在此，卿不妨细看。"

贾复接过状纸，劈头数字触目心惊。原来具状第一行赫然写着："为状告冠军侯、执金吾贾复纵兵奸淫、抢劫、杀人事",二十个字。贾复连声呼"冤"。光武道:"冤与不冤,一问原告便知。卿可愿与朕同审此案?"贾复道:"微臣遵旨。"

光武于是传旨,把叩宫告状之人带到后宫偏殿。原告三人:一对老年夫妇及儿媳。原来这对老夫妇在阳翟南二十里铺驿亭附近开了一家小店,崔豹等人到店中打尖,几杯浊酒下肚,有了几分酒意,看见老夫妇的女儿和儿媳,顿生歹意,便动手动脚猥亵调戏。媳妇慌忙去喊丈夫,丈夫正在厨下切菜,闻声连忙出来,揪撮住崔豹,要去见官。崔豹随手从腰间拿出金批令箭来,喝道:"我乃冠军侯、执金吾大将军贾复帐下前部先锋,奉命进京,什么鸟官敢管爷的闲事?"老夫妇的儿子道:"任尔何人,光天化日,也不能做这等禽兽不如的事情!"说着去夺崔豹手中挥舞的令箭。崔豹性起,从腰里拔出刀来,把老夫妇的儿女双双杀死。然后把店里的锅碗瓢勺、坛坛罐罐砸了个稀巴烂,细软抢劫一空,呼哨而去,匆忙间把令箭掉在店里。店主人禀报里正,里正慌忙报于巡徼。巡徼追到半道,恰巧崔豹醉卧道旁,被巡徼拿获。

光武道:"家中有子弟数人,其不肖之徒常有一二;何况千军万马,部众犯法违令者在所难免。老人家为何状告冠军侯?"老人道:"陛下有所不知:我儿子正当盛年,且自幼习武;若非见到冠军侯金批令箭,听到冠军侯之名,虽不能擒拿崔豹,救我女儿、自保性命绰绰有余;崔豹若无冠军侯做靠山,断不敢无法无天,胆大妄为。追本溯源,草民告冠军侯难道告错了吗?"光武道:"老人家所言,不无道理。但听说崔豹已经伏法斩首,这案子已算了结,为何还要叩宫告状?"那老人道:"崔豹虽死,祸根未除。草民听说,此辈骄兵,依仗战功,所过之处,杀人越货者远非崔豹一人。仅崔豹一人所杀,也绝非仅我一双儿女。普天之下莫非王土,率土之滨莫非王臣。百姓皆皇上之子民,喁喁相望久矣。若皇上不垂怜呵护,小民还望何人?"光武悚然动容,好言抚慰道:"老人家放心好了。朕必不负汝民所望。"刘秀于是降旨封老人为县三老,赏赐金帛,驿传送还阳翟。

贾复待罪不起。光武道:"卿辞汉中王,千里迢迢至河北从我。身经百战,九死一生,君臣同心,始有今日之业。孟子曰,民贵君轻,社稷次之。国以民为本,卿熟读尚书,自知殷盘、周诰之义。古今用兵征伐,莫不以吊民伐罪相号召，殊不知，'吊民'重于'伐罪'百倍！百姓自王莽以来，饱经离乱。更始败政，赤眉为祸，百姓生于水深火热之中数十年矣，亟望有人拯之。可惜以暴易暴者多，拯民安民者少。各地之民为何附而复叛？盖郡守长吏不知安抚也。寇恂为国安民，乃社稷之臣，朕信之重之，卿何以不谅其衷心耶？卿欲使你我君臣百战之功付于流水也？蔺相如避让廉颇，非惧廉颇之威，为先国家而后私仇也；寇恂乃当今之蔺相如，卿不能为廉颇耶?!"贾复叩头道："臣知罪矣，愿诣寇恂之门，负荆请罪。"

次日，贾复果然拜诣寇恂请罪道："井蛙不可语以大海，夏虫不可语以冰雪。复少仲尼之闻，轻伯夷之义，望寇兄胸襟似海，恕往昔冒犯之处。"寇恂连忙说道："寇某与执金吾同为带兵之人。为将者冬不衣裘，夏不张盖，饥不与士争食，渴不与士争饮。爱兵如子，重袍泽之义，谁不如此？将军为部众愤然不计利害，乃丈夫本色，何过之有？"光武隐于屏风之后，闻言大笑，拊掌而出道："闻二卿之言，朕心大慰。方今天下未定，两虎安得私斗？朕今日做东，为贺二卿和好也。"光武帝于是宫中设宴，君臣同饮。贾、寇二人并坐，谈笑风生。宴罢，相偕共车而出，结友而别，遂成莫逆之交。

卷三

关东砥平

邓禹

　　且说赤眉在长安日久，城中粮尽。樊崇、逢安等人商议道："京师虽好，但非我等宜居之地。街市不产五谷，士众不农不商，数十万人马衣食从何而来？士卒缺衣少食，日久必散。牛羊尚知逐水草而食，禽鸟尚知随节令南飞，我等何必困守一地？昔日我等起自青、徐，盛自无盐，转战楚、豫，入陈留、至濮阳；纵横千里，破郡县无数。随处筹粮，因地就食，无忧无虑，何等快活；自入长安，反倒举动受制，动辄得咎。何不离此困境，重行故技？"众人齐声附和，于是收拾珍宝，装载财货，纵火焚烧宫室，引兵西行。赤眉众人到了南郊，祭祀天地，检阅兵马，众逾百万，旗幡蔽空，声震山川。刘盆子乘王车、左骖右骓，驾三马，从百骑，随众而行。赤眉自南山转掠京邑，遇更始右辅都尉严本，双方激战于郿。严本不敌，兵败被杀。赤眉大军遂入安定、北地。赤眉大军行至阳城、番须境内，天降大雪，沟壑皆满，士卒多冻馁而死。

　　邓禹自冯愔叛乱，威名大损，休兵北地。赤眉既离京师，邓禹乃乘隙带兵进入长安，驻军昆明池，大飨士卒。邓禹然后率诸将斋戒，拜谒高庙，收拾汉室十一帝神主，遣专使送往洛阳，告捷光武。

　　邓禹万万没有想到，赤眉很快又卷土重来，杀了个回马枪。原来，大雪封山，赤眉既不得西，又不能南，只好复还京畿。乱兵所过，焚掠无禁，发掘汉室陵墓，盗取宝货。墓中后妃玉匣殓葬者，肌肤如生，多为乱兵奸淫，吕后之尸亦遭污辱。邓禹得报，急忙带兵击之，与逢安战于郁夷，反为逢安所败。

邓禹只好退往云阳。赤眉又入长安,奉刘盆子入住未央宫之北桂宫。

汉中王刘嘉闻听赤眉发掘汉室皇陵,复夺长安,他命延岑、李宝兵出散关进击赤眉。延岑军刚至杜陵,赤眉左大司马逄安带兵十万,出城迎敌。邓禹得报,与车骑将军邓弘商议道:"逄安带领精兵出城,长安只剩老弱数千。我若乘虚而入,必获全胜,可雪郁夷之耻。"邓弘道:"我军现在云阳,彼军前往杜陵。云阳离长安百里之外,且有泾、渭二水相阻;杜陵离长安不足五十里,逄安闻讯,分兵来救,我军腹背受敌,势必危殆。莫如遣使与延岑、李宝相约,一旦交战,务必阻断逄安回救长安之路;我军进入长安,获胜之后,全力助其共破逄安。"邓禹道:"此计甚善。"邓禹遂遣使与延岑、李宝相约。李宝道:"汉中王早有归服洛阳之意,联兵共破赤眉,正好做进身之阶。"延岑道:"此事体大,可否请示汉中王再定行止。"李宝道:"此去南郑往返至少三日,军情瞬息百变,哪里来得及? 况合则两利,于我毫发无损,汉中王知道,也无降罪之理。至于以后是分是合,决于王命,有何不可?"两人于是遂与邓禹相约,共攻逄安。

邓禹亲带部众进入长安,攻打桂宫。赤眉丞相谢宣一面指挥抵御,一面派人出宫求援。赤眉右司马谢禄驻守渭桥,急忙带兵回救,与邓禹战于藁街。赤眉士卒饥寒已久,谢禄大呼道:"汉兵人有三日之粮,杀之可饱餐矣!"士卒踊跃,如饿虎扑食,争赴汉兵。邓禹抵敌不住,复又退出长安。

李宝如约前往长门亭,阻挡逄安回救长安,却不见赤眉人马。至晚谢禄兵到,李宝误以为是邓禹之兵,仓促应战,逄安人马又从背后杀来,被围渭水、灞水之间,左冲右突难以脱身,不得已下马投降。延岑与逄安战于杜陵,正当难解难分之际,谢禄率得胜之师杀来。延岑大败南逃,死者一万余人,退到蓝田方才立住阵脚。他收拾残兵败将,尚余五万之众。李宝暗中派人对延岑说:"千万不可不战而逃。若弃营而走,赤眉自后掩杀,前有南山深谷相阻,后有追兵十万,全军尽覆矣。明日将军贾勇挑战,我当率部于赤眉内部与将军呼应,表里合势,可大破赤眉。"

延岑采纳李宝之计,翌日亲到赤眉营前挑战。逄安冷笑道:"这倒奇了,败军之将不可言勇。延岑昨日大败,原想彼必闻风而逃,今日为何反会来到营门挑战? 不知玩什么鬼把戏?"谢禄道:"兵不厌诈,虚则实之,实则虚之;强以示弱,弱以示强。莫非其要逃跑,故意挑战。然后虚晃一枪,逃之夭夭。"逢安道:"谢兄言之有理。我且带兵迎战,谢兄多带兵马,四面断其退路,防其遁逃。"谢禄道:"李宝之众初降,其意难信,恐其临阵卖敌,和延岑一起逃跑,莫如让其看守大营辎重粮草,以防意外之变。"逢安道:"如此甚好。"逢安于是出营迎战延岑。谢禄带领人马阻挡延岑逃跑之路,空营而出,唯留李宝看守老营。

延岑与部下诸将说:"前有太白挡道,后有追兵十万,此之谓绝地也。唯作困兽之斗,置之死地而后生。诸君愿与某同命否?"诸将齐道:"唯将军之命是从。"延岑于是与诸将相约以车轮战法,共战逢安。延岑跃马挺枪,当先出马;逢安原想延岑战不数合,便要脱身;不料延岑越战越勇,和昨日之战判若两人,心中暗自惊异。二人斗了百十个回合,尚未分出胜负;延岑营中忽然两骑并出,高声叫道:"大帅少歇,我二人来战此贼!"说着双枪并举,一左一右攻向逢安。看看斗了一二十个回合,又有两人杀出替回原来两人。如此这般斗了数阵,延岑并未乘机逃走,养足精神,又再次出马来斗逢安。两拳难敌四手,猛将敌不过人多。时间一长,逢安渐渐招架不住了。

且说李宝见赤眉空营而出,遂命部下把营中赤眉旗帜尽行拔去,换上自己旗号,然后金鼓大作,点响号炮。逢安本已精疲力尽,谢禄也等得焦躁,忽听大营金鼓大作,号炮声响,连忙收兵回营。远远看见大营旗帜尽变,不禁大惊。李宝命士卒大呼:"洛阳汉兵大至矣! 洛阳汉兵大至矣!"赤眉士卒闻之,不辨真假,四散奔逃。逢安、谢禄弹压不住,反被裹挟而走,误投深川狭谷,死者不计其数。逢安、谢禄与数千人逃归长安。延岑、李宝反败为胜,转回汉中。

此时三辅大饥,百姓易子而食,城廓皆空,白骨蔽野。大户人家,聚为堡坞,坚守自保。赤眉掳掠无所,只好率众东归。赤眉出长安时尚有兵众二十余万,一路逃散甚多。光武得报,命破奸将军侯进屯新安,建威大将军耿弇屯宜阳,分兵两路,以当赤眉东归之路。刘秀告诫诸将说:"贼若东走,可引宜阳兵会新安;贼若南走,可引新安兵会宜阳。二位不得擅自出战。"

　　延岑本汉中之贼,为汉中王刘嘉收服。他大破赤眉,兵强马壮,羽翼丰满,复叛刘嘉,回兵汉中,攻打南郑。刘嘉精兵半付延岑,不意延岑叛乱,仓促间难以抵敌,领兵败走。延岑遂占据汉中,进兵武都,自称武安王。刘嘉退兵河池、下辨两县之间,收拾残兵散卒,尚有五万之众,幸得杜功侯李宝自下辨带兵来救,合兵一处,军威稍振。李宝道:"延岑狼子野心,强悍无比,只可智取。我与延岑有共破赤眉之谊,带兵去投,彼必不疑。等我进入武都,大王可带兵攻打南郑,延岑必定带兵救援;臣乘机袭占武都,夺其辎重粮秣。然后自武都出兵,假装援助延岑,出其不意,自背后攻之。前后夹击,必能大破延岑,复夺汉中。"刘嘉大喜,依李宝之计而行。

　　延岑果然中计。刘嘉、李宝遂大破延岑,复得南郑。延岑败走天水,向公孙述拜表称臣。公孙述派大将侯丹带兵攻打南郑。刘嘉以李宝为丞相,兵出武都南击侯丹;刘嘉自己亲带大兵,追击延岑。延岑又以重金结好邓王廖湛。廖湛投降赤眉以后,封爵依旧,将赤眉之众十八万,驻扎醴泉。廖湛得了延岑重金,他便带领赤眉人马,进攻刘嘉。刘嘉素知廖湛秉性,贪财好利,勇而无谋。他遣使告诉廖湛说,"汉中王与邓王同列,向无仇隙,且往昔颇有交情;愿赠谷物千石,罢兵言和。邓王若有意,可往谷口取粮。"时廖湛军中乏粮已久,闻之大喜。廖湛遂答应罢兵,如约前往谷口运粮。

　　谷口在醴泉县东北四十里,泾水、洛水、渭水与运河交汇处,乃关中谷物集散之所,在九嵕山中。刘嘉伏兵山中,廖湛亲率人马前来运粮,伏兵四起,廖湛大败,被刘嘉斩于马下。

　　李宝与侯丹战于南郑城下,连战不利,撄城固守。侯丹远来无粮,数日后退兵而去。李宝还兵下辨,与刘嘉相会,联兵进击延岑。两人一直追过散关,北至陈仓,把延岑杀得落花流水,逃入吴岳山中。刘嘉得知邓禹西征大军距此不远,遂不再穷追,移兵云阳就谷。

　　刘嘉早有归服光武之意,他与内兄来歙商议。来歙与光武乃姑表兄弟,论起来都是亲戚。来歙道:"当今皇上与汉中王少相亲善、情同手足。兵戈间屡共患难;伯升遇害之后,皇上每有危难,辄得汉中王相助。今天下未定,正宜率众归服,竭诚辅弼。况宗室弟兄,已归者,均得重封厚赏。公还有何忧虑?"刘嘉道:"我得更始厚恩,分土裂茅,封以大国,委以重兵,却不能为其复仇尽节。更始尸骨未寒，便改事新君，心中实有不安。"来歙道："首举义旗，起兵春陵者乃伯升兄弟，战昆阳，破宛城，光复汉业者，实伯升与当今皇上也。更始侥幸得之，不能安天下，子万民，致有赤眉之祸，此天意也。当今天子，单车下河北，一年而有天下，不有天助，谁能如此？此诚天命难违。公起兵随伯升，今又归之，始终如故也。有何不可？"刘嘉道："闻君叔之言，吾意决矣。明日君叔可去见邓禹，备言你我欲归洛阳之意。"

次日，来歙即赴邓禹营中谒见，具道刘嘉欲赴洛阳之意。邓禹大喜道："汉中王与皇上情同兄弟，日夜盼汉中王来归，此乃社稷之福也。"邓禹立刻命人报于光武。李宝得知此事，劝刘嘉道："今天下未定，刘氏并为王者尚有多人，皆高帝子孙。大王何不拥兵自守，暂观成败？赤眉余众尚有数十万，宛王尚在南阳，梁王刘永雄踞东方，其他称帝称王者以十数计，鹿死谁手尚未可知。王何必急于奔赴洛阳？"刘嘉道："卿勿多言，吾与洛阳天子之义，岂他人可比也？"李宝遂不再言。李宝私下与其弟李玉及部将说道："非不愿归洛阳天子也，司徒邓禹屡战屡败之将，何以抗赤眉之众耶？"

邓禹与刘嘉之兵同在云阳，相去不远，既有言和之议，两军消息极易彼此相传。李宝之言很快传到邓禹耳中。邓禹嫌恨李宝，把刘嘉迟迟不肯动身前往洛阳之事，奏报光武。光武降旨告邓禹道："孝孙素谨善，少且与朕亲善，迟迟不归，当是长安轻薄小儿误之矣，仲华不可操切用事。"

邓禹至刘嘉营中宣示光武帝旨意。次日刘嘉由来歙、李宝陪同到邓禹营中回拜。邓禹以天子使臣、司徒之尊，接受刘嘉三拜，而回拜刘嘉一拜。李宝愤然责邓禹失礼道："汉中王乃天子手足，司徒虽贵，得与抗礼耶？"刘嘉止之，李宝愤然而出。他在营门上马之后，犹回头吼道："连战连败，既不能统驭士卒，又不能陷阵杀敌，何以身居高位，将十万之众？"

数日后，刘嘉与来歙前往洛阳，部众悉交付邓禹。邓禹知李宝桀骜难训，借点将之机，收而斩之。李宝之弟李玉乃率李宝部众为李宝报仇，刘嘉将士一呼百应，跟随李玉转攻邓禹大营。邓禹不敌，仓皇败走。耿䜣战死，邓禹与车骑将军邓弘率残部逃往湖县。邓禹士卒离散，至山中食棘枣、挖野菜充饥。

光武得报，大惊失色。他知邓禹非将帅之才，只宜襄赞庙谟，便立即下诏，召邓禹还朝，勒之曰："赤眉无谷，自当来东。吾折箠笞之，非诸将忧也。无得妄自进兵。"邓禹接旨，既愧又悔，每思受恩深厚，急于事功。他屡率饥饿之卒出战；说来也怪，大战小战，每战辄不利，唯有自叹命薄。

光武遍检诸将，能够力挽危局者，无过于冯异。此时冯异刚刚打败了阳翟山贼严终、赵根，奉旨回家修坟祭祖。光武立即降旨，命太中大夫赍牛酒，令二百里以内太守都尉，各县令长均往致祭。事毕之后，冯异回京谢恩。光武在南宫召见，他对冯异说："刚柔兼备，负重致远，卿之所长。朕欲命卿西征以代邓禹，卿意如何？"冯异叩头道："谨遵圣命。唯恐臣之才具有限，并深汲短，有负圣恩。"光武道："卿不必过谦。三辅遭王莽、更始之乱，重以赤眉、延岑之酷，黎元涂炭，无所依诉。今之征伐，非必掠地屠城，要在平定、安抚百姓。朝中诸将，能征惯战者，不乏其人。他人非不健斗，然好掳掠，驭下不严。卿善御将史，所部军纪严明。望体念朕意，无为郡县百姓所苦。"冯异顿首受命道："臣谨记陛下布威施德之义，不负皇上泽被万民之恩！"光武亲为冯异送行至伊阙，他把自己所佩七星玉璩剑赐给冯异再次叮嘱道："阃之外唯卿是从！"冯异再拜，引军而西。

西行路上，冯异重申军纪，严禁掳掠奸淫烧杀，违令者轻则杖责，重则诛杀，连坐什、伍，罪及上峰将校。冯异所过之处宣示威德，劝勉士庶：有子从贼者，父母召唤；丈夫从贼者，妻子召唤，兄弟从贼者，彼此召唤，不事株连。旧例，一人从贼父母妻子，甚或邻舍披枷戴锁，锒铛入狱，但贼不见少，盗风愈演愈炽。弘农即自赤眉过后，盗贼如毛，众以万计，称将军者十数辈，皆打赤眉旗号，邓禹数为所败。冯异大军到来，群盗皆以为必会雷厉风行，大加杀戮，纷纷将其家人藏匿深山老林，人迹罕至之处。后来见冯异所过之处，波澜不惊，有的人试探着回到家中，回家后无一人被捉拿拷掠。于是一传十，十传百，藏匿之人都陆续归家。这些人看了冯异的安民告示，果真有人去召唤亲人从贼伙中回来，一时贼势大减。

这日，冯异驻军黾池霍家聚，见一老姬在一破屋奄奄待毙，急忙命人异至帐中，延医救治，施以汤药，食以米粥，三日之后，老姬病愈。她自言是黾池贼首霍十一郎之母。冯异命人送霍母至霍十一郎寨中，次日霍十一郎即率众万人,肉袒诣冯异辕门投降。冯异亲为解缚,任其为校尉,部众愿从军效力的悉数录用,愿回家的,免罪放其还乡。想不到这件事立即产生了连锁反应:霍十一郎致书侪辈陕县王长、湖县浊惠相继归降。华阴县的阳沈等人听到消息,也带领人马前来投奔。冯异都一一任命他们当了偏将,部众增加数万。

冯异继续西进,与赤眉别将刘始、王宣相遇华阴。赤眉急欲东归,冯异当要道扎寨,以逸待劳,坚守不战。待刘始、王宣兵疲粮尽,士无斗志,然后发动攻击;每战见好就收,数十次交锋之后,赤眉精锐尽丧,刘始、王宣只好率余众五千余人投降。谢宣、杨音派兵来救刘始、王宣,但晚了一步,只得驻军在新安以南。光武闻捷,心中大喜,诏拜冯异为征西大将军。

邓禹率车骑将军邓弘、偏将左于、程虑等人奉旨还京,与冯异相遇于崤山,到辕门相会。冯异将邓禹迎入大帐。邓禹羞惭满面地对冯异说道:"邓某受恩深重,功业未就,损兵折将,有负皇上重寄,何颜见皇上与满朝同僚!"说罢摇头叹息不止。冯异道:"自古无百战不败之将,胜负乃兵家常事,司徒何须如此?况司徒兵出箕关,下河东,破安邑,败王匡、成丹,禽刘均、杨宝,威震三辅,功业何人可比?月有盈亏,战无常胜。小挫之后,必建奇功。皇上宣召司徒还朝,必有机宜面援,且请宽怀。"邓禹道:"如此兵败还朝,邓某实有不甘。我有一不情之请,还望冯公成全。"冯异道:"司徒有何差遣,但说无妨,冯某当尽全力相助。"邓禹道:"谢宣、杨音率众来援刘始、王宣,行至东西两崤之南,闻刘始、王宣已降,进退失据,狐疑不前,辎重粮草尽在回溪之北。若能劫得这批粮草,赤眉大军必乱,破之不难。惜乎我部将士饥饿疲惫日久,势力单薄,怕难独成其功。冯公若肯助我一臂之力,派兵阻遏赤眉回溪以南援军,我部劫获粮草易如反掌。你我共成此功,邓某回京,差可觍颜见君矣。"冯异不禁为难道:"司徒知道,皇上方略已定,严命诸将不得擅动。况且,我与赤眉相拒已数十日,虽屡有斩获,降其雄将,其余众尚多;谢宣、杨音皆非泛泛易与之辈,其驻兵回溪之南,委辎重粮草于回溪之北,焉知非饵兵之计?赤眉之众,只可徐图,以小恩小惠倾诱,不可贸然进兵攻打。皇上使诸将屯兵黾池邀截其东,命在下击其西;东西夹击,此完全之计,不可违抗。"

邓禹心中不快，与冯异告辞。他回营与邓弘等人商议道："冯异不欲助我等成此大功，该当如何？"邓弘道："冯征西初膺大任，唯圣命是从，这也难怪。其营与我营相离甚近，动静尽知。我军只管前去劫粮；若能独得大功，当然更好；如果赤眉大军来救，冯征西必不敢坐视不救，一定会出手相援。"左于、程虑等人问道："这是为何？"邓弘笑道："此计名为'逼人上马'，又叫'霸王硬上弓'。冯征西与司徒同为皇上信重大臣，于情于义，不容袖手；况我军若有闪失，冯公近在咫尺，见死不救，岂非大罪乎？"众人皆然。邓禹道："自冬至春，我运蹇数奇，于战不利。此战就以车骑将军为主，我随后接应好了。"邓弘道："谨遵将令！"

次日，邓弘带领人马前去劫粮。赤眉藏粮之所在回溪北岸。回溪又叫回坑，在永宁东北，蜿蜒四五里，南北阔数丈，谷深二丈五，乃洛水北边支流。北岸甚狭，临岸山峰峻峭；南岸有山坡，名为回溪阪，过阪可到冯异大营。邓弘兵到，赤眉守护粮草的将军略战数合，便假装大败，弃粮而逃。邓弘大喜，命士卒抢得粮草，押运粮车，得胜而回。士卒饥饿，偷偷打开粮车上的麻袋，想寻找可食之物。谁知麻袋之中都是沙石泥土，只有上面撒了一层豆子而已。邓弘知道中计，下令弃车而走。这时候，赤眉人马又回头杀来。道路狭窄，所弃车辆堵塞道路；南临深谷，北面山崖陡峭，邓弘兵马大乱。邓禹在后接应，听见喊杀之声一片，急急赶来救援，回溪南面的赤眉大军却又从背后杀来，把邓禹、邓弘分割包围。邓禹、邓弘左冲右突，难以脱身。邓禹深悔不听冯异之劝，仰天长叹道："想不到吾邓仲华命断于此！"

冯异得知邓禹、邓弘不听劝阻，前去劫粮，跌足道："邓仲华危矣！"他急忙带领人马来救。冯异行至回溪阪上，隔溪望见两军人马。冯异立命辅汉将军于匡道："速调强弩营来，认准赤眉士卒射之！"他又命复汉将军邓晔道："紧守阪口，待吾归来接应！"冯异亲带人马杀向赤眉军中。

赤眉将士正与邓弘、邓禹人马酣战，不意回溪南岸弩箭雨射，纷纷败退；邓禹、冯异并力冲杀，方救得邓弘突围。赤眉大军稍退，冯异劝邓禹道："士卒饥饿，不耐久战，司徒快快收兵回营吧！"邓禹道："赤眉已却，正好一鼓作气,乘胜进击!"说罢,亲援桴鼓,挥军进击。冯异无奈,怕邓禹有失,只好随后冲杀。

谢宣、樊崇定此饵兵之计,本想全歼邓禹人马,不意被冯异把邓禹救出;正想退兵,不料邓禹又追杀过来。谢宣、樊崇于是调集各路人马,重整旗鼓反攻。邓禹士卒本无力再战,立刻落花流水败退下来,任邓禹擂破鼓皮也是枉然。冯异人马也被败兵冲得七零八落,急忙撤退到回溪阪上,邓晔、于匡,挡住赤眉追兵,与冯异一道回归大营。邓禹损折三千余人,再也顾不得颜面,带领残兵南逃宜阳,去投耿弇,然后自宜阳回京。邓禹请罪宫门,上交大司徒、前将军、梁侯印绶。光武降旨,还梁侯印,降职右将军。此是后话。

再说冯异,回营之后,坚守营垒,收合散卒,暗命霍十一郎、王长、浊惠、阳沈诸人召集各地营保、寨坞兵勇数万,与赤眉约期会战。冯异使霍十一郎等人各率部众,穿上赤眉服装,埋伏在东西崤山道路两旁,等到过午时候,见赤眉兵退,然后截杀。旦日,赤眉司马谢禄率兵万人,直扑冯异前营;冯异命邓晔率兵三千迎战;战不数合,邓晔退走;于匡又率三千人马接战,不能抵敌;邓晔又杀出阵来,两人合兵共抗谢禄。赤眉将士见冯异兵力单薄,争先恐后杀出阵来。谢宣、樊崇见了,挥动大军,发动攻击。冯异见时机到来,点响号炮,擂动战鼓,空营齐出,纵兵大战。赤眉不料冯异兵力如此强大,不禁气夺,渐渐后退。汉兵攻势益猛,战至太阳偏西,日已过午,赤眉人马再衰三竭,谢宣、杨音鸣金退兵,冯异挥兵掩杀。赤眉兵马退至崤底,不料伏兵四起,衣色相混,赤眉将士难辨敌我,尽皆惊疑,顿时溃不成军。冯异传令军中:"降者不杀,妇女老弱不杀!"赤眉部众,多携家带口,闻令纷纷投降,冯异大获全胜。赤眉降者男女八万余口。谢宣、杨音带领余众十万东走宜阳。

此时,光武亲征,驾幸宜阳,他得到冯异捷报,大喜过望,降诏慰劳冯异道:"赤眉破平,将士劳苦。始虽垂翅回溪,终能奋翼黾池,可谓失之东隅,收之桑榆。论功行赏,以答大勋。"

冯异上表逊谢,乘胜西进,驻军上林苑中。

邓奉

　　樊崇、谢宣等人带领赤眉残部十余万人，南走宜阳。光武亲自带领耿
弇、侯进诸将早已张网以待。樊崇令人探得东出陆浑，南渡洛水入熊耳山之
关隘要津，均被汉兵堵死，后有冯异追兵，四顾走投无路，乃与谢宣、逄安、谢
禄、杨音等人商议道："军中无粮，士卒饥饿，徒步跋涉尚不可能，安能再战？
我等纵横十载，不意今日入此绝境！"逄安道："大不了鱼死网破，一死而已。
莫若尽杀老弱，分食其肉，拼死一战。倘能入熊耳山中，不难脱困。"谢宣道：
"此是何言，死到临头，尚欲骨肉相残也？"谢宣长于《易经》，于是当众卜了一
卦，得"归妹"，兑下，震上。谢宣道："兑者，少女，阴也；震者，男也，阳也。宜
女子出嫁，故曰'归妹'。君为阳，臣民为阴，宜归降。水北为阳，宜归洛阳，
不宜南行。今十万之众陷入绝境，我等不惜一死，奈以父母妻子相殉实为不
义，不如投降。"樊崇道："既然天命如此，悉听丞相之言。"杨音道："式侯刘恭
乃汉宗室中人，莫若以刘恭为使，前往汉营议降。"众人皆说："善。"于是以刘
盆子之命，差遣刘恭前往汉营乞降。

　　光武于行在会见刘恭，待之以宗室之礼。刘秀抚慰道："闻卿护卫更始，
不避生死，且为更始殓尸安葬，忠义可嘉；知天命攸归，劝盆子来降，尤可喜
也。"刘恭叩头道："盆子率百万之众来降，陛下何以待之？"光武道："待汝以
不死。"刘恭沉思良久说道："不死亦足矣。"

　　次日，樊崇带领刘盆子及丞相谢宣，左、右司马逄安、谢禄等三十余人，

肉祖诣行在投降。刘盆子献上传国玉玺,更始七星宝剑及玉璧。赤眉兵甲上交,堆积在宜阳城西,堆积之高几与熊耳山齐。光武帝传旨,命多备饭食,赐赤眉部众尽得饱餐。刘秀然后传令汉军各营,临洛水列阵,旗幡招展,士腾马跃,声动山川。光武帝戎装乘马,带刘盆子君臣,登将台观兵。他回头对刘盆子说:"汝自知当死不?"刘盆子对曰:"罪应当死,幸得皇上怜而赦之。"光武笑道:"吾儿大黠,宗室中无痴儿!"刘秀又对樊崇、逢安等人说道:"卿等归降,后悔吗? 如果后悔,亦不为迟。朕现在让卿等各自回营,整治兵马,鸣鼓再战,以决胜负。让尔等心悦诚服,决不勉强!"

樊崇、逢安等相顾失色,谢宣连忙叩头道:"臣等出长安东都大门,君臣计议,即欲归降皇上。但部众百万,可与乐成,难与图始,故不能明明白白告诉将士。今日得降,犹脱离虎口而归依慈母膝下,诚欢诚喜,决不反悔!"光武帝道:"卿所谓铁中铮铮,庸中佼佼者也。"刘秀遂命樊崇、谢宣等人平身,正色道:"诸卿大为无道,罪不容诛。所过郡县,夷灭老弱,溺社稷,污井灶。尤其发掘皇陵,抢掠殉葬之物,令人发指。然犹有三善:攻破城邑,纵横天下,结发之妻皆从军旅,无所改易,是一善也;立君能立宗室,是二善也;余贼立君,迫急之时,皆杀害其君,持首级邀功请降,诸卿独能全其性命,诣朕共降,此有始有终者也,是可嘉也。有其三善,当赦卿等不死。"刘秀命樊崇、谢宣、逢安、谢禄、杨音等人各带妻子前往洛阳,赐宅第一所,良田二顷,各安生业。刘秀然后诏告天下称:"群贼纵横,贼害元元。盆子窃尊号,乱惑天下。朕奋兵讨击,应时崩解,十余万众,束手降服,先帝玺绶归之王府。斯皆祖宗之灵,士人之力,朕曷足以享斯哉! 其择吉日祀高庙,赐有功将士,各晋一级。"

樊崇、逢安秉性桀骜不驯,归降之后,心生悔意,与归降部众密谋重新扯旗造反,事泄被杀。杨音在长安时对赵王刘良有恩,刘良为其请托,封为列侯。杨音与谢宣交厚,得光武允准放归乡里,终老林下。刘恭痛恨谢禄缢杀更始,奏请光武诛杀谢禄为更始报仇。光武以谢禄已降,不准。刘恭乃自己杀死谢禄,投案自首。光武念其忠义,赦免其罪。刘盆子为赵王刘良郎中,后来双目失明,光武下旨赐以荥阳官田养老终身。后来,更始之子进京,不谅刘盆子、刘恭弟兄,杀刘恭为父报仇。此皆后话,略做交代。

再说大司马吴汉带领诸将奉旨南征。其时南阳大乱，西平王李通、邓王王常，皆已归洛阳。穰王廖湛降赤眉。宛王刘赐西至武关迎更始妻子，以刘骐为南阳太守镇守宛城。堵乡贼寇董䜣，袭破宛城，杀太守刘骐。刘赐自武关回淯阳，后来带领更始妻子同赴洛阳。光武嘉其忠义，封其为慎侯。刘秀命右将军万修、扬化将军坚镡巡行南阳。二人大破董䜣，收复宛城，董䜣逃往堵乡。正当此时，万修病死军中，坚镡独力支撑局面，十分艰难。因道路阻绝，粮草不至，坚镡与将士食野菜，同甘共苦。董䜣与诸贼联合，大举反攻，坚镡亲冒石矢，身受多处创伤，苦撑待援。更始旧将各自领州县，拥兵自雄。南郡人秦丰，少年时曾游学长安，习律令，后为县吏，乘势占领黎丘，继而攻占邔县、宜城、郢县、临沮、中庐、襄阳、邓县、新野、穰县、湖阳、蔡阳等十余县，拥众十万，自称楚黎王。董䜣占据堵阳，许邯占据复阳杏聚，也都各称将军，彼此呼应。

吴汉大军到来，连下宛、穰、涅阳、郦、新野诸城，引兵南下，与秦丰战于黄邮水上，大破之。秦丰败走。但汉兵过后，各路贼寇又死灰复燃，卷土重来，不少城镇得而复失，再入贼手。吴汉大为头痛，与诸将商议破敌之策。吴汉道："贼众城破之后，散归营保聚落，各归其乡，或隐山林，或藏匿亲友家中；大军过后，一呼百应，重归贼帅旗下。散而复聚，伏而复振，攻城破县，如此前功尽弃矣。欲除其祸，莫如毁保坞，夷寨垣，方能捣其巢穴，绝其祸根。"诸将老家多在南阳，皆道："不可。"破虏将军邓奉乃邓晨长兄之子，新野人。光武起兵之初，年方十五，即与邓晨追随光武。小长安兵败，邓奉父母皆为王莽所杀，光武甚怜爱之，因光武二姐新野节义长公主之故，每呼光武为"皇舅"，诸将皆另眼相待。邓奉素与吴汉不睦，因对吴汉益为不满道："大司马此言差矣。皇舅每诫诸将，务以安民为要，不得掳掠，岂有毁营堡夷寨垣之理？况南阳帝乡，诸将功臣亲友甚多，安可不顾？"吴汉道："独将军有乡梓亲友耶？我岂不念乡梓之情？然宽猛相济，恩威并用，方能安抚黎民；事有轻重，义有大小，你我私义比国家安危、社稷之重，孰轻孰重耶？"邓奉道："毁聚落，夷堡坞是安民耶？残民耶？这与安社稷何干！"吴汉大怒道："违令者以军法论！"诸将劝解，邓奉不拜出帐。吴汉传令：凡从贼堡坞，悉把寨垣夷为平地,填平壕沟。

邓奉告假回新野谒坟陵祭祖。新野乃邓禹、邓晨、来歙、阴丽华的故乡,亲友尽豪右之族。乡人见邓奉回乡祭祖,纷纷前来拜谒,多诉吴汉部众掳掠之苦。他们请托邓奉上书光武,参劾吴汉纵兵掳掠,为祸乡梓。吴汉上书申辩,参劾邓奉狂傲无礼,不听节制。将帅失和,势成水火。吴汉本欲以军法治邓奉之罪,但投鼠忌器,犹豫不决。邓奉得知吴汉将对己不利,遂生异志。

董诉与邓奉少相友善,为总角之交。邓奉之母乃董诉族姑,邓奉长董诉一岁,董诉称邓奉为表兄。董诉占据堵阳,日夜担心吴汉大军来攻,本想通过邓奉引见,向吴汉投降,秘见邓奉。邓奉备言吴汉军中情况,董诉听罢大喜,初衷顿改,他劝邓奉道:"王侯将相无种,唯时与命。邵王秦丰五年前黎丘一县吏耳,如今拥兵十万,据城十余县,南面称王。令叔与当今皇上骨肉之亲,自宛下至昆阳,患难相随,如今爵不过房子侯,食不过七千户。表兄年少从龙,父母为殉,一无爵将军耳。俗云:'宁为鸡前,不为牛后',以表兄之力,乘此千载一遇之时,独树一帜,欲为楚黎王第二何难?"邓奉心动,佯作嗔怒道:"表弟安出此无君无父之言,不怕我杀汝耶?"董诉冷笑道:"表兄身处危境,不听肺腑之言,坐以待毙也? 大司马与表兄形同水火,生死操诸他人之手,安危系于一念之间,尚不自知,愚不可及! 若欲首我以邀功,悉听尊便!"邓奉忽笑道:"聊以与表弟相戏耳。"邓奉于是与董诉相约,起兵共攻吴汉。

吴汉辎重粮草屯在棘阳。邓奉带领本部人马,假借吴汉之命提调粮草。守护辎重粮草将吏本与邓奉相识,且有吴汉将令,不虞有诈,开门迎邓奉入内。邓奉轻而易举占领棘阳,尽得吴汉辎重粮草。邓奉然后南联秦丰、许邯,和董诉合兵攻打吴汉。建义大将军朱祐与邓奉相善。因为光武帝和邓晨、邓禹的关系,邓奉每以长辈待朱祐,朱祐也以子侄视邓奉。朱祐道:"邓奉年少轻狂,生性狷急。前番与司马龃龉,加以董诉挑唆,致有今日之变。大司马以社稷之重,事功心切。若亲加征讨,事无转圜余地矣。我料以邓奉与皇上和房子侯的关系,未必真要造反;不如由我前去,晓以大义,劝其迷途知返。苟能如此,于皇上,于大司马岂非三全其美?"吴汉道:"我观邓奉枭猍之性,自恃勇武,必非口舌能动。仲先既有此意,不妨一试。且记勿以妇人之仁,待小人之心,谨防其诈。"朱祐道:"司马放心,以皇上和伟卿之情,料此子尚不敢大逆不道。"

朱祐带领本部人马,列阵于淯水河岸,与邓奉相见。邓奉道:"我欲代新野父老向大司马讨个公道,叔父何必不辞劳苦,蹚这池浑水,欲伤叔侄情分?"朱祐道:"大司马受皇上托付之重,为社稷事功心切,举措虽有失宜之处,汝以皇上非常之亲,有匡扶之义,何事不可奏请皇上圣断?为何出此下下之策,上干皇上洞察秋毫之明,下伤令叔父殷殷嘱望之义,致族灭之祸,遗万世之羞,岂不令人痛惜!"邓奉道:"叔父但知其一,不知其二。你知道,我愿意如此吗?大司马恃宠专断,昔日杀幽州牧苗曾,诛尚书谢恭,皆先斩后奏。今日与我已成水火难容之势,我若罢兵回营,他能容得下我吗?大司马诛苗曾,杀谢恭,动若霹雳,叔父能够保全侄儿吗?"朱祐道:"大司马诛苗曾杀谢恭,皆奉命行事,绝非无故滥杀之人。汝若不放心,可罢兵返京,皇上不能护汝周全吗?"邓奉道:"叔父此言,亦有道理。但我若进京,皇上岂会听我一面之词?为保万全,叔父可否前往我营,替我书写一封奏章,言明是非曲直,为我作保?"朱祐略一沉吟道:"一纸保状,能够化干戈为玉帛,有何不可?"朱祐于是匹马单枪前往邓奉营中。邓奉当即擒获朱祐,尽降朱祐所部人马。吴汉大惊,粮草尽失,欲战不能。只好退兵宛城,上章告急。

光武览奏失色,与诸臣议道:"司马厚重刚强,但权变不足。南阳根本之地,非刚柔相济不可。急则生变,缓则难治。诸将多有亲故,顾此失彼。司马之失,在所难免。必朕亲临,方保无虞。奈西事未宁,如何是好?"众臣说道:"岑彭重信义,富韬略,且能统驭部属,怀敌附远。不如先命其南征,以代吴汉。俟皇上西事完满,再作南图。"光武准奏,立召吴汉还京,命岑彭为征南大将军以代吴汉。

岑彭至宛城与吴汉相见。交割印信已毕,岑彭问吴汉道:"司马即将回京,有何方略教我?"吴汉叹道:"待罪之臣,有负圣恩,愧疚良多,深感为将不易。"岑彭道:"彭与子颜有同乡之谊,并得皇上信重,有何不可推心置腹也?"

吴汉遂把与邓奉相争经过告诉岑彭。言毕,吴汉又喟然叹道:"愧对乡里,上负圣恩,悔之晚矣。"岑彭道:"司马何出此言? 公之用心,仰不愧于天,俯无愧于地,何负于皇恩与乡里? 民可与乐成,难与虑始。毁营堡、夷墙垣,实釜底抽薪长治久安之策也。彭谨受教,已得破贼之计。"

送别吴汉,岑彭即下令进军复阳,奔袭杏聚。诸将皆道:"董诉在堵阳,邓奉在淯阳,圣命严旨切责攻伐者,邓奉、董诉也,何不攻堵阳、淯阳? 一攻杏聚,邓奉、董诉必警觉,攻之必难。"岑彭道:"堵阳、淯阳之贼早枕戈待旦,登城坚守矣。我军来攻,杏聚许邯,必袭我侧背,为堵阳牴角之援,陷我于腹背受敌之境。莫如先断其牴角。"许邯、邓奉、董诉等果然猝不及防,岑彭一举攻破复阳、杏聚,许邯投降。岑彭严禁杀掠,召杏聚父老晓谕利害说:"王莽以来,盗贼横行,涂炭乡里。父老相聚为营,筑堡坞,挖壕沟以图自保。如今却成贼寇巢穴,强盗渊薮。父老多被胁迫,无辜受池鱼之灾。何不夷寨垣,填沟隍,以绝灾祸之源。墙垣既平,贼败不来藏匿,官兵不来袭扰,永得平安矣!"父老接受岑彭劝导,尽毁堡坞墙垣、填平沟壑。岑彭大军所过,屯聚尽毁。岑彭又命汉忠将军王常、武威将军郭守、越骑将军刘宏,带兵南下,佯攻黎丘,以绝秦丰之援。他自己亲带大军攻打堵阳。

邓奉得报,亲率一万余人救援董诉。朱祐劝道:"大司马奉诏进京,汝休执迷不悟,赶快上表请罪,罢兵归降。此时归降,富贵可保,名节无损,恩义犹存。岑将军先破许邯,然后加兵堵阳,为子谋划良苦;子听我一言,就此罢兵,遣使诣征南将军辕门请降;若必无人,某愿为汝从中斡旋。若不听我言,此兵一出,再无回旋余地,悔之不及。"邓奉冷笑道:"我与董诉歃血为盟,岂可背信弃义? 开弓焉有回头之箭,我意已决,叔父不必多言。我有精兵数万,多半南阳子弟。且吴汉辎重粮草为我所有,兵精粮足,岑彭有何惧哉?"朱祐不再多言,邓奉带兵北进。

岑彭闻邓奉带兵来救堵阳,与耿弇道:"军中诸将,多南阳故人,不宜与邓奉兵戎相见。请将军将北地突骑,迎头痛击之,以挫邓奉锋锐。皇上之意,不欲多所杀伤,唯将军留意。"耿弇道:"战场无父子。你不伤我,我必伤你。况邓奉不谅皇上回护之意,逞虎狼之性,不加笞伐,如何肯退?"岑彭苦笑道:"将军临机决断好了。"

邓奉率领人马行至堵乡以南，舞阴以西，耿弇带领北地骑兵迎面杀来。邓奉不及列阵，队伍被冲得七零八落，一直败退到沘水南岸。耿弇见好就收，深知邓奉素性狂傲，自恃勇武，有意激之，乱其心智。他传语邓奉道："不登高山，不知天之高也；不临深渊，不知地之厚也。汝终日戴天，不知天高；终日践地，不知地厚。平日自恃勇武，目中无人。殊不知皇上驾前胜汝十倍之将，比比皆是也。若非看圣上金面，哪容尔耀武扬威至今！圣天子有好生之德，本将军不为已甚。汝若不知进退，试看能否过舞阴一步！"邓奉闻言，又羞又怒，便整军杀回。耿弇一阵冲杀，邓奉人马又潮水般退了回去。如此三进三退，邓奉只好退守秭阳。三天之后，邓奉大张旗鼓，佯作再次准备自博望趋堵阳，耿弇带兵迎击。但邓奉出其不意，自舞阴以东中阳山下北进，顺利到达堵阳，与董䜣相会。

岑彭下令将堵阳重重围困起来。董䜣、邓奉兵精粮足，岑彭连攻月余，未能攻克。光武帝与邓禹、李通、邓晨等人说道："南征诸将不乏能征善战之人，区区堵阳乃弹丸小县，连月不克，却是为何？"邓禹道："孟子曰：明察秋毫之末，却不见舆薪，为不用明，力举千钧，不能举一羽，为不用力。岑彭、贾复、耿弇、傅俊、王常个个能战，屯兵堵阳，难奏肤功，皆因皇上与臣等皆南阳之人，亲友故旧甚多，投鼠忌器，难措手足，故而久攻不克。皇上宜降明诏，令他们不必顾忌，尽展其能，不难奏凯。"刘秀道："朕已三令五申矣，不如亲征。"光武于是命邓禹、李通等人驻守京师，夏四月御驾亲征。

时值初夏，天渐炎热。刘秀车驾路过父城以东，古应国之地，荒丘起伏，村落为墟。光武车马劳顿，暂驻驿站歇息。从驾之人个个汗湿沾衣，光武亦欲清泉洗浴，遂问驿吏左近有无泉水。驿吏道："南行三十里有滍水，水流清冽。"光武帝笑道："夏日炎炎，安有三十里洗浴之理？若驿外有清泉方好。"言毕，有人来报："仗马嘶鸣，前蹄刨地，忽有泉水喷涌，清冽无比。"光武亲临观看，果然不假。他于是命左右侍奉洗浴，通体凉爽。随驾之人莫不称奇，齐呼万岁。从此，泉水源源流淌，四季不绝，成为滍水一源。此泉遂得名"马刨泉"。

车驾来到昆阳，侍从之人皆欲观瞻当年光武帝大破王寻、王邑遗踪。光武帝也不禁豪兴大发，回忆十三骑突围情景，指点江山，心驰神飞。刘秀当晚驻跸于叶。叶在昆阳之南,北临澧水,乃叶公沈诸梁始封之地,南行八十里便到堵阳。

早有探骑报于董䜣、邓奉知道。董䜣道:"皇上驻跸于叶,堵阳去叶不足百里,车驾一日可到。这可如何是好?"邓奉道:"车到悬崖难回马,船到江心收手迟。事已至此,唯有拼死一搏,尚有何路可走?"董䜣道:"赤眉百万尚束手归降,更始诸王个个称臣,拼死一搏无异于以卵击石。如今情势,非出奇,难以制胜。"邓奉道:"贤弟有何奇计,快快讲来!"董䜣道:"堵阳至叶,冈峦起伏,道路崎岖,林木丛生,处处可以伏兵。探马报道,扈驾兵马不过万人。若于途中险要处埋伏人马,出其不意,必能一击成功。若杀了当今皇上,堵阳之围自解。天下必将大乱,你我乘时而起,转祸为福矣。"邓奉道:"此计甚妙。表弟不妨亲自带兵设伏,我来守城,等候表弟佳音。"

叶县之南三十里有一驿站,名叫保安,西有歪头山,东有老寨山、横山,中有黄牛冈。官道自黄牛冈下经过名叫"牛角涧",南窄北宽,极狭窄处,不可方轨。涧上林木繁荫,非正午夜半,不见日月。董䜣带兵埋伏官道两旁,以逸待劳。

光武帝车驾至保安驿,日已将午。左右皆欲稍憩,避午热,待过午启驾。光武道:"军情似火,将士孰不热乎?午后益热,不如早行。"车驾于是继续前行。阴丽华之弟阴兴为羽林郎,有膂力,为光武擎伞盖,晴遮日晒,阴遮风雨,带领武骑,不离左右。正当午时,进入牛角涧官道。林木荫翳,凉风飒然。阴兴忽闻有异臭如马溺人便之味,急令人马退出涧外。光武方要询问,前面山林中杀声忽起,董䜣带领人马冲杀过来。光武帝乃久经战阵之人,临变不惊,指挥扈驾将士,且战且退,抢占有利山头结寨拒敌,命人飞驰堵阳报警。

岑彭、耿弇闻报,立率突骑飞驰保安。董䜣与光武拒战不下,背后汉兵突骑如风雨骤至,狂飙匝地,立刻四散奔逃,缘山循涧,逃归堵阳。岑彭、耿弇诸将谒见光武,伏地请罪。光武笑道:"卿等何罪?朕此来与卿等讨贼,非游山玩水,安得不战?"众将谢恩,护卫车驾,迤逦南行。光武帝道:"方城古为九塞之一,楚国所谓'方城为城',即此处山峦也。如此形胜之地,安能让盗贼据为巢穴?众卿勿得有纤毫私意,与朕一鼓而下堵阳!"诸将诺诺连声,不敢懈怠。

车驾行至堵阳以北,将士口渴难耐。道旁有井,在岭坡之上,无绳索可汲,水在面前却不能饮用,将士愈渴,皆道:"若能把井扳倒,清水倾泻而出,岂不美哉!"光武灵机一动说道:"扳倒此井何难!"他于是命人在井口下方挖掘沟渠,井水自沟渠沿坡而下,士众皆得取饮,一片欢腾。军中以讹传讹,皆言光武为真命天子,金口玉言,神祇遵命,将井扳倒。自此,此井名为"扳倒井"。

邓奉见董䜣铩羽而归,心中惊惧,命人沿路探听光武虚实。探马归报,光武车驾一日不绝,兵马之盛,世所罕见。邓奉顾不得董䜣生死,连夜带兵逃回淯阳。董䜣独木难支,光武兵到,立即开城投降。

邓奉逃归淯阳,朱祐道:"马至悬崖矣,子急自缚诣行在请罪,或可免一死,迟则谁能救汝!"邓奉不听。光武命贾复带兵三千,前往淯阳。岑彭道:"邓奉余众数万,执金吾三千人马,岂不太少?"光武道:"朕不欲其攻城,乃让邓奉知道,朕已兵临城下,望其迷途知返,饶其不死。彼若执迷不悟,再攻城不迟。"耿弇道:"皇上车驾出京,天下尽知,独邓奉不知耶? 董䜣知降,邓奉竟敢与天子兵戎相见,其心可知。只怕枉费皇上苦心。"光武沉默不语。

贾复兵到淯阳,在城下叫战。邓奉得报,问道:"城下有多少兵马?"报答:"不过三千。"邓奉冷笑道:"三千人马也想攻城,未免太小瞧我邓奉了!"邓奉登城,见贾复单枪匹马立在城下,遂高声叫道:"执金吾欲攻城耶,欲挑战耶?"贾复道:"吾与汝叔侄同在乡梓,追随圣上已非一日,不忍见汝悬首城门,特来劝汝。以汝之聪颖,不想一想,皇上若欲杀汝,为何驻跸堵阳,只命我带领三千人马前来淯阳? 子不可一误再误,速速出城,随我去见皇上请罪?"邓奉道:"我若出城,执金吾能保我不死吗?"贾复道:"何须我保? 皇上何曾说过非杀汝不可?"邓奉道:"执金吾休要骗我,你看是不是皇上亲统大军到了?"贾复回头眺望,邓奉喝令城上弓弩手放箭。贾复猝不及防,中箭落马。将士见了,慌忙上前救起。邓奉率众杀出城来。众将护定贾复,败归堵阳。

光武大怒,亲率岑彭、耿弇、傅俊、臧宫诸将,六军齐发,猛攻淯阳。诸将有光武督阵,谁也不再敢偷奸耍猾,畏刀避剑。淯阳并非城高池深的大邑,怎能抵挡十万大军的猛烈攻击? 邓奉此时方才慌了手脚,急忙向朱祐问计。

朱祐道："如今我也是戴罪之身,泥菩萨过河自身难保。我有一计,但也不知能否保汝性命。"邓奉道："势在燃眉,叔父快讲。"朱祐道："现在我出城去见皇上,为你请降;归与不归,你只管带兵逃往小长安。寻到你婶母节义长公主母女当年殉难之处,等候皇上圣驾到来。见了皇上,只管哀哀恸哭,请求皇上赐死,与长安公主埋在一起。皇上若动恻隐之心,或可饶你一死,保全你妻子老小性命。"

邓奉听从其计。朱祐出城请见光武,邓奉趁机带领残兵逃往小长安。

朱祐备言兵败被邓奉胁迫经过。光武赦免其罪,仍命其从征。光武命岑彭、耿弇、傅俊、臧宫等穷追邓奉至小长安。邓奉在当年长公主殉难之处,肉袒跪地,等光武到来。光武触景生情,不禁心中痛楚,产生怜悯之意。他命左右为邓奉解缚穿衣,手扶邓奉起身。邓奉哀哀恸哭,但求一死,恳请死后葬于公主墓旁。光武心中不忍,与诸将道："当年兵败小长安,邓奉年方十五,与房子侯于此寻到长公主母女遗体,伏尸大恸,其景如在眼前。邓氏一门尽遭屠戮,邓奉父母双双被祸,宅第付之一炬,祖坟成为污地,思之惨然。邓奉之罪,源于大司马不能驭下,掳掠乡里。其情可悯,其理可恕,其罪可……"诸将皆知光武不忍诛杀邓奉,不待光武把话讲出口来,岑彭、耿弇齐声说道："其罪可诛!"光武一时惊愕,欲言又止。二人跪地谏道："恕臣直言:邓奉背恩反叛,天下尽知。暴师经年,致朱祐见获,贾复伤创。陛下御驾亲临,仍不思改悔,竟敢亲在行阵,与陛下兵戎相见。兵败乃降,哀哀乞怜。若不诛杀邓奉,今后何以惩恶?况法不阿贵,刑不避亲,似此大逆不道之人,不明正典刑,何以服天下,理万民?"

光武闻言竦然改容,掩面道："法者乃天下之法,非国君一人之法。法不容情,斩之!"遂立斩邓奉,悬首湽阳。光武伤长公主刘元死于乱兵之中,邓奉事竣,为公主立庙于新野县西郊,册封其子邓汎为吴房侯,四时祭祀。刘秀然后遍请新野故旧宴饮,曲意抚慰,尽道杀邓奉实在是情非得已,众人莫不唏嘘。数日后,刘秀车驾赴春陵,修葺先人墓园,立庙宇,以为章陵。刘秀巡视旧时田园旧宅,大宴亲友。族中伯母、婶母、姑母毕至,欢饮酣畅皆半醉,光武一一厚赏。诸母尽道："文叔幼时谨慎守信,不善应酬交往,待人柔和而已。今日为帝竟然如此!"光武大笑道："朕治天下,以柔为道,况对长者乎!"当日尽欢而散。

南阳之事方定,光武又接京中急报:太中大夫伏隆出使青、徐诸州,被张步所杀。耿弇时在帝侧,他请命道:"臣愿星夜回渔阳,募兵攻伐青、徐,以擒张步诸贼,解陛下东顾之忧。"光武道:"一手画方,一手画圆,人所难也。事缓则圆,欲速不达。莫如南方事毕,再图青徐。卿且待之!"

光武急忙起驾回京,临行前,他命岑彭带领傅俊、臧宫、刘宏等率三万人马,攻打秦丰。

延岑　秦丰

且说冯异进军关中。当时赤眉虽败，关中贼氛犹炽，各路人马共十二路，各自拥兵，占据要津。延岑势力最大，自称武安王，盘踞蓝田，野心勃勃欲独霸关中。其他各贼，王歆占据下邽，芳丹占据新丰，蒋震占据灞陵，张邯占据长安，公孙守占据长陵，杨周占据谷口，吕鲔占据陈仓，角闳占据汧阳，骆延占据周至，任良占据鄠县，汝章占据槐里。各自割据，纷乱如麻。

延岑见冯异到来，与护军邓仲况、军师刘龚说道："卧榻之旁，岂容他人熟睡，乘其刚到上林，立足未稳，急击勿失，打他个措手不及！"刘龚道："大王勿急，子曰：'无欲速，无见小利；欲速则不达，见小利则大事不成。'冯异足智多谋，数万之众破赤眉大军于崤底，不可小觑；仓促出兵，恐难速胜。莫如北联张邯、芳丹；西结汝章、任良，约以时日，共同出兵，方可一举破之。"延岑道："四人与本王素不相能，各怀心事，危急时刻，怎会与我同舟共济？"刘龚道："冯异西征，岂独为大王耶？所谓唇亡齿寒之理，至显至明，其谁不知？往昔四人怕大王加兵吞并，常欲共谋蓝田；而大王亦无日不想北有长安新丰槐里，南有鄠县之地。今日大敌当前，只有化敌为友，方能共克时艰，四帅自然乐于与大王握手言和。"延岑觉得言之有理，就让刘龚立刻动身，去游说张邯、芳丹、汝章、任良。

张邯、任良一拍即合，答应与延岑合兵进攻冯异。芳丹、汝章则心怀犹豫，二人商议道："延岑狼子野心，每日常想吞并新丰、槐里。今日事急，要和我们结盟，共抗汉兵。一旦过此危急时刻，其必反噬。与其等其反噬，不如转投冯征西。听说冯征西颇有德义，往日弘农黾池归降者皆拜将军，信重不疑。"于是二人遣使前往冯异大营请降，并告知延岑之计。冯异大喜，答应芳丹、汝章，归降之后，仍守新丰、槐里，授以偏将之职。冯异与二人相约：与延岑、张邯、任良交战以后，芳丹袭取长安，汝章袭取鄠县。二人欣然从命。

次日，延岑与张邯、任良三路兵马齐出，进攻冯异。冯异命邓晔迎击张邯，于匡迎战任良，冯异自己亲率大军迎战延岑。战斗正酣，张邯、任良忽然得报，芳丹袭取长安，汝章袭取鄠县，二人大惊急忙回救老巢。邓晔、于匡随后追杀。张邯、任良腹背受敌，大败奔逃。延岑正与冯异激战，忽见张邯、任良两军大败，不禁惊慌。延岑士卒见两路友军溃败，也跟着四散逃命。兵败如山倒，延岑弹压不住，也跟着败下阵来。冯异挥动大军，猛烈追杀。任良死于乱军之中。延岑一直败退到蓝田谷以南，冯异乘胜占领蓝田。

延岑还欲整军夺回蓝田，刘龚道："冯异兵锋正盛，大王新败；彼以逸待劳，再战犹恐不利。莫如东出武关，另做他图。"延岑道："军师言之有理，过武关，即南阳，析县在两郡边陲，鞭长莫及，攻而占之，暂作立锥之地。进可图南阳，退可回汉中，以作曲伸之计。"延岑于是东趋武关。

冯异得知延岑东趋武关，料其欲攻析县。他对复汉将军邓晔、辅汉将军于匡说："武关乃当年将军扬威成名之地，山川关隘，莫不了如指掌。今延岑东出武关，欲下析县。析县乃二位家乡，岂容延岑涂毒？二位可追而擒之。"冯异命二人带领本部人马前往追击延岑。

邓晔、于匡二将伏兵于均水之西。延岑残部长途跋涉，本已疲惫饥饿到极点，猝遇伏兵，不战而逃。先锋大将苏臣率八千余众归降。延岑与刘龚、邓仲况率千余众败走南阳。邓晔、于匡不敢穷追，率部回转上林苑。

当时百姓饥饿，军中乏粮。人相食，马相噬。黄金一斤难买黄豆一斤。粮道不通，军粮不至，军士只能采山间野果为食。光武诏拜南阳人赵匡为右扶风太守，就地筹粮，运至军中，三军皆呼万岁。冯异有了军粮，士气大振，剿抚并用，王歆、杨周、骆延相继归降；公孙守、角闳被剿灭；吕鲔、张邯、蒋震降蜀。冯异褒奖归降有功人员，遣其前往洛阳接受封赏；解散其部众，使其各归生业，渐渐威行关中，郡县粗定。

吕鲔、张邯、蒋震降蜀，公孙述派大将程焉率领数万人马，助其复夺陈仓。冯异与赵匡带兵迎击，大破程焉。程焉败走汉川，冯异一路追杀，与其再战于箕谷。冯异命邓晔诈败，诱程焉追向散关；然后纵兵反击，伏兵谷口；程焉败入谷口，伏兵四起，四面山上滚木礌石齐下。邓晔反旆杀回，程焉几乎全军覆没，仅带数十骑逃回蜀中。吕鲔兵退固道，日夜盼望程焉来救。冯异击败程焉，立刻回师攻打吕鲔。吕鲔兵败，散入各处聚落营堡；冯异分兵包围各个营堡，晓喻百姓士卒，降者免死；负隅顽抗者，妇孺尽诛，诸营堡纷纷投降来归。吕鲔无处藏身，只身逃往蜀中投公孙述去了。

冯异抚慰百姓安置流亡，惩治豪猾奸恶之徒，申理冤抑，黎民安居乐业，上林很快得以恢复又繁华热闹起来。

冯异承制拜芳丹为长安令，汝章为槐里令，二人治理地方尽心尽力。但时过不久，二人奉召进京，朝廷又派来了新的官吏。新任长安令是赤眉侍中杨章，乃杨音堂兄，为赵王刘良所荐，其人贪鄙，暴虐。他到任不久，往日在赤眉军中的旧友，听到消息都来投奔，杨章一一任为属吏。这些人抢掠惯了，旧习难改。他们对杨章说："大人薪俸微薄，名为长安令长，衣食与寻常富裕百姓相比好不了多少。况白驹过隙，岁月无情，难道不为子孙谋乎？"杨章道："你我久在赤眉，不事农桑，不谙商贾之道，为子孙谋，何来生财之道？"左右道："农桑商贾，何如旧业便捷？如今大人为令，天假其便。我等白日在衙中为吏，夜晚重操旧业。所得钱财，半于大人，不数载，大人便腰缠万贯矣。"杨章道："此官来之不易。一旦事泄，岂不身败名裂？"众人道："上有大人为我等遮风挡雨，事在昏夜之间；百姓胆小怕事，万无一失，有何可怕？"杨章道："盗亦有道，我在长安为令，且不可在城中作案。"众人道："兔子不吃窝边草，这道理我等都懂。况且长安残破，富裕人家已经不多。上林繁华富庶，商贾云集，我们前往上林好了。"

这些人于是白日在衙门当差，夜晚往上林抢劫。杨章坐地分赃，日进斗金，好不得意。但天下没有不透风的墙，日久天长，其中玄机还是被人看破了。掾吏曹云，本是芳丹旧属，家在上林。一天家有急事，黎明自长安返家，路遇杨章属下打劫归来，连忙躲入路边草丛。晓色里看得清清楚楚，这些强盗竟是白天衙门中同事,马背上大包小包尽是劫来之物。回到家里,一打听,街坊邻居竟有多家被抢劫。曹云连忙谒见冯异,把所见情况据实禀报。

冯异不断接到禀报,上林屡有百姓遭到抢劫,想不到竟是杨章所为。冯异正要去见杨章问个究竟,想不到杨章听到风声,竟把曹云投入监牢,然后唆使同伙诬告曹云,把曹云害死狱中。冯异把杨章种种不法情事上奏光武,但久久不见回音。冯异怒不可遏,令杨章三日内押运粮草百车到军中听令。杨章不知是计,一到军中,冯异立刻将其拿获,斩首示众。

冯异杀了杨章,一时流言四起。朝中有人上章弹劾冯异:威权过重,擅杀朝廷命官;邀买民心,居心难料;关中百姓皆以冯异为"咸阳王",不知皇上。冯异惊惧,上表请求还京。光武帝不准,命御史宋嵩为钦差大臣前往长安,温诏抚慰,并把弹劾奏章交冯异观看。冯异上书答谢道:

"臣一介书生,遭遇受命之会,充备行伍,过蒙恩赏,位大将,爵通侯,受以方面之任,以立微功,皆自皇上庙谟,愚臣无所能及。臣伏自思:惟以诏勒战功,每辄如意;时以私心决断,未尝不有悔。皇上独见之明,久而益远,乃知'性与天道,不可得而闻也'。当兵革初起,扰攘之时,豪杰竞逐,迷惑千数。臣以遭遇托身圣明,在倾危混淆之中,尚不敢过差,而况天下平定,上尊下卑,名分既定,而臣爵位所蒙,巍巍不测乎?诚冀以谨勒,遂自始终。见所示臣章,战栗怖惧。伏念皇上知臣愚性,固敢因缘自陈。"

光武览书,深为感动,知冯异忠诚不贰,当即降诏道:"将军之于国家,义为君臣,恩犹父子。何嫌何疑而有惧意?卿与朕患难之谊,岂他人所知也?"光武欲西征隗嚣,乃召冯异入京觐见,图议大计。刘秀设宴于宫中,亲对公卿大臣引见道:"此我起兵时主簿也,为朕披荆棘,定关中,功莫大焉。"刘秀命中黄门捧出珍宝珠玉、钱帛、衣物,赏赐冯异,慨然说道:"仓促无蒌亭豆粥,滹沱河麦饭,朕无时忘怀,久不得报,今日报偿。"冯异叩头谢恩道:"臣闻管仲谓桓公曰:'愿君无忘射钩,臣无忘槛车。'齐国赖以称霸。臣今日也愿陛下无忘河北之难,微臣亦不敢忘巾车之恩。"光武竦然动容,双手把冯异扶起说道:"朕将把卿今日之言,书于御案,朝夕诵之,与卿共勉。"

岑彭率领傅俊、臧宫、刘宏三人,带领三万人马攻打秦丰,攻占黄邮。秦丰与大将蔡宏带兵迎敌,相拒于邓县。秦丰拥兵十万,岑彭连战数月,不得南下。光武催促岑彭进兵,诸将不知如何是好。岑彭传令三军道:"三鼓做饭,五鼓出发,准备西击山都!"他秘语刘宏,故意放松对俘虏的看管,让俘虏乘营中忙于作出征准备,连夜逃跑。天交五鼓,汉兵大张旗鼓西去。俘虏自汉营逃归,向秦丰报告,岑彭带兵,绕过邓县,西击山都。秦丰大惊,急忙和蔡宏尽起邓县之兵,向西拦截岑彭。

岑彭大军西行不远,只留少数人马虚张声势,佯攻山都;大队人马却悄然回师,偷偷渡过沔水,袭击邓县南面沔水对面的阿头山。阿头山为黎丘屏障,秦丰命大将张杨驻守。张杨以为秦丰、蔡宏大军在邓,意想不到汉兵从天而降,猝不及防,大败而逃。岑彭命士卒从山谷间伐木开道,直袭黎丘,接连击破秦丰防卫黎丘的各营之兵,大军进抵黎丘城下。

秦丰得报,知道中了岑彭声东击西之计,日夜兼程,回救黎丘。岑彭依黎丘东山为营,以逸待劳,迎战秦丰。秦丰难以取胜,蔡宏献计道:"岑彭连连得手,必生骄怠之意;且士卒疲弊,疏于防守。今天晚上若出其不意,袭其营寨,必获全胜。"秦丰然其计,张杨欲戴罪立功,主动请战道:"末将久驻阿头山,山中道路无一不熟,晚间不用灯火,照样行走。我愿带人马,自汉兵营后上山,得手之后,点火为号;大王和蔡将军从前面发动攻击,必可全歼汉兵。"秦丰大喜道:"此番劫营成功,必为将军记下首功。前日阿头山失守之罪,一并赦免。"张杨领命而去。当晚秦丰、蔡宏亲带大军在半夜之后,人衔枚,马摘铃,前去偷袭岑彭大营。

岑彭一向用兵谨慎,当日击败秦丰、蔡宏,诸将尽皆欢喜。岑彭与傅俊、臧宫、刘宏等商议道:"我军虽胜,但劳师袭远,身处险地,不可疏虞;敌军虽有小挫,但元气未伤,且得地利之便,近在老巢。我观秦丰,自山都回救黎丘,人不卸甲,马不下鞍,片刻未息,即纵兵挑战,知其心浮性躁,急于事功。受挫之后,必不甘心,今晚必来劫营。"诸将多不以为然,傅俊道:"以虞待不虞者胜。多算胜,少算败。诸君不须多言,悉听大将军之命好了。"岑彭于是命营中多设灯火,将士空营而出;臧宫、刘宏潜伏营后,岑彭亲与傅俊伏于兵营之前。

时值夜半,张杨带兵自山后摸上山来。他见营中灯火明灭,柝声不断,自以为得计，身先士卒冲进汉营，却不见一兵一卒，知是中计，急忙挥军退出。臧宫、刘宏同时杀出，张杨想逃，为时已晚，被生擒活捉。臧宫从俘兵口中得知张杨与秦丰相约信号，遂于山坡点起火来。秦丰、蔡宏见山后火起，心中大喜，以为张杨得手，连忙带兵接应，自山前攻入汉营。这时岑彭、傅俊伏兵尽起，傅俊的积弩营万箭齐发。秦丰人马死伤无数，被围在垓心，左冲右突难以脱身。岑彭、傅俊高声叫道："秦丰奸贼，赶快下马投降！"蔡宏道："大王快走，穿营右出，山坡平缓，不难脱困。我来殿后，阻挡汉军！"蔡宏拼命厮杀，阻挡岑彭、傅俊。秦丰穿汉营右出逃走，蔡宏被岑彭斩于马下。

战至黎明，岑彭大获全胜，却见独独走了秦丰。有人来报，见右面山坡有人马杂踏踪迹。岑彭道："右边即沔水上源，山路极其难行，又在黑夜之间，秦丰此去不远，不难追及。只是将士半夜辛劳，不宜再战，且由他去吧。"臧宫、刘宏齐道："功亏一篑，岂不可惜？末将愿追擒此贼，以竟全功。"岑彭道："那就有劳二位将军了。"臧宫、刘宏于是带领本部人马，循踪追了下去。追至东阳，秦丰人困马乏，正在埋锅造饭，忽报汉兵追来，不顾饥饿，丢弃锅碗缶甑，慌忙奔逃。前临沔水，后有追兵，走投无路。秦丰不禁仰天叹道："我秦丰纵横十载，不意命丧于此！"他唤身边小校道："汝等追随本王多年，鞍前马后，未得报偿。斩吾首级，到汉营请功去吧！"左右不忍，跪地叩头道："大王何出此言？过河便到中阳，留得青山在，何愁没柴烧。况大王蹶而复起者，已非一次，何必丧气若此？"众人于是扶起秦丰，准备冒死涉水。

正在此时，忽见一支人马迎面而来，秦丰魂飞魄散。忽听为首一将大声呼道："秦王勿惊，我等救驾来了！"说着跃马挺枪杀向汉兵。臧宫、刘宏万万没有想到秦丰这里竟有伏兵杀出，仓促应战。一来日夜连续拼杀，士卒精疲力尽，二来不知秦丰救兵虚实；二将不敢恋战，且战且退。好则臧宫百战沙场，临乱不惊；且善射无敌，独自断后，且战且退。秦丰绝处逢生，喜出望外，大声叫道："穷寇勿追，恐其伏兵在后，将军快快收兵！"那将听到秦丰呼唤，见好就收，来到秦丰面前。秦丰正要叩谢救命之恩，那将连忙跳下马来，施礼道："在下汉中延岑，兵败来投，拜见秦王！"秦丰惊愕，上下打量延岑道："足下就是名闻遐迩的武安王延岑？"延岑道："正是在下。"秦丰道："久闻武安王大名，不意如此年轻，风华正茂，令老朽钦敬不已！"延岑道："秦王此言，令延岑无地自容,在下浪得虚名而已!屡败之将,无处容身,特来投奔。不意于此得遇大王,真乃天意!还请大王收留!"秦丰大喜道:"若非足下至此,老朽险遭不测。实乃天意,绝非机缘巧合。若蒙不弃,当与足下富贵共之!"二人于是同回黎丘。

秦丰有女,年过笄年,待字闺中。为了笼络延岑,秦丰把女儿许配延岑。延岑道:"岑彭兵临黎丘,宛中空虚,欲解黎丘之危,莫如派兵袭取南阳。南阳诸县方为汉兵所有,民心未附,破之不难。"秦丰大喜道:"此乃孙膑围魏救赵之法也。贤婿深谙韬略,莫如亲统兵马攻打南阳。"延岑正欲借秦丰之助,东山再起,也想炫才显能,取得秦丰信重,欣然答应,带兵攻打南阳。

岑彭欲从黎丘撤兵,回救南阳,傅俊、臧宫皆道:"此时撤兵,正中秦丰围魏救赵之计,多日征战,前功尽弃。莫如飞章告急,请朝廷另派人马驰援南阳。"岑彭然其计,立刻具章飞报洛阳。光武览奏,立命建威大将军耿弇、建义大将军朱祐、征虏将军祭遵,各带兵马,驰援南阳。

延岑攻打南阳不下,转兵攻占穰、阴、酂、新野等县。耿弇率领北地突骑,一日一夜即到南阳,与延岑战于穰县。延岑自以为骁勇无敌,又急于在秦丰面前显功,耿弇列阵方毕,延岑即跃马挑战。耿弇怒马出迎,斗至五十多个回合,延岑诈败,诱耿弇追赶;待耿弇追近,延岑弯弓搭箭,回头射来;耿弇假装中箭,勒马回头,抱鞍而走。延岑自以为得计,纵马急追;马头马尾相连,耿弇头也不回,回手一枪,电光石火般直到延岑前胸。延岑躲闪不及,右臂中枪,回马便逃。耿弇扬手把方才延岑所射之箭掷出,高声喝道:"还汝之箭!"羽箭带风,"嗖"的一声,射中延岑之背。延岑逃回营中,紧闭营门,再也不敢出战。

延岑初到南阳之时,穰人杜弘率众归降。今见延岑带伤回营,杜弘遂暗中与耿弇联络,献营反归耿弇。延岑幸有护军邓仲况、军师刘龚保护,夺路奔逃。路遇朱祐、祭遵截杀,延岑逃往东阳,邓仲况、刘龚逃往阴县。朱祐、祭遵紧追不舍,延岑重施强盗逃命时惯用之计,把随身携带的贵重之物抛弃,买路逃生。朱祐获得茂陵汉武帝陵墓中殉葬的朝衣一袭,印绶九枚;耿弇斩首三千,生获延岑部众五千,得印绶三百余枚。

延岑逃至东阳,喘息甫定,朱祐、祭遵追兵已到。前临沔水,后有追兵,延岑走投无路,正当危急之时,秦丰派部将张成前来接应。延岑绝处逢生,张成拦住朱祐、祭遵,延岑惶惶如漏网之鱼,逃归黎丘。可怜张成急急忙忙前来做了替死鬼,与朱祐交手不到十个回合,便被斩于马下。朱祐、祭遵遂到黎丘,与岑彭会合。

邓仲况、刘龚逃往阴县,慌不择路,误入武当山中,残兵三千,绝粮数日,只得挖野菜,觅野果充饥。正当绝望之时,遇见一座荒山野庙,有人在庙里隐居读书。饥饿已极的士卒,翻遍小庙,也没有找到贵重之物,唯有橡实数斛。士卒报于刘龚,刘龚到来一看竟是祖父刘歆的学生苏竟。苏竟当过王莽的侍中,是扶风人。他见更始政败,遂入山中隐居。苏竟劝他们说:"老师生前,曾有谶语'刘秀为天子',不想应验在当今皇上身上。天命难违,不可因一己之私,而害数千之众。"刘龚、邓仲况齐道:"欲降已晚,无路可达洛阳。况黎丘有众数万,苟能回还黎丘,不无转机。"苏竟道:"二位果愿归汉,某愿带部众出大山,前往汉营,代为先容。"刘龚犹豫道:"今五星失晷,天时谬误,辰星久而不明,太白出入过度,荧惑进退显见,镇星绕带天街,岁星不舍氐、房。凡此种种,归之国家,应之分野,各有所主。夫房、心东海是也,应在董宪;太白应在陇蜀,隗嚣公孙述是也;五月甲申,白虹临南天,故有邓奉之叛。由是观之,天下归谁,尚未可之。此时归汉,岂不过早?"

苏竟拊掌笑答:"子虽得家师之传,惜乎仅得皮毛,登堂未入室、窥堂奥也。五月甲申,天有白虹,自子过午,广可十丈,长可万丈,正临黎丘。黎丘者,秦丰之都也。是时月入于毕,毕者西方之星宿也。故《史记》载:武王伐纣,上祭于毕,求助于天。仲夏甲申为八魁,八魁者,上帝开塞之将也,主退恶攘逆,平息叛乱。白虹状似'营头',或曰'天枪',出奎宿指向西北,至延岑大营之上,散如数百流星而灭。奎星主兵戈。上述二变,延岑及合营将士皆见,二位独不见乎?是故延岑虽勇,每战必败,先退之武当,后归秦丰,实避灾变也。《易》曰:坤主立冬,坎主冬至。水性灭火。德在中宫,刑在木,木胜土,今年兵事毕已,中国安宁之兆也。现在归汉,为时不早,二位思之。"刘龚、邓仲况沉思不语。静默良久,二人对苏竟道:"我等追随武安王以抗汉兵,自知罪孽深重,容再思之。"苏竟摇头叹息。二人方走,耿弇追踪而至。苏竟烹茶以待,他劝耿弇道:"山深林密,将军欲竟全功,粮秣不继,旷日持久,恐非良策。"耿弇道:"先生有何良策? 还望不吝赐教。"苏竟于是修书一封,信中言说天时、地利,大汉当兴之理,劝刘龚、邓仲况速降。耿弇按照苏竟指点,命人找到刘龚藏兵之所,把书信交给二人,承诺保其不死。刘龚、邓仲况于是由苏竟带领走出大山前往耿弇营中投降。苏竟复归隐山中。

岑彭与诸将商议:"黎丘被围,秦丰尚有山都,蔡阳、宜城犄角相援,其如分兵攻打各地,秦丰必出兵相救,然后相机于途中击之。若能断其犄角,又杀伤其兵力,黎丘势孤,破之必易。"诸将赞同。朱祐于是攻蔡阳,贾复攻山都,臧宫攻宜城。秦丰果然中计。分兵救援,汉兵途中设伏邀击。朱祐斩张康于蔡阳,贾复攻破山都。宜城守将赵京乃秦丰丞相,举城投降。黎丘从此成为一座孤城,秦丰见形势危急,连忙向割据夷陵的田戎求援。

田戎原本西平人,当初与同郡陈义客居夷陵,后入山中为盗。更始元年,李松、申屠建兵出武关,天下响应。陈义、田戎乘机攻占夷陵。陈义自称黎丘大将军,田戎号称埽地大将军,攻城略地,扩大领域,声势日盛。后来田戎称周成王,陈义称义江王。再后陈义战死,部众多归秦丰。因为领地相邻,田戎、秦丰多有来往。闻听秦丰被围,形势危急,田戎不禁害怕。他见秦丰求援,忙与左右商议。大将伍公道:"汉兵南来,所向克捷,复阳许邯,淯阳邓奉,堵阳董䜣,接连败亡。黎丘秦王,兵多将广,尚非其敌,屡战屡败,如今黎丘被围,危在旦夕。夷陵自顾不暇,哪有兵马去救黎丘? 况秦王兵马盛时,屡屡侵我境界,今日势蹙求救。大王又何必为其犯险,去捋虎须耶?"田戎道:"唇亡齿寒,黎丘破后,夷陵必将不保;不救黎丘,不免为世耻笑。"伍公道:"以臣之见,莫如迎降,再做他日之图。"田戎心动,其妻兄辛臣却进谏道:"今四方豪杰,各据郡国,并称尊号,奈何束手向他人称臣?"辛臣说着,从怀中取出一地图来,展于田戎面前几案,一一指示于人道:"彭宠在幽燕,张步、董宪在豫兖青徐,公孙述在巴蜀,隗嚣在陇西,跨州连郡各霸一方,洛阳地如掌耳。鹿死谁手尚未可知,安可遽尔降汉? 不如按兵以观其变。"田戎道:"他人尽在千里之外,与我何干? 以秦王之强,犹为征南所围,何况吾邪? 我意已决,汝不必多言。"

数日之后,田戎留辛臣守夷陵,他自带兵马沿江溯沔而上,前往黎丘,与岑彭约定时日投降。

田戎之妻乃辛臣之妹。田戎走后，辛臣与其妹商议道："大王素无主见，汉兵包围黎丘，秦丰危在旦夕。大王不听劝阻，却偏要带兵去救秦丰。这不是飞蛾扑火，自寻灭亡吗！依兄之见，莫如早投汉营，富贵可保。"其妹道："既有此见，何不劝谏大王？骨肉之亲，紧急时刻不尽心力，还要亲戚何用？"辛臣道："妹妹这就冤枉死为兄了！你又不是不知道，大王对我素不信重，一不让我带兵，二不让我掌管钱粮；言不听，计不从，我能有什么办法！我也曾画出地图，为大王指陈天下大势，苦劝大王降汉。无奈他执意要去黎丘，我哪能拦得住？"说着从怀中取出地图，交给妹妹察看。田戎之妻道："事已如此，可有什么补救办法？"辛臣道："只要妹妹同意，莫如让我为使，从速自间道前往征南将军大营。大王率领兵马，行动迟缓，且道路迂远；我必能后发先至，表明归降诚意；然后阻止大王救援秦丰，归降汉朝。"田戎妻道："那就快快前去好了，还等什么！"辛臣道："为兄空手前去，又无一兵一卒，怎好示信于人，办成大事？妹妹勿惜金银珠宝，权当商贾做买卖的本钱，今日交于我，买来他日富贵！"田戎之妻尽出家中所藏珍宝交给辛臣，辛臣带上珠宝自间道前往黎丘，先田戎一步到岑彭大营，献上珍宝投降。岑彭道："田王约定时日归降，何不亲来？军中所需者，粮草也，珍宝璧还田王，请其速带兵马，押粮到黎丘军前相见。"辛臣故作为难道："大将军有所不知，田戎素无主见，易为左右所动。本来与将军相约定期归降，却挡不住左右蛊惑，又要去投秦丰。在下拦挡不住，不愿随其前往，才独自前来投效。"岑彭将信将疑，命辛臣修书责问田戎背信，催其来降。

田戎兵到途中，接到辛臣书信，心中惊疑。他与大将伍公道："辛臣信中说征南责我背信，安有此事？此必辛臣卖我。辛臣一向怨我不肯重用，必在征南面前进谗倾陷；我若此时前去，必为所害。"伍公道："流言止于智者。大王带兵请降辕门，辛臣果有谗言，也必不攻自破，复有何惧？若徘徊中途，徒增征南之疑，反堕辛臣之计中。"田戎道："曾参何曾杀人，数闻流言，慈母生疑？蒙恬、淮阴何曾谋反？不免一死。谗言杀人，甚于刀剑。手握数万之众，岂可自蹈死地！"田戎遂驻军观望，准备返回夷陵。

岑彭得知田戎犹豫，命辛臣前往劝其来降。辛臣道："我只身前往，田戎必怒而杀我，请将军派兵随行。"岑彭于是命刘宏将兵数千随辛臣前往。辛臣暗中派人告田戎说："大王速降，不然征南将大军亲临，死无葬身之地。"田戎大惊，遂连夜起兵，与秦丰会合。

秦丰多女，田戎好色。秦丰以一女嫁田戎，以结其心，命其屯邔县以当汉军。岑彭亲自带兵攻打邔县，命贾复、朱祐等人继续包围黎丘。

黎丘在汉水之阳，邔县在汉水之阴。邔县在东，黎丘在西，两城相距三十里，中间舟楫相通，两岸各有重兵把守津渡。岑彭佯攻津渡，故作自黎丘、邔县之间南渡汉水的态势，却派兵自邔县以东渡过汉水，与赵京宜城之兵相合，突然兵临邔县。田戎大惊，忙令伍公出城迎敌。伍公老将因望重田戎军中，将士皆讳其名，称曰"伍公"。他与岑彭对阵，伍公道："闻征南将军，乃棘阳栖凤寨人氏，可知郡中有伍员祠乎？"岑彭道："同在乡梓，焉有不知？乃子胥后人流徙宛中，立祠以祭子胥。后成聚落，百姓半为伍员苗裔，皆姓伍，距吾乡十五里。"伍公道："说来惭愧，老朽即伍氏苗裔，世居伍员祠，与征南公忝为同乡。"岑彭道："老将军既与岑某同乡，何忍兵戎相见乎？"伍公道："各为其主，难免一战。况箭在弦上，不得不发；两军阵前，非叙乡谊之所。"于是跃马抡刀，直取岑彭；岑彭亦举刀相迎，战在一处，二人边战边交谈。伍公答应劝田戎归降，若田戎不降，自己将率部归降。

伍公与岑彭交战，田戎在城上掠阵，见二人交谈良久，相战又不似生死相搏，心中生疑。数十回合之后，鸣金收兵。伍公回城，田戎责问伍公道："将军与征南有故耶？为何阵前相见若故人重逢？"伍公道："臣与征南素昧平生，确有一见如故之感。征南与臣同为棘阳人，相谈皆乡梓之事。臣观其人，望之俨然，即之温然，诚信之人。他让臣转达开诚相待之意，劝大王改弦更张，躬践前言，率众归降，保大王高爵厚赏，不失封侯。"田戎怒道："尔欲背我卖我耶？欺本王不敢斩汝白头悬之城门耶？"伍公道："臣追随大王已非一日，何曾见臣曾有二心哉？明日便要力战，更不可多言，扰乱军心。"伍公唯唯而退。

次日，田戎命伍公再战岑彭，伍公竟率本部人马前往汉营投降，然后与岑彭合兵反攻田戎。田戎大败而逃。他欲归黎丘，津渡又为汉兵所得。他只得带领残兵，逃归夷陵。

光武帝亲幸黎丘劳军,封赏有功将士百余人。他命岑彭、傅俊南击田戎,留下朱祐、贾复、臧宫等人继续攻打黎丘。秦丰城中粮食将尽,兵马不足万人。光武命御史中丞李由持节劝秦丰投降,许以不死。秦丰大怒,撕毁玺书,把李由逐出城外,痛骂道:"士可杀不可辱,我为王时,尔尚无立锥之地,惶惶如丧家之犬。遽尔得志,便以为能宰割天下耶!"光武道:"釜中游鱼,待死之囚,尚如此狂悖。必枭其首,以安荆襄!"刘秀授朱祐以方略,驾回洛阳。

朱祐佯言奉命班师,留破虏将军侯进,辅威将军耿植,围攻黎丘。他与征虏将军祭遵潜师西进,伏兵荆山。秦丰穷困,由延岑护驾出城逃往巴蜀,欲投公孙述。侯进、耿植随后追杀。秦丰逃至荆山,朱祐、祭遵伏兵尽起。延岑只身逃走,秦丰被围,走投无路,本要横剑自杀,妻子抱持痛哭,老母年已七旬,在侧垂泪,其妻泣道:"大王不欲受辱而死,忍老母、儿女尽遭屠戮?"秦丰不忍,遂带领老母妻子全家九口,肉袒而降。

光武临行,曾有明旨诛杀秦丰。朱祐见其母头白似雪,秦丰披枷戴锁,每日晨昏定省,侍奉起居,遂不忍当其母之面斩杀其子。朱祐把秦丰打入槛车押解洛阳,光武传旨将其斩首。

岑彭、傅俊带领人马来到夷陵,见夷陵形势险峻,易守难攻,遂相与为计道:"兵法云'下策攻城,攻城之法为不得已'。况夷陵依山临江,攻之必难。莫若于虎牙山、荆门山麓广布疑兵,大张旗鼓。田戎惊弓之鸟,必弃城他逃;待其出城,相机攻之。"岑彭、傅俊于是在山上多插旗帜,遍燃炊烟,城下兵马,往来调动,尘埃四起。田戎在城头见了,大惊失色,以为汉兵大至。他遂与左右计道:"汉兵大至,不下十万,我以区区两万余人马,孤城一座,安能持久?莫如乘其兵马未集,围尚未合,早做脱身之计。"左右齐道:"大王之言甚善。为今之计,能与汉分廷相抗者,唯有蜀中公孙述,且与夷陵相近,不如去投公孙皇帝。"田戎于是连夜带领余众两万余人,护定眷属弃城而逃。

岑彭料定田戎必投蜀中,遂于途中设伏截杀。待其出城,傅俊乘机攻占夷陵,田戎仅带数十骑逃往蜀中,其两万余众及妻子儿女尽为岑彭所获。汉兵追至秭归而还。

岑彭本欲将得胜之师进军巴蜀,但粮草不给,江水滩险流急,漕运艰难,他留威虏将军冯骏驻扎江州，都尉田鸿屯夷陵，偏将李玄屯夷道，自己亲率大军驻扎江津，当荆扬咽喉，一时军威大振，名动江南。岑彭传书州郡及诸蛮夷酋长，晓以利害大义，望风归降者，上奏皇上，为其请封，保其爵禄富贵；抗命不降者，加兵征讨。一时州郡、诸夷望风归降。

交州牧邓让与岑彭相厚。岑彭致书邓让，备言朝廷恩德，劝其纳表归降。邓让接受岑彭的建议，上表称臣，光武封其为列侯，交趾牧依旧。邓让分别致书江夏太守侯登、武陵太守王堂、长沙相韩福、桂阳太守张隆、零陵太守田翕、苍梧太守杜牧、交趾太守锡光等人，晓以光武恩义。岑彭命偏将屈充传檄各郡颁行诏命，七郡相率归降，遣使赴洛阳朝贡。江南于是得以平定，珍奇之物，源源献于京师。

光武大喜，召岑彭还京，厚加赏赐，又特降恩旨，命其还乡修坟祭祖。岑彭老母尚在，光武传旨：命大长秋在朔望之期，问候太夫人起居安康。岑彭上表谢恩，重回江津军中。

刘永

　　更始所封诸王或降或败,相继削平。唯梁王刘永,在光武登基之后,也在睢阳称帝,封其弟刘防为辅国大将军,三弟少公为御史大夫,称鲁王;封沛人周建为帅,攻下济阴、山阳、沛、楚、淮阳、汝南凡二十八县。刘永又遣使拜西防贼帅山阳人佼强为横行将军;拜东海人董宪为翼汉大将军;齐人张步为辅汉大将军,兵连一处,割据东方。

　　光武命虎牙大将军盖延率领驸马都尉马武、护军都尉马成、骑都尉刘隆、偏将军王霸、讨难将军苏茂等讨伐刘永。盖延以马武、刘隆为先锋,命王霸、马成各将一军,北攻虞城,南攻淮阳,命苏茂押运粮草。苏茂心中不快,他与盖延说道:"将军轻苏茂不能战邪,抑或对末将之降有疑心邪?"盖延道:"将军何出此言? 粮草乃三军命脉,胜负根本。以此劳将军岂为不重? 何疑之有?"苏茂冷笑道:"当初在更始驾下之时随大司马出关,好歹也曾为三军之帅,统数万之众,焉不知轻重耶? 此行奉命东征,以爵秩论,我与将军同列;其余诸将品级皆在苏某之下,然皆独当一面;况苏某部众,倍于诸将,以苏某殿后,押运粮草,是何道理?"盖延秉性刚直,不善言辞,他也正色说道:"尺短寸长,各宜其用。调兵遣将,乃本将军之事,自有道理。将军依命押粮好了!"

　　苏茂愤然出帐,回营后仍旧余怒未息,其弟苏可劝道:"祸兮福所倚,福兮祸所依。塞翁失马,焉知非福? 当初兄长随朱大司马洛阳归降,说到底是下下之策。大司马和皇上有杀兄之仇；皇上表面大度优容，不计前嫌，心中之恨，永难释怀。'他人有心，予忖度之'。易位而处，兄长能对其部众不小心提防吗？虎牙奉皇上之命，自然体察皇上心意，对兄长能毫无戒心吗？让兄长押运粮草，明摆着是以珠弹雀，大材小用，但又不得不尔。以弟所见，这未尝不是好事：一则，大荒之年，米珠薪桂；十万之众，人减一钱，不显山，不露水，可得十万之积；二则，远离大营，脱困之机，极易寻找，一遇机会，兔脱鹰扬，谁奈我何？"苏茂闻言大喜道："闻弟之言，如梦方醒耳！"

马武、刘隆、王霸、马成三路人马先发：一路攻睢阳，一路攻淮阳，一路攻虞城，皆过襄邑，没有停留。襄邑守将许德以为盖延兵锋已过，汉军进军目标是睢阳，遂高枕无忧。不料盖延率突骑在后，出其不意，一举攻克襄邑，然后进军麻乡。淮阳、虞城等地，见王霸、马成兵到也开城投降。至此，睢阳四周屏障顿失，盖延遂命各路人马回师包围睢阳，命苏茂到淮阳等地催粮。苏可到淮阳催粮，时夏粮尚未登场，青黄不接，苏可借机勒索，把征得之粮高价卖给百姓，再低价征回，从中渔利自肥。太守潘楚刚刚归降，不敢与之抗争，暗中派人向盖延报告。盖延命护军都尉马成前往淮阳，把苏可拿获，就地正法。

苏茂得知苏可被杀，愤恨难平，遂起兵攻破淮阳，杀死潘楚，举兵造反，转掠各县。苏茂紧接着带兵攻占广乐，向刘永俯首称臣。刘永大喜，立封苏茂为大司马，淮阳王。

盖延诸将皆欲讨伐苏茂，他不允，说道："大军方围睢阳，若分兵讨伐苏茂，刘永乘势开城蹑我军之后，我必陷于腹背受敌之势。我料苏茂必不敢孤军出广乐袭我。为今之计，首在粮秣。如今麦已大熟，莫如留一半人马围城，其余人马抢收田野麦子。有了粮草，破睢阳，擒苏茂，易如反掌。"众将然其计，留一半人马围城，其余人马四处抢割小麦。三天之后，睢阳城外，小麦尽被盖延所得。

睢阳城中，本已乏粮。刘永本指望麦熟，到城外抢粮；他见盖延军士割麦，便也命将士缒城割麦。盖延佯作不知，待其傍晚欲归，纵兵掩杀。刘永将士慌忙丢下收割的小麦逃回城中。盖延乘乱发动猛攻，借着夜幕掩护，士卒攀云梯登城。霎时火光四起,杀声一片。刘永不知汉兵进城有多少人马,惊慌失措,慌忙弃城开东门逃跑。盖延纵兵追杀,刘永落花流水,逃往虞城,虞城令开门纳之。

虞城短期内数易其主,吏民惊疑。县令与左右商议道:"前番汉兵攻城不得已降之。接着苏茂到来,被拒城外。苏茂占据广乐,被封为大司马,称淮阳王,近在咫尺。梁王今来,必与苏茂合谋,追究我等降汉之罪,轻则不免牢狱之灾,重则杀头灭族,不如乘其兵败势穷逐之。"左右皆道:"先下手为强,后下手遭殃,事不宜迟。"于是,半夜包围馆驿,呐喊鼓噪,"汉兵来了!"刘永从梦中惊醒,与麾下数十人逃跑,老母、妻子尽被乱兵所杀。刘永本想逃往广乐去投苏茂;但虞人灯笼火把,故作声势,刘永等人拼命奔逃,如丧家之犬,一直逃到谯县,周建、佼强、苏茂先后带兵前来救援,才算安下身来。

有了安身之所,刘永打算复夺睢阳。周建等人道:"汉兵正盛,皇上新败,宜暂避其锋。莫如传檄各郡,广征勤王之师。等士马毕集,兵强马壮,再做恢复之图。"刘永遂向所属郡国遣使催兵。各郡接到勤王檄文,所谓勤王之兵陆续束装就道。

盖延接到探报,与诸将商议。王霸道:"若等刘永士马齐集,破之必难;莫如抢先一步,分兵攻打各郡,使各郡自顾不暇,自然也就无力救援谯县了。"盖延道:"此计固好,但易分散兵力,为敌所乘。"马武道:"这也不难,分兵进击,不可相距太远;易分易合,随时应援就是了。"计议方定,探马来报:"刘永鲁郡太守梁丘寿已经起兵西来,准备与沛郡太守陈修会合,前往谯县。"盖延道:"就依王、马二位将军之意,我与刘隆将军迎击梁丘寿;王霸将军和二位马将军攻打沛县,一齐东进,会师丰沛。"

梁丘寿带兵万余,行至漷水南岸,泗水北岸的薛县,打算与沛郡太守陈修会合,派人前往沛郡联络,信使却被马武截获。马武令士卒打着沛郡旗号,带领人马,假装接应梁丘寿。梁丘寿毫无防备带兵自薛南而来,盖延、刘隆骑兵自背后杀来。梁丘寿慌忙投马武军营。马武忽改旗号,拦路截杀。梁丘寿又急忙回返薛县,而盖延已乘虚攻占薛城,然后与马武合兵,包围梁丘寿。梁丘寿进退两难,士众大乱,狼奔豕突,四散奔逃,万余人马顿作鸟兽散,梁丘寿被马武斩杀。盖延又命刘隆、马武换上梁丘寿旗号,前往沛县。

王霸、马武攻打沛郡,陈修正在惊慌,忽报鲁郡梁丘寿救兵来到,喜出望外,急忙开城迎接,马武、刘隆抢入城内。陈修见状不妙,回头便逃;刘隆马快枪急,把陈修挑于马下,一枪刺死。

盖延连得两城,斩杀梁丘寿、陈修,各郡闻风丧胆,彭城、扶阳、抒秋、萧县等相继迎降。

刘永得知诸郡连连失守,勤王之师迟迟不来,心中不免惊慌。苏茂道:"皇上勿惊,臣在汉营日久,对盖延诸将了如指掌。盖延刚愎,马武性急,刘隆勇而少谋;王霸、马成出身小吏,并不知兵。其所依仗的是北郡骑兵,长于奔袭,迅猛剽疾。我军若置于沛西泗水、大泽之畔,时值盛夏,雨水丰沛,河流沟渠,纵横交错,北郡骑兵,难以纵横驰骋,陷于泥沼,其长尽失,破之不难。王霸、马成的步卒,其众为我军之半,若以我军突骑猛攻,如秋风扫落叶耳。"周建道:"淮阳王所言,颇像田忌赛马之法,以我下驷对其上驷,佯败引其到沛西;则后以中驷击其步卒;然后合兵攻其北郡精骑,驱其入泗水大泽中,喂鱼鳖!"

三日以后,盖延大军攻打谯县。苏茂、周建、佼强不战而逃,保护刘永,一路由南而北,败往沛西。盖延感到奇怪,他与王霸、马武、马成、刘隆议道:"苏茂原本能战之将,周建、佼强素以强悍著称,为何不战而逃?且我军方破薛、沛,自北而来,彼为何又逃往沛西?"马武道:"这有何疑,刘永必是东投张步,经此东去。"王霸道:"张步在琅琊,走彭城岂不方便,为何南辕北辙?"盖延忽然大悟笑道:"此必苏茂诡计。苏茂在我营中日久,对我营中虚实及诸营情形,了如指掌。必以我军所长在于北地骑兵,欲引骑兵到大泽和泗水交汇之处,使我不能纵横驰骋,失其所长,然后破之。"诸将道:"既知是苏茂诡计,不去追击就是,免堕其奸。"盖延道:"任其脱逃,岂不可惜?莫如将计就计,借机破之。"盖延于是命马成、王霸打自己和刘隆旗号,以少数骑兵先行,假作北郡突骑;盖延自己则打王霸旗号;刘隆扮马成旗号,让步兵走在前面,骑兵在后,尾随苏茂、周建追往沛西。

沛县之西,有大泽,乃泗水、睢水交汇之处。地势湿洼,河网交错。夏秋之季,一片汪洋。东面则地势较高,冈峦起伏,林木繁茂。苏茂见盖延中计,骑兵进入沼泽地区,心中大喜,乃与周建、佼强带领人马猛烈进攻。一经交战,方知对手不是北地骑兵,而是王霸、马成的强弩营;苏茂方欲退兵,盖延、刘隆、马武各率骑兵,从背后冲杀过来。苏茂、周建、佼强刚刚集中起来的数万人马,抵挡不住骑兵的往来冲杀,前进之路又被王霸、马成堵住,万般无奈,原本为盖延准备的"口袋",自己只好硬着头皮钻了进去。边战边逃,盖延骑兵沿高阜处大道掩杀,苏茂、周建、佼强保护刘永,沿大泽边逃窜,人马溺死过半。苏茂逃回广乐,周建、佼强保护刘永逃往湖陵。盖延遂定丰沛、临淮之地。

丰沛乃高祖刘邦故乡,泗水亭有高祖庙,盖延带领诸将到高祖庙焚香祭拜。盖延见庙宇破败,遂加修葺,设置啬夫、庙祝、乐人,看守庙宇。

盖延正要率领诸将追击刘永,忽接光武诏旨,命班师还朝。因为湖陵是张步属地,光武欲招降张步,已命光禄大夫伏隆持节前往,拜张步为东莱太守。

张步,字文公,琅琊人。王莽末年,汉兵大起,张步亦聚众数千,自称五威将军,攻占数城,据有琅琊。更始入长安,王莽堂兄、平阿侯王谭之子王闳以东郡三十万户归降,更始封其为琅琊太守。王闳前往琅琊上任,张步派兵阻挡。王闳名重当世,虽为王莽堂兄,但为人刚直,曾任哀帝中常侍。时董贤权倾朝野,哀帝临崩,把传国玉玺付于董贤,诏曰:"无妄付他人。"时国家无主,内外忧惧。王闳入见元后,请旨夺回玉玺。宫中上下,皆惧董贤,王闳独仗剑入宣德殿后宫,剑指董贤斥责道:"皇帝驾崩,国嗣未立;公受先皇之恩深重,当俯伏号泣。何事久持传国玉玺?以待大祸临头!"董贤知己必死,不敢拒之,乃跪地叩头,献上玉玺。王闳持玺献于太后,朝野莫不敬重王闳胆略。其后,王莽篡位,深忌王闳威名,命其出京做东郡太守,常欲加害。王闳每日藏药手内,以防不测。王莽败亡,王闳独全东郡三十万户,深得士庶爱重。

王闳手无寸兵,为张步所阻。王闳乃传檄各县,晓喻吏民,骤得六县,士众数千。王闳与张步战于赣榆,不能获胜。王闳遂孤身去见张步,时张步兵甲正盛。梁王刘永刻意笼络,封张步为辅汉大将军,忠节侯,奉命专征不从命者。张步贪其高爵显位,向刘永称臣。刘永又封张步二弟张弘为卫将军,三弟张蓝为玄武大将军,四弟张寿为高密太守。张步势力强盛,遂攻占泰山、东莱、城阳、胶东、北海、济南、齐北诸郡。张步听说王闳孤身一人而来，乃盛兵列阵，武士夹道，枪刀剑戟，林立百步，以请王闳进城。王闳步履如常，昂然而入。张步厉声喝问："步有何过，使君前日攻打之甚也？"王闳按剑朗声道："太守奉朝廷之命赴任，而文公拥兵相拒，非反而何！吾攻贼身，何甚之有！"张步道："我拥众十数万，占城十数郡，何求不得！惧一太守耳！"王闳道："普天之下，莫非王土，率土之滨，莫非王臣。不得天子之命，拥兵虽众，据地虽广，亦贼也。乱臣贼子，人人得而诛之，安足夸耀！"张步为王闳胆气所摄，嘿然良久，喟然长叹道："三军可夺其帅，丈夫不可夺其志。使君之谓也。"张步遂叩头谢罪，命尽撤其兵。他大摆宴席，盛设鼓乐，与王闳接风，待以上宾之礼。张步请王闳掌管郡中之事，自此军政大事，悉向王闳请教。

伏隆乃司徒伏湛之子，表字伯明，少年时便以节操闻名，且有舌辩之才。他持节来到青、徐二州，即传檄郡国道："乃者奸臣王莽，杀帝窃位。宗室兴兵，除乱诛莽。群下推立圣公，以主宗庙。尔后更始政败，任用贼臣，杀戮贤良，三王作乱，盗贼横行，忤逆天心，卒为赤眉所害。皇天佑汉，圣君应命；当今陛下神武奋发，以少制众。故寻、邑以百万之军，溃败于昆阳；王郎以全赵之师，土崩于邯郸；大肜、高湖望旗遁迹；铁胫、五校莫不摧破。梁王刘永，幸以宗室属籍，爵为侯王，不知厌足，自取祸弃；封爵牧守，造伪诈逆。今虎牙大将军统兵十万，已破睢阳；刘永奔亡，家族已灭。此诸君闻也。不早做良图，后悔何及？传檄各郡，莫谓言之不预也。"

各郡闻檄而降。张步遣其掾吏孙昱拜见伏隆请降。伏隆带孙昱奉表诣阙，贡献鳆鱼，以示忠诚。

刘永得知张步降汉，大惊失色。苏茂道："张步降汉，非真心归附，贪其爵赏而已。汉奉高帝之约，爵赏不过封侯。皇上若封张步以王爵，文公必弃汉而归皇上。"刘永听从苏茂的建议，遣使封张步为齐王。

张步贪刘永封王厚赏，心中犹豫，他请教王闳。王闳道："梁王自命难保，欲借公以自重，虚名何用？公有奇货可居，待价而沽。莫如密告孙昱，梁王已封公为齐王，让其试探光武皇帝之意。"张步笑道："此亦商人索价还价之术也。既有奇货，何愁卖不了好价钱？"张步遂命人暗中转告孙昱，依言而行。

　　光武帝知张步首鼠两端,遂命伏隆再次赴齐。张步道:"昔淮阴有平齐之功,欲求齐王而不可得。今步未得齐城一半,而梁王以齐地封我,何其厚也! 我若归汉,皇上亦肯封我为王乎?"伏隆道:"高帝曾于天下有约,非刘氏不王。当今皇上秉承祖训,诸将功大不过封侯。公若降,可得十万户侯耳。"张步道:"我今拥兵数十万,据青、徐二州二十多城,岂止十万户哉?"伏隆道:"赤眉拥兵百万,破长安,据关中,尽有三辅之地,而今安在? 梁王刘永不守封疆,僭称帝号,攻城据地倍于文公,今成奔亡之虏,原因何在? 取之不义,违天命也。文公欲步其后尘吗?"张步冷笑道:"何为义,何为不义? 梁王、萧王同为汉朝宗室,同受更始封爵。梁王称帝若为不义,萧王称帝非不义乎? 成王败寇罢了,有何区别! 天命这东西更属子虚乌有。王莽为了篡汉,造了多少符命,有哪一条是真的? 王莽之后,称王称帝之人又有哪个不说自己是天命所归? 谁知天命属谁? 安知天命不眷顾张步耶!"说罢,哈哈大笑。伏隆惊愕良久乃说:"人各有志,不能相强。文公既不愿走公侯百代、子孙富贵不尽、名垂竹帛之路,决意倒行逆施,违天而为,自取灭族之祸,我也无须多费口舌,就此告辞!"张步道:"久慕先生之名,以先生之才,在汉仅得一光禄大夫,实在大材小用。何如与步共守青、徐二州,以建千秋不拔大业?"伏隆道:"奉使不克,有辱皇命。唯复命请死而已!"说罢拂袖而起。张步喝令左右:"带伏大夫传舍歇息,小心伺候!"左右应命把伏隆押赴传舍,张步遂接受刘永之封,向其称臣。

　　伏隆被囚于齐,难以脱身,遂于狱中上书光武。狱吏感其节义,传书洛阳。光武览书,不禁动容。伏隆书曰:"臣隆奉使无状,受执凶逆,虽在囹圄,心念帝阙。又吏人知步反叛,心不附之。伏请皇上,以时进兵,无以臣隆为念。臣能生还阙廷,受诛有司,此其大愿;若没身寇手,以父母昆弟长累陛下。愿陛下与皇后、皇太子永享万年,与天无极。"

　　光武召伏湛进宫,以伏隆手书交伏湛观看,刘秀垂泪道:"伏隆可谓有苏武之节,朕恨不能且许张步封王之求,立求伏隆还京!"伏湛叩头道:"皇上之意,老臣感激不尽。臣为君死,死得其所;万不可为臣子,毁高帝之约!"不久,伏隆果为张步所杀。

建武三年春，光武帝命虎牙大将军盖延、大司马吴汉、建威大将军耿弇，数路齐出，征讨刘永、张步。

刘永得张步、董宪之助，东山再起。盖延进军湖陵，以攻刘永；吴汉进军广乐以攻苏茂；耿弇东出朝阳，桥渡济水，以攻张步。刘永旧部复夺睢阳，迎刘永回还睢阳。盖延尾追而来，重围睢阳。诸将皆欲乘刘永立足未稳攻城，盖延道："贼兵自湖陵刚到睢阳，城中必无积蓄。我军围城，尽收其野谷，城内食尽，不攻自破，亦免士卒伤亡。"

再说吴汉带领骠骑大将军杜茂、强弩将军陈俊方到广乐，周建、佼强即从海陵带领十万人马来救苏茂。吴汉率轻骑以拒周建，命杜茂、陈俊阻挡苏茂出城。不料周建、佼强人马众多，兵锋正盛，吴汉阻挡不住，反倒败下阵来。吴汉战马中箭倒地，他从马上跌下，摔伤膝盖，幸得陈俊、杜茂相救，方得回营。周建、佼强连兵进入广乐城内。

诸将见贼兵势大，吴汉又负伤卧床，心生惧意，劝说吴汉退兵。众人道："贼众毕集十数万，大敌在前，公又伤膝卧床。士众胆怯，军无斗志，莫如暂时退兵，再做良图。"吴汉勃然而起，谓诸将道："为将者闻命忘家，临阵忘身，诸君哪个身上不是伤痕累累？高帝创业百战，曾经弩箭伤胸，犹在行阵；吾伤在膝，竟不能战乎？"说罢裹伤而出，命人取枪，挂枪上马，遍巡各营。吴汉然后椎牛飨士，号令将士道："苏茂、周建贼众虽多，尽是打家劫舍的盗贼，乌合之众。胜不能相让，败不能相救。各自相顾，非能患难相扶，生死与共者也，破之何难！这一仗，正是建立封侯之功的大好时机，诸君千万不能错过。大家共同努力吧！"将士见吴汉豪气干云，不似重伤在身，顿时士气大振，人倍其勇。吴汉选敢死之士八百，分为四队，人人头裹黄巾，命中军护卫吴河带领，号为"黄头吴河"。次日，周建、苏茂兵临汉兵营门挑战。吴汉带领乌桓突骑三千，黄头吴河护卫左右，鸣鼓而出。

周建亲见昨日吴汉从马上跌下，诸将护卫回营，不料今日照样临阵，心中惊异，他问道："司马昨日之伤痊愈了吗？今日何能临阵耶？"吴汉朗声笑道："汝料昨日之伤不能斩君之首邪？何妨一试！"周建道："司马有伤在身，胜之不武，败则足羞，请命他人出战。"吴汉怒道："鼠辈无礼，看汝能接我几招！"吴汉说着便乌龙出海，长枪摆动，分心便刺；周建心料吴汉有伤在身，力道不足,急架相还;怎知吴汉攻势威猛,怪蟒翻身,长枪紧压在周建戟上,一股雄沉无敌之力,压得周建双臂发麻,欲待抽回铁戟,变换招式,吴汉长枪乌龙绞柱,和周建铁戟紧紧绞在一起;周建用尽平生之力猛往回抽,吴汉时机把握得恰到好处,突然尽撤力道,周建仰面倒下马来。

黄头吴河正要上前擒拿周建,苏茂怒马而出,救回周建。吴汉怒斥吴河道:“走了周建,无关紧要;尔要看清了,眼前这位便是反贼苏茂。若将此贼走脱,唯汝是问!”苏茂哈哈笑道:“大司马方才以巧取胜,侥幸赢了一阵;想要再以诈取胜,恐怕难以如愿了!”吴汉道:“虚实之变,阴阳之化,哪是鼠辈能料的,请接招吧!”吴汉说罢,一模一样,又是一招乌龙出海,长枪摆动,分心直刺苏茂;苏茂知道吴汉膂力过人,力猛枪沉,不敢硬接,只还了一招拨草寻蛇,避过吴汉枪锋,银枪在吴汉眼前虚晃;不想吴汉第一招似实而虚,第二招龙飞在天,才是实招,长枪猛然上挑;苏茂变招不及,银枪被吴汉长枪挑起,“哐啷”一声差点脱手;苏茂只觉两臂发麻,虎口发疼,手掌发热;紧接着吴汉一招蛟龙吐珠,枪尖挟风,红缨似火,直扑苏茂面门;苏茂大惊,拼尽全力,还了一招举火撩天,来封挡吴汉长枪;谁知吴汉这招仍然似实而虚;苏茂用力过猛,坐下战马急冲过来;吴汉枪招忽变,乌龙摆尾,枪杆似鞭,硬生生打在苏茂背上。苏茂顿觉五内翻涌,两眼金星乱冒,不敢回头,抱鞍而逃,黄头吴河随后紧追不舍。周建之军大败,连忙收兵回城。陈俊、杜茂乘势掩杀,与周建争城并入广乐。吴汉带领乌桓骑兵,长驱奔袭。周建、苏茂弃军奔逃。吴汉命杜茂、陈俊守广乐;他亲带骑兵,追赶周建与苏茂。周建、苏茂二人匆忙逃入睢阳,吴汉遂与盖延合兵包围睢阳,准备攻城。

睢阳城中粮尽,将士缒城外出打粮。但四周之粮尽被盖延所得,出城之兵多投降盖延。刘永都尉庆吾被盖延所获,盖延遗以粮秣,放其还城,命其伺机做内应献城。庆吾未及献城,刘永、周建、苏茂,便已弃城逃往酂县。途中庆吾寻得机会,斩杀刘永,带刘永首级投奔汉营,被封列侯。苏茂、周建逃到垂惠,佼强回到西防,邀约张步共立刘永之子刘纡继梁王之位。

张步欲应苏茂、周建之约,共立刘纡为梁王,自为定汉公。王闳劝谏道:“梁王刘永以宗室之故,因而山东归之。今洛阳已有天子,公与众人再立其子,徒召士众疑心。前人曰:‘齐人多诈’,不可轻信他人之言。况汉兵将渡济水,正所谓'各人自扫门前雪,莫管他人屋上霜'之时也。望公三思而行。"
张步道:"先生言之有理,敬受教。"张步遂命人婉辞周建、苏茂之约,同时命
大将军费邑驻军历下,分兵屯祝阿,另于泰山钟城列营数十座以待耿弇。

王霸　庞萌

　　光武帝听闻周建、苏茂等人拥立刘纡于垂惠，命捕虏将军马武与讨虏将军王霸领兵征讨。周建、苏茂得报，两人商议道："垂惠城小，我军势力单薄，汉兵到来，断难与之相抗。海西王董宪曾得梁王厚恩，如今危难之时，向其求助，海西王绝不会袖手旁观。"于是，周建守城，苏茂前往东海郡向董宪求救。东海郡治在都城，董宪拥兵十万，占据数城，新与五校联兵，声势颇大。苏茂到来，董宪立拨五校精兵五千，驰援垂惠。

　　马武、王霸兵到垂惠，周建城门紧闭，吊桥高悬。马武扎营于东，王霸扎营于西，两人相约旦日攻城。苏茂借兵归来，探知汉军兵临城下，领兵之将乃马武、王霸，心中窃喜。苏茂差人送信与城中周建道："马武性急，勇而无谋；王霸性缓，二人同列，互不相属，破之不难。"如此这般，授周建以破敌之计。二人计议已定，苏茂率精骑佯袭马武辎重粮草；马武得报，立刻带领人马去救。周建自城中杀出，袭取马武大营，然后攻击马武背后。马武腹背受敌，刚一交战，便带兵去投王霸大营，料想王霸必然开营相助，然后合兵，不难与苏茂周建相抗。马武策马如飞，边跑边呼："元伯快开营门，贼兵杀过来了！"

　　王霸登壁观望，马武行阵尚整；苏茂、周建之兵声势浩大，望其旌旗尚在一里之外。王霸遂命士卒紧闭营门，不准放马武进来。马武在营外高呼："元伯救我，迟则必为贼擒！"王霸道："贼兵势大，此时开营，你我两败，大势不可收拾,赶快整军力战,尚有转机!"马武道:"元伯宁忘昆阳并马突围之情,袖手作壁上观耶?"王霸道:"营外莫非不是当年昆阳城下的马子张吗?当年昆阳城下,百万军中,子张纵横驰骋,所向披靡,哪个敢挡? 当年马武哪里去了? 再不赴敌力战,王某手中弓箭可不认得昔日故友!"说罢援弓便射。马武骂道:"王元伯,你这无情无义的小人! 马某破敌之后,再找尔理论!"说罢勒马回头,对将士吼道:"进亦死,退亦死,不如死战求生! 瞻余马首,后退一步者定斩不饶!"马武说罢,跃马挺枪返身杀回,士众紧随其后反扑敌阵。

见马武带兵返身杀回,诸将皆劝王霸道:"捕虏将军兵力单薄,不如赶快相助。"王霸道:"苏茂之兵精锐,士众又多;我军吏卒心怯,此时出战,尚不到时机。况捕虏之众,与我军不相统属,骤然相合,很难配合默契,此取败之道也。今闭营固守,让苏茂、周建看了,以为我与捕虏各自为战,必不相援,才会轻进无备;捕虏乃百战勇将,知其无救,必作困兽之斗;置之死地而后生,部众人倍其勇,斗志倍增。待敌势疲劳,吾乘其弊,出其不意,攻敌之后,方可破敌。"

苏茂、周建不意马武返身杀回,人倍其勇,乃尽出其众进攻马武。周建之侄周诵提醒道:"王霸之军就在一侧,若乘势袭我侧背,如何是好?"苏茂道:"我对汉营诸将了如指掌。马武、王霸各自为战,断不会出手相援,少将军放心好了。待破马武军之后,再击王霸不迟。少将军若不放心,可带本部人马拦在王霸营门,防其出兵援助马武。"周诵应命而去。

马武苦斗良久,渐感不支。王霸营中将士路润等人断发请战。王霸见士心可用,乃命士卒拆除营后鹿角栅栏,率领精骑自后营杀出,猛击周建、苏茂背后。周建、苏茂猝不及防,腹背受敌,惊乱溃败,慌忙收兵,退入城内。马武复夺回辎重粮草,重整营寨。

周诵在王霸营前,不知周建、苏茂大军已经败归城内。方欲退兵,被王霸拦住去路,只好下马请降。王霸见其眉目清秀,俨然儒生,不由喟然兴叹道:"孔孟之徒,当知顺逆,安可助纣为虐邪?"命左右放其归去。周诵叩头道:"再生之德,必有以报。"周诵说罢上马而去。

次日,周建、苏茂重整旗鼓,兵临王霸营前挑战。王霸坚闭营门不出,命将士饮酒作乐,以庆昨日之胜。苏茂命弓弩手乱箭齐发,攒射王霸中军大帐。一时箭如雨下，射中王霸面前酒樽。王霸安坐不动，饮酒如常。诸将皆道："苏茂昨日已破，今日何惧？破之必易。将军安坐，待我等为将军破之。"王霸道："诸君只知其一，不知其二。苏茂借得客兵远来，军粮不足，利于速战。故连连挑战，以求侥幸一战之胜。我闭营休士，待其衰竭，此所谓不战而屈人之兵，善之善者也。诸君勿躁，静待其变。"

苏茂、周建求战不得，眼看红日西坠，士卒疲惫，又饥又渴，不得不收兵回营。王霸整军追来，二人且战且退。到了垂惠城下，日色已晚。但见四门紧闭，吊桥高悬。方要命人呼喊城上之人打开城门，忽听城头锣鼓声响，弓弩齐发，纷纷射下城来。周建、苏茂连忙麾众后退，只听周诵在城头喊道："我已归顺大汉天子，念昔日之情，不肯兵戎相见。叔父和苏将军快投别处去吧，大汉兵马将到城下了！"周建、苏茂又急又气，欲待攻城，王霸、马武人马，随后杀来，二人只有慌忙逃往蕲县去了。王霸、马武兵不血刃，攻占垂惠。

周诵心念往日香火之情，不忍加害刘纡，让其自便，到西防投奔佼强去了。周建又急又气，口吐鲜血，随苏茂带领残兵败将投奔董宪而去。

光武欲命将征讨董宪。平狄将军庞萌自告奋勇，愿意请往。光武以庞萌不曾独当一面，带兵征讨，便命盖延挂帅，庞萌副之。庞萌，山阳人，早年亡命，入下江军中，与光武有旧。更始入长安，封其为冀州牧，将兵随尚书令谢恭驻魏郡。谢恭败后，归降光武。光武即位，拜其为侍中、平狄将军，甚见爱重。光武知其意有不足，当着盖延之面称誉庞萌说："可以托六尺之孤，寄百里之命者，庞萌是也。盖卿虽为三军之将，军中之事，宜多咨之。"盖延应命道："谨遵圣命。"

时苏茂、周建兵败垂惠，往投董宪。盖延得报，欲轻兵疾进于途中邀击。庞萌道："君命征讨董宪，不直捣东海，却舍近求远，舍本逐末，岂不贻误戎机？"盖延道："苏茂、周建败亡之虏，必自垂惠往投下邳、郯城。若令与董宪合势，死灰复燃，为祸必大，破之必难；若于穷途击之，易如反掌。此亦先断董宪一臂，有何不可？"庞萌道："虎牙勿因苏茂之叛，耿耿于怀也。不可为私愤而因小失大。"盖延大怒，但想起出征前光武帝的嘱托，又强咽下胸中之气,他说道:"将军若怕贻误戎机,可带本部人马先趋东海,待我破苏茂之后,再与将军会合。"庞萌急于独建大功,巴不得独将一军,真是正中下怀,他于是带领本部人马直往下邳。

盖延带领北地骑兵,风驰电掣,在蕲县以北,睢水以南,追上周建、苏茂。二人已成惊弓之鸟,骤见盖延骑兵追来,立刻溃不成军。周建死于乱军之中,苏茂带领百余骑逃过睢水。幸有睢水阻挡,苏茂才得死里逃生。董宪接应之兵方到留县,只见苏茂狼狈来投,大惊失色。董宪忙问盖延兵到何处,有多少人马。苏茂道:"现在睢水南岸,人马倒不甚多,望其旌旗不过二万之众;但北郡骑兵剽悍异常,不可小觑。"董宪听了,哈哈大笑起来。他说道:"淮阳王怕是吓破胆了,区区二万人马何足道哉? 况边地骑兵,常在旷野驰驱,至此水乡泽国,其长尽失。马入泥沼,寸步难行。盖延胆敢过睢水半步,本王保他片甲不回!"

原来留县在沛县、彭城之间,东临泗水及独山湖、微山湖,西边是丰县大泽,其间多水交错,夏秋季节,湖河横溢,一片汪洋,车马难行。故而董宪想借此地利,破盖延骑兵。盖延见董宪人马到了留县止步不前,知其用意,乃伏兵留县以西,大张旗鼓,佯攻西防。将士多有不解,齐声问道:"董宪既然盛兵布列留县,待我东去,焉肯向西?"盖延道:刘纡乃苏茂、董宪共立之主,今在西防;佼强势弱,安有不救之理? 善攻者,攻其必救,就是这个道理。"苏茂、董宪得知盖延攻打西防,大吃一惊。苏茂道:"小梁王今在西防,佼强孤军一支,如何护得周全? 不赶快救援,必为所擒!"董宪道:"莫非盖延是声东击西之计? 我方布阵待其入彀,他便移兵西向攻打西防,其意难料。"苏茂道:"水无常形,兵无常势,汉之必得者梁王也;今梁王在西防,正是汉兵鹄的,且佼强势孤,正是盖延难得之机,安肯错过? 王兄不必犹豫,赶快发兵救援,迟则后悔莫及!"董宪道:"为防万一,你我分兵而动。我带二万人马先行,等我过了泗水,没有异常,公可带兵跟进。若有异常,公可相机应援,以防万一。"苏茂道:"如此也好。"

再说平狄将军庞萌,与盖延分兵以后,带领本部人马前往东海。他兵至下邳,董宪部将黔陵于葛峰山下设伏将其击败,庞萌率残部退往兰陵,驻兵次室亭。庞萌立足未稳,驻守兰陵的董宪部将贲休又带兵杀来。庞萌仓促应战,两军阵前竟然他乡遇故知,见到了少年时候的同乡好友。原来贲休也是山阳人,汉初思期侯贲赫之后。贲赫曾为高帝中大夫,淮阳王英布侍中。英布宠姬生病,出府就医;医者与贲赫是对门邻居;贲赫招待英布夫妇甚为殷勤。宠姬心中感激,屡次在英布跟前称道贲赫。英布多疑,怀疑贲赫与其妾有染,欲杀贲赫;贲赫逃归长安,告发英布谋反。高帝犹豫,萧何说:"英布不宜有反意,恐贲赫因仇怨告;不如先把贲赫囚禁,使人私下察看英布有何举动。"高帝听从萧何的意见,派人暗中察看英布反应。不想英布果然杀害贲赫全家,称兵造反。后来诛灭英布,贲赫因功封思期侯,其子孙有一支移居山阳,贲休便是其苗裔。庞萌长贲休两岁,曾经同窗读书。两军阵前,众目睽睽,不是讲话之地;两人为掩众人耳目,略斗数合,便鸣金收兵。到了晚上,贲休微服出城,与庞萌相见。两位发友,畅谈通宵,庞萌竟然说服贲休举兰陵归降。贲休献计道:"董宪起倾国之兵出征,后方空虚,若乘此良机,袭取郯城,一举可定梁地。"庞萌道:"贤弟此计大妙,郯城若下,实乃奇功一件,定有封侯之赏。"庞萌于是立即与贲休作别,带兵赶往留县与盖延相会。

董宪带领人马前往西防,兵过泗水,到了留县以西,盖延骑兵迎面杀来。董宪知道中计,但自恃人马众多,兵强马壮,并不惧怯,立即列阵迎敌。盖延往返冲杀一阵,竟然退走,董宪兵马依旧岿然不动。董宪道:"人人尽道虎牙骑兵如何骁勇,今日一见也不过如此。待其再衰三竭之后,我必破之!"正在得意之时,忽闻阵后杀声四起,盖延两支伏兵一齐杀出。董宪腹背受敌,阵脚大乱。北郡骑兵的威势立刻显现出来,纵横驰骋,所向披靡;董宪一路沿泗水南逃,败往彭城。盖延追杀一阵,然后乘胜西进,一举攻占西防。佼强保护着刘纡败往郯城。

苏茂等董宪渡过泗水,正准备起兵跟进,不料庞萌从背后杀来。匆忙间不知虚实,只好败往兰陵。董宪到了兰陵,见城头遍插汉军旗号,方知贲休已经降汉。他不敢停留,慌忙带兵回转郯城。庞萌西渡泗水,与盖延相会,把贲休举兰陵归降的消息告诉盖延。盖延大喜,祝贺庞萌道:"兵法云:'百战百胜,非善之善者也;不战而屈人之兵,乃善之善也。'将军不战而下兰陵,真乃奇功。宜立报皇上,为贲休请封,亦为将军请功。"盖延于是立即具表,奏报光武。庞萌道:"董宪带兵出征,郯城空虚,莫如轻骑疾进,奔袭东海。郯城既破,梁地传檄而定,大功成矣。"盖延道:"我军虽然连捷,但董宪元气未伤,数万之众,便在彭城;况兵马未动,粮草先行。军中粮秣将尽,宜等粮草到来,再定行止。"庞萌道:"兰陵已经归降,莫如大军先赴兰陵,再图郯城如何?"盖延道:"兰陵城小,骤添数万之众,粮草是否充足,全然不知;况郯城、下邳,近在左右;董宪苏茂佼强合兵一处,不下十万之众,若举兵包围兰陵,骑兵长于野战,不善守城,如何是好? 如今董宪新败,就在彭城,尚未与苏茂、佼强合势。莫如先攻彭城为妙。"盖延否决了庞萌之计,进击彭城。

董宪方到彭城,就接到苏茂急报,得知贲休举兰陵降汉,又急又气,慌忙带兵杀奔兰陵。他又命苏茂、佼强及各路人马齐集兰陵,务必生擒贲休,以解心头之恨。贲休急向盖延、庞萌告急。

盖延、庞萌兵到彭城,董宪已经前往兰陵。盖延、庞萌一举攻占彭城,庞萌催促盖延出兵兰陵救援贲休。庞萌道:"兰陵不足万人,如何能抗董宪数万之众? 贲休因我而降,不救不义;贲休若城破身亡,今后慕汉威德者,谁复肯降?"盖延道:"粮草未至,安能遽然进兵? 彼兵众粮足,以逸待劳;我连战兵疲,粮草不继,遽尔赴援,不唯难解兰陵之围,还会自取败北。莫如少待时日,催促粮秣,然后出兵。"于是二人具章飞奏光武,催促粮饷。

光武览奏,一方面催调粮草,一方面密旨指陈盖延、庞萌方略道:"直捣郯城,则兰陵之围必自解。"盖延接旨,欲兵下郯城。庞萌道:"前日劝将军袭取郯城,将军不肯;今日兰陵危在旦夕,且距彭城甚近;若此时直下兰陵,贲休或许能救;若舍近求远,攻打郯城,怕未至郯城,兰陵已破矣。兰陵既破,董宪乘胜东归,救援郯城,我必腹背受敌。何若先解兰陵之围,再图郯城。"盖延道:"皇上所授方略,乃围魏救赵之法,避实击虚良策,不可违命。"庞萌道:"将在外,君命有所不受。况救兵如救火,兰陵朝夕将破,岂有坐视不救之理? 我曾答应贲休安危相援,生死与共,岂可食言背信? 将军若不肯发兵,某将愿带领本部人马赴援兰陵。"说罢愤然出帐,前往兰陵。盖延怕庞萌有失,又寻思庞萌之言不无道理。盖延也连忙起兵,紧跟庞萌之后前往兰陵。

董宪大军包围兰陵，连攻数日未下。苏茂道："贲休兵不过万人，且城中粮草有限，兰陵早晚必破。至今不见汉兵来援，我担心盖延乘虚袭击郯城。若郯城有失，大局危矣。"董宪闻言大惊道："百密一疏，千虑有失。果如苏兄所言，郯城危矣。莫如现在起兵，回救郯城。"苏茂道："王兄勿慌，我料盖延智不及此。若郯城有急，焉能没有消息？当务之急，王兄立刻分兵一支，回防郯城，以防万一；另外多派斥候，打探汉兵消息，密切关注盖延兵马动向。"董宪然其计，立命苏茂回防郯城，分派探马打探汉兵消息。董宪得知庞萌、盖延先后起兵，来救兰陵，心中大喜。

盖延、庞萌带领人马来到兰陵城南次室亭，董宪列阵以待。庞萌跃马出阵，董宪亲自迎敌，斗不数合，董宪佯败回阵；盖延带领骑兵冲杀过来，董宪大败而逃。盖延要追，庞萌叫道："天色不早，穷寇勿追，快快进城吧。"这时贲休见救兵到来，连忙打开城门，迎接救兵进城。盖延心生疑惑道："董宪素以骁勇著称，今日与将军斗不数合即败，岂有诈乎？庞将军请看，董宪虽败，旌旗不乱，行阵不散，士马踪迹齐整，非诈而何？"庞萌笑道："虎牙以老朽非董宪之敌也？董宪与将军战，三战三败，已成惊弓之鸟，闻弦鸣而胆落。是以斗不数合而逃，这有什么好奇怪的？老朽今日之胜，侥幸得之，狐假虎威而已。不管如何，兰陵之围已解，贲休已在城门迎候大驾，快进城吧。"盖延道："骑兵之长，在于野战驰驱，守城非其所能。莫如将军入城，我驻城外，以济缓急应援。"庞萌冷笑道："虎牙向以果敢威猛闻名军中，今日何以如此谨慎，难道还怕董宪卷土重来吗？你看贲休已经迎出城来了！"盖延抬头观望，果见贲休带领兰陵大小官员迎出城来。推辞不得，只好跟随庞萌，带兵入城。

董宪得知盖延兵马入城，心中大喜。他谓左右道："人人都道虎牙智勇过人，徒有虚名罢了！骑兵利在旷野驰骋，一入围城，犹如虎入牢笼，水牛入井，复有何为！名曰围城，环城多挖沟堑；兰陵城内本已乏粮，平添数万之众，人吃马嚼，日食千石，不出三日，不攻自破，杀贲休擒虎牙，在此一举！"董宪次日黎明即卷土重来，把兰陵围了个水泄不通。董宪命令士卒，环城挖掘壕沟，多设栅栏路障，以防盖延突围。

　　盖延见董宪卷土重来，包围兰陵，知道中计，决定马上突围。贲休、庞萌一齐劝阻道："用兵之道，十则围之，倍则分之。董宪之兵倍于我军，不战反围，有何可怕？况屡败之将不可言勇，将军何必急于突围？"盖延道："城中之粮几何？可供几日之食？彼围而不战，欲挖壕掘堑，困我骑兵也，待其壕堑挖成，城中粮尽，我欲突围还能够吗？"庞萌急道："何不火速告急，请陛下调兵遣将驰援？"盖延冷笑道："身为大将，不能为主分忧，一遇危难便告急请援，徒增君父之虑，非人臣之道。君命你我直捣郯城，你我不遵圣命，致失机宜。今违命在前，请援于后，某不愿为。庞公若不愿出城，可与贲将军共城守，盖某独自突围。"盖延说罢，整军出城，他命士卒分为两拨：一拨强弓硬弩掩护；一拨填平沟壕，为骑兵开路。盖延亲冒矢石，身先士卒，走在前面；众将士吼声如雷，紧随其后，潮水般汹涌向前。城外沟壕尚未挖成，很快便被填平，骑兵随后冲出。董宪急忙调兵拦截，盖延且战且走。庞萌无奈也跟着杀出城来，却被董宪层层包围，脱身不得。盖延又反身杀回，救出庞萌，然后退回彭城。检点人马，折损三分之一。

　　盖延、庞萌既退，董宪攻兰陵益急，贲休再次请援。盖延欲攻下邳，庞萌道："孙膑围魏救赵，乃避实击虚，攻其必救。下邳乃东海边陲，得之不足为重，失之不足为损，非董宪必救之地也；董宪安肯为救下邳而解兰陵之围？皇上所授方略，要我们直捣郯城，何不直捣郯城？"盖延道："水无常形，兵无常势。此一时也，彼一时也，今日再攻郯城，恐怕亦无济于事。"庞萌道："董宪大军仍在兰陵，其势与前何异？将军莫非前日之战失利，心生怯意？"盖延愤然道："盖延身经百战，何曾胆怯过？只是担心徒劳无功而已！"盖延于是依庞萌之意，进军郯城，同时具表奏报光武。光武览奏，大怒道："虎牙连连失机，甚失孤意！前旨命其先攻郯城者，出其不意攻其不备也；今事机已泄，敌已有备，虽攻郯城，岂能解兰陵之围！"光武遂命人飞骑前往郯城，阻止盖延。

　　盖延骑兵动如疾风，洛阳之使未至彭城，盖延之兵已到郯城。果如光武所料，郯城早有准备。盖延骑兵攻城，本非所长。苏茂滚木礌石，强弓硬弩齐备，盖延方到城下，便被乱箭射回。好则盖延见机极快，立即回兵兰陵。棋错一步，兰陵已被董宪攻破，贲休被杀。庞萌痛伤贲休被杀，埋怨盖延临事犹豫，他责备盖延道："公误贲休！公误贲休！"盖延痛恨庞萌掣肘，事败委过于己,反唇相讥道:"庞公误我,亦误贲休,何颜责我!"盖延带兵邀击董宪于归途,颇有斩获;他马不停蹄,奔袭下邳,再败董宪部将黔陵。盖延每日数战,试图将功补过。庞萌则负气率部回返彭城而去。

光武以盖延屡违方略,连连失机,严旨切责。盖延上书谢罪道:"臣幸蒙陛下信重,得受干戈,诛逆虏奉职未称,深负圣恩。久留天诛,常恐污辱名号,不及等伦。天下平定之后,曾无尺寸微动,不得预竹帛之编,是以贪功轻进。明诏深责,愧诚备俱。自今而后,每事奉循诏命,必不敢复为国之忧也。"光武览奏,体谅盖延忠谨,遂又降诏慰勉。

庞萌驻军彭城,闻光武屡有诏书独下盖延,盖延亦每有奏章送达洛阳,竟无片言与闻;他怀疑盖延向光武进谗,把兰陵之败委过于己,担心光武见责。他谓左右道:"吾为盖延谗害,皇上见疑,忠不为用,信而被毁,为自保计,不得不另觅生路。诸君愿从我者杀太守,击盖延,占据彭城,自立为王,共谋富贵如何?"左右应诺。庞萌于是当即举兵,袭取太守衙门,擒获太守孙萌。孙萌不降,骂庞萌道:"反复无常小人,昔日背叛谢尚书,投靠皇上;蒙皇上恩宠,授以兵柄;不思报效,反而逞兵造反,必遭天谴,不得好死!"庞萌大怒,立命推出斩首。主簿刘平上前护持,被卫士刀剑所伤,血流如注;刘平乞求庞萌,愿代太守死。庞萌为刘平义气感动,下令饶孙萌不死。时孙萌气息将绝,口渴欲饮,左右不与水饮,刘平以血饮之,饮罢气绝。刘平随之自刎身亡。

盖延方自下邳回到彭城,驻军城外西山。夜半庞萌率部袭来,盖延猝不及防,匆忙败走。北渡泗水,然后破舟楫,毁桥梁,整军以拒庞萌。次日,盖延飞书奏报光武,请旨定夺。

光武闻报大怒,深悔误信奸人,他对众臣说道:"朕常以庞萌为社稷之臣,信任有加,众卿得无笑朕乏识人之明,多有失言吧?"众臣道:"皇上天心仁厚,竭诚待下;庞萌大奸似忠,祸心包藏,当其未反之时,安能看得出来?王莽未篡之时,谦恭下士,忠顺宽厚,自天子至太后、公卿大臣,谁不称道?非皇上失察,盖知人难也。"光武道:"老贼当诛,朕必亲征,方解心头之恨!诸卿各厉兵马,克期会师睢阳!"光武遂降诏吴汉、王常、王梁、马武、王霸等人前往行在相会。

张步

庞萌闻光武御驾亲征,索性与董宪联兵,自称东平王,共逐盖延。光武诏命盖延道:"庞萌方叛,去卿不远,营壁不坚,卿相机进击。朕不日即到,与卿共殄此贼。卿有临机决断之节,孤甚美之。勿负朕望!"

盖延奉旨进击,庞萌自彭城退往桃乡驻扎。董宪与刘纡、苏茂、佼强自下邳北还兰陵。董宪命苏茂、佼强合兵三万援助庞萌,急围桃城。桃城即古之桃丘,春秋时桓公与鲁卫等国诸侯会盟之地,新归于汉。光武车驾方到蒙县,得到消息,乃留下辎重,亲自带领轻骑三千,步卒数万,晨夜兼程,驰赴桃城。光武左右进谏道:"贼人盛兵集于桃城,宜待诸将毕至,方可进兵,陛下不可轻兵独进。"光武笑道:"猎人欲猎虎豹,必投以饵;不然虎豹安肯入网罗陷阱? 今朕亲以身为饵,欲豺狼虎豹尽入彀中,聚而歼之。"盖延、马武、王梁诸将恐光武有失,尽从四方来会。光武诫之道:"卿等来会,庞萌、苏茂必鹰飞远扬;分兵逐之,劳师糜饷,旷日持久,何如一战擒之? 朕已筹五虎擒羊之计,卿等且待朕命,如期来会,共诛逆贼。"诸将只好遵命,等候诏旨。光武车驾到达亢父,距桃乡已不足百里,左右又谏道:"陛下万乘之躯,不可身临险地;且百官疲倦已极,不如驻跸于此,休息数日。"光武道:"不入虎穴,焉得虎子;安有百里之外,料敌虚实者也? 朕不怕舍身饲虎,众卿何惧?"当日车驾进至任城,距桃城六十里,安营下寨。光武命将士深沟高垒,城上盛设强弓硬弩,滚木礌石等防守之具。

次日，将士请战。光武道："兵法云：'倍道兼行，百里而争利者，禽三将军；五十里而争利则蹶上将军。'我军晨夜兼行数百里，士卒疲弊，不利于战。且休士养锐，不得出战。"诸将方退，庞萌、苏茂、佼强带领人马兵临城下，高声叫战。诸将欲战，光武道："虎入牢笼，由其跳踉，挫其锋，待其疲，不得与战。"刘秀密令飞骑传檄吴汉、王常、盖延、王梁、马武、王霸，各带兵马，如期来会。

庞萌、苏茂、佼强见光武坚守不战，心中惊疑。庞萌道："数百里昼夜兼行，急若星火，到来却又不战，而坚坐任城，致人城下，求战不得，欲罢不能，其中玄机，深不可测也。"苏茂道："莫非城中有何变故，抑或皇上身体欠安耶？"佼强道："可能见我等势大，其兵力单薄，心生胆怯。"庞萌大摇其头道："昆阳城下，百万之众，尚且不惧，今日情势，复有何惧！"苏茂道："彼不欲战，我等不如回师，猛攻桃城；桃城危急，看他还能高卧任城乎！"三人于是带兵重回桃城，日夜急攻。

桃城守军闻车驾亲临，近在任城，信心倍增。军士拆房毁屋以砖瓦、梁檩作礌石滚木，坚守城池。庞萌等连攻二十日，仍不能破。士卒疲弊，军粮且尽。这时吴汉、王常、盖延、王梁、马武、王霸均如期赶到。光武传旨：兵分五路，杀向桃城，务必生擒庞萌、苏茂，献俘行在。

诸将见皇上亲自临阵，人倍其勇，士马腾跃。庞萌、苏茂、佼强连夜丢弃辎重车辆，没命奔逃，去投董宪。董宪收合庞萌、苏茂、佼强残部，尚有数万人马。董宪与众人商议道："兰陵城小，无险可依；不如移兵昌虑，东依山丘，西临大泽，进退裕如。"众人称："善。"于是移兵昌虑。董宪亲带精兵五千拒守新阳，以挡西北汉兵进军之路，又以重金招诱五校人马数千，驻扎昌虑西南三十里的建阳。光武带领人马进至蕃县，距昌虑百余里。光武谓诸将道："以众卿之见，董宪为何弃兰陵而守昌虑？"吴汉道："兰陵在郯城、下邳之间，为董宪腹心之地；昌虑在兰陵西北，为董宪边鄙。御敌自应在国之边鄙，不应在腹心。"光武笑道："自贲休举城归降，虎牙突骑驰骋郯、邳、彭、兰之间，何来腹心、边鄙之分？"盖延道："自贲休举事，兰陵攻守多日，城池残破，民心不稳，是以董宪弃兰陵而屯昌虑。"光武道："盖卿言之有理。但依朕看来，董宪自知必败，预作败亡之计也。昌虑东临蒙、缯诸山，西临独山、微山诸泽，若不能守，退往山泽，追之不易，宜做他图。不知是否如此？"诸将皆道："陛下洞幽知微，明见万里，非臣等所及。"光武道："昌虑，猛虎思归之处，正是猎虎之地。桃城之战，为诱虎入围；昌虑之战，必驱虎入笼。大司马明日带突骑直击新阳，务将董宪赶回昌虑。子张、元伯屯兵昌虑西边，勿令董宪亡走大泽；君颜、巨卿进至昌虑以东，勿令其逃往蒙、缯诸山。朕与汉忠将军攻击建阳五校之敌。"诸将应命，各带本部人马出发。

吴汉带领三千轻骑，狂风骤雨般杀奔新阳，来到城下，董宪放炮出城，列阵迎敌。吴汉道："对面阵上可是海西王董宪将军吗？"董宪道："正是本王。"吴汉道："生逢乱世，群雄并起，据地称王者，并非一人，本无可厚非。但当今天子已应运而立，海内归心，若再执迷不悟，即非智者所为。况刘纡、苏茂、庞萌乃天命必诛之人，将军何必与此三人为殉而招灭族之祸？公若献此三人，弃甲而降，仍不失封侯之赏；若一意孤行，悔之晚矣！我有三矢，愿与将军赌三人之命，将军可愿一赌？"董宪不解，问道："如何赌法？"吴汉道："将军身后新阳城头有旗三竿，距此百步以外，我若一马三箭，将旗射落，将军即下马投降，献出三人，随我诣行在领封；若吴某失手，不能把三旗射落，立即撤兵而去。如何？"董宪回头看城头之旗，至少有一百二十步，且随风摇曳，料吴汉未必能够射落三竿旗帜，遂应声道："好！愿睹司马神射！"

吴汉遂拍马绕城驰骋，援弓搭箭，连射三箭，城头旗帜应弦而落。两军士卒尽皆欢呼。董宪挢舌不下。吴汉令旗一挥，身后人马立刻冲杀过来。董宪抵挡不住，不及回城，绕城而过，逃往昌虑。吴汉遂拔新阳，一时军中轰传：吴汉三箭下新阳。

再说光武帝与汉忠将军王常兵到建阳。诸将请战，光武不准，他谓诸将道："五校乏粮，董宪馈以粮米百石，方肯出兵来助董宪。今董宪败归昌虑，五校军粮必断。军中无粮，不战自退。此癣疥之疾，无碍大局。诸君且坚壁养锐，待五校粮尽退去，全力以攻昌虑。"果然不出所料，未过三日，五校夜晚悄然撤兵。光武遂亲率大军围攻昌虑。

董宪、庞萌、苏茂等人屡败，士无斗志。汉军攻势猛烈，勉强守了三日，董宪知昌虑将破，他与众人议道："昌虑不日将破，我等不能坐以待毙，不如夜晚突围。昌虑东临蒙、缯诸山，西临大泽，莫如兵分两路，分头杀出。只要能进入山中或大泽,汉兵虽众,亦无能为矣。"

时至夜半,董宪命苏茂、佼强先行,出城投东;命副将黔陵、高扈带领人马虚张声势向西;自己和庞萌则保护刘纡向北,轻骑疾进,重过新阳向东。苏茂、佼强突围出城,即被马武、王霸拦住。苏茂乘佼强和马武、王霸交战,带领百余骑向南而逃,仓皇投奔张步;佼强正和马武、王霸苦斗,吴汉带兵追来,遂被围其中,走投无路,下马投降。黔陵、高扈出城投西,正撞入盖延、王梁伏中,斗不数合,也率众归降。黔陵、高扈愿主动赎罪,自动请命带领盖延、王梁去追董宪、刘纡、庞萌。

董宪、庞萌、刘纡逃入缯山,黑夜之间,追兵在后,部众奔散,迷失道路,三人走散。次日清晨,刘纡随从数骑,精疲力尽,又饥又渴在山林间歇息,忽闻山下马蹄声响,命人前去打探,却见高扈带领百余骑从山下经过。刘纡不知高扈已降盖延、王梁,急忙令人呼喊。高扈闻声,带兵回转,大喜过望,暗道:"天赐富贵于我,不意得此大功。"转念又想:"若生俘刘纡,献于盖延、王梁,不能独得大功,不如斩了刘纡首级,献于皇上。"高扈于是假意参拜刘纡,乘其不备,将其斩首,然后带了首级,谒见光武请功。

董宪、庞萌在山中数日,收合残余人马,得数百骑。因山中无粮,只得重回郯城。吴汉、马武、盖延等人,因走了董宪、庞萌、苏茂,生怕光武见责。闻董宪、庞萌重回郯城,急忙带兵追来。董宪带领妻子、家人与庞萌急投海州朐县,吴汉追之朐县,尽得其妻子家人。董宪心灰意冷,汪然流涕谓左右道:"本欲效田横东亡入海,今妻子家人皆已被俘,吾何颜独生。久苦诸君,舍命相随,无以报偿。"对左右深深一躬,告辞上马,将数十骑,欲投光武请降。行至方与山,吴汉校尉韩湛率百余骑随后追上。左右欲战,董宪叹道:"战复何益?早晚一死,不如一死,成此君之功。"遂延颈请死,韩湛斩其首,回营请功去了。

庞萌在董宪走后,带领残余人马也来到方与山。恰好遇见黔陵,尚不知黔陵降汉,心中甚喜,欲与其合兵去投张步。黔陵假意应允,待两马相并,黔陵乘其不备,挥刀将其斩于马下,尽降其众。黔陵然后手提庞萌首级,回营请功。

光武大喜,遂封韩湛、黔陵为列侯,梁地遂平。此次亲征大获全胜,光武心中高兴,遂率从征文武驾幸沛县,三牲六礼,隆重祭拜高帝庙。刘秀正欲班师还京,忽接急报:耿弇在临淄为流矢所伤。光武大惊,立即传旨:移驾向东,亲征临淄。

建威大将军耿弇率领骑都尉刘歆、泰山太守陈俊将兵三万从朝阳桥渡过济水,直攻祝阿。自旦攻城,日未中而破。耿弇下令,故意开围一角,纵城中败兵逃归钟城。败兵极言汉军声势之大,士众之盛,无坚不摧。钟城守将听了,大为恐惧,见祝阿半日而破,遂不敢相拒,弃城而逃。耿弇兵不血刃,占领钟城。

济南王费邑得知祝阿、钟城相继失守,忙与其弟费敢商议道:"齐王以济南付我,今汉兵一日之间连破两城,大军不日兵临历下。莫如贤弟分兵万人以守巨里,与历下成犄角之势,缓急应援。耿弇若攻历城,贤弟出兵拊背;若攻巨里,为兄出兵袭其后,使其腹背受敌,首尾难得相顾,待机破之。"费敢领命防守巨里。

巨里在历城以东,又名合城。两城之间多峰峦峡谷,林木茂盛。耿弇带兵直奔巨里,左右不解,问道:"历城大邑也,巨里小县也;费邑兵马多在历下,得历城,巨里不战而降,何必舍近求远,多此一举?"耿弇但笑不语。兵到巨里,安营下寨,耿弇并不急于攻城,命士卒多伐树木,扬言以树木填塞沟堑,修造器械准备攻城。诸将皆道:"祝阿、钟城一举而破,攻一巨里,何须大费周折?"耿弇道:"不必多问,遵命照办好了!"费邑得到消息,知耿弇准备攻打巨里,准备到时救援。这时耿弇又下严令:"各营检查云梯、轒辒是否齐备,三日后发兵攻城,违令者严惩不贷!"密令各营有意放松对俘虏的看管,让俘虏逃归历城费邑军中。逃回营中的俘虏,把耿弇准备攻巨里的情况及攻城日期,一一禀告费邑。费邑大喜过望,亲自带领三万人马,如期去救巨里。

此时耿弇方与诸将道:"我岂不知历城重于巨里?得一历城,胜得巨里十城。况虽得巨里,历城仍然难下。但历城城坚池深,费邑重兵拒守,攻之不易。若能引诱费邑兵出历城,于途中破之不难;同时乘虚袭取历城,岂不两全其美?"陈俊道:"此乃声东击西,调虎离山之计也,妙不可言。末将愿带本部人马袭取历城！"耿弇道："那就有劳将军了！为了避免打草惊蛇，将军可引兵暂伏龙冈之阴，待费邑兵马过了飞龙涧，将军再西去历城。"陈俊应命而去。耿弇又对刘歆道："将军领三千人马，只需多插旌旗，虚张声势，命士卒擂鼓呐喊，架云梯，推轒辒，绕城作欲攻城之状，勿令费敢遁逃即可，不必真正攻城。鼓声、呐喊声越大越好，令十里之外便能听见。"刘歆应命而去。分派已定，耿弇亲带精锐万人埋伏在费邑兵马必经的伏龙冈峡谷两旁山坡之上。

费邑带领人马进入飞龙涧，左右提醒道："此处山形险峻，恐有伏兵。"费邑犹豫，传令停止前进，命探马前行探路，再定行止。正当此时，顺风传来阵阵战鼓呐喊之声。费邑遂不再迟疑，传令道："汉兵正在攻城，何暇在此伏兵！加速前进，迟则巨里破矣！"于是骑兵加鞭，步卒疾走，很快进入峡谷最窄之处老龙腰。忽听号炮声响，峡谷两岸山坡上箭如飞蝗，滚木礌石齐下，汉兵杀声震耳冲下山来。峡谷两端已被树木、山石堵死，费邑进退两难。幸得马健，夺路奔上山坡，汉兵居高临下，迎面冲下山坡，费邑抵挡不住，又潮水般退了回来。如此拼命冲了数阵，人马早被冲得七零八落，死伤过半，不少人弃甲投戈投降。费邑拼命逃出谷口，迎面碰上一位银盔银甲、白马银枪的少年将军，正是耿弇。斗不数合，便被耿弇枪挑马下。士卒上前斩了首级，用竹竿高高挑起，前往巨里，绕城呼叫。

费敢在城上督率将士守城，望见哥哥首级，心如刀绞，魂飞魄散，差点栽下城头。众将士个个胆寒，斗志尽丧。勉强到了夜晚，费敢率领部众，偷偷出城逃奔临淄去了。

陈俊到了历城，城中精锐尽随费邑前去救援巨里，仅剩老弱千余；况且只知汉兵要攻巨里，历城毫无防守准备。见汉兵到来，守城士卒一哄而散。陈俊不费吹灰之力就进了历城。

耿弇尽得巨里、历城辎重粮草，兵强马壮，乘胜攻击张步驻军各营，如秋风横扫落叶，数日之间，连下四十余营，遂定济南。

此时，张步都北海国剧县，使其弟张兰将精兵二万守西安——此西安非长安，乃临淄小县也。诸郡太守合众万余人守临淄。临淄以东有东安平，西安与之相对，故名"西安"，距临淄四十里。耿弇进兵画中，居临淄西安之间。

安营方定,耿弇微服独出,亲至西安、临淄察看。西安城小而坚,且张兰有精兵三万;而临淄名声虽大,却兵力单薄,城矮池浅,不难攻破。耿弇于是佯与诸将议道:"休士数日,五日之后,攻击西安!"并令人数次至西安城下探看。张兰闻之,以为耿弇必攻西安,日夜小心防守,不敢丝毫大意,并告临淄太守,相机应援。临淄太守以为耿弇欲攻西安,无暇东顾临淄,遂高枕安卧,不加防备。五日之期到来,张兰夜不敢眠,五鼓登城,以待汉兵之来。

耿弇命诸将三鼓饱餐战饭,四鼓衔枚出发,五鼓必至临淄城下相会,误期者斩。诸将尽出意料,护军将军荀梁等人齐道:"三军尽知攻打西安,大将军为何忽改前命,攻打临淄? 我军若攻临淄,张步袭我背后,腹背受敌,兵家所忌;况临淄齐都,物阜民丰,守备必严;万一攻城不利,四救毕至,如何是好? 何如先攻西安,再图临淄?"耿弇道:"诸君只知其表,不知其里。西安虽小,但城池坚固,张兰精兵二万,早闻我欲攻之,日夜为备,破之不易。临淄虽大,但兵少将寡,我军出其不意而至,必自惊扰,不知所措;张兰自顾不暇,何暇回救临淄? 我乘虚急攻,一日必拔。破临淄则西安势孤;张步在剧县,张兰在西安,被我中间隔绝,不得相顾;张兰必弃西安而投张步。此为声西击东,一击而得二者也。若先攻西安,不能立下,屯兵坚城,死伤必多。纵能拔之,张兰逃奔临淄,两城合势,知我虚实;张步大军自剧县来援;我孤军深入,粮草不继,旬日之间,不战自败。诸君之言,甚不相宜。勿复多言,遵命而行吧!"

诸将半信半疑。耿弇自将前部,衔枚疾进,平明兵至临淄城下。耿弇急命将士攻城。一时云梯、绳索并用,士卒攀援登城。守城之军毫无防备,四散奔逃。半日之间入据其城。荀梁等人无不佩服,尽道:"大将军果然料事如神,我等不及也。"耿弇道:"用兵之道,虚实二字,至为重要。所为虚者实之,实者虚之。临淄大邑,实则防守空虚;西安小城,实则城坚兵精。我若不实地察看,焉知虚实? 况我扬言,欲攻西安,虚也;欲惑张兰也。实则欲乘其不备攻临淄也。张兰不辨虚实,正中吾计也。我料其必走,若于淄水、妫山之间,拦腰击之,必获全胜。不知哪位将军愿往?"荀梁道:"末将愿往。"耿弇道:"归师勿遏。将军勿遏其前锋,击其中军,见好就收,不可贪功穷追。"荀梁应命而去。

　　果如耿弇所料。张兰听说临淄已破，心中惊慌，急忙带兵弃西安，逃往剧县去投张步。兵过淄水，行至妶山东北，忽遇汉兵截杀，不知虚实，不战而溃。荀梁按照耿弇交代，见好就收，缴获辎重粮草无数，大胜回营。

　　耿弇与诸将议道："临淄乃齐国古都，张步绝不就此罢休。剧县离此不远，张步不日便会兴兵复夺临淄。诸君这几日宜休养士马，以逸待劳，准备恶战。临淄乃富庶之地，诸将务必严禁士卒抢掠，惊扰吏民，更不准擅自抢掠剧县。专等张步出兵之后，沿途袭掠，以激其怒，乱其心智。"诸将有人不以为然道："我军精锐多为上郡骑兵，利在野战，不利守城；莫如乘胜进军剧县。且剧为张步都城，攻破剧县，则齐地可定。"耿弇知自己年轻，资望或不足以服众，于是上书光武，陈奏自己破敌方略："臣欲据临淄深堑高垒；张步若从剧县来攻，疲劳饥渴。欲进，诱而攻之；欲退，追而击之。臣依城而战，以逸待劳，旬日之间，可斩张步首级。"光武览奏，大加赞许耿弇方略，降旨嘉许道："卿之方略进退有据，思虑周详，朕甚欣喜，命诸将依计而行！"耿弇于是把光武诏命遍示诸将，众人不再有异议。

　　张步得知耿弇攻占临淄，急忙征调各郡兵马，号称二十万，以三个弟弟张兰、张弘、张寿及大肜渠帅重异为将，准备收复临淄。张兰备言耿弇智勇，兵马之盛。张步哈哈大笑道："以尤来、大肜十万之众，吾皆即其营而破之；今大耿区区三万人马，远远少于尤来、大肜，且为久战疲惫之师，何足道哉！"当年张步初有青、徐之地，大肜、尤来转掠境内，被张步一一击破降服。张步每以为荣。耿弇兄弟六人，皆以善战闻名，耿弇居长，军中号为"大耿"，故而张步亦称之为大耿。张步进军途中，耿弇屡派轻骑袭扰；但一触即败，每战必逃。张步复笑道："此即大耿上郡骑兵耶？何逃之速也。"意甚轻之。张步率兵径直来到临淄大城之东，准备攻城。

　　临淄大城在淄水东岸，春秋时故城也。小城在淄水西岸，齐王刘肥所建，内有齐王宫，宫有"环台"，乃两城最高之处。耿弇率兵临淄水，欲诱张步过淄水，至大小两城之间破之。他命陈俊、荀梁伏兵于两侧；命刘歆出兵挑战，并告诫刘歆说："勿贪功求胜，且战且退，必诱其到东西两城之间。"刘歆不解，问道："战即求胜，为何求败？"耿弇道："小胜挫其锋，张步心生胆怯，必不敢进；久战于我不利，敌若因我之疲，待我粮尽，而后攻我，我必败矣。何如以强示之弱,以骄其气,以慢其心,战而胜之? 将军勿疑,勿违军令!"刘歆应命而去。

张步令重异为先锋,张兰为后卫,亲率大军以攻耿弇。他留张弘、张寿诸将守大营。刘歆与重异接战,战不数合,佯作不敌,且战且退。张步果然中计,催促大军追杀。张兰谏道:"汉兵小战即退,其必有诈!"张步道:"诈有何惧! 以我齐地精锐,何敌不克!"遂直趋大小两城之间,淄水西岸。此时,两侧炮声响起,陈俊、荀梁,从两边杀出,刘歆返身杀回,三支人马把重异、张步围在垓心,左冲右突,难以脱身。

耿弇在齐宫环台之上,见刘歆、陈俊已把张步围住,遂亲率突骑直扑东城张步大营。张弘、张寿猝不及防,大败而逃,尽弃辎重而走。耿弇也不穷追,立刻回兵,与刘歆、陈俊、荀梁等人合攻张步。耿弇并令军士大喊:"齐兵大营已被攻破,张步快降! 齐兵大营已被攻破,张步快降!"张步听了大惊,士卒听了斗志大减,一时溃不成军。汉兵士气倍增,顿时把齐军杀得落花流水。张步幸有张兰舍命保护,突围而去,重异死于乱军之中。混战之中,耿弇为流矢射中大腿,血流如注。为不惊扰将士之心,耿弇咬牙,拔出腰间佩剑,斩断箭竿,驰骋如常,战之日暮,方才鸣金收兵。

陈俊、刘歆诸将回营,见耿弇所乘白马为血染红,方知耿弇受伤,尽皆失色,赶快命人取出箭镞,见已伤及股骨。时光武行辕在鲁,急命人报之。光武得报,立刻起驾亲援临淄。

张步收合残兵仍不下十万,欲回兵再战。张兰、张弘、张寿一齐劝谏道:"昨日之战,我军损伤过半,元气大伤,不如转回剧都,再图进取。"张步道:"汝等何知,气可鼓而不可泄也。一旦败归剧都,士众途中离散,难再合矣。况剧都离临淄百余里,席不暇暖,汉兵复至矣,战不可免,何如早战? 今我军虽败,尚倍于耿弇之军;昨日之败,误中奸计耳,安知今日不能取胜也?"张兰道:"用兵之道,虚者实之,实者虚之。弱示以强,能示以不能。常用之法也。我军新败,莫如一营分为两营,遍树各郡旗号,内壮将士之气,外摄敌人之胆,惊汉兵之心。"张步道:"好! 就依二弟之计!"于是盛设旌旗,重回城东下寨。

耿弇闻张步卷土重来,即勒兵出战。是时,光武圣旨已到,御驾将至。陈俊劝耿弇道:"张步兵盛,可闭营休士,以待皇上到来,再定方略。"耿弇道:"将军差矣,圣驾将到,臣子当杀牛醑酒,以待百官,安得反以贼虏,遗君父忧也? 有畏敌避战者,杀无赦!"耿弇于是裹伤出战。耿弇临敌谓左右道:"尽扫此贼以迎圣驾,诸君瞻余马首可也!"是日,自清晨至黄昏,反复冲杀,再次大败张步,斩获无数,城东沟壑皆满。耿弇知张步夜晚必逃,乃命陈俊、刘歆为左右翼,盛设弓弩埋伏。人定之后,张步果然拔寨起兵退去,陈俊、刘歆伏兵纵击,弓弩齐发。张步兵马死伤无数。汉兵追至巨昧水上,大胜而还。沿途八九十里,死尸相属。陈俊、刘歆收得辎重二千余辆。

张步败归剧县,兄弟各自引兵散归平寿、城阳等地。

数日之后,光武车驾来到临淄,犒赏三军,大宴君臣。刘秀亲自验看耿弇箭伤,为其裹创。他谓耿弇道:"昔日淮阴侯韩信破齐,便是从历下开始,今将军攻齐从祝阿入,皆齐之西界,功劳足以相当。而韩信袭已降,致使郦生被烹;而将军独拔劲敌,其功业难于韩信,且重于韩信也。又田横烹郦生,及田横降,高帝诏郦生之弟卫尉郦商,不准因私害公,与田横为仇。张步前杀伏隆,今张步若降,朕也劝司徒伏湛为国捐弃杀子之怨,事又与前事相类也。将军前番随朕征南阳,曾向朕建此大策,朕以为落落难合,如今果成此大功。有志者事竟成也!"耿弇叩头谢恩道:"此皆陛下洪福所致,运筹帷幄之功也! 臣犬马之劳,何足挂齿。愿擒张步以竟全功!"光武大喜,三日之后以耿弇为前部,进兵剧县。张步败退平寿,刘秀命耿弇追之平寿。

苏茂自缯山带百余骑来投张步。张步见其兵马折损将尽,屡战屡败,意甚轻之,他说道:"吾纵有众数十万,安敢有卿将也? 卿能得众万人,吾以汝为上将!"苏茂大怒道:"齐王之众与赤眉比,孰众孰寡? 齐王之将与延岑、邓奉比,孰弱孰强? 以赤眉百万之众,延岑、邓奉之勇,尚非光武之敌,齐王数十万众,自料能独抗汉兵乎? 千军易得,一将难求。吾以穷蹙来投,舍命来助将军,不意将军识见胸襟如此! 安能成大事乎! 苏某今日,必齐王之明日也,立而可待!"说罢转身欲走,张步连忙降价谢罪,付兵数千,命其驻守临朐。苏茂到了临朐,召罗五校残部,很快兵至万余。

张步败走平寿,苏茂闻讯,带兵万余人来援。张步感叹道:"患难见人心,多谢苏兄今日来援!"苏茂道:"苏某曾经言道,以邓奉南阳部众之精锐,像延岑那样骁勇善战之将,尚被耿弇打得落花流水。大王既然收留了我,为何不命人呼唤我一声,就贸然与他交战呢!"张步满面羞惭,连声道:"苏兄勿怪,现在后悔也来不及了!"张步见苏茂危急时来援,本来满心欢喜,不意一见面就受了一番奚落,心里十分不是滋味。但正在用人之际,也只好隐忍不言。

光武听说苏茂与张步合兵,与诸将议道:"苏茂、张步非以义合,势利使然,不难以间破之。"耿弇道:"奔亡之虏,势如强弩之末,不难一鼓击破。"光武道:"破之不难,斩草除根不易。孙子曰:'兴师十万,出征千里,百姓之费,公家之奉,日费千金,不得安居乐业者七十万家,旷日持久,以争一日之胜,不仁之至也。'莫如用间。苏茂、张步皆名利之徒,反复之人;同床异梦,离间不难。"刘秀命耿弇按兵不动,以待其变。光武又命人遗张步书道:"文公曾受更始与朕两度封赏,实汉臣也。受小人挑唆,误入迷途,至有今日之困。若幡然来归,既往不咎;若斩逆贼苏茂之首,献诸阙庭,不失封侯之赏。"光武又与苏茂书道:"顷得卿书,朕心甚慰。知卿身在虏中,心存汉阙。若能斩张步之首,幡然归来,爵禄可复,信重如旧。"苏茂得书,知光武有意离间,又担心张步心生猜疑,匆匆忙忙把书信焚毁。苏茂身边早有张步眼线,把苏茂与光武书信往还情形告知张步。张步乃一勇之夫,识见远不及苏茂。他得报大惊,与其弟张兰商议道:"苏茂带兵来援,语含讥讽,其意不善,已见端倪。原来与汉营相约,准备加害你我兄弟。先下手为强,后下手遭殃。乘其还未动手,不如杀其先降。"张步于是借军中议事之机,请苏茂前来赴会,当即将苏茂斩首。张步然后带着苏茂首级,前往耿弇辕门,肉袒请降。耿弇立即把张步送往行在,交光武处置,同时勒兵进入平寿城内。

耿弇入城,集张步士卒于校场,分立十二郡旗鼓,命士卒各按籍贯站立旗下,点验步众,降者尚有十余万,皆遣归乡里。耿弇获张步辎重七千余辆。

张兰、张弘、张寿闻张步已降,乃各自系入狱请降。光武下诏,一一赦免其罪。刘秀接着封张步为安丘侯,以践诺言,命其带眷属,赴洛阳居住。后来,张步不甘屈辱,带眷属逃奔临淮,欲召旧部,东山再起,被琅琊太守陈俊追及斩杀。张步势力被彻底消灭了。这是后话。

王闳见张步归降,也诣行在向光武请罪。光武道:"先生何罪之有? 当年董贤权倾朝野,唯先生能斥其不臣之礼,夺回玺绶,交归太后,天下无不敬之。王莽篡弑,先生不贪权势,出守东郡,全活东郡黎庶三十万户;后归更始,治琅琊皆有治绩,朕正欲借重先生以安齐鲁。"刘秀遂封王闳为谏议大夫。王闳谢恩,趁机进言道:"张步虽降,但欲齐鲁永享太平,臣以为尚有三事要做:一曰根除'五校'之祸,二曰平定'五姓之乱',三曰诛除淮南李宪及其支属灊山淳于临。"光武道:"先生所言,正合朕意。但'五校'之祸,自新莽时已生,为何屡诛不尽? '五姓之乱',与其有何关联?"王闳道:"今之'五校'与天凤、地皇年间的'五校'名号虽同,实风马牛不相及也。只因'五校'名头太大,影响所及江淮河汉,甚至边塞漠北无人不知。故而后世盗贼皆冒其名号,以壮声威,煽惑百姓而已,实非其残部。世人不知,仿佛'五校',永远剿除不尽。而'五姓之乱',则是因为五大姓氏的富豪之家,苦于地方长吏的盘剥,筑堡坞集族中子弟以抗官府也。若能为他们洗雪冤抑,主持公道,均平税赋,则不难安抚。李宪者,陛下知道,本是伪莽时庐江都尉,地皇三年江贼王州公造反,聚众十万,攻掠郡县;李宪被封为偏将军、庐江连率,击破王州公,遂拥兵自雄。更始元年自称淮南王,去岁自立天子,擅置公卿百僚。坐拥九城,有众十万,实为心腹大患。张步在齐,与之互为应援;今张步虽降,若李宪不除,恐其招降纳叛,收罗张步残余兵马,为祸益甚。"光武道:"卿言甚善,朕当渐次除之。"

光武驾幸南征寿春。他命耿弇、杜茂征讨"五校"佼强残部,吴汉率马武、刘隆等人平定"五姓之乱";又命马成率振威将军宋登、射声校尉王赏发会稽、丹阳、九江、六安四郡之兵征讨李宪。光武亲在寿春城外设坛场,为诸将一一送行,亲授机宜。

耿弇、杜茂领兵至祝阿、城阳,尽降五校余党杜猛、董敦等部。仔细盘问,果如王闳所言,原属"五校"旧部者百无一人,余众多为无业游民或穷蹙无计的田夫。耿弇、杜茂劝其各归本业,助以资本,置买谷种、犁锄,造册登记,告诫他们,若再以"五校"之名结伙为盗者,严惩不贷。若不愿归农的,悉令编入营伍,严加管束。二人回朝复命,奏道:"民无业,易为盗,从贼之民,归本安业则为良民，无业游民迫于生计，则易啸聚山泽，五校之众，半为生计所迫，半因风习熏染。臣以为宜编入营伍，使其远离齐地，免受风习侵滋，屯田备胡，以固边陲而绝后患。"光武准奏，遂命杜茂持节拜骠骑大将军，带领这支人马到晋阳、广武屯田备胡。齐地"五校"之祸，遂告平息。

吴汉、马武兵到鬲县，诸将皆欲攻占各处堡坞。吴汉鉴于邓奉之叛的教训，与诸将道："五姓共逐长吏，据坞造反，皆令长逼迫所致，所谓官逼民反者也。皇上有旨：以抚为先，有敢轻言用兵杀戮百姓者，斩！"诸将遵命，传檄州郡，把那些横行乡里，欺压百姓的贪官污吏统统抓起来，押赴鬲县城下，依法惩办。然后命吏入城，宣慰百姓。百姓大喜，开城投降。吴汉兵不血刃，平定"五姓之乱"。诸将尽服吴汉之谋，齐道："不战而下鬲城，司马之见，非我等所及也！"吴汉道："此皆皇上英断，非吴汉之功也！"

马成率四郡之兵，进围庐江郡治舒城。他命宋登、王赏诸将深沟高垒，围而不战。李宪见汉兵远来，欲乘其立脚未稳，挫其锋锐，数度挑战。马成却坚壁不出，不准一将出迎。众将皆道："我军远来，为客，粮草有限，利在速战。且圣命孔急，岂可围而不攻？"马成道："知己知彼，百战不殆。我军募自四郡，人数虽众，草聚乌合，且远来疲弊；李宪以逸待劳，数万精锐，蓄势待我；且舒城虽小，为庐江府治，城池坚固。李宪急于求战，必有所恃；我若一战失利，锐气顿挫，不可收拾矣。我观舒城，户不过两千，民不过三万，以此小城，养数万之众，断难持久。我军只用深沟高垒，断其粮道，数月之内，城中粮尽，破之易如反掌。"众将道："我军粮草辎重亦有限，不待敌军粮尽，我军自己也早已断粮，如何是好？"马成笑道："皇上驻跸寿春，青、徐已定，荆、扬为邻，车船转运都不是问题。况我军在城外，四野稻谷将熟，何愁粮秣不继？"众将听马成说得有理，不再多言，每日深沟高垒，训练士卒，作长困久围之策。

果不出马成所料，数月之后，舒城粮尽，李宪将士锐气早已丧尽，军中无粮，慌恐起来。副将淳于临向李宪献计道："城中粮尽，坐以待毙，不是办法。莫若分兵一半，突围出城，任得一城，以为牴角，一来募兵，二来筹粮。大王经营庐江数载，根基深厚，九城之野，募兵数万，不费吹灰之力。待募得兵马,有了粮草,内外夹攻,汉兵必退。"李宪道:"如此甚好。我观汉兵城北,兵力似乎比较单薄,今晚将军便可突围,前往灊山、霍山。若募得兵马,征得粮秣,宜早早来救舒城,迟则你我君臣难相见矣。"淳于临叩头道:"陛下放心,臣五日之内必还!"

城北乃王赏防守。本来对马成只围不攻之策,王赏就心存疑虑,日久天长渐渐懈怠起来。当晚淳于临没有费多大力气便突围而出。黑夜之间,王赏不敢穷追,次日一早便到马成帐前请罪。想不到马成没有责罚,反倒安慰王赏道:"昨夜之失,反倒提醒我想出一条计来。兵法云'围城必缺',城中有人突围,正说明城中粮尽。昨夜之事,将军佯作不知,只需在城外三里处选择有利地形,埋伏人马,张网以待。若再有突围者,不得走脱一人。"王赏领命而去。马成又告诫诸将道:"近日灊山、霍山方向必有敌人援兵到来,哪位愿去龙舒口埋伏?"宋登道:"末将愿往。只是末将不知,将军为何料定,敌人援兵必自龙舒口来?"马成笑道:"灊县与舒城间,皖水东入巢湖,唯有龙舒可渡。他不走龙舒口,难道插翅飞过皖水不成?"宋登领命而去。

城中李宪部众见淳于临轻易突围而出,谁也不愿坐以待毙,到了晚上,纷纷缒城逃亡。但他们再也没有淳于临那样幸运,出城三里,便钻进王赏的网里,成了俘虏。

淳于临果然不负李宪所望,突围出了舒城,出其不意占领灊山,接着攻破安丰,杀了光武刚刚任命的安丰县令,夺得粮食数百石。五日后,淳于临带领数千之众,押着粮车赶回舒城。兵到龙舒口,意想不到五日前没有一兵一卒的龙舒口,却突然杀出一支人马。淳于临全军覆没,粮食尽入汉军之手。淳于临拼死冲出重围,又回灊山去了。

五日过后,李宪不见援兵到来,守城之兵已所剩无几。马成开始攻城,轻而易举攻破舒城。李宪慌忙带领妻子、禁军校尉数百人扈驾,逃出城来。亲信校尉帛意与左右商议道:"四面楚歌,十面埋伏,你我纵有霸王之勇,也难免一死。我有一计,不仅可以活命,说不定还可富贵。不知诸位意下如何?"左右皆道:"莫说富贵,只要能保住性命就好,唯将军之命是从。"帛意道:"彭宠的家奴苍头子密,杀了彭宠得封不义侯;刘永之爱将庆吾斩刘永之首,得封列侯。我等何不学学子密和庆吾,死里求生?"有人迟疑道:"临难背主,恐落骂名。"帛意道:"淳于临于李王情犹父子,一去不返。我等算什么!生死关头还计较名节无用之事!"众人于是皆愿服从帛意,杀了李宪,持其首级,俘获其妻子,前往汉营请功。帛意果然如愿得封渔浦侯,从者皆得百金之赏。

马成挥兵北进,欲攻灊山。扬州从事陈众为庐江人,与淳于临有故,不忍乡梓生灵涂炭,请命说服淳于临归降。马成请命光武,光武允准。陈众单车白马入灊山,陈说利害,晓以大义,淳于临出城投降,灊山得免刀兵之灾。百姓感念陈众之德,为其立生祠,岁时祭祀,号为"白马从事"。从此江淮平定,马成班师,更封平舒侯。光武起驾回返洛阳。

强项令

  光武得胜还朝,文武大臣纷纷祝贺。光武于宫中设宴,君臣同庆。议郎、给事中桓谭善鼓琴,席间操琴助兴。他开始弹了一曲"溱洧",接着弹"桑中""子衿",终则弹"将仲子"。光武好其繁声,击节称善。司空宋弘在座,免冠叩头道:"此郑、卫乱世之音也,不得闻于庙堂。子曰:'郑声淫,佞人殆。'愿陛下弃郑声,远佞人,罢黜桓谭。"众臣惊愕。光武问道:"桓谭非卿所荐邪? 为何参之?"宋弘道:"请陛下治臣失察之罪。此前臣荐桓谭博学洽闻,几能及扬雄、刘向父子,蒙皇上恩准,给事左右。臣所以荐桓谭者,欲令辅弼君王以道德也,今数进郑、卫之声,以乱雅颂,不以忠正导主,而令朝臣耽悦淫声,臣之罪也。"光武肃然改容,命宋弘整冠归座,遂即罢免桓谭。

  宫中刚刚修缮完毕,御座新添屏风一座,图画列女。宋弘入宫奏事,见光武数顾屏风上美女,立刻正色奏道:"未见好德如好色者也。"光武立刻命内侍撤去屏风,笑谓宋弘道:"闻义则服,闻过则改。可乎?"宋弘叩头道:"陛下进德,臣不胜之喜。"

  宋弘辞出,恰逢湖阳公主入宫。匆匆一见,为之仪态倾倒。公主目送宋弘出宫,方自回头。湖阳公主及见光武,问道:"方才出宫之人为何人也? 温文儒雅,不失阳刚之气,真廊庙之材也。"光武笑道:"司空宋弘,字仲子,京兆长安人也,人品学问都是极好的,其节操气度更非一般人可比。赤眉入长安,曾经强征他入朝为官,行至渭桥,他却投水自尽。幸得家人救出,才免一死。赤眉众豪见其不可相强，只得作罢。今见吾屏风上有列女图，遂当面指摘，朕不得不命人撤去，稍时命人给姐姐送到府中好了。"湖阳公主道："姐姐府中已不缺女人，何需仕女相伴耶？"

湖阳公主乃光武大姐刘黄。光武少年失怙，姐姐待之甚厚。公主新寡，光武听其口气，已知姐姐之意，遂婉言道："朝中文武，姐有中意者，不妨言之，朕为姐主之。"湖阳公主道："宋公威容德器，无人可及。"光武道："仕宦之人，家中安能没有妻室？"公主道："公卿士大夫之家，哪个没有三妻四妾？"光武道："以公主之尊，安可为妾室哉？"公主道："一旦入门，谁敢以公主为妾室耶？"光武道："既然如此，朕将为姐图之。"

数日之后，光武宣召宋弘入宫议事，命湖阳公主坐御座屏风后。议事完毕，光武问宋弘道："卿膝下几子，岁几何？"宋弘道："臣愧对先人，无子乏后。幸臣弟嵩有子，以继香烟。"光武又道："卿妻室几房？年几何？"宋弘道："臣发妻与臣同庚，无妾室。"光武道："朕闻谚曰：'贵易交，富易妻'，人之常情。卿何不乘春秋正盛，功成名就，另觅佳偶，以延子嗣？"宋弘叩头道："臣闻'贫贱之交不可忘，糟糠之妻不下堂'。先父成、哀之时曾为少府，官至九卿，因不肯阿附董贤，违忤抵罪。发妻与臣共患难，同甘苦，屡历艰危，臣当生死共之，不弃不离。若纳妾生子，恩义必不能专于一人，恐负结发之妻，故臣誓不纳妾。"宋弘说罢谢恩而出。光武回头对公主说道："事不谐矣，宋公志不可屈。"

湖阳公主初适湖阳仓吉，字延爵。光武当年避吏，欲投仓府，仓吉怯懦，不敢收留，夫妻因此失和。光武与伯升兵败小长安，仓吉害怕累及宗族，欲遣公主归家，公主愤而啐仓吉之面。仓吉忧愤成疾，缠绵病榻，公主亦不甚怜之。光武即位后，命侍中陈俊迎接阴皇后及湖阳、宁平二位公主赴京，仓吉羞愧，不愿同行，不久病死湖阳家中。公主与仓吉早已徒具夫妻之名，而无夫妻之实，仓吉死后，便想改嫁。但拘于礼法，勉强过了两年，丧服既除，再也难耐寂寞，独守空房了。

"皇家女儿不愁嫁"，这话并不确切。湖阳公主以皇姐之尊，身份特殊，况且是寡妇再醮，很难找到门当户对的主儿。那日，光武亲自提婚被宋弘拒绝，仿佛兜头一盆凉水，使湖阳公主头脑冷静下来，她不再奢望嫁什么公卿名宦，只要能寻找一个可意的男人便好。仓府有个家人名叫仓五，面目颇为英俊，且勤快、机灵，善伺主人之意。仓吉生前常驾车为仓吉延医治病，公主走亲戚往来湖阳新野，接送都是仓五的差事儿，伺候十分周到。公主进京之后，府中没有主事之人，公主便召仓五进京主管府中事务。府中之人称之为"仓头"——仓，"苍"谐意，"苍头"乃管家奴仆的通称，人们因此反倒忘记了他的姓名。久而久之，苍头渐得公主宠爱，俨然成为公主府中半个主人。

公主因为自己婚姻不幸，每见他人夫唱妇随，相亲相爱，便心生忌妒。三月修禊，洛水两岸游人如织，车水马龙。公主见风和日丽，春光明媚，命苍头驾车前往洛水游春。但见洛河畔上少男少女，成双成对，在骀荡春风中流连徜徉，或歌或舞，谈笑晏晏，其乐融融，不禁心生恨意，游兴顿消，遂命苍头回府。时值游人正盛，公主之车在游人中穿行，一卖花老妪走避不及，被车撞倒。苍头策马不停，驱车便走。一书生拦住马头，呵斥苍头下车道："青天白日，把人撞倒，焉有不闻不问，一走了之之理？"苍头道："公主凤驾在此，汝敢挡道，是找死耶？！"书生道："车驾临幸，亦须出惊入跸，让人回避；公主之车，不先鸣锣开道，让人避让，即在人群中驰驱邪？"苍头骄横惯了，见书生当众斥责自己，恼羞成怒，挥鞭便抽书生。这时旁边一少妇上前劝书生道："官人快走，鸟兽不可与之同语。此等恶奴，和他能讲什么道理？"那书生道："娘子休怕，此乃天子脚下，辇毂之地，岂容此等狂徒无法无天耶？"公主并非凶残之人，原本想命苍头赔偿老妪钱财，息事宁人。但她见拦车之人乃一对青年夫妇，不禁醋意冲昏理智，喝令苍头道："无用的奴才，竟不能驱赶一书生邪？"苍头闻言猖狂，恶向胆边生，拔出佩刀，居然把书生一刀刺死，扬鞭驱车而去。

洛水河畔青天白日杀人，轰动京城。不少人知道内情不敢过问，洛阳令挂印而去。司隶校尉奏闻光武，但不敢明言凶手何人。司徒侯霸奏道："京畿重地，权要贵幸之臣众多，家属宾客良莠混杂，非有刚正不阿之人担任令长，方能惩恶除奸，理政安民。臣保举陈相董宣可当此任。"尚书宗广奏道："董宣在陈执法严酷，多杀无辜，被人参劾，现在廷尉狱中，行刑在即。皇上欲用此人,宜速降恩旨赦之,迟则诛杀矣。"光武道:"治乱必用重典,诛暴必用鹰隼之臣。着廷尉立赦董宣,即补洛阳令一职!"中使领旨,飞骑前往廷尉传旨。

董宣字少平,陈留圉县人。他在去年任陈相,到任之初,有人到衙门击鼓鸣冤,状告五官掾公孙丹杀害原告之子。公孙丹为郡中大姓,且在衙中为吏,前守不敢问,苦主又无真凭实据。公孙丹反告原告诬陷。董宣询问原告,方知情由:公孙丹新造宅第,请风水先生相看;风水先生说宅第大吉,亦有大凶;大吉者子孙当大富大贵,世有九卿,佩紫腰黄;凶者,兴工期间必有至亲至爱之人丧亡。公孙丹不舍富贵,求问破解之法;风水先生告诉他,可于动工之日杀一人埋于宅基之下。公孙丹于是命人伏于城外荒僻处,拦截过路行人;原告之子访友归来,路经此处,遂被杀害。风水先生索要破解酬金不能满足,遂把情由告诉原告,并答应为他作证。可是原告到衙告状之后,风水先生却杳如黄鹤,不知去向。

董宣传公孙丹到案。公孙丹矢口否认,极言冤枉。董宣遍讯公孙丹家人及建宅工匠,众口一辞,尽说原告所言乃无根之谈。董宣说:"卜者已把埋尸之所,告知原告,明日将带原告指认挖掘;知情隐匿者,与杀人者同罪。"公孙丹家人及知情工匠尽皆失色,面面相觑。

次日天明,董宣尚未起床,差役慌忙来报:衙门口立一死尸,手脚全无。董宣不慌不忙,洗漱完毕,整饬衣冠,来到尸体跟前。但见僵尸靠墙而立,手足虽断,但无血迹,心中已然明白了七八分;他仔细察看,死者眼角耳后,沾有麦芒,知死尸必是有麦秸掩盖拉入城内。董宣于是便假装与死尸耳语交谈之状,频频颔首,然后大声说道:"汝无需多言,本官内情尽知矣!"说罢转身回衙。左右无不惊骇,顷刻间,太守与死尸交谈之事不胫而走,传遍陈州城内。

五官掾公孙丹听说此事,半信半疑,一再向在场的差役打听董宣与死尸交谈情形。众人绘声绘色,都说千真万确。公孙丹听了不禁冷汗直冒,如坐针毡。董宣密传把守城门的小吏来见,问道:"昨日可有人拉麦秸入城?"守门吏道:"有,五官掾公孙丹大人亲押两车麦秸入城,说是府中喂马之用。"守门吏走了以后，董宣又传衙中差役来问："衙中何人对本官与死尸交谈之事至为关切，表示怀疑？"左右尽道："五官掾公孙丹大人问了这个问那个，特别关切，起初怀疑，后来竟然惊出一身汗来。"董宣笑道："知道了，各位退下吧。"

董宣当即升堂，命人把公孙丹拿下，他喝问道："公孙丹你为何知法犯法，伤害人命？"公孙丹大呼冤枉道："人非我杀，尸体乃路边饿殍，砍去手足，移尸城内耳。"董宣道："怎见得非汝所杀？何人为证？"公孙丹道："大人明鉴：若非死尸，砍断手足，为何没有血迹？"董宣哈哈大笑道："公孙大人果不欺我，但大人为何煞费心机，自城外拉一死尸，立于衙门呢？"公孙丹闭口不言。董宣道："公孙大人不说无妨，其中缘故下官尽知：昨日下官明言，今日要带原告到府中挖掘地基，寻找尸体；公孙大人心慌，便从城外拉来这具死尸，乱我心神，使我无暇到贵府去挖掘寻找死尸；公孙大人便可乘机挖出害死之人的尸身，毁灭罪证。我若没有猜错，家中之人，现正忙得不亦乐乎吧？"公孙丹闻言，面如死灰。正在这时，差人来报：公孙丹府中家人及工匠已把害死之人挖出，人赃并获。但尸体并非一具，乃是两具；原来风水先生也被灭口。公孙丹见两具尸体，已从自己宅第挖出，抵赖无益，当堂招供。董宣依法把公孙丹父子斩杀示众。

公孙丹家人宾客及涉案有关之人闻讯，聚宗族亲党三十余人，各执刀枪，到太守衙门叫嚣呼冤。董宣悉数擒拿，然后以公孙丹曾依附王莽、勾结海盗、滥杀无辜等诸般罪名，数罪并罚，命门下书佐水丘岑将三十余人尽行诛戮。一时百姓称快，奸宄潜踪。公孙丹家人倾尽家财告至青州牧，青州牧参劾董宣执法严酷，刑杀多滥，下廷尉狱中，同时捕系水丘岑。董宣道："水丘岑乃奉命行事，身不由己，设若有罪，董宣一人承担，与其无关！"董宣身陷牢狱，晨夜讽诵诗书，毫无忧惧之色。及判斩临刑，属下官吏各携酒馔前来送行，董宣厉声道："董宣生平，不曾枉食他人之食，枉取他人丝毫财物，况将死乎！多谢诸君美意！"他不尝酒食，登车而去。同时临刑者九人，已杀八人，次将及董宣，天使飞骑到来，传宣光武旨意，幸得活命。临去，复谓青州牧道："水丘岑无罪，罪在董宣，请大人不要枉杀无辜。"水丘岑于是被无罪开释。

董宣到任洛阳，询诸左右，皆称："案情至明，湖阳公主家奴杀人于白昼，亲见者并非一人。难在凶犯藏匿公主府中，寻常小吏难入公主府第，无由缉凶。"董宣道："率土之滨莫非王土，普天之下莫非王臣。洛阳令长何不请命司隶校尉，请旨缉拿？"左右皆道："且莫说能否请得圣命，尚不可知；即若请得圣命，谁敢入公主府第搜查？侯门深似海，藏匿一人还不容易？若搜查不到凶犯，公主怪罪，谁能担当得起？"董宣道："如此说来，难道只能任由凶犯逍遥法外了？"一曹吏道："那倒也不是。只看大人舍不舍得头上这顶官帽了。"董宣笑道："我也是鬼门关里走过一遭的人了，死且不怕，这顶官帽算得了什么！有何办法，只管讲来，天塌下来，我一人顶着！"听董宣这样一说，那曹吏便不慌不忙讲出一个办法来。

原来汉家自武帝时以李延年为协律都尉，即于乐府演习歌舞。正月祀太乙甘泉，春歌青阳，夏歌朱明，秋歌西晧，冬歌玄冥，童男童女七十人俱歌，四时不绝。光武中兴，亦于后宫重修乐府，访求前朝宫廷乐师，演习歌舞，以备春秋宗庙祭祀之用。湖阳公主在府中无聊，每日午后便乘车前往宫中观赏歌舞。公主府第在夏门亭左，董宣带领差役微服在此等候。

公主府前有"文官下轿，武将下马"牌坊一座，坊内百步为禁地，吏民不得入内。苍头参乘，公主所乘之车刚过"下马坊"，董宣便上前把车拦下。苍头大惊，下车欲逃，董宣立命左右拿下。苍头高呼"救命"，公主倚窗喝问："何人大胆，敢拦本宫之驾？"董宣叩头道："洛阳令董宣在此捉拿杀人凶犯，惊动公主凤驾，还请恕罪！"公主道："苍头乃本宫参乘，南宫校尉，区区洛阳县令，安敢擒拿？速速放开，赦汝之罪！"董宣道："王子犯法，与庶民同罪。且莫说公主参乘，宫中校尉，即令公卿王侯也法网难逃。下官食君俸禄，只知依法办案，多有冒犯！"说罢起身，喝令左右，押了苍头便走。公主再也不顾皇姐之尊，手掀车帘，踊身下车，厉声喝道："今日不放苍头，定叫汝身首异处！"董宣听了，反倒回过身来，站定脚步，哈哈大笑道："公主此言，也不想想自己的身份，何以对一个杀人凶犯、死囚家奴，百般呵护！公主荣华富贵自何而来？皇家尊严何在？是皇上的江山社稷重要，还是一个死罪家奴的性命重要？公主纵奴行凶，已经令圣德蒙羞，难道还想让小臣辜负皇恩吗？"说着拔出腰间佩刀,以刀画地道:"公主凤驾速退,若过此界半步,王法不容!"董宣说罢,立命左右把苍头斩杀当场,他然后带领众差役转身而去。

湖阳公主目瞪口呆,眼睁睁看着苍头人头落地不能相救,气得七窍生烟,惊骇莫名。她立刻进宫向光武哭诉,极言董宣欺君罔上,藐视皇家尊严。光武大怒,立即传旨,召董宣进见。董宣入宫,刘秀不容分说,命殿前武士把董宣拉出午门,即刻欲用金棍打死。董宣叩头高呼:"请皇上听臣一言,死而无憾!"光武道:"汝欲何言?"董宣高声答道:"陛下圣德中兴,公主纵奴杀人,若不依法治罪,将何以治天下理万民?臣不需金棍,愿自杀殿前!"说罢纵身以头撞击殿前楹柱,霎时血如涌泉,鲜红被面。光武大惊,急命小黄门上前抱持,传宣御医裹伤。光武劝慰道:"朕知卿衷曲,为臣难,为君亦不易也。卿只需向公主叩头赔礼,此事便算完毕。"董宣昂然说道:"臣秉公执法,一无失礼之处,决不叩头!"光武示意,命小黄门强按董宣低头;董宣不从,两手据地,始终不肯低头。光武无奈,叹道:"天生强项,不须为难于他!"公主见状,在殿跺脚道:"文叔为白衣时,藏亡匿死,吏不敢至门。今为天子,威竟不能使一令低头耶?"光武笑语道:"天子不与白衣同。殿外设宴,为强项令压惊,赏钱三十万,以褒忠直!"

内侍奉旨,设宴于殿外朝房。董宣把饭吃得干干净净,然后把碗覆叩在饭桌上,内监把情况告诉光武。光武问董宣何故,董宣回奏道:"臣食君赏饭不敢遗一余粒,犹如臣奉旨为朝廷办事不敢遗余力。"光武称许说:"卿治洛阳,朕高枕无忧矣!"

董宣出宫,把三十万赏钱,完全分给衙中属吏和差役。洛阳内外,从此豪强震栗,奸邪潜踪。京师号其为"卧虎",百姓歌之曰:"枹鼓不鸣董少平。"言称自董宣到任,洛阳社会秩序大大好转,到衙门击鼓告状的人大大减少了。

告状的人少了,衙门自然清静,董宣也为自己的治绩感到高兴。秋高气爽,董宣在衙中无事,脱去公服,改换行装,到中东门外租毛驴一头,出城赏秋。途中路遇一人负一老者,奄奄将毙,两股间鲜血流漓。董宣忙问其故。那人道:"去岁天旱,欠主人田赋数斗,今日还租,主人嫌谷恶稗多。父亲略作辩解,被主人杖责五十。老父体弱,恐怕性命不保。"说罢泫然流涕,情不能堪。董宣道："何不到衙门告状？讨个公道？"那人道："老丈谬矣，岂不闻'屈死莫告状，枉煞莫喊冤'吗？衙门远在京城，主人家近在邻里；打罢官司，今后仍须依靠豪门大户生活，谁敢逞一时之愤，断百年生路？"说罢蹒跚而去。听罢此言，董宣兴致尽消，酸楚涌上心头。他牵着毛驴踽踽前行，不知不觉行至龙门。忽听路旁哭声甚哀，举目远望，但见荒山坡上新坟一堆，一女子一边焚烧纸钱，一边哀哀恸哭。董宣系驴于路旁树上，前去询问。那女子道："东村大姓张某上月被盗，丢失财帛甚多。丈夫方从长安卖丝归来，略有盈余，给我买了银簪一支。小妇人方簪一日，张某家奴见了，认出银簪是他府上失窃之物，不由分说把小妇人头上银簪拔去。我丈夫前去说理，反被诬为盗贼，活活打死。"董宣道："张某家中失窃，为何不去告状，滥用私刑？你丈夫蒙冤被害，也为何不去衙门告状？"那女子道："豪门大户自己便能生杀予夺，谁去官府告状？平民百姓要告豪门大户，告了也是白告，谁肯去自讨苦吃？你老夫子莫非是不食人间烟火的神仙，连民间这种人人皆知的事情都不知道？你老打听一下，这半年来，洛阳城外有多少杀人越货、人命关天的案子，有几个敢去衙门告状了？"董宣听了，惊得说不出话来，浑身冷汗直冒。原本自以为上任以来政绩斐然，万万想不到自己治下竟然这般黑暗！他再也无心观赏龙门秋景，转身解下拴在树上的毛驴，神色黯然转回洛阳。身后那女子的哀哀哭声，令他感到椎心泣血般地疼痛。

回到县衙，董宣立命差役拘传逼债伤人、因簪诬良为盗的两家豪强到案。董宣问明情由，与路上所遇之人所说无异，当堂对逼债田主说："汝府上藏粮千石，任取上好者数斗，交本县验看。"田主不知董宣何意，立命家人取来。董宣当众命田主检验有无稗草籽粒，田主道："一亩之中，禾稗同生，哪有无稗之谷？"董宣道："汝也知这种道理，为何因谷中有稗草籽粒，杖责他人？况且数斗之谷，能抵一条人命吗？法乃汉家之法，非汝私有；尔安敢私用刑罚，催租逼债？"田主道："私用刑罚，催租逼债，并非一人，大人为何只治我一人之罪？"董宣道："汝怎知我只治尔一人之罪？今以汝做法，杀一儆百耳！"他立命左右把田主杖毙堂下。

三日之后，董宣开堂审理张某诬良为盗一案。真凶已获，与张某当堂质对，并让张某检点贼赃中自己失窃之物，内中有银簪一支，与上坟女子所簪之簪一模一样。张某当堂认罪。董宣立命张某具状画押，然后问斩。张某大呼其冤。董宣道："杀人偿命，况诬良为盗，尔有何冤？"张某道："此事某并不知晓，乃误听管家之言。"董宣道："汝为一家之主，如此大事为何推罪于府中管家？"张某道："敝府管家张兴，有弟张成，在国舅信阳侯阴府当差，甚得国舅信重，是以草民府中之事悉委管家。"董宣哈哈大笑道："知道了！汝欲借国舅之势缓颊也。"于是将张某收监，立传管家到案。董宣道："汝主人已招供矣，称此事与他无关，系汝主谋。汝有何话可说？"张兴道："大人明鉴，管家说到底不过是府中奴仆之首，如此人命关天的大事，小人焉能做主？"董宣道："汝弟在侯府当差，甚得国舅信重。汝不必害怕，只管实话实说。本县自有道理。"张兴见董宣这样说，误以为张成已经打通了关节，遂一五一十把事情原委说了出来。

阴丽华的小弟阴就官封信阳侯。他性情刚愎浮躁，在家赋闲。新纳小妾，甚得其宠。张兴欲巴结阴就，在宫中谋个差事，就内托弟弟张成。张成说："仕途难行金做马，朝中无人钱当兵。办这样的大事，没钱不行。国舅新纳小妾，甚得侯爷宠爱，若能打通国舅宠妾这一关节，事情好办。"张兴道："张府有钱不假，但为兄只是个管家，腰里挂着钥匙，但金银钱财，丝毫不能当家。哪来的钱？"张成道："办法倒有，只是仅凭我弟兄二人之力还不能够。"于是如此这般说出一个办法来。

原来张成本是市井无赖子弟，与洛阳城外贼伙颇有来往。特别是进入侯府当差之后，众盗皆欲求得侯府庇护，与张成来往更为密切。由张成搭桥，张兴做内线，众盗很容易进入张府，盗窃成功。从此连连得手，大发横财。为了掩人耳目，张兴又贼喊捉贼，日夜带领家丁，招摇过市，才演出了让董宣撞见的诬良为盗的一幕。

董宣立即命人捉拿张成归案。但张成不是张兴，死活不肯招供，暗中命人重金买通阴就小妾，请托阴就修书向董宣说情。

董宣每接到阴就一封书信，就格外多打张成、张兴一百鞭子；如此数封书信之后，张氏兄弟皮开肉绽，不得不把犯罪情节交代得一清二楚。董宣依法把张家主仆问斩。张成毕竟是阴府宾客，暂在狱中关押。

眼看性命不保,张成买通狱卒,给阴就传出一信,声言阴就若不出手相救,只有把贿赂阴就之事也和盘托出了。阴就见信又恨又怕,只得入宫求见光武,极言董宣滥用酷刑,所断之案多有冤屈之情。一犬吠影,百犬吠声,不少权贵交章弹劾董宣。光武帝决定亲到洛阳县衙,查看董宣所断之案。

董宣设案当庭,请光武及公卿升座,一一陈奏所断各案情形。董宣然后命众囚犯分为两列:案情尚有可疑之处,一时难以定案的,站在东边;罪证确凿,无可争辩,已经定案的,站在西边。张成准备走向东面人群,董宣上前拉住,呵斥道:"尔是巨蠹,狐妖社鼠,久依城社,不畏熏灼,今宣御前考实,绳之国法!"张成大声呼冤。御林郎以戟刺董宣,喝令董宣撒手。董宣怒道:"欲令董宣枉法,先杀董宣!"光武知董宣无私,亦斥张成道:"汝狂妄犯法,咎由自取,还不速退!"张成无奈退归西边。董宣当众传喊一干人证,一五一十把张兴、张成兄弟内外勾结抢劫张府,又贼喊捉贼,诬良为盗,残害良民的罪行当堂审清,并揭出张成以赃物贿赂阴就之事。数日之后,张成伏诛弃市。阴就及诸权贵从此不敢出声。

议郎蔡茂敬重董宣刚直,欲令朝廷正法纪,抑权贵,他上书道:"臣闻兴化致教,必由进善;康国宁人,莫大惩恶。陛下圣德既兴,再隆大命,即位以来,四海晏然。顷者贵戚椒房之家,数因恩执,干犯吏禁,杀人不死,伤人不论。臣恐绳墨弃而不用,斧斤弃而不举。近湖阳公主纵奴杀人西市,而与公主共舆,出入宫禁逋罪积日,冤魂不安。洛阳令董宣,直道不顾,干主讨奸。陛下不先澄审,乃欲加罪。当董宣受怒之初,京师侧目;及其蒙宥,天下颔首。今者权贵骄逸,宾仆放纵,宜命有司按理奸罪,严肃法纪,使执平之吏,永申其用,以厌四海喁喁之情。"光武览奏,准其所请,诏命整肃法纪,褒奖董宣,抑强扶弱,惩恶扬善。京师及各郡渐呈升平之象。

董宣直声闻于天下,但流言不绝于朝。有人说,董宣家中宅第甲于一方,仆妇豪奢,田产来历不明。言外之意,皆为贪贿所致。光武命蔡茂查证。蔡茂道:"日前,臣上书极称董宣刚直;若命臣查证,怕不能释众疑,息流言,不如另遣他人。"光武于是命侍御史樊晔前往。樊晔,南阳新野人。光武当年避吏新野,被拘于县衙。樊晔为市吏,曾赠光武米饭一笥,救光武脱困。

光武不忘旧恩，登基之后征樊晔为御史。刘秀曾戏言道："昔日一饭，得一御史，何如？"樊晔顿首道："臣报以丹心一片，微躯七尺！"光武对其信任过于常人。

樊晔到了陈留，他询问路人："洛阳令董府何处？"人皆掩口而笑，手指某处。樊晔来到门首，但见蓬门荜户，草房数间；一妇正抱柴为炊，布裙荆钗，首无发余之饰，腰无一物之佩。樊晔疑其为佣仆，遂问道："董令夫人安在？"那女子放下柴草，敛衽为礼道："妾乃董宣发妻，不知客从何来？"樊晔大吃一惊，连忙还礼道："失敬！失敬！我乃董令属吏，自京中前来。大人托我捎回铜钱数缗，以补家给，请夫人收下。"董宣之妻道："先生定是寻错人了。本月家用之钱，董令已命人捎回来了，两缗买米，两缗买丝，尚有一缗为犬子延师束修，分毫不差。我夫薪俸有限，身无余资。哪里还会有余钱？"她说罢，即要掩门送客。

樊晔回京复命，备言所见。光武喟然叹道："木秀于林，风必摧之；行高于世，人必毁之。朕几为小人流言所误！"刘秀欲重用董宣，一时又无可代之人。京畿重地，必须要有董宣这样守正不阿，力耐繁巨之臣治理。于是事情也便就此拖延下来。可惜，上天不假正人以永年，次年董宣病故。光武遣使临视，"唯见布被覆尸，妻、子对哭；家有大麦数斛，敝车一乘。"光武闻之，伤感不已，他黯然说道："董宣廉洁如此，死乃知之！"光武诏命葬董宣以大夫之礼，拜其子为郎中。

卷四

得陇望蜀

马援

董宣之事方竣，光武忽接冯异奏报：公孙述出兵汉中，欲图三辅。光武忙召集文武商议应对之策，驻屯关中诸将多欲兴兵征讨。邓禹奏道："陛下东征方回，圣驾辛劳，将士亦需休兵养锐。兵法云：'上兵伐谋，其次伐交，其次伐兵。'公孙述与隗嚣毗邻，何不借隗嚣之力破之？"光武道："隗嚣久据西州，拥兵自雄，焉肯为我所用？"邓禹道："隗嚣初起，以复汉相号召；后因与更始猜嫌，逃归西州。臣奉旨西征，遭冯愔之变，曾得隗嚣相助，破叛军于高平，获其辎重。臣承制遣使持节命隗嚣为西州大将军，授以专制凉州、朔方之权。后来赤眉西走陇地，隗嚣又曾遣部将杨广，击破赤眉于泾阳。再后，冯异战公孙述部将李育、程焉、吕鲔于陈仓，隗嚣又曾派兵相助。由此可见，隗嚣心已臣服，若遣使安抚，授以爵赏，不难为陛下所用。"太中大夫来歙也出班奏道："臣尝与隗嚣相识于长安，颇有交往。今陛下盛德隆兴，四海归心，隗嚣当识进退之机。臣愿请得圣命，前往西州。陛下若开以丹青之信，嚣必束手来归；则公孙述不战自退，其势不足图也。"光武大喜，遂亲笔修书一封，交于来歙，命他前往天水，去见隗嚣。

当年隗嚣逃回天水，三辅耆老士大夫闻风来归。隗嚣数月之后便拥众数万，人才济济。隗嚣以王莽时平河大尹长安人谷恭为掌野大夫，平陵范逡为师友，赵秉、苏衡、郑兴为祭酒，申屠刚、杜林为持书，杨广、王尊、周宗、行巡、王捷、王元为大将军，杜陵、金丹之属为宾客。隗嚣割据陇上，名震西州。

来歙到来，隗嚣隆礼相迎，两人道罢别后思念之情，来歙呈上光武亲笔书信。书曰：

"慕乐德义，思相结纳。昔文王三分，犹服事殷。但驽马铅刀，不可强服。数蒙伯乐一顾之价，而马价百倍；苍蝇之飞，不过数步，既附骥尾，得以绝群。隔以盗贼，声闻不通。将军操执款款，扶倾救危，南拒公孙之兵，北御羌胡之乱，是以冯异西征，得以数千之众踯躅三辅。微季孟将军之助，则咸阳已为他人所有。今关东寇贼，往往屯聚，志务广远，多所不暇；未能观兵成都，与子阳角力。如令子阳到关中、三辅，愿因将军兵马，鼓旗相当。倘肯如言，蒙天之福，即智士计功割地之秋也。管仲曰：'生我者父母，成我者鲍子。'自今以后，手书相闻，勿用傍人解构之言。"

隗嚣看罢光武书信，慨然道："当今天子，谦恭待下之情，令人感佩。隗某些须微劳，竟得天语谬赞，何克以当！"他说罢将书信传示左右。祭酒郑兴道："当今天子，胸襟旷古罕见，倾心结纳之情，令人感激五内。信内推戴将军为文王、伯乐、鲍叔牙，却自比'驽马铅刀''苍蝇之飞'。将军相助之功，一笔一笔记得清清楚楚，丝毫之善不掩，真明君也。此千载难逢之机，万不可失。宜遣亲近之人随来大夫奉表入京，答谢天恩！"杜林也说："将军举义，以复汉相号召，宣示天下；人无愚智，思仰汉德。今天子绍汉而兴，应运而起。天使持节而来，正宜归命。"隗嚣于是从众人之议，遣长子隗恂随来歙进京朝见。

当日席散，众人退去，隗嚣送来歙驿馆安歇后，将军王元入见。隗嚣屏退左右，问王元道："游翁何以教我？"王元道："众人皆为光武浮辞所惑，只知其谦恭下士，忘其信中真意。其虚心结纳盖为'子阳到汉中、三辅，愿因将军兵马，鼓旗相当'之故也。来歙归京，将军果欲举倾国之兵与公孙述相抗耶？抑或另有奇谋也？"隗嚣问道："以游翁之见，当如何应对？"王元道："光武虽已削平山东群雄，但天下成败，仍未可知。昔更始入西都，四方响应，天下喁喁，皆谓之太平。一旦败亡，大王几无所厝，险罹不测。今南有公孙述，北有刘文伯，江湖海岱，自立为王者仍以十数。大王若听儒生之说，弃千乘之基，入事洛阳，羁旅危国，以求万全，此重蹈覆车之轨，下下之策也。臣以为计之不可。今天水完富，士马强盛；北收西河、上郡，东收三辅之地，复秦旧土，表里河山。臣元请以一丸泥为大王东封函谷关,即成万世不拔之业,此千古一时之机也。若计不及此,退而求之,且富养士马,据隘自守,旷日持久,以待四方之变。图王不成,犹足以成就霸业。要之,鱼不可脱深渊,虎不可离山林;神龙失势,便与蚯蚓无二。"隗嚣击掌叹道:"将军与孤同心,此番宏论,甚合孤意。但既然答应了来君叔,也就不便改悔。只好借重那帮善于舞文弄墨的秀才,复信光武,好话多说,只说我天水兵微将寡,势力单弱,刘文伯在侧,无力分兵伐蜀,敷衍塞责好了。"王元道:"如此甚好。料彼鞭长莫及,也无奈我何!"

王元,字游翁,为隗嚣麾下第一勇将,且广有智计,其弟王捷亦骁勇善战,王元弟兄并得隗嚣信重。公孙述闻光武遣使抚问隗嚣,唯恐隗嚣向光武称臣,急忙遣使前往天水,封隗嚣为大司空、扶安王。隗嚣召左右议道:"譬如家有奇货,贾客接踵而至,当待善价而沽,如何?"郑兴、杜林等人齐道:"万万不可。民无信不立,况千乘之国乎? 汉使方去,长公子入事洛阳,焉能朝秦而暮楚? 宜绝蜀使,勿启朝廷之疑。"持书申屠刚亦道:"公孙述与王同列,今欲令王臣事之,妄自尊大,藐视之意显见,宜决绝之。"隗嚣方以西伯自居,听罢此言,他勃然而怒地说道:"大汉天子尚对本王礼敬有加,公孙述安敢如此!"隗嚣乃斩其使,命将军杨广、行巡带兵出击公孙述。公孙述粮尽不继,急忙退兵蜀中。光武闻捷大喜,封隗恂为胡骑校尉、镌羌侯。

王元闻之大惊,他急忙来见隗嚣道:"大王失计矣,陇在东西两帝之间,正宜挟势自重,为何逞一时之愤,斩蜀使,自丧唇齿之援? 巴蜀与我相邻,公孙述若年年发兵袭扰,我则永无宁日;他若与刘文伯结盟,与我为敌,则祸不可测。东帝乘危图之,我何以自保? 若依违二帝之间,进退裕如,岂不更好?"隗嚣道:"鲁仲连义不帝秦,吾以数十万众,宁为公孙述臣仆也?"王元道:"此犹列国之时也,欲帝者绝非秦一国,齐楚赵魏,孰不欲臣仆他国? 公孙述欲图天水、三辅,大王亦可图谋巴蜀。天下者非一人一姓之天下,强有力者居之,大王何必斤斤于蜀中一使之礼?"隗嚣道:"依将军之言,我正欲观蜀中与洛阳孰强,将军少安勿躁。"王元退出。隗嚣召见绥德将军马援,请为筹策。

马援,字文渊,扶风茂陵人。其先人乃赵国名将赵奢,因赵奢封号"马服君"，子孙以马为姓。马援曾祖父马通，汉武帝时以军功封重合侯。后来，马通之兄马何罗谋反被诛，马氏一族迁往边郡。其父马仲，汉宣帝时曾为玄武司马。马援兄弟四人，长兄马况、次兄马余、三兄马员，并有才能，王莽之时皆为二千石官吏。马援年十二而孤，少有大志，诸兄奇之。大哥马况为他延师，学习"齐诗"；马援不愿死守章句之学，他对大哥说："三兄皆为吏京师，弟请往边郡种田牧马，以补家用。"大哥道："吾弟当大器晚成。良工不示人以朴，且从所好。"

后来，大哥马况病故，长兄如父，马援为兄服孝一年，不离墓园。马援敬事寡嫂如母，早晚定省请安，不冠不入庐舍。服孝期满，马援被征担任郡中督邮。一次送囚犯进京，一囚获重罪，家有老母幼子十分可怜，马援不忍见其入京受死，遂半道放其逃生，自己也弃官亡命边地。马援后来遇赦，滞留边地放牧牛羊。马援数代客居天水，父兄在边地为官，宾客甚众，皆来投奔，役属渐至数百家。穷困之时，马援常对宾客说："丈夫之志，穷当益坚，老当益壮。"马援随处田牧，经营有道，数载之间，牛马羊数千头，谷数万斛，他慨然叹道："财帛乃身外之物，贵在扶危济困，能施赈贫寒者也。否则不过一守财奴耳！"于是，马援尽散钱财，以分给昆弟故旧，身衣羊裘皮裤，如初贫寒时。隗嚣闻而敬之，延揽麾下，以为绥德将军。每有重大疑而难决之事，隗嚣辄与马援商议，信重有加。

隗嚣道："闻将军与蜀中子阳相善，是吗？"马援道："祖上武帝时迁扶风，公孙述之祖亦自齐鲁迁扶风。故年少时同居里闬，总角相游。后来家兄为河南太守，公孙述之父为河南督尉，谊为同僚；子阳随父在任，臣亦随家兄读书，时相往还。后来家兄亡故，子阳显达，遂不通音问矣。"隗嚣笑道："这样说来，将军与公孙述也算世交了。孤欲借重将军前往蜀中为使，不知意下如何？"马援道："不知使命何事？"隗嚣道："风闻子阳好礼，子入太庙，每事问。"马援道："遵命。"

马援到了成都，以为公孙述必然即刻相见，握手言欢，语如平生。但是，大出马援意料，公孙述却摆足了"九五至尊"的皇帝派头。首先，他排列盛大的仪仗队伍，众多御林军护卫迎接马援进入成都，举行使臣拜见礼仪，安排马援入住驿馆。公孙述接着为马援特制了一套礼服和交让冠,然后才让马援到宗庙中会见文武百官,并为马援特设了一个"旧交"位置。一大套繁文缛节安排就绪,公孙述才大摆法驾,从驾车辆三十六辆,侍中参乘,奉车都尉御车,前驱九游云旗,后随旄头之骑,出皇宫,前赴宗庙。公孙述前后让马援足足等了三个时辰。公孙述欲封马援为封侯大将军,马援婉言谢绝道:"奉使未返,遽尔受命,是为事上不忠,容待从长计议。"从行宾客皆欲留蜀,马援说道:"昔周公为政,一沐三握发,一食三吐哺,犹恐失天下士人之心。今天下雌雄未定,公孙述不去迎国士,共图大业成败,反修虚文无用之礼,形如泥塑木雕之人。似此,何足久留天下之士?"数日之后,马援回归天水。隗嚣问公孙述为何如人,马援道:"子阳井底蛙耳,而妄自尊大,不如专意东方。"隗嚣道:"子阳非卿友耶,何厚薄颠倒也?"马援道:"臣言为公,非为私。"隗嚣道:"犬子入侍,光武封犬子为胡骑督尉、镌羌侯,其意厚矣,我欲遣使奉表谢恩。"马援道:"理当如此,'礼尚往来',此正修好之道也。"隗嚣于是俱表,遣侍御史周游为使,前往洛阳。

王元与王捷、杨广等人商议道:"马援使蜀归来,言公孙子阳难成大事,劝大王专意向东,此非持国之策。方遣长公子为质洛阳,又遣周游为使奉表谢恩,此即公然绝巴蜀而臣事光武矣,淮阴、彭越之祸不远。我等不可坐视。"王捷、杨广道:"大王之意已决,我等有何办法?"王元道:"三辅道路不靖,使者途中死于盗贼之手,大王与汉修好不成,且因此而生猜嫌,天水自可安矣。"杨广道:"此计甚好。我帐下有一小将名叫杨贤,身手健捷,且为人机警,可当此任。"杨广于是唤杨贤来见,王元亲自面授机宜,杨贤领命而去。

周游将行,王元谓隗嚣道:"道路不靖,宜派兵护送周御史至征西将军冯异大营,然后烦劳冯征西派兵护送,可保无虞。"隗嚣道:"游翁思虑周详,如此甚好。"隗嚣于是派兵至上林送周游到冯异大营,当晚住宿上林驿馆。夜半时分,杨贤蒙面潜入,把周游杀死。

使臣暴死营中,冯异大惊,他一方面把周游厚殓,送归天水;一方面奏报朝廷知晓。隗嚣与左右议道:"本王欲与朝廷修好,派周御史前往洛阳,不意途中遇害,如何是好?"王元道:"周持书死于冯异大营,大王应命冯异缉拿凶手,然后再议他事。"申屠刚道:"周持书一介寒士,身无长物,显系为仇所杀;

凶手不一定在军营之中,缉拿不易,而出使之事不可因此而废。以臣愚见,不如一边缉拿凶手,一边简选合适人选,接替周御史之任,前往洛阳。"王元道:"诚如申屠先生所言,周御史一介寒士,哪里来的仇人?分明是汉轻天水,更选他人,谁愿前去送死?"郑兴道:"王将军所言差矣,周御史虽无私仇,但奉使东都,身任与大汉修好之重,那些不欲天水与大汉修好之人,岂不视之如仇雠?譬如蜀中奸细、卢芳刺客,何人能保不铤而行险邪?"马援道:"各位大人所言皆有道理。大王若欲遣人继周御史之任,又乏可用之人,在下不才,愿赴洛阳。"隗嚣道:"马将军愿去,是再好不过了,请妥为准备,择日启程吧。"

马援行至岐山凤鸣驿,夜宿驿馆,乘马嘶枥。马援心中生疑:"此马一日未食,临枥而嘶,是示惊也。"他因而想到周游之死。马援当晚伏于驿馆之外,时至夜半,果有人黑衣蒙面,以刀拨门入室。马援踵其后入,乘其不备,将其擒获。询问之后,知其为王元所使。马援感叹道:"王游翁计之何短,见之何浅也。"马援复对刺客道:"君失手被擒,回营复命,性命难保,宜远走他乡。今晚之事,勿泄于他人。"马援遂令其远遁。

马援来到洛阳,光武立刻于南宫宣德殿召见。中黄门引入,光武迎之于南庑下,布衣赤帻,笑谓马援道:"卿遨游二帝之间,今适见卿,令人大惭,何来迟也。"马援顿首辞谢道:"当今之世,非独君择臣也,臣亦择君矣。臣与公孙述同居扶风,少相善。臣前方至蜀,子阳陛戟森严而后进臣。臣今远来,陛下何知臣非刺客奸人,而简易若此,毫不防备?"光武复大笑道:"卿非刺客,只是说客罢了!"马援道:"天下反复,窃名称尊者不可胜数。今见陛下,恢廓大度,颇似高祖,乃知帝王自有真假也。"光武道:"高帝崩逝二百年矣,卿何以知朕颇似高帝?"马援道:"臣尝读太史公书,非但以陛下龙准、日角、美须髯与高帝形貌相似论之,更以高帝仁而爱人,大度豁如论之,非面谀也。"光武道:"朕亦常临风景望高帝风范,深知不如远矣。若非蒙高帝及列祖遗德,朕安能光复汉业?"当日两人言谈甚欢相见恨晚。光武闻马援谈及使臣周游途中遇害之事,立命卫尉铫期为使,携珍宝缯帛赏赐隗嚣,以示抚慰。马援提醒光武:"西土未靖,途中山川林莽,多有盗贼,宜多加防卫。"光武道："卫尉曾为虎牙，朕出警入跸，悉由其主之。途中盗贼避之犹恐不及，敢捋虎须邪？"铫期道："昔日射犬之战，陛下命臣押运粮草，路遇青犊赤眉劫粮，臣能护粮周全；今日命臣出使西州，臣定不辱使命。"马援不便点破其中隐情，不再多说。

铫期押运光武赏赐隗嚣珍宝玉器布帛绸缎数车，前往天水，一路西行，翻山越岭，虽有深山峡谷，倒也风平浪静，未见盗贼踪影。铫期暗笑马援胆小多虑，"一朝被蛇咬，十年怕井绳"。过了华州，渐入左冯翊地界，铫期越发放心。眼见红日西坠，飞鸟投林，抬头望见一座山冈在前，林后炊烟数点，铫期以为林后必有村落镇店。他于是催攒众人道："过了前面山冈，投店歇脚。"一语方了，忽听林间霹篥声响，一队强盗冲了过来。铫期笑道："还真让马援给说中了，果然遇到了强盗！"铫期于是命士卒护卫车辆，独自挺枪跃马去斗那伙强盗。强盗中为首之人，骑一匹乌骓手执长矛，拍马来迎，两人一交手，铫期不禁暗吃一惊，心想道："盗贼中竟有此等身手！"斗了十数合，那人勒马败走；铫期正要追赶，忽闻身后喊声大起，另有一股强盗，杀散护卫车辆的士卒，正在抢劫车上财物；铫期顾不得追赶那个强盗，慌忙回头来护车辆。那强盗头儿，见铫期回头来救车辆，却又回马来战铫期。惹得铫期性起，舞动长枪，和他狠命拼杀起来，霎时间车上财帛被抢得一干二净。霹篥声声不断，那强盗头儿不再恋战，勒马便逃。铫期紧追不舍，那人回头一箭射来，险些射中铫期面门。铫期愣了一愣，那人飞马驰入林中，瞬间不知去向。这时天光已经黑了下来，铫期无奈，只得连夜回京复命。

光武召见马援，叹道："朕与隗嚣事欲不谐矣。周游奉使东来，途中被杀；铫期奉使西去，所赐珍宝财物又半道丢失。这可如何是好？"马援道："好事多磨。只要彼此开诚相待，何愁事不能谐？臣请回西州面见隗王，详陈个中曲折原委。"光武道："如此多劳文渊了。朕左右有待诏一席，虚位待卿归来。"马援谢恩西归。

马援回到天水，隗嚣又惊又喜道："自卿东去，人多言卿一去不复返矣。孤知卿必不负我，今果归来。"马援道："与朋友交，言而有信，况与君王交？王待援以心腹，焉有不归之理？"隗嚣道："近有流言，朝廷欲加兵于西州，可有此事？"马援道："流言止于智者。长公子伯春封侯拜将，就在京师；臣出入宫中，向不闻朝廷有用兵西州之议，流言实不足信。前者周游出使遇害，后者朝廷赏赐被劫，可见有人不欲西州与朝廷修好。流言所起必有因也。"隗嚣问道："当今皇上何如人也？"马援道："臣到京师，蒙引见数十次；每见燕语，自夕至旦。以臣之见，其才智勇略，非常人可比也。且开心见诚，无所隐饰，阔达多大节，略与高帝相同。经学博览，政事文辩，前世无比。"隗嚣又问："以卿之见，和高帝相比如何？"马援道："不如也。高帝无可无不可；今上好吏事，一举一动，有礼有节，又不喜饮酒。"隗嚣心中不快，勉强笑道："如卿所言，今上反胜过高帝邪？"马援亦报之以笑道："臣辞难达意。"隗嚣内心虽有不快，但向来信重马援，并不计较，仍留马援居于府第，共卧起。

数日之后，隗嚣仍命马援重返洛阳。他对马援说道："伯春独在京师，吾实在放心不下；卿回洛阳，朝夕在侧，吾心乃安。"马援遂带家中眷属前往洛阳。因隗嚣尚未真正归汉，马援亦不便遽受光武封赏，遂上书请求屯田上林苑中，光武许之。

马援走后，王元劝隗嚣说："风闻马援在洛阳已受光武封赏，此番归来专为光武游说大王，望大王勿为马援所惑。往者周失天下，五霸迭兴，七雄并起；秦亡之后，六国之后各复其国，争鼎逐鹿，高帝遂兴汉业。周秦皆未再兴，可见一姓不再兴也。汉亡之后，更始三年而亡，正是此兆。今日天下之势，仿佛列国之时。奉天承运，岂在一人？王勿轻信竖儒之言，轻弃千秋之业！"隗嚣颔首称是。

扶风班彪深沉好古，博闻强记，为隗嚣师友。隗嚣闻王元之言，拿不定主意，遂问班彪道："昔日周朝衰亡，列国并起，天下干戈不息，数世之后乃定。莫非列国纵横之事，复起于今乎？抑或汉将承运复兴，在于一人乎？"班彪听出了隗嚣的弦外之音，知其不欲归汉，有割据自立之意，遂婉言劝解道："周之废兴，与汉大不相同。昔日周爵五等，公、侯、伯、子、男，各有封疆子民，诸侯各自为政，根本衰微，枝叶强大，故平王东迁之后，尾大不掉，致有列国纵横之势，时势使之然也。汉承秦制，设立郡县，纵有封国，强本弱枝，权集于朝廷，主有专己之威，臣无百年之柄。至于孝成之时，权落外戚之手，哀、平短祚，三代绝嗣，故王氏擅权，得以篡窃。但危自上起，伤不及下。因而王莽篡位之后，天下莫不引领而叹。十余年间，中外扰攘，远近兵起，咸称刘氏，共举兴汉之旗，不谋同辞。方今雄杰，自立名号，占据州郡者，皆无七国世代相传的根基，而百姓讴歌思汉。据此可知，汉将应运复兴矣。”

班彪之言，令隗嚣大为不快，他沉默良久说道：“先生所言周、汉情形不同，理实如此。至于愚夫愚妇，因于习俗熟知刘氏姓号，咸称汉室当兴，甚无道理。昔日秦失其鹿，刘季逐而获之，时人安知有汉乎？”班彪心知违忤隗嚣之意，遂不再多言。班彪退而著述《王命论》，极言“汉德承尧，有灵命之符，王者兴祚，非诈伪能致”。隗嚣看了，大不以为然，他斥责班彪道：“天命无常，刘文叔能为天子，孤何不能？”隗嚣遂与王元、杨广诸将商议，准备称王。

侍书御史郑兴听说隗嚣准备称王，连忙进谏道：“昔日文王三分天下有其二，尚臣事殷商；武王八百诸侯不期而会于孟津，犹还兵待时；高帝征伐累年，犹以沛公名号行师命将，发号施令。今令德虽明，世无宗周之祚；威略虽重，未有高帝之功；而欲举未可为之事，适速祸患，贻笑天下，无乃不可乎？”闻听郑兴如此披肝沥胆之言，隗嚣遂又打消了称王之念，仍旧犹豫难决。

郑兴字少赣，开封人，少学《公羊春秋》，后习《左传》，名重当世，深得刘歆器重，使撰《左传》条例、章句，校《三统律》。更始朝，他曾任丞相长史，谏议大夫，凉州刺史。赤眉入关，长安大乱，郑兴遂流落西州，深得隗嚣敬重，以为持书御史。初，隗嚣设置百官，皆仿朝廷名号，郑兴劝阻道：“夫中郎将，太中大夫，使持节官，皆王者之器，非人臣所当设也。无益于实，有损于名，非尊上之意。将军以尊汉相号召，不宜僭越。”隗嚣遂尽改以上名号。郑兴见陇汉虽使节往来不断，隗嚣终托敷衍之辞，知其无心归汉。日久天长，必将兵戎相见，西州已成是非之地，他于是筹思东归之计。郑兴父母病故有年，尚未正式安葬，郑兴遂向隗嚣请辞道：“子曰：‘出则事公卿，入则事父兄，丧事不敢不勉。’臣父、母丧于离乱，迄今未能安葬。请乞骸骨，归葬父母，以尽人子之孝。”隗嚣道：“值此多事之秋，孤左右不能须臾无卿；葬亲尽孝之事，可否容后再议。”遂不准所请。

王元道：“郑兴家居开封，危难之时得王提携。今见异思迁，忘恩负义，不如诛之。”隗嚣道：“郑兴名重当世，不如结以恩义，高爵厚赏以固其心。”隗嚣于是赏赐郑兴豪华住宅一座，增其俸禄五百石。郑兴入见辞谢道：“臣为父母未葬,乞骸骨请还故里。若因赐豪宅增薪俸,改变主意,留了下来,岂不是以双亲为钓饵,邀取名利,实乃无礼之极! 将军焉能用这种办法!"隗嚣问道:"嚣实不足留故人耶?"郑兴道:"陇王之恩没齿难忘。兴业已为安葬父母请命于王,不可改易。愿留妻子于西州,独自一人东归故里,事毕即回,将军何疑焉?"隗嚣面有难色,良久说道:"孤焉有以卿妻子为质,让卿独身一人回乡葬亲之理? 赐卿百金,妻子俱归好了。幸卿莫负我。"郑兴连忙谢恩,带领妻子启程东去。

郑兴走后,持书杜林也前来递交辞呈。隗嚣不允,杜林称病告假。隗嚣心中怨恨,但佯作大度优容,他传谕左右道:"杜伯山天子所不能臣,诸侯所不能反,盖伯夷、叔齐耻食周粟。今且从师友之位,待道路开通,顺其所志。"隗嚣暗中派兵数百,把杜林软禁起来。杜林虽被囚禁,但好读不倦。他在西州得漆书"古文尚书"一卷,日夕研习。杜林之弟杜成,跟着杜林读书,卧病在床,兄弟二人吟诵切磋,常在陋室。后来杜成死了,杜林要求扶丧东归。隗嚣不便拒绝,只好同意。杜林走后,隗嚣对王元、杨广等人说:"杜伯山不为我用,东归必然投汉,如何是好?"王元道:"郑兴、杜林等人,在西州日久,内情悉知。若令归汉,为祸不浅,不如除之。"隗嚣于是命杨贤务必追上杜林,将其杀于陇坻。杨贤得令,很快追上杜林。但见杜林身推鹿车,车上装载弟弟的灵柩,遇有沟涧坎坷之处,必先检看捆绑的绳索是否松动;歇宿之时,必先拂拭棺材上的尘埃;晚上覆布被于灵柩之上,倚鹿车而眠。杨贤暗中感叹道:"杜伯山名满天下,果不虚传! 当今之世,谁能孝于父母、友于兄弟如此尽心尽义? 我虽是受他人差遣的无名之辈,岂能杀此义士!"杨贤不愿做此不义之事,就逃往他乡,另谋出路去了。

隗嚣见郑兴、杜林接连东归,心中烦恼,他召侍御史申屠刚问道:"孤于郑兴、杜林可为厚矣,为何先后弃我而归汉? 卿与郑、杜二人同为持书,过往密迩,望能以实情告我。"申屠刚道:"愚闻人所归者天所与,人所叛者天所去也。伏念当今大汉天子躬圣德,举义兵,恭行天讨,所当必摧,诚天之所祐,非人力能为也。将军本无尺寸之土,孤立一隅,宜推诚奉顺,与汉朝并力,上应天心,下酬人望,为国立功,可保永年。嫌疑之事,智者不为,圣人所绝。以将军之威重,远在千里,动作举措,可不慎欤? 今玺书数到,使节往还,朝廷委国归信,欲与将军共同祸福。布衣相交,尚有没身不负然诺之信,况于万乘之君哉! 今有何畏惧、有何重利,令将军久疑不决,两端观望? 若有非常之变,上负忠孝,下愧当世。世上之事,未萌之时,常以为虚;事到临头,又后悔不及。是以,忠言直谏,希望大王能够采纳,反复思虑愚者之言。"隗嚣越听越烦,怫然怒道:"卿勿多言,容我思之!"申屠刚无奈告退。隗嚣正在烦恼之时,门下禀报:"又有洛阳诏书到了!"

天水隗嚣

　　且说公孙述兵出汉中败归,养精蓄锐一年有余后,复与左右商议东进之策。翼江王田戎道:"臣兵败来投,寸功未立,深感惭怍。近闻陇右隗嚣名虽归汉,阳奉阴违,与我蜀中暗通款曲,实为我北方屏障。汉重兵在北,南方空虚;我若南出江关,招抚旧部,不唯夷陵可复,荆襄诸郡唾手可得。"公孙述闻之大喜道:"田王此计大妙,此正谓出其不意攻其不备者也。"公孙述遂命田戎将兵数万,将军任满为先锋,出江关,下临沮、江陵。岑彭部将冯骏、田鸿等抵敌不住,败退江陵,急忙飞奏朝廷。

　　光武一面命岑彭御敌,一面降旨命隗嚣自天水出兵,以成南北夹击之势。隗嚣与王元等人商议,依旧采用敷衍策略,上章答复:"白水险阻,栈阁败绝,蜀道不通,进兵实难;公孙述生性严酷,上下相互猜忌离心;等待他罪恶昭彰,发生内乱之时,再举兵进攻,南北遥相呼应,大功可成。"

　　光武知其故意推宕,不肯为己所用;但筹策未定,不愿上下猜疑,内外惊恐,于是极称隗嚣多才,奏章辞采华美。刘秀还随手拿出隗嚣的另外几份表章念给左右传听。司徒韩歆性情刚直,忍不住说道:"巧言令色,鲜仁,夫子耻之。桀纣皆有才,实则包藏祸心。"光武佯装大怒,呵责司徒不得妄言。韩歆历数隗嚣阳奉阴违,口惠而实不至,包藏祸心。光武益怒,遂罢黜韩歆,令其还乡。司隶校尉鲍永进谏道:"司徒所言皆为社稷,请陛下明察。"光武道:"恶疾未生,而用猛药,良医不为。隗嚣内怀犹豫,外托恭顺,操之过急,是逼其投蜀归胡邪？"光武遂命建威大将军耿弇、虎牙大将军盖延、征虏将军祭遵、汉忠将军王常、捕虏将军马武、骁骑将军刘歆、武威将军刘尚，共同进兵长安，与征西大将军冯异相会，待命而动。

四月春日，光武驾幸长安，传召诸郡守牧，随驾祭拜长陵、霸陵等皇家陵墓，宣召隗嚣见驾。隗嚣与王元、王尊、杨广、行巡等人商议，众人皆称不可。王元道："昔日文王朝商被拘于羑里，楚王入秦而死于商於。汉高帝欲夺淮阴兵权，佯言游云梦大会诸侯，韩信赴会被拘。此皆前车之鉴。光武莫非欲效高帝故技耶？不如不去。"申屠刚闻之，劝隗嚣道："王若不去，是公然抗命也，臣愿代大王前往。"隗嚣道："那就有劳先生了。请先生代孤致意，吾抱恙在身，请皇上恕罪。"申屠刚临行，留书给隗嚣道："愚闻专己者孤，拒谏者塞；孤塞之政，亡国之兆也。古之贤君，虽有明圣之资，犹屈己从众，故算无遗策，举无错失。夫圣人不以独见为明，而以万物为心。顺人者昌，逆人者亡，此古今之共识也。将军以布衣为乡里所推，廊庙之计，既不豫定，不知彼又不知己，岂不堪忧！今东方政教日睦，百姓平安，而西州发兵，人人怀忧，骚动惶惧，莫敢直言。夫物穷则变生，事急则计易，其势然也。夫离道德悖人情，而能保国家者，古今未有也。将军素以忠孝显闻，是以士大夫不远千里来投。今若决意侥幸，毁坏终身大德，败乱君臣之节，不顾父子之情，众贤寒心，可不慎哉！"隗嚣长子隗恂为质洛阳，申屠刚欲以父子之情动之。隗嚣心意已决，不为所动，置申屠刚书信于一边，如耳边风。

申屠刚来到长安，谒见光武，言说隗嚣抱恙在身，不能见驾。光武笑道："季孟病在方寸，朕知之矣。"遂拜申屠刚为侍御史。光武与诸将计议，邓禹等人皆道："不如宽限隗嚣日月之期，高爵厚赏其麾下将帅，以涣散其心，然后图之。"唯征虏将军祭遵独持异议道："隗嚣挟奸久矣，今若按兵不动，迁延时日，则其诈谋日深，羽翼益丰，公孙述准备更为完备。臣以为固不如当机立断，早日进兵。"光武道："卿言与朕不谋而同。当断不断，反受其乱。但须师出有名，方为妥当。"祭遵道："陛下已数下明诏，命隗嚣出师伐蜀，隗嚣每以托辞抗命。皇上不如告知隗嚣，既然其无力发兵，就不强其所难；只要他肯假道于我，让我从陇伐蜀，待平蜀之后，当为他记下首功，其必不肯。那时命师征讨，便名正言顺了。"光武道："如此甚好。先礼后兵，免得隗季孟怪朕不教而诛。但愿彼能谅朕苦心。"刘秀于是命来歙再次出使天水。

　　来歙到了天水,谒见隗嚣道:"天子以公长者,报以殊礼,书信往来,用敌国之仪,言称字而不名,其意良厚。欲兴兵伐蜀,知公不易,遂不勉公所难。唯假道于陇山,请将军启关隘,通津梁,以通士马辎重。待平定巴蜀,论功行赏,不失将军首功。"隗嚣不知所对,良久说道:"容我与左右议之。"隗嚣遂安排来歙就馆驿安歇,急召王元、杨广、行巡、周宗等人商议。王元道:"此晋假途灭虢之计也。昔晋欲伐虞,借道于虢,回师之日,旋即灭虢。今汉兵借道,恐怕不待灭蜀,先灭西州矣。"隗嚣道:"若回绝来歙,汉必兴兵来犯。我军尚无准备,如何是好?"王元道:"仍用敷衍拖延之法,极言西州不易。拖过数日,我军调度妥帖,与之兵戎相见,有何惧哉?"

　　次日,隗嚣见来歙于王府,极言借道之事,困难重重。隗嚣道:"诸将担忧关隘尽撤守兵,公孙述乘虚来攻,如何是好? 且大军过境,百姓惊慌,疑则生变,合境不安,诚非皇上所愿见也。况途中桥梁尽坏,舟船不备,士马怎能通行? 若修津梁,备舟船,绝非朝夕可就之事,岂不贻误军机? 蜀中闻之,守御必严,蜀道险阻,易守难攻。到时候进退两难,倒不如准备充分之后再进兵……"来歙知隗嚣借故推诿,不肯借道,不禁动怒,他斥责道:"借道与否,决于将军一言,何须喋喋不休耶? 皇上以君知臧否,晓兴废,识大体,故书信往还,开诚相见。足下亦甘愿称臣,为表忠诚,遣伯春公子为质,此乃君臣相互信任也。今反欲听信奸佞迷惑之言,甘为族灭之计,背叛皇上,不顾亲生之子死活,要公然违背忠信之义吗? 吉凶祸福,决于今日,不须再做拖延之辞!"

　　隗嚣哪里受得了如此侮慢之辞? 他气得须发乱颤,戟指来歙道:"来君叔竟敢如此无礼耶? 挟天子之威,欺我西州无人耶?"来歙道:"乱臣贼子,人人得而诛之,况尔等屡背君恩,卖父兄、负子嗣之徒乎?"隗嚣昔在长安事更始之时,为求自保,曾首告叔父隗崔、兄长隗义谋反,致使二人被杀,终生负疚。今闻来歙当众斥之,老羞成怒,喝令卫士,擒拿来歙。来歙仗剑而上,便刺隗嚣。隗嚣慌忙躲避室内,来歙目眦欲裂,睥睨而出,登车离去。

　　隗嚣命王元带兵追杀来歙,先锋牛邯追及来歙于天水城外。将军王遵闻之,赶来劝谏道:"愚闻,为国者慎器与名,为家者畏怨重祸。名器者,爵位也,有了爵位,下服其命;轻启怨祸,家受其殃。今将军遣子为质于汉,接受汉家封爵西州大将军,为汉臣矣。内怀他志,与名器爵位相违背矣。谋杀汉使,轻起祸怨矣。古者,列国交兵,使在其间;重兵贵和而不任战,故两国交兵不斩来使;何况来歙身负皇命,而长公子为质在汉。来君叔虽单车远使,乃天子之表兄也。杀之无损于汉,而轻启祸怨,徒召族灭之祸。昔宋华元轻杀楚使,为宋招致析骸易子之灾。小国犹不可辱,况于万乘之君,兼有伯春公子性命哉!"隗嚣犹豫难决。来歙为人重信义,西州士大夫皆信重之,纷纷为之求情。隗嚣迫不得已,放其东归。

来歙东归,王元谓隗嚣道:"汉兵将至,宜早为备。陇山绵延一百八十里,北自凡亭、开头诸山,南至陇关,地势险要,为汉兵上陇必经之路。臣请得精兵数万,据守陇坻;汉纵有精兵百万,不足为虑。"隗嚣道:"孤以两郡之兵尽付将军,唯将军之命是听。"王元于是命杨广守陇关,王捷屯街泉亭,王元亲带人马把守薄落谷。他命士卒伐木塞道,堆石为寨,唯留薄落谷以待汉兵。

光武命祭遵先行。吴汉、耿弇、盖延、冯异、马武等诸路随后并进。王元迎战,数合之后,旋即败往薄落谷。祭遵见王元未战而退,料其有诈,即止军不前。他询诸牧荛儿道:"谷中草木丰茂,何不入谷牧荛也?"牧荛儿道:"昨日将军已封薄落谷,不准入内牧荛。"祭遵又问道:"谷外有可牧荛之处乎?"牧荛儿道:"山北亦可放牧牛羊,唯水草不及谷中丰茂。"祭遵遂依牧荛儿所指,自开头山北西进。果如牧荛儿所言,道路甚险,攀岩越涧而过。王元不见祭遵来追,知其窥破机关,正欲复入谷中引诱,不意祭遵从背后杀来,大败而逃。祭遵追杀王元到新关,不见其他各路人马到来,不敢轻进,遂在新关下寨。

王元见祭遵扎寨新关,立命行巡、牛邯列营关前,阻挡祭遵西进,王元自己速带兵重返薄落谷。恰逢耿弇兵到,战不数合,带兵退入谷中。耿弇以为祭遵前锋已从谷中经过,不预有他,遂纵兵追入谷内。

陇阪九曲,盘旋崎岖。薄落谷又称"迷魂谷",纵深十余里,回环往复,歧岔无数,怪石嶙峋,狭隘处车不方轨,马不并行。耿弇进入谷中,王元人马忽然不见。耿弇大吃一惊,急令后队改作前队,退出谷中。但为时已晚,狭谷两岸山崖上号角声起,山回谷应,伏兵四起,石矢交飞,杀声震动山川。耿弇虽然骁勇,但也只有挨打的份儿,没有还手的力。顷刻间,人马折损一半。耿弇拼死退出谷外,王元、王捷随后杀来。幸得盖延兵到,二人兵马合在一处,方才立定阵脚。盖延正要纵马厮杀,王元、王捷却又退入谷中去了。

稍时,吴汉、冯异、王常、马武、刘尚各路人马齐到,听耿弇讲述薄落谷情况。吴汉道:"王元堵塞各处关隘,只余薄落谷一条通道,分明是诱我入毂。我军莫如分兵三路,耿弇、盖延仍在薄落谷口大张旗鼓,佯作入谷之状,王元必不敢轻离薄落谷。我与汉忠将军王常南攻陇关;征西将军冯异与武威将军刘尚攻街泉亭。捕虏将军马武与骁骑将军刘歆,预做接应,打探征虏将军祭遵下落。"冯异道:"陇阪九回,往返须七日开外。西州陇军得地利之便,据险设防,因势设伏。诸位宜多加小心,不可轻进。"众人道:"区区天水、陇西两郡兵马,怎挡我数路并进?"

吴汉、王常兵薄陇关,不见守关兵马,但见横木巨石填塞关隘,阻绝道路,立命士卒搬运木石,开通道路。兵士费尽九牛二虎之力,刚把道路打开一个缺口,吴汉正要下令前进,关上号炮声响,杨广率众杀下关来。隗嚣兵马以逸待劳,汉兵疲惫不堪,不能抵敌,一触即溃,败下阵来。汉兵初临陇关,不见敌兵,人人大意;及其败北,漫山遍野,尽是喊杀之声,仿佛千军万马,山鸣谷应。汉军于是落花流水,逃下陇阪。

冯异、刘尚兵到街泉,但见两山对峙,仿佛城中楼舍,中间峡谷宛若街衢,一泉淙淙自峡中流出,名曰街泉,东流十数里汇入渭水。夹水两岸皆有道路入谷,却不见一兵一卒防守。刘尚正要入谷,冯异令其停止道:"谷中道路通畅,寂无行人,高处必有伏兵。我兵入谷,滚木礌石齐下,必为齑粉。将军不信,稍待一时,等谷中雾起,可令士卒数人,于谷中点火数堆,鼓噪而出,必见分晓。"稍时黄昏,刘尚命士卒数人各负柴草,于谷中点火生烟,鼓噪而出。山上见谷中火起,且闻金鼓之声,果然滚木乱石齐下,一时峡谷半满。刘尚及众士卒啧舌不下,惊叹莫名。

等到山上木石落尽,冯异道:"可进谷矣。"冯异正要催促将士入谷,山上号炮声响,周宗、王遵分从左右山上杀出。时值黄昏,冯异就地列阵,坚守不战;周宗王遵不知深浅,只得鸣金收兵,退回山上。至夜,冯异命营中灯火不熄,柝声不止,悄然退兵。

再说祭遵驻兵新关,得知各路人马失利,俱已退兵。夜晚虚张声势往劫行巡、牛邯之营。二将慌忙调兵遣将防守,不料祭遵虚晃一枪,连夜循原路退去。天亮之后,行巡、牛邯见新关城头旌旗依旧,不见炊烟,城上不见人影,方知中计。两人带兵追赶,已来不及。

吴汉等人退下陇阪,王元、杨广、行巡、周广纵兵追杀,半道上各处营堡闻风应和,处处截击。汉兵诸营狼狈奔逃。马武、刘歆前来接应,反被退兵冲得七零八落。马武大怒立斩数人,方才收拢散伍,立住阵脚。恰在这时,王常带兵败下陇阪。马武道:"王邑王寻百万之众,我等尚能破之,隗嚣老儿,兵马几何,竟至于如此!"他遂于诸营中挑选精骑三千,返身杀回。

王元、王捷正在带兵追杀,忽见马武列阵对面冈上,不由止步。马武厉声喝令身后士卒:"射!"士卒引满而发,王元部属猝不及防,中箭落马者数百。马武喝令:"再射!"王元麾众急退。马武持戟跃马高叫道:"杀! 前于我者赏,后于我者斩!"将士紧随马武争先恐后杀向前去。王元以为中了汉兵埋伏,退归陇坻。

杨广见王元兵退,马武并未追杀,料汉兵人马不多,随后追来。吴汉、王常恐马武有失,命刘歆伏兵接应。马武见杨广来追,返旆杀回,往来奔袭。杨广指挥部众方将马武围困,却见刘歆伏兵杀出,旌旗甚盛,大惊道:"汉兵果有埋伏!"慌忙带兵退走。马武、刘歆纵兵掩杀,斩获数千,隗嚣兵马尽退。汉兵各营也陆续退回长安。

诸将铩羽归来,一一请罪。光武抚慰诸将道:"胜败乃兵家常事。天时不如地利。隗嚣得地利之便,我军初至小挫,亦在情理之中。卿等且休养士马,以待再战。"光武遂命耿弇移军于漆,冯异移军恂邑,祭遵移军汧阳,吴汉带领其余诸将屯驻长安。

隗嚣初战告捷,心中大喜,大宴文武与诸将庆功。隗嚣道:"郑兴、马援、申屠刚皆道光武用兵如神,战则必败。今我牛刀小试,即获全胜。谁道汉兵不可破耶？"隗嚣奉酒至王元、杨广等人案前道："若非卿等，几为腐儒之议所误。经此一役，汉将不敢复上陇坻矣！"王元等人道："大王威重西州，根基深厚，正宜乘胜兵下三辅，攻取长安。然后南结公孙述，北和刘文伯，不难与洛阳分庭抗礼矣！"王尊、牛邯道："王将军之言差矣。今日之胜，盖因地利之便得之。若非陇坻形胜，易守难攻，以逸待劳，胜败之数，恐未可知。以我陇右、天水两郡之兵，妄与朝廷抗衡，恐非上策。末将愚见，仍不如据守陇坻，以静制动为好。"隗嚣心中不悦，他问道："以二位之见，何日能到长安耶？"王尊、牛邯不再多言。隗嚣遂命王元、行巡带兵数万，乘胜下陇，进攻三辅。兵出街泉，王元分兵一半，由行巡带领北攻恂邑，自己亲带人马攻打汧县。

冯异奉旨移兵恂邑。行至途中，他得知行巡二万之众正向恂邑赶来。冯异立刻下令兼程前进，抢先入城。当时行巡人马倍于汉军，且乘胜而来，士气正盛。士众慌恐，争劝冯异道："敌众我寡，且新胜之后，士气正旺，不可与之抗争。不如驻军方便之地，选择有利地形，再从容筹思破敌方略。"冯异道："敌兵新胜，将骄士满，贪图小利，轻进深入。若得恂邑，三辅震动，必坏大局，是吾忧也。夫'攻者不足，守者有余'，先发制人，后发制于人。今先入恂邑，必得先机，以逸待劳，非必与之争也。"于是，汉军抢先一步进城。冯异命士卒偃旗息鼓，闭城蓄势，以待行巡到来。

行巡匆匆到来，方欲进城，忽闻号炮声响，冯异出其不意，举旗而出，身后突骑如怒涛排壑，杀出城来。行巡惊慌失措，部伍大乱，士卒四散奔逃。汉军杀声震天，乘势横击，仿佛百万。行巡弹压不住，反为士卒裹挟，随波逐流。冯异带兵追杀数十里，全胜而归。

祭遵移军汧县，与左右道："隗嚣因地利之便而制我，我何不因地利之便反制彼？"于是伏兵于汧山之阴，汧水之阳，盛设旌旗于汧县城上。王元探得汉兵在汧县，轻兵直过汧山。祭遵伏兵尽出，王元被杀得人仰马翻，士卒跌入涧谷，溺水死者不计其数。祭遵追之街泉亭东，大胜而还。

王元、行巡两路人马接连损兵折将而归，隗嚣刚刚充满胸怀的喜悦与狂妄顿时消散了大半。隗嚣担心汉兵马上卷土重来，他遂故伎重施，给光武帝上书谢罪道："将吏闻天兵猝至，惊恐自救，臣嚣不能禁止。兵虽大利，嚣不敢废臣子之节，亲自追还。昔虞舜事父，大杖则走，小杖则受。臣虽不敏，然不敢忘斯义。今臣之事,在于本朝,赐死则死,加刑则刑。如遂蒙恩,更得洗心,死骨不朽。"

光武将隗嚣奏疏下交诸臣会议。诸将皆道:"这哪里是认罪悔过? 分明是耀武扬威,藐视朝廷,无奈他何! 说什么'兵虽大利,不敢废臣子之节',他眼里哪还有半分君臣之义? 分明是他追杀朝廷使臣在前,如今反咬一口,说什么'天兵猝至,惊恐自救',这不是贼喊捉贼,颠倒黑白吗?"更有人说:"反正他的儿子还在洛阳,先杀了他的儿子,再兴兵征讨好了,管他是真请罪,还是缓兵之计!"光武不允,他说道:"隗嚣有罪,与其子何干? 纵令其不仁,不顾其子;朕不能不义,以失天下士心!"光武遂命来歙复信隗嚣道:

"昔柴将军与韩信书云:'陛下宽仁,诸侯虽有亡叛而后归,辄复位号,不加诛也。'以嚣文吏,晓义理,故复赐书。深言则似不逊,略言则事不决。今若束手,复遣恂弟归阙廷,则爵禄可全,有浩大之福矣。吾年垂四十,在兵中十载,厌浮语虚辞。即不欲,勿报。"

隗嚣得光武书信,知光武已窥破其计。来歙信中所说恂弟者,隗嚣幼子隗恂也,为他所甚为钟爱。他无论如何也不愿再派一个儿子委质洛阳。隗嚣于是向公孙述称臣,公孙述封隗嚣为朔宁王。公孙述、隗嚣二人遂联兵拒汉。

再说冯异大破行巡、祭遵大破王元之后,西州豪强见风转舵,耿定等人纷纷叛变隗嚣归降汉朝。冯异行事谨慎,不敢自专,更不敢擅自招降纳叛。他上书奏报情况,从不自矜功伐。而其余诸将,因前番上陇多所折损,因而乘机招降,竞相夸饰功劳,隐然与冯异争功。不少人说,"若非他们降服各地营堡豪强,行巡未必能退,枸邑势不能保。"光武知冯异谦退,洞察实情,不忍隐功臣之善,乃降旨道:"制诏大司马、虎牙、建威、汉忠、捕虏、武威诸将:虏兵猥集下陇,三辅惊恐。枸邑危亡,在于旦夕。北地营堡,按兵观望。今枸邑获全,虏兵挫败,使耿定之属复念君臣之义,望风归降。征西功若山丘,犹自以为不足。昔鲁与齐战,鲁师败绩,孟之反殿后,将入鲁门,策其马曰:'吾非敢殿,马不进也。'非马不进,是谦而不自伐也。今征西口不言功,与孟之反何异? 今遣太中大夫来歙赐征西将军吏士死伤者医药、棺殓。大司马以下亲临,吊死问伤,以崇功臣谦让。"

众将接旨,不再敢妄言夸功。刘秀遂命冯异进军北地义渠县,领北地太守事。

平陇策

陇嚣得公孙述之助,自以为兵强马壮,遂亲率步骑三万下陇,攻打安定。他命王元、王捷进攻汧县。刚刚上任不久的安定太守冯异,和驻守汧县的征虏将军祭遵不约而同,都采取后发制人策略,先据城坚守,待陇嚣久攻不下,师老兵疲,粮草将尽之时,突然转守为攻,猛然出城反击,把陇嚣打了个落花流水。

陇嚣损兵折将,无功而返。王元等人献计道:"我虽有蜀兵之援,但蜀道难行,缓不济急;若能和河西五郡结盟,金城、武威、张掖皆为近邻,共进共退,或拊汉兵侧背,前后夹击,稳操胜券。"陇嚣深以为然道:"孤与河西五郡大将军窦融颇有交情,昔在长安,过从频繁。若遣使前往,事不难成。"陇嚣于是遣师友张玄为使,携重金前往河西。

窦融,字周公,扶风平陵人,汉初窦太后的娘家后裔。王莽时以军功封男爵,妹妹为大司空王邑小妾,当时出入贵戚,结交豪杰,以任侠出名。他曾随王邑、王寻参加过昆阳之战,后拜波水将军。王莽败亡,窦融投降更始,深得赵萌信重,大力举荐其出任巨鹿太守。窦融累世任宦河西,熟知河西风物人情,不愿赴任巨鹿。窦融厚遗赵萌,求其改任河西。得赵萌在更始跟前美言,窦融被封为张掖属国都尉。对窦融此举,兄弟亲戚多有不解,皆道:"巨鹿大郡,燕赵自古形胜之地,河西焉能与之相比?"窦融却道:"天下安危未可知,河西殷富,带河为固,张掖属国,精兵万骑,一旦天下有变,缓急之间,足以自守。此保全亲族之地也。"兄弟亲友遂服。

窦融带领亲属到了河西,安抚百姓,结好当地英雄豪杰,怀柔羌人,甚得各方欢心,河西翕然归之。是时,酒泉太守梁统、金城太守库钧、张掖都尉史苞、酒泉都尉竺曾、敦煌都尉辛彤,皆与厚善。及更始败亡,窦融与梁统等人计议道:"今天下扰乱,未知所归。河西堵绝在羌胡之中,不同心勠力,则不能自保;各自为政,势力分散,则不利于团结一心。不如推举一人,为大将军,共同保全五郡,待时观变。"众人欣然同意,共推窦融为"河西五郡大将军"。武威太守马期、张掖太守任仲,不愿留任河西,挂印辞官。窦融则命梁统为武威太守、史苞为张掖太守、竺曾为酒泉太守、辛彤为敦煌太守、库钧为金城太守。窦融则仍任张掖属国都尉如旧,监察五郡。汉自武帝之后,各地归降之民徙置边郡,各依本国之俗,谓之"属国",设都尉掌管属国事务。诸如张掖属国、居延属国等,均在张掖郡之北,东、西弱水间,俨然自成一域。当地民风质朴,窦融为政宽和,上下相亲,晏然富庶。窦融修兵马,习骑射,明烽燧之警,教战守之策,兵强马壮。羌胡来犯,屡被窦融击破。匈奴、诸羌皆震服。安定、北地、上郡之民避乱来归者,络绎不绝。

张玄来到河西,游说窦融道:"昔日,周朝衰亡,五霸迭起,七雄竞逐;秦亡之后,六国各复其国,争雄逐鹿,高帝遂以布衣兴汉业,周、秦皆未再兴。可见天道轮回,一姓不再兴也。更始登基长安,事业已成,很快灭亡,死葬荒丘,此一姓不可再兴之明证也。今洛阳即有所主,便归服称臣。一旦君臣关系确定,自失权柄,受制于人,天下危殆,追悔莫及。今豪杰竞逐,雌雄未决,不如各据疆域,与陇、蜀合纵,成可为六国同列并存,退不失为南越王赵佗。"时班彪已自天水来到河西,为窦融从事,他应声说道:"天水自身不保,陇公已委身称臣于蜀。张先生欲专误河西五郡邪?"

张玄大惊,忙拱手为礼道:"班生与我同为陇王师友,何出此言?"班彪道:"陇王不纳忠谏,误听小人之言,我曾有《王命论》一篇赠他,希望他迷途知返。不料他执迷不悟,反欲加害于我。在下无奈,亡命河西,幸蒙窦公不弃,以为从事。张先生学富五车,当知盛衰之理,兴亡之势。何出言如此不察！汉承尧运，历数绵长。当今天子，姓名见于图谶。王莽时有道之士谷子云、夏贺良曾言汉有复兴之命，故刘子骏改易名字冀应其兆。其后西门君惠扬言'刘秀当为天子'，遂谋立子骏。虽事发被杀，百姓皆曰'刘秀真吾主也'。此皆近事，人所共知。除言天命，且以人事论之。今称帝者数人，公孙子阳，偏于巴蜀；刘文伯避地胡中，皆托名冒姓，李代桃僵之属。唯洛阳土地最广，位居中原，甲兵最强，号令最明。观符名而察人事，他人岂能相提并论？"张玄语塞。班彪又道："昔日陈婴之母以为，暴富暴贵不吉，阻止陈婴为王；王陵的母亲知天命在汉，以死坚王陵之忠。老妪尚知兴亡之理，去就之道，况贤士大夫乎！诸公勿为浮言所误！"窦融遂纳班彪之言，遣长史刘钧为使，奉书前往洛阳，献河西良马百匹与汉结好。

光武帝得报，闻隗嚣率兵下陇，攻打安定汧县，欲带兵亲征。太中大夫来歙等人进谏道："冯异、祭遵均为能征惯战智勇兼备之将，何劳圣虑？况大司马、虎牙等人都在长安，圣上只需安坐京师，运筹调度便可，不须亲征。"光武道："朕非担心征西、征虏二将非隗嚣之敌；只是欲觅长策，从根本上剪除祸患。不然隗嚣得机便犯三辅，终为心腹之患。"来歙道："西州之事，马援无所不知。陛下何不召马援前来，垂询方略？"光武笑道："朕忙昏头了，怎么把一匹千里良驹，闲置上林苑中，长期不用！"刘秀于是立命来歙宣召马援进京。

马援见驾，大礼已毕，光武道："卿屯田上林，悠闲否？"马援道："臣归事陛下，本无公辅一言之荐，左右半语之容；居前不能令人高贵为轻，居后不能令人卑贱为轩；与人怨不能为人患，与人友不能为人助。何足轻重？故屯田上林，徒增马齿。托皇上洪福，日夕悠闲。"

光武笑道："自今而后，卿难得悠闲上林矣。卿久在西州，与隗嚣交厚。朕欲与卿共筹平陇之策，望卿教朕。"马援叩头道："臣与隗嚣，本实交厚。当初，嚣遣臣东来，谓臣曰：'本欲为汉，愿足下往观之，汝意以为可，吾即专心矣。'及臣还天水，报以赤心，实欲劝其归汉，非敢导以非义。唯嚣自怀奸心，兼受小人蛊惑，怨臣背己。盗憎主人，怨毒之情，日归于臣。臣若不言，则无以上闻天听。故触冒罪忌，剖心沥胆以陈。臣谨献平陇之策三，以效一得之见。然后退归陇庙，死无所憾。"光武道："卿之衷曲，朕知之矣，愿闻良谋。"马援于是献平陇三策：一、结好河西，令河西五郡大将军窦融出兵，前后夹击隗嚣；二、招抚西羌，以绝隗嚣之援；三、离间隗嚣支党，釜底抽薪，孤立隗嚣之势。光武大喜，立刻命来歙出使河西，结好窦融；又命马援带突骑五千，往来游说隗嚣部将高峻、任禹、杨广、王尊、牛邯等人；再派人招抚金城、先零诸羌。

　　且说来歙奉使，前往河西，途中恰巧与窦融使臣刘钧相遇，便和刘钧同返洛阳。光武喜出望外，隆礼接待，宴见于宣德殿。光武道："朕与河西窦氏，远隔千里，但戚谊亲近。孝景乃窦太后所生，长沙定王乃孝景血胤，朕乃定王之后。追本溯源，与窦氏血脉同源矣。况窦氏多贤者，昔孝景之世，太后欲使'千秋之后传梁王'，魏其侯窦婴一言谏阻，使统绪不乱，功德载于竹帛，朕岂不知？"

　　宴罢，刘秀亲赐窦融玺书，命刘钧回还河西。书曰：

　　"制诏行河西五郡大将军事、张掖属国都尉：劳镇守边五郡，兵马精强，仓库有蓄，民庶殷富，外则折挫羌胡，内则百姓蒙福。威德流闻，虚心相望。道路隔塞，殷殷何已！长史所奉书献马悉至，深知厚意。今益州有公孙子阳，天水有隗将军嚣，方蜀汉相攻，权在将军，举足左右，便有轻重。以此言之，欲相厚岂有量哉！诸事具长史所亲见，将军所必知。王者迭兴，千载一会。欲遂立桓、文，辅微国，当勉卒功业；欲三分鼎足，连横合纵，亦宜乘时而定。天下未定，朕与尔绝域，非相吞之国。今之议者，必有劝将军效任嚣属尉佗，制七郡自立之计。王者有分土，无分民，自适己事而已。今以黄金二百斤赐将军，便宜辄言。"于是授窦融凉州牧，专制河西五郡。

　　窦融与五郡太守见光武玺书，认真细读，尽皆吃惊，相议道："汉天子明见万里之外，张玄游说之情尽知也。所谓蜀、汉二主，三分鼎足，任嚣临死嘱南越王赵佗独立语，盖敲山震虎、试探之语也。宜上表剖白，以释天子之疑。"史苞、竺曾、库钧等人，起自行伍，不知光武书中典故何意，齐声问道："任嚣、赵佗何许人也？与我等何干？天子为何把此二人和我等相提并论？"梁统笑道："任嚣为秦二世时南海督尉，赵佗是他的部属龙川令。时天下大乱,南海与中原隔绝。任嚣将死之时,劝赵佗并桂林、象郡,自立为南越王。当今天子,以古喻今,告诫我等勿为奸人所惑,仿效赵佗也。"三人于是明白过来,齐道:"我等怎能上隗嚣的当!"窦融于是复上表,命刘钧重使洛阳。表曰:

"臣融窃伏自惟:幸得托先太后末属,蒙汉恩为外戚,累世二千石。至臣之身,复备列位,假历将帅,守持一隅。以委质则易为辞,以纳忠则易为力。书信不足以深达至诚,故遣刘钧口陈肝胆。自以为表里坦露,毫无纤介之隐。而恭览玺书,称蜀、汉二主,三足鼎立之权,任嚣尉佗之谋,窃自痛伤。臣融虽无识,犹知利害之际,顺逆之分。岂可背真旧之主,事奸伪之人;废忠贞之节,为倾覆之事;弃已成之基,求无冀之利。此三者,虽同狂夫,犹知去就,而臣独何以用心!谨遣同胞弟窦友同刘钧一同赴阙,口陈区区之情。"

刘钧、窦友行至高平,恰逢隗嚣兵下陇坻,道路不通,不得已返回。窦融又遣司马席封,从间道至洛阳。光武览书,深感窦融之诚,赐书窦融及弟窦友,倍加慰藉。赐窦融外戚图及太史公《五宗》《外戚世家》《魏其侯列传》等典籍。诏书曰:

"每追念外属,孝景皇帝出自窦氏,定王景帝之子,朕之所祖。昔魏其一言,继统以正;长君、少君尊奉师傅,修成淑德,施及子孙。此皇太后神灵,上天祐汉也。……今关东盗贼已定,大军不日西征,将军其抗厉威武,以应期会。"

窦融接旨,遂与五郡太守将兵入金城,以策应光武。师出之日,窦融命武威太守梁统斩杀张玄,并致书隗嚣,与之决绝。书曰:

"融闻智者不危众以举事,仁者不违义以邀功。今以小敌大,于众何如?弃子邀功,于义何如?且初事本朝,稽首北面,忠臣节也。及遣伯春,垂泪相送,慈父恩也。俄而背之,谓吏士何?忍而弃之,谓父子何?自兵以来,转相攻击,城廓皆为丘墟,百姓流转沟壑。今其存者,非锋刃之余,则流亡之孤。迄今伤痍之体未愈,哭泣之声尚闻。幸赖天运少还,而将军复重于难,是使积痾不得遂瘳,幼孤将复流离,其为悲恸,尤足悯伤,言之可为酸鼻!庸人且犹不忍,况仁者乎?融闻为忠甚易,得宜实难。忧人大过,以德取怨,知且因言获罪也。区区所献,唯将军省焉。"

隗嚣得书不报，遂与窦融绝交。先零羌人首领封何居金城。王元献计道："羌王封何贪财货，且羌兵强悍，掳掠成性。若诱使羌王与我联手，共图窦融，可解大王之恨，且断汉兵之援，一举两得，岂不大妙？"隗嚣道："此计甚好。"隗嚣遂派人以重金贿赂封何，与其结盟。他命人骗封何道："窦融欲向朝廷纳贡，军中金银珠宝无数；隗王大将高峻、任禹重兵驻扎榆中，愿与羌兵共破窦融。金银珠宝尽归羌王，隗王只要窦融首级。"封何大喜，当即答应，约以时日，与隗嚣联手，进攻窦融。

隗嚣既与封何约定日期，立即命人知会高峻、任禹。偏在此时，马援来到榆中，暗中与高峻、任禹相见，晓以祸福，劝二人归汉。二人答应归汉，但妻子家人尽在天水，不敢贸然行事。马援体谅二人苦衷，与二人商议，待二人眷属平安离开天水，再定归汉日期。马援方走，隗嚣使者到来。高峻、任禹表面答应，如期与封何联兵攻打窦融，却暗中把消息告知马援。马援命二人故意延误进兵日期，让封何孤军独进。

窦融得报，设伏于枝阳、金城间，大破封何羌兵，斩首千余级，得牛羊骡马万头，谷数万斛，扬威河上，恭候光武车驾。

偏偏天不作美，常年干旱的河西，此时却下起了连阴雨，西行道路为之堵绝。光武御驾亲征的计划，不得不推迟。窦融退兵至姑臧，原来打算归降的高峻、任禹等人也犹豫观望起来。隗嚣散布流言说汉朝东方大乱，光武已无暇西顾，西州地方豪强又纷纷归附隗嚣。公孙述命李育出兵援助隗嚣，进兵突门。一时之间，黑云压城。窦融不禁惊慌，急忙上书催光武进兵。书曰："臣融孤弱，介在其间，虽承威灵，宜速救助。国家当其前，臣融趣其后，缓急迭用，东西夹击，首尾相应，破嚣必易。若兵不早进，久生犹疑，则外长寇仇，内示困弱，复令奸邪得有因缘，臣窃忧之，唯陛下哀怜！"

光武立刻复信抚慰，他告诉窦融道："朝廷已有破敌之策，卿且勿忧。"他命人至右扶风修理窦融祖坟，祠以太牢。刘秀又命来歙至汧县助祭遵西进，命马援加紧离间隗嚣支党部属高峻、任禹、牛邯等人，以解窦融之困。

来歙来到汧县，传宣光武旨意。祭遵道："善攻者，攻人必救。今隗嚣重兵在武威姑臧，日夕提防我大军西征，后方空虚。我若出其不意，攻打天水，其必尽撤武威姑臧之兵回救，姑臧之围自解。"来歙道："此乃孙膑围魏救赵之法也。计是不错，但陇坻难越。我军两次上陇，皆无功而返；若能越过陇山，何愁天水不破，陇西不得？"祭遵道："韩信当年明修栈道，暗度陈仓者，攻其不备也。我军两次上陇，皆无功而返者，攻其必备也。今我若舍陇关、街泉、薄落谷等关隘不过，出奇兵从须番、回中径取略阳，直捣天水腹心，隗嚣始料不及，大功可成。"来歙道："陇道险阻，以此为最，车马难行，恐怕不易翻越。若遇守敌，恐将全军覆没。"祭遵道："我已亲临其境，探查过了，人马攀援可过，唯车仗难行。只要攻下略阳，车辆自不难得。"二人于是带兵出发。途中祭遵旧病复发，不得已把人马交于来歙，自己带数人返回汧县。来歙带领士卒自须番口入陇山伐木开道，遇水搭桥，翻山越岭跨过鸡头山，入回中道，径至略阳城下。守将金梁猝不及防，被来歙斩于城门，汉兵一举攻占略阳。来歙立即搜集车仗及守御之具，盛设滚木礌石、登城守御，然后命人告捷。

光武闻捷，大喜过望道："略阳乃天水屏障，隗嚣依为陇西门户。我军已入其腹心之地，隗嚣腹心已坏，制其肢体易矣！"诸将闻讯，人人振奋，争欲进兵。光武道："隗嚣丢失略阳，决不会善罢甘休，必集重兵来争。来君叔必将面临殊死之战。此时大军上陇，为时尚早。只能待隗嚣师老兵疲之时，大军方可上陇！"

隗嚣闻来歙攻占略阳，大惊失色道："汉兵自天而降，何其神也！"他急带大军回救天水。隗嚣回到天水，更惧汉兵大至，乃使王元拒陇坻，行巡守须番口，王孟塞鸡头道，牛邯驻军瓦亭。调度完毕，隗嚣亲率精兵数万，围攻来歙，复夺略阳。来歙与众将士拼死坚守，矢石既尽，乃毁屋断木为兵，砖瓦乱掷，隗嚣士卒伤死无数。公孙述遣李育、田合来助隗嚣。此二人献计，"以水为兵"，拦山筑堤，截断洞水，聚水沃城。自春至夏，连攻数月，略阳仍未攻下。隗嚣士卒疲弊，无计可施。

光武见时机到来，决定御驾亲征。光禄勋郭宪颇有法术，极谏光武不可西征，他说道："东方初定，车驾未可轻出。"光武不听，左右谏道："光禄勋得道之士也。去岁郊祀之日，口含御酒，连喷三口，陛下怪其不敬，问其原因，他道齐宫发生火灾，为了救火。陛下不信，命驿传打探，果有其事。今日极谏，必有缘故。"光武道："救兵如救火。子不语乱力神怪，朕亦不信。"光武决意起驾，郭宪挡道，以佩刀斩断御马鞍上绳索。光武命人把郭宪拉开，启驾西征。刘秀车驾行至漆县，诸将想起郭宪极谏之争，尽皆劝道："陛下万乘之躯，不宜远入险阻，只需授我等以方略，臣等愿效驰驱。"光武也不禁犹豫起来，左右之人道："马援熟知西州之事，何不召来询问？"刘秀于是亟召马援来见。

马援自知非光武旧将，不欲人前独持异议，显己之能，故意在日落之时赶赴行在。至夜入见，光武把众人之议告诉马援。马援道："扬汤止沸，莫如釜底抽薪，伐兵不如伐谋。今隗嚣将帅有土崩之势，兵士有必败之兆，若采用釜底抽薪之计，破陇易如反掌。"光武大喜道："请卿明言。"马援道："王尊现在陛下左右，其人素怀忠义，隗嚣起兵之初，即鞍前马后相随；隗嚣因'三王之乱'为更始猜疑，危难之时，王尊舍生忘死救其脱险。来君叔出使天水，隗嚣背君欲反，王元命牛邯追来君叔于城外，千钧一发之际，幸得王尊一言，牛邯放来君叔东归。可见王尊与牛邯交情非比寻常。后来，王尊听来君叔劝说弃暗投明，被陛下拜为太中大夫，封向义侯，恩宠有加，常思报效。今牛邯扼守瓦亭要塞，正当我军越陇之路。皇上若命王尊致书牛邯，晓以忠义、喻以去就之理，当此祸福攸关之际，牛邯不会无动于衷。牛邯若能率部归降，献瓦亭以迎王师，破天水，不费吹灰之力。"光武闻言大喜，立召王尊来见。

王尊道："吾所以幡然东归，戮力从征，不避矢石者，岂因爵位哉！徒以先君蒙汉厚恩，心思故主，常思报效于万一耳，敢不从命！"牛邯，字孺卿。王尊于是当即修书与牛邯道："尊与隗王歃盟为汉，经历虎口，践履死地，已十数载矣。而王之将吏，人人抵掌，欲为不善之计。尊与孺卿日夜所争，害几及身者，岂止一事哉！前计抑绝，后策不从，所以吟啸扼腕，垂泪登车。幸蒙封拜，得与议论。每及西州之事，未尝敢忘孺卿之言。今车驾已在道路，吴、耿骁将云集四境，而孺卿以奔离之卒，拒要隘，当军冲，视其形势何如哉？夫智者见危思变，贤者泥而不滓，是以功名得就，策划得用。故管夷吾束缚而相齐，黥布仗剑以归汉，去非就义，功名并著。今孺卿当成败之际，遇严兵之锋,宜参之有识,立下决断。"

牛邯得书不语,沉吟十余日,乃率众归汉。此时,隗嚣麾下大将率部归降者十三人,属县十六,兵众十余万。隗嚣不战,已土崩瓦解矣。

马援又于光武面前,聚米粒为山川涧谷之形,一一指陈进军途径,昭然可晓。光武道:"虏兵尽在吾目中矣!"遂决计进兵,至武平第一。

隗嚣见大势已去,遂自解略阳之围,带领妻子前往新城,投奔杨广。李育、田弇则退保上邽。杨广,字春卿,与马援相熟。马援遗杨广书信,劝他投降。书曰:"援素知隗季孟孝爱,曾、闵不过。夫孝于其亲,岂不慈于其子?岂有子抱三木,而跳梁妄作,自行分羹之事乎?季孟平生自言,所以拥众者,欲以保全父母之国而完坟墓也,又言苟厚士大夫而已。而今所欲全者而破亡之,所欲完者而毁伤之,所欲厚者而反薄之。季孟尝愧折子阳不受其封爵,而今却俯首称臣,岂不惭颜乎?……前披地图,见天下郡国百有六郡,奈何以区区两郡,以当诸夏百有四郡乎?春卿事季孟,外有君臣之义,内有朋友之道。言君臣也,固当谏争。言朋友也,应有切磋。岂有知其无成而但唯唯咋舌,拱手以族者乎?及今成计,殊尚善也;过此,则后悔已晚矣。"杨广接信,长叹道:"以君臣言,忠臣不事二主;以朋友言,临难背之不义。事已至此,复有何可言!"他竟不回信,对马援置之不理。

光武亦诏告隗嚣道:"若束手自诣,父子相见,保无他也。高皇帝云:'横来,大者王,小者侯。'若欲为黥布者,亦自任也。"隗嚣终不肯降。光武于是降旨斩杀隗恂,命吴汉、岑彭围新城,耿弇、盖延围上邽。光武亲带从征文武,驾临略阳与来歙相会。

秋高气朗,小小略阳城之中,喜气洋洋。光武置酒高会,命来歙坐首席,在诸将之右,赐酒三爵道:"微卿之功,无今日之会!"来歙道:"此乃社稷之福,臣犬马微劳,何足挂齿!"光武赐来歙之妻缣千匹。刘秀命来歙屯留长安,休养士卒,监护各路兵马。

正当光武准备乘胜进军新城、下邽,彻底消灭隗嚣残余势力之时,忽接洛阳急报:颍川、河东发生变乱。光武大惊道:"悔不听郭宪之言!"他急忙回京,临行又密嘱岑彭道:"两城若下,便可将兵南击蜀虏。人苦不知足,既平陇又望蜀焉。朕久在兵间,每一发兵,头须为白。卿宜慎之。"光武又诫吴汉道:"兵在精而不在多。诸郡甲卒,老弱参半,但坐费军粮。今转运困难,粮秣不足。若士卒逃亡,则沮败军心,宜悉罢之,唯留精卒即可。"窦融入见,刘秀即封窦融为安丰侯,窦友显亲侯,竺曾助义侯,梁统成义侯,史苞褒义侯,厍钧辅义侯,辛彤扶义侯,令其各归本郡,镇守河西。来歙入见光武奏道:"自王莽末年,西羌入居塞内,金城各县,多为羌人所有。今金城初下,诸羌未服,非马援莫能定。"光武准奏,即令马援驻守金城。诸事安排妥当,光武星夜启驾,匆匆赶回洛阳。

岑彭、吴汉加紧攻打新城。隗嚣大将王捷据守新城西北的戎丘,以为牴角之援。吴汉命人攻打戎丘,即将攻破之时,王捷登城高喊:"城下汉军听着:我等为隗王守城,皆有必死之心,决不投降,愿诸君及早退去,汝等不信,我以自杀明志,勿以颈血溅尔之身!"说罢,即于城头拔剑自刎,尸坠城下。城上守军哭声一片,杀声动地,城下汉军不忍目睹。时汉军营中粮食将尽,岑彭道:"皇上临行曾面授方略,以为各郡甲兵,老弱参半,不如裁撤。"吴汉道:"兵法云,十则围之,五则攻之,倍则分之。裁各郡之兵,围城必不敷用。况初时未裁,今若裁之,军心宜散。"军中乏粮,士卒惊慌;围城日久,将士疲敝,纷纷逃亡。

围城之中,隗嚣的日子更不好过。王元前往蜀中搬兵,没有消息;杨广又在关键时候病死;吏民粮绝,易子而食;士卒矢尽,唯以瓦、石为御。攻守双方都到精疲力尽之时,岑彭也想出了"以水为兵"的法子,截断西山谷中之水,以灌西城。此法果然奏效,积水眼看就要漫过城头,隗嚣只有束手待毙;汉军将士停止攻击,解甲释戈,等待胜利时刻到来。正当千钧一发之际,王元、行巡、周宗带领从蜀中借来的五千人马分路杀来。王元命士卒鼓噪:"百万之众将至,各处关隘尽堵,汉军速降!"岑彭、吴汉大惊,不知蜀兵虚实,不及成阵,仓促迎敌。王元、行巡、周宗冒死破围,汉军立时溃败。王元命士卒乘机决堤,积水遂泄。岑彭、吴汉粮秣已尽,又怕关隘堵绝,急忙焚烧辎重,退兵下陇。

新城残破,郊野为泽,难以居住。王元等人遂迎隗嚣前往冀县,然后整军追杀汉军。岑彭毕竟是久经战阵的大将,虽败不慌,处变不惊。他亲自殿后,且战且退,诸将得全师东归。耿弇、盖延闻新城兵败,也相随自上邽退兵。吴汉等人退归长安,岑彭奉命仍回津乡。惟有祭遵仍驻守汧县不肯东退。隗嚣又重新复有陇西诸城。

高峻听从马援劝说,降汉之后,被封为关内侯,归吴汉麾下。新城兵败,东归途中,又率部逃走,据守高平第一,重归隗嚣。汉护羌校尉温序,字次房,与高峻同将一军,他责备高峻反复无常,遂与主簿韩遵、从事王忠,离开高平第一,南归长安。温序途经襄武,为隗嚣部将苟宇所获。苟宇劝其投降道:"子若与我并威同力,天下可图;若归降隗王、富贵可保;不然,命且不保!"温序道:"受国任重,分为效死。义不贪生苟活,背主负恩!"苟宇反复劝说,左右威胁利诱。温序素有勇力,大怒呵斥苟宇等人道:"狂虏安敢胁迫汉将!"竟挥动手中节杖,击杀数人。苟宇部下纷纷拔出刀剑,上前欲杀温序。苟宇制止道:"此乃义士,想以死尽节,不可侮之!"他于是把自己的宝剑递给温序。温序接过宝剑,把胡须衔于口中,回顾韩遵、王忠道:"既为贼逼迫自杀,勿令胡须沾染泥土!"说罢伏剑而死。

苟宇被温序节义所感,赐以棺木,殓其尸体,命韩遵扶棺东归。光武闻而怜之,赐以墓地,命葬于洛阳,赐谷千斛,缣五百匹。温序有三子,皆封为郎中。

说也奇怪,安葬之后,长子温寿梦见父亲对他说:"久客思故乡。"温寿即上书辞官,请求光武允准,把父亲归葬家乡祖茔。光武许之,一时京中传为奇谈。

冯异之死

　　光武自上邽匆匆还京,立召群臣备询颖川、东郡变乱情形。执金吾寇恂进言道:"连年征战,徭役繁重,百姓不堪劳苦;奸人乘陛下西征,从中煽惑,乃致乱之源。"光武自幼长于民间,深知稼穑艰难、民生疾苦,不欲轻易加兵征讨,乃对寇恂道:"颖川迫近京师,当及时平定。朕知唯寇卿能当此任,只是卿方代朱浮任执金吾,位列九卿,席不暇暖,复让卿前往颖川担任太守,心有不忍。望卿能体谅国家之难!"寇恂应对道:"食君之禄,忠君之事,臣之本分。颖川之民剽悍轻浮,前闻陛下远涉险阻,亲征陇蜀,狂狡之徒,乘间蛊惑,百姓误信其奸。今如闻御驾亲征,贼必惶怖而散,百姓闻风归降。臣愿执锐前驱,效犬马之劳。"

　　光武即日南征,寇恂从驾前往颖川。寇恂前番在颖川之时,兴修乡校,谨庠亭之教,劝课农桑,深得吏民之爱。此番到来,他亲往各县抚绥,出榜安民道:"凡从贼之民,若因饥寒所迫者,十日内归里自首,官给衣食;若因仇怨所逼,走投无路,铤而走险,赦尔之罪,为理冤抑;若因贼首胁迫,逃归者盖不追究。愿归本务农者,官府资助犁锄,免征赋税一年;无业为生者,弃恶从善编入营伍。首犯率众来归,洗心革面,皆得免死,量材录用。"众贼见了寇恂告示纷纷来降。不数日,盗贼悉散,郡内很快安定。光武见颖川平定,原本打算让寇恂重任太守的想法又打消了。百姓闻知此事,拦驾请求道:"请陛下恩准,再借寇使君一年。"光武叹道:"寇恂得民如此,朕复何言!"他于是从民所愿，留寇恂驻守长葛，镇抚吏民，接受余众归降。光武启驾回京。

一年之期将尽，光武询问何人可代颍川太守之职。寇恂道："渔阳太守郭伋可代。"光武道："卿何以知之？"寇恂道："郭伋乃扶风茂陵人，武帝时大侠郭解之后，有乃祖遗风。彭宠之乱虽然平息，渔阳民多猾恶，盗贼充斥。郭伋到任之后，示以信赏，恩威并用，诛戮贼首，招抚余众，合境平静。匈奴寇边，边境百姓苦不堪言。郭伋乃整训士马，盛设攻守之略，匈奴闻风远遁，不敢犯边，百姓从此安居乐业。郭伋在职数载，户口倍增。臣家居北地，时有乡亲自北而来，因而知郭伋之贤。"光武大喜，即召郭伋入京。光武于云台宫接见郭伋慰劳道："贤能太守，在渔阳卓有劳绩。颍川去京师不远，劳卿治之。庄子曰：'河润九里，泽及三族。'希望京师并蒙福也。君虽精于追捕，而颍川山道险隘，自斗唯当一士耳，深宜慎之。"郭伋闻弦歌而知帝意，到颍川之后重申寇恂之诺，重于安抚。阳夏贼赵宏，襄城贼召吴等数百人皆束手归降。郭伋皆遣其归乡务农。其他同党、余众闻之，纷纷投案自首。颍川盗贼绝迹，不及数载，境内大治。

在平定颍川的同时，光武命司空李通、横野将军王常东征。二将领兵出发，光武想起耿纯曾任东郡太守，在当地很有威信。当时耿纯已经回到封地沧州。光武传旨，加封耿纯为太中大夫，前往东郡与李通、王常会合，以期双管齐下，速定东郡。耿纯接旨，立即前往东郡。盗贼闻耿纯到来，九千余人不战归降，李通、王常不战而还。光武大喜，复以耿纯为东郡太守，吏民悦服，东郡也很快平定下来。

颍川、东郡之乱方平，忽接来歙奏报：征虏将军祭遵积劳成疾，殁于军中。光武览奏大恸道："去岁自陇东归，过汧县征虏大营，君臣相聚，尚作黄门武乐，彻夜长谈。当时朕见其形销骨立，知其有疾。赐以重茵，覆以御盖，令其回京疗疾。他辞谢道：'陇事未竟，臣何颜还京。'及诸将尽退，其独留不退。不意竟至于斯！"众臣劝光武道："尽瘁王事，乃人臣之节。祭遵既殁，望陛下节哀。后事如何处理，请旨示下。"光武道："着光禄寺拟订丧仪，百官会丧。祭遵为人廉约，克己奉公，家无私财。前朕在军中，见其身衣韦袴，葛帐布被；其妻裳不加彩，首无钗饰。赐缣千匹，以备殓葬。"众人依命办理。数日之后，祭遵榇归河南，光武车驾素服亲迎，望榇恸哭，十分哀伤。榇车入城,从车驾前经过,犹涕泣不能自已。安葬之日,光武亲自以太牢祭奠,仿效汉宣帝祭奠霍光的礼仪,然后命大长秋、谒者、河南尹护丧,车驾亲自送葬,赠以将军、侯印、朱轮容车,御林军四百人,披玄甲、兜鍪,兵车军阵随后,谥曰"成侯"。安葬完毕,光武亲临其坟,抚慰祭遵夫人及眷属。

祭遵无子。其兄曾经想给他纳妾以延子嗣,被祭遵拒绝道:"以身许国,不敢图继嗣之计。"祭遵临终遗嘱:牛车载丧,归葬洛阳。左右询问家事,终无一言。

博士范升上疏光武道:"征虏将军颍阳侯祭遵不幸早薨。陛下仁恩,为之感伤,远迎河南,恻怛之痛,形于圣躬,丧事用度,仰给县官,重赐妻子,不可胜数。送死有以加生,厚亡有以过存,矫俗厉化,卓如日月。古者,臣疾君视,臣卒君吊,德之厚者也。陵迟已来久矣。及至陛下,复兴斯礼,群下感动,莫不自励。臣窃见遵修行积善,竭忠于国,北平渔阳,西拒陇蜀,先登陇坻,深取略阳。众兵既退,独守冲难。制御士心,不越法度。所在吏人,不知有军。清名闻于海内,廉白著于当世。所得赏赐,辄尽与吏士,身无奇衣,家无私财。……任重道远,死而后已。遵为将军,取士皆用儒术,对酒设乐,必雅歌以投壶,又为孔子立庙,奏置五经大夫。虽在军旅,不忘俎豆,可谓好礼悦乐,守经善道者也。礼,生有爵,死有谥;爵以殊尊卑,谥以明善恶。臣愚以为宜因遵薨,论叙众功,详案谥法,以礼成之。显彰国家笃古之制,为后嗣法。"光武把范升的奏章交给公卿传阅,以议可否。数日后临朝,光武仍不由感叹道:"安得奉公忧国之臣尽如祭征虏乎!"诸臣无言以对。卫尉铫期叩头道:"陛下至仁至爱,哀悼祭遵不已,群臣尽感惭愧惶惧,不知何以自处!"光武顿悟铫期言外之意,遂言道:"朕非厚此而薄彼也,盖痛失良臣也!"光武沉吟良久,叹息不言。

光武传旨,命冯异接掌祭遵部众,命来歙统率长安各军,以马援为副,随时准备再征隗嚣。来歙接旨,上奏道:"公孙述以陇西、天水二郡为屏障,得隗嚣之助,故能苟延残喘,窃位巴蜀。若二郡平定,公孙述则无计可施。陛下宜增选兵马,广积粮蓄以备大举。昔日赵之将帅多商贾,贪财好货,高帝悬之以重赏,以重金诱之,陈豨诸将皆降。今西州新破,将士贫穷饥馑,若舍以财谷,其众可破。臣知国家所需钱粮之处并非西征一路,用度不足,然有不得已也。"诸臣皆以为不可,但光武然之道:"陇西非他处可比。山险路远,两度上陇,靡费无数,多所损折,若财谷可破陇平蜀,亦上上之策也。"于是,大转粮运,命来歙率征西大将军冯异、建威大将军耿弇、虎牙大将军盖延、扬武将军马成、武威将军刘尚,择日西征。

来歙之计果然奏效。西州饥荒,军中乏粮。隗嚣军中士卒纷纷逃散,挡不住粮食诱惑,大批投奔汉营。隗嚣又急又气,身患重病。这一天,他饥饿难耐,出城欲觅黄豆小米饭充饥。冀城东门名曰吴门,与吴门相对,有山名为"缇群山"。当时童谣曰:"出吴门,望缇群;见一蹇人,言欲上天;今天可上,地上安得民?"隗嚣年少时,腿有残疾,一足蹇跛。后来发迹,心怀帝王之志,厌恶这首童谣,下令禁唱。这天出得城门,便听见一群乞儿唱起这首歌,不由心中忿悔,仰天叹道:"我隗嚣不想竟然落到这种地步!"遂呕血倒地而亡。

隗嚣猝死,王元、周宗、行巡等人商议说:"军中不可无主,宜立幼主为王。"遂于隗嚣柩前扶立隗嚣少子隗纯为王,总领隗嚣旧部。来歙闻隗嚣已死,遂率冯异、耿弇、盖延数路齐出,兵攻冀县。王元急向公孙述求援,公孙述命赵匡、田合带兵马人众救援冀县。

冀县在渭水之南,为汉阳郡治,地势十分险要。西有落门聚,因山得名。落门山南北两峰对峙,落门谷水自两峰间流出,汇入渭水,为冀县西面门户。城南有山名为朱圉山,山东头为飞狐盘;飞狐盘南为深谷,名曰射虎谷。山险谷深,成为冀城天然屏障。欲攻冀县,必须攻破落门。冯异为了阻止赵匡、田合与冀县王元、周宗会合,便屯兵落门以西,恶战数月,不见输赢。冯异在安定降服青山胡兵万人,其中胡兵骁将"肥头小卿"骁勇异常。他长于翻山越涧,在崇山峻岭间攀援。冯异命其带领部属,翻越落门山,从赵匡、田合军背后发动袭击,与冯异前后夹攻,遂大破蜀兵,斩杀赵匡、田合。光武闻捷,颁诏嘉奖道:"闻将士精锐,水火不避,大破蜀兵,阵斩赵、田之首,朕心甚喜。朝廷酬功,不吝重赏,必不令将军负丹青失断金之诺。"光武遂令冯异代行天水太守事。

诸将久攻落门不下,皆欲退兵。冯异道:"征南与司马攻新城功亏一篑者,盖因粮尽,不得不退。今我军兵精粮足,而虏兵粮秣将尽,徒借山险涧深困守。待其粮尽,不战自降。"冯异每战,常为诸军前锋,以激励士气。冯异与来歙、耿弇、盖延等人商议道:"落门久攻不下,出奇方能制胜。我已令人探明路径,从射虎谷登飞狐盘,三日可达冀县城东。若自冀县东边发动攻击,即使不能攻破冀县,王元、周宗必然回兵向东,落门空虚,攻打必易。"耿弇等人道:"久闻飞狐盘山道崎岖,虽不及六盘山高峻,但瘴雾弥漫,鸟兽绝迹,恐兵马难以通过。"冯异道:"肥头小卿所部胡兵,长于攀援,以为前导,选精壮士卒,紧随其后,翻越不难。"冯异于是亲带人马翻越飞狐盘,进抵冀县东北。

王元得报,慌忙命行巡、苟宇带兵前去拦截。来歙、耿弇、盖延等人得知冯异过了飞狐盘,遂加紧攻打落门。就在落门即将攻破之际,噩耗传来,冯异因呼吸瘴疠之气,身染重病,不治身亡。来歙等人大惊,连忙飞章奏报光武。

冯异病故,汉营诸将不禁气馁。来歙道:"诸君不必丧气,攻破落门,就在今晚。"诸将不解,亦不便多问。当日冯异灵柩运回大营,来歙命军中挂孝举哀,营门紧闭。至晚,来歙与诸将道:"今晚王元必来劫营,我与虎牙等候王元到来;建威与杨威、武威三人,各率本部人马,埋伏于落门山下,等王元、周宗兵过,袭取落门。"众将半信半疑,各自领命而去。

王元听说冯异病死,心中大喜。探知汉军为冯异挂孝举哀,王元乃与周宗、行巡商议道:"天无绝人之路。当年隗王被围新城,城在旦夕将破之时,我等自蜀中搬兵回来,一举大破岑彭、吴汉数万之众,转危为安。今日已至千钧一发之际,冯异病故,汉营正为冯异挂孝举哀,此乃天赐良机。今晚我等前去劫营,必获全胜,西州又可转危为安矣。"周宗道:"来君叔智谋过人,耿弇、盖延皆为当世名将,多经战阵,若有防备,岂非画虎不成反类犬,刻鹄不成反类鸡?"王元道:"我已命人打探过了,汉营营门紧闭,一片哀乐。若有防备,当有逻骑、哨探、营门卫士。何况已有两日不战,说明汉营只顾处理冯异丧事,无暇他务。"行巡道:"兵无常势,水无常形。此乃天不灭隗也,急击勿失良机!"王元当晚命士卒饱餐战饭,夜半留下周宗守关,王元、行巡尽起部众,衔枚疾走,偷袭汉军大营。

王元、行巡二将到了汉军大营,但见灯火寥寥数点,忽明忽暗,不见逻兵哨卒,心中大喜,立刻挥兵杀入。入营却见空营一座,知道中计,方要退兵时,却听号炮声响,喊杀声起,汉兵从四面杀来。王元、行巡慌忙突围逃走,来歙、盖延拦住去路。士卒乱叫:"王元、行巡快快投降,饶汝不死!"二人不敢迎战,夺路奔逃。来歙、盖延追杀一阵,收兵回营。

王元、行巡逃至落门山下,惊魂甫定,耿弇、马成、刘尚伏兵又起,把二人围在垓心;二人左冲右突,王元难以脱身。周宗在落门得知王元、行巡被围,慌忙带兵来救,二人方得脱身。三人会合逃归落门,耿弇、马成、刘尚紧随其后,杀入落门关内。三人弃关奔逃,败归冀县。次日一大早,汉兵诸路齐发,会集冀县,把冀县层层包围起来。

光武惊闻冯异病故,十分悲伤,决定再次亲征。众文武纷纷谏诅,齐声道:"隗嚣已死,隗纯已成釜底游鱼,陇西平定在即。诸将大军在陇,不日即有捷音,圣驾不劳远征。"光武道:"陇蜀未定,连伤我两员大将,朕安能稳坐九重!冯异曾与朕言,'愿国家无忘河北之难',言犹在耳,斯人已逝,朕岂敢忘其金石之言!"待冯异灵柩还京,光武降旨隆礼葬之,谥曰"节侯",封其长子冯彰东缗侯,次子冯诉析乡侯。光武然后启驾西征。

光武车驾来到西安,冀县传来捷报:周宗、行巡、苟宇、赵恢献冀县、缚隗纯归降。光武大喜,问左右善后之策。众人道:"隗氏孤立一隅,介于两大之间;区区两郡,抗我堂堂之师,致使我连岁征伐,劳师靡饷;士为所用,至有死而不悔之人,可见其怀士有方,西州根基不薄。若使其仍留西州,后患无穷。"光武从众人之议,降旨将周宗、赵恢及隗嚣宗族分徙京师以东,隗纯、行巡、苟宇分徙弘农各地。

树倒猢狲散,隗嚣旧部相继归降。但高峻据守高平第一,不肯归降。诸将皆欲讨之,马援道:"高峻降而复叛,必是惧诛,不敢再降。陛下若降明诏,饶其不死,其必降矣。"光武犹豫不决,众将皆道:"高峻两降两叛,毫无节义可言,必加挞伐,以惩奸邪。当初隗嚣令其守安定,据高平信重有加;陛下遣使招降,高官厚禄,封关内侯;一旦新城失利,大司马陇坻退兵,他便又投到隗嚣麾下,断我军归路。若再招抚,恐怕还会反噬。"马援不便再言。光武遂命建威大将军耿弇率领太中大夫窦士、武威太守梁统进兵征剿。

高平第一城以险固闻名,耿弇等人竟然屡攻不下。光武动怒,决定亲征。寇恂从驾,他进谏道:"长安正当京师与高平中间,陛下坐镇长安,应接近便。安定陇西闻圣驾在此,必怀震惧。皇上从容一处,可以控驭四方。今士马疲倦,驾临险阻,非万全之策也。"光武不从,遂进军汧县。从驾诸臣再次苦谏,光武方停驾于汧。高平依然不下,光武方信马援所言不虚,欲遣使招降。光武谓寇恂道:"众卿此前劝止朕招降高峻,彼果做困兽之斗。今卿为我劝其归降,其若不降,卿为我率耿弇五营共击之!"寇恂接旨,遂前往高平第一。

寇恂致书高峻道:"去岁大军西征,将军向义归服,由是河西道开;天子有功必赏,中郎将来歙承制拜将军通路将军,赐爵关内侯。将军中途易志,重归高平,尽弃已成功业。西州两郡已平,高平孤城一座,虽险要能守几时?今天子亲临,重兵压境,将军虽勇,愚人亦知必败矣。圣天子宽仁待下,念将军昔日之功,不忍遽加诛戮;若幡然悔悟,束手来归,可保爵赏;若执迷不悟,甘领斧锧之赐,亦任将军之便。"

高峻一介武夫,向乏主见,军机大事悉决于军师皇甫文。皇甫文自诩精于"易"道,未卜先知。当初马援说高峻降汉,高峻犹豫不定;马援知皇甫文贪财,赂以金银。皇甫文为高峻占了一卦,坎下艮上,山下出泉为"蒙"卦,上上大吉。他劝高峻道:"匪我求蒙童,童蒙求我。蒙以养正,圣功也。"高峻听不懂什么意思,皇甫文说:"不懂即是蒙的意思,正因为将军不懂,才选择了正确的行动,这是圣人的功效。"高峻于是决计降汉,结果被封为通路将军,关内侯。高峻大为高兴,对皇甫文更为信任。高峻降后,随大司马吴汉包围隗嚣于新城。后来王元从蜀搬来救兵,汉军大败。皇甫文又劝高峻重归隗嚣。高峻道:"我方降汉不久,汉天子待我不薄,忽又背汉,恐世人谓我朝秦暮楚,背信弃义。"皇甫文道:"易者,变易也,随时变易,以从道也。将军不见山间蜥蜴,室中壁虎耶?身色无恒,每日十二变化;以'易'名经,即取其善变也。不变不足以保富贵,保生命,保爵位。节义何用?"高峻于是尽劫吴汉粮秣辎重,袭击汉军背后,重回高平。

高峻接到寇恂书信,匆忙问计于皇甫文。皇甫文道:"将军勿慌,高平之险,西州第一,耿弇等人连攻月余,难以逾越,今寇恂虚声恫吓而已。待其粮尽而退,我乘机追杀,不唯高平无虞,安定可保,西州数郡,也可尽入我囊中矣。"高峻道："高平孤城一座，陇西、天水尽在汉军手中；以我区区万余人马，怎抗天子十万大军？以昔日隗王精兵十数万，战将上百员，尚非其敌，你我今日，岂非螳臂当车？"皇甫文道："我为将军再占一卦，以卜天意，再定战降之计如何？"高峻道："军师请卜。"皇甫文于是当即灼龟问卜，占得《履》卦，兑下乾上。皇甫文大喜道："卦曰：'履虎尾，不伤人，上上大吉。'"高峻忙道："我乃粗人，请军师明言。"皇甫文道："踩着老虎尾巴，猛虎却不咬人。此非有惊无险，上上大吉之兆？"高峻道："踩着猛虎尾巴，倒颇似我们今日的处境。但不知战有利，还是和有利？"皇甫文道："易曰：'素履往，无咎；履道坦坦，幽人贞吉，眇能视，跛能履。'或战或和，皆为大吉。将军果欲与汉军言和，尽管遣使前往。既然'履道坦坦，瞎子能视，跛子能行'，将军复何虑哉？"高峻道："话虽如此，如此大事，非军师前往，吾安能放心？"皇甫文于是慨然应诺，前往汉营。

皇甫文前往汉营，到了辕门，昂然欲入。寇恂命其报门而入，皇甫文又羞又怒，入帐之后，寇恂与耿弇、马成、窦士、梁统端坐军帐；皇甫文亦抗不为礼，校尉喝令皇甫文参拜。皇甫文冷笑道："庙堂有庙堂之礼，军中有军中之礼。两国交兵，使节往来，能无礼乎？使至不迎，入而不坐，是何道理？"寇恂道："礼者贵贱有等，尊卑有序。上自朝堂，下及黎庶，不得僭越妄替。高峻曾受天子爵封，食君俸禄，乃为汉臣；汝为高峻帐下驱遣之辈，安得以两国使节相提并论？且莫说汝奉命而来，即使高峻亲来，看看帐上所坐各位，哪个品级不在其上？焉有不报名参谒之理？"皇甫文道："诸公以今为唐虞之世也？礼坏乐崩，上下陵替已非一日矣。胜王败寇，岂谁不知！隗王非汉臣邪？以两郡之兵，雄踞陇上，当今天子亲统十数万之众，三上三退，征伐数载，若非隗王病故，部属归服，只怕今日天水、陇西仍非汉有。我高平区区弹丸之地，当西进冲要，攻守月余，王师十数万，难得西行寸步。若王师凯捷，何劳执金吾降尊纡贵，致书高峻将军？在下又何缘与诸公相见？"寇恂大怒道："如此目无君父之徒，狂悖无礼之辈，安得使于四方？推出斩之！"帐下卫士应声欲把皇甫文推出。皇甫文大笑道："皇甫文死不足惜，看汝辈怎过高平第一！"左右见状大惊，耿弇等人齐道："两国交兵，不斩来使，皇甫文虽然狂悖，甚得高峻信重。高峻精兵万人，众多强弩，据险固之地，西遮陇道，大军屡攻不下。今欲降之，却反戮其使，无乃不可乎？"寇恂不纳诸将之言，立斩皇甫文，遣其随行之人归告高峻道："皇甫文无礼，已戮之辕门矣。欲降速降，不可推宕时日；不降，固守可矣。"

高峻得报，惶恐至极。他的左右劝说道："据城固守可矣，何须惶恐？"高峻道："军师见杀，天子必有破城之计矣，固守必死。"高峻立即传令，开城投降。

寇恂命人把高峻押赴行在，交光武处置，遂带兵进据高平第一。耿弇、窦士、梁统等人都来祝贺，不约而同地问道："敢问执金吾，杀其使而降其城，原因何在？将军怎敢断定高峻必降？"寇恂笑道："知己知彼，百战不殆。行前我曾请教马援、王尊等人，皆道：'高峻有勇无谋，军机大事，悉决于皇甫文。'可见皇甫文乃其心腹，降战大计，半由其定。入帐见其辞意狂悖，出言不逊，知其必无降心。不杀，则皇甫文得售其计，必劝高峻死守；杀之，则高峻亡其胆丧其魄，失其智囊，必降无疑。"诸人皆道："大人所见，非我等所能及也。"光武厚赏寇恂，寇恂却把所赐之物，尽分部属及所从吏士，他说道："吾赖众人之力而蒙皇上赏赐，岂可独享！"

高平既下，光武班师还朝，留来歙、盖延、马成、马援诸将镇守陇西。高平虽下，羌人各部尚有数万之众，屯聚劫掠，据浩门为患。马援、马成率兵击之，羌人带领宗族妻子及辎重牛羊迁徙至允吾谷中。马援带兵翻山涉涧，暗中自小道突然袭击羌人老营，羌人大惊，慌忙再逃，远遁至唐翼谷中。马援穷追不舍，跟踪而至。羌兵扎寨于北山之上，据山设防，强弓硬弩，积石以待。马援向山列阵，大张旗鼓，佯做欲攻之状。马援暗中分遣数百骑，绕袭羌兵寨后，乘夜纵火，擂鼓鸣炮，狂呼乱叫，势如千军万马。羌兵惊恐大溃，弃寨而逃。马援纵兵追杀，飞矢贯胫，犹自跃马驰骋。此役凡斩首千余级，获谷粮牛羊无数。诸将欲追，马援因兵力单薄，下令收兵。光武闻捷，降旨慰劳，赏赐牛羊数千头，马援尽行分赏部属。

朝中大臣皆以为金城破羌之西，蛮荒之地，穷乡僻壤，又多盗寇，不如弃之。马援上书言道："破羌以西，城多完固，田土肥沃，灌溉便利。如今羌在湟中，则为害不休；若奸人居之，后患无穷，不可弃也。"光武深以为然，降旨令武威太守梁统悉返金城避乱流民，归者三千余户。马援奏请朝廷，置长吏,安抚百姓,修缮城廓、堡坞,开凿水渠,灌溉水田,劝以农桑。郡中得以安居乐业。

马援宽以待下,任吏以职,使诸曹、掾各司其职,有职有权。每当属下曹、掾来请示汇报事宜,辄道:"此丞、掾之事,何足相烦?何不让我多得清闲,游山玩水?除非郡中大姓侵暴小民,以强凌弱,或羌人不服造反,才是太守要管的事情,其他诸事,你们自行处理好了!"一次,狄道县有百姓因私仇相报,发生斗殴,吏民以讹传讹,说羌民造反,百姓奔入城廓,狄道县令慌忙前来,请求发兵平叛。马援正与宾客饮酒,大笑道:"羌民何敢造反,违我禁令?贵县请回吧,这种事情不可能发生。你若真的害怕得很,藏到床下好了!"狄道县令回去以后,事情已经平息。他叹息道:"马公真神人也,足不出户,如亲见亲临!"这件事情过后,大家都非常佩服马援的肝胆见识,羌人畏之如神。

经过来歙、马援的治理,陇右安定,甘凉大致平静了下来。

来歙岑彭之殇

且说王元匹马投蜀，力劝公孙述乘汉兵在陇西立足未稳，出兵陇西。公孙述集文武群臣商议出兵之事。骑都尉平陵人荆邯劝道："兵者，帝王之大器，当用必用，古今所不能废也。王元所言极是，此时出兵，正宜其时也。昔秦失其鹿，天下共逐，高祖无立锥之地，起于行阵之中，奋身驰驱，兵破身困者，数矣。然后败复合，创愈复战。何哉？前进而成万世不拔之业，后退而国破家亡，基业转头成空。隗王据有雍州两郡，兵强马壮，一时之雄，不及时乘胜进取，以争天命，而退欲为西伯之事，偃武息戈，卑辞事汉；令汉帝无关陇之忧，专务东伐，四分天下而有其三；既而挥师西向，发间使，招抚贰，举兵天水，西州破亡，九分天下有其八；陛下以巴蜀之地，内奉万乘，外给三军，百姓愁困，不堪上命。若无远虑，恐有近忧。臣之愚计，宜及陇西豪杰之望未绝，应时发国内精兵。今田戎据江陵，临江南之会，倚巫山之固，筑垒坚守，传檄吴楚，长沙以南，必随风而靡。今大将随王元出汉中，定三辅，天水、陇西可复，海内震动，大业有望。"

博士吴柱却道："昔日武王伐纣，先观兵孟津，八百诸侯，不期同至，然犹还师以待天命。不曾听说无左右之助，而欲出师千里之外，以兴兵征伐而扩疆域者也。"荆邯道："东帝无尺寸之业，驱乌合之众，跨马陷敌，征河北，平赤眉，东讨刘永、张步，南征邓奉、秦丰，所向克捷。不趋乘时兴兵，而坐谈武王伐纣，是蹈隗嚣欲效西伯之覆辙也。"公孙述之弟公孙光道："东帝已平陇西，天险悉为汉兵所据，不宜空国千里之外，决成败于孤注一掷。"延岑、田戎则请缨说："愿为前驱，效驰驱，助王游翁一臂之力，收复陇西。"公孙述犹豫不决。

隗嚣败亡，蜀中惊慌。公孙述为安定民心，听从李熊之计，把成都廓外秦时一座旧仓库，改名为"白帝仓"。仓中常年空无一粟，公孙述暗中使人散布流言说："白帝仓中，地下涌出谷米如山。"百姓万人空巷，前往观看。皆乘兴而来，扫兴而归。公孙述大摆法驾，出车三十六乘銮旗旄骑，公卿相聚也来观看。公孙述问左右道："白帝仓中，果然平地涌出谷米如山吗？"公卿皆道："无。以讹传讹耳。"百姓掩口而笑。公孙述道："世上之事往往如此，'无'传为'有'，以讹传讹罢了。风传陇西隗王败亡，也是如此，以讹传讹罢了。其实，隗王仍然健在，正在重整旗鼓。"众臣相顾惊愕，百姓遂安。

王元请至再三，极言陇蜀唇齿相依之义，他游说公孙述道："皇上欲安民心，不欲蜀中知陇西之败。日久事机必泄，掩饰不易。莫如发兵陇西，收复天水，民心自安。"公孙述遂命王元与副将环安进兵河池、上邽；又命翼江王田戎、大司徒任满、南郡太守程汎将兵下江关、夷陵，与王元南北相呼应。

光武得报，乃命来歙、盖延、马成出兵河池，以拒王元、环安。他又命岑彭、吴汉及诛虏将军刘隆、辅威将军臧宫、骁骑将军刘歆，发南阳、武陵、南郡之兵会于荆门，以攻田戎、任满，分兵两路伐蜀。

前文说到公孙述少以父任，颇有能名。他在王莽天凤年间曾任导江率正，也就是蜀郡太守，居临邛。王莽败亡，更始登基，各地豪杰纷纷起兵响应，都打出汉兵旗号。南阳人宗成自称"虎牙将军"，入据汉中；商雒人王岑，自称"定汉将军"，以应宗成，合众数万。公孙述在蜀中闻之，不知虚实，命人迎宗成、王岑入蜀。想不到，"引狼入室"，宗成、王岑到了成都，纵兵掳掠、烧杀无度。公孙述后悔不已，乃召蜀中耆老豪杰道："天下同苦新莽，思汉久矣。因而路闻汉将军之名，驰迎入蜀，谁知皆冒名诈伪之徒。今百姓无辜受害，妻子系获，屋室焚烧，财物被劫。此盗贼不如，非义兵也。吾欲保郡自守，以待真主。诸公欲并力相助者即留，不欲者请便。"众人皆叩头道："愿效死相从。"公孙述于是命人诈称汉使，自长安来，假其"辅汉将军"、蜀郡太守兼益州牧印绶。公孙述合兵数千，攻击宗成、王岑，大破之，杀宗成，降其众。

更始二年，刘玄派柱功侯李宝、益州刺史张忠将兵万人徇蜀。公孙述有自立之志，击败李宝、张忠，由是威震益州。更始亦无暇顾及。功曹李熊劝说公孙述道："方今四海动荡，豪杰并起。将军割据千里，拥有巴蜀。汤武之土，不过百里。若奋威德乘此天赐良机，霸王之业成矣。宜自立名号，以镇百姓。"公孙述道："公言正合我意。"他于是自立为蜀王，建都成都。

蜀地肥饶，兵强马壮。远方士庶，闻风来归。李熊又劝公孙述正位称帝："今山东饥馑，人畜相食，兵连祸结，城廓为墟。蜀地沃野千里，土壤肥腴，果实所生，无谷而饱。蚕桑丝织，衣被天下；器械之饶，不可胜用。又有鱼盐铜铁之利，舟楫漕运之便。北据汉中，依褒、斜之险；东守巴郡，拒扞关之口；地广数千里，战士不下百万。见利则出兵以掠地，无利则坚守而力农。东下汉水以窥秦川，南浮长江以震荆襄。所谓用天因地，万世之基。宜早登大位，使远人有所归依。"公孙述道："帝王自有天命，吾何足以胜任？"李熊道："天命无常，百姓与能。能者当之，大王何疑！"李熊等于是伪造谶记："八厶子系，十二为期。""八厶"者，公也；"子系"者，孙也。隐含之意，公孙当为皇帝，在位十二年。公孙述道："贵则贵矣，十二年福祚太短。"其妻道："圣人云，朝闻夕死尚可，况十二载乎！"公孙述又忍痛在掌中刻"公孙帝"三字，佯言与生俱来。一切准备停当，遂于建武元年四月自立为帝，建元龙兴，号成家，以李熊为大司徒，其弟公孙光为大司马，三弟公孙恢为大司空，改益州为司隶校尉，蜀郡为成都尹。

公孙述与王莽一样，好为符命鬼神祥瑞之说，牵强敷会，引述谶记。以为孔子作《春秋》，上起鲁隐公，下至鲁哀公共"十二公"而把历史分断，隐指汉传十二代至平帝，历数当尽，一姓不得再受命。《河图》中说："废昌帝，立公孙""帝轩辕受命，公孙氏握"，其中"公孙"便是指自己。他又自己宣称，手掌中有奇文，当为帝王。公孙述命人把这些无稽之谈撰文传布中原，以惑人心。光武正有事东方，无暇顾及，乃致书于公孙述道："图谶言废昌帝，立公孙；昌帝即昌邑王贺也；公孙即孝宣帝也。'代汉者，当涂高，岂高之身也？复以掌文为瑞，王莽何足效乎？君非乱臣贼子，乱世人皆欲图富贵为帝王，不足责数。君日月已逝，妻子弱小，何去何从，早为定计，可以无忧。天下神器，不可力争，宜加三思。'"公孙述置之一边，不与作答。

王元、环安先后攻占下辨、河池，打算兵出散关。来歙、盖延、马成伏兵于东狼谷，扬声兵出天水、冀县。王元、环安连胜之后，心生骄纵之气，意为不数日可下安定，人马进入东狼谷，不料伏兵四起，折损过半。王元、环安二人久居西州，地形熟悉，侥幸逃回河池；汉兵随后就到，二人又逃往下辨。来歙估计二人不会久留下辨，必会弃城逃回蜀中，命盖延屯兵上禄，截断二人退路；来歙与马成扎营下辨城下，准备次日攻城。

环安对王元献计道："我兵战败，士无斗志，要想全身而退，恐非易事。且闻汉兵已抢先一步，占据上禄，堵绝入蜀之路。莫如拼死一搏，死里求生。"王元道："将军差矣，以我军现在之力，拼死适同送死，以卵击石，何如走为上策？"环安道："不用奇计，你我能走得了吗？"王元道："将军有何奇计？"环安道："来歙、盖延以为胜券在握，必然疏于防范。若得专诸、荆轲之徒，潜入汉营，将其主将刺杀，其军必乱。兵无将不行，哪还顾得上其他？到那时，你我方可从容脱身。"王元道："此计大妙，劳将军依计而行。"环安于是重金厚赏觅得敢死之士，前往汉营行刺。

来歙与马成巡营已毕，来歙谓马成道："困兽犹斗，王元、环安兵败，要谨防其行险劫营。令各营多加岗哨、巡逻。"马成道："将军所虑不差，通往下辨的各条道路，宜多设哨探，密切注意蜀兵动静。将军请回帐歇息，我去安排。"

来歙回帐，倚枕仰卧，和衣假寐，假睡未睡，营中柝声犹闻。忽听帐中脚步声响，朦胧问道："何人进帐？"那人应声道："请将军用茶。"来歙道："茶放案上，出帐去吧。"说话间那人飞步进前。来歙心知有异，急忙坐起；那人分心一剑，刺中来歙前胸；几乎就在同时，来歙猛击一拳，捣中那人面门，左手疾出，来抓刺客手腕，刺客慌忙弃剑而逃。帐外卫士闻声来救，刺客已经逃得无影无踪。

来歙自知伤在要害，不敢拔剑，立命左右，飞马招盖延来见。他命马成严密封锁消息，不得外传，严防蜀兵来袭。盖延进帐，见来歙血透衣被，不禁哀伤，不能仰面。来歙叱责道："虎牙不看这是什么时候，安能作儿女之态！本将军遇刺，伤在要害，无以报国，故急召巨卿，欲嘱托军中大事，将军反效小儿女啼泣乎！若敢违令，剑虽在身，不能传令斩公邪？"盖延强起忍泪，接过军中印信,受来歙之命,代掌三军。来歙接着命左右笔墨伺候,自书表章道:"臣于夜晚人定后,为何贼所伤,尚未知晓,中臣要害。臣不敢自惜,诚自恨奉职不称,让朝廷蒙羞。夫治国以得贤为本,太中大夫段襄,骨鲠可用,愿陛下裁察,量才而用。从事张堪少有贤名,颇学多智,亦可用之才。军中之事,以托虎牙。又臣兄弟不肖,终恐被罪,望陛下哀怜,多赐教训。"来歙书罢,投笔抽刀,血如涌泉,登时气绝。盖延连夜飞骑,奏报光武。

光武帝闻报大惊,览书垂涕,降旨道:"中郎将来歙,攻战连年,平定羌、陇,忧国忘家,忠孝彰著。不幸遇害,呜呼哀哉!"丧还洛阳,光武车驾缟素,亲临送葬,赐中郎将,征羌侯印绶,谥曰"节侯",改汝南当阳县为征羌国,为其食邑,命其子来褒袭爵,封其弟来由为宜西侯。

当天给来歙送丧归来,文武百官车骑拥挤。赵王刘良的车骑跟在圣驾之后。入夏城门,恰好五官中郎将张邯奉命出城,车马相逢。道路狭窄,赵王刘良呵斥张邯避道。张邯因军令在身,回避稍迟,赵王刘良大怒,命左右鞭打张邯。城门校尉岑尊上前劝阻,被执于马前叩头,膝行数十步,方才罢休。事后,司隶校尉鲍永参奏赵王刘良"大不敬",道:"赵王刘良贵为皇叔,诸侯藩臣,蒙恩入侍,宜知朝廷典章礼制;五官将张邯王命在身,肆意叱责;城门尉六百石官吏,令叩头御道,奔走马前。无藩臣之礼,大不敬。"

赵王刘良亦命人参奏鲍永,为臣不忠,心怀贰志。前文已有交代。鲍永乃鲍宣之子。鲍宣因不附王莽,王莽欲尽灭其子孙。太守苟谏为保护鲍永,曾把鲍永藏到府中多方保护。后来鲍永得更始信重,封尚书仆射,行大将军事,封中阳侯。光武即位,更始败亡,光武命谏议大夫储大伯持节招鲍永归降。鲍永不知更始生死,不肯归降,囚禁储大伯。鲍永知道更始确定已死,才放出储大伯,归降光武,后因功封司隶校尉,执掌三辅军政事务。他因巡察三辅,来到霸陵路过更始之墓,下车步行至坟前祭拜。从行之人劝道:"更始已死,身为朝廷大臣,恐招物议。"鲍永道:"更始虽死,君臣之义不敢忘怀。一日北面事之,终身名分不移,宁有过墓不拜之理! 即使因而获罪,亦不避也。"哭拜坟前,尽哀而去。西至扶风,又到苟谏坟前祭拜,不忘旧恩。议者据此参奏鲍永不忠。光武询问公卿,太中大夫张湛道:"仁者乃品行根本,忠者乃节义之主。忠不忘君,仁不忘旧。鲍永此行,乃忠义之举,仁者所为,宜加褒奖，不宜加罪。"光武因来歙之死正在烦恼，不欲因朝中细琐引起争议，他把双方奏章搁置一边，命赵王离京归国。

且说公孙述命任满、田戎、程汎将兵数万，浮江而下，杀过江关。冯骏、田鸿等人抵挡不住，败退荆门以东。任满、田戎、程汎乘胜攻拔夷道、夷陵。夷陵东南，荆门、虎牙两山对峙，极为险要。荆门在长江南岸，上合下开，其状似门。虎牙在北，壁立千仞，山岩赤红，上有白纹，状似牙齿，远望似虎口獠牙，因而得名。任满、田戎、程汎横江搭建浮桥，两端各造斗楼，又在江中立巨柱以阻绝水道，安营山上以拒汉兵。岑彭等数攻不下，于是造直进楼船、冒突轻舟数千艘，会集荆门。

岑彭、吴汉时集水陆人马六万余众，战马五千匹。吴汉因新城之败，吸取教训，担心士马众多，靡费粮谷，军中乏粮，欲裁减士卒。岑彭以蜀兵势盛，不可裁减。两位同乡意见相左，发生争执，各自上书，奏请光武定夺。光武览奏，心中犹豫：知前次南征，邓奉造反，中途换将以岑彭代吴汉，吴汉心中不快；此番伐蜀，二人皆欲独建大功，处置不当，必致两员大将失和。他思虑再三，降旨道："大司马习用步骑；征南公久驻津乡，长于水战。荆门之事征南公为重，将舟师先发；大司马暂守夷陵，整饬步骑，待命续发。"岑彭乃率水军先发，吴汉心有不甘，一面整训骑兵，一百修造露桡轻舟，准备西进。

岑彭与诛虏将军刘隆、威虏将军冯骏、都尉田鸿等人商议道："欲过荆门西进，必先破浮桥；不破浮桥，蜀兵江南江北一体，居高临下，矢石齐发，我军大小船只万难通过。要破浮桥，江中巨柱阻绝水道，我军逆流，船行缓慢，不要说直进楼船，就是冒突露桡小舟也难到桥下。这可如何是好？"刘隆道："十步以内，必有芳草，重赏之下，必有勇夫。数万之众，难道就无能人异士？不如悬赏辕门，招募勇士，先登者赏千金，破浮桥者爵通侯，突破荆门者一律上赏。"岑彭然其计，立刻张榜，悬赏招募船工和善游勇士。

偏将鲁奇揭榜应募，集勇士百余人，驾冒突露桡二十只。冒突露桡者，江上轻舟也。舟上多载干柴膏油易燃之物；士卒皆袒臂裸身，握短刃，操弓矢，黄巾裹头，誓死不退。当日江风狂急，猛浪若奔。鲁奇率士卒逆流而上，破浪前进，直冲浮桥。峡谷之中，东风似箭，浮桥斗楼之上，蜀兵难以东向，多背风立；露桡随浪上下，矢石多失其度，因而得至桥下。江中巨柱多有反把挠钩,船钩柱上,进退不得。鲁奇率众殊死搏击,飞炬焚烧浮桥,斫断巨柱。风怒火盛,浮桥、斗楼顷刻崩毁。岑彭见浮桥焚毁,传令各营,顺风疾进。一时楼船蔽江,千帆竞进,杀声山鸣谷应。岸上步骑,沿江冲杀。蜀兵大溃,溺死者数千。任满、田戎弃军逃跑。田戎副将王政斩任满首级归降,程汛被俘。田戎率残部逃往江州,闭门固守。岑彭立刻命人向光武告捷,奏请光武封刘隆为南郡太守,镇守荆门。岑彭自率臧宫、刘歆、冯骏诸将长驱进入江关。

岑彭号令三军,所过不得掳掠,一路秋毫无犯。百姓喜悦,奉牛酒迎劳。岑彭依礼接见各地耆老,盛言大汉天子哀悯巴蜀百姓久被奴役,故而兴师远伐,解民倒悬,为民除害。辞其牛酒,分毫不取。百姓争传汉天子仁德,争相迎降。光武降旨拜岑彭益州牧,凡所下州郡代行太守事。岑彭兵到江州城下,安营扎寨。他与诸将议道:"我军劳师远征,粮秣匮乏,不宜久战。田戎固守,江州粮足城坚,一时难下,莫如分兵两部,一部围城,一部就地筹粮。"众将皆道:"悉遵将令。"冯骏于是留下所部人马继续围江州,岑彭亲自与臧宫乘胜攻破垫江平曲,筹粮数十万石。

公孙述闻任满、田戎兵败,汉兵已破江关,急忙召群臣商议对策。延岑、吕鲔两人说道:"陛下勿惊,巴蜀天府之国,江山险固,区区汉兵数万,不足为虑。岑彭西进之途,唯有两水:北路涪水必由广汉;南路湔水,必经资中。陛下若以重兵北扼广汉,南拒资中,岑彭插翅难到成都。令田戎死守江州,汉兵劳师袭远,屯兵坚城之下,万难持久,粮尽兵疲,必然退兵。皇上命将率师早据黄石,断其归路,到那时全歼汉兵,生擒岑彭,易如反掌。"公孙述遂命延岑、吕鲔把守广汉,命其弟公孙恢和王元把守资中,又遣大将侯丹率兵二万把守黄石,堵断汉兵归路。

岑彭得报,急命臧宫溯涪江西进,佯攻广汉;命护军杨翕建自己旗号溯湔江佯攻资中。一路喧腾,缓缓进兵,不与蜀兵接战。岑彭安排既定,自己亲自带兵浮江东还江州,然后溯都江而上,突袭黄石,大破侯丹,先除后顾之忧。岑彭接着晨夜倍道兼行,一日一夜,急行二千余里过鱼涪津,径达武阳,出广汉、资中以西,前锋骑兵逼近广都,距成都数十里。岑彭势若疾风暴雨,迅雷不及掩耳,蜀兵闻风奔散。

当初公孙述闻岑彭兵在平曲,尚不甚惊慌,故采用延岑之计,分兵以守广汉、资中。不意岑彭出奇制胜,过江阳自南安溯江而上,绕过延岑、吕鲔、王元各路兵马之后,神不知,鬼不觉,直捣腹心。公孙述不禁大惊,以杖击地道:"是何神也! 天欲亡我!"太常卿常少与驸马史兴道:"皇上为延岑所误,只守广汉、资中两途,忘记南边江水过南安趋武阳,攻成都更为便捷。为今之计,宜急调各路兵马勤王,以救燃眉!"公孙述于是急调各路兵马,回师勤王。

光武闻捷,再次致书公孙述道:"大兵临境,祸福立见。'王者之言,炳若丹青',子阳早作决断,莫谓言之不预也。"公孙述以信传示左右观看。太常常少、光禄勋张隆,两人皆劝公孙述早降。公孙述道:"兴废,命也。岂有投降的皇帝! 田横蹈死中途,何必当初! 朕宁死不辱!"左右献计道:"环安杀一来歙,退陇上汉兵数万,陛下何不复用环安之计?"张隆道:"一计不可再用,况御敌当用堂堂之师,不宜用鬼蜮之计。"公孙述道:"事急从权,凡能却敌退兵皆为良策,何妨再用?"公孙述于是重金募求刺客,令刺岑彭。

岑彭持军严整,秋毫不犯,闻风归降者络绎不绝。邛都王任贵,数千里遣使迎降。公孙述援兵也陆续赶往成都。岑彭道:"凡用兵之法,十则围之,五则攻之。今我军势力单薄,宜待各路并至,再战不迟。"岑彭于是屯兵武阳城西——唤作"彭亡"之地。

安营甫定,参军李玄入见,欲言又止。岑彭问道:"参军何事,欲言又止?"李玄道:"安营之处,似有不妥。"岑彭道:"适才我已看过了,右背山陵,前左水泽,以战则利,以守则固,有何不妥?"李玄道:"高帝过'柏人'而不居,因'柏人'与'迫人'音相近也。今大军安营之地名为'彭亡',闻之不吉,不如移营。"岑彭心中暗惊,他抬头西望,红日西坠,黄昏将至;各营炊烟四起,三军安然。岑彭心想为大将者,出生入死,寻常之事,动如雷霆,安如泰山;安可因安营之地名称不吉而轻迁? 何况天色已晚,士卒疲劳,为炊将食;若传令拔营,必然引起将士不安。何况孤军远悬,大敌在侧;安营之地尚未选就,贸然移营不妥。不如等到明日,另选佳处安营。思虑已定,他对李玄道:"参军言之有理,安营时不知此地村落有此恶名。今日天色已晚,移营不易,此事留待明日再议。今晚各营多加岗哨,小心提防就是。"李玄应命而去。

邛都王任贵献来越隽小马百匹,赤身黑鬃,体形不大,但善于行走山地,脚程甚快。岑彭十分喜爱,除了进献朝廷,分赏诸营之外,自己留下十匹。为了喂养这十匹越隽小马,岑彭特意从蜀中招募数名熟悉这种小马习性的马夫,公孙述所募刺客乘机混入岑彭营中养马。武将大多爱马成癖,岑彭也不例外。闲暇之时,常到马棚转悠,亲自饲马,为马刷洗毛羽。这晚夜半,岑彭巡营完毕,又到马棚看马,灯影摇曳,马夫正给越隽小马加料。马儿闻到料香,吃得更欢,不时打着鼻嘘。

岑彭心中高兴,走到马前,正要亲自给马加料,冷不防,那马夫倏然出手,手握给马拌草料的棍儿,分心便刺——那棍子竟是一支点钢短戟——一击而中,短戟直插岑彭胸膛。岑彭虎吼一声,挥掌击中那人面颊。那人脚步踉跄,抽出短戟准备刺第二戟时,岑彭飞起一脚,把那人手中短戟踢飞,从腰中拔出佩剑,向那人刺去,那人慌忙躲到马后。岑彭待要再刺,头晕目眩,栽倒在地。那人慌忙解下一匹马来,飞身上马,逃出营去。巡营士兵发现有异,鸣锣示警。众人赶到马棚之时,岑彭已经气绝身亡。李玄等人秘不发丧,急使人飞报光武。

光武急令吴汉代岑彭为帅,出夷陵西进。三日后,李玄命人护岑彭之椁先行,严整各营旌旗,炊烟依旧,然后率军东归。兵过南安鱼涪津,公孙述得报,岑彭身亡,汉兵已退,他忙命大将魏党、司空公孙永,带兵追杀。二将追到南安,见汉兵去远,不敢穷追。公孙述命其驻守鱼涪津,以拒汉兵。

光武倚岑彭为南天一柱,闻其丧亡,伤痛不言而喻。光武葬以王侯之礼,厚赐其妻子,谥曰"壮侯"。岑彭两子,长子岑遵袭封细阳侯,次子岑淮封谷阳侯。蜀人怜惜岑彭,后来又在武阳为岑彭立庙,四时祭祀。此是后话。

成都公孙述

　　吴汉接旨,率露桡水师五千,步骑三万,水陆并进,星夜兼程,溯江西进。步骑遇崇山峻岭,深险峡谷,便登舟前进,到平坦处弃舟登岸,因而行进甚速,三日后便到鱼涪津。鱼涪津在南安县北,江宽数百步。魏党扎营在北,公孙光扎营在南。二将见汉兵多露桡轻舟,且逆江而上,不禁轻视,各率楼船数艘顺江而下欲撞翻小舟。不意冒突露桡,极其灵便,似江中游鱼,穿插于楼船之间,抢占上风,便纵起火来。露桡上的汉兵抛出挠钩绳索,与楼船连结一起,小船之火顿时延烧楼船。魏党、公孙光大惊,纷纷弃船上岸。谁知两岸营寨早为汉军步兵袭取,只得没命奔逃。水陆两军并溃,溺水死者不可胜数,剩下残兵数千逃归武阳。吴汉乘胜追击,把武阳包围起来。

　　公孙述接公孙光急报,召群臣商议援救武阳。诸将怯战,相互推诿,不愿出征。公孙述连斩数人,仍然无人主动请缨。公孙述无奈地说道:"养兵千日,用兵一时。平日里满朝文武无人不高谈忠义,危难之时,却个个畏刀避剑,贪生怕死。看来朕只得御驾亲征了!"驸马都尉史兴连忙出班跪倒道:"不劳皇上亲征,儿臣愿往!"公孙述哈哈笑道:"家贫出孝子,板荡识忠臣。驸马集忠孝于一身,朕心甚慰。赐金甲一副,御马一匹,尚方斩马剑一把,代朕出征。凯旋之日,朕亲为驸马摆酒庆功!"史兴于是点起一万精兵,前来救援武阳。

　　吴汉探得消息,命武威将军刘尚,伏于武阳、广都之间饮牛涧,他则亲自带骑兵迎击史兴于野牛坡。史兴过涧，人马方至半山坡，吴汉骑兵冲下山来，居高临下，势不可挡。史兴的一万兵马，立刻被冲得七零八落，退下山坡。方到涧中，刘尚伏兵杀出，把退路堵死，矢石乱落，顷刻间死伤无数。史兴回头再上野牛坡，打算夺路逃生，恰逢吴汉杀到，三合两阵，便被斩于马下。汉军齐呼"降者不杀"，蜀兵见主将已死，纷纷弃甲投戈而降。

吴汉、刘尚收拾降卒，得胜而还。刘尚命人穿了史兴的御赐金甲，骑上御马，打了蜀兵旗号黄昏来到武阳城下。城上守军见救兵到来，连忙报告魏党、公孙光，二将正当望眼欲穿之时，见救兵到来，从城头向下瞧看，依稀认得出是公孙述的金甲、御马，不虞有诈，急忙命士卒放下吊桥，打开城门。刘尚带兵一拥而入，杀上城来。魏党、公孙光欲要阻挡，哪里还来得及？魏党战死，公孙光被俘，吴汉将其斩首示众。吴汉乘胜入犍为郡界，攻拔广都，遣派轻骑，袭扰成都，焚烧成都郊外七星桥。武阳以东诸城皆降汉军。

光武闻捷，不欲多所杀伤，欲劝公孙述投降，再降诏书于公孙述道："往年诏书比下，开示恩信，勿以来歙、岑彭被害自相犹疑。今以时自诣京师归降，则家族完全；若迷惑不悟，委肉虎口，痛哉奈何！将帅疲倦，吏士思归，不乐久相屯守，诏书手记，不可数得，朕不食言。"公孙述道："田横五百人犹不肯降，况吾十数万众，安肯束手！"他遂命大司徒谢丰、执金吾袁吉将兵十余万出城迎敌。二将列营二十余座，扼守成都四面关隘，以待汉兵。

光武知吴汉事功心切，他密旨诫之："成都十余万众，不可轻也。但坚据广都，以逸待劳，待其来攻，勿与争锋。若敌不敢来攻，移营迫之，步步进逼，必待其疲，方可击也。万勿贪功轻进。"

吴汉接旨，与副将刘尚议道："广都距成都四十里，蜀营鼓角相闻，敌我虚实尽知。我待敌来，敌亦待我至也。况敌为主，我为客；敌欲固守，我利速战，不如攻之。"吴汉于是亲自带领步骑二万余人进逼成都，去城十里，在江北安营扎寨，江上架起浮桥，命武威将军刘尚将万人屯于江南，两营相去二十里。安营已毕，上报光武知晓。光武得报，急忙降旨责备吴汉道："比勒公千条万端，何意临事悖乱如此！既轻敌深入，又与刘尚分别安营，相隔二十里，若事紧急，如何彼此相互应援！贼若出兵缀公，以大众攻江南刘尚，公何策破敌？刘尚军破，公必败矣。幸敌未发动，急退兵回广都，以策万全。"

光武诏书来到吴汉营中,但为时已晚。公孙述闻吴汉兵临城下,与刘尚隔江安营,心中大喜,他拊掌道:"吴汉名将,浪得虚名耳,欺我蜀中无人也!"急命袁丰以重兵围吴汉,分兵一部攻刘尚。汉兵南北两营,唯以江上浮桥相通。袁丰焚毁浮桥,吴汉、刘尚彼此不能相救。刘尚坚壁不出,吴汉大战一日,脱身不得,兵败回营。袁丰挥众包围吴汉大营。

吴汉传令营门紧闭,与诸将议道:"吾与诸君跋山涉水,逾越险阻,转战千里,一路斩关夺隘,遂深入蜀地,至成都城下。而今与刘将军两处被围,彼此不能相援,其祸难料。我欲潜而过江,与刘将军合兵一处,共破强敌。若能同心勠力,人人奋战,置之死地而后生,大功可成;如其不然,必败无疑。生死成败,在此一举,诸君意下如何?"诸将皆称:"唯大司马将令是从。"

吴汉于是厉兵秣马,饱飨士卒,闭营三日不战,多备渡江之具;营中遍插旌旗,使炊烟不绝如常;到了夜晚,衔枚潜师渡江,与刘尚合营。袁丰、谢吉浑然不知,仍然以重兵围江北汉兵大营,分兵攻江南刘尚。战之午时,吴汉建旗鸣炮杀出。袁丰、谢吉见吴汉跃马出阵,大惊失色,瞠呼道:"吴汉何时过江耶?"吴汉哈哈笑道:"某已破江北之兵,方赶来杀汝!"袁丰闻听此言,心中更慌,无心恋战,欲回江北,吴汉哪里肯放?纵马拦住去路。战不数合,被吴汉一枪刺死。谢吉见袁丰落马,心中发慌,稍一疏神,也被刘尚斩于马下。蜀兵见主将身亡,顿时作鸟兽散。吴汉、刘尚纵兵掩杀,大获全胜,斩获五千余级。吴汉引兵退还广都,命刘尚前出十里扎寨,以监视公孙述动静。吴汉然后上表报告情况,深自谢罪,请光武责罚。

光武览奏,心中稍安,降旨安慰道:"公还兵广都,甚得其宜。公孙述必不敢过刘尚大营而击公也。公孙述若出兵击刘尚,公从广都五十里,发突骑赴之,恰好当其疲惫与刘尚合势,必破之矣。"吴汉依光武方略,自此与公孙述战于广都与成都之间,八战八捷,公孙述不敢复出成都。光武乃降旨,命吴汉进军成都城下。

再说臧宫,当初奉岑彭将令前往中卢、骆越筹粮,后来岑彭遇刺身亡,骆越之人又谋叛归蜀。臧宫兵微力薄,自度力不能制。他心生一计,夜晚命士卒锯断城门槛,驱使辎重粮草车辆,自东门入城,从西门出城;复自东门入,西门出;循环往复,通宵达旦,仿佛千百辆不绝于途。骆越人闻之暗惊,以为大军将至,平明偷窥城门槛竟被车辆辗断,相互转告:"汉兵百万尽已入蜀,不可造次。"县令及城中父老急忙牛酒劳军。臧宫陈兵耀武,广列旌旗,相谢道:"大军十数万方过,多有惊扰。余部不足五万,暂留数日,以待后军。"骆越人信以为真,于是打消了造反念头。

公孙述命延岑、吕鲔拒守广汉。延岑将兵数万列阵沈水。臧宫一路收合降卒五万之众,粮秣不至,众多食少,归降者皆欲散叛;刚刚占领的郡邑,各自保聚,观望成败。恰好此时,朝廷尚不知岑彭已亡,送战马七百匹,刚到军前。臧宫以岑彭之名,悉数收下,晨夜进兵,多树旗帜,登山鼓噪;右步左骑,挟船而进,呼声雷动,山鸣谷应,声势浩大。延岑不意汉军声势如此之大,登山望之,大为震恐,仓促出阵迎敌;臧宫令积弩营抢占上风,强弓硬弩攒射延岑中军,延岑中军尽靡。臧宫率骑兵乘势奔袭。延岑不敌,大败而逃。臧宫纵兵追杀,斩首、溺死者万余人,沈水为之浊流。延岑败回成都,其众尽降。臧宫尽获其兵马珍宝粮饷辎重,乘胜追亡逐北,降者以十万数计。

既拔广汉,诸将皆道:"大司马在广都,我军宜南下广都,与大司马会合,进图成都。"臧宫道:"我军以偏师一旅,连克守敌,迭破险关,败延岑十万之众而下广汉,岂因人成事者哉?况大司马重兵在南,公孙述倾全国之兵以御大司马,北边必然空虚。兵法云:以虞待不虞者胜。攻而所必取者,攻其所不守也;善攻者,敌不知其所守。我军宜进兵北道,尽取成都以北诸城;然后与大司马南北夹击,共破成都。"臧宫于是率兵径进平阳关。

平阳守将王元,见延岑兵败,臧宫势大,知平阳不保,左右皆劝其降。王元道:"吾获罪朝廷深重,恐降亦不免一死。初,隗王归汉,吾说其背汉自立;后来隗王困守西城,吾又自蜀借兵迎隗王归冀;隗王死,吾又立幼主拒汉,诸将皆降,唯我走蜀。今势穷投降,朝廷岂能容我?"参军武平道:"天子不与匹夫为仇,图大事者,不计私怨。桓公相管仲,高帝将季布,当今天子,不计杀兄之仇,朱鲔归降,不失封侯之赏,况将军忠于隗王,有始有终者乎? 若有归汉之意,在下愿赴汉营,为将军通其意,陈其情。"王元首肯,武平于是前往汉营面见臧宫。

臧宫道:"当今天子宽厚仁义,天下共知。陇西降者已非一人,皆得高爵厚赏,王将军必所知也。游翁若举众来归,某虽不才,敢以身家性命,保其富贵。"王元于是率众归降。臧宫奏闻光武，光武命王元自诣洛阳。光武封其为上蔡令，后迁东平相。有人秘谏光武：王元不可轻信。光武笑道："卿忘记冯衍之喻乎？王元昔日能尽忠隗嚣，必能尽忠于朕。何须疑哉！"

平阳虽小，乃涪水要津。臧宫以王元降卒为前导，溯涪江而上攻拔涪县，然后挥师南下绵竹。公孙述之弟公孙恢驻守绵竹，闻王元献平阳降汉，乃与左右议道："延岑、王元俱能征善战之将，尚难当汉军兵锋，况我等乎！只宜深沟高垒，拒城坚守，待汉军师老兵疲再作计较。绵竹乃成都北边门户，绵竹若失，成都不保，诸君万万不可丝毫疏虞。"臧宫兵至城下，公孙恢四门紧闭，吊桥高悬，汉兵叫战不应。绵竹城高池深，西依山崖，南临深涧，攻之不易。臧宫询诸武平，武平说道："绵山之竹与他竹不同，柔软可做绳索，绵竹因此得名；蜀中士卒，善攀援者甚多，若能自西山攀援登城，破之不难。"臧宫于是由蜀中降卒做向导，亲自登西山瞭望，察看地形；他又命人伐竹做绳索，让士卒坠入谷底，寻觅到可攀援登城之处。此时，臧宫在东北两面大张旗鼓，架梯呐喊佯作攻城之状，暗中却命士卒自西山谷底攀援登城。公孙恢疑为神兵天降，惊慌失措，急忙回兵来救西边，东、北两面汉兵则乘虚登城。公孙恢弃城要逃，被臧宫追上，斩于途中。绵竹既破，臧宫乘胜南进，连破繁县、郫县，获印绶一千八百枚。此时臧宫兵强马壮，拥众十万，挥兵破成都小雒郭门，安营城下，与吴汉大军相会。

臧宫与吴汉相会，欢喜不尽，帐中置酒相庆。因来歙、岑彭相继被刺，宴毕，吴汉谓臧宫道："将军扎营城北，我在城南，两军相距数十里。将军来时经城下过，跨马扬威，丰采烛照，贼在城上尽识尊颜，穷寇居心难料，还营请改他道，以防万一。"臧宫微醉，哈哈笑道："大司马放心，料成都鼠辈不敢出城！"臧宫遂不听劝阻，从原路回营。行之城下，故意缓辔扬鞭，指点城上雉堞，对随从道："此城孝武元鼎三年所筑，凡十八门，北面自东数第一为咸门，进兵最佳。明日，我将自咸门入城！"臧宫说罢，大笑而去。城上之人闻之，亦不敢下城追赶。

城上士卒以臧宫之状，禀报公孙述。公孙述大怒，问道："小雒郭门外，何人把守？为何不下城拦截？"太常张隆道："靖北将军环安把守。"公孙述传旨，点宣环安来见。环安道："臧宫足智多谋，骁勇善战，连破广汉、平阳、涪县、绵竹，兵锋正盛；今数骑踯躅城下，臣恐其有诈，故而不敢轻易出城。"延岑刚刚败归，也说道："臧宫智勇不下于岑彭、吴汉，小心为上。"公孙述道："蟒蛇有冬眠之时，猛虎有沉睡之期。来歙、岑彭皆汉之良将，尚能以一夫诛之。环安曾以此计建功，何不故伎重施，以刺臧宫？向时健儿安在？"环安连忙叩头道："计不重施，策不再用。此法已两用矣，岂可再用？"公孙述道："当日欲刺岑彭，即有人劝朕'计不重施'，结果怎样？不照样奏效？比如宫中百戏杂耍，天天有人耍，人人各不同。只需变换手法，另辟新径，何妨再试？"环安不敢再言。公孙述立命宣召前番刺来歙、岑彭之人来见，当殿封二人为安国将军和辅国将军，随环安回营，伺机去刺杀臧宫。

　　光武诸将智勇兼备者多人，但将兵之法各有千秋。臧宫出身亭长、游徼，习于捕盗。他后来当了大将，营伍行阵不拘一定之规，但常于用间；每至一处，多布眼线、斥候、间人四处，或为刍牧，或为贩夫走卒，行旅之人。因而消息灵通，敌之动静，纤毫悉知。环安欲刺臧宫，派人踏勘汉营四周路径，打探消息，一举一动，早有人报于臧宫。臧宫佯作不知，故意饮酒帐中，假装大醉之状，暗伏甲士于帐内。等到夜半，两名刺客入帐行刺，被当场擒获。臧宫命人换上刺客衣冠，扮作刺客模样，谎称行刺得手，回营复命。环安只顾高兴，不虞有诈，反被刺死。汉营杀手乘机放起火来，臧宫见环安营中火起，领兵杀来，大破环安之兵，遂进军咸门。环安三人传首京师，光武大喜，传旨嘉奖臧宫为来歙、岑彭报仇，为征蜀建立奇功，遥拜他为广汉太守。

　　公孙述闻刺客被擒，环安兵败被杀，偷鸡不着反而蚀了米，又气又恨。他问延岑道："事在燃眉，汝宁王有何良策？"延岑道："大丈夫当死中求生，不可坐而待毙。金银财帛乃身外之物，且聚之易矣。皇上不宜有所爱，重赏之下必有勇夫，陛下宜散财厚赏以励将士之气，募集敢死之士，交付于臣；臣当粉身以效陛下。高帝当年一败于彭城，再败于成皋，最终蹶而复振。天命在蜀，何愁汉兵不破！"公孙述乃悉散宫中财帛，募集敢死之士五千人，交延岑调用。

　　延岑扎营于冲星桥北，以当吴汉。吴汉则列阵于桥南。延岑命敢死之士夜晚潜师过江，伏吴汉阵后，自己高树旗帜，鸣鼓挑战，单叫吴汉出阵。吴汉临阵，延岑道："延岑获罪于汉天子久矣。今日之战不唯分胜负，且赌生死。久闻大司马勇寇三军，延岑今以性命相搏，虽死无憾。"吴汉道："延将军与吴某本为南阳同乡，当年威震关西，名动陇蜀。惜乎不遇其时，所在破亡。东隅虽失，桑榆未晚。今若幡然悔悟，不失智者所为，何须以性命相搏？"延岑哈哈大笑道："楚霸王所谓天之亡我，非战之罪。延岑自料弓马不弱于人，请大司马赐教吧！"说罢拍马挺枪冲过桥来。吴汉也不再多费唇舌，挥枪跃马和延岑战在一处。两边士卒擂鼓呐喊为各自的主将助威，二人斗了百余合不分胜负。

正在酣战之时，吴汉忽听阵后喊杀声起，士卒大乱，心知中计；拨马回头，欲回本阵。延岑不舍，从背后追来。吴汉只得返身再战。蜀中五千敢死之士，人人奋勇，个个争先；汉兵屡胜，不料蜀兵竟如此强悍、顿时溃散。败兵狼奔豕突，吴汉难以控驭，战马受惊，连人带马跌入江内。幸亏吴汉战马神骏无比，吴汉紧紧曳住马尾，游过南岸，随马腾跃，上岸回营。臧宫得报，急率突骑来救，杀退延岑。这一仗汉兵折损数千，吴汉带兵与臧宫合势，共屯咸门。

汉军中只剩七日之粮，兵败受挫，士气低沉。吴汉与臧宫商议，暗中准备战船，欲寻机撤兵。谒者张堪，新被诏拜蜀郡太守，他听到消息，连夜求见。张堪和吴汉同乡，也是南阳人，早丧父母，让先父遗产数百万与长兄之子，乡里称善。张堪年十六游学长安，群儒号为"圣童"。光武嘉其志行，常相称许。张堪后来受来歙之荐，被封郎中，升迁谒者，奉命押运粮秣入蜀并领战马七千匹赴吴汉军中。吴汉知张堪为光武所重，不敢怠慢，迎入中军相见。

张堪道："闻大司马有撤兵之意，愚以为万万不可。公孙述数日必亡，切不可功亏一篑。成都已成孤城一座，四周郡县皆已为我所有，兵微将寡，能撑几时？大司马只知我军乏粮，安知蜀营不乏粮乎？家乡牧童常以黄牛角牴为戏；二牛以首相牴，各不相让，唯能持久者胜。今日之局，亦二牛相牴矣，万勿退兵。延岑昨日之胜，回光返照耳。大司马莫如示弱待时，令其来攻，寻机破之。"吴汉面色犹豫。张堪道："司马公有何为难之处？"吴汉道："昨晚三更，忽然梦见征南来见，以目示意。余抬头但见三把利刃高悬。余伸手去取，利刃直刺入怀，不觉惊醒，出了一身冷汗。不知主何吉凶？"张堪拊掌笑道："恭喜司马公，巴蜀必破矣！"吴汉道："先生何出此言？"张堪道："三刃不是一'州'字吗，三刃入怀不是获蜀之兆吗？"吴汉大喜然其计，遂罢退兵之议，按兵示弱，以待蜀兵。

延岑得胜，公孙述大喜，与延岑摆酒庆功。延岑道："偶尔小胜，不敢言功。陛下宜乘此机会，急召各地兵马。翼江王田戎被围江州已久，不如令其弃守江州，亟回成都，以壮成都声威；待成都敌退，其他各地如秋风扫落叶耳，收复江州不难。"公孙述正要传旨，江州败报传至：汉威房将军冯骏已破江州，田戎被俘。延岑道："人算不如天算，棋差一着，天意如此！"司徒李熊道："天意难知，皇上精研易道，何不卜上一卦，以问天意？"公孙述听从李熊之言，立占一卦，卦下批语曰："房死城下。"公孙述大喜道："房者，汉兵也，吴汉也，臧宫也。今日一战，已见端倪；明日再战，必尽歼汉房。明日早餐战饭，大犒士卒，朕要亲自临阵破敌！"

次日，公孙述悉出成都之兵，亲自统领，列阵城下。吴汉、臧宫也列阵相迎。公孙述意气扬扬，命延岑出阵挑战，臧宫出马迎敌。二人斗至百余合，不分胜负。延岑勒马道："将军枪法神乎其技，你我已斗百余合，难分上下；将在谋而不在勇，高下之分，在于用兵布阵。你我用阵法一决高下如何？"臧宫道："臧某虽历戎行，但疏于阵法；三才、四象、五行、八卦，全然不懂。唯知快马长枪，强弓硬弩，冲锋陷阵。'非曰能之，愿学焉'，将军有何奇妙阵法，只管摆出来，让臧某一饱眼福。"延岑哈哈笑道："将军不必过谦，少待一时，某摆一阵，请君指教。"说罢勒马回营，令旗挥动，时间不长，摆好一阵，外圆内方，旗分五色，左边突骑，右边弓弩，横九列，纵六行。旗门开处，延岑横枪揽辔，好整以暇，朗声笑道："臧将军识得此阵否？可敢入阵？"臧宫道："适才末将已经说过，臧某才疏学浅，对于阵法所知甚少。但观此阵外圆内方，人在其中，天圆地方，以象天地，必为三才阵；旗分五色，以像五行，横九纵六乃重阳之数，以此推之此阵当是'三才五行重阳阵'，不知对否，贻笑大方了。"延岑道："既知此阵，请将军破之。"说罢令旗摆动，阵势立刻变化，面目顿时全非。

臧宫眼花缭乱，束手无策。武平道："阵法之妙，全在变化；而变化之妙，在乎方寸。要尽知对手方寸之变，难矣。唯以不变应万变，寻隙捣虚，方能破敌。阵中之变,白天全凭旌旗、金鼓,夜晚全凭灯火。将军可命善射之人,暗中窥探高处摇旗者在何处,一一射杀;细听敌阵金鼓之声,知其进退之律;然后金鼓大作,乱其耳目,破敌不难。"臧宫大喜,命善射之士,注意阵中挥旗者,又命武平亲掌金鼓。臧宫安排既定,亲自带兵冲入阵内。

延岑见臧宫入阵,摆动令旗,阵势忽又变化。臧宫欲使突骑奔袭蜀军步卒;步卒忽然退去,两翼弓弩齐发,手执盾牌的短刀手,扯起纵横交错的绊马索来;汉兵冲杀在前的骑兵,立刻有多匹绊倒,被弩箭射杀。臧宫挥众急退,并立命积弩营与蜀兵对射;蜀兵盾牌兵并立成墙,边射边退;臧宫方欲追逐,延岑亲率步骑从背后杀来,把臧宫围在中心。延岑三合三胜,臧宫左冲右突,难以脱困。

阵外积弩营善射之士,发现蜀阵中望台之上挥旗之人,连杀数人,无济于事。原来令旗暗合五行阴阳,不同时辰,令旗颜色不同;阵中士卒不同时辰只认一种颜色,其他四色只是掩护主色,乱人眼目。天到午时,方把赤帜射倒,阵中登时大乱。武平在外,金鼓乱击,蜀兵难辨进退之声。延岑指挥失灵,臧宫纵兵反击,双方开始混战起来。

吴汉远望高阜之处,翠盖之下,一人金甲骏马,仆从环卫,正在指指点点,观看延岑、臧宫斗阵,猛然醒悟:此人必是公孙述。吴汉略一思忖,立刻唤过护军骁将高午、唐邯,秘嘱数语。二将应命,各带一支人马旋风般离去。二将走后,吴汉对左右道:"前面高冈之上,翠盖羽葆之下,金甲骏马之人,必公孙述也。擒贼擒王,若能擒得公孙述,成都可破,全蜀可定,大功成矣。建不世之功,得封侯之赏,就在眼前。诸君有意,请随我来!"吴汉于是挺枪纵马,冲上前去。众将士闻听吴汉之言,各欲建功,人人奋勇,个个争先,紧随其后,呐喊着杀奔公孙述。

公孙述正在观战,听前面呐喊声山呼海啸,汉兵潮水般杀来,左右大惊失色,护卫公孙述欲走。公孙述怒道:"天生德予余,吴汉可奈我何!卦文明言'虏死城下',汝等不快去杀敌,建不世功业,却欲临阵脱逃,是何道理!左右快取朕神兵,随我破敌!"左右不敢怠慢,立刻取来黄钺一把,递与公孙述。公孙述接过来掂了掂,略觉沉重,但也来不及更换。他把马一拍,冲向汉军。众文武不敢不从,只好硬着头皮,紧紧跟随。眼看吴汉大军已经杀到跟前,虎贲中郎将李育、奉车都尉程乌急忙纵马向前，拦住吴汉厮杀，公孙述横钺马鞍之上，命左右击鼓助阵，摇旗呐喊。

正当此时，汉军骁将高午、唐邯从左右两边杀到，挺枪直取公孙述。公孙述急忙挥动黄钺来迎。这黄钺乃是仪仗中的兵器，公孙述使起来极不合手，初时虽觉沉重，勉强还能举得起，抢得起；三五招过后，便大汗淋漓，再也挥舞不动。高午、唐邯却越杀越勇，公孙述只有藏头缩颈，左右躲闪的功夫，没有还手的力量了。一时迟滞，高午枪快马急，正中公孙述胸前，公孙述大叫一声跌落马下。唐邯过来，正要取其首级，公孙述身后随从拼死向前，把他抢回，抬起来就跑。李育、程乌见了，无心恋战，保定公孙述败归成都。延岑阵法为臧宫所破，正混战间，得知公孙述重伤回城，无心再战，鸣金收兵。臧宫亦不追杀，整军回营。汉军各营毕至，遂兵围成都。

公孙述为左右抬回城内，知命不保，急召延岑入内，把玺书兵符尽付延岑，当晚丧命。延岑把公孙述灵柩置于宫内，与公孙述左右商议战守之计。文武皆不欲战。常少、张隆皆劝延岑开城纳降。延岑怒道："公等欲图富贵耶？"二人道："富贵乃过眼云烟，死到临头，尚何足恋！以城降则吏民可保，待屠城之时，玉石焚矣！"遂伏剑而死。延岑大惊，喟然叹道："岑战亦死，降亦死；不欲降者，不欲负陛下所托也。既然诸君皆不欲战，明日请降。"

次日，延岑素服白马至吴汉军门请降。吴汉恐其有诈，乃留延岑于军中，命刘尚率部入城。延岑道："大丈夫一言既出，驷马难追。降即降矣，司马何须多疑？"吴汉道："兵不厌诈，况叔牙将军多诈，降而复叛者，已非一次，不得不防。"延岑叹道："人生皆有死，人无信不立。延岑一死不足惜，愧负公孙皇帝之托！"吴汉知延岑非真心投降，恐为后患，遂夷公孙述妻子，尽灭公孙氏，并夷延岑之族。

吴汉军纪本坏，况入蜀之后，所过招降纳叛，部众剧增，将士之中，良莠不齐，城破之后，焚掠成习。大军入蜀，转输困难，粮饷时有不继。故而，军士抢掠，吴汉睁只眼闭只眼，亦不明令禁止。刘尚率兵进城，将士多闻成都富庶，传闻公孙述皇宫之中，珍宝山积，遂疯狂抢掠起来。富甲天下的锦官城，一时陷入空前的劫难之中。

张堪急见吴汉道："成都之富，天下尽知。公孙述经营多年，宫室宏丽，珍宝无数;大司马以荒城一座交付陛下,情何以堪! 陛下纵念大司马劳苦功高,不加罪责,但何以尽塞悠悠之口!"吴汉闻言大惊道:"吾欲以此而励士众,安部伍,致此大错,望卿与亟止之!"张堪于是三令五申,严禁焚掠。张堪检点库藏,收其珍宝造册登记,一一条列上奏,秋毫无私。经过一番安抚,成都吏民渐渐安定下来。虽然如此,公私财物,已损毁太半,张堪、吴汉据实上奏洛阳。

光武闻奏,严旨切责吴汉,但念其平蜀功高,不忍加罪。光武降旨训诫武威将军刘尚道:"城降已过三日,吏民尽已归服,奈何纵兵焚掠! 成都百姓,孩子,母亲,老幼数以万计,无辜罹难,闻之令人酸鼻! 你刘尚乃宗室子弟,曾经当过官吏,怎能忍心做出这种事情! 仰视天,俯视地,岂不有愧于心! 昔日秦西巴猎获小鹿,见母鹿追着呼叫,秦西巴不忍,放还小鹿;乐羊子攻伐中山,中山君烹其子而送还之羹,乐羊子啜之而拔中山;两相比较,怎样做仁义? 汝虽攻破成都,却失去了吊民伐罪之义!"

吴汉、刘尚接旨惶惧,再三上表谢罪。朝中有人乘机参劾吴汉,甚至有人说吴汉侵吞蜀宫财宝,故意命士卒纵火者。光武道:"吴汉忠谨清廉,毋庸猜疑。每从朕征战,朕不安寝,吴汉则侧足而立,亲自侍卫;每战有不利,诸将慌惧,吴汉则意气自若,厉兵秣马,激扬士卒之气。朕常说:'吴君然差强人意,隐若一敌国矣!'每逢受命出征,朝接旨,夕即上路;且廉洁自守,不喜钱财。朕闻吴汉出征在外,其妻在家薄置田产,吴汉班师还朝,责备其妻道:'身为大将,出征在外,吏士不足,奈何置买田宅!'朕每有赏赐,尽分于昆弟、外家。瑕不掩瑜,朕不以一眚掩大德。众卿无需多议! 朕自有安蜀之策。"

光武传旨:凡蜀中忠节志义之士,悉加旌显;公孙述驾下之臣,有才干者量材擢用。程乌、李育虽为公孙述近臣,照样擢拔。擢用官员相继奏报:

巴郡谯玄,成帝时曾任太常丞,王莽居摄,弃官归隐。公孙述称帝,却聘不应召。公孙述命使者携带厚礼和毒药前往,若再不应召,便赐以毒药,命其仰药自尽。太守亲至其庐劝道:"先生高节已显,朝廷垂意,不宜再加推辞,自招杀身之祸。"谯玄仰天叹道:"唐尧大圣,许由洗耳;武王至德,伯夷耻食周粟。彼独何人,我亦何人,保志全节,死亦何恨!"遂接受毒药欲死。谯玄有子,名叫谯瑛,泣血叩头哀告太守道:"方今公孙皇帝东方大敌虎视,兵师四处,国用军资不足,愿献家财千万,以赎家父之死。"公孙述许之,赦免谯玄不死,遂隐遁山野,教子弟读书。

广汉梓潼人李业,从博士许晃习《鲁诗》。王莽居摄,杜门不应州郡之命,托病不愿出仕。太守刘咸强召之,命令道:"贤者不避害,譬如用箭射杀待死囚徒,薄命者先死。朝廷闻李业之名,故欲命其出仕为官,为何反而托病抗命?有病到监牢去养!"刘咸于是把李业关进监狱,欲杀之。有人劝刘咸说:"赵简子欲杀贤士窦鸣犊,孔子闻之临河而返。未闻用关监牢相胁迫的办法,求得贤人。"刘咸不得已释放了李业。公孙述称帝,屡次征召,打算让李业当博士,李业却仍旧称病不起。

公孙述又羞又怒,命大鸿胪尹融持毒酒奉诏命劝李业道:"若奉诏,则受公侯之位;不奉诏,则赐之以药!"李业接药。尹融劝道:"方今天下分崩,孰知是非?何必以区区之身,试以不测之渊乎!朝廷仰慕名德,虚官位以待先生,于今已七年,四时珍御,不曾忘君。宜上奉知己,下为子孙,身名俱全,不亦优乎!"李业叹道:"子曰:'危国不入,乱邦不居。亲于其身为不善者,义所不从。君子见危受命,何乃诱以高官厚禄哉!'"尹融见李业辞志不屈,又说:"宜唤妻子家人来劝说你。"李业道:"大丈夫断之于心久矣,何必再唤妻子家人!"遂饮毒而死。公孙述闻之,耻负杀贤之名,乃遣使吊祭,赐葬仪百匹。李业之子李翚,辞谢不受,葬父之后,逃离家中。

另有王皓、王嘉、费贻、任永、冯信等人,并有美名,光武皆降旨厚加抚恤,旌表其美名,荣其身后。光武又降旨赦免益州所部"殊死以下全部罪犯",在狱死囚减死罪一等,流徙解除刑具;遣使巡行各郡举冤狱、雪沉枉、惩邪恶、安良善。光武又降诏益州民自建武八年以来被掠为奴婢者,皆免为平民;依托为人下妻媵妾,欲去者,悉听之,敢拘留者以"略人法"从事。经此一番悉心安抚,蜀人大悦,民心安服。

建武十三年春,光武命吴汉浮江东下,振旅还朝。

光武中兴

偃武修文

吴汉途经宛城,光武降旨命其还乡祭祀祖坟,赐谷二万斛。吴汉但修旧宅,不起新屋。他祭祖完毕,即还京师。光武举行盛大宴会,犒赏将士,论功行赏,首次获封的共计三百六十人,外戚加恩封赏的四十五人。功劳特别卓著的二十八人,时人以为上应天象,号为二十八宿,名曰:

> 高密侯邓禹,广平侯吴汉
>
> 胶东侯贾复,好畤侯耿弇
>
> 雍奴侯寇恂,舞阳侯岑彭
>
> 夏阳侯冯异,鬲侯朱祐
>
> 颍阳侯祭遵,栎阳侯景丹
>
> 安平侯盖延,安成侯铫期
>
> 东光侯耿纯,朗陵侯臧宫
>
> 杨虚侯马武,慎侯刘隆
>
> 全椒侯马成,阜城侯王梁
>
> 祝阿侯陈俊,参遽侯杜茂
>
> 昆阳侯傅俊,合肥侯坚镡
>
> 淮陵侯王霸,阿陵侯任光
>
> 中水侯李忠,槐里侯万修

灵寿侯邳彤，昌成侯刘植

众臣叩头谢恩。光武道："建武二年，朕第一次大封功臣，曾经劝勉众卿'宜如临深渊，如履薄冰，在上不骄，高而不危，制节谨度，满而不溢，传尔子孙，永为汉蕃'。今天朕仍然把这几句话奉赠诸卿，但愿你我君臣千秋万代，富贵共享。"众臣齐呼万岁，同声道："谨遵圣命，戒骄戒满，永为汉藩，仰答天恩。"

光武起身奉觞说道："朕自地皇三年舂陵起兵，征战十六年，至今陇蜀得平，天下粗定。揽镜自照，鬓见二毛；屈指算来，已四十三岁矣。忆及当年与子张、元伯、铫期、任光、傅俊昆阳破王邑、王寻之时，恍若隔世。朕单车下河北，左右冯征西、王元伯、臧君翁、铫次况数人相从；刘隆舍家追我于射犬；君迁弃官寻我到蒲阳；傅子卫邯郸相会；君文、子昭持汉中王书信联袂来到柏人；邓仲华杖策千里至郢；耿伯昭卢奴得见。至此君臣际会，北至幽燕。践祚藁城，十三年矣。肱股之臣，英年早逝者任光、邳彤、景丹、万修，阴阳暌违，倏忽十载；三上陇坻、损折祭遵、冯异、铫期病故；为征巴蜀，来歙、岑彭不幸丧亡；寇恂、耿纯新亡，未见山河一统。凡此十数子，皆你我君臣共患难者也，令人殊深珍念，情何以堪！座中诸卿，伯昭、仲华，年纪最轻，也三十六七了吧？大司马、虎牙、阜成侯三人率领渔阳突骑三千，与朕相会广阿之时，一个个雄姿英发，虎背熊腰，金戈铁马，万夫难当，于今也都鬓毛斑白矣。大司马战尘未洗，虎牙带病屯冯翊，阜成侯抱疾守济南。虽老当益壮，英风豪气已非当年矣。诸卿为光复汉室社稷，出生入死，功绩与日月同辉，山河共存，朕与子孙誓不相忘！"

诸臣一个个心情激动，泪光盈盈，同声道："犬马微劳，蒙陛下如此记挂，敢不泥首粉身以报！"

光武又说："世人皆言，你我君臣应命在天。已故诸卿，朕已命丹青高手绘就图像，供奉云台，与朕朝夕相伴。在座诸卿，自兹以后，各归府第与朕共享太平，非有特大警急，不再身历戎行。闲暇之时，入宫陪朕饮酒话旧好了！"

众臣齐道："谢主隆恩！"亦有人说道："江山得之易，而守之难，治之亦必有人，臣等愿辅佐皇上治之。"

　　光武道："朕闻陆贾说高帝曰：'江山马上得之，不可马上治之，文武并用乃长久之术。汤武逆取而顺守；夫差、智伯极武而败亡。'卿等频年征战，朕不欲卿等终身劳苦。左右若有学识渊博，品德高尚的治世贤才，不妨随时延揽，向朕举荐。"

　　众臣遵命。皇太子刘强在侧，听群臣谈论征战之事，心向往之。刘强遂奉酒为寿，请教战阵之事。光武不悦，他问太子道："《论语》，'卫灵公'一章，能记诵否？"太子答曰："能。"光武道："当众背来。"太子背诵道："卫灵公问阵于孔子。孔子对曰：'俎豆之事，则尝闻之矣；军旅之事，未尝学也。'"光武说道："卫灵公问阵，孔子不答；国君之任，在于治国理民，此非尔所及。"太子默然而退。

　　骠骑大将军、参遽侯杜茂奏道："卢芳和匈奴、乌桓联兵，多次犯我边境，宜加兵征伐。"朗陵侯臧宫亦请战道："愿得五千突骑北征，以诛卢芳。"光武笑道："常胜之将，三日不战，便不能安卧。卿且歇马，朕自有安排。"光武遂对杜茂说："卿率本部兵马谨守北疆，修城堡，建烽燧，整饬飞狐道，慎勿与战。"光武又对马武道："卿驻屯滹沱河北，与杜茂犄角相援。不得朕命，勿得浪战。"

　　当日宴罢，马武与臧宫道："今日皇上旨意，甚费猜疑，臧兄好歹读过'子曰''诗云'，请帮我参详。"臧宫道："谁不知子张兄粗中有细，最能揣摩圣意，有何疑猜，须我参详？"马武道："往日皇上命将出征，期以力战，望其必胜；今日诫杜茂'慎勿与战，命我不得上命，勿得浪战'。岂不令人猜疑？"臧宫道："马兄果然粗中有细，皇上今日之语是与往日异趣：太子问阵，无可厚非，却当众遭到训责。在下请战，立被回绝。足见皇上欲修文德，厌倦武事。不欲兴师动众，北征卢芳、匈奴。"马武道："如此则坐失征北良机矣。听说匈奴荒旱连年，人畜疫死，赤地千里，此时出师，不战而捷，匈奴可破，卢芳可灭，一劳永逸，岂可错过？"马武、臧宫二人于是联名上书光武道：

　　"匈奴贪利，无有礼信，穷则稽首，安则侵盗，边境被其毒痛，内地忧其劫掠。今匈奴境内，人畜疫死，旱蝗赤地。合其全境之力，不抵我大汉一郡。万里死命，悬于陛下之手。机不再来，时或易失，岂宜欲修文德而毁武事乎？

宜大军临境，厚悬购赏，命高句丽、乌桓、鲜卑攻其左；发河西四郡、天水、陇西羌胡之兵击其右。如此，则匈奴之灭，易如反掌。臣恐陛下仁恩不忍，谋臣狐疑，坐失万世刻石之功。"

光武览奏，欲试众臣之意，把二人奏章交文武大臣商议。群臣多有赞成马、臧二人主张者。

光武降旨道："柔者，德也；刚者，贼也；弱者，仁之助也；强者，怨之归也。故《黄石公记》曰：'柔能克刚，弱能制强。'故曰：有德之君，以所乐乐人；无德之君，以所乐乐身。乐人者其乐长，乐身者不久而亡。舍近谋远者，劳而无功；舍远谋近者，逸而有终。逸政多忠臣，劳政多乱人。故曰务广地者荒，务广德者强。有其有者安，贪人有者残。残灭之政，虽成必败。今国无善政，灾变不息，百姓惊慌，民不自安，何暇远事边外乎？孔子曰：'吾恐季氏之忧，不在颛臾，而在萧墙之内也。'且匈奴尚强，而传闻之事，恒多失实。诚能举天下之半，以灭大寇，岂非至愿；苟非其时，不如息民。"

马武、臧宫接旨，不解其义，联袂去问邓禹。马武道："黄石公何许人也？陛下旨意何在？"邓禹道："当年留侯张良遣力士击车，欲刺始皇，事败逃匿下邳。他于圯上遇一老者授以《太公兵法》，语留侯曰：'读此为王者师矣，后十年兴。十三年孺子见我于济北，谷城山下，黄石即我矣。'后十三年，留侯从高帝过济北，果见谷城山下黄石若老人像，留侯下拜，取而祀之，敬以为师，后人称此圯上老人为黄石公。世传《黄石公记》为其所著，'柔能克刚，弱能制强'为书中之语。皇上旨意，我也不甚明了，仔细品味，有戒刚用柔，偃武修文，以柔为治的意思。二位请想：'有德之君以所乐乐民；无德之君，以所乐乐身。'皇上德比尧舜，自然以所乐乐民。皇上久在兵间，厌倦征战，已非一日，所乐者，安享太平也。故而太子问阵，心中不乐；二位请战，皇上不允。圣旨中说：'逸政多忠臣，劳政多乱人；务广地者荒，务广德者强。'其意分明是喜'逸政'不喜'劳政'；'欲广德'不欲'广地'；况'季孙之忧，不在颛臾而在萧墙之内'，也是事实。我听说青、徐、幽、冀四州，群盗并起，兵到则散，兵去则聚，也确实叫人烦心。故皇上不愿'舍近而谋远'，二位还是暂免北征之议吧。"

马武、臧宫齐声道："多谢仲华指点迷津，记下了！"

二人方走，贾复又来了。邓禹迎入，不等贾复开口，邓禹说道："天子欲偃干戈，修文德，广施仁义，以柔治天下，其旨意明矣。贾兄与我受恩最重，贾兄食六县，弟食四县，兄弟并封侯，古今功臣之遇，实属罕见。为主分忧，义不容辞。如今功臣拥众京师，实非社稷之福。淮阴、英布、彭越之鉴不远，盖因君臣猜嫌所致，何如早释兵权，退就府第，以堵嫌疑之源？"贾复道："仲华之言正合吾意。君臣贵在相知，贾某与诸将相比，无方面之勋；幸蒙皇上相知，封赏之厚，在诸将之右，心甚不安，常思谦退之途，请仲华奉表、贾某愿附骥尾，联名上奏。"邓禹贾复二人联名上奏，以为前、后、左右将军，皆主征战，师出授权，以便节度班师还朝，便应去其名号，交还印信符节，还兵权于朝廷。表上之日，邓禹交前将军印信，贾复交左将军印信，退归府第。

光武大喜，嘉其大义，命二人以列侯就第，加位特进与三公共同参议国家大事。好畤侯耿弇闻邓禹、贾复兵权已交，连忙上书请交大将军印绶，左右劝道："将军非他人可比，年方三十六岁，正当大有作为之年，不宜思退。"耿弇道："老子曰：'知足不辱，知止不殆，可以长久。'上天予我可谓厚矣，二十八人，吾年齿最轻；从天子征伐凡平郡国四十六；屠城三百，未尝挫折；天子待我可谓厚矣，父子封侯，兄弟六人并垂青紫，满门荣宠。安得不循天意，知足知止！"光武准奏，比照邓禹、贾复之例命耿弇以列侯会朝请，每有四方异议，辄宣召入宫，共筹治国之策。

各家功臣，见邓禹、贾复、耿弇三人交出兵符，退归府第，也都纷纷效仿。光武一视同仁，也都让他们以侯爵的身份解甲归第，赏加特进之衔，三、六、九日定期参加朝会。邓禹生性敦厚，治家严谨，生有十三子，每子研习一经，学习一种技艺，为人称美。贾复刚毅正直，大节凛然，回府之后，闭门读书，修身养性。朱祐等人举荐贾复有宰相之器，光武婉言回绝，责成三公，整顿吏治，一律不用功臣。有人不解，劝光武道："英才难得，不宜闲置。"光武笑道："朕欲保全功臣爵位，不令以吏职为过，与朝廷共始终耳。高帝时功臣封侯者一百五十三人，能够保全名节、子孙继其爵守其封，与朝廷共享富贵者有几？朕去甲兵，敦儒学，擢拔文吏，高秩厚赏，允答元功，正不欲此情重现矣，望众卿深思。"

诸将解甲归第，一时难免失落寂寞。光武万机余暇，总要宣召他们入宫宴饮闲聊，以叙君臣情谊。宫中赐酒，不过三爵，以免臣下君前失仪。三爵过后，光武从容问道："诸卿若非你我君臣风云际会，自度官职爵禄，能达到哪种地步？"高密侯邓禹，曾任司徒，爵秩最尊，不容推让，率先答道："臣少尝有志于学，入仕可做文学博士。"光武笑道："卿何必过谦？邓氏子，志行修整，为何不能做到掾吏功曹？"贾复道："臣生性鲁，幼好学，习《尚书》，但难明句读之义。曾为县中掾吏，不堪其任，汉中王垂顾得为校尉。若非河北追随陛下，终老一王府校尉矣。"光武道："孔门七十二贤，'柴也愚，参也鲁，师也辟，由也喭'，然传孔子衣钵者曾子也。君文必大器晚成也。"朱祐道："臣三岁而孤，长于外家。学书学剑，一无所成。幸少小即得陛下及齐王呵护，不然能为南阳村儒，课蒙童三五足矣。"光武笑道："仲先曾善以蜜和药为丸，何不开药铺做郎中，操歧黄之术，以济世人耶？"朱祐道："市无善蜜。"光武道："新得贡品白蜜一石，尽赐仲先。"光武遂命内侍取出白蜜，赏于朱祐，并命他分赐诸臣品尝，诸臣谢恩。

光武戏谓朱祐道："何如在长安求学时共买蜜乎？"朱祐道："此蜜自天上来，非长安市上之蜜，不可同日而语也。"君臣皆笑。众臣依次而对，至杨虚侯马武回奏，马武道："臣不知诗书，但以勇武，可任守尉，督盗贼。"光武笑道："卿且勿为盗贼到亭长那里投案自首，就谢天谢地了！"众人皆朗声大笑。马武亦自笑道："樊哙以屠狗为事，滕公养牛牧马；灌婴贩缯卖布，皆得封侯；吾以农家子，虽曾入绿林，独不能为守尉督盗耶？"光武笑道："英雄不问出处，猛虎原在山林。捕房何为不能起自草泽？"马武及众臣一同谢恩。当日君臣尽欢而散。

诸臣退去，光武召吴汉、邓禹、贾复、王霸议北边之事。光武道："陇蜀方平，朕不欲兴师动众，劳民远征，靡费钱粮。但又不忍坐视匈奴、卢芳袭扰边鄙。卿等有何良策保境安民？"吴汉道："边郡之民屡受匈奴侵扰，生业俱废，不堪其苦；莫如使之内迁，各安生业，与驻军一同屯田。匈奴既无可掠，又可安边足粮。"王霸道："建武十年，臣与大司马出高柳击贾览，诏命臣守上谷，陈沂守渔阳；后又命臣与骠骑将军杜茂守飞狐关、率刑徒六千筑城墙建亭障。现已筑城三百余里，自代郡至平城可保无虞。臣与匈奴、乌桓、卢芳部属大小百余战，颇知其情：其败则远扬，遁入荒漠；一遇时机卷土重来，寇掠边境;部众携老带幼,逐水草而居,飘忽不定,寻战不易,剪除更难。以臣愚见,莫如效前朝故事,与之和亲,以安边鄙。"

光武沉吟道:"卢芳每每诈言,其为孝武曾孙,匈奴为其外家。借此缘由,命一熟悉匈奴情事之人为使,前往塞外,以觇虚实,再定方略吧。"光武于是命吴汉率马成、马武北上抵御匈奴,命程恂为使前往九原,以探匈奴虚实。吴汉等人迁边郡吏民六万进入居庸关东居住。

卢芳,字君期,安定三水人,世居左谷中。王莽末年,天下思汉,卢芳诈称自己是汉武帝曾孙刘文伯。曾祖母为匈奴谷蠡王之姊,诞育三子,巫蛊之祸,江充之乱,太子被诛,皇后赐死。太子两个弟弟逃出皇宫,二弟次卿被霍光拥立;三弟回卿誓不回朝,隐居左谷,生子孙卿;孙卿生子文伯,为避祸乱,改名卢芳。更始入长安,被征入京,封为骑都尉,镇抚安定。更始败亡,三水豪杰,共立其为上将军、西平王。卢芳遣使与西羌、匈奴和亲。单于道:"匈奴本与汉约为兄弟。后匈奴中衰,呼韩邪单于归汉,世世称臣。今汉室中绝,刘文伯归我,我亦当立之。"单于乃使句林王将骑兵数千,迎卢芳入匈奴,立其为大汉皇帝。又以卢芳之弟卢程为中郎将,领兵还安定,连结五原人李兴、随昱、朔方人田飒、代郡人石鲔、闵堪,迎卢芳于匈奴王庭,回归中土,建都九原。卢芳乘光武无暇北顾,掠有五原、朔方、云中、定襄、雁门五郡,设置守令,自成一国。

程恂奉使来到九原,卢芳、贾览带兵攻打云中,无人接待,程恂吃了闭门羹,住在驿馆。驿吏刘立道:"两国正在交兵,奉使本来就是十分凶险之事。先生来到九原,接遇冷落,不是吉祥之兆。卢王败归,先生命且不保;卢王凯捷,先生命亦难保,何不早做良图?"程恂道:"两国交兵,不斩来使,古有成例。卢王自命汉室苗裔,焉能不知信使报聘礼仪?"刘立道:"卢王久在匈奴,濡染匈奴风习已久。匈奴出师,杀牲祭天,以祈多有斩获;败则以泄怨忿,杀俘以慰亡者;胜则以谢神灵,每以俘馘为牺牲。因而无论胜负,先生必不可免,不如早去。"程恂道:"虽如君所说,吾奉使而来,不能无功而返,有辱使命。"刘立道:"难得先生忠义,不愧大汉国使。我有一计,可使先生性命无忧,且立奇功。不知先生可否?"程恂正当彷徨无计之时,忽闻刘立之言,喜出望外。程恂遂出囊中之资置酒,与刘立共饮驿中。

刘立世居五原,本是五原太守李兴幕中掾吏。李兴乃是扶立卢芳的功臣,但是与卢芳的爱将贾览有隙。卢芳听信贾览谗言,杀害了李兴兄弟。刘立幸免于难,逃往九原,流落驿馆当了驿吏。朔方太守田飒、云中太守乔扈与李兴交厚,害怕遭卢芳、贾览毒手,举郡降汉。光武降旨命二人领太守职衔如旧,加爵关内侯。卢芳大怒,亲统大军,命贾览为先锋,攻打云中、朔方。

刘立谓程恂道:"卢王、贾览起倾国之兵攻打云中,九原空虚。此时若大汉兵临九原,攻其不备,一举可破。匈奴之兵为援卢芳,多在云中北边,乘胜直捣单于王庭,匈奴必自云中撤兵,云中之围自解,大功成矣。"程恂道:"公此计诚妙,但大司马兵在定襄,与卢芳、贾览相持;匈奴大军在云中以北,朝发夕至。朝廷大军未到,九原救兵至矣。况此去洛阳千里,往返皆需时日;兵无常势,水无常形,谋定兵发,形势难保不变。孙子曰:'上兵伐谋,其次伐交,下政攻城。'若能说城中守将,乘虚返于九原,乃上上之策。不知九原留守之将为谁,能否游说动之?"

刘立以手击额道:"先生不说,我倒忘了,留守之将乃是李兴大人至交、五原太守随昱,此人亦与贾览有隙。因与卢王、贾览共居一城,小心谨慎,不敢轻举妄动。今独自留守九原,实乃天赐良机,不妨前往游说,劝其归汉。"程恂道:"如此甚好。但游说若要成功,除晓之以理,动之以义之外,尚须重金厚赏。我今阮囊羞涩,如何是好?"刘立道:"随昱乃五原著姓、家产万贯,不爱金钱;先生只管矫传圣命,许以封侯之赏;刘某不才,颇能模仿李兴大人手迹,不妨假托李大人之名,写一书信,佯作临难遗笔,约其共举大事,动之以情。随昱素重情义,事必奏效。"二人计议已定,遂相偕去见随昱。

随昱曾与李兴等人密谋归汉,李兴被杀,田飒、乔扈举兵,随昱不敢妄动,佯作顺从。卢芳、贾览出兵,随昱又萌反意,犹豫未决。刘立、程恂来到,献上伪诈李兴书信,程恂许以封侯之赏,随昱不再犹豫,立即答应举九原以降汉。程恂道:"卢芳知将军归汉,必联兵匈奴,大举来攻。将军势力单薄,恐难独力与之抗衡。莫如谎称城中有变,自己不敢擅做主张,请其回来主持大局。待其回来,出其不意,将其擒获,收其部众,剪其党羽,岂不更好?"随昱从其计,命弟随宪急赴云中,向卢芳报告。卢芳得报,恐九原有失,不及细想,留军一半交贾览继续围攻云中,他亲带人马赶回九原。

卢芳回到九原，见城上城下毫无动静，感到奇怪。他安营城外，带亲兵百骑入城。方入城门，伏兵突起，随昱、程恂在前，随宪在后，卢芳情知中计，束手就擒。随昱尽收其辎重粮草，举九原归降汉朝。卢芳被擒后表示甘愿归降，随昱、随宪念故旧之情，疏于防范。卢芳得间率十余骑逃跑，亡入匈奴。随昱留下随宪守九原，他和程恂一道入洛阳朝见光武。光武大喜，封随昱镌胡侯，五原太守如旧；封随宪武进侯，征胡都尉，领所部镇守九原。

再说贾览及卢芳大将尹由转掠代州，破繁畤县城。杜茂率雁门太守郭凉率兵攻之，围尹由于繁畤。贾览请得匈奴骑兵万余骑，急忙来救，与杜茂、郭凉战于繁畤城下。尹由、贾览及胡骑内外夹攻，杜茂、郭凉败退楼烦忧城。雁门人贾丹、霍匡、解胜前没胡中，为尹由信重，分兵守平城。他们暗中与杜茂、郭凉联合杀尹由献平城归汉，皆得封列侯。光武又派谒者段忠带兵援杜茂、郭凉。汉兵声威复振，败匈奴及贾览。旬月之间，雁门代郡平定。杜茂遂兴屯田，修烽燧，镇守代郡。边民长期胡汉杂居，与匈奴往来不断，杜茂深以为患。他密令部属，发现边民私通匈奴者，辄杀之。边民恐慌，叛逃者日多。邻郡守吏害怕波及自己所辖郡县，上书光武，参劾杜茂纵兵滥杀无辜。光武降旨，罢免杜茂骠骑将军之职，回京待罪。刘秀命扬武将军马成代杜茂镇守代郡。马成临行，光武嘱咐他说：“卿等追随朕起兵南阳，创业艰难，功勋卓著，勿忘当年之苦，负朕之望。切记牧民者以安民为要，勿失民心！”马成道：“臣谨遵圣命。”

马成到了代郡，抚循边民，修缮要塞，每隔十里，修筑一座烽火台，以防止匈奴进犯。马成宣布，及时通报匈奴南下消息者，重赏；私通匈奴者，严惩。光武又命骑都尉张堪为渔阳太守，仍旧叮嘱他：“前番卿持节巴蜀，助吴汉安抚百姓，甚有法度。今边塞不宁，还须劳卿治之！”张堪道：“成文事必有武备，请以杜茂之兵属臣。”光武准奏。

张堪接掌杜茂之兵，在高柳等处连败匈奴，自此匈奴不敢犯边。他带领军民大兴屯田，鼓励百姓从事农业生产，使边民生活逐步得以富足。百姓歌咏其德：“桑树物繁枝，麦子两穗多。张公当太守，百姓真安乐。”张堪又上书光武道：“匈奴连岁荒旱，牲畜人口大减；我朝边郡人口内迁，且边防巩固，掳掠不易。边郡日益富足，百姓归化。此消彼长，匈奴兵力、物力大不如前。

卢芳失了九原，贾览退入胡中，相互猜疑。若乘机施以离间，不战可奏肤功。"光武览奏，然同意张堪之其计，遂遣使前往匈奴。

汉朝遣使谓单于道："俘卢芳归汉，赐缯万匹，粮万石。"匈奴正当饥寒交迫之时，单于闻听不觉心动。左贤王乌达鞮侯道："刘文伯本我所立，今若缚之献于汉朝，实为不义。恐怕自此以后，没有人再为我们效力，做内应当向导了。以儿臣之见，不如礼送刘文伯至高柳，让其自行归汉，既可得到汉朝的赏赐，又不至于得罪卢芳。"单于采纳了左贤王的意见，召见卢芳，颇为客气地对他说："大汉索求西平王首级以千金，若不答允，将兴兵来伐。西平王知匈奴如今无力拒汉，以保王平安，但又不忍害王。听说更始诸王归汉者，皆高爵厚赏如旧，西平王不如归汉。"卢芳无奈，只好答应。单于遂命人送卢芳回高柳。卢芳到了高柳，派长史闵堪之兄闵林为使，献上天子玉玺，请求投降。光武降旨：封卢芳为代王，闵堪为代相，闵林为代太傅，赐缯二万匹，命其和集匈奴。

卢芳接旨，感激涕零。他因知匈奴曾预谋擒己献汉，心中衔恨，赏赐尽归己有，不予匈奴分毫。匈奴自此亦怨恨卢芳。卢芳感念光武恩德，上表谢恩道：

"芳托先帝遗体，弃在边陲。社稷遭王莽之祸废绝，以是子孙之忧，所宜共诛。故遂西连羌戎，北结匈奴。单于不忘旧德，全力救助。是时兵戈并起，往往而在。臣非敢有所贪觊，期在奉承宗庙，兴立社稷，是以六僭名号，十有余年，罪该万死。陛下圣德，天高地厚，躬率众贤，海内宾服，惠及化外殊俗。以肺腑之故，赦臣芳罪，加以殊恩，封臣代王，使备北藩。无以报答重责，冀必欲和集匈奴，不敢遗余力，负皇恩。谨奉天子玉玺，恩望阙庭。"

光武答允，准其所请，命其明年正月，入京觐见。卢芳喜出望外，腊月动身，披风雪，冒严寒，踏冰过余水到昌平，忽接朝旨，令其改为明岁来朝。卢芳又羞又愤，知光武不肯容己，心中既忧且恐，又生反意。卢芳遂暗暗与匈奴联络，准备入寇五原、朔方等郡。光武遣使厚赏闵堪、闵林兄弟，使其暗中监视卢芳，一有异动，立即诛杀。朝廷中颇有不解光武方略之人，光武道："公等以为卢芳果能安心称臣乎？谋划数载，诈称刘文伯，邀约边郡吏民之心；本为匈奴所立，利害百端，藕断丝连；匈奴南侵，卢芳为导，为虎作伥，后患无穷;败则没入胡中,利则卷土重来。不加剪除,边境难有宁日。"

不久,卢芳果反,闵堪、闵林与之相抗。汉军绸缪在先,卢芳大败,匈奴派数百骑营救,才接其一家突围出塞,回到单于王庭。卢芳从此终老匈奴,未回故土。

卢芳诛除,山河一统,群臣齐贺。蜀郡把公孙述使用的鼓师、郊庙乐器、葆车羽盖、辇舆御用法器送达洛阳,光武率领文武百官以太牢祭告宗庙。吴汉等奏道:"天下一统,万民庆贺,黎庶尽蒙皇恩,沐圣德。众皇子已长大成人,宜加封赏,以昭至公。"光武不准。众臣连上数奏,朝廷召群臣集议。

大司空窦融、高密侯邓禹、固始侯李通、胶东侯贾复等联衔上奏道:"左者封建诸侯,以藩屏京师。周封八百、同姓诸姬并为建国,夹辅王室,尊事天子,享国永长,为后世法。故《诗》云:'大启尔宇,为周室辅。'高祖圣德,光有天下,亦务亲亲,封立兄弟诸子,不违旧章。陛下德横天地,兴复宗统,褒德赏勋,亲睦九族,功臣宗室,咸蒙封爵,多受广地,或连属县。今皇子赖天,能胜衣趋拜,陛下恭廉克让,抑而未议,群臣百姓,莫不失望。宜因盛夏吉时,定号位,行封赏,明亲亲,尊宗庙,重社稷,应古合旧,以安众心。臣等请大司空上舆地图,太常择吉日,具封赏礼仪。"光武准奏,封皇子辅为右翊公;英为楚公;阳为东海公;康为济南公;苍为东来公;延为淮阳公;荆为山阳公;衡为临淮公;焉为左翊公;京为琅琊公。

鬲侯朱祐上奏道:"臣归第读书,闻古者人臣受封,不加王爵,请改诸王为公。三公、大司徒、大司马、大马空,宜并去'大'字,以法经典,合古制。"光武准其所奏,降旨道:"长沙王兴、真定王得、河间王邵,皆袭爵为王,不合经义,改封兴为临湘侯,得为真定侯,邵为乐成侯,茂为单父侯。"其余被降为侯爵的藩王尚有百余家,但独余赵王良、齐王章、鲁王兴,保留王爵。

人之常情:升赏无不喜庆,贬谪必生怨尤。这道旨意一出,由王降侯之人虽无损其实利,却引出一些怨言来。怨言传入宫闱,本来风平浪静的后宫,却因此而无端引出一场不大不小的风波来。

谶纬

　　时逢仲秋,为贺江山一统,光武诏告天下,各郡国长吏,详察境内,不分吏庶,年七十者授以王杖,辅以糜粥,八十、九十者礼有加赐,缯帛各一匹。王杖九尺,端以鸠鸟为饰。斑鸠为不噎之鸟,盖欲老人饮食增进不噎也。是日,光武从百官祀老人于南郊彭祖庙。祀毕还宫,光武临幸阳安侯郭悦府第,看望皇后之母郭主,赐以镶金玉龙头扶老一支和赤金玉如意一件。郭府设宴谢恩。席间,郭主命人献桂花月饼一碟,极为玲珑精致。光武尝了一口,赞道:"河间美馔,天下闻名,其味甜而不腻,清爽可口,果与京师月饼不同。"郭主道:"惜乎太小了点儿,较之往年中秋,不及十分之一。"光武诧异道:"朕也觉得比往年中秋的月饼小了许多,以为是推陈出新,难道别有原因?"郭主道:"中秋节之前,皇上有旨,真定王刘得、河间王刘邵皆改封为侯,且真定并属常山,河间并属信都。二人遣使庆贺中秋,皆道:'王降为侯,惶恐莫名,不敢逾制,请恕礼仪菲薄。'连月饼也比往年小了许多,令人啼笑皆非。"

　　光武闻言,心中不快,但念真定王刘得、河间王刘邵皆是郭主娘家侄儿,不便相责,淡淡笑道:"历朝历代哪有这种礼制,侯爵家的月饼一定要比王府月饼小点儿? 真定侯、乐成侯如果要想从月饼大小上,分出尊卑贵贱来,也不算难,明年仲秋,就让他准备更小的月饼吧。"郭主闻言大惊,郭况连忙叩头请罪道:"陛下息怒,真定侯、河间乐成侯不明事理,父母皆丧,把家母当生母,故敢在家母面前妄言无忌,请陛下恕罪。"

光武道:"此非朝堂,朕也没有加罪真定侯、乐成侯之意,阳安侯请起。喜升赏,恶贬谪,人之常情;但此次削王为侯,毫无贬谪之意。周封诸侯八百,以周公、召公、太公之尊,不过公爵;高帝时昆弟之外,功高如萧、曹、留侯、灌、绛辈,皆不过侯,其时异姓封王者多不血食,不得善终。故朕依臣下之议,更封袭爵称王者为侯,其意全在矜全。况朝廷设置官吏,本为牧民。自王莽以来,水旱频仍,战乱不息,天下十室九空,百姓十有二存。孝平之世,郡国一百三,县邑三千一百有奇,侯国二百四十一。民户一千二百二十三万三千六百户,人口五千九百五十九万九百余。今存民户四百二十七万一千六百余,人口两千一百万。若依旧制设置郡县,委任官吏,不少地方无民可牧,官吏不减,百姓负担沉重,苦不堪言;朝廷度支徒靡俸禄,虚设官吏,弊窦丛生。合并不足置长吏的郡县,实非得已。于是,合并四百余县,裁减定襄、朔方诸郡,并省九国;以广平属巨鹿;真定属常山;河间属信都;城阳属琅琊;泗水属广陵;淄川属高密;胶东属北海;六安属庐江;广阳属上谷。此举并非针对一人一国;况降爵为侯,礼秩不减,于各王侯实利不损。真定侯、乐成侯又何必在月饼大小上斤斤计较呢!"

郭主叹道:"不当家不知柴米贵。听皇上宏论,方知治国艰难。真定、乐成之辈只为一己之私,不知陛下远略宏图,几误老妪!"她遂把刘得、刘邵请托自己,代为说情,把封地赏还之事,告知光武。

光武道:"多谢老郡主深明大义,体察朕治国不易。请转致二侯,天家不与百姓同,先君臣而后戚谊也。今后此种请托不少,老郡主及郭卿妥为处之。"

郭主及郭况同声道:"谨遵圣命,自今以后决不私相请托!"

当日郭后随驾在侧,始终一言不发,她回到宫中闷闷不乐。光武道:"皇后对今日之事有何看法?为何不置一词?"郭后道:"臣妾与陛下一体同心,共育万民。陛下之意即臣妾之意也,何必多言?"光武道:"然,为何郁郁不乐也?"郭后道:"臣妾与陛下齐体,但不敢欺君。陛下动辄道'天家不与百姓同',但皇家岂无亲朋故旧?忠孝之节不可废,亲亲、尊君两德并重,臣妾难免忧母之忧。真定王刘扬获罪,不得其死,陛下哀怜其子,命其袭爵,恩同再造，不唯真定侯感恩戴德，臣妾母女亦铭感五内。一旦降王为侯，安得无动于衷？'他人有心，予忖度之'，将心比心，圣意如何？"

光武不悦，正容道："此乃国事，皇后不应预闻。况袭封王爵奉旨降封为侯者一百二十余人，非真定、河间二人，朕一视同仁，不应偏私，以昭朝廷至公也。"郭后道："旨曰：'古者人臣受封，不加王爵'，袭爵为王者，皆降为侯。然赵王、齐王、鲁王何以未降也？"光武闻言色变，冷笑一声，他问郭后道："此皇后意也？抑他人意也？"不待郭后再言，便拂袖而去。昔真定王刘扬谋反，朝廷欲加兵征伐，先命骑都尉陈副、偏将邓隆前往劝说。刘扬得到消息，闭门不纳。光武以为郭后泄密，心生猜疑。幸得耿纯婉解，以为郭后素识大体，方释怀作罢。今闻郭后此言，光武不免疑窦又生矣。

次日早朝，司徒韩歆、太仆朱浮等人上奏，请降赵王、齐王、鲁王为公，以示朝廷至公无私之德。光武只得准奏：降赵王良为赵公，齐王章为齐公，鲁王兴为鲁公。光武怀疑韩歆、朱浮与郭后内外交通，口虽不言，心甚怨之。

赵王良年事渐高，体弱多病。骤接圣旨，降王为公，心中不快，他愤然道："更始为帝，犹以我为三老；当今皇上九岁而孤，由我养育成人；小长安兵败，老妻及二子皆殁于军中。况嫡亲皇叔，岂可与袭爵为王者相提并论，削去王爵？！"刘良遂卧床不食，以示抗议。

光武闻之，急命太医诊治，赐药，亲往探视。赵王闻光武至，故做病重不起之状。光武亲至榻前，奉汤药道："当年舂陵起兵，皇叔不能劝止，佯道：'立到严将军所告汝！'及朕出门偷看，叔父已捧碗吃粥。朕道：'叔父何不去告我邪？'叔父道：'告汝，何如吃粥关紧？'今日之疾，何如吃粥要紧？"赵王问道："陛下未忘当年之事邪？"光武道："养育之恩，没齿难忘；萧县衙斋，晴窗课读；夜半覆衾，饥与食，渴与饮；微皇叔之恩，安有朕躬？"赵王闻言，掀被而起，笑着谢罪道："闻陛下此言，老臣知足矣，什么王爵、公爵，老朽都不稀罕，只要陛下不忘当年就好！"说罢，接过汤药，一饮而尽。刘良还要下床整饬衣冠，跪拜谢恩，光武急忙拦住了。

光武把《老子》一卷赐给赵王，他说道："皇叔说得不错，王爵也好，公爵也罢，名异而实同：你就是朕的皇叔！这一点四海之内，普天之下，谁人可比？老子说，'名可名，非常名'，'无名天地之始'，皇叔宜多加参酌。"赵王道："老臣行将就木之人，名利二字虽说不能完全堪破，但从来不曾斤斤计较。但身在名利场中，身不由己。"光武道："皇叔有何为难之事，只管说来，朕不管你是赵王还是赵公，当尽力为之。"

赵王喜形于色道："老臣正有一事奏请。臣有一老友，名叫李子春，年近八旬，世代居住在怀，家资万万。当年臣拖家带口，来河北投奔陛下，风雪之中，路遇赤眉残贼，幸得李君援救，赠以米粮财帛，方能平安到达藁城。谚云：'滴水之恩，报以涌泉'，臣每思报之。今年春，子春之孙杀人，怀县县令赵熹命人索拿。李子春的两个孙子畏罪自杀，子春被捕入狱。依理，杀人偿命；其孙已死，已偿命矣；而赵熹云：'私相杀伤者，加罪一等，家人徙边。'垂暮之人，远徙必死；乞请陛下诏命赵令，饶李子春一死。"光武沉吟道："怀令奉法惠民，朕不能命其徇情枉法。皇叔可别请他事。"赵王叹息道："臣无所请矣。"此后，赵王央求京师达官显贵数人求请，赵熹皆敬请不允。

不久，赵王薨逝，他临终犹道："愧对李子春。"光武闻之，传旨命赵熹免李子春之罪，放其出狱。与此同时，刘秀又擢拔赵熹为平原太守。

李子春出狱之后，闻听赵熹升迁为平原太守，愤恨难平。借过府第祭赵王之机，李子春谓赵王之子刘栩道："王之薨逝，盖因老朽之故，而老朽囹圄之灾，悉拜赵熹所赐；赵熹却因此升迁，王爷泉下有知，必难瞑目，老朽亦心中难安。"刘栩道："此乃朝廷大事，恩自上出，你我有何办法？"李子春道："小公爷新嗣爵赏，圣眷正隆，在圣前婉言老王爷临终耿耿在怀之状，乞请罢赵熹而另简贤良，圣上焉有不准之理？"刘栩道："在下虽为皇上堂弟，平日得皇上厚爱，但从不干政；骤然干予朝廷大事，陛下必然生疑。追问起来，反为不美。"李子春道："小公爷何不求诸皇后和太子？ 若得皇后和太子帮忙，岂不免了圣上之疑？"刘栩情意难却，也就答应了下来。

因真定王、河间王降封为侯之事，帝后之间发生龃龉，赵王、齐王、鲁王降王为公，郭主听说了，心甚不安。她特意进宫，劝郭后道："赵王与齐、鲁二王是陛下至亲至近之人，岂能与其他袭爵封王之人相比？ 陛下虽不得已将其降爵为公，心中之痛，非他人所知。帝后虽为一体，嫌怨自此不免。汝宜着意弥合，切不可再生嫌隙。"郭后道："若非真定十万之众，皇上如何破邯郸、诛王郎？ 若非我郭家万贯家财尽委军用，皇上如何平定河北？ 舅王虽有不臣之心，但毕竟没有扯旗造反，却无端被杀；表弟却又无缘无故被削去王爵。母亲虽不羡吕、霍、许、王之家，内外蒙恩，五侯七贵；女儿也不愿亲友未沾恩宠，反受裁抑！"

郭主道："身为皇后，母仪天下，识见胸襟，何其偏浅！吕、霍、许、王，五侯七贵，下场如何？安知皇上不是见深虑远为郭氏谋也？'月盈则亏，水满则溢''持而盈之，不如其已，揣而锐之，不可长保，金玉满堂，莫之能守，富贵而骄，自遗其咎'，老子这些话，宜仔细品读，且莫不知足矣！"郭后笑道："母亲笃信黄老，可以做博士了！"郭主道："亏你伴君多年，难道不知皇上欲以柔道治天下吗？'曲则全，枉则直，洼则盈，敝则新，少则得，多则惑'。快点向陛下认个错，以补往日之过！"郭后道："知道了。世上哪家灶下不冒烟，夫妻不拌嘴？帝后说到底也是夫妻，宫中争吵两句，有什么值得大惊小怪的？何劳母亲费心？"郭主道："天家不与百姓同。休要儿戏，你给我记住了！"

郭后在母亲面前撒娇惯了，嘴里若无其事，其实心中完全明白母亲的心意，自此在光武面前百般温顺，想法取悦圣心。那天刘栩进宫，婉转请求郭后道："皇后知道，家父临终对赵熹耿耿于怀，尸骨未寒，亡灵不远，却见赵熹升官晋爵，恨意难平。这几日，每天午夜托梦，要我奏请皇上，罢免赵熹，以解心头之恨。臣与皇上虽为兄弟，但一向畏惧圣威，不敢妄言。乞请皇后代儿臣转奏，以慰父王亡灵。"郭后暗想，光武与赵王情同父子，不得已降王为公，又不得已拒绝赵王临终所请。赵王薨逝，心中负疚良深，因而传旨释放李子春出狱，恢复赵王王爵，加谥"孝诚王"。自己也因此拂违圣意，帝后之间嫌隙由此而生，何不借此机缘，代刘栩进言，弥合嫌隙，以补前失？想到这里，郭后遂答应刘栩所请。

光武鉴前朝之失，后宫妃嫔寥寥。有封号者唯皇后、贵人、美人数人。皇后郭氏居长秋宫，贵人阴丽华居温德殿，美人许氏居承风殿。光武有皇子十一人，除太子刘强居东宫外，其他各子分居建德、宣德、章德、含德、嘉德、明德诸殿。光武忙于政事，退朝回宫，临幸长秋宫和温德殿的时间差不多。许美人无宠，自生下楚公刘英之后，光武极少临幸；美人岁岁青灯黄卷，虔心修道。自从和皇后中秋龃龉之后，光武已有月余不曾临幸长秋宫。郭主寿诞之期将临，光武欲为郭主祝寿，临幸长秋宫，与郭后商议。

郭后乘机进言道："昨日刘栩入宫请安,言道叔王夜夜托梦,对赵熹耿耿于怀,亡魂难安。臣妾私意,那赵熹也太不近人情了,为邀清名,竟然违忤王叔之意,致令王叔愤恨而终。朝廷人才济济,何不罢黜赵熹,另简贤能,以安王叔于地下?"光武道："赵王与朕恩同父子,泉下有知,若有所请,何须假诸他人,托梦刘栩?此必有人请托刘栩,倾陷赵熹也。刘栩与朕虽为手足,但自小懦弱,不敢直接奏情,故转托皇后,卿切勿轻信。"郭后道："诚如陛下所言,但赵熹怒忤王叔,王叔耿耿在怀,亦必可信。"光武道："王叔虽重私谊,但大节不惑,公私还是分得清楚的,不然生前为何不再请也?况皇后不知赵熹,王叔知赵熹甚深也。朕擢用赵熹,王叔泉下有知,必不怪朕。"郭后愕然道："陛下之言,臣妾不解。"

光武笑道："赵熹南阳宛人也。曾与王叔同事更始,共居长安。故王叔对其知之甚深,王叔生前,曾经不止一次向朕推荐。朕在王叔亡后擢拔赵熹,以慰王叔之意也。赵熹年少即有盛名,宛人无不知。其兄为人所杀,赵熹年方十五,即只身提三尺剑,独赴仇家为兄报仇。而仇人全家皆在病中,无人可敌,赵熹道:'乘人之危,报杀兄之仇,非义士所为,仁者不忍。待尔等病愈体健,吾自会再来。即远避天涯,吾必寻汝。'仇人举家叩头。后来病愈,全家自缚,登门请罪;赵熹避而不见,传语道:'杀兄之仇,不共戴天;若恕其罪,无颜对泉下父兄。汝果丈夫,三日后于亡兄坟前一决生死。'三日后果于其兄坟前斗杀仇人。更始即位,赵熹投军,隶属柱天将军李宝帐下。更始遣李宝攻舞阳,舞阳太守道:'久闻南阳赵熹信义昭著,愿降赵熹。'更始问李宝道:'赵熹何许人也?朕为何不知?'李宝引赵熹拜见更始。时赵熹年方弱冠,貌不惊人。更始笑道:'茧栗犊,岂能负重致远乎?''茧栗犊'即初生之犊,牛角小如蚕茧、栗子一般。当即封为郎中,行偏将军事。赵熹降舞阳,破汝南,兵下颍川。更始大喜,褒扬道:'卿名家千里驹,努力勉之!'后来加封他五威偏将军,与朕相识于昆阳,共破王邑、王寻。在突围之时,身受重创,因战功被更始封为中郎将、勇功侯。"

郭后道："臣妾不知,赵熹原来是陛下故人。后来呢?"

光武道："更始兵败,赵熹为赤眉所围,与韩仲伯数十人溃围而出,携妻小,越山险,逃出武关。韩仲伯之妻姿色美艳,仲伯身负重伤,担心妻子为贼强暴,欲杀其妻,以保贞操。赵熹怒斥仲伯道:'男儿生不能保妻子,何以安家国!'他命仲伯妇以污泥涂面,以鹿车载仲伯,亲自推之,护其夫妇安全。赵熹过丹水,路遇更始眷属,皆蓬头垢面,破衣烂衫,食难果腹,形同乞丐。赵熹见之悲凄,把自己所带钱粮财帛,悉数相赠,护送他们回返南阳。"郭后感叹道:"疾风知劲草,离乱识忠臣。赵熹真忠义之士也。"

光武又道:"邓奉反于南阳,数召赵熹。赵熹与邓奉有旧交,多次致书切责,劝其悬崖勒马。小人因此进谗,说赵熹参与邓奉之谋。及邓奉兵败,朕得其书信,乃知赵熹为忠厚长者。时江南尚未臣服,道路不通,朕命赵熹代为简阳令,率兵前往安抚;赵熹不肯受兵,单车赴任,宣示朝廷威信,安定简阳。荆州牧保其才堪大用,能理繁剧,朕拜其为平林侯相,后来调任怀令。下车伊始,便遇到李子春豪猾兼并,强夺民田,纵使两个孙子安杀无辜的案子。李子春当过琅琊相,朝廷多有为其说情者。叔王曾蒙其恩,也为其说情。赵熹执法不阿,叔王又必欲报恩,故而临终亲自向我求情。殊不知,天子也有天子的难处。朕赦免了李子春,免不了他人援例比附,朕只得降旨大赦天下,以塞众口。"郭后道:"臣妾妄言,几为刘栩之言所误,还请陛下恕罪。"

光武道:"皇后深居宫内,焉知朝廷之事?今后此类事情,宜做清风过耳,闻则闻矣,不可轻奏。明日传刘栩进宫,朕要当面训诫于他。"郭后连忙跪倒求情道:"陛下若要责罚,请罚臣妾,千万不要责罚刘栩。叔父新丧,皇上手足唯刘栩一人而已,望龙恩优容。"光武道:"皇后请起,朕哪是要责罚他?只是要训诫他,严于修身,慎于接物罢了。玉不琢,不成器。宗室子弟,不严加训诫,怎么修身、齐家、治国家、安社稷?"郭后道:"皇上既有此意,何不把诸皇子和宗室子弟集于宫中,一并训诫?"

光武大喜道:"皇后不说,朕倒忘了,太子及诸皇子多已到了入塾读书年龄,也该为他们延师读书了。"皇后道:"延师不难,朝廷多饱学博闻之士,如议郎桓谭、司隶从事冯衍等皆学富五车,现给事宫中,何不命其为师?"光武道:"桓谭上书言事失旨,曾遭罢斥。后得司空宋弘推荐给事宫中,又以郑声乱雅乐,再遭物议。冯衍曾事更始,佐鲍永守河东为狼孟长。更始败亡,朕屡召不应,且囚系朕之使臣储大白。后不得已而归降,仍恃才倨傲。彼二人虽博学多闻,不宜为诸皇子之师。"郭后道:"金无足赤,人无完人。陛下思贤若渴,何必求全责备于授徒经师?"

光武笑道:"依卿所奏便是。只是,朕不欲诸皇子与宗室子弟结交外臣,学宫设于何处为好?"郭皇后道:"明堂、辟雍、灵台三雍新成,皆教化宣德之所。且宫室甚多,任选一处即可。皇上何须多虑?"光武道:"太学在明堂东序,位于平昌门南北大街之东;灵台在西,皆在繁华去处,朕欲择学宫于北宫辟雍,不知当否?"郭后道:"此等细枝末节,明日询诸各位博士经师好了。"光武知郭后殷勤之意,遂温言道:"依卿所奏好了。"

数日后,光武宣召桓谭、冯衍、郑兴、郭伋、范升、陈元等博士进宫,见面于云台。光武道:"太子及诸皇子已到读经授书之年,朕欲于三雍之内择一处为学宫,延诸卿为师。诸卿各展所长,传心一经。诸卿意下如何?"此乃一等荣耀的差事,众人莫不欢喜,齐声道:"谨遵圣命,愿效微劳!"于是,桓谭请授诗,冯衍请授《书》,范升请授《周礼》及"易",郑兴请授《春秋》。陈元、郑兴为"左氏"之博士,陈元请授《左传》。

范升九岁通论语、孝经,秉持董仲舒"罢黜百家,独尊儒术"之见,以为"左氏不礼孔子,后世不得其传,且非先帝所存,无因得立"。郑兴道:"春秋乃五经之一,左氏乃春秋三传之一,不能说'左氏不礼孔子':若非左氏,春秋之义,后学难明;有了左氏,后世得详其始末,传诸后学。因而,后学如太史公辈多引左氏。"范升道:"孔子曰:'博学约之,弗叛矣夫',夫学而不约,必叛道也。颜渊曰:'博我以文,约我以礼。'孔子可谓知教,颜渊可谓善学矣。公羊、谷梁、左氏皆传春秋,若只为左氏立博士,厚此薄彼,其他两家必怀怨望,亦希置立博士;陛下从之则失道,不从则失人。臣恐陛下久之,圣心厌倦。诗、书之作,其来已久。孔子尚周,游各国、师襄、师老聃,采百家之长,至于知命之年,自卫返鲁,乃至雅公布作春秋。今陛下草创天下,社稷初定,虽设学宫,礼乐不修,诗书不讲,若为左氏等不急之务,烦扰圣心,臣以为无益教化。孔子曰:'攻乎异端,斯害也已。'望陛下思之。"

陈元待范升奏毕,慨然反驳道:"陛下拨乱反正,文武并用。知左丘至贤,亲受孔子,传春秋而闻后世。范大夫沈溺所习,囿于门户,执虚言传授之辞,丑诋左氏,至为不当。左氏孤掌少与,遂为道听途说,无知妄言覆没。大音希声，故伯牙绝琴；至宝不同众好，故卞和泣血；仲尼圣德，而不容于世。况左氏春秋，竹帛余文，为无知妄说排斥乎！若非陛下明察秋毫，孰能察之！范升言道，'先帝不以左氏为经，故不得置博士，后主宜率从旧制'。臣以为此言谬矣！若循此理，则盘庚不当迁殷，周公不得营建洛邑，陛下亦不当建都于东都也。往者孝武皇帝好公羊，卫太子好谷梁；诏命太子受公羊，不得习谷梁；致有江充之祸，几败社稷。孝宣皇帝沦落民间，风闻此事，遂专心谷梁；即位之后，在石渠阁中，诏命大儒韦玄成、梁丘贺等专讲谷梁，遂成显学。可见先帝后帝各有所立，不必陈陈相因。方今干戈稍弭，天下一统，陛下留心教化，眷顾儒雅，采孔子不耻下问之义，询诸臣等。唯请圣聪独断，为左氏立博士，扬孔子之正道，理左氏之诬妄，勿为妄言所惑！"范升还要抗辩，光武笑道："二卿不必争了，左氏、公羊、谷梁三传各有千秋，流传已久。各立博士一人，相互参酌，取长补短，岂不更好？"二人于是不再争辩。

第二项议题，本来十分轻松。但光武不欲诸皇子及宗室子弟过多的和官宦子弟来往，打算把皇子们的学宫选在宫内。而选在宫内，南宫乃皇帝与朝臣议政之所，多听秘务，不宜宣泄于外；博士们日夕出入，不易保守机密；北宫辟雍和宫眷们居住的宫室毗邻，外官出入亦多不便。何况与议诸臣又都是饱学硕儒，讲究甚多，极简单的问题，一经他们讨论，旁征博引，就变得分外复杂。议来议去，莫衷一是。光武不由得不耐烦起来，他说道："众卿各执己见，朕亦难下决断，以谶决之若何？"范升、陈元等道："古今兴亡大事，无不与谶文相合，陛下兴复高帝之业，早见于谶；即今祸福之变，验之谶纬，屡试不爽。断之于谶，决之于天，是再好不过的了。"郑兴、桓谭不语。光武遂问道："郑卿意下如何？"郑兴道："臣不为谶纬之学。"光武怒问道："卿不为谶，以为谶纬之言不对吗？"郑兴惶恐叩头道："臣不为谶，于谶纬之学无所知，不敢妄奏欺君，亦无所非议也。"

光武怒意少解，转而问桓谭道："桓卿意下如何？"桓谭道："臣观先王之所述，咸以仁义正道为本，不言奇怪虚诞之事。孔子曰：'吾不语乱力鬼神'，盖天道性命，圣人所难言也。自子贡以下，不得而闻。况后世小儒能通之乎！今巧慧小才，雕虫小技之人，增益图书，矫称谶记，以欺惑圣主，不可不慎。臣谭闻陛下穷折方士以药物化金银之术，明察秋毫；而欲纳谶记之言，又何误也！其事虽偶有巧合，亦属卜数只偶之类，不足信也。陛下宜述五经正义，屏弃群小曲说，垂明鉴，发圣意，乾纲英断！"本就对郑兴所说不快，闻听桓谭如此一番高论，光武再度怒不可遏，冷冷问道："卿以为谶记，皆不经之谈也？"桓谭道："臣不读谶。"光武惊问道："何也？"桓谭道："谶语非经，孔孟不传。"光武厉声斥道："独汝知经，诸臣与朕皆不知经耶？桓谭非圣无法，藐视朝廷，无人臣之节，推出斩之！"殿前武士，闻声而入，把桓谭推出宫门。

众臣大惊，连忙跪地求情。冯衍道："臣闻明君不恶切悫之言，忠臣不顾争引之患，以达万机之变。是故君臣两兴，功名兼立，铭勒金石，传诸竹帛。今桓谭与臣等逢至明之日，方敢直言无隐。刑罚不能加无罪，无法不能服庶人。士以忠心事主，女以容貌悦人。桓谭言虽质直，忠心可鉴，望陛下明察。昔楚庄王问孙叔敖曰：'寡人有事难定，奈何？'孙叔敖曰：'定于群臣。'庄王曰：'不定于君，奈何定于臣？'孙叔敖曰：'君骄士，以为非君士，无以富贵；士骄君，以为君非士，无以安社稷；君臣不合，则国是难定；国是难定，则社稷不安。'今圣上垂询臣下，为定国是；臣下各抒己见，亦为定国是。若人人阿顺圣意，言不由衷，岂不负皇上圣明，贻误国是？望陛下三思！"

光武素不喜冯衍，见冯衍为桓谭开脱，言辞急切，疑二人有私，遂厉声斥责道："桓谭非圣无君，语言狂悖，当殿君臣皆见，汝为其辩言哓哓不止，非与其同党欤？"冯衍顿首道："桓谭沛人，臣衍祖居京兆，素无杯水之缘。臣闻富贵易为善，贫贱难为交。臣事更始二十余年，清廉自守，家无布帛之积，出无舆马之乘，今逢清明之时，秩俸菲薄，身无长物，常闭门读书，自惟无三益之才，不敢处三损之地，稀有交游，上无魏无知之荐，下无冯唐之说，不党于何人。伏惟圣裁！"郑兴、范升等人共请，光武乃赦桓谭之罪，贬斥为六安郡丞，绌罢冯衍为庶人。

光武回宫，余怒未息。郭后温言劝慰，乃知为桓谭、冯衍之故。郭后道："昔董生有言：'理国譬若琴瑟，其不调者，则解而更张。'桓谭、冯衍既不可用，另选他人便是，何须烦恼？"光武道："其才非不可用，然才士负能而遗行，恃才而傲物，不宜为诸儿师。古人云：'富贵骄人失其与，诸侯骄人失其国，大夫骄人失其家。'诸儿今后皆有国有家之人，岂宜骄人？桓谭著有《新论》一书，凡二十九篇，皆有可观之处；冯衍曾上书陈八事，一曰显文德，二曰褒武烈,三曰修旧功,四曰招俊杰,五曰明好恶,六曰简法令,七曰差秩俸,八曰抚边境,皆切实用。朕本欲召见,但尚书令王护、尚书周生丰奏报一事,令人啼笑皆非,朕便打消了召见冯衍的念头。"郭后道:"二位尚书所奏何事? 令陛下改变初衷?"光武道:"当年鲍永、冯衍穷途来归。朕知冯衍乃鲍永谋主,鲍永多次欲归降,皆因冯衍劝阻未果。于是朕赏鲍永,而不赏冯衍。"

冯衍心中不悦,戏谑道:"齐人有一妻一妾共处一室者,邻人有登徒子好色,尝挑逗其妻;其妻诟詈之;挑逗其妾,其妾与之私通。其后齐人死,登徒子礼聘其妻,而斥逐其妾。有人对登徒子说:'所娶非诟詈君者也?'登徒子曰:'往者其为人妻妾,吾欲其私我,今者为我妻妾,吾欲其骂人。'此言分明怨我不识忠奸,但失庙堂庄重儒雅之气。朕故而不见。"郭后忍俊不禁道:"冯衍亦淳于髡东方朔之流也。其言村俗,其理不谬。昔高祖赏季布而诛丁公非此意也? 不亦欲后世明为臣当忠、为子当孝之义乎?"光武怒意亦释然道:"君臣之义,无逃于天地之间,待二人历练有年,敛其狂狷傲岸,再召其还朝吧!"

冯衍后又上书光武道:"臣伏念高祖之略而陈平之谋,毁之则疏,誉之则亲。以文帝之明,而魏尚之忠,绳之以法则为罪,施之以德则为功。逮至晚世,董仲舒言道德见妒于公孙弘,李广奋节于匈奴,见排于卫青。此忠臣常为之流涕也。臣衍自谓微贱之躯,上无公卿之荐,下无冯唐之说,乏董生之才,寡李广之勇,而欲免谗口、释怨嫌,岂不难哉! 臣衍之先祖,以忠贞之故,成私门之祸,而衍值兵革之际,事君无倾斜之谋,将帅无掳掠之心。昔在更始驾下,太原执财货之权,在位二十余年,而无丝毫苟取,财产岁狭,居处日贫,家无布帛之积,出无舆马之饰。今逢清明之时,而怨仇丛兴,讥议横生。盖富贵易为善,贫贱难为工也。疏远坰畞之臣,无望高阙之下,惶恐自陈,以求罪尤。"光武阅罢,置之一边,不予理睬。

第五伦

光武本不是喜欢游猎之君，但近日心绪不佳，忽生游猎之念，于是便轻车简从，出宫射猎。紫禁城外天广地阔，光武帝弯弓跃马，众侍卫牵黄擎苍，逐兔射鹿，各逞其技，君臣游兴遄飞。光武多日来的胸中不快，烟消云散。不知不觉红日西坠，暮色降临。侍卫们一再促驾，光武才余兴未尽地起驾回宫。到了洛阳城下，但见城门紧闭，吊桥高悬，已经错过了入城时刻。光武问道："此为何门？守城者何人？"左右道："此为上东门，守城者为城门侯郅恽。"光武道："朕知此人，乃侍中傅俊所荐。传朕旨意，命其打开城门接驾。"

侍卫忙去传旨，不料郅恽答道："国有明令：酉末九城落锁；非有边鄙警急，不得开城。现已戌中，无金吾之令，谁敢开城？"光武命侍从太监持南宫金牌，请郅恽从门缝中验看。郅恽道："火光遥远，看不清楚。"侍从太监大怒，高喝道："区区一城门侯，敢挡圣驾，不怕灭族邪？"光武喝止内监，转投开阳门。左右为难地说道："开阳门纡远，若再不肯开门，如之奈何？"光武笑答道："开阳门城门侯何汤，新得朕升赏，必不肯闭门不纳。"

原来，今夏天旱，公卿皆出开阳门到伊洛河畔祈雨。人不擎伞，车不张盖，在骄阳下暴晒。唯洛阳令乘车张盖出城，何汤制止，令其去盖。洛阳令乃郭后族兄郭贺，恃贵骄横，不肯听从。何汤拘其车从察案，官司打到御前，光武帝罢郭贺之官，擢拔何汤为虎贲中郎将。有了这层关系，光武帝以为何汤必然知恩图报，不会闭城不纳。想不到车驾到了开阳门，何汤却道："圣天子素无游猎之好,必非车驾回城,不敢擅开城门。"任侍卫百般解释,城内再也无人应声。光武无奈,只得移驾东中门。东中门城门侯慌忙接驾,仆伏道旁,三跪九叩,恭送光武回宫。

次日,光武宣召郅恽、何汤入宫,责以昨晚闭门挡驾之事。郅恽道:"臣闻圣上精于《尚书》,'无逸'记载:文王不敢乐于游猎,以万民为忧。今陛下远猎山林,夜以继日,其如社稷宗庙何?暴虎冯河,先圣不取;白龙鱼服,祸福难测。此小臣窃以为忧也。"光武耸然动容。何汤亦道:"臣蒙圣恩,不次擢拔。士为知己者死,女为悦己者容。皇上命臣守开阳城门,唯尽职守而已。"光武叹道:"赳赳武夫,公侯干城,二卿之谓也。京师之门,另简他人守之。自今,劳二位爱卿为朕守宗社之根基。"光武于是降旨,封二人为关内侯,入宫教太子及诸皇子读书,郅恽教《韩诗》,何汤教《尚书》。刘秀贬东中门城门侯为参封尉。

光武选用两个把守城门的小官做太子及各位皇子的老师,不免引起百官议论。消息传入宫中,郭后不解,她问光武:"朝中饱学之士,不乏其人,陛下为何简选郅恽、何汤入宫侍讲?"光武道:"经师易得,良傅难求。饱学之士虽多,或为名利,或为爵禄,真正为君为国者,并不多见。欲令诸儿通一经,精一艺不难,令其端品立行,成为一个为国为民为江山社稷的有用之人不易。为太子及诸皇子选聘老师,学问当然重要;更重要的是尽职尽责,忠心不二。朕选郅恽、何汤,正是看中了他们忠于职守这一点。皇后可知二人的身世吗?"郭后道:"臣妾不知。"光武说道:"普通人家为子延师还要知根知底。朕为子延师,焉能草率?郅恽乃汝南西平人,精于《韩诗》《左氏春秋》,明天文历数,王莽时因上书谏阻,而身陷天牢。建武三年,积弩将军傅俊征伐扬州,礼聘其为将兵长史,帮助傅俊整肃军纪,卓有勋劳。傅俊班师,荐之于朝。郅恽不愿居官,辞归乡里。其友人董某父母为人所害,董某临终嘱郅恽为其报杀父之仇。郅恽应诺,待其友死后,果为友报仇,然后投案自首。县令敬其义,放其逃走。郅恽道:'为友报仇,恽之私也;奉法不阿,君之义也。徇私而曲法,非为官之道。'遂自投狱中。太守欧阳歙闻之,以之为功曹。汝南旧俗,十月初一府君宴飨耆宿父老,百里之内德高望重的士绅名流,皆如约与宴。"

光武继续说道："宴会即将开始，太守欧阳歙敬酒道：'西部督邮尤延，天资忠贞，为人方正，摧奸惩恶，不严而理。今与众位共论其功，将显之于朝。'主簿宣读太守上奏表章，户曹带头向尤延敬酒。郅恽离座愀然向前道：'太守及诸公所言，盖失其实。在下所知，尤延资性贪邪，朋党构奸，欺上害民，所在荒乱，怨慝并作。明府以恶为善，左右以直从曲，此既无君，又复无臣，郅恽再拜奉觥。'言罢尽饮杯中之酒，拂袖而去。其友郑敬，害怕太守欧阳歙盛怒之下，加害于他，奉酒劝欧阳歙道：'《尚书》云：股肱喜哉，元首起哉！君明臣直，功曹言切，乃明府之德，可喜可贺。请府君恕郅恽言语唐突，满饮此杯！'欧阳歙故作大度，满饮杯中之酒，道：'是吾之过也，所用非人，功曹何过？'郑敬又劝郅恽道：'子直心无讳，诚三代之风。然道不同者，不相与谋，自此君必危矣，盍不去之？'郅恽道：'孟轲一片忠心，强君不能，不得已而去齐。天生俊士，以为国也，鸟兽不可以同群。'二人于是归隐山林，渔钓自娱。后至江夏，教授生徒，郡举孝廉，为上东门城门侯。此其能屈能伸者也，观其志节，堪当大任。令其教诲诸儿，当不负所托。皇后以为何如？"郭后道："知臣莫如君，如皇上所说，当不负所望。"光武道："明日二人当侍讲北宫端明殿中，皇后陪朕亲自去听一听，如何？"郭后道："谨遵陛下之命。"

是日，何汤为诸皇子讲授《尚书》于端明殿。光武与郭皇后设帷帐于庑下。何汤语音琅琅，深入浅出，把佶曲聱牙的《大诰》讲得清浅易懂。光武不住颔首。郭后见光武颔首，也跟着赞许。待何汤讲毕，光武召见，赐以锦缎百匹。光武从容问道："卿学识渊博，本师何人？"何汤道："沛国桓荣，臣所学不及家师万一。"光武笑道："尊师乃为人应有之德，卿言不亦过谦乎？"何汤道："子贡曰：'夫子之墙数仞，不得其门而入，不见宗庙之美，百官之富。'家师门徒四百余人，臣汤不过是芸芸末学者一人。不敢妄言欺君，实难望家师项背。"光武道："朕闻尊师四十无子，卿为师娶姜，后生三子，以延后嗣。有此事乎？"何汤顿首道："确有此事。"光武帝道："事师如父，卿亦贤者也。朕亦不忍贤者没于草莱之间。"

光武于是传旨，宣召桓荣进京，命讲《尚书》。果如何汤所言，桓荣讲授与众不同，光武善之，封为议郎，赐钱十万，使授太子。《尚书》博士出缺，光武降旨以桓荣为博士。桓荣叩头辞让道："臣经术浅薄，不如同门郎中彭闳、扬州从事皋弘。"光武道："既然如此，命卿三人同授《尚书》，卿为博士，彭闳、皋弘皆为议郎。"

从此北宫宗学，人才济济，诸皇子及宗室子弟日夕从师读经，学业精进。光武帝与郭后皆大欢喜。帝后关系又日渐融洽起来。

光武追本思源，追尊宣帝为中宗，在洛阳设太庙祭祀昭帝、元帝。刘秀还在长安祭祀成帝、哀帝、平帝，在章陵祭祀高祖父春陵节侯刘买、祖父刘仁、刘回及父亲刘钦。长安、章陵的春秋祭祀，光武并非年年亲临，多半委托当地郡国长吏代为主持，只在国家有重大庆典之时，方才御驾亲临。这年卢芳归降，马援南征传捷，太子刘强加冕，喜事连连，光武传旨，亲往长安祭祀皇家诸陵。

祭陵已毕，光武轻车简从，访察西京民情以及地方长吏治绩。偶过长安西市，但见一街两行，买卖兴隆，百姓熙来攘往，有买有卖，秩序井然。街市最为繁华的十字路口，有一敞棚，挂一匾额，上书"市管令司"四个大字。他见一椽吏，指挥几个属下，正在检验买卖双方的钱币、货物斤两及斗、斛，光武不禁驻足观看。原来王莽以来，币制混乱，官铸、私铸钱币混杂，不法奸商与官吏相互勾结，私铸钱币，私制衡器，斗斛大多分量不足，百姓深受其害，市面上也常常因此而争吵不断，甚至闹出斗殴伤人的惨剧，小买卖酿成人命关天的大官司，弄得地方不胜其烦。洛阳城内，帝毂之下，这类事情也屡见不鲜。但在西京这里，此类事情却处理得井然有序：钱币不足官制分量者罚没，持币者枷号示众自辰初至午时；斗斛不足官制分量者，毁其斗斛，枷号三日。光武看了多时，竟无一人犯禁受罚，而那个椽吏仍然一丝不苟地逐一检验，毫无厌倦之态。光武暗自点头。

回到洛阳，光武传旨，宣召京兆尹阎兴来京。阎兴见驾，光武问道："卿在职治绩斐然。长安历经赤眉、延岑祸乱，民生凋敝。不意今日市肆，商贾繁华，秩序井然。卿施政理民之术，实在令人赞叹。"阎兴叩头道："陛下天语褒奖，愧不敢当。若说市肆商贾秩序尚好，非臣之功，多亏主簿第五伦治理有方，如今钱币规制、斗斛大小，大致符合孝宣时朝廷规制，是以买卖公平，市场秩序不乱。"光武道："第五伦何许人也？莫非市令司之椽吏也？"阎兴道："正是此人，皇上几曾见过？"光武但笑不语。略停片刻，他又问道："第五伦在卿幕中任职几年？学识人品如何？"阎兴道："第五伦，表字伯鱼，京兆长陵人。他在臣幕中担任主簿不足一年，后自请去市令司当橡吏。他与臣相处时间虽短，但以臣之见，质朴内秀，正直刚烈，勇于任事，实为难得人才。"光武说道："与卿交浅，何言深也？岂能因规制钱币、斗斛一事，便知其才？"阎兴连忙叩头道："臣得前郡守鲜于褒之荐，方识第五伦。鲜于褒，诚贤人君子也，从不轻言他人长短。当年赤眉祸乱三辅，更始力不能治。第五伦率亲族及乡邻修堡坞，执矛戈，援弓矢，抗赤眉以自保乡梓。赤眉三次攻其堡坞，皆被打退，因而远近百姓闻名归附。他后被推为乡里啬夫，能均平徭役，理评争讼，人称公道。鲜于褒闻其名，征其为郡吏，知其正直干练。后鲜于褒获罪于更始，降职为高唐令。他离任之时，与第五伦握手话别，感慨道：'与君相见恨晚。君大材小用，不可自弃。'遂把第五伦推荐给臣。"

光武闻言，沉吟道："文武兼具，可用，可用。"刘秀接着又问阎兴道："金无足赤，人无完人。卿方言其长，其有短乎？"阎兴道："皎皎者易污，峣峣者易折。此人过于刚直，落落与人寡合。"光武道："何以见得？"阎兴道："其与臣衙中每见皇上诏令，常感慨道：'此圣明之主，若有一面之缘，便可成大事。'左右同事都嘲笑他道：'尔一郡守都难得信任，皇上怎能听尔之言！'第五伦则反唇相讥道：'道不同不相为谋，那是没有遇到知己，燕雀安知鸿鹄之志！'左右无不以其为痴，他却我行我素。因而背后非议他的人也不少。"光武又道："非议些什么呢？"阎兴略显踌躇道："有人说他过俭似啬，从兄来看望他都舍不得管一顿饭，还打过他的岳父。"光武笑了。阎兴正不知所以，光武却道："卿回去吧，传朕旨，着第五伦进京见驾！"

阎兴回到长安，即命人去找第五伦。但第五伦却杳如黄鹤，不知去向。阎兴慌忙奏报光武。光武道："渭水之滨多隐者，终南山中有高士。第五伦非接舆、许由之徒，欲效姜子牙耶？不必着急，时机到了，他自会来见朕！"

光武帝猜的不错，第五伦急于入仕，只是不愿久为风尘小吏，愤而离去，寻找进身之机罢了。他离开长安，心中早已盘算好了。因为长期和商贾打交道，发现从山西贩盐到中原或关中，利润颇丰，他于是就加入盐商行列。盐运要靠车拉驴驮，每到客栈，驴马少不了拉屎撒尿，盐商们财大气粗，向来不把这种事情放在心上，客栈之人为了赚钱，和气生财，也就习以为常。只有第五伦,每逢住店,总要把马粪马尿打扫得干干净净。客栈主人觉得他与普通盐商不同,认为他是"有道之士";久而久之,第五伦名气渐大。为了不让官场中故人知道,他改名换姓,自称湖州人王伯春,故人遂不知其踪迹。

数年后,他与鲜于褒邂逅于扶风一家客栈。鲜于褒惊喜道:"君非伯鱼乎?久不通音讯,何时与陶朱、猗顿为伍耶?"遂荐之于官。第五伦当年举孝廉,被授以淮阳王医工长。淮阳王刘延乃郭后所生,为郭主及郭后宠爱,因而骄横浮躁且有宿疾惊风抽搐之症。第五伦颇精医道,施以药石之后,其疾渐愈。从此淮阳王与第五伦亲近起来。第五伦乘机导以经义,教以待人接物之礼,小王子品性大改,进止谈吐与往日大不相同。光武奇之,问其所以。淮阳王以实相告。光武大喜,立即宣召第五伦入宫进见。

光武于云台宫接见第五伦。三跪九叩礼毕,光武笑道:"故人相见,不必拘礼,赐座吧。"第五伦惊诧莫名,叩头道:"微末之臣不知何时曾得识天颜?"光武道:"前卿为长安市管令,朕亲见汝检验钱币,锱铢必较;检验货币,一丝不苟。独不见朕耶?"第五伦道:"此所谓见秋毫之末而不见泰山也,望皇上恕臣之罪!"光武道:"恪尽职守,何罪之有?"第五伦道:"臣微末之才,只能治微末之事,安得不用心哉!"光武道:"小可见大也。国以民为本,民以食为天。事关百姓生计,岂可小视?"第五伦叩头道:"此圣君明见也。臣闻皇上精于《尚书》,《周书》曰:'农不出则乏其食,工不出则乏其事,商不出则三宝绝,虞不出则匮乏。'此四者,百姓衣食之源。源大则饶,源小则鲜。上则富国,下则富家。'确实不可小视。臣以为商之道在于通。通者,并非全靠国之政令,应如水之趋下,自然而然,不召而至。而自从王莽篡政以来,钱币规则紊乱,私铸之钱良莠不齐,大小不一;奸猾不法之徒,以恶充好,以大充小,加以斗斛衡器规格参差,入大出小,百姓深受其害,奸猾之徒借以牟取暴利,实为阻滞商品流通之大害。商不能畅其流,民不能得其利,必害国本。是以臣竭尽绵薄以治之。"

光武大笑道:"以卿之才,置诸长安市中,做一椽吏,真乃以珠弹雀也。难怪卿不辞而去!复以卿为淮阳仆从,朕之过也。今日已晚,明日卿听宣进宫,朕还有国事相咨!"第五伦当日谢恩辞出。

次日,第五伦再次奉诏进宫,时值大司马吴汉平定蜀郡守将史歆、杨伟之乱刚刚还朝；西南夷首领栋蚕、邛谷王任贵又扯旗造反，朝廷方命武威将军刘尚带兵出征。光武问以安邦之策，第五伦道："臣久为地方小吏，从未与闻国之大政，不敢轻言庙谟大计。但闻忠不隐讳，直不避害，愿陈一得之见。圣人云：'张而不弛，文武弗能也；弛而不张，文武弗为也。一张一弛，文武之道也。'王莽之年，专务繁苛，盛夏杀人，百姓望圣君如大旱望云霓，赤子望慈母。圣上以柔治国，万民歌吟。今天下初定，虽曰治乱宜用重典，但宜宽柔相济。臣闻巴蜀初定，杀戮过甚，百姓不能不存惊惧之心，故而定而复叛。若专念杀掠，务为严酷，黎民愁怨，诚不可不慎也。"

光武颔首，复又问道："朕退功臣而用文士，重封厚赏以酬元勋。但有的人不谅朕心，骄奢淫逸，擅作福威。朕诛之不忍，纵之不欲，为之奈何？"第五伦道："陆生曰：'马上得之，不能马上治之。'陛下高爵厚赏以酬功臣，使之退归封国，安享余生，此乃圣明之举也。《书》曰：'官勿作威作福，其害于而家，凶于而国。'宜教而后诛，恩威并施，使其感恩怀德，以上率下，不可自毁令誉，负君臣金石之铭。"光武又道："朕惩于前朝外戚勋贵干政之祸，已教令再三矣，但仍不免宾客盈门，竞以养士众多相矜夸，朕深以为虑。"第五伦道："传曰：'大夫无境外之交，束修之馈。'谚曰：穷居闹市无人问，富在深山有远亲。趋炎附势，攀高结贵，世俗人情也。但外戚勋贵，委身待士，何如忠心为国？戴盆望天，忠私不能两全也。受人馈遗，必生私意；心生私意，必害公忠为国之心。此风实不可长也。"光武笑问："君无私心耶？"第五伦道："凡人皆有私心，臣也不能免俗。"光武道："何以见得？"第五伦道："故人赠我以骏马，我知其必有所求，坚辞不受。郡守每需可用之人，征询我的意见，请我推荐，我必想到此人，虽然知其才非胜任，每有推荐，但必不能忘。我的侄子病了，我一夜起来十次看望他，但看后躺下就能睡着。我的儿子病了，我虽然不能亲自照料，但我彻夜难眠。能说没有私心？"

光武大笑起来，又问道："朕不闻姓氏中有'第五'一姓，卿因何姓'第五'耶？"第五伦答道："臣本齐国田氏。汉初田横蹈海而死，未死者多迁往园陵，以迁来先后为序，故祖上改姓'第五'。"光武又问道："朕闻卿曾拷打过岳父，从兄自乡下到长安看望你，你连一顿饭都舍不得管。有这种事情吗？"第五伦道："臣三次娶妻，但妻子都自小父母亡故；臣自小穷苦，颠沛流离，忍饥挨饿怕了，实在不敢到别人家里吃饭，也从不请别人作客。别人多以臣愚笨，不近人情，故意编出这些子虚乌有之事来嘲笑臣。"光武闻听第五伦如此解释又哈哈大笑起来。

次日，光武降旨，封第五伦为扶夷长。第五伦收拾行李正要离京，圣旨又下，命其改任会稽太守，即刻赴任。

会稽巫风极盛，淫祀遍布乡里，牛鬼蛇神皆有庙宇，百姓四时祭祀。牺牲宰以耕牛，而耕牛宰杀之后，牛肉又不能食用。巫者告乡人道："若私食祭祀以后的牛肉，人则牛鬼附体而死。"由于受到巫者的恫吓，果有人偷吃祭祀之后的牛肉，得了怪病，声如牛吼叫，不治而死。从此再也没有人敢吃祭祀以后的牛肉了，只好抛诸荒野或埋掉。牛为农家之宝，更是普通农户的多半家产，不少农户因此破产。第五伦到任以后，深以为害，亲食祭祀剩余的牛肉，并祷之曰："彼若有灵，降祸吾身；彼若不能降祸于我，是无灵也，休再享四时之祭，为祸百姓！"他接着传巫者前来，命其当众食祭剩余牛肉，并告乡民说："彼若得牛吼之病，三日后死，是鬼神附体；若安然无恙，是妖言惑众，骗汝等钱财，必治其罪！"三日后，巫者安然无事，第五伦当众责之，并示众乡里。第五伦然后尽毁淫祀，严禁以耕牛为牺牲，祭鬼神。巫风顿减之后，第五伦兴利除弊，大劝农桑，会稽日益富庶起来。民既富足，他又谨痒序之教，亲自讲经执教，民风为之大革。

三年之后，第五伦治绩卓著。光武大喜，降旨褒奖道："第五伦果能牧民，蜀中久不能治，劳卿治之，勿负朕望！"于是又命其为蜀郡太守。

蜀中号称"天府之国"，自古富庶。公孙述崇尚奢华，官吏骄奢成风。第五伦起自寒微，性喜节俭，虽自为两千石长吏，节俭之性不移。他亲自铡草喂马，公余还灌园种菜。妻子布衣荆钗，下厨为炊。衙中橡吏个个华衣锦服，高头骏马，竞相夸饰。大小官吏贿赂风行，上下其手，均赃分肥。第五伦深以为害，下车伊始就立即申明法纪，逐一淘汰富豪出身的不法官吏，擢拔清廉寒士取而代之。一年以后，蜀郡吏治大改，风清气正，万民称道。

不法官吏被淘汰后心中怨恨，遂联名上告。众口铄金，聚蚊成雷，第五伦被召还京。临去之时，百姓攀辕拦轿者不绝于路，一至于不能行走。第五伦只得假装到亭中歇息，偷偷乘船离去。第五伦及至到了京中，百姓不远千里到宫门为其辩冤竟达一千多人。光武知其清廉，并没有治他的罪。他再次召见第五伦于云台宫。光武问道："闻卿在蜀中尽退富豪宦门之吏，而用贫寒之士，何也？"第五伦道："欲禁贪贿之风。"光武道："贪贿与贫富何关？贫者必廉乎？富者必贪乎？"第五伦道："蜀中官场奢华成风，大小官吏豪华竞逐。车马宅第财货不如同侪者，辄以为耻。于是务以敛财为能，贪贿成风，卖官鬻爵者，不绝仕途。臣擢拔寒门士子，欲让士人知道，朝廷唯才是用，不拘门第，更不可以财货换取功名。"光武道："卿用心良苦，但不可矫枉过正。越巂、邛都初定，西南诸夷须卿抚绥，卿再次辛苦上任去吧！"第五伦于是又去越巂上任。越巂地瘠民贫，第五伦到任之后，把薪俸只留家中一月之食，其余都籴成米粮，赈济贫民。他带领百姓植桑养蚕，垦荒种田，严明法纪，矫正陋习，郡中民生、治安逐渐改观。至到明帝、章帝的时候，第五伦才奉调还朝，担任司空，位至三公，终成一代名臣。

度田

　　文人相轻,自古而然。朝中诸儒见光武推重桓荣,心中多有不服。光武为了兴学修文,礼贤纳士,特命桓荣讲经太学,与诸儒辩难质疑。桓荣不负所望,身披儒服,娓娓而谈,温言悦色,神情夷和。按照光武之意,他先讲《尧典》,从赞颂尧之德功业绩起讲,盛言尧"克朋俊德,以亲九族""九族既睦""平章百姓""协和万邦",由此自然而然地联系到文景乃至光武的德政;接着讲述帝尧任命羲和以观天象制定历法,进而尧"历象日月星辰,敬授民时"。不少儒生提出驳难,桓荣不急不躁,"究天人之际",从前后相关的四个层次,由此及彼,讲得条理清晰,脉络分明。群儒莫不叹服。

　　桓荣接着讲《皋陶谟》。皋陶乃舜时掌刑士官,大禹继舜之位时,皋陶年事已高,大禹向皋陶请教治国方略,《皋陶谟》当是这位历事两代圣君的老臣临终所献的治国方略。"谟明弼谐"为全文主旨。桓荣认为文中强调的"慎厥身修思永"是说君王重在修身;"惇叙九族",指齐家;"庶明励翼"是说治国,而"迩可远在兹"可视为平天下。这和《尧典》中"克朋俊德,以亲九族。九族既睦,平章百姓。百姓昭明,协和万邦"有异曲同工之妙,都是讲修身、齐家、治国、平天下的道理;只不过《尧典》是后人寓道理于叙尧之德,而《皋陶谟》是借君臣交谈记皋陶之论。

　　按照光武的意思,桓荣重点讲了《洪范》一章。桓荣说,"洪"即是"大","范"即是"法",《洪范》即是自古以来的治国大法。周武王灭殷商以后,次年武王向箕子询问治国之策,箕子向武王进献《洪范》,从此成为后世的根本法典。全文自开篇至"彝伦攸叙"简述洪范九畴的来源与性质,以下逐一讲述"九畴"的名目及内容。桓荣的讲述要言不烦,有详有略,重点讲述了"皇极""稽疑""庶征"三畴,这十分契合光武帝的胃口。

桓荣说:"洪范九畴,也就是九条大法。第五条'皇极',尤为关键。书曰:'皇建其有极',这是上天赋予天子的权力,只有天子才有权决定这些原则。这些原则至高无上,臣民应当无条件服从,依照这些原则,严格要求自己,效忠天子,为天子尽忠。'凡厥庶民,无有淫朋,无有比德,惟皇作极。凡厥庶民,有猷有为有守,汝则念之。不协于极,不罹于咎,皇则受之。'也就是说,尽忠天子的,理应受到奖赏,违法犯奸的,理应受到皇上惩处。所以洪范说:'无偏无陂,遵王之义;无有作好,遵王之道;无有作恶,遵王之路。无偏无党,王道荡荡;无党无偏,王道平平;无反无侧,王道正直。'"又曰:"天子作民父母,以为天下王。"

当讲到第七畴"稽疑"时,桓荣除了讲占卜定吉凶休咎以外,强调了天生下界臣民,又把"洪范九畴"传给天子,治国安民。天与人事相互感应:天子办事恭谨,政治清明,通达事理,就会风调雨顺,国泰民安;反之,像桀纣王莽一样倒行逆施,胡作非为,就会妖孽灾害不断。他巧妙地把光武信奉的谶纬之学和这一章穿凿附会起来,光武听得心花怒放,连连击节叫好。众儒生见皇上激赏,自然对桓荣也加倍敬重起来。这样的讲学活动一连进行了多日,从京城太学到各地郡县,兴学重教之风,盛极一时。

一日朝会,文武公卿按部就班,各就席位,唯有一位年轻的郎中,气宇昂然,既不入东,也不入西,站着不动。光武大为惊奇,问道:"卿为何人,现居何职?为何不肯入班?"那郎中叩头道:"微臣戴凭,汝南平舆人。十六岁郡举明经,蒙皇恩拜郎中。自幼研习《京氏易经》,臣自忖满朝博士讲习《易经》者,无论《连山》《归藏》《周易》,少有能及臣者,而班次皆在臣上,是以臣耻于奉陪末座。"光武闻言笑道:"卿既有此才,太学讲经,何以未露头角?"戴凭道:"微臣年幼,未及与闻。设若锥处囊中,锋芒早现矣。"光武道:"既然如此,朕今日即置锥处囊中,拭目观看。"

光武遂宣戴凭上殿,命群儒诘难。戴凭有问必答,口似悬河,妙语如珠,众人无不惊服。光武当殿封戴凭为虎贲中郎将，兼领侍中。戴凭叩头辞谢道："今日事出仓促，同僚必以为臣有备而来，众人无备，侥幸取胜，巧邀至宠。臣斗胆请旨，自正月初一，百官朝会，群贤毕至，于崇文殿角，为臣设席，以就教于群贤。能难倒微臣者，臣立避位让贤。十日为期，若无难倒微臣者，臣方敢领旨谢恩，以免尸位素餐，徒受皇恩。"光武称是准奏。于是自正月初一，崇文殿讲易比赛开始，群臣中研习《易经》之臣，相互诘难，一连十日，戴凭以渊博的知识，雄奇的舌辩之力，力挫群儒，连坐五十余席。京师于是盛传"解经不穷戴侍中"，戴凭一时名噪京师，扬名天下。

时天下初定，光武欲偃武修文，但祸乱连年不断。自建武十六年起，各处郡国群盗并起，地方官追讨，兵到则散归民间山林，兵退则又死灰复燃。青、徐、幽、冀四州尤甚。建武十七年，妖贼李广攻没皖城，朝廷遣虎贲中郎将马援、骠骑将军段志带兵征剿，数月方才平息；建武十八年初蜀郡守将史歆造反，太守张穆弃城逃走，宕渠守将杨伟起兵以应史歆。因史歆、杨伟本是岑彭旧部，自以为平蜀功大，因岑彭战死，吴汉未能如实奏报他们的功劳。功高赏轻，朝廷处理不公，故起兵造反。光武命吴汉带兵七万再征巴蜀。史歆曾是岑彭护军，深通兵法，且得士心；光武恐吴汉操之过急，处置失误，因而宣召戴凭入宫，以占休咎。

戴凭请光武亲占一卦，得"既济"，光武命戴凭解之。戴凭说："恭喜陛下，大司马不日即可凯旋。'既济'是已经渡过了河，比喻大功告成。但初九说'曳其轮，濡其尾，无咎'。但渡河艰难，甚至河水湿了衣服，并无大碍。上六说'濡其首，厉'，意思是说河水没过了头，头发都湿了，很危险。但有惊无险，九三以高宗征伐鬼方为例，虽然艰难危险，三年克之。这说明征伐之事总不可能一帆风顺，历经艰难险阻是不可避免的。大司马百战之身，不难取胜。"

听戴凭如此说来，光武稍微放心。他接着问道："即济，上坎下离，乃水在火上之象，且云'初吉终乱''中止则乱，其道穷也'，分明不是吉祥之语。卿何不言也？"戴凭道："陛下圣明烛照，问得好。'初吉终乱'确实不是吉祥的话。请皇上看'既济'的卦象：第一爻，为吉；最后一爻是阴，为凶；这不是明显告诫人们取得成功之后，不是一劳永逸，万事大吉，从此可以高枕无忧。

若疏忽大意,就可能前功尽弃,出现祸乱。所以象传说:'水在火上,君子以思患而预防之。'水火有相克之性,'水在火上'以征伐论,譬如救火,是救火成功之义;反而言之,火势过盛,杯水车薪,不仅救不了火,水也会被火蒸干。这就需要胜而不骄,居安思危,胸怀忧患,防患未然。陛下宜降旨提醒大司马蜀乱平息之后,多加小心,尽心安抚,以彰陛下以柔治国之道。"光武大喜道:"经卿一讲,朕放心了。不唯蜀事如此,国家大事,何不如此? 江山初定,莫不如'既济卦'也;如果沾沾自喜,志得意满,忘乎所以,何可久也?"光武于是厚赏戴凭。他又立即传旨告诫吴汉万事小心,恩威并用,万不可心生骄纵。

自建武十三年平定巴蜀,诸统兵大将相继交出兵权,光武尽罢郡国之兵,废弃一年一度的秋操都试制度,各郡驻兵所剩寥寥无几。每遇战事,必须由朝廷命将出征。朝廷的部队主要有四支:两支驻守京师洛阳,即南军和北军;另外两支,一支驻扎黎阳,称为"黎阳营",加上幽、冀、并三州骑兵,守卫黄河北岸,屏障京师北部;一支驻扎在凤翔,称为"雍营",守卫三辅,拱卫京师西部。京师南军又分两部:一部归光禄勋,下辖七营,即五官中郎将、左中郎将、右中郎将、虎贲中郎将、羽林中郎将、羽林左监、羽林右监,掌管宿卫宫殿门户和车驾侍从;一部归卫尉管辖,负责南北两宫内部安全。北军负责卫戍京师,主将为北军中侯,下辖五营校尉,即屯骑、越骑、步兵、长水、射声五校尉。军中体制改革,不是一蹴而就,需要有个过程;蜀地偏远,军中将士怕裁撤后衣食无着;史歆等人怨朝廷封赏不公,于是乘机煽惑,便造起反来。

吴汉率领臧宫、刘尚入武都,发广汉、巴蜀三郡之兵围成都。史歆等人本来就怨吴汉掩埋自己功劳,处事不公,带兵拒敌,连战月余,不分胜负。吴汉接到光武密旨,宣喻岑彭旧部,只要归降,尽赦造反之罪。吴汉允许各人申述跟随岑彭南征功劳,查证属实,论功行赏。城中守军得知这一消息,纷纷从城中逃出投降。十日之后,成都被攻破,吴汉遵旨,只诛杀史歆等为首之人,其余相从者尽皆赦免,朝廷原来的承诺一一兑现。吴汉然后乘船沿江而下,势如破竹攻破巴郡。巴蜀之乱,百日平定,大军振旅而还。

蜀乱平定,光武遍赏有功之臣,在太学讲经教读的博士们也沾了皇恩。时至腊日,皇帝降诏,赏赐五经博士每人一头羊。这本来是建武年间的常典,今年又增添了平定巴蜀的喜气。羊有大小肥瘦之分,分配是件十分麻烦的事情,祭酒颇感为难,怕分配不均,喜庆之事办不好因小事获罪。祭酒于是征求大家的意见。有人主张杀了羊,分肉;祭酒以为这样做有违孟子"君子远庖厨"之义;有人主张抓阄,祭酒以为太过村俗,有损风雅,有辱斯文。《春秋》博士甄宇心想道:"此种琐屑之事斤斤计较,辜负圣意,传扬出去惹人耻笑。"他主意拿定,一言不发,挑选了一头又瘦又小的羊牵走了。祭酒道:"甄长文已经有了最好的分法,诸君何不效之?"于是也挑选了一头又瘦又小的羊。这样又有几人仿效两人的做法,自觉主动挑选瘦小的羊。后面的人也拘于面子,宁挑瘦小的,不选肥大的。问题很快解决了。祭酒把这一事情告诉了光武帝,他大加赞赏,叹道:"小可见大,临财廉,德可知。"

次日朝会,光武问道:"哪位是瘦羊博士甄宇?"甄宇意想不到皇帝会宣召自己,连忙出班叩头道:"微臣甄宇参见陛下。"光武道:"朕赏赐之羊,大小肥瘦不等,卿何独挑瘦小的?"甄宇道:"羊之肥瘦大小,皆是皇恩。臣只知皇恩浩荡,不知羊之肥瘦大小。况天下之事,若锱铢必较,哪有丝毫无差,绝对公平之事?"光武道:"话虽如此,但羊之肥瘦大小,本是显而易见之事,卿能舍肥大而取瘦小,实属可贵。"甄宇道:"子曰:'不患寡,而患不均',皇上圣明,处事难得平均。譬如日月,光照大地,本是无偏无私,至公至明,但地上万物,各处之位不同,难免有光明幽暗之别,这怨不得日月;上天的雨露风霜莫不如此,天本无私,但旱涝寒热不可能都一样。万物只能随遇而安,守分知足。皇上承天景命,光复汉业,自建武十三年来,连降明诏,其令郡国田租由什一之税,降为三十税一,孝景以来,不过如此;另如释放奴婢的诏令可谓三令五申。尤其平蜀之后,皇上明诏大号:'陇蜀百姓被略为奴婢,地方官未报者,皆免为庶民。''依托人为下妻,欲去者,恣听之;敢拘留者,以略人法从事。'陛下还降诏:'天地之性人为贵,其杀奴婢者,偿命不得减罪';又降明诏:'敢灸灼奴婢论如律,免其主为庶人。'凡此等等,莫不为德政,如甘霖普降,春风送暖。但万民哪个能尽得泽被沐浴皇恩?"

光武不由惊愕道:"听卿之言,难道有抗旨不遵之官?阳奉阴违之吏?"甄宇道:"有无抗旨违命官吏,臣不在其位,不谋其政,不敢妄奏。只是日月光有难照之地,甘霖有难得滋润之禾,在所难免。陛下细想:自孝平至王莽,天下有多少流离失所之民？有多少家破人亡之家？皇上生自民间，百姓疾苦无一不知。有人一家占有千万人之田；有人无立锥之地；有人家破人亡，空有姓名在册；有人虽有薄田数十亩，早已托庇富豪之家。皇上三十税一，本是甘霖普降，但受益者豪门大户而已，与百姓何干？即如三令五申的释奴令，敢于虐残奴婢者，非公卿百僚，即富豪大贾，皇上深居九重，焉能知晓？"

光武悚然色变道："当局者迷，旁观者清。这样浅显的道理，朕早该知晓，却忽略了。不是瘦羊博士提醒，还不知误苍生多少！千人诺诺，不如一士谔谔，经生易得，国士难求。卿当一博士，皓首《春秋》，实在屈才了，即日起到尚书台赴任吧，掌管民曹。"甄宇谢恩道："臣只是一普通的儒生，我大汉似臣者，车载斗量，不可胜数，实不敢当'国士'之褒奖。据臣所知，真正称得起'国士'之誉者有三人，愿陛下公车特征，招致庙堂，必可成就陛下不世之功。"光武道："卿道何人？"甄宇道："会稽严光、太原周党、扶风人苏竟，这三人皆学富五车，名满天下，陛下何不隆礼厚爵，征其来京？"光武笑道："朕何尝不想征其来京，无奈人各有志，不知其隐身何处罢了。此事徐做他图吧。"

当日光武传旨，命司徒欧阳歙严查各郡国释奴令推行情况；若有虐奴、杀奴、拒不释奴者严惩不贷。刘秀又令大司空窦融督责尚书六曹严度天下之田，务使天下郡国田亩之数，与人口之数详报朝廷，有敢谎报、匿报者，依律重处。另外，他又令公车署与各郡国张榜召贤，征辟荐举贤能之士，以备选用。

光武登基之初，所任三公大司徒邓禹、大司马吴汉、大司空王梁三人均为开国功臣。王梁资历最浅，也是云台二十八将之一。建武十三年后，刘秀"退功臣而进文吏"，大司徒为侯霸，大司空为窦融，大司马仍为吴汉，但政务悉归尚书台。尚书台设尚书令一人，总典纲纪，主赞奏无所不统；仆射一人，为尚书令之副，主"文书启封"，尚书令不在，代代行其事。其下分六曹，颇似后来的"六部"；每曹设尚书一人，下辖侍郎六人，令史三人，为办事人员。尚书台直接对皇帝负责，三公之权大减，基本上只受成命，并无发号施令实权。

窦融因自己本非光武旧臣，由冀州征调入朝升迁大司空，位在众多功臣之右，十分不安。朝会之时，容貌辞气，谦恭小心。他接旨度田之后，忧心忡忡，恰好侍中金迁来访。金迁乃金日䃅曾孙，哀帝时曾任尚书令，老于朝政。

窦融把金迁迎入书房,合门求教道:"朝廷田亩不实之弊,已非一日,户口增减变化,人人尽知,但要查实澄清,奏报朝廷绝非易事。窦某久居边鄙,绠短汲深,恐负陛下之望,获罪事小,若贻误朝廷大事,有伤皇上求治之明,如何是好?"金迁道:"病入膏肓,扁鹊束手。窦公所忧,不无道理。自成、哀至王莽,土地兼并,日甚一日。皇上大封功臣又火上浇油;如今昔日蒙恩袭封之族,加上中兴新贵,何处没有? 那些瞒报田亩,隐匿丁口的豪门大户多是新旧权贵,地方官如何清查度实? 依在下之见,不如托疾让贤,把这烫手的热山芋让给别人。"窦融道:"何人可当此任?"金迁道:"太中大夫梁统与窦公同时奉诏入京,吾观此公勇于任事,刚毅而好商君之学,进取心颇盛,莫如荐此君代之。"窦融答道:"如此甚好。"

次日,窦融入宫见驾,奏请光武道:"臣融马齿痴长五十三,久在边鄙,风渐寒侵,气虚体衰,不觉垂垂老矣。有子年十五,质性顽钝。臣融朝夕教导以经艺,不得令观天文、习谶记。臣有心尽忠,惜乎力不从心,难耐繁巨。接昨日之旨,臣宿夜难安,度田乃朝廷大计,臣尽心力而为之,犹恐辜负圣意,伤陛下托付之明。故思之再三,不如避位让贤。太中大夫梁统与臣共事久矣,明敏刚毅,才堪任重负远,请圣上明察以代微臣之职,必能不负圣望。伏惟圣裁。"光武知窦融畏难之意,笑道:"朕与卿如左右手耳,屡示谦退,何不明寡人之意? 此事体大,非卿莫属。"窦融道:"臣兄弟并受爵位,久专方面之任,岂不知圣恩高厚? 与从龙诸臣相比,臣功微恩重,长不自安,何敢借故推诿? 执法抚民度田查奸,梁统实胜臣融百倍。"光武见窦融辞意恳切,遂准其奏,命梁统代行其事,督责度田。

梁统接旨,以为释奴之令屡降,但虐奴、戕奴之事屡禁不止;度田之旨已下多日,各郡国州县不见施行,是朝廷刑罚过轻所至,宜重刑罚,明典宪。梁统于是上疏道:

"臣受命而来,详研旧典,窃见元、哀二帝,轻殊死之刑凡一百二十三例,其中亲手杀人而减死一等者四十二例。自是以后,成为常例,相沿比附。故人轻犯法,吏易杀人。臣闻立君之道,仁义为主。仁者爱人,义者政理;爱人以除残为务,政理以去乱为心。刑罚在严,无取于轻,是以五帝有流、殛、放、杀之诛,三王有大辟刻肌之法。孔子曰:'理财正辞,禁民为非曰义',高祖受命诛暴,平定天下,约令定律,诚得其宜;文帝宽惠柔克,遭世康平;唯除省肉刑、连座之法,率由旧章。武帝值国家隆盛,财力盈余,征伐四方,数兴军役,豪杰犯禁,奸吏弄法,故重首匿之科,著知从之律,以破朋党,以惩奸恶。至哀、平之朝,纲纪废弛,数年之间,百有余事,弊窦丛生,以致失政丧国。陛下功逾文武,应运中兴,圣聪明察,考量得失,宜诏有司,详择其善,定不易之典,施治平之法,则天下幸甚,释奴、废田之令畅行无阻矣。"

光武览奏,让三公、廷尉、九卿商议。议者多以为隆刑峻法,非明君急务;释奴度田宜交地方官缓缓施行,梁统所奏,不宜采纳。

梁统复奏道:"有司以臣所奏,不可施行。殊知臣之所奏,非曰严刑。窃谓高帝至乎孝宣,其所施行多合经传,宜比方今事,验之往古,聿遵前典,事不难为,不胜祈盼。愿蒙召时,口陈其要。"光武乃召见梁统于南宫云台。光武道:"议者多以大业方复,不宜严刑峻法,以多宣德化。卿以为如何?"梁统对曰:"臣闻圣帝明王制定刑罚,只为惩奸理民。虽尧舜之盛,犹诛四凶。陛下熟读《尚书》,皋陶谟曰:'天讨有罪,五刑五庸',吕刑又曰:'爰制百姓于刑之衷';孔子曰:'刑罚不中,则人无所措手足。''中'者即不轻不重之谓也,绝非严刑峻法也。《春秋》之诛,不避亲戚,所以防患救乱,安全万民,岂无仁爱之恩,圣君德惠也?"光武又道:"议者多以为重刑,易伤良善而干天和。"梁统道:"自高祖之兴,至于孝宣,君明臣忠,谟谋深博,刑明政理,断狱益少;至哀、平之时,刑罚废弛,盗贼日多,奸邪当道,燔烧茂陵,火见未央。由此观之,则轻刑反生大患;惠加奸宄,必伤良善,不可不察也。"光武道:"卿言甚是,容朕思之。"

光武召司徒欧阳歙道:"梁统极言重刑严法,以推行释奴、度田之令,司徒以为可行否?"欧阳歙道:"公卿王侯富豪人家蓄婢养奴,自古有之,皇上德被苍生,欲释奴隶,禁虐奴,戕奴之行,实仁君深思。但千年陋习,岂能一旦尽除?矫枉过正,操之过急,反而易生意外之变,欲速不达。田亩户口,自哀、平至新莽,复经更始,无日不变。原本无田之民,乘乱或垦荒芜或披草莱或私占无主之业,以有数亩之田;原本豪强乘兵连祸结之年进行兼并;孤弱黎庶托庇堡坞,依附豪强;原有采邑爵赏之家,王莽时被削爵夺封;中兴之后袭爵复封,重建家园;中兴功臣蒙恩封赏,皇恩所及只会多不会少……凡此种种,谁愿把刚刚到手之田,拱手让出?是以度田之事,看似容易,实则艰难。另外,皇上为军积之用,命诸将屯田,军屯之地开垦生荒者不过十之二三,占无业民田者十之七八;况屯田将吏,所报屯田之数,多有虚浮夸大之数,若查证核实,必有出入。诸将吏何人不怕由此获罪?必百般回护,度田更难。因此以臣之见,度田之事,急不如缓。子曰:'寻之以政,齐之以刑,民勉而无耻;导之以德,齐之以礼,有耻且格。'不如奉文景轻刑之法,与民休养生息,以柔治之。"

光武听欧阳歙说得有理,特别是"以柔治之"四字,正说到了自己的心坎上,他遂把梁统的话又置诸一边。光武降旨命州郡检核垦田顷亩,及户口、黎民年纪,考实二千石长吏阿枉不平、隐匿田产、虐奴杀奴贩卖奴隶者,从速上奏。光武又责令三公九卿举荐廉能官吏持节,巡抚州郡,督行释奴、度田之事。

数月之后,州郡度田奏报陆续进京。光武怕地方弄虚作假,耳目壅蔽,躬亲其事,各地奏报文书必亲自检阅。这日,他在陈留郡报上的文牍内忽然发现一张字条,潦潦草草地写着一行字,仔细辨认,写的是:"颍川、弘农可问;河南、南阳不可问。"光武不解其意,立即传旨,把陈留郡上计吏传来询问。上计吏叩头不止,汗出如浆,不敢说出实情,撒谎说:"字条捡自京师长寿街上,大街上行人不断,未及看到字条内容,信手夹入奏牍中,致干圣怒。"

光武大怒,喝令内侍,把上计吏拖下杖责。恰好此时从宗学散学归来的东海公刘阳在侧,连忙劝止道:"此吏必是受郡守之命,打探各郡上报度田数目,然后比照他郡情况上报,以免偏高或偏低。"光武道:"为何如此?"东海公道:"各郡莫不如此,偏高惹同僚之忌,成为众矢之的;偏低易受朝廷之责,获罪受责。父皇请看各郡所报情形,一目了然。"光武检点各郡所报案卷,果然如此。光武然后问道:"为何颍川、弘农可问;河南、南阳不可问?"刘阳答道:"河南乃帝都,多近臣;南阳帝乡,多近亲。田宅逾制,不可作为参照标准,况且易为朝廷知晓。"光武传旨命虎贲中郎将再加严询,上计吏隐瞒不住,一一招认,果如东海公所言。

东海公刘阳,乃皇四子,年方十二。光武不觉心动,他暗道:"孺子可教,大业可托矣。"光武遂淡淡道:"散学后多来云台,看朕如何批阅章奏,这也是学问。"刘阳应声道:"儿臣遵命!"躬身退出殿去。

据陈留郡上计吏所说,陈留郡度田十分认真,所报垦田及耕地田顷数目人口并无虚瞒。太守鲍永方自东海调任,也未交代其弄虚作假。是他到京师以后,驻在驿馆,和各地上计吏交谈,得知各郡国相互比照的情形,自作聪明去拜访老上级河南尹张伋,但张伋避而未见,临别他送了一锭银子给张伋的幕宾,那位西席匆匆忙忙写了一张字条塞到他手中;他又去拜访司徒欧阳歙,但欧阳歙上朝未回。门房收了他的门包随口道:"陈留距京师区区六百里,乌鸦难道不是黑的?先生没吃过猪肉,还没见过猪是怎么走的?怎样上报还用人教吗?"上计吏恍然大悟,回到驿馆连夜把上报文牍上的数字,或增或减,改动一遍。

光武发觉事态严重,宣召司徒欧阳歙、权领司空事太中大夫梁统等人前来商议此事。梁统仍然坚持"古者严刑,则人人畏法;今宪律轻柔,奸宄不胜。度田令释奴令颁布两载,州郡观望,以至互通声气,蒙蔽圣聪,宜严科禁,以塞其源"。光禄勋杜林说:"有汉之初废除秦苛虐之政,百姓欢欣鼓舞;孝武之后,法令渐严,果蔬馈赠,都列为赃物,判处极刑。过犹不及,以至上下联手,欺瞒朝廷,有法不行,有令难止,弊病更为严重。"司徒欧阳歙道:"杜光禄所言有理,度田之事,本就繁难,地方所报有失实舛误,在所难免;过于悬殊者,责令再度即可。"光武怒道:"此事显见是刑宽法弛,上下串通,阳奉阴违,怎能说是严刑峻法所致?"光武于是传旨陈留、河间、汝南、河南、南郡等郡,土地重新丈量,据实上奏。

不久御史上奏,大司徒欧阳歙在汝南大守任内度田作弊,获赃一千余万。光武大怒,传旨把欧阳歙逮捕,下廷尉狱。这下可戳了马蜂窝。欧阳歙世代传习《欧阳尚书》,八代在朝任博士,门生故吏遍布天下。听说欧阳歙入狱,其门徒千余上京叩阙请愿,把宫门围了个水泄不通。有人自愿髡钳,剃去头发,戴上铁锁,请求释放欧阳歙;平原书生戴礼,年方十七,请求入狱替欧阳歙赴死。光武大怒道:"王邑王寻百万熊罴虎豹之众,朕尚不惧,奈何以千余儒生迫朕就范?"光武始终不放欧阳歙。不久,欧阳歙死在狱中。

河间、真定的土地多本是郭家田产和真定侯刘得、河间侯刘邵的庄园和庄客的土地。地方官哪敢认真查实度量?朝廷钦差来时,地方官以丈量土地为名，把庄客和农民集中到田中，连房屋、乡里村落一并丈量，唆使百姓拦挡道路，啼哭呼喊。度田钦差无奈，只好打道回府，向光武交差。光武闻报勃然大怒，立刻把阳安侯郭况宣召入宫，严加训斥，并让他传话给真定侯刘得、河间侯刘邵立即如实呈报田产，胆敢煽惑百姓从中阻挠，立刻削爵治罪，严惩不贷。

光武还宫，郭后婉言相劝道："治大国如烹小鲜，度田之事，不可操之过急，急则生变。真定刘、郭之族于社稷功不可没，诸事望陛下大度优容。"光武道："刘、郭之族功在社稷，朕何尝不知？但刘郭之族，数世富贵所赖者何？"郭后道："皇恩浩荡，天心眷顾，亦赖刘郭祖宗之德。"光武道："所谓天心即民心也。朝廷三十税一，其利不及黎庶分毫，安能不失民心；天下非一家一姓之天下，乃兆民万姓之天下；民心若失，何来中兴大业？帝后一体，皇后宜以社稷为重，不可只为真定河间一隅之私而阻度田大计。况刘郭之族失之真定，得之京师，年年朕之封赏，与田赋所失不啻数倍；郭家阳安侯府，京都号为'金窟'，万众瞩目，难道皇后尚不知足？"郭后大惊，连忙叩头谢罪，不再多言。

河北数地因度田之事风波不息，民变不止，"按下葫芦浮起瓢"。光武欲派兵镇压，又投鼠忌器，恐怕牵连到郭后与真定王刘得。正当束手无策之时，东海公刘阳向他献计道："为度田之事兴师动众，难免震动朝野，莫如采用'连举之法，以民治变'，不显山不露水，即可止息风波。"光武惊异，他忙问道："何谓连举之法，以民治变？"东海公刘阳说："儿臣估计真定、河间民变，并非真正民变，必是隐匿田产的豪门大户暗中煽惑操纵；无田之民、田少之民十占八九，操纵者百中无一。朝廷若降下恩旨，因度田生乱之民一律免罪，不咎既往；五人共同检举煽惑者一人，五人免罪，赐田十亩，每人可得田二亩；官吏前因种种顾忌、胁迫、度田不力，纵民为乱者也一律不加追究。自恩旨颁发之后，按平息民乱业绩，论功行赏。若再操纵民乱破坏度田者，罪加一等。儿臣想，一般百姓，谁愿跟着冒杀头之险？普通官吏谁不为自己的前程考虑？剩下那些死心塌地与朝廷为敌的，必然为数不多，难以遁形；朝廷也就不必担心'法不责众'，一介之使，便可将其悉数绳之以法了。"光武大喜，依计而行，这场轩然大波，很快止息。无业之民有了田产，安居乐业，真定、河间很快恢复,呈现出一派升平景象。

真定、河间抓了地方长吏、豪强大户百余人,有不少和郭家沾亲带故。这下阳安侯府可热闹了,来请托求助的人车水马龙。阳安侯郭况为了避嫌,上表称病,堵门谢客,来访者无论亲疏,一律不见。真定侯刘得与河间侯刘邵咬牙商议道:"我们不能这样坐以待毙,任人宰割。即便是死,也要拉上几个陪葬的。既然陈留郡上计吏条子上说:'河南、南阳不可问',其中弊窦必多,何况条子是从河南太守张伋府中传出,张伋就脱不了干系。不如买通几个御史,交章弹劾张伋,请求严查河南、南阳两地垦田度田之事,不难攀扯出朝中功臣亲贵。到那时皇上骑虎难下,要赦免那些动不了的功臣亲贵,我们手下那些微不足道的草莽人物自然也就沾光赦免了。"

刘邵连称妙计,说干就干。侯府有的是银子,有钱使得鬼推磨,果然有几个御史交章弹劾张伋,要求严查南阳、河南度田之事。隐匿虚报欺上瞒下之事本来就是普遍存在的,一经检查,便查出许多弄虚作假的事情来。结果张伋等几个两千石官吏,以"度田不实之罪下狱",更重要的是把竟陵侯骠骑大将军刘隆也牵扯了进来,据查刘隆在武当屯田之时,强占民田,隐报田亩千顷,这位名列二十八宿的开国功臣也因此而银铛入狱。陈留太守鲍永方自东海莅任,闻陈留上计吏在京师惹出塌天大祸,自入囚车,诣京在道。

邓禹、朱祐、贾复等人闻刘隆获罪,联袂入宫请见光武。邓禹道:"刘隆屯田武当,时国家陇蜀未定,军用匮乏;江夏、南郡十室九空、田原荒芜,多无主之田,军吏垦种,以为屯垦之数;数年后连岁丰稔,田主归来,求归还旧业。元伯不得不把田地归还百姓,是以原来上报朝廷屯田之数与今日度田之数悬殊。况元伯屯垦之时,百姓未归,并非强占。请陛下念元伯征战劳绩,予以原宥。"光武道:"元伯毁家纾国之难,七岁入狱,是宗室子弟中功勋最著、年纪最轻之人,朕待以手足,焉不关切?然国有国法,度田之事,朝廷责之有司。朕也不能枉阿亲贵。诸卿请回吧。"邓禹等人只好告退。

真定侯刘得、河间侯刘邵见时机已到,秘见郭后道:"竟陵侯刘隆与皇上情同手足,虚报屯垦土地千顷,罪在众人之上。皇上骑虎难下,皇后现在请赦免刘隆,极言刘隆之功,皇上正好借梯下楼,必感念皇后之意。真定、河间郭刘两家那些沾亲带故的获罪之人,自然也就沾了皇恩,平安无事了。"郭后依言为刘隆求情道："臣妾时常听皇上说,竟陵侯刘隆乃宗室子弟中的千里驹。七岁时即跟随安众侯起兵反莽,身陷囹圄,只是因为年龄未满八岁,才幸得不死;十五岁就跟随皇兄齐武王出生入死,冲锋陷阵。陛下单车下河北,刘隆得到消息,毅然舍弃高官厚禄,单枪匹马追陛下至射犬,妻子尽被李轶杀戮。自后追随皇上,南征北战,卓著勋劳;况屯垦虚报田亩,乃属下将吏之事,并无毫厘变为私产,请陛下法外施恩,以慰功臣之心。"

光武早知御史参劾刘隆之事乃真定侯刘得、河间侯刘邵幕后主使,怀疑郭后参与其谋,也猜到其用意是为真定、河间那些与郭刘两家沾亲带故的官员开脱。听郭后之言,光武不由心生厌恶,冷冷说道："刘隆之功,朕刻骨铭心;刘隆获罪,皇后与朕都心如明镜。度田之事,早已付诸有司;刘隆该当何罪,自有法度。皇后管好后宫的事情好了,朝廷之事,自有三公九卿辅佐朕去处理,切莫忘了吕、窦、霍、王后宫干政之祸!"说罢,拂袖而起,前往温德殿去了。郭后呆若木鸡,愣怔了好久,一屁股跌坐在绣榻上,好久没有站立起来。

次日,光武一连下了四道圣旨:一是前骠骑大将军、竟陵侯刘隆度田失实,削去侯爵,贬为庶人;二是河南太守张伋等百人度田失实,侵剥黎庶,欺妄朕躬,一并赐死;三是陈留太守鲍永,虽有小过,但罪在属吏,着改任兖州刺史,不必诣阙陛辞,就此赴任去吧;四是真定侯刘得、河间侯刘邵,度田不实,侵夺百姓,削夺封地一半,以示薄惩;不得滋生事端,若不知悔改,莫谓言之不预也。

光武态度坚决,圣旨连下。度田之事,无人再敢阻挠,终于推行下去,不仅普通百姓得到了实惠,国家田赋收入也增加了。这一重大举措,为明、章两朝次第升平,打下了坚实基础。

废后

　　河南太守张伋赐死，掾吏单臣、傅镇等人逃归家乡，聚众为张伋鸣冤。他们暗中命颇通妖术的巫师装神弄鬼，散布流言说："太守蒙冤而死，阴魂不散，鸣冤天庭；天帝震怒，命太守为主瘟大神。不久河南及京师将流行瘟疫，那些害死张太守的官吏、参与度田的官吏、度田令推行之后蒙恩赐田的百姓，将一个个病死，断子绝孙。"他们还造谣说，廷尉狱中主理张伋的大小官吏，已经相继得了瘟疫死亡。凡蒙恩得田者宜从速退田，逃离河南，可以避祸免死。一时间煽惑百姓万人，和山中盗贼联合，扯旗造反，攻破原武县城，单臣、傅镇等自称将军。光武命郎陵侯、太中大夫臧宫将北军及黎阳营将士五千，去平定原武妖巫之乱。

　　臧宫方从蜀中回京，所将之兵多非旧部，指挥起来很难如臂使指。再加上单臣、傅镇之众粮足食丰，愚民为妖巫胁迫，连攻数日不下，官军士卒多为妖术所伤。光武急召文武耆宿商讨对策，大家众口一辞，皆道："宜增兵围城，重金赏募敢死之士猛攻。"时东海公刘阳在侧，佐光武料理章奏，习学政事，他独对道："郎陵侯百战勇将，难奏肤功，盖因妖巫以瘟毒空言吓人，将士胆寒不肯力战耳。非兵不多，将不勇也。从贼百姓为妖巫胁迫，势不能久，其中多有悔而欲逃亡者，但郎陵侯事功太急，围城严密，欲逃者难得逃也。宜缓攻，网开一面，令从贼百姓逃亡。待亡走大半，单臣、傅镇之徒，一亭长足以擒获矣。"光武然其计，密令臧宫围三缺一，虚张声势，贼众果然相继逃散。数日之后,臧宫轻而举易攻破原武,擒斩单臣、傅镇及众妖巫。众耆宿老将莫不佩服东海公刘阳的智计,其名不待誉扬,渐在太子及诸皇子之上。光武对其青眼有加,荣宠日过一日。

这种情形,郭后看在眼里,深感不安。刘得、刘邵等人则暗中对郭后道:"皇后自废田风波之后,荣宠大不如前。自古子以母贵,太子生性忠厚,东海公刘阳荣宠日增。皇后纵不为自己着想,宁不为太子之位心有隐忧吗?"郭后道:"我有什么办法? 二位兄弟有什么高招,还用得着藏着掖着吗?"刘邵道:"草生道中,不妨锄之;石在路上,搬开好了。"郭后闻言色变,喝道:"休得信口妄言,再说这种该死的浑话,永远不要再进宫见我!"二人闻言,吓得伸了伸舌头,退出宫去。

二人走后,郭后坐卧不宁,命内侍召太子的老师郅恽来见,婉转说出自己的隐忧。郅恽道:"太子生性仁孝,东海公天纵聪明;兄友弟恭,并无嫌隙。太子乃国之储君,位分既定,皇上绝不会轻言改易。况汉家大统历来以立嫡、立长、立贤为据;皇后位居中宫,太子嫡出、居长,并无失德之处。皇后何须杞人忧天? 龙生九子,各子赋性不同,东海公天生睿智,犹周公之于武王也,天生良辅,皇后不必无端猜嫌。百行孝为先,皇后若有不放心之处,只需嘱咐太子多在'孝'字上下功夫。天下父母,谁人不疼孝顺的儿子?"郭后道:"多谢卿家指点,哀家知道该怎么做了。"

次日,太子到云台宫请安。他见光武案卷山积,正埋头批阅各地章奏。太子不禁跪地垂泪道:"父皇戎马半生,中兴汉业。自登大位,每日未明临朝,既昏方罢。数见公卿、郎吏、将帅,运筹庙谟,讲论经理,夜分乃寐。儿臣年将及冠,不能为君父分忧,情何以堪! 陛下有禹汤之明,而失黄老养生之术,愿爱惜龙体,颐养圣躬,优游自宁。此儿臣之福,天下万邦之福也。"光武道:"我自乐此,不知疲也。自古求治之君,哪个不是宵衣旰食,一握发而三吐哺?"太子拭泪道:"明君勤政,自古万民敬仰。但朝廷三公、九卿、尚书八曹理当为君分忧;陛下不必事无巨细,亲力亲为。"光武淡然道:"皇儿孝心可嘉,宗学读书去吧。待汝坐到这龙椅上时,自然就知道亲力亲为的好处了。"

光武命诸皇子及宗室子弟入宫中宗学,原为息事宁人,悉心培育,不想皇子及宗室子弟年齿渐长,是非日多。其中前辈恩怨,年幼时不知,稍长渐渐明了,彼此之间隔阂难免产生。时逢泗水王刘歙病故,其子淄川侯刘终哀毁过度,哭泣二十余日不食,竟致一病不起,数月后亦病故而去。光武自起兵之时,刘终时相跟随,情义非其他族中兄弟可比。后来因从更始入关,刘歙被封元氏王,刘终为侍中。光武下河北,刘终本欲同行,但碍于更始情面,加上刘歙年迈,不能远行。后来更始败亡,刘终常以未能从光武平定河北为憾。

刘终英年早逝,光武颇为伤感,他亲临宗学,对诸皇子及宗室子弟说:"刘隆、刘终是我南阳宗室子弟中的俊才,朕与皇兄齐武王起兵之初,执戈相随者,二人最为年幼。谷卿六哥是皇兄的'当头炮';刘隆、刘终是皇兄的左膀右臂。每当临敌或左或右,或前或后,必以身护卫皇兄。而今元伯方以度田削爵,刘终又英年早逝。朕德何薄,连折手足!"言语之中,甚是伤感。临毕,他又命诸皇子及宗室子弟说:"今日宗学辍学一日,汝等作为子侄,都去送送临淄侯吧,代朕致悼!"于是诸皇子及宗室子弟奉命,前去为淄川侯刘终送丧。

送丧归来,次日众人重回宗学读书。齐公刘章年最长,当年刘终追随其父之时,常来家中,或负或抱,已经依稀记得,感情自然与众不同;况由刘终之死,想起父王之死,难免悲伤,次日依然戚容满面,众人多有劝者。更始之子刘鲤,也随口劝刘章道:"亡者,命也,斯人素有恶疾,兄长不须过伤。"

刘章心情不好,脱口说道:"鸟兽不可与同语。此乃拜汝父所辞,汝安知他人心中之苦?"刘鲤好心好意相劝,不料刘章却恶语相加,他不禁面红耳赤说道:"兄长何出此言?我父在日,何曾亏负过元氏王、淄川侯父子?"刘章道:"昨日皇上曾说淄川侯乃我父左膀右臂,情同手足;汝父若不杀我父,淄川侯功遂名就,心情舒畅,焉能三十六岁便英年早逝?"刘鲤道:"汝这话就毫无道理了,皇上不止一次说过,齐武王当年被害,乃张卬、陈牧、李轶加害,与我父王无干。汝为何又往我父王身上泼脏水,污先人令名?"刘章道:"说得好听,若非尔父昏聩,张卬、陈牧、李轶杀得了我父王吗?"两人越吵越多,竟尔动起手来。太子刘强、东海公刘阳连忙赶来相劝,好说歹劝方才把二人拉开了。

宗学之事,原本由安成侯刘赐为宗正兼祭酒,后刘赐年老就国,由顺阳侯刘嘉继任。刘嘉多病,荐关内侯刘恭代之。刘恭曾任更始帝侍中,赤眉入长安,刘恭千方百计保护更始,对更始一直忠心耿耿。赤眉相谢禄、张卬缢杀更始帝,刘恭冒着生命危险为更始收尸,埋葬,并为更始报仇,手刃谢禄,然后入狱自首。光武念其忠义,赦免其罪,封其为式侯。这是朝野尽知之事。自刘鲤母子入京,光武念更始曾是兴汉首义之主,不得其死,为安抚更始部众,封刘鲤为寿光侯。因其年幼尚未就国,也在宗学读书。刘恭因更始之故,对其分外呵护。

这日,刘章、刘鲤二人争吵,被众人劝止。刘恭劝刘章说:"大丈夫应该胸襟如海,容纳百川。上一代人的恩怨情仇,就让他过去吧。我们都应该学学皇上,且不说更始皇帝,好歹都是高帝、孝景苗裔,就连朱鲔之辈,皇上还不是赦罪封侯?皇上视贤弟如亲生,寄以厚望,切不可因小失大,伤了宗室和气,有损陛下大德。"刘恭虽然年长,但论起辈分来,和刘章乃是同族兄弟。刘章听刘恭诚恳劝说,此事也就作罢。

回过头来,刘恭又劝说刘鲤道:"孟子曰:'他人有心,余忖度之,'贤弟何不推己及人,设身处地为刘章想一想?当年南阳诸刘起兵讨贼,平心而论,齐武王功居第一,这是天下共知之事。张卬、陈牧、廖湛、李轶等人妒功忌贤残害齐武王,说到底乃假诸更始皇上之手。当今皇上包容四海,不计前嫌,追封先皇为淮阳王、封贤弟为寿光侯,此德不谓不厚。刘章因自幼失怙,皇上因齐武王功业未就,身遭残害,故而待刘章不亚于诸皇子。贤弟宜多所容量,以酬皇上之恩。"刘鲤道:"皇上曾多次说过齐武王之死,首恶乃张卬、陈牧等人,父王乃受其胁迫,不得不尔。后来连我父皇亦遭其辈毒手。刘章为何固执己见,非把过去的旧账记在父皇头上?"刘恭百般劝说,刘鲤才勉强咽下胸中恶气。

事情惊动到光武那里。光武觉得刘章、刘兴年龄渐长,与诸皇子及宗室子弟终日搅和在一起有害无益,遂降旨命刘章为平阴令,刘兴为缑氏令,出京躬习吏事,体察民情,早知施政理民之术。临行,光武在温德殿为其送行,诸皇子及宗室子弟也都前来道别。温德殿乃阴贵人起居之所,平日,除了东海公刘阳、东平公刘苍、山阳公刘荆等皇子为阴氏所出,居住温德殿以外,其他宗室子弟如刘章、刘兴、刘鲤等人,因幼时长在南阳,与阴丽华言谈生活习性相近，也时常在温德殿相聚，嬉戏玩耍。但因与刘章刚刚冲突过后，刘鲤不愿与刘章、刘兴兄弟二人相见，当日遂在宗学读书，甚觉无聊。二皇子右翊公辅、五皇子楚公英也因故未去温德殿，遂邀刘鲤前往皇后居住的长秋宫。

　　长秋宫是南宫最为宏伟之处。除了郭后居住的正宫交泰殿之外，还有年长诸皇子居住的崇德、嘉德、却非、承福诸殿。交泰殿是皇后与皇帝宴寝之所，闲杂人等，不得擅入，气象森严；刘鲤三人便去了右翊公刘辅居住的承福殿。真定侯刘得因度田风波受到惩处，轻易不敢到郭后居住的安泰殿，平常入宫就躲在刘辅居住的承福殿。这日他见刘鲤和刘辅一同回来，满面愁云，言谈之中才知道刘鲤的身份和宗学中与刘章相争之事。刘鲤道："人人都道当今皇上至公至明，想不到也如此偏私。刘章仗势欺人，并未得到任何惩戒，反倒外放当了平阴令；式侯是尽人皆知的忠厚持正之人，只会劝我忍让，替刘章说话。人人尽知他是我父的忠臣，想不到也如此势利，攀高结贵，见风转舵！"刘得哈哈笑道："寿光侯聪明过人，但毕竟年少，尚看不透这世上的种种骗局！你道式侯真是你父的不贰忠臣吗？"

　　刘鲤道："世人皆说赤眉兵破长安，几番要杀我父皇，是式侯以性命相争，保全了父皇性命，并为父皇争得了长沙王的封号。后来父皇被谢禄、张卬缢杀，式侯得知，夜往殓葬；后来又奏请当今皇上把我父皇葬于霸陵。以此观之，式侯非忠臣而何？"刘得冷笑道："所谓大奸似忠，大恶伪善，即此类也。寿光侯请想：赤眉是刘恭之弟为帝，刘恭能不尽心辅佐刘盆子而仍效忠于你父皇吗？赤眉欲杀你父皇，刘恭苦求得免，此纯属作戏而矣。当初谢禄与刘恭交为莫逆，若真心救护你父皇，你父皇焉能横死？当初你父皇为何要杀刘伯升？虽说权操张卬、陈牧等人之手，你父皇若要救护刘伯升，真的做不到吗？事不同，理实相同。盖因你父皇不愿刘伯升取代他的王位；而刘恭为保其弟刘盆子之位，担心你父皇旧部救出你父皇，才与谢禄、张卬串通杀害你父皇。然后又猫哭耗子，假仁假义，埋葬你父。新皇登基，为了掩人耳目，又杀谢禄以灭口，一举两得，博得个对旧主忠贞不贰的美名。这种欺世盗名的伎俩，不少人都看得出来，只不过事不关己，不愿说破罢了。寿光侯实在是真正的杀父仇人，不是别人，正是你感恩戴德的式侯刘恭。小侯爷，当局者迷,你仔细想想,必能了然于胸了。"

刘鲤半信半疑,惊问道:"当今皇上天纵聪明,难道看不出来?"刘得又冷笑道:"你道陛下对你父皇杀害刘伯升之事,真能全部释怀吗?何况你父皇不死,这天无二日,国无二君。当今天子若不假赤眉之手除去你父皇,难道等到兵破长安,自己动手吗?刘恭借谢禄之手,除去你父皇,实乃当今皇上的有功之臣。难怪刘盆子弟兄归降之后,不失封侯之赏了。"

刘鲤本就昏聩过于乃父,又狷急缺少城府。听了刘得如此挑拨的话,如梦方觉,一躬到地,谢道:"若非真定侯指点迷津,刘鲤永远蒙在鼓里,一直把不共戴天的杀父仇人,当作恩人。有恩不报非君子,有仇不报枉为人。我必手刃刘恭奸贼,与父报仇!"

刘辅觉得不妥,他劝说道:"寿光侯不可莽撞,王舅所说也只是耳食之言;朝中当年故人不少,不妨多方打听,再做决定。"刘得道:"寿光侯真要为父报仇,也不必过于操切,还须从长计议。"刘鲤道:"二位之意,我焉有不知?大丈夫做事,一人做事一人当,我决不会连累别人。"

刘鲤鲁莽浮躁,次日一到宗学,便去找刘恭,突兀问道:"式侯常以忠孝教人。为人君止于仁,为人臣止于敬;为人子止于孝;为人父止于慈,与人交止于信。诚其意,毋自欺;修其身,首在正其心。今吾问汝,其为臣忠乎?与人交信乎,扪心自问,意诚、心正毋自欺乎?"刘恭见其问得突兀,淡然答道:"俯仰于天,非曰能之,已尽其心了。贤弟何意,有此一问?"刘鲤答道:"我被汝骗得好苦!自小以你为忠臣义士,感恩戴德。今日方知,你是大奸似忠的卑鄙小人!请问,我父之死你知也不知?是否是你所害?今日当着天地神明,你为我说个明白!"

刘恭闻言,吃了一惊,不知刘鲤为何突有此问;继而一想,知其必然听了他人挑拨;因自幼对其呵护惯了,又知其性拙朴且急躁,易于上小人之当。刘恭于是平静地说道:"你父之死,为赤眉谢禄所害,人所共知,长安旧宦皆可做证,贤弟一问便知。"刘鲤大声道:"我已经问过了,内情尽知。你为了保汝弟刘盆子之位,怕我父为旧部救出,夺汝弟刘盆子之位,乃与谢禄共谋,害死我父,然后又做罢鬼祟再装神,假装忠诚,欺世盗名。谁人不知!"刘恭想不到刘鲤说出这番话来,心如刀割,气得浑身发抖,竟然说不出话来。

刘鲤跃步上前,挥拳便打刘恭。他口中叫道:"今日我便打死你这伪君子,与我父报仇!"这时众位博士及诸皇子听到吵闹,都来劝止,把刘鲤拉开。刘鲤犹跳踉大骂刘恭伪君子,真小人,大奸似忠,嚷叫着非要打死刘恭为其父报仇不可。太子刘强道:"寿光侯刘鲤平日心性忠厚,必是中了邪祟得了失心疯,且把他拉到一边再说。"宗学祭酒、太子之师郅恽道:"平日刘鲤对宗正恭敬有加,今日忽然神色大变,必是受了小人调拨,听到了什么闲话。什么'杀父仇人''大奸似忠'绝非疯话。"再看刘恭气得昏厥过去,老泪纵横,只是不语。

东海公刘阳在旁冷眼旁观,听了郅恽之言,心有所悟,他对太子刘强说:"昨日温得殿为刘章大哥送行,众位弟兄都去了,唯有二哥刘辅与五弟刘英、寿光侯刘鲤三人没去,不知二哥和五弟是否知道刘鲤去了哪里?刘鲤往日对宗正礼敬有加,感恩戴德;事隔一日,态度天差地别,必是昨日听到了什么,不妨唤过二哥和五弟一问。"太子觉得有理,连忙唤来刘辅、刘英询问;二人支吾其词,都说不知。

东海公刘阳和太子又去询问刘鲤。东海公刘阳道:"更始蒙难之时,寿光侯何在?"刘鲤答道:"父皇随式侯刘恭前往赤眉军中议降,我和宫眷及随行宫人逃往高陵为右辅都尉严本所系。"东海公道:"更始皇帝遇难之日,寿光侯在何处?"刘鲤道:"在逃往武关道上。"东海公道:"可见汝父之死并非亲见了?"刘鲤答道:"半年后方才听说。"东海公道:"更始为谢禄所害,朝中无人不知。谢禄也亲口承认,凶手也曾招供画押在案。这桩公案大白天下,且时不太远;当事之人,可做证之人,在者远非一人。寿光侯如有疑问尽可明察暗访。但不知问了何人,一日之内,便知式侯刘恭为杀父仇人?"刘鲤低头不语,良久道:"天下人知情者虽多,但肯以实情相告者不多。"太子道:"肯以实情相告者为准?"刘鲤低头不语。

事情闹到这种地步,众博士及太子不得不上奏光武。光武大怒:"把寿光侯刘鲤逐出宗学,并令有司严查此事,务得幕后播弄是非之人。"刘恭向光武求情道:"刘鲤年幼,生性愚鲁狷急,极易为他人挑拨;念其少不更事,请准其在宗学读书,也免得再受小人教唆。不如待其稍长,令其就国,以彰皇上仁厚之德。"光武从其言,仍留刘鲤在宗学。

事过数日,便是中秋。宫外送入月饼数盒,光武分赐宗学授经博士及诸皇子、宗室子弟品尝。恰巧东海公刘阳奉诏前往云台,得到余下赏赐月饼。次日东海公回来,笑道:"昨日我在云台已经品尝过了,确实好吃。但美味不过食。况月饼乃应景之物,中秋已过,不必再食,赏给小黄门吃了吧。"在宗学为皇子们侍奉茶水,洒扫庭除的小黄门闻言大喜,便把月饼拿去,争着抢着,分而食之。楚公刘英平日和东海公刘阳最亲近,争着分一块吃;刚抢到手中,阴贵人的幼子,年方五岁的临淮公刘衡,来宗学玩耍,刘英把刚到手的月饼给刘衡。想不到,刘衡食下不久,便腹疼难忍,口吐白沫,倒在地上打起滚来。刘恭、刘阳大惊失色忙去传唤太医。太医一看,说是中了剧毒"五步断肠散",恐怕是没救了。片刻之间小皇子刘衡和三个小黄门便七窍流血暴亡。

光武得报,命人传问月饼自何宫而入,宫门太监报称月饼是长秋宫郭皇后所赐;询问郭后及宫中御膳房,皆言皇后从未赏赐宗学月饼。光武细看月饼式样,猛然想起和在阳安侯郭府所见真定王府贡献月饼式样一样,心中生疑,命人去宣召刘得、刘邵来见。有人来报:"二人并未在京。"宗学谒者秘奏传送月饼进宗学的太监口称是长秋宫内侍,但依稀认得仿佛是右翊公刘辅宫中太监。光武大怒,召右翊公刘辅询问。刘辅叩头不止,坚称毫不知情。光武传旨,把右翊公承福殿中大小太监一并拘拿,严刑拷问。

楚公刘英见关系重大,便把刘得在承福殿教唆刘鲤之事告诉了东海公刘阳。东海公刘阳叩头哀求光武道:"右翊公刘辅,纯良忠孝,兄友弟恭,断不会行此自残手足之事。衡弟已死,不能复生。所幸儿臣无恙,事涉骨肉手足,若穷追下去,必使朝野震惊;猜测纷纭,恐生前朝卫太子、孝宣帝之祸,骨肉相残,儿臣愚见,不如适可而止,息事宁人。"光武思忖良久道:"此人狼子野心,分明是欲害皇儿。既然皇儿这样说,且放一放再说。"光武于是下旨:"自今而后太子及东海公膳食由南宫御厨亲送亲尝,他人一概不准经手。"

光武接着降旨:赵侯刘栩、寿光侯刘鲤,年已及冠,命其择日就国,回封地去,不可羁留京师。刘恭得到消息,特意准备了一部《春秋》去为刘鲤送行,并想乘此机会给刘鲤作些解释,以解其误会。不想他方到刘鲤门口,便被刘鲤家中门客刺死。刘恭随身小厮乘乱逃出,急赴北军中侯校尉处告变。

越骑射声校尉营地,就在刘鲤宅第附近,闻报即到,刘鲤一家老小尽被擒获,很快案情告破。刺客原是右翊公刘辅刚刚送给刘鲤做贴身护卫的门客郭胜。再进一步追查,郭胜乃是真定王刘得的死士,是郭皇后娘家漆里旧宅看家护院的镖师。光武联想到长秋宫送月饼投毒之事,心生疑忌,命廷尉从严究治。事涉右翊公刘辅、楚公刘英及各皇子门客多人,众人被一并逮捕下狱。

郭后失宠,又加上投毒、刺杀刘恭之事,百口难辩。她奉旨迁出长秋宫,移居北宫延休殿,禁足思过。光武与阴贵人青梅竹马,患难相扶,本欲立阴贵人为后,但阴氏不肯。恰逢阴贵人之母邓氏及其幼弟阴䜣久居新野,光武命人迎邓太夫人及幼子阴䜣来京师,与贵人团聚,但途中为贼人所害,光武甚伤悼之,加上临淮公刘衡被毒夭亡,诸端相连,忍无可忍,乃诏大司空窦融道:"朕微贱之时,娶于阴氏,后将兵征伐,遂各别离,幸得安全俱脱虎口。以贵人有母仪天下之质,宜立为后,而固辞弗当,列于媵妾。朕嘉其义让许封诸弟。未及爵土,而遭横祸。母子同命,悯伤朕怀。小雅曰:'将恐将惧,惟予与汝。将安将乐,汝转弃予。'风人之诫,可不慎乎!今追谥贵人之父为宣恩哀侯,以贵人之弟嗣其封,其弟䜣封为宣义恭侯,使太中大夫拜授印绶,如在国列侯礼。魂而有灵,嘉其荣宠!"

光武紧接着废皇后郭氏,而立阴贵人。制曰:"皇后郭氏,怀执怨怼,数违教令,屡干朝政,不能抚循他子,训长异室。宫闱之内,若见鹰鹯。既无关睢之德,而有吕霍之风,岂可托以幼孤,恭承明祀。今遣大司徒戴涉、宗正刘吉持节,追缴皇后印绶。阴贵人乡里良家,归自微贱,自我不见,于今三年宜奉宗室为天下母。主者详案旧典,时上尊号。异常之事,非国家之福。一切从简,文武公卿不得上贺称庆。"

自宫学投毒、刘恭被刺之事之后,废后之事已成定局,三公九卿无敢谏者。唯太子之师郅恽谏道:"臣闻夫妇之好,父不能得之于子,况臣能得之于君乎?是以臣不敢妄言。郭后虽有所失,太子无辜。虽然,臣愿陛下念臣愚忠,进可否之计,无留孝武望子之憾,无令天下有议社稷而已。"光武道:"卿善恕己量主,知朕必不肯弃骨肉而轻社稷也。放心好了,胸前背后皆朕之肉,何处不疼?"郅恽叩头而退。

郭后被废,后宫易主,郭氏满门惶惶不安。数日之后,光武诏旨连下,赦免右翊公刘辅之罪,与诸皇子一并晋爵封中山王,以常山郡益中山国,封地之广为诸王之首;徙郭后为中山王太后,随中山王就国,以免后妃参拜不便。郭、阴两家,恩宠必渥,每事必均。郭后之弟郭况、与阴后之兄阴识、弟阴兴并赐特进、升迁大鸿胪,阳安侯封爵如旧,徙封大国。郭后从兄郭竟、从弟郭匡,同日封侯:郭竟封新郪侯,兼东海相;郭匡封发于侯,官太中大夫。连郭后的堂妹婿陈茂也沾光,封了南栾侯。其后,郭主病死,光武亲自临丧送葬,百官大会。迎郭后之父郭昌的尸骨棺郭与郭主合葬,谥曰思侯,荣宠自古罕见。经过这番安抚,郭氏一族感激涕零,朝局也安稳如常。有人猜想郭后虽废,但太子之位依旧,郭后说不定有朝一日仍会复位,重为六宫之主。郭况劝郭后道:"合族荣宠如此,复有何求,名利二字过眼云烟,争此虚名何益!吕、霍之家,贪心不足,致有灭族之祸,不可不鉴!"郭后道:"中山太后之号足以荣吾身矣,此生何求!"

阴后之兄阴识,定封原鹿侯,其兄阴兴,幼从光武征伐,平定郡国。每从光武出入,操持伞盖,为光武遮风避雨,赤脚践踏泥土,当先期门。光武所幸之处,必先入清宫,甚见亲幸。后来任侍中,爵关内侯。阴后正位中宫,当了皇后,光武欲加恩赏,置印绶于阴兴面前,阴兴叩头道:"臣不曾有攻城斩将之功,一家数人并蒙爵土,实为盈溢。今贵人初掌六宫,陛下恩泽至厚,皇恩浩荡,富贵已极,不可复加,不敢无功受禄。"光武嘉赏阴兴谦让,只得作罢。阴后闻之,问道:"皇上加恩封增,为何却让?"阴兴道:"《书》不云乎,'亢龙有悔'。前朝外戚之家,苦于不知谦退,嫁女欲配王侯;娶妇欲尚公主,臣心实不安也。富贵有极,人当知足,夸奢竞荣,易为世人所讥。我家与郭氏相比,有何不同? 郭后虽有失阃范,罪当废黜乎?"阴后不语。阴兴道:"我家出身寒微,历无公侯根基,三公九卿为奥援;郭氏亲眷,多公侯之族。皇上虑深思远,鉴于前朝吕、霍外戚干政之失,故防微杜渐,弭祸未萌耳。"阴后领首,故终身谦抑,不为亲友请托。

郭后既废,太子不安于位,战战惶惶,求计于老师。郅恽道:"自古子以母贵,母以子荣。太子不言,臣不便讲。太子既问,臣不得不直言相告。久处疑位,上违孝道,下危自身。高宗明君,吉甫贤臣,及有纤介嫌隙,放逐孝子。太子宜因左右及诸皇子及早引退,恳请奉养母氏,以明圣教,不背所生。"太子从之,光武留之再三,感其纯孝,准其所请,封其为东海王,立四子东海公为皇太子,改名刘庄。

为了庆贺新皇后及新太子的荣立,诸皇子跟着沾了喜气,水涨船高,一律晋爵为王。但仍是几家欢乐几家愁:三皇子刘荆,以嫡以长均在四皇子刘庄之前,屈居山阴王;楚王刘英因其生母许美人无宠,封地最小。二人因而对新任太子心怀忌妒,心中不满。

诸皇子年龄渐长,各自延揽宾客,招罗人才,竞相夸耀门客之众。因发生了刘鲤刺杀刘恭之事,牵连到中山王刘辅,被银铛入狱。光武重申"阿附蕃王法",诏令郡县收捕诸王宾客,牵连诛死者,数以千计。

马援的侄女婿王磐,字子石,乃王莽从兄平阿侯王仁之子,与儿子王肃财大气粗,素好结交权贵,奔走豪门。马援通过侄儿子严,和行军司马吕种,劝告王磐、王肃说:"王氏废姓之人,应该屏居自守,洁身远祸,不可张扬招摇,以免无妄之灾。"王家父子不听劝告,多次出入北宫及诸皇子府邸,果然被有司参奏"受诛之家,为诸王宾客,因事生乱,虑生贯高、任章之变"。贯高是西汉赵王张敖的门客,曾为张敖谋刺高祖刘邦;任章是西汉霍光的外甥,曾潜入昭帝庙中,欲刺杀宣帝。这样的罪名,王家父子如何担当得起? 有谁能保得下? 只好眼睁睁受池鱼之灾,死于狱中。这一招也确实厉害,从此诸皇子各循法度,再也不敢惹是生非了。

严子陵

待内宫事务整治就绪,光武降旨,让各郡国推举度田有功、治绩卓著官吏。被征召的有九真太守任延、南阳太守杜诗、会稽太守第五伦、九江太守宋均、弘农太守刘昆等人。光武于云台召对诸臣,他目示任延含笑问道:"卿年十二名显太学,通《五经》,贯'六艺'。九真蛮荒之地,如今人知礼义,物阜民丰。百姓生子皆以任为姓,这是为何?"任延对道:"盛名之下,其实难孚。九真地处蛮荒,骆越之民,无嫁娶礼法;男女各因淫好,山野苟合,无定配偶,故不识父子之姓,无夫妇之道。臣以为有伤风化,亦易生变乱。到任之后,严令男子二十五至五十,女子年十五至四十,以年龄相配,不得老少乱伦;特别贫困,无力行聘嫁娶的地方,长吏撙节薪俸助之。第一年同日嫁娶者二千余人。适逢天公作美,风调雨顺,五谷丰登,增添丁口近千人。百姓高兴,说道:'使我有子女者,太守也。'因而皆令姓任,实在蒙圣天子之福。"光武道:"率土之滨,莫非王臣,实赖良吏治之。卿为官一任,造福百代。命卿内迁武威太守,望善事上官,无失令名。"想不到任延叩头道:"臣闻忠臣不私,私臣不忠。履正奉公,人臣之节,上下结私,非社稷之福。陛下命臣善事上官,臣以为不可,不敢奉诏。"光武初时一愣,继而大笑道:"卿言是也,朕言有失。卿好自为之。"

光武接着又笑着对南阳太守杜诗说:"卿乃朕乡梓父母之官。家乡父老多言'前有邵父,后有杜母',朕当替父老敬杜母一杯。"杜诗连连叩首道:"父老抬爱,圣上谬赞,臣受之有愧。"光武道:"卿政简治平,口碑在道。省役爱民,又修治陂池,广拓田亩,抑强扶弱,诛暴立威,郡中赖以殷富。度田之后,租赋上计比年增益,朕岂有不知?即造做水排一事,用力少,见功多,百姓便之。早已传遍各郡,泽被天下。卿不必过谦。"

杜诗以无征伐之劳而久居帝乡大郡,他认为光武退功臣,百里进文吏,南阳四乡功臣甚多,恐遭猜忌,恳求避让道:"陛下亮成天工,克济大业,偃兵修文,将帅解甲归里者,比比皆是。海内合和,万世蒙福。臣本以史吏一介之材,遭逢至时,超受大恩,久窃禄位,令贤俊在外,功臣怀愠,诚惶诚恐。愿退大郡,受小职。乘臣年齿尚壮,力耐繁剧,以尽犬马之劳,虽边鄙不辞也。"光武笑道:"朕乡梓父老,借重之处正多,卿勿多请!"

杜诗归座,光武又举酒对第五伦道:"百里太守,牧马使君,今年会稽牛马肥壮乎?"第五伦叩头道:"托天子洪福,百姓家家六畜兴旺,牛肥马壮。"原来,第五伦为会稽太守,为官清廉,亲自铡草喂马,妻子下厨做饭。所得薪俸仅留一月之粮,余者皆周济贫民,被同僚讥为"牧马使君"。当地民俗,以牛祭神,百姓因此而贫,耕田无牛。况且巫者辄言,吃了祭神的牛肉,或不献祀而偷吃牛肉,必得暴病横死,且死前喉鸣如牛吼之声。百姓迷信,只有献牛于巫者,由巫者祭神之后,再卖给百姓,方可食用。第五伦到任以后,贴出告示,晓谕百姓:"巫祝有借鬼神之名,诈怖愚民者皆论死;有妄屠耕牛者,皆处刑罚。"一开始巫祝散布流言,百姓也害怕。第五伦杀了几个煽惑百姓的巫祝,这种歪风终于杀了下去。从此谣言止息,百姓以安。生产发展起来,百姓生活也日益提高,百姓于是称第五伦为"百里太守"——相传秦相百里奚曾在楚地为人养牛,"百里太守"也就是养牛太守。

最为有趣的要数弘农太守刘昆了。相传他在任江陵县令时,县城发生火灾,刘昆向火叩头,结果风息降雨,一场火灾化险为夷。他出任弘农太守,认真推行释奴令、度田法,为政清廉,崤山黾池一带的老虎"负子渡河",虎患消除。光武问他可有此事:"卿前在江陵反风灭火;后在弘农,虎北渡河。卿行何德政而感天神?"刘昆叩头道:"皆偶然耳。非臣之功。"众人皆笑其痴。光武叹道:"此长者之言也。忠厚之人,必行忠厚之政,朕知之矣。不欺即忠,史官把刘卿之言记入史册。"

座上王梁一直尴尬地坐在一边。原来河南太守欧阳歙调任后，王梁接任河南尹，他在度田中颇为卖力，考绩为上，本应升赏。但御史参奏，王梁欲效他郡兴修水利，开渠引谷水注入洛阳城下，既可浇灌田地，又可供人游赏，让渠水再东泄巩川。然人算不如天算，后来洛水改道，渠成而无水，成了一条干河，劳民伤财。王梁惭惧，上书乞骸骨，请求处分。光武笑道："君严将兵征伐，屡立战功，建议开渠，本欲为民兴利；渠成无水，劳民伤财，过不在卿，而在天时之变。百姓怨尤，言者弹劾，不为无因。君子成人之美，宥人之过，命卿调任济南太守吧。"王梁叩头谢恩。

云台召对已毕，光武独留任延、刘昆问道："朕之故人严光曾在任卿幕中，太原周党隐居弘农黾池，还有扶风人苏竟，二卿知其踪迹，为朝廷征之如何？"二人齐声道："此三人高风亮节，不欲入仕，恐不易征辟，臣当勉力为之。"光武道："有劳二卿了。"

数日之后，议郎刘龚上书道："苏竟先生已病逝于扶风家中，当年臣与邓仲况等人，蒙先生指点迷津幡然归降陛下，皆苏子之功。但苏子不愿居功，嘱我等不可为外人道。苏先生所著《记诲篇》及当年劝臣等归降陛下书信尚在，不敢让大贤遗墨，泯灭草莽，以欺陛下，一并奉献阙庭。"光武览奏，但见苏竟笔走龙蛇写道：

"人无愚智，莫不先避害，然后求利，先定志，然后求名。昔智果见智伯穷兵必亡，故隐名远逝；陈平知项籍为天所弃，故归心高祖，皆智者之为也。闻君前时屈节，北面君事延岑；君处阴中，士多贤士，若以须臾之间，研考异同，揆之图谶，测之人事，则得失利害，不待人言而自明，何自负叛乱之困，不弃守恶之名乎？世之俗儒末学，不明天时地利，去就不分，疑误视听。或谓天下迭兴，不知谁是，称兵据土，可图非分之想；或曰圣主未降，宜观时变，倚强附大，顾盼自守。二者之论，岂其然乎？夫孔子秘经，为汉赤制；玄机在内，文隐事明。火德承尧，虽昧必亮；承积世之祚，握无穷之符；王莽虽乘间篡窃，而终遭戮灭，非其效欤？皇天所以眷顾汉室子孙也。论者不本之于天，参之于圣，乱夫大道，岂可信哉？

"今五星失晷，天时谬错，辰星久而不效，太白出入过度，镇星绕带天街，岁星不舍氐房。夫房、心即宋之分野，东海是也。董宪称兵不降，渔阳彭宠作乱,王赫斯怒,名将出征,宪、宠授首。太白、辰星失度,或煌煌南北,或盈缩东西,皆大运荡除之祥,圣帝应符之兆也。贼臣乱子,意揣妄说,皆痴心妄想,不可为谬论所误也。

"五月甲申,天有白虹,自子至午,广可十丈,正临黎丘,此秦丰之都也。是时,月入于毕;毕宿为天网,主网罗无道之君。故武王将伐纣,上祭于毕,求助于天也。仲夏甲申,流星,出奎而西北行,至延岑营上,散为数百而殀。君中士民及延岑营中将士所共见也,是故延岑逃之武当以避祸也。天象兴汉,太平将至,子何执迷不悟也?图谶之占,天变之验,皆君所明。善恶之分,去就之决,不可不察。勿忽鄙言!"

光武读罢,慨然叹曰:"此大贤也,知阴阳之变,明天地之化,胸罗万象,神鬼莫测之机。功成不居,惜不永年,朕错失高贤矣!"命人重赏其后人,旌表乡里。

数日之后,刘昆依光武之命,送周党至京师礼贤馆。周党,字伯况,本是太原广武人,家资千金。周党少孤,家产为宗人所侵。他长大后讼至公堂,讨回家产,然后散于宗族,后入太学读书,攻读《春秋》。乡佐即原来侵占其产的宗人,当众羞辱周党;周党遂约以时日与乡佐决斗。周党年轻气盛,但尚未成人,为乡佐所伤。乡佐自知理屈,把周党背负家中养伤,抚之甚厚。周党伤好后,不辞而别,从此不再还乡。光武闻其贤名,三征三聘,周党不得已褐衣短裤,蓬头跣足,来见光武。

光武召见云台,周党伏而不谒,叩头道:"愿守所言,终老草莽。"众文武看不惯他那种桀骜不驯的样子,齐声参奏道:"率土之滨,莫非王土;普天之下,莫非王臣。皇上屡征不赴,至而无礼,宜治其罪。"博士范升道:"周党文不能讲经演义;武不能效命疆场为君致死,钓采华名,坐享三公之礼。臣愿与之坐云台君前,考试治国理民之道。若胜过微臣,臣立即避位让贤;若不如臣,请治其沽名钓誉,哗众取宠,希窃虚名,以求高位,欺妄不敬之罪。"光武道:"范卿不可如此。自古名王圣主,必有不宾之臣。伯夷、叔齐不食周粟;许由、务光不受禅让。人各有志,周党不受朕禄,亦其志焉,此乃贤士,赐帛四十匹,安车四马,送其还乡。"

刚送走了周党,公车令来报:严光到了。光武这几日军国大事缠身,把接待事务托付给司徒侯霸，侯霸命人把他安置在京师接待各国贵宾的驿馆，命太官朝夕进膳。因为匈奴犯边，交趾征则、征贰造反，朝堂百事纷纭，刘秀尚没有来得及亲自去看望他。

严光字子陵，又名严遵，会稽余姚人。前文说过，他不仅和光武帝是老同学，曾经共同游学长安太学，与侯霸也是老朋友。此人年少时便有盛名，心性高傲；光武登基之后，百务丛杂，一时把他忘了，征聘迟了，严光便更姓改名，隐身不见。光武曾命任延寻访其下落，不得其踪，于是命宫中丹青高手，描摹其形象，悬赏寻访。后来王梁到济南上任，打听到有一男子，披羊裘钓于泽中。他派人察访，颇像光武寻访之人。于是安车玄纁，凡三央请，才把他请到洛阳来。公车署害怕简慢了这位天子故友，就把他安排到北军护卫森严的豪华传舍。

侯霸分身不得，先派属吏侯子道带上自己的亲笔信前往传舍问候。谁知严光在床上箕踞而坐，抱膝读书，佯作不闻，旁若无人。侯子道忍不住了，他说道："司徒公闻严先生移玉京师，区区之怀，即欲亲诣驿馆造访，迫于典司，公务丛杂，分身不得。愿因日暮，请先生枉自屈驾，相聚叙旧。"说着把侯霸的书信呈上。严光匆匆一看，问道："君房素痴，如今当了司徒，位列三公，略有长进吧？"侯子道不悦道："司徒位列鼎足，调和阴阳，位极人臣，何可谓痴？"严光冷笑道："君房遣卿前来，曾有何言？"侯子道说："区区之意已在书信中矣，无非因公务繁忙，不能马上来看望故友，向先生致歉矣。"严光听了以后，哈哈笑道："卿言君房不痴，此非痴语也？天子降诏，公车特征，凡三往，我才勉强奉召而来。人主三请，尚且不见，当见人臣乎？"

侯子道面红耳赤，无言以对，知道严光确非等闲之辈，只好赔笑，求严光给侯霸写个回信，回去也好有个交待。严光道："久不操管，手不能书。这里有竹简，刀笔在，听吾口授，子可笔录。"严光于是随口说道："君房足下：位至鼎足，甚善。怀仁辅义天下悦，阿谀顺旨要领绝。"子道等候再书，严光已闭目假寐。子道嫌太简，请求再多写几句，严光不耐烦起来，冷笑道："集市上买菜耶？多也，少也，求增加也？"

侯霸得书，封奏光武。光武笑道："狂生故态也，君房不须计较。"光武即日车驾幸北军驿馆，亲自来看望严光。严光袒腹而卧，佯睡不起。光武走到床边,抚摸其腹道:"咄咄,子陵,不能开目一见乎?"严光不应,良久,乃睁开眼睛,熟视片刻道:"昔唐尧著德,巢父洗耳。士各有志,何至相逼乎?"光武道:"子陵不肯助朕治国理政也? 吾竟不能下汝也? 且息驿馆,朕择吉日请子入宫。"然后叹息登车而去。

数日后,光武亲自请严光入宫,但论旧时交谊,不及治平之事,相对累日。光武从容问严光道:"朕与昔日相比,何如?"严光笑道:"陛下差增于往日。"光武当日留严光宿于南宫,如太学读书时,共卧一榻。严光酣然入梦,足加光武腹上。明日,太史上奏,客星侵紫微垣,犯帝座,甚急,朝廷宜慎之。光武笑道:"不须惊疑,朕故友严子陵宿于宫中,与朕共卧耳。"临行,光武屏退左右,欲拜严光为太子师傅。严光婉辞道:"陛下若南阳田舍翁,为子延师,臣定不辞;臣之长在五经,不在治国平天下,故不敢接旨。陛下贵为天子,富有四海。这南宫唯缺一样东西,陛下永远难厌诸子之求。故天子治平难,齐家更难。臣无此术,陛下另谋高贤为上。"

光武手扶龙椅道:"此物只此一把,自古至今如此,非我家独缺。"严光道:"桓公霸主,九合诸侯,一匡天下,及殁,停尸在床,尸虫出户;始皇雄才,遗恨沙丘,扶苏不得其死。孝景戏言一句,致有七国之乱。故天子齐家难于治国。"光武道:"故人果不负朕。"又要拜严光为谏议大夫,严光不肯屈就,遂归耕于富春江。严光年八十而终,光武悼伤不已,诏下郡县赐钱百万,谷千斛。后人命名其垂钓处为"子陵滩"。

送别了严光,光武大会百官,商议为太子立傅之事。群臣见阴后新立,太子之舅阴识又刚被提拔为执金吾,难免承望揣测圣意,多人同时奏道:"执金吾、原鹿侯阴识为太子之舅,熟读经书,谙悉朝典,可为太傅。"

博士张佚越班而出,正色道:"敢问陛下,今日立太子为阴氏乎? 为天下乎? 若为阴氏,则原鹿侯当之无愧;若为天下,当用天下之贤才。"光武道:"好! 欲置太傅,自然是师傅太子,以为天下。有人道,宣元以降太傅多为舅氏,执金吾为何不可?"张佚回奏道:"孝宣、孝元年幼,几为奸人所害,故立舅氏为傅;今太子已长,且英睿天纵,皇上、皇后春秋鼎盛,安可与孝元同日而语?"光武道:"张卿所言极是,即以张卿为太傅吧。"张佚辞让道:"臣才疏学浅,不堪其任。"光武道:"卿能正朕之失,况太子乎?"即拜张佚为太子太傅,以桓荣为太子少傅，赐以缁车乘马。

太子立傅之事方定，司徒侯霸去世。汉之司徒，位列三公，颇似汉初之丞相，位高权重。光武征询诸臣意见，何人可以接替侯霸。邓禹、贾复等人皆道："扶阳侯、沛郡太守韩歆出身南阳名门，德才兼备，文武全才，堪当相任。"

光武因韩歆更始时曾任河内太守，迟迟不肯归降，对韩歆素有成见，且不欲功臣权事太重，便故作疑惑问道："韩歆曾出任仲华军师，随卿西征，朕也知其武略，其文采也出乎其类吗？"邓禹道："韩翁君通经史，对《费氏易》学尤为精湛，自从戎之后，兵事之余，喜读《左氏春秋》，手不释卷。"贾复也说："皇上忘了，当初设立《五经》博士，十四人中，清一色是今文经学名家，韩歆时任尚书令，是其力争，今文经学与古文经学不可独享殊荣，应两家并重，建议设置《费氏易》和《左传》两经博士。两派争执不下，直到日中，皇上才乾纲独断，命陈元为《春秋》《费氏易》两经博士。由此可见韩歆，精通经术。"光武笑道："朕倒是忘了。就命韩歆进京，接任大司徒吧。"

出宫之后，朱祐轻声对邓禹、贾复道："二位果真以为皇上不知韩翁君之才吗？"邓禹悚然道："仲先何不早言？"朱祐道："言与不言，没有多少区别。恩自上出，但愿韩翁君一改刚直之性，勿蹈伏湛、戴涉、欧阳歙覆辙。"邓禹、贾复听朱祐一说，不禁神色黯然，顿生悔意：以上三人都曾担任司徒，伏湛因事罢官，其余两人都获罪死于狱中了。

韩歆奉诏进京，光武召见于云台宫。韩歆道："司徒乃三公之首，朝廷股肱，臣自度德才鲜薄，恐负陛下厚望。"光武道："卿何自谦也？"韩歆道："知臣莫如陛下。臣任鼎足，有三不宜：司徒调和鼎鼐，燮理阴阳，臣天性愚憨，不能随方就圆；臣与陛下同在乡梓，先事更始，为河内太守，悔不能早日从龙；随前将军西征，襄赞戎机，不能运筹帷幄，屡失机宜。有此三者，恐上辜圣恩，下愧百僚吏庶。量才任使，乃君上之明；量力而行，不能者止，乃人臣之义。伏惟圣察！"光武道："朕用人不疑，卿勿多言，赴任去吧！"韩歆谢恩辞去。

光武欲削三公之权，事归台阁。诏令文牍，多有尚书台诸曹郎吏草拟书写，文笔常常不入光武法眼，被退还重写。一日朝会，光武训责尚书诸臣道：

"圣人云:质胜文也则野,文胜质也则史,文质彬彬,然后君子。朝廷诏令,万邦观瞻,焉可无文采耶?"他说着随手从御案上拿出当年公孙述、隗嚣的两封书信,传示群臣道:"成都、天水边鄙之地,公孙述、隗嚣偏安僭越之臣,书信文采斐然。惜乎!二人之才!"众臣无言以对。韩歆道:"子以四教:文行忠信。一能之长,各尽所能。文以载道,辞达而已。公孙述、隗嚣徒以浮言欺君,致陛下亲历戎行,三败陇坂,损兵折将,数伤心膂之臣。况桀纣皆有才,有何可惜之处!"光武勃然大怒道:"独司徒知文章优劣耶?朕不知桀纣之非耶?安敢妄自比附?"韩歆叩头请罪,光武拂衣退朝。

时过不久,怪星现于西南,会稽瘟疫流行,匈奴多次侵扰边郡。光武欲派兵征伐。韩歆道:"开春天象示警,怪星傥现,秋天会稽瘟疫流行。东郡亢旱三月,恐怕不久就会发生大饥荒。兵马未动,粮草先行。中原兵戈方息,府库钱粮空虚,不宜遽然兴兵。莫如固边防,谨烽燧,暂缓北征。"光武不悦道:"匈奴为祸已非一日,若不加兵征伐,是我大汉示弱于胡,其必肆无忌惮,后患无穷。荀子曰:'天行有常,不为尧存,不为桀亡。'星坠木鸣,怪星傥现,何代没有?无须大惊小怪。"韩歆道:"陛下即使不畏天象,亦不恤民瘼耶?会稽疾疫,亟待救治,东郡饥荒,亟须赈济。二者与边鄙御胡相比,何轻何重,宜有缓急先后之别。会稽、东郡救之则可安天下。望陛下思之!"

韩歆越说越激昂,刚直之性一时失控,朝堂之上指天画地,大声争辩起来。光武帝不禁大怒,拍案而起,厉声传唤殿前武士,把韩歆逐出宫门。次日降旨:"司徒韩歆,君前失仪,全无人臣之状。着即贬为庶民,罢职还乡。"

韩歆接旨,立即带领妻子老小离京。同僚臣属,皆因韩歆无罪被贬,感到惋惜,纷纷赶来送行。光武闻报益怒,立即又下了一道诏书:责问韩歆有无结党朋比情事。司隶校尉鲍永听到消息,连忙叩宫求见,为韩歆说情道:"韩歆素性刚直,触忤圣意,并无必死之罪。汉律旧例,贬谪之臣,返乡就道,不可再降旨追责。若再降圣旨追责,即逼其自裁。依韩歆刚烈之性,必死无疑,请陛下三思!"光武不语。果如鲍永所言,韩歆接到圣旨,仰天长叹道:"皇上果不谅我河内迟迟不降之过!"遂拔剑自刎。其子韩婴随侍在侧,不能劝止,挥泪道:"为臣尽忠,为子尽孝,死夫何恨!"也伏剑而死。

使者回京复旨,禀报韩歆父子自杀之事,满朝文武莫不哀惋叹息。光武心中愧疚，降旨命有司以大司徒之礼安葬韩歆，追赐钱粮，抚恤其家属。

前王磐、王肃父子及吕种因交接皇子，干扰度田诸事获罪，临刑嗟叹道："悔不听马文渊之言。"光武闻之，他问马援道："王氏父子及吕种临刑，皆言悔不听卿言。卿曾何言？"马援叩头道："臣以老子之言告之'知足不辱，知止不殆'，告其诸皇子皆已长大成人大防未立。以废姓之族，不宜交接王侯。惜其不听。"光武问道："何为大防？"马援道："君臣之别，谓之大防。太子与诸皇子，虽为兄弟，更是君臣。"光武叹道："一言兴邦，一言丧邦。彼若听卿之言，何来杀身之祸？朕亦甚悔当日杀守、相、士子之多也！"马援道："死得其罪，何多之有？但死者既往，不可复生也！"

光武知其意，笑道："卿言极是，朕当慎刑戮，免悔疚。"光武又问马援道："卿与河西世家多故旧，如窦、梁之族，子弟中可有俊彦后生？"马援不虞光武突兀有此一问，不得要领，不敢贸然做答。稍一思忖，马援答道："窦融、梁统皆忠信之臣，且家教甚严，子弟中定然不乏良器、美才。陛下何不问诸二人？"光武道："河西数郡全赖诸卿，欲选俊彦委为心腹。偶尔一问而已。"

不久，光武便把两个女儿嫁于梁统之子梁松、窦融的侄儿窦固。马援恍然大悟，当日光武问询之意。庆幸自己没有多言，也暗暗佩服光武帝王心计：与窦梁二家联姻，确实是安定河西五郡的巧计高招。

世上没有不透风的墙，窦融、梁统本来和马援是老朋友，得知事前光武曾经征询过马援的意见，以为儿子能够娶了公主，当上驸马是马援的撮合，心中自然感激，命梁松、窦固去拜望马援。马援以长者自居，对故友之子坦诚相待，他说道："良器美才，尚须多加磨砺，居高常思危，富贵常思贫。凡人富贵、尊荣时，应当能做卑微琐细之事，平易待人。如二卿如今骤贵，若欲常保富贵不衰，居高坚自持，勉思鄙人之言。"二人当面逊谢，出了马府相与说道："马翁倚老卖老，今日初见，竟如此教训，把你我天子乘龙快婿，当塾中蒙童，真是不知高低！"

卷六

星聚云台

交趾

数月之后,事情不幸为韩歆言中了。会稽瘟疫蔓延,东郡、长沙数郡发生了大饥荒。哀鸿遍野,饥民如潮。卷人——小矮人维汜,自称神仙下界,能呼风唤雨,驱除瘟疫,主人祸福,救人脱离苦难。生活在水深火热之中的人们都以为有了救星,纷纷投入其门下,很快就发展到弟子数千人。地方长吏发现其有揭竿举义之势,连忙弹压,驱散徒众,逮捕小矮人维汜及大弟子。维汜以妖言惑众、意图谋反罪被处死。其大弟子李广逃脱,继承维汜衣钵,宣称维汜未死,已经羽化成仙,自己尽得师父真传,能驱遣天兵天将,五丁神祇。李广聚众数千,攻破皖城,杀死皖侯刘闵,自称"南岳大师"。光武命谒者张宗将兵五千讨之,竟被杀得大败。光武又命马援发诸郡兵马万余征讨皖城。马援一鼓荡平,斩杀李广,平定了南岳之乱。

交趾女子征侧、征贰皆勇猛不让须眉。征侧嫁给朱鸢人诗索为妻。交趾太守苏定与诗索素有仇隙,公报私仇,假法律之名陷害诗索。征侧、征贰姐妹于是举旗造反,攻陷交趾,九真、日南、合浦蛮夷皆起兵响应,攻略岭南六十余城,征侧自立为王。羽檄边报雪片似飞奏京师,已经解甲的沙场宿将,见立功的机会到了,纷纷请战。好畤侯耿弇与其弟耿舒,杨虚侯马武等请战最切。其他年轻公侯子弟,皆欲借机建功立业,驸马梁松、窦固、司徒侯霸之子侯昱皆请到军前效力。光武道:"诸卿忠勇可嘉,朕已命将矣。"诸人惊问何人为将?几时出征?光武道:"马援南岳之乱已平,尚未班师。朕已玺书遥拜其为伏波将军；前竟陵侯刘隆因度田不实罢黜在家，封其为扶乐乡侯戴罪立功，以副马援；以楼船将军段志先行至合浦与之相会。诸卿不须多虑。"众人莫不怅然若失，心忌马援。

光武自有他的打算：诸功臣已经交出兵符，解甲归里，轻易不想让他们复出领兵；况耿弇弟兄多人封侯，各自都曾手绾兵符；马武勇猛有余，谋略不足，均不宜再挂帅出征；刘隆因度田获罪，光武心中不忍，必欲为其谋一复出立功的机会。刘秀故而乾纲独断，做出上述安排。况且万里南征，交趾蛮夷之地，非智勇兼备能够负重致远者不可。遍览诸将，马援最为合适。

京师春残花谢，夏日方至；南方已是溽热难耐，瘴烟疫气炽盛。大军进至合浦，楼船将军段志身染疾疫，不治身亡，可谓出师不利。光武降旨，命马援兼领其兵。马援知光武之意，遂与刘隆商议道："扶乐侯曾经屯田武当，为南郡太守，谙习水军；楼船将军病故，请将军统帅水军，带楼船涉鲸波，沿海而进；马某率大军自陆路缘山修道与将军并进，会师糜泠如何？"刘隆道："愿遵将军之命。"马援于是亲率将士翻越十万大山，披荆斩棘，砍伐树木、填平沟壑，逢山开路，遇水搭桥，修栈道，攀悬崖，艰难东进。将士因疾疫、坠崖而死者接连不断。

马援于山中偶见百姓身材瘦小，皮肤黧黑，但或担或负，翻山越涧，如履平地，精神健硕，不禁心生奇疑。他扮作商贾，暗中察访。在一向阳龛岩处，忽见炊烟袅袅。他循烟而至，却见一老者身形佝偻，须发如银，正在烧薪为炊。马援从怀中掏出五铢钱十枚，送与老者道："我乃益州商贾，欲往交趾贩茶，不觉山中迷路，十日不得出山。同行数人皆因呼吸山中瘴烟疫气，致病身亡。今见老丈须发如银，天天就居住这山中，为何不怕瘴烟所侵，身健神旺？"老者道："越人世居山中，从小就在这瘴烟中过日子，久而久之，自然习以为常了；此外，交趾盛产薏苡，其实避瘴祛疫，可以为粥为饵，日日食之，轻身省欲，以胜瘴疫之邪。"马援道："益州巴山蜀中，皆有此物，不知可否？"老者道："各地之薏苡，皆不如交趾所出，实大味甘，功效最佳。"马援大喜，告别老翁回营，遂命将士扮作商人四处收购薏苡，命军中三餐，以薏苡为粥。不料此物果然疗效神奇，军中因中瘴烟之毒、疾疫而死者日渐减少。次年春，汉军水陆两路，相会浪泊。

征侧、征贰倾兵出都城卷泠城，与汉兵交战。战至午时，两军胶着；刘隆率水军登陆，袭叛军之后，征侧、征贰大败，部众四散奔逃。汉军大获全胜，斩首数千级，降者万余人。刘隆率部追其余党，马援率众攻破卷泠。征侧、征贰逃入山中金溪洞穴。交趾之山多溶洞，辄可藏兵数百千人不等。金溪洞内可为官室，广可容纳万人。马援先用熏烟之法，一一攻破金溪四周小洞，逼其众尽入金溪洞中，然后层层包围金溪，遍寻孔穴，断其水源、粮食，塞其通风相连之处。征侧、征贰不得不冒死出战。马援命刘隆埋伏人马于山阴谷口；征侧、征贰姐妹分兵突围，征侧出洞即被擒获，其先锋大将都羊破围而逃；征贰被刘隆生擒。马援把征氏姐妹斩于军前，然后传首洛阳，红旗告捷。

光武闻捷大喜，封马援新息侯，食邑三千户；封刘隆长平侯，尽撤先前处分。马援乃击牛酾酒，犒赏三军。酒至三巡，微有醉意，乃从容与刘隆及部下诸将道："吾从弟少游常感叹我慷慨多大志，衣食过俭苦，劝吾道'人生一世但求食、衣丰足，出乘下泽车、驭老马缓行；或为郡县掾吏，守祖宗坟墓，老少相聚，乡里称善即可，何必自寻辛苦'。当与诸卿在浪泊、金溪之时，强虏未灭，下潦上雾，瘴毒之气熏蒸，仰视飞鸟颤颤悠悠坠入深渊。卧念吾弟少游相劝之语，凄怆满怀，何可得也！今赖诸卿之力，大功克就，皇恩优渥，各位佩金衣紫，且喜且感！"言罢，热泪纵横。众人皆感愤齐呼："微将军之谋，安有今日！"

马援安抚交趾已定，立铜柱三丈余，以为大汉边界，然后率楼船两千余艘，将士两万余人追击征侧、征贰余党都羊等人，自无功至居风，连战凯捷，斩获五千余人，岭南悉平。马援所过之处，辄为郡县修缮整治城郭，穿渠灌溉，兴修水利，以安其民。马援上奏光武称当地越民法律与大汉律法相悖者十余事，请依汉律治民。光武允准，然后与骆越之民申明律法，以约束之。自此而后，交趾诸郡皆依马伏波之命，奉行汉法。马援又奏报交趾西于县有三万两千户，远界距县城西于千余里，请分为封侯、望海二县，以便治理。光武一一准奏，命其班师还朝。

时京师洛阳歌舞升平，官宦子弟豪奢竞逐，各为党伙。马援鉴于王磐、王肃父子之祸，生怕子侄辈惹是生非。班师之前，马援致书给侄儿马严、马敦等辈，再加训诫。书曰：

吾欲汝曹闻人过失，如闻父母之名，耳可得闻，口不得言也。好议论他人长短，妄是非政法，此吾所大恶也。宁死不愿子孙有此行也。汝曹知吾恶之甚矣，所以复言者，施衿结褵，申父母之诫，欲使汝曹不忘耳。龙伯高敦厚，故慎口不言人过，谦约节俭，廉公有威，吾爱之重之，愿汝曹效之。杜季良豪侠好义，忧人之忧，乐人之乐，清浊无所失，父丧致客，数郡毕至，吾爱之重之，却不愿汝曹效之也。效伯高不得，犹为谨敕之士；所谓刻鹄不成尚类鹜者也。效季良不得，沦为天下轻薄子弟，所谓画虎不成反类狗者也。今季良尚未可知，郡将下车辄切齿，州郡以为言，吾常为寒心，是以不愿子孙效也。

龙伯高，名述，字伯高；杜季良，名保，字季良，皆京兆人，是马援的同乡老友。杜季良为人豪侠仗义，名重一方，但善恶分明，树大招风，地方长官忌惮其声望，到任之后，去看望他，没有得到希望得到的礼遇；事后又听说，杜季良的座上客，时常议论其治政得失，因而心中怀恨。马严、马敦也好朋好友，结交豪侠，并喜讥议时政。二人与杜季良都有些来往，故而马援提醒告诫。杜季良为越骑司马，秩千石，也算个不大不小的官吏，平日和驸马梁松、窦固友善。杜季良与其上司北军司马有隙，常欲顷陷季良，但碍于梁松、窦固情面不好下手。

马援知交趾薏苡为健身良药，欲在家乡种之。他临行购得薏苡千斤，装船运回。将士及水师不知，多以为是交趾珍宝，合浦明珠。马援好骑射，爱马成癖，善别名马，喜伯乐之术。他在交趾山洞中得骆越铜鼓数只。"铜鼓"并非乐器锣鼓之鼓，乃是贮存珍贵之物的器物。马援请能工巧匠，把铜熔冶，铸成马的式样，献于光武，上表曰：

"夫行天莫如龙，行地莫如马。马者甲兵之本，国之大用。安宁则以别尊卑之序，有变则以济远近之难。昔有骐骥，一日千里；伯乐见之，昭然不惑。近世有西河子舆，亦明相马之法。子舆传西河仪长儒，长儒传茂陵丁君都，君都传成纪杨子阿，臣援师事杨子阿，受相马骨法。考之于实，辄有验效。臣愚以为传闻不如亲见，视影不如察形。今欲形之于生马，则骨法难备具，又不能传之于后。孝武皇帝时，善相马者东门京，铸作铜马法献之，有诏立之于鲁班门外,则更名鲁班门为金马门。臣谨依仪氏耳鼻、中帛氏口齿,谢氏唇髯,丁氏身中,此数字骨相以为法。"

马高三尺四寸,围四尺五寸。光武见之大喜,降旨置于宣德殿下,以为名马范例。故宣德殿亦为金马殿。外人不知,讹传马援自交趾得金马献之。众臣忌马援者益盛。建武二十年秋,马援振旅回还洛阳。光武赐马援兵车一乘,朝见位列九卿。马援入朝谢恩毕,文武故旧多来贺。平陵人孟冀,以智计闻名,与马援为故交,也随声附和相贺。

众人散去,马援责备孟冀道:"吾与子为故友,非泛泛之交也。吾望子有善言教我,奈何与众人同声邪? 昔伏波将军路博德开置九郡,才封数百户。今我微劳,枉封大郡,功薄赏厚,岂能心安理得,何以长久? 先生有以教我?"孟冀说:"愚智不及此,料皇上尚有厚望于君邪?"马援思忖良久道:"方今匈奴、乌桓尚扰北边,吾欲向皇上请缨,自请击之。男儿要当死于边野,以马革裹尸还葬耳,何能卧床上病死儿女手中邪?"孟冀道:"公为烈士,欲酬皇上厚恩,当如此矣。"

时逢匈奴、乌桓寇扰扶风,三辅惊动。马援以家乡扶风,守护乡梓,义不容辞;况皇家园陵危逼,人臣不能安坐,请旨出征。光武许之,命其择吉出征。马援以九月还京,十二月出屯襄国。王、公亲贵皆欲令子弟立功异域,多所请托。马援知道这些人从军,并非真的是要为国家出力,而是把从军当作进身之梯;文不能出谋划策,武不能上阵杀敌。而且最难相处,只会碍手碍脚,左右掣肘,故多被马援一一回绝。一日马援身染微恙,于陵侯侯昱、窦友之子窦固皆来看望,他们婉转陈情道:"我等正当盛年,血气方刚,欲为国家建功业于边鄙,以追先贤之后。家君亦有此意,特命晚辈拜谒。"马援道:"公等非布衣子弟,从军只需营中列名罢了。卿相之后,国家栋梁,且爵高位显,不得圣命,恐怕无人敢轻易答应;兵凶战危,刀剑无眼,马某岂敢不为国家惜才? 若公立意从军,最好入宫讨得圣命,马某焉有不准之理?"二人怏怏而退。

二人刚走,黄门郎、驸马梁松前来探望,独拜床下,马援佯作不知。梁松道:"闻叔父即将出征,愿为幕中掾吏。"马援佯睡不答,梁松惭然而退。马援诸子侄在左右侍疾,送梁松走后,众子侄皆道:"梁伯逊乃皇上乘龙娇客,贵为驸马,朝廷贵重;公卿以下,莫不惮之。大人何独不为礼?"马援道:"梁松来意名为探病,实为求荐,我当如何作答? 侯昱、窦固何人不贵? 厚此而薄彼,益为不当。况我乃松父梁统之友。礼云:见父之执友,不谓之进不敢进;不谓之退,不敢退;不问不敢对。松自以为身份骄贵,私讨军职,我如何应答? 彼虽贵,安得失长幼之序?"马严叹道:"宁可得罪君子,不能得罪小人。梁松挟贵而骄,绝非君子。从此必衔恨叔父矣。"马援不语。

谒者令杜愔来了,众子侄退出。二人是多年的老朋友,杜愔问道:"出师在即,伏波身染贵恙,圣上甚为挂怀,特命在下探看。将军眉宇不展,必有烦难之事。为何烦难,可否由在下转奏皇上?"马援道:"并无烦难,不敢惊动圣听。吾受厚恩,年齿迫余,日少一日。常恐不得报国而死,有负圣恩。但畏王公贵戚子弟,或在左右,或与从事,殊难周全,心常战战兢兢,独忧此事。"杜愔道:"皇上之意,公心知肚明。诸功臣皆解甲归第,公何不急流勇退?"马援道:"退与不退,皆由皇上做主,岂臣下事邪? 当此用人之际,皇恩优渥之时,岂宜退哉?"杜愔领首称是。

匈奴、乌桓、鲜卑联兵入侵。乌桓侵扰代郡以东,早晨从军中帐篷上马出发,傍晚即达汉边五郡城下,抢掠财帛、粮食、珍宝、妇女,然后饱掠而去。代郡以东郡县惨遭破坏,民不聊生,四处流亡,边境萧条,不见人烟。马援将兵三千骑,出高柳,行雁门、代郡、上谷各处边塞要地。乌桓探马侦骑,闻伏波军至,四散远扬。马援无所斩获,和谒者杜愔分别修城堡,抚流亡,设置郡县守、令。乌桓部聚居塞外白山深处,马援复率骑兵追袭。山深林密,马援不敢轻进,无功而返。

马援子侄众多,自接训诫之书,人人谨慎,或耕或读;或学文或习武,极少与亲贵子弟游戏征逐,为士林称赞。不少世家暗中打听马氏家教之秘。马家上下百口,马援千里修书教诫子侄之事,不免流传于外。北军司马上书,弹劾越骑司马杜季良"为行浮薄,沽名钓誉,乱群惑众"。光武最忌吏民聚众结党滋事,下旨把杜季良撤职严办。

杜季良与梁松、窦固交厚。杜家人重金请托梁松、窦固援手。梁松、窦固二人暗中指使朝臣为杜季良开脱,说杜季良"轻财好义,扶危济困,实乃为朝廷养民,无过有功,而北军司马素于季良有隙,挟嫌妄奏"。北军司马为证明自己并非妄奏,乃援引马援万里修书教诫子侄为证,说道:"伏波将军以治家严谨闻名天下,万里修书以诫兄子;而梁松、窦固与杜季良交结,将煽其轻伪,败乱诸夏,祸及朝廷。"光武闻之大怒,立即召梁松、窦固入宫,责问其事;同时命马援之侄马严、马敦把马援的家书承送御览。

光武看罢马援家书,慨然兴叹道:"伏波谈兵每与朕合,且治家有方也!"他把家书交梁松、窦固口诵百遍。梁松、窦固叩头流血,连声认罪。光武道:"不望汝二人为鹄为虎,只要不为人指为浮良轻薄子弟就好!"二人抱头鼠窜急忙退出宫去,心中则恨马援入骨髓矣。

杜季良为此丢官,其党尽归怨于马援。龙伯高却因此得意外之喜:由原职七品山都县令,越级提拔为零陵太守。

马援北征乌桓,虽无大功,但安边抚民,不无微劳。马援回朝见驾谢恩,光武召见于云台,未问胜否,也未问兵备边防、城堡设施、百姓生产、生活诸事,劈头问道:"闻卿治家有方,可否告朕以齐家之术?"马援愕然,略一忖度,答道:"臣有三兄,故子侄辈甚众。臣将兵在外,疏于教诲。唯望其成为敦厚谨敕之士,安善奉法良民。父慈子孝,兄友弟恭。在家为孝子,事君为忠臣,并无抑扬他人之意。但臣昧于知己,更难知人,书信中议及龙伯高、杜季良之事,殊为不当。听说因此事涉及朝廷争讼,干扰陛下万机庙谟,请皇上治臣妄言之罪。"说罢叩头不止。

光武笑道:"卿有何错?书信中无一离经叛道、诬妄狂悖之语。言者无心,闻者有意,借卿之言,以为刀剑弓矢罢了。卿言'易于知人,昧于知己',何人不是如此?卿之本意,不欲让子侄议人之长短、政事之得失;不知不觉却自己品评起他人来,此殊有失。"马援满面羞惭,唯有叩头而已。

马援云台召对出宫,恰巧遇见梁松;二人心有嫌隙,难免面色尴尬。勉强搭讪数语,梁松见马援额头有汗,两颊羞赧,猜其必是在光武面前又说了自己的坏话。见马援匆匆出宫的背影,梁松狠狠吐了一口唾沫。

马援回到家里,子侄们都来问安。马援心中不快,借口劳乏,命众人退去,独留主持家政的马严问话。提及家书之事,马严道:"自得叔父家书,弟兄们无不懔遵。不知皇上怎么得知叔父有此家书寄回,命孩儿呈送御览,竟然惹出许多事端来。"马援叹道:"木秀于林,风必摧之。树大招风,传喻家中子弟，不准再提此事，诸事唯谨，少与他人龃龉。"马严道："不知为何，近日京师流言颇多，捕风捉影，尽道叔父自交趾班师，车载船装，运回明珠、文犀无数。孩儿惊骇，欲请人驳之，消弭流言。"马援叹道："汝有几只手，能尽掩悠悠众口？流言止于智者，欲盖弥彰，反而显得我马家情怯心虚了。"马严道："皇上偃武修文，诸功臣皆功成身退，安归乡里。叔父年满花甲，何不早上表章，乞骸骨解甲归里，举家和熙，安享天伦？"

马援道："汝以为叔父老马恋栈邪？人臣以身许国，食君俸禄，进止安能自专邪？乞退也要看时机是否相宜。建武十三年巴蜀归汉，山河一统。皇上以为从此可以刀枪入库，马放南山，铸剑为犁，永享太平。于是偃武修文，退功臣而进文吏。邓仲华、贾君文、耿伯昭相率交大将军印，释兵符，解甲归第，此上意也，诸将随之。皇上知叔父不贪权位，唯留我为将，镇守三辅。后征交趾，请缨之将多矣，皇上不欲解甲之将重掌兵符，命我南征。当此流言渐起，身处畏疑之时，又当国家用兵之际，叔父欲退可乎？唯有以进为退，以观皇上之意。三世为将，道家所忌，唯有听天由命罢了！"

五陵有五溪，即雄溪、横溪、西溪、潕溪、辰溪，在崇山峻岭，群山万壑间，为蛮夷所居之地。地虽归汉，民多未服汉化，既不交粮，也不纳税，还不断侵扰郡县。建武二十三年，五溪蛮夷首领单程叛乱，侵扰五陵、临沅等地。光武降旨，命镇守川黔一带的武威将军刘尚带兵征剿。刘尚因随吴汉平定巴蜀，焚略过度，受到责罚，没有升迁，一直立功心切，奉旨之后，格外卖力，鼓勇奋进，势如破竹。单程带领蛮军一触即溃，作鸟兽散。

刘尚以为蛮兵不堪一击，穷追不舍，急于扫穴犁庭，把五溪之蛮一鼓荡平。不想这正是单程的饵兵诱敌之计，不知不觉进入五溪腹地，崇山峻岭，丛山密林间。山路崎岖，越走越险，沟壑迂回，烟雾蒸腾。时值建武二十四年春季，梅雨初至，瘴气方炽，将士经不住瘴烟疫气熏蒸，多得疾病，不堪其苦，精疲力竭。刘尚至此，知道中计，慌忙退兵，为时已晚。单程带兵从丛林洞穴中杀出，神出鬼没，或夜出袭扰，或顺风纵火施烟。刘尚疲敝之卒，难以抵敌。被蛮兵围困起来，左冲右突，难以破围而出。最终力战身亡，全军覆灭。单程率得胜之众，进击临沅。临沅县令飞章告急，陈奏刘尚全军覆灭情形。光武急命中山太守、全椒侯马成，谒者令李嵩率兵出征，驰救临沅。但马成、李嵩到了临沅,单程率众安然退去。马成、李嵩跟踪追击,却又被单程处处设伏,损兵折将。鉴于刘尚全军覆没的教训,马成、李嵩不敢冒进,只好退守临沅。蛮夷之兵,则又把临沅围困起来。马成无奈,只好上表向朝廷求救。

马援之死

　　光武接到马成、李嵩的求救文书,忙召三公九卿与满朝文武集议。时大司马吴汉新丧,由骠骑大将军刘隆代掌大司马印,请命出征。光武道:"司马掌朝廷兵事,不可轻离枢机。一旦远出,边关若有警急,如何是好?"执金吾阴兴,乃阴后之弟。吴汉病故,光武曾有意让其代掌司马之印。阴兴叩头坚辞道:"臣不敢惜身,但实非大将之材,诚不敢苟冒以损圣德。"今见五溪忧急,乃请缨道:"臣请往救临沅。"光武道:"冲锋陷阵卿可,此征五溪蛮夷,非如广平侯吴汉辈力耐繁剧,负重致远者不可。"好畤侯耿弇力荐其弟耿舒;杨虚侯马武,中郎将刘匡、孙永、侯昱等皆愿往。光武沉吟道:"诸卿忠勇可嘉,待朕熟筹之。三日后再议。"

　　一连三日,请缨之将虽多,但帅位未定,公卿多所猜疑。高密侯邓禹,好畤侯耿弇,鬲侯朱祐知其意,具道:"伏波年逾花甲,新自襄国还朝,恐不宜远征。"光武道:"五溪虽小,但蛮荒瘴烟之地,非力耐烦剧者,难胜其任;刘尚、马武皆善战之将,所缺者,事功心切,不能负重致远耳。马援正有此长。"正议间,马援请见。光武笑道:"帅印有主了!"马援入见,叩头道:"朝议三日,请战之将数十员,陛下举棋不定。皇上心中若无可将之人,老臣愿往。"光武故作迟疑道:"卿老矣,不忍命卿远行。"马援道:"廉颇年逾古稀,尚能将兵,臣六十有二,岂敢曰老。"说罢命左右牵过马来,披挂齐整,据鞍上马,顾盼自雄。光武拊掌道:"矍铄哉是翁,乃大汉之廉颇也!"于是命马援挂帅,将中郎

628

将马武、耿舒、刘匡、孙永等带领马步兵丁四万,远征五溪。

杨虚侯马武,功臣之中以资历论几乎无人可比,自光武起兵即相从,且为昆阳之战,与光武突围求援共破王邑王寻的十三勇士之一;但以功论位在众人之后,心中常怫郁不乐。马武后来将兵北屯下曲阳御匈奴,又因擅杀军吏,削爵五百户,追交上将军印,留京奉朝请,为中郎将,急于建功雪耻;牟平侯耿舒,乃好畤侯耿弇三弟,勇于任事,多智谋,急于独当一面,建殊勋,像乃兄一样为耿氏锦上添花。二人皆有挂帅之意,但光武偏偏让马援执掌帅印,命他们在其麾下听从调遣,心中难免不服。无奈圣命难违,一路上不断与马援龃龉。马援知二人心中不服,处处容让。

次年春,兵至武陵临乡,探马报道单程正率兵攻城,马援欲诸将合兵围之,诸将不能如期齐至。马援只能带领本部人马迎击,虽破蛮兵,斩获二千余人,但余众多半散入山林之中。马援军次下隽,有两道可入武陵:沅陵东边,有山与东海方壶山形状相似,当地百姓相传多见神仙游集,故名为壶头山。从壶头山翻山而过,出奇制胜,攻敌不备,路近而水险。另一路绕道充县,路远而平。中郎将耿舒以为不如绕道充县北下,分路合围武陵。马援以为兵贵神速,不如翻越壶头山,直趋武陵。耿舒道:"兵法云:'天时不如地利,地利不如人和。'今蛮夷占尽天时、地利、人和,我若翻山履险,夷兵先得地形之利,山漳、洞穴、丛林皆可藏身,处处伏兵,凭险而战,必蹈刘尚覆辙。"

马援道:"兵行诡道,出奇方能制胜。夷兵新败,我军紧随其后,蹑踪而行,是山形、洞穴、丛林之险几与其共有;兵贵神速,其计谋不及施,伏兵不能发,我已至矣。若绕远充县,师行数百里,我军行踪,尽在蛮夷掌握之中,其以逸待劳,定谋设计隐兵设伏,从容裕如。我每进一步,必入其彀中。看似易而实则难;看似平稳,而实则危机重重。且旷日持久,耗费粮饷,实非上策。"将帅各执一词,相持难下,马武力挺耿舒;刘匡、孙永持中不言。马援无奈,把两种方略写成奏章,飞马直奏光武。光武览奏道:"伏波用兵每与朕合,依伏波之计进兵。"

奏章诏书往还,一月有余。待诏书到达军中,已是阳春三月,时易势移,兵形如水,已多变矣。马援叹道:"本欲出其不意,攻其不备。今夷兵已处处设防以待,况雨季来临,溪水涨溢,瘴烟日盛,不可贸然轻进,只能稳扎稳打,步步为营了。"耿舒、马武反唇相讥道:"伏波前言兵贵神速,力主急进;今日为何反倒畏葸不前邪?"马援道:"二位都是百战沙场之人,'兵无常势,水无常形'的道理不懂吗?今日之天时、地利与一月前可同日而语吗?"二将冷笑而退。

次日,马援集众将宣读光武诏令道:"王命难违,即日进军壶头山。唯今日情势与前大不相同,各营均不得贪功冒进。蛮夷已据高扼险,尽占地形之利,我若强攻,必多折损。知己知彼,方能百战不殆。蛮夷虽得地利,但高险之处转运艰难,粮秣必缺;我军只宜紧扼入山之要道,待其粮尽,破之不难。各位将军务必谨遵号令,违令者有圣命在,绝不姑惜。"马援各部于是进军壶头山。

壶头山山高千仞,纵横数百里,是武陵第一险要处。水流湍急,疾若奔马,汉军逆流而进,舟船难上。马援命士卒沿江背纤,牵引攀援而进;每至一关隘之处,即留兵把守层层推进,把夷兵所据高峰洞穴,包围起来。围而不攻,数日后夷兵粮尽,果然弃守,破围而逃,马援趁势追杀,夺取其险。然后据其险,安营养士;待将士养精蓄锐,体力恢复,继续前进。这样步步为营,进军难免迟缓。不知不觉炎夏到来,武陵山中暑气逼人,溽热难耐,士卒多疾疫而死。马援毕竟是年逾花甲之人,也不幸身染疾病,困于山中。为避暑热,马援乃命士卒穿岸为室,凿崖为洞,以避暑热。单程见马援不进,乃命士卒登高鼓噪,袭扰汉兵。马援每闻蛮兵鼓噪,乃抱病强起,拄戈曳足,出洞观之,部下之将莫不感其坚毅,为之流泪。

马援知其病已入膏肓,乃召谒者、监军宋均及子侄廖、访诸人近前嘱托道:"吾自料不久人世。大丈夫以身许国,早把生死置之度外。我知牟平、杨虚二侯早已衔怨于我,不日朝廷将派人来军中。五溪蛮夷叛而复平,平而复叛,已非一日;故剿不如抚,攻寨不如攻心。我死之后,无论何人接掌帅印,已定之计不可更改。我料蛮夷粮秣将尽,已成强弩之末。可命人佯作洛阳援兵大至,盛张旗鼓,动摇其志,而后命人招抚,大功可成。然后结以恩义,设置长吏,以安地方。"众人皆泣难成声,应命而行。

牟平侯耿舒恨马援不用其计,杨虚侯马武忌马援得光武信重,后来居上。两人乃暗中上疏谮毁马援。耿舒与其兄好畤侯致书说道:

"前舒上书当先击充县，粮虽难运，而兵马得用，将士数万争先奋勇。今兵阻壶头，竟不得进，众将怫郁将死，诚可痛惜。前到临乡，贼无故自至，若夜击之，穷追猛打，即可殄灭。伏波用兵，如西域贾胡，见利辄止。以是坐失良机，今遭疾疫，皆如弟所言。"

耿弇得书，上奏光武。光武览之，乃使虎贲中郎将梁松乘驿责问马援，因代监其事。梁松至军中，马援已经病故。梁松心中怀恨马援已久，遂与耿舒、马武辈计议上书，构陷马援玩寇不进，坐失戎机。光武大怒，命收缴马援新息侯印绶，代掌兵符。

马援部将宋均等人，依照马援遗命，一面紧扼各处粮道，一面虚张声势，宣称洛阳援兵十万，不日将至。单程粮草已尽，闻之大惊，遂命人乞降。宋均不经梁松等核准，便收降五陵蛮夷，然后飞骑向光武告捷，自请矫制之罪："虎豹在山，鼋鼍在水，各有所托。今为民害，咎在残吏，而勤师张捕，非忧恤之本也。其务退奸贪，思进忠善，安抚百姓，地方自安。"宋均并言皆遵伏波遗策，功不可没。宋均的捷报晚梁松奏章三日进京，马援削爵夺印的圣旨已下。光武委决不下，降旨封宋均为九江太守，而马援子侄一无封赏。

梁松、耿舒、马武等人不安，生怕光武降责。三人乃相与议道："前云马援贻误戎机，不意竟成大功，反似我等忌功构陷，陛下若责怪如何是好？"于陵侯侯昱与黄门郎、驸马窦固道："三辅盛传马援前征交趾，班师之时车船运回珍珠文犀无数。及春，闻朝廷将要抄查，慌忙埋入土中，只此一罪死有余辜矣。"数人于是交章参奏，言之凿凿，说马援载宝还家，确有其事。光武因五溪平定，本欲赦马援之罪，复马援侯爵，见此表章，怒上加怒，欲穷追其事。

马援妻子不知马援身犯何罪，惹得天子震怒，上下惶惧。马敦、马廖、马访扶柩还乡，马夫人道："汝父何罪，罹此弥天之祸？"三人皆不知所以。马夫人与众子侄道："汝父若果有弥天之罪，入葬祖茔，必累及先人尸骨，不如另选一地草葬，待水落石出，迁葬不迟。"马家于是买城西荒田数亩，把马援尸骸，草草安葬，宾客故人，没有一人来吊丧。事毕，马夫人命马严唤子侄齐至堂前，她说道："大人生前忠恕仁孝，廉洁方正，公而忘私，国而忘家，马革裹尸还乡，身蒙不白之冤。为妻为子能靦颜苟活于世乎！汝等八岁以上者皆自械手足，随我诣阙请罪，可有怨乎？"众子弟皆叩头道："唯夫人之命是从。

只是夫人年事已高，安能忍受此等颠扑之苦？儿等愿负母亲至宫门！"马夫人不允。众子弟于是草索相连，合家百余口，迤逦赴京，宫门请罪。洛阳内外、朝野上下于是轰动起来。

光武得报，慌忙命人为马夫人释去绳索，宣召入宫见驾。他从御案上取出梁松、马武等人的奏章交与马夫人过目。马夫人一看，方知就里，她叩头道："罪臣马援奉旨南征，与家人诀曰：受命不辞，敌破而后言返，将之礼也。有死之荣，无生之辱，不必以我为念。其于军中冬不服裘，夏不操扇，雨不张盖，与将士共寒暑，为三军所尽知。知臣莫若君，此亦陛下所知也。其在交趾，身受瘴烟疫气之苦，命几不保。闻交趾薏苡之实，能轻身省欲，祛毒邪，胜瘴气，故与将士常服食之。班师之日，以交趾薏苡实大而效殊，欲以为种，移植家乡，载之数车。奸人必以此捕风捉影，进谗构陷。今罪臣妻挈老小愿尽入天牢待罪。望陛下明察，请陛下速派能吏干员，抄查罪臣之家，若有交趾一珠，一犀，马氏一百余口，甘受斧钺之诛！"说罢叩头不止，涕泗滂沱。

光武心中愧疚，忙命内侍扶马夫人入内宫。马夫人谢绝道："不敢以戴罪之身入南宫，乞以清白之名还罪臣。"此后，马夫人上书诉冤，前后奏章六上，辞甚哀切，字字血泪。光武传旨：卿且将伏波尸骨归葬祖茔，容朕按处之。

旨交三公九卿议处，如实上奏。三公明知马援冤枉，但事涉功臣勋贵，人人推诿。光武朝中重臣，大而言之，可分三大派：一为南阳、颍川故旧，二为河北从龙之将，三为河西三辅归附之臣。三足鼎立，亲疏显见。耿氏兄弟为河北功臣之首；马武为南阳故旧；马援与窦融、梁松本来都是河西一脉，同气连枝，想不到祸起萧墙，闹起了内讧，外人不宜置喙。吴汉死后，刘隆代掌司马大印，却推辞道："臣随伏波南征，只知伏波战不惜身，国而忘家；不闻珍珠、文犀之事。况臣为伏波副将，身处嫌疑之地，理应回避。"司徒邓禹道："臣归第日久，解甲有年；耿、马、梁、侯诸君，皆陛下股肱，其中纠葛，必多误会，宜妥为排解。"这样皮球踢来踢去，一桩公案便就此拖了下来。

朝廷三公九卿，议而不决，却惹恼了一个本已告老的七品县令——云阳令朱勃。此公乃马援固乡发友。马援飞黄腾达之时，从未请托马援办过一事，从未得过马援丝毫恩惠。但马援蒙冤，他却激于义愤，诣阙上书道：

"臣闻王德圣政,不忘人之功,采其一美,不求备于众。故高祖赦蒯通而以王礼葬田横,大臣旷然,咸不自疑。夫大将在外,谗言在内,微过辄记,大功不计,诚为国之所慎也。故章邯畏谗口而奔楚,燕将据聊城而不下。岂其甘心出下策哉?畏巧舌如簧,谗言害身也。"

朱勃继续说道:"窃见故伏波将军马援,拔自西州,钦慕圣义,间关险难,触冒死,孤立群贵之间,傍无一言之佐,驰深渊,入虎口,岂顾计哉!宁自知为要七郡之使,邀封侯之福乎?建武八年,车驾西讨隗嚣,国计狐疑,众将各军未集,援建宜进之策,卒破西州。及大司马吴汉兵败陇阪,冀路阻断,唯独狄道为国坚守,士民饥困,命悬漏刻。马援奉诏西使,镇慰边疆之众,乃召集河西豪杰,晓喻羌戎,谋如涌泉,势如转轮,遂社稷倒悬之急,存几亡之城,兵全师进,困粮于敌,陇冀略师,而独守空郡,兵动有功,师出辄克。诛除先零,缘山入谷,冒死力战,飞矢贯胫。又远征交趾,土多瘴气,马援与妻子生诀,无悔惜之心,遂斩征侧,克平一州。间复南讨,立陷临乡,师出有功,未竟而死。吏士虽多罹疫,已不独存。夫战,或以久立功,或以速致败,深入未必为得,不进未必为非。人之常情,岂乐久屯绝地,不欲生归哉?惟援得事圣上二十二年,北出塞漠,南渡江海,触冒瘴疠,尽瘁军事,马革裹尸。名灭爵绝,蒙冤九泉,国土不传。海内不知其过,百姓不闻其毁,三人成虎,横被诬罔之谗;合家杜门,葬不归茔,怨隙并兴,宗亲怖慄。死者不能瞑目,生者莫为之讼,臣窃伤之。"

一番回顾盘点,朱勃提出问题:"夫明主广以用赏,约以用刑。高祖尝与陈平金四万斤以间楚军,不问出入所为,岂复疑以钱谷间差之多少哉?夫操孔子之忠而不能自免于谗,此邹阳之所悲也。诗云:'取彼谗人,投畀豺虎;豺虎不食,投畀有北;有北不受,投畀有昊。'此言欲令上天而平其谗佞奸恶之徒。唯陛下留意竖儒之言,无使功臣怀恨黄泉。臣闻:《春秋》之义,罪以功除;圣王之祀,臣有五义:以死勤王事则祀之,以劳定国则祀之,能御大灾则祀之,能捍大患则祀之。若马援所谓死勤劳王事者也。请下公卿评马援之功罪,还忠良以清白,以厌海内万民之望。"

朱勃最后,表明心迹,堪称悲壮:"臣年已六十,常伏田里,窃感栾布哭彭越之义,冒陈一腔悲愤,战栗阙庭。伏乞圣鉴。"

光武览奏，示下公卿，依旧不了了之。朱勃归返田里，马氏一门悲愤难平。马援三子乃幼子客卿，最为颖异，六岁即能应对宾客，深得马援钟爱。因痛失慈父，痛哭累日，不幸夭亡。马夫人丧夫之痛未已，又殇娇子，心神交瘁，一病不起。马援生有三女，长女十五，次者十四，幼女十三，内事悉有此女料理，治家井井有条，每日在马夫人榻前侍奉汤药。马夫人缠绵病榻多日，一命呜呼。马严、马敦、马廖、马访等泣血上表，光武降旨，命马援合葬祖茔。

朝臣中有人问到马援夫妇的恤典和赠谥，光武道："此事久议未决，容他日再议。"散朝之后，太仆国舅阴识道："伏波之事宜与优容，以慰功臣之心。"光武道："耿弇、耿舒、马武非功臣也？负伏波一人而安多人之心，孰轻孰重邪？伏波之冤天下尽知矣，且汉律诬告者反坐，重恤褒谥伏波，必严治耿、马、梁、窦众人之罪，宁已负一人，再负多人邪？况究治梁松、窦固之罪，何以面对公主？为臣难，为君尤难，卿知之乎？耿弇独下四十六郡，屠城三百，功臣中何人能及？马武自起兵即随朕，何人可比？梁窦之族乃西河五郡根本，加罪足动国本。朕不欲朝堂水火，但愿息事宁人。"阴识无言以对。

当初马援、窦融交厚，两家儿女曾有婚姻之约。马援死后，马夫人恨窦固谗害马援，临终遗命，与窦家绝交，罢婚姻之约。马夫人病故，窦府命人致祭，马严拒绝道："罪臣之女，不敢高攀侯门公子。家慈遗命，与窦氏绝交，罢生前儿女婚姻之约。当初联姻信物，悉数璧还。"窦融家人回去复命，窦友及子侄辈多愤愤不平，欲上表参劾。窦融道："我家负伏波在先，马家绝婚姻之交，理所当然。若势成水火，我有何面见九泉之下故人？吾不欲若张耳、陈余反目成仇，贻笑天下后人。"窦友、窦固等乃罢。

次年，光武降旨，为皇太子及成年诸皇子选妃嫔。文武公卿，有女在十二至二十者皆可与选。马严与诸兄弟议道："先叔父百战丰功，不及外戚一言之毁。今适逢朝廷为皇太子及诸王选秀，吾欲以诸妹应选，不知诸弟意下如何？"敦、廖诸人皆道："兄长所言是也。倘若诸妹有一人入宫，邀天之幸，可洗先大人不白之冤。"

马严于是上书道："臣叔父援负皇上知遇之恩，未能报偿，而妻子特获矜全，仰戴陛下为天为父。人情既得不死，便欲求福求报。窃闻太子、诸王妃后宫未备,降诏选秀,臣援有三女,大者十六,次者十五,幼者十四,仪状发肤上中以上。皆孝顺小心,婉静知礼。愿下相臣,简其可否。如有万一之选,臣援不朽于黄泉矣。又援之姑、姊妹并为成帝婕妤,葬于延陵。臣严幸得蒙恩更生,冀因缘先姑,以备后宫。"光武览奏与太傅邓禹、太仆阴识、执金吾阴兴等人道:"朕有以报伏波于泉下矣!"遂钦使、相工赴马府相看。

钦使、相工至马府相看,见马援之女果如马严所奏,个个端庄秀丽。他们尤其称赏马援幼女,瞠目道:"此女虽有患状,必当大贵,兆不可言。且有宜男之相,我辈今后必对此女称臣。然贵而乏子,若养螟蛉得立,当逾于所出。"于是幼者中选入宫。阴皇后闻钦使、相工之言,召见于太子宫中。但见此女,秀发如云,修长委地。阴皇后命人为四起大髻,髻成尚有余发,绕髻三匝。眉不施黛,仿佛远山;但左眉梢微缺,恰有小痣如粟,隐然补之,璧玉无瑕矣。两颊杏靥浅浅,颇似阴后当年。唯父母初丧,蛾眉微颦,令人见之尤怜。阴后大喜,选入太子宫中,封为贵人——此即后来明德皇后。

光武闻报,心头如释重负。光武与阴后、阴兴等人道:"朕自忖宠遇功臣,远胜高帝,所亏负者唯伏波耳。今不唯朕得佳媳,亦可告慰伏波于九泉矣。"阴兴问何以封谥马援。光武道:"此乃皇家私事,不妨从长计议。留待太子加恩外家如何?"阴兴称是。

不想这桩公案一拖便是二十年。光武驾崩,显宗继位,明德皇后正位中宫。明帝图画中兴名将列于云台,以供后人观瞻。以椒房故,未画马援之像。东平王刘苍到云台观图,问明帝道:"何故无伏波将军画像?"明帝但笑不答。刘苍又问诸明德皇后,后答:"伏波乃先帝亲家,皇上岳翁。自古至今安有子婿封赏岳翁之理?功臣之中未得画像云台者非伏波一人;惠侯、老驸马邓晨,忠节侯、先皇表兄来歙等皆无。此乃先皇示天下以大公也。伏波为国尽忠乃分内事,何须褒扬?"刘苍嗟叹不语。

事情到了明帝驾崩,章帝继立,明德皇后为皇太后。应群臣吁请,章帝降诏使五官中郎将持节追封马援为忠成侯。更修坟墓,立碑旌表。伏波之冤这才算彻底昭雪了。

和亲诏

　　卢芳既灭，匈奴图谋多日，寸利未得，心中不甘，若鞮舆单于乃联合鲜卑、乌桓联兵犯边。光武命祭遵从弟祭肜为辽东太守，以征鲜卑、乌桓，命耿弇之弟耿国为五官中郎将，北征匈奴。司徒掾班彪奏道："今单于分为南北两部，互争雄长，若巧施离间，胜十万兵矣。臣闻孝宣皇帝曾曰：'匈奴多变诈，交接得其情，则却敌折锋；应对入其数，则反为轻欺。'昔孝元之时，以王昭君和亲，为呼韩邪单于阏氏生有二子，今之南匈奴单于若鞮比为呼韩邪之孙，北匈奴单于为呼韩邪之长子，乃前阏氏所生。匈奴风俗：新单于继位，当娶前阏氏为阏氏。昭君不肯，欲归汉；成帝不欲因此损害汉与匈奴之关系；昭君无奈，竟死胡中。昭君长子左贤王伊屠智牙师，为北单于舆所杀。若鞮比心中怨恨道：'以兄弟而言，知牙师当立，却被诛杀；以父子而言，我为前单于嫡子，我当立。'从此很少参加单于朝会。单于舆疑之，欲夺其兵。后若鞮舆死，其子左贤王乌达鞮侯立；不久又死，其弟蒲奴立。其时匈奴连年荒旱，草木尽枯，赤地千里，人畜死亡太半。建武二十三年，若鞮比诣西河太守恳求内附，密遣郭衡奉匈奴地图，率部众南归，是为南单于。因其祖父呼韩邪单于尝依附我大汉得安，遂袭用乃祖父名号。北单于蒲奴恐惧，乃遣使诣渔阳求和亲，陛下遣中郎将李茂报聘。自此，南北单于，争斗不断，我边郡得安。今北单于联合鲜卑、乌桓联兵入侵，我何不使其为鹬为蚌，坐收渔翁之利！"

皇太子刘庄言道："南单于新附，北虏惧于见伐，故倾耳以听。今若不出兵，臣恐南单于将有二心。其南北合势，于我不利。莫若依班司徒所奏，抚其南，攻其北。"五官中郎将耿国也说："臣以为宜如孝宣故事，允准南单于款塞入朝，所过郡国二千骑迎之。宠以殊礼，位在诸侯王之上，赞谒称臣而不名。令东抗鲜卑、乌桓，北拒匈奴，率励四夷，完复边郡，使塞下无晏开之警。此万世安宁之策也。"

光武从班彪、耿国等人之议，遣中郎将段郴为使，校尉王郁为副使，出使南匈奴，颁诏册立，允准南匈奴去五原西部塞八十里建王廷。南单于伏拜受诏，遂遣其弟左贤王莫将兵万余骑击北单于弟奥鞬，生获之，并得其众万余人，马七千匹，牛羊万头。北单于震怖，却地千里。

光武命工匠打造巨形战车，上造楼橹，十牛拉之，置于边境。匈奴见之，相与传语："谶书所言，大汉九世当兴，却北狄地千里，岂谓此邪？天命应验如此！"北匈奴左、右骨都侯率众三万余人投奔南单于。南单于复遣使诣洛阳，奉藩称臣，献骆驼两头，文马十匹。光武诏准南单于入于云中。后原来归降南单于的左、右骨都侯，率部拥立被俘的奥鞬为左贤王，叛南北归，合众三万余人。南单于率众追杀，战于北廷三百里处。彼此相互攻杀月余，左、右骨都侯皆死，左贤王自杀。南单于遣子入侍为质，请求诣阙朝见天子。光武准奏，诏赐南单于冠带、衣裳、黄金玺紫绶，安车羽盖，华藻驷马，宝剑弓箭棨戟甲兵，一应仪仗。光武又赐河东米粮二万五千斛，牛羊三万六千头。南单于贵要莫不感恩戴德，从此，双方使臣不绝于途。汉命使臣颁采缯千匹，锦四端，金十斤，珍果桔、橙、龙眼、荔枝等物于单于之母及诸阏氏；单于子弟、左右贤王、左右谷蠡王、骨都侯都得赏赐，尽道大汉物阜民丰，天子宽仁。

北匈奴部众闻汉天子宽存，络绎南归。先前归而复叛的左、右骨都侯子弟合众三千人又自北归南。北匈奴使骑兵追击，南单于派兵拒之。南匈奴数战不利，败退西河美稷。汉命中郎将段郴、副将王郁援之，西河长史亦将骑兵二千，刑徒五百相助。北单于畏惧，尽释所掠汉人，归还汉地，谢道："自击叛亡部属，非敢犯汉边也。"

中郎将段郴等护卫南单于，悉复缘边八郡。南单于分派左右贤王、骨都侯屯兵北地，朔方、五原、云中、代郡、雁门为汉屏藩，助为扞戍。

再说祭肜走马上任,前往辽东。祭肜至则厉兵马,广斥候,遣将分扼要塞。祭肜勇武有力,能开三百石硬弓,百步穿杨。鲜卑、乌桓每犯边塞,祭肜亲为士卒先锋,冒矢刃,斩将夺旗。建武二十一年秋,鲜卑万余骑寇犯辽东,声势吓人。祭肜亲率数千人迎击之,披甲陷阵,箭无虚发,百步外连杀数十人。鲜卑骑士大赫,竞相逃奔,投水溺死者过半。祭肜穷追出塞,鲜卑将士纷纷弃甲投兵,裸跣散走。这一仗斩首三千余级,获良马数千匹。从此鲜卑、乌桓畏祭肜如天神,不敢再窥辽东。

祭肜以北匈奴、鲜卑、乌桓三虏联合,为祸日久,必用离间,方能各个击破,永除后患。于是,祭肜重施财利,诱使鲜卑大都护偏何。偏何果然贪财货,遣使言和,愿意归化。祭肜厚赏安抚,偏何又游说鲜卑别部满离、高句丽,络绎归服,遣使奉献貂裘名马,光武赏赐倍其奉献。鲜卑诸部自然愿意与大汉结盟,共击北匈奴。祭肜与偏何、满离、高句丽等鲜卑首领说:"诸君诚欲立功自效,当伴归匈奴,斩其各部首领首级,以明归汉诚意,天子必论功行赏,财帛十倍于前!"偏何等皆仰天指心为誓:"我等真心归汉,必自效!"不数日,即斩北匈奴左伊秩訾部大王及部众首级二千余级,持首级到郡请赏。祭肜如约行赏。此计果然生效,其后鲜卑、乌桓与北匈奴岁岁自相攻杀,北匈奴很快衰弱。鲜卑、乌桓并入朝贡,辽东遂安。

北匈奴既失鲜卑、乌桓之援,势单力孤,再次遣使诣武威乞求和亲。光武不允,告武威太守拒绝其使。次年,北匈奴遣使赴洛阳,贡献马匹、狐裘、胡乐,率西域诸国胡使入朝。光武接见,允准和亲之请,命司徒掾班彪草拟报答之诏曰:

"单于不忘汉恩,追念先祖旧约,欲修和亲之好,以辅身安国,计议甚高,朕与单于嘉之。往者,匈奴数有乘乱,呼韩邪、郅支自相仇隙,并蒙孝宣皇帝垂恩救护,故各遣侍子称藩保塞。其后郅支忿戾,自绝皇泽,而呼韩邪附亲,忠孝弥著。及汉灭郅支,遂保国传嗣,子孙相继。今南单于款塞归命,北单于比年贡献,将以成忠孝之义。汉秉威信,总率万国,日月所照,皆为臣属。殊俗百蛮,无亲无疏,服顺者褒赏,叛逆者诛伐。善恶之效,呼韩、郅支是也。今单于欲修和亲,款诚已达,何须而率西域诸国献见?西域国属匈奴,与属汉何异?单于数连兵乱,国内虚耗,贡物万以通礼,何必献马献裘?今赐杂缯五百匹,弓鞬各一,矢四发,遣遗单于。又赐献马左骨都侯、右谷蠡王杂缯各四百匹,斩马剑各一,以酬忠孝。念单于国尚未安,方励武节,以战功为务,琴瑟之用,不如良弓利剑,故未以赏。朕不爱小物于单于,便宜所欲,遣驿以闻。"

此后,南北匈奴,朝贡如常。及南单于若鞮比立九年而薨,光武命中郎将段郴赴吊,祭以酒米,分兵卫护。若鞮比之弟左贤王莫继立,光武遣使镇慰,拜授玺绶。其后,单于薨,吊祭慰赐如常。至此,有汉以来,匈奴之祸大减,达到前所未有的太平时期。

东夷诸国,自鲜卑、乌桓内附;高句丽、扶余相继来朝,光武复其王号。后来,连东洋大海中的倭奴国也奉命来贺,使臣自称"大夫",光武赐以印绶。汉之边疆西自武威,东尽玄菟、乐浪,野无风尘,相安无事。

但好景不长。建武之末,北匈奴又起狼烟。光武因祭肜威望素著于胡,乃命其挂帅北征,南匈奴左贤王请为导从官。奥鞮为人奸猾,自荐道:"我与北匈奴骨都侯有旧,愿为使,行间于北匈奴,说骨都侯来降。"祭肜道:"若行间成功,定有厚赏。"左贤王奥鞮于是前往北匈奴行间。但事机泄露,被俘获。幸得机会,以随身金玉买通看守士卒逃归。奥鞮无功而返,向祭肜索讨赏金。祭肜道:"无功而返,贻误戎机,依律当罚,还有何颜请赏?"左贤王遂衔恨祭肜。

翌日,祭肜得到探报,北匈奴大军在涿邪山中,遂与副将偏何约定日期,前往涿邪山共攻匈奴,左贤王导从。出高关塞九百余里,得一小山,荒称此即为涿邪山,不见北匈奴一兵一卒。寻当地土著居民打听,此山名为濯衣山。林中土著,因周围林密,少见日光,唯此山无树,洗衣后多在此山晒衣,因而得名。涿邪、濯衣,声音相近,故以讹传讹,混为一谈。偏何独将偏师,大败而归。祭肜怒斩左贤王,上表请罪。朝中大臣依前朝李广故事,失期不至,丧师败绩当斩。光武以祭肜镇守辽东,功勋卓著,威信素重于边境胡汉,降旨免死下狱。祭肜秉性沉毅内重,自恨见欺丧师,数日后呕血而死。临终,他对其子祭参、祭逢说道:"吾辈国家厚恩,丧师负命,义不可无功受赏。我死之后,汝等把历年皇上赏赐之物,尽数造册登记,上交朝廷。尔后请旨从军,完成乃父未竟之志。"二子不敢隐瞒祭肜临终遗嘱,依言上奏。光武痛惜，降旨复其爵封，命其子从军效命。

光武以耿秉为度辽将军，率祭彤旧部，与南单于及鲜卑偏何、高句丽、乌桓等边郡之兵共击北单于，战于涿邪山。耿秉大败北单于皋林温犊王，斩首数百级，降者三四千人。余众由三木楼訾大人稽留斯带领共三万八千人，马两万匹、牛羊千余万，降汉。边鄙又平，狼烟暂息。

班彪和亲诏书既上，光武览之，击案称赏，欲大用之。班彪辞谢道："臣自幼志在史籍，好著述，而短治事长材。若擢拔台阁，深恐负皇上天高地厚之恩。自唐虞三代，世有史官，以司典籍。及于诸侯，六国各自有史，故《孟子》曰：'楚之有梼杌，晋之乘、鲁之春秋，其事一也。'鲁君子左丘明作左氏传三十篇，国语二十一篇以传世。孝武之世，太史令司马迁采《左氏》《国语》，删《世本》《国策》，据楚汉列国时事，上自黄帝下迄获麟，作本纪、世家、列传、书、表凡百三十篇，而十篇缺焉。迁之所记，从汉元至孝武以绝，则其功也。至于采经摭传，分散百家之事，甚多疏略。其论述学，则崇黄老而薄五经；序货殖，则轻仁义而羞贫穷；道游侠，则贱守卫而贵俗功。此臣皆不敢苟同也。然其叙述事理，辩而不华，质而不野，文质相称，盖良史之才也。臣愿效前贤，以侍笔墨之役。"光武道："卿既有此志，君子成人之美，朕准所请，以补太史公书之阙。待其完备，朕先睹为快。"

班彪复辟司徒玉况府，实掌修史之职。时东宫初建，官属未备，师傅多阙。班彪又上书说道：

"孔子称'性相近习相远'。贾谊以为'习与善人居，不能无为善，犹生长于齐，不能无齐言也。习与恶人居，不能无为恶，犹生长于楚，不能无楚言也'。是以圣人审所与居，而戒慎所习。昔成王之子为孺子，出则周公、召公、太公史佚，入则大颠、闳夭、南宫适、散宜生，左右前后礼无违者，故成王一日即位，天下旷然太平。是以《春秋》'爱子教义方，不纳于邪。骄奢淫逸，所自邪也'。《诗》云：'诒厥孙谋，以宴翼子。'言武王之谋遗子孙也。"

"汉兴，太宗使晁错导太子以法术，贾谊教梁王以《诗》《书》。及至中宗，亦令刘向、王褒、萧望之、周堪之徒，以文章儒学，保训东宫以下，莫不崇简其人，就成德器。今皇太子及诸王，虽束发受书，修习礼乐，而傅相未值贤才，官属多阙旧典。宜博选名儒，有威重明通政事者，以为太子太傅，东宫及诸王,备置官属。又旧制,太子食汤沐十县,设周卫交戟,五日一朝,因座东厢,省视膳食。其非朝日,使太仆、中允旦旦请问而已,明不媟黩,广其敬也。"

光武览奏,深嘉其意,复欲重用。诏旨未下,班彪溘然而卒。

班彪生有二子,长子班固,次子班超。班固字孟坚,九岁能属文,诵诗、赋、九流百字之言,无所不览。班彪死后,班固承父之志,整治遗墨记述,欲补《史记》之缺。有人上书密告其私修史书,遂被逮捕下狱。其弟班超,急赴京师为其兄辩冤,州郡将其书稿献诸朝廷。明帝奇其才,免其罪,擢拔为兰台令史,终于完成历史巨著《汉书》,此是后话。

班彪死后,光武倍觉其才可惜。他再读其生前奏章,感慨良多。光武熟知本朝掌故,玩味班彪奏章之意,知其欲谏自己慎选师傅,重视对太子及皇子的教育。鉴于张佚、桓荣年老求归,光武复以邓禹为司徒太傅,以阴识为执金吾,辅导东宫。光武尝与二人议及班彪奏章中事,光武道:"班叔皮言周公、召公等人辅成王终成名君,朕以为甚当。但言及晁错导孝景以法术,贾谊教梁王以诗、书;萧望之、刘向、周堪教元帝以文章儒学,朕心有疑焉,不知寓意安在?"邓禹问道:"陛下疑在何处?"光武道:"晁错欲薄天子安宗社,建削蕃之策,强本弱枝,却致吴楚七国之乱,祸及自身;贾谊谏文帝封淮南王四子为列侯,数郡相连,恐兴祸患,非古制所有,宜为削夺;更定律令,使诸侯就国,致招灌、绛、东阳诸侯不满,以致贬死长沙;至于萧望之、刘向、周堪师傅孝元,难堵弘恭、石显奸人之口,不得其死。以上诸子,虽为正人,皆非良傅,班彪学富五车,安能不知? 为何称道邪?"邓禹道:"正人君子,学非不精,谋非不忠,非得其时也。太宗孝文皇帝自边郡迎立,吴王濞乃高帝之侄,孝文之从兄,孝景之堂叔,坐拥大国,得盐铁之利,富可敌国;楚、齐、菑川、胶东诸王皆孝景之从,猜疑由来已久;诚如晁错所言,削其地亦反,不削亦反。削之其反亟,祸小;不削,其反迟,祸大。晁错建策无错。贾生年少高才,虽得孝文垂青,怎可与灌绛功臣相抗? 言不听,计不从,才不得展宜也。萧望之、刘向、周堪,师傅孝元八年;但弘恭、石显自元帝幼时便侍奉其饮食起居,朝夕相伴,如影随形,故易为奸为惑矣。"光武哀惋叹息。阴识道:"陛下勿为先人而生杞忧,今非昔比也。皇上春秋正富,乾纲在握;太子及诸皇子兄友弟恭,天性孝顺,得皇上日夕教诲,必不令陛下烦心。"光武微笑不语。等邓禹、阴识退出,光武自己又思绪翻腾起来。

知子莫若父。诸皇子年龄渐长,性情、秉赋、志操也愈来愈明显,光武一一看在眼里。大皇子刘强天性孝友,去就有礼,被废不是因自身过错,完全是因为生母郭后的原因。光武为此,内心常存愧疚,甚至隐痛难禁。作为父亲,为了弥补歉疚,特封其为东海王,兼食鲁郡,封地共二十九县,为诸王之最。就国之日,赐虎贲旄头,特准宫殿设钟虡鼎彝,拟比东宫。当初,景帝之子鲁恭王,好宫室,所建灵光殿,甚为壮丽,当时仍旧完好,光武命其自郯县迁都于鲁。刘强多次上书,请求退还东海,光武不允;刘强又请太子刘庄,转达心意。光武深嘉其志,将其奏章下公卿,交诸皇子共览,光武赞道:"大皇子何逊于太伯,虞仲也!"

二皇子沛王刘辅,严谨而有法度,好经书,精于京氏《易》《孝经》《论语》及谶纬之学。因刘鲤刺杀刘恭一案,受到牵连,无辜蒙池鱼之灾,身陷天牢。光武知其代人受过,心甚怜之。刘辅此后益加谨慎。郭后少子刘焉被封为中山王,时尚年幼,光武疼爱有加,留在南宫。除此三人之外,郭后所生还有二子:济南王刘康、阜陵王刘延,皆因生母无过被废,心中愤恨。光武内心知之,为补郭后之憾,封赏特厚于他人。济南王康,封地除济南外,增平原之祝阿、安德、朝阳、平昌、隔阴、重丘六县,益济南,共十五县。阜陵王刘延除淮阳国外,益汝南之长平、西华、新阳、扶乐四县,共十二县,其封地倍于他人。但人心不足,贪欲无厌。这二人不谅光武苦衷,反以为光武亏负其母太多,欲以小恩小惠赎过,愈益骄纵。济南王康尝语诸王道:"父皇起自田家子,小家子气。高帝时封惠王齐七十余城,封庶弟楚元王四十余城,封兄子吴王濞五十余城,半有天下。我等乃其亲生,才十数县,是何道理!"

厚此必然薄彼,其余皇子难免不平。楚王英,因生母许美人无宠,封地两县。太子刘庄自幼与楚王英相善,心中不忍,暗中哀求光武道:"同为父皇之子,不宜厚薄悬殊,请益楚王之封。"光武道:"汝手足情切,朕独不念骨肉邪?此子生性猾黠,长而好游侠,喜与三教九流不逞之徒交接。前番沛王得罪,其侥幸得免,封其小国,以示惩戒耳。"太子苦求,光武乃以临淮之取虑、须二县,益楚王四县。为便于管教,特封其舅许昌为龙舒侯,嘱其辅佐。

星聚云台

光武经年戎马倥偬，身染风眩之疾。疾作时头疼欲裂，天旋地转。这年疾作，光武欲以后事托付阴识、阴兴。时吴汉病重，上表辞交司马之印。光武欲以阴兴代之。阴兴叩头流涕道："臣为社稷不敢惜身，但自料庸劣，不堪重任，亏损圣德，不敢奉旨。骠骑将军刘隆，忠勇才智兼备，可代吴汉。"光武准奏。但数日之后，光武病愈。此年秋，光武巡幸南阳，欲往汝南南顿省视父母诞育自己之所。

车驾到了南顿县衙，光武置酒宴请南顿父老及衙中官吏。他遍赏众人，降旨免南顿田租二年。父老叩头谢恩，复请道："皇考居此日久，且南顿为龙生之地，陛下至今能识衙中旧舍。每来辄加厚恩，乞请免租十年。"光武道："天下重器，常恐不能久任。日复一日，不觉老之将至，安敢远期十岁？"众父老道："陛下圣寿无疆，何言谦也？"光武大笑道："人苦不知足矣，再免一年吧。"次日，光武起驾还京。

南阳地震，光武降旨道："夫地者，任物至重，静而不动者也。而今震裂，咎在君上。鬼神不祐无德之君，灾殃将及黎民百姓，朕甚不安。令南阳勿输今年租赋，在系囚犯减罪一等；流徙者皆去枷锁，衣棉衣。百姓因地震而死者，赐棺材钱，人三千。庐舍倒塌负债者，勿收其债；吏人死亡，或在坏垣毁屋之下，为寻求之。"

建武二十八年夏六月，郭皇后薨逝，光武命葬于北邙。当时，光武自己的陵寝尚未建成，陵址选在孟津，南依邙山，山势迂缓，北顾太行，峰峦起伏，大河在陵址北边咆哮东去，如巨龙入海。来龙结负，气势壮观。郭后所选吉埌，稍稍偏南，山势较低，居坤位。光武性俭朴，命匠作臣工，陵址不得高于文帝之陵。郭后陵墓自然不能超过光武之陵。济南王康、阜陵王延、中山王焉心中不快，齐诣东海王强、沛王辅，欲为郭后请封谥，正名号，增高陵址。东海王强、沛王辅齐道："前已有诏命，天下咸知；今欲以母丧挟君父，是为不忠不孝也，不可。"大鸿胪郭况闻之，也亟相劝阻道："谥已定矣，曰'沛太后'，勿令汝母不安。"刘康、刘延只得作罢。

郭后安葬之日，济南王康、阜陵王延却又唆使中山王焉跪抱光武之膝，大哭不止，求光武允准将郭后改葬原陵之侧。中山王年方十二，光武怜爱。他心知必然是刘康、刘延所教，便喝令刘康、刘延带走刘焉。二人反问光武："母后何罪见废？至死不得圣恩原宥，陪伴父皇之侧？"光武大怒，喝令武士要将刘康、刘延二人杖毙郭后灵前。东海王刘强、沛王刘辅及诸大臣急忙跪地为二王求饶。大鸿胪郭况责备刘康、刘延二人道："汝欲彰尔母之过，显君父之非也？北邙连岭绵亘，包总众山，南临洛水，景山崇秀，西逾平阴，东眺如海，世之佳埌，有何不好？为臣当忠，为子当孝，汝母停灵在堂，礼当尽哀尽孝，为何妄增君父之忧？"他又抚慰中山王刘焉道："汝母后之陵犹若南宫、北宫也，与原陵实为一体。圣上千秋之后，全家自然团圆。"刘焉闻言止泪。光武传旨赦免刘康、刘延二人之罪。事后，光武降旨：封刘况子璜为驸马，尚湟阳公主。

令光武大出意料之外的是广陵王荆，心中嫉恨尤深。刘荆与太子刘庄同为阴后所生，十五封山阳公，二年后进爵为王。刘荆相貌毕肖光武，光武甚喜之。但其性格刻急阴狠，有才能而喜文法。自以为刘强被废，当立者为己，乃重金秘请善相之士，告之道："吾之相貌极类陛下。父皇三十岁得天下，我今二十有五，何时起兵为宜？"相者大惊，叩头道："星相末技，糊口之术，不敢出大逆不道之言。"出而告诸吏，吏密告光武。光武道："诸子皆肖朕，唯有人肖朕之面，有人肖朕之心。安分是福，不可妄生非分之念。若生非分之想，是自取死路。"

邓禹、阴识、赵熹皆道："诸王年长，储位忽然改易，启生非分之想，也在情理之中。况诸王齐集京师，饱食终日，无所事事。穷极无聊，易心生邪念，滋生是非。不如令其各就封国，以省事端。"光武准奏，命诸王各就封国。唯留太子和东平王刘苍在京。

东平王刘苍，少好经书，雅有智慧，为人美须髯，腰带八围，与太子刘庄相亲善。光武命其留京师掌管宫中宿卫，尽心尽职，甚得光武信重。但其他各王各就封国之后，就不怎么让光武省心了。

济南王刘康不循法度，广交宾客，大修宫室，多殖财货，蓄养家奴一千四百人，厩马数千匹。门下食客颜忠、刘子产等为边郡渔阳人，奸猾而有勇力。刘康多遗财帛，命其回渔阳、上谷招兵买马，图谋不轨。刘康又暗中与阜陵王延谋议道："吾母无辜见废，兄长仁孝被绌，二皇兄蒙冤入狱，皆世人难忍之辱。母后含恨薨逝，九泉不得瞑目。身为人子，安可无动于衷？父皇春秋日高，近闻风眩疾作，日甚一日，待其不讳，即你我为母后和皇兄讨还公道之时。弟如有意，宜早作准备。"阜陵王刘延本就性情躁烈，接书大喜。二人一拍即合，暗中积极准备起来。

刘延妻兄谢弇颇有智计，他献计道："一个篱笆三个桩，一个好汉三个帮。济南王与王一母同胞，虽勠力同心，势力犹显单薄。大皇兄与二皇兄生性懦弱，恐怕有心无胆。唯皇姊馆陶公主，自幼得父皇母后宠爱，驸马都尉韩光，其父兄蒙冤而死；虽被招为驸马，对皇上不无怨尤之心。其父韩歆生前得母后恩遇甚厚，韩光常怀报恩之心。若与馆陶公主及韩驸马夫妇结为同心，则如虎添翼矣。"刘延从其计，重金厚礼与馆陶公主及韩光联络。于是兄妹三人暗中结为一党，广招奸猾，造作图谶，并借祭祀郭后之机诅咒光武、阴后及太子刘庄。他们等待光武驾崩，谋夺太子之位，扶立刘强。

楚王英怨恨之情最深，但自忖人单势孤，不得不韬光养晦。他初学黄老，后学佛屠，斋戒祭祀，极为恭顺。光武风眩之疾日甚，降旨大赦天下，凡身犯死罪之人皆可入缣帛赎罪。刘英立遣郎中令奉黄缣白纨三十匹诣国相道："英不孝，托在蕃辅，前曾过恶积累辜负皇恩。今奉送缣帛，以赎罪愆，祈求父皇圣躬早安。"国相上奏光武，极言楚王孝思。光武降旨抚慰："楚王诵黄老之微言，尚浮图之仁慈，斋戒三月，与神灵为誓，孝心可见。父子君臣，何嫌何疑。还其缣帛，以助佛门之盛馔。"

此时佛教刚刚传入中国，公卿王侯信奉之人颇多。光武因患风眩之疾，梦中见金人身高丈余，顶有日月之光。光武梦醒问诸群臣，或有人道："西方有神，其名曰佛。陛下所梦，得无佛乎？"于是遣使前往天竺，问其佛法道术，而图其形象，以建寺院祀之。

楚王英听到这个消息，乃于国内修建寺庙，借为光武祈福延寿之名，广招方士，及奇才异能之人，作金龟玉鹤，上刻文字以为符瑞。楚王英又命门下士校卫燕广及渔阳王平前往边郡买马。二人到了渔阳，王平与济南王刘康门下颜忠、刘子产相遇。颜忠、王平他乡遇故知，同寓客栈，把酒豪饮，不觉酩酊大醉，遂把济南王康及楚王英私造图谶谋议不轨之事，尽泄于外。颜忠道："陛下排行第三，我王亦排行第三；陛下圣讳名'秀'，美也；我王名康，亦美也，安宁也，含义最为接近；皇上十子之中，唯赐我王嘉名，其深意不言而喻。尔后，今太子以小惠独得皇上宠遇，立为太子，实非陛下初衷也。"刘子产道："我王封国两郡十五县，足定千秋之业。兵精足用，皇上百年之后，南宫龙椅谁坐，尚未可知矣。"王平道："我王封地虽小，但金龟玉鹤，名在图谶。诚如刘兄之言，将来这南宫龙椅属谁尚未可知。莫如两家联手，共图大事。"

燕广见三人越说越离谱，忙制止道："诸位酒喝多了，不可妄言。我与王兄奉楚王之命，来北地买马，原为贡献朝廷，以祝圣上六十大寿，不可乱加猜疑。"王平笑道："燕兄也太过谨小慎微了。对真人不说假话，何必藏着掖着？颜、齐二位奉济南王之命，和我们的差事相同，心照不宣，怕什么？"燕广忙说："王平兄已经醉了，这就散了吧，改日再会。"连忙强拉硬扯，扶王平回房安歇去了。

燕广、王平买马回来，楚王英暗中招兵买马，私自封官许愿，擅自封拜二千石以上官吏。燕广觉得非同小可，若受到牵连，必致灭族之祸。他于是秘密上书报告朝廷。

颜忠、刘子产买马归来，把在渔阳与燕广、王平相遇之事禀报济南王刘康。刘康遂遣使与楚王英联系，约以时日，联兵举事。国相何敞风闻其事，乃上书劝谏道："盖闻诸侯之义，制节谨度，然后能保其社稷，和合吏民。大王以骨肉之亲，享食茅土，当谨遵法度，常怀忠孝之心，出入进止，不可僭越。

舆马宫室,皆有规制。今厩马过千匹,兵车数百乘,足骇听闻。夫文繁者质荒,木胜者人亡。皆非所以奉礼承上,传福无穷者也。故楚作章华以凶,吴兴姑苏而灭,景公千驷,民无所称。愿王修恭俭,遵礼制,减乘马之数,临深履薄,以保永享富贵。"刘康一笑置之。

阜陵王刘延骄奢而驭下酷烈。有人劝谏其谨遵礼法,宜防贻人口实,辄遭斥逐责罚,甚或鞭扑杖杀。地方长吏,秘奏朝廷,光武尽知。

光武虽深居宫中,诸子不法情事,无一不知。但舐犊情殷,不忍遽尔加诛。且,建武三十一年夏五月大水,水退飞蝗蔽空;六月初一,日食,天相连连示警,光武久病不愈。诸臣奏道:"万物戒满忌盈。陛下自驭极以来,年号建武,已三十二年。有汉以来,自孝武帝始,年号,多则六年,少则四年,凡改元十一次。改元者,更新启始也,赋万物以生机,致天地以吉祥,不如改元。"光武准奏,是年改元中元。

改元诏旨颁布,各郡国纷纷朝贺。东海王强、沛王辅相继入朝。济南王康、淮阳王延、楚王英信使往来相互商议道:"若不入朝,反生猜忌,且贻人口实,不如相率朝贺,且观京师动向。"三人于是相偕入都。待其动身,光武即命五营校卫分出,昼夜兼程前往济南、淮阳和楚国。颜忠、刘子产、谢弇、韩光、王平等人一鼓被擒,并被诛戮。唯楚王英舅氏许昌族中子弟闻风起兵相抗,焚掠闾里。但螳臂当车,自取灭亡。燕广因举报有功,被封为折奸侯。刘康削夺祝阿、隰阴、安德、东朝阳、西平昌五县;刘延徙为阜陵王,保留二县;刘英徙封丹阳。

家事平定,阿谀之辈,为邀宠梯荣,争献祥瑞。有人报称京师醴泉涌出,饮者痼疾皆愈;又有人说赤草生于水涯,日生一叶,十五日后,日落一叶,周而复始。郡国频上甘露,群臣共上奏章道:"地祇灵应而赤草萌生。昔孝宣帝每有祥瑞,辄改年号:神爵、五凤、甘露、黄龙,十二年内前承后继,盖以表彰神祇,感恩戴德。是以化致升华,庆贺中兴。今天下清平,内外融洽,灵物频降,陛下情存谦抑,推而不居,但不可使祥符显瑞,没而不闻。宜令太史撰集竹帛,以传来世。"光武自谦无德,不予采纳。诸臣又多劝光武效孝武帝故事,东巡封禅,以彰复兴之功。光武断然道:"朕即位三十余年,自忖于百姓无恩德可言。子曰:'吾欺谁? 欺天乎?'卿等居然以为泰山神灵不如林放乎!何必玷污七十二位封禅贤君之名!若有人再安上符瑞,盛称虚美,必髡其首,令屯田!"此言一出,妄报祥瑞之人,立时大减。

事过年余,有人上《河图会昌符》。光武平生最信谶纬之语,他见书中有"赤帝之九,会命岱宗"之语,不觉心动。光武素以景帝嫡传自居,自孝景至光武共历九世。光武始信东封泰山乃是天意,"天命不可违",既然谶文要朕行此古礼,不得不行。光武遂问张纯道:"何为封禅?"张纯奏道:"筑坛于岱,以祭天,谓之封;建坛于泰山之下,以祭地,为之禅。帝王受命于天,地上百神护祐。功成之后,必告天地,故封禅之仪不可无。"光武于是命司空张纯、虎贲中郎将梁松等人遍索河图洛书,谶纬所载,有关东封泰山之事,共得九世封禅记载,凡三十六件。张纯、梁松辈当然不肯错过这一奉迎拍马的良机,于是上书道:

"自古受命之君,太平盛世,必得封禅以告成功焉。《乐动声仪》首载周朝成康之世,郊祀封禅,'以雅治人,风成于颂。'《书》曰:'岁二月东巡狩,至于岱宗,即记封禅之典。伏见陛下受命中兴,平海内之乱,复祖宗大业,抚存兆民万姓,天下旷然,咸蒙更生,恩德云行,惠泽雨施,黎元安宁,夷狄慕义。'《诗》云:'受天之祐,四方来贺。'今摄提之岁,苍龙在寅,德在东宫,宜及嘉时,遵唐尧之典,继孝武之业,以春二月东巡狩,封于岱宗。明中兴,勒功勋,复祖统,报天神;禅梁父,祀地祇,传祚子孙,万世之基也。臣等谨拜表上闻。"

光武准奏。留太子庄监国,东平王苍辅之。光武二月东巡,复以邓禹为司徒,司空张纯、太尉赵熹及东海王强、沛王辅、楚王英、济南王康、阜陵王延,从封泰山。车驾至曲阜,北海王兴、齐王石迎驾,朝于东岳。光武御辇登山,正位坛南,面北而立,尚书令奉玉牒,亲加玺封之。一套繁文缛节完毕,返驾下山,然后禅于梁父。上山下山,一路车马劳顿,光武及一干从驾老臣皆疲惫不堪。司空张纯病死途中。夏四月癸卯,光武车驾还宫,降旨大赦天下,免泰山所属嬴、博、梁父、奉高四县田赋。

连日劳顿,光武风眩之病复发。朝臣有人奏请:"诸皇子获罪,盖因郭后之废。郭后已薨,不如复郭后之名,以慰诸皇子之心而安社稷。"光武不答。待病体稍安,光武驾幸长安,临高帝长陵祭祀。他命司空冯鲂告祀高庙道:

"高皇帝与群臣约,非刘氏不王。吕太后贼害高帝三子:赵王友、恢、如意;专权吕氏,赖社稷之灵,吕禄、吕产伏诛,天命几坠,危朝得安。吕太后不宜配食高庙,同祧至尊。薄太后母德慈仁,孝文皇帝贤明临国。子孙赖其福祐,延祚至今。其上薄太后尊号曰高皇后,配食地祇。迁吕太后庙主于园,四时上祭。"群臣乃知光武深意:欲以吕后之事惩戒后人,不欲臣下重提郭后之意。公卿遂无人敢再作仗马之鸣。

次年,光武病重。太子及诸皇子入宫侍疾。光武秘召邓禹、阴兴、赵熹等人议道:"昔日朕故人严子陵曾谓朕曰:'南宫万物俱备,唯龙椅太少,只有一把。陛下有子十人,齐家难于治国。'伏波马援,曾谓朕曰:'诸皇子渐长,大防未立;太子国之储君,与诸皇子既是手足,更是君臣,宜明尊卑。'皆金玉之言。济南、楚、阜陵之乱,虽弭于初萌,心犹未服。朕殁之日,其必祸心复萌,卿等宜未雨绸缪,予作防范。"阴兴、赵熹道:"乞请陛下明示。"光武道:"朕不欲若孝武负失子之憾。太子天性孝友,必不伤其手足。卿等只须防患未然,留恩德贻太子,以结兄弟之情。"

阴兴、赵熹等人于是密令羽林中郎将及羽林左、右监暗中监视济南王康、楚王英、阜陵王延动静。

真叫人防不胜防。光武及其心腹大臣只顾关注济南王康、楚王英、阜陵王延,忘了还有一人也早就垂涎云台宫中那把龙椅了。这人就是山阳王刘荆。刘康、刘英、刘延接连削爵夺封,打草惊蛇,刘荆不敢轻举妄动,表面恭谨孝顺,暗中密切关注动向,等候时机。他见刘康、刘英、刘延已处于光武掌控之中,把自己遗忘在视线之外,心中大喜。刘荆乃于左右议称:"螳螂捕蝉,黄雀在后。机会来了。借力打力,四两足以拨动千金。陛下大限已至,左右羽林军只顾防范济南、楚、阜陵三人,卫尉营有我亲信多人,掌管宫门锁钥,只待京外援兵一至,大功成矣。"左右惊异道:"王府甲士不过数百,何来援兵?"刘荆但笑不语。

当晚归第,刘荆仿东海王刘强的舅父大鸿胪郭况的口气与笔迹写信,命王府苍头送达刘强。书曰:

"君王无罪,猥被斥废,而兄弟至有束缚入牢狱者。太后失位,黜置北宫,继而远斥居边,海内深痛,观者鼻酸。及太后灵枢在堂,洛阳吏以次捕斩宾客，至有一家三尸伏堂者，痛甚矣！今天下有丧，弓弩张设甚备，闻梁松勒虎贲士曰：'吏以便宜见非，勿拘常制，格杀勿论！封侯之机，千载难逢也！'郎官窃悲之，为王寒心累息。今天下争欲思害王以求功，宁有量也！若归并二国之众，可聚百万，君王为之主，鼓行无前，功易于太山破鸡卵，轻于驷马载鸿毛，此汤武之伐也。今年轩辕星有白气，星家及好事者，皆云白气者丧，轩辕帝主之位。又太白前出西方，至午当兵起。心前星，太子之位也，星色黑，至辰日辄变赤。夫黑为病，赤为兵，王当努力卒事。高祖起亭长，陛下兴白水，何况王乃陛下长子，故储君副主哉！上以求天下事必举，下以雪无辜废黜之耻，报母死之仇。精诚所至，金石为开。当为秋霜，无为羔羊。过此不再之机，虽欲为羔羊，又可得乎！窃见诸相工皆言王贵不可言，天子之貌也。人主崩亡，闾阎之间，尚盗贼兴起，欲有所望，何况千乘之王邪！夫受命之君，天之所立，不可谋也。今新帝未就其位，强者为右，捷足先登。愿君王为高祖陛下所志，无为扶苏，将闾叫天呼地无以应也。"

东海王刘强得书，惊出一身冷汗来。扶苏，秦始皇之太子；将闾弟兄三人皆始皇庶子。始皇死于沙丘，少子胡亥诈立，扶苏、将闾尽被杀。将闾兄弟临死，仰天大呼者三："天乎！吾何罪！"流涕伏剑而亡。刘强知事关生死，立执投书苍头，并书信立交光武。

刘荆除给东海王刘强修书以外，还给大鸿胪郭况修书一封，乃是借刘强口气。书曰："重耳出亡，舅氏相从，宣元孤弱，外家扶持。母后及孤无罪见绌，天下共知。母后含恨九泉，不得瞑目；孤身处危疑之地，昼夜惴栗难安。今济南、阜陵皆陷缧绁，旦夕祸将及身。舅氏若不伸手相援，命且不保。舅氏若将郭刘真定故旧，起兵于外，孤合济南、淮阳及楚余众相应于内，天下响应，千秋之业，定于一朝，易如反掌。富贵与舅氏共享矣。"

郭况得书，见锦囊方底隐约有"山阳"字样，知书信有诈。且知东海刘强素孝顺安分，无非分之念。他立将送信人拿获，连同书信交付光武。

光武见信，怒不可遏，大呼："逆子！胆敢如此妄为！"遂命虎贲中郎将梁松，立率羽林左营去拿刘荆。赵熹、刘苍等人急忙劝道："陛下息怒，不可兴师动众，山阳王阴谋未发，事机已泄，平息极易。若羽林兵出，朝野震惊，反为不美。"光武道："诸将征战平生，难得封侯之赏；竖子寸功未建，坐享大国数县,尚不知足,是可忍,孰不可忍!天理难容!"说罢急怒攻心,口吐鲜血。左右忙传太医。药未及用,气绝而崩。

时值夜半子时,流星如斗,自紫微垣坠落云台宫后,一代英主与世长辞,享年六十二岁,在位三十三年。遗诏曰:"朕无益百姓,皆如孝文皇帝制度,务从约省。刺史二千石长吏皆无离城廓,勿遣吏及因邮来吊。"

次日发丧。太子及诸皇子俱至灵前,宫中大乱。太尉赵熹厉声道:"天子驾崩,太子即位。新君与诸王虽为兄弟,情切骨肉;但君臣有分,尊卑有别。宜各就其位,不得僭越淆乱。"赵熹遂命侍卫扶各王就位。山阳王刘荆左顾右盼,不见动静。只顾胡思乱想,忘记了灵前礼仪,不哭不拜,面无哀伤之色。赵熹道:"先帝遗诏,命山阳王刘荆,暂赴河南待命。"诸王惊愕未定,刘荆已被几名侍卫扶持,出宫而去。

三月丁卯,葬光武皇帝于原陵。孝明皇帝遵光武遗命,葬事从俭。陵方三百二十步,高六丈,东南去京师十五里。其规制和秦始皇的陵墓"高五十余丈,周围五里余"不可同日而语,与西汉诸陵相比低一半,其俭约之风,由此可见一斑。

明帝即位,秉亲亲孝友之义,赦济南王康、楚王英、阜陵王延、山阳王荆四人之罪,尽命就国。楚王英一路上婢仆鼓乐相从,乘辎軿,持兵弩,随处射猎,极意自娱。但回到封地丹阳,他却自杀了。明帝降旨命楚太后勿上玺绶,留住楚宫。命光禄大夫持节致祭,以诸侯之礼葬于泾县。明帝降旨抚慰许太后曰:"始闻楚事,幸其不然,而王不念顾太后,竟不自免。此天命也无可奈何!太后其保养幼弱,勉强饮食。诸许乃楚王舅氏,愿王富贵,人情也。已诏有司,出其有谋者,以安田宅。"明帝话虽如此,但此事牵累之众,死以千数。

刘康、刘延返国之后,并不感恩,图谋不断。刘康之子刘错,爱康之妾侍宋闰,使宫中御医"牵皮条",御医张尊告发。刘错大怒,杀了张尊。刘康父子于是反目,谋逆事发。国相奏报明帝,明帝因其谋未发,赦之。刘延归国,又与其子刘魴谋逆。有司奏请槛车押解廷尉处之。明帝降旨,贬其爵为侯,食一县。

最难处置的要算山阳王刘荆了。他返回封地之后,犹不思悔改,屡有图谋。明帝因其一母同胞，屡有原宥，加恩不究其事，贬为广陵王，唯命国相、中尉严加宿卫，勿令其再生是非。但刘荆仍不甘心，在宫中命巫者诅咒明帝。有司举奏，请诛之。刘荆恐惧，自杀身亡。明帝犹怜之，赐谥思王。

光武其余诸子，和明帝相处融洽。废太子、东海王刘强体弱多病，明帝遣中常侍钩盾令将太医探病，命沛王辅、济南王康、淮阳王延前往曲阜看望。及其薨逝，明帝及阴太后出南宫至京师南面津门亭发哀，使大司空持节护丧事，大鸿胪宗正、匠作大匠临丧，赠殊礼，升龙旗、旄头、鸾辂、虎贲送葬。诏曰："东海王恭谦好礼，以德自终。遣送之物，务从约省，衣足殓体，茅车瓦器，物减于制，以彰王卓尔独行之志。匠作大匠留鲁为王起陵庙，备祭享。"也算死备哀荣了。

沛王辅也甚得明帝敬重，时有封赏。最为明帝信重的要数东平王刘苍。奉光武遗命，明帝以中兴功臣之首邓禹为太傅，能臣赵熹为太尉，以东平王刘苍为骠骑大将军，位在三公之上。以东郡之寿张、薛、湖陵五县益东平国。明帝每当出巡，常留苍镇守京师，侍卫皇太后。某年春，车驾近出，欲校猎河内。刘苍即上书谏阻："臣闻时令，盛春农事，不聚众兴功。传曰：'田猎不宿，出入不节，夺民农时，则木不曲直'，此失春令者也。动不以礼，非所以示四方也。请陛下巡视稼穑，弭节而旋。"明帝览奏，立即还宫。明帝对刘苍见重，由此可见一斑。后来刘苍以至亲辅政，在朝日久，声望日隆，意不自安，乃上书请归，请至数四乃许。明帝每当思念，便降旨请归京师，亲厚荣宠，数世不衰。

永平三年，明帝追思光武中兴艰难，缅怀功臣，乃将云台修缮一新，命丹青妙手，图画邓禹等二十八人容貌于壁，设光武神主于中央，众星拱卫仿佛天上二十八宿。东平王刘苍作《光武受命中兴颂》，纪其丰功伟业。云台宫中，彩绘鲜明，星斗灿然，彪炳青史，为后纪观瞻焉。

跋 一

我的家乡叶县,古称昆阳,这里曾经发生过历史上著名的以少胜多的大战,这就是在更始元年(公元二十三年六月)改变历史走向的昆阳之战。中学时代,在县城读书,关于昆阳之战的故事和传说听了许多,对光武帝刘秀这个历史人物逐渐产生了兴趣。县城北边的沙河,即古代的滍水。史载,汉光武与王寻、王邑战于昆阳,"败之,士卒争赴,溺,滍水为之不流",即是此河。《水经注》说,"滍水出鲁阳县之尧山东,经鲁阳县故城,北出于鱼齿山下"。这里的"尧山",又名"石人山",今天已成为全国闻名的旅游景点;"鲁阳",即今天的河南省鲁山县,是著名的曲艺之乡,少小时经常听行人唱"路戏",或农民边耕作边吟唱:

"昔日里有一个汉小(萧)王,一十二岁走南阳。行走南阳迷了路,偶遇石人站路旁。问他十声九不语,惹恼了马上汉小王。三尺宝剑出了鞘,要斩石人一命亡。石人怕死会讲话,霎时指出路两行。一条路通向南阳去,一条路通往白水乡……"

民间文学本多附会,以讹传讹之处很多。这里的"汉小王"显然是"汉萧王"之误,刘秀行走石人山间的故事恐怕也是子虚乌有,但刘秀的哥哥刘縯手下大将刘稷攻占鲁阳县却是有史可考的。同时,刘秀"一十二岁"时还未起兵反莽,不可能四处"访将"。昆阳城西一里许有"无霸城",相传王莽大将军巨无霸曾屯兵于此。县西北十二里的秦赵村有"王莽港",据传也是王寻、王邑的大营所在地。如今县城南的旧县城内有"萧王城",据《叶县志》载,是当年昆阳之战时刘秀所筑,城内有萧王台,是当年刘秀发号施令的地方。至于今日香火颇盛的"刘秀庙""剐莽台",自然是后人伪造的假古迹。故老相传,刘秀率十三骑准备鸡鸣突围;王寻、王邑伏兵于鸡鸣时分截杀。但萧王城三更鸡鸣,莽军大营五更鸡鸣。等到王寻、王邑出兵追杀时,刘秀等十三人已经走远。据说,时至今日,旧县城内仍旧是东边三更鸡鸣,西边五更鸡鸣。此事真假待考。萧王城南三里有"烧车河"。据《叶县志》载:"源出古莱山(方城山),东流入滍。相传光武既败王莽兵,举其辎重,连月不尽,或焚其余于兹水上,故以'烧车'名。"揆情度理,颇为可信。县北滍水上有"严村",相传刘秀的老同学严子陵曾垂钓于此;旧县城南花山上有"刘盆子寨",相传樊崇、刘盆子的"赤眉"军曾在此处安营扎寨。这些传说,参之于史实,颇费猜疑:严光归隐于富春江;"赤眉"兵败于熊耳山,皆有史可考,昆阳境内为何有此两处遗迹?自旧县南行三十里,即到方城,有"扳倒井"遗址,相传是刘秀南征邓奉,人马渴不能饮,路旁有井,但无绳无桶,难以汲饮。刘秀道:"若能把井扳倒便好了。"话音方落,水井倾倒,清凉的井水,源源流出,人马立刻欢腾起来,齐呼万岁。众人饮罢清泉,精神百倍,杀向堵阳。诸如此类的传说和遗迹还有很多,这里就不赘述了。

古人对昆阳之战的关注从未间断过。翻阅《叶县志》不难发现许多歌咏昆阳之战的诗赋,如唐代诗人胡曾的《昆阳》:师克由来在协和,萧王兵马固无多。自从大敌昆阳败,却笑前朝困楚歌。

再如金人王磐的《昆阳怀古》:"行役宛洛间,路入昆阳城。滍水抱城左,荡漾东南溟。川源入四顾,盘亘多冈陵。嗟尔一抔土,当此百万兵。莽图十九年,聚此天为坑。王者况不死,千骑惊龙腾。汉业兆丰沛,赤符此中兴。创复两不易,山川贲雄名。东南遥相望,盘盘两神京。千年事云散,草木含威灵。野人无所知,城边事春耕。扶犁上废垒,陇亩纵复横。只有怀古士,千载怆余情。"到了明代,凭吊昆阳古战场,怀古伤今的人更多。诗人余徽在《叶县怀古》中写道:"白马盟寒左祖空,愤持黄钺走群雄。从容一展安刘志,谈笑全收复汉功。威压寇魂潜埌下,喜回王气接关中。至今古叶山头路,犹有当年积甲踪。"清人陆可求的《谒光武庙》诗写道:"昆阳木拔道始道,光武徒步揽英雄。当年盛业甾香火,遗像于今祀故宫。阴风飒飒鬼神哭,灵气昼夜龙蛇伏。几回松桧吹雪涛,空山六月寒侵屋。我来瞻拜神怆然,俯仰榱桷何弗全。汉室威仪久已矣,千秋遗迹期相传。"

诸多古代迁客骚人的诗作,最值得一读的是宋代大文豪苏东坡的《昆阳城赋》。苏轼怀古之情豪放奔涌,千年之后,依旧动人心魄:"淡平野之蔼蔼,忽孤城之如块。风吹沙以苍莽,怅楼橹之安在。横门豁以四达,故道宛其未改。彼野人之何知,方伛偻而畦菜!嗟夫!昆阳之战,屠百万于斯须,旷千古而一快!想寻邑之来陈,若驱云而拥海。猛士扶辕以蒙茸,虎豹杂沓而横溃。罄天下于一战,谓此举之不再。忽千骑之突出,犯初锋于未艾!始凭轼而大笑,旋弃鼓而投械。纷纷籍籍,死于沟壑者不知及何!人或金章而玉佩,彼狂童之僭窃,盖已旋踵而将败!岂豪杰之能得?尽市井之无赖!贡符献瑞,一朝而成群兮,纷纷就死其何怪。独悲伤于严生,怀长才而自浣;岂不知其必丧,独徘徊其安待。过故城而一吊,感志士之永慨!"

历史人物的品性、经历、事业、功过是十分复杂的。身后的褒贬批评也是见仁见智,大不相同。对于刘秀的评价也是如此。古代的历史学家如班固、司马光、王夫之、顾炎武、赵翼等人,对其施政治国的得失都有许多公允中肯的评论。清代学者赵翼,在其《廿二史札记》中,就有《东汉功臣多近儒》的论述:

西汉开国功臣多出于亡命无赖,至东汉中兴,则诸将帅皆有儒者气象,亦一时风会不同也。光武少时,往长安,受《尚书》,通大意。及为帝,每朝罢,数引公卿郎将讲论经理。故樊准谓帝虽东征西战,犹投戈讲艺,息马论道。是帝本好学问,非同汉高之儒冠置溺也。而诸将之应运而兴者,亦皆多近于儒。如邓禹,年十三,能诵《诗经》,受业长安,早与光武同学游……寇恂,性好学,守颍川时,修学校,教生徒……冯异好读书,通《左氏春秋》《孙子兵法》。贾复少好学,习《尚书》……耿弇之父况,以明经为郎,学《老子》……弇亦少好学,习父业……祭遵少好经书,及为将,取士必用儒术……他如王霸、耿纯、刘隆、景丹,皆少时游学长安。是光武诸功臣,大半多习儒术,与光武义气相孚合。盖一时之兴,其君与臣本皆一气所钟,故性情嗜好相近,有不期然而然者,所谓有是君即有是臣也。

毛泽东在《沁园春·雪》中说:"惜秦皇汉武,略输文采;唐宗宋祖,稍逊风骚,一代天骄,成吉思汗,只识弯弓射大雕",对历代帝王少有赞美之辞。但他对光武帝刘秀却不吝溢美之词。他在读书笔记中说光武帝在古代帝王中是最有学问,最会打仗,最会用人的人。这三个"最"字的评价,在所有帝王中是绝无仅有的。

他说刘秀最有学问。刘秀9岁丧父,家境败落。20岁进入汉朝的最高学府太学,学习《尚书》。可以说,在历代帝王中"文凭"最高。他的老师是经学名家许子将,因为勤学好问,尽得名师真传,经学造诣很高,并且很会写文章。举义反莽之后,戎马间"投戈讲艺,息马论道",手下大将,"二十八宿",大多学有专攻,许多都是太学生。君臣朝夕相处,讲文习武,其文化素养自然高于其他朝代的开国君臣。

他认为刘秀最会打仗。中国有句俗谚:"秀才造反,十年不成",刘秀是个例外。在绿林、赤眉起义的大潮中,刘秀兄弟春陵起兵,虽有挫折,但队伍逐渐强大。尤其在昆阳之战中,其军事才能得以充分展示,受到了"小敌怯,大敌勇"的普遍赞誉。在以后的战斗中,尽管麾下能征惯战的将领不少,但重大战争决策都是刘秀亲自制订,部下基本上是奉命行事。所以,毛泽东在评论梁朝大将韦睿时说:"敢以数万敌百万,有刘秀、周瑜之风。"在这里,毛泽东把刘秀放在周瑜前面,可见其对刘秀的赞赏。刘秀"单车下河北",很快在鞍前马后凝聚起一群精英人才,严明军纪,赏罚分明,建章立制,广施仁政,迅速平定河北。当时更始在长安,赤眉拥众山东,公孙述称帝巴蜀,隗嚣割据西北甘肃,其他大大小小的割据势力还有许多。刘秀高瞻远瞩,有勇有谋,攻必克,战必胜,十数年间,荡平群雄。毛泽东说他最会打仗,并非溢美之辞。

他评价刘秀最会用人。一般来说,开国之君都很有本事。这种本事体现在用人的能力上。但很多有本事的开国之君,有也一个通病,那就是"可与共患难,不能共太平",功成名就之后,就要"卸磨杀驴"。汉高祖刘邦、明太祖朱元璋都是这方面的典型。杀功臣是因为功臣"功高震主",唯恐功臣取自己而代之。刘秀当了皇帝后,没杀一个功臣。"云台二十八将",个个能征善战,功勋卓著,但文韬武略胜过刘秀的确实没有。刘秀打下天下以后,

"退功臣，进文吏"，偃武修文，让功臣们交出兵权，归第养老，他们毫无怨言。在削平群雄的过程中，刘秀招降了不少人马，尤其在招降铜马的大批人马以后，刘秀"将赤心置彼腹中"，使降者反侧自消，死心塌地跟随自己，一时被称作"铜马帝"，足见其用人手段之高明。难怪不少史家评论说："自古中兴之盛，无出于光武矣。"

光武中兴，与民休养生息，轻徭薄赋，释放奴隶，注重生产，兴修水利，整顿吏治，裁减冗员，提倡节俭。民生大大改善，国力大大增强。他改革税制，"三十税一"，税率仅仅 4％，老百姓的负担较之前代大大减轻。对这样一位允冠百代的帝王，不能不令人发思古之幽情。我不揣随浅，在父亲的倾心指导下，研读《后汉书》《资治通鉴》等有关史料，采集参酌民间传说故事，耗费数年心力，写成《大汉光武》一书，拂去诸多戏说与妄说，俾使读者对光武帝及云台二十八将，还有他们所处的遥远时代，做一次不无裨益的回望。诚恳期待得到您的批评与指教。

王振羽

2019 年 2 月 15 日

跋 二

白头孤客坐书空

——写在昆阳之战 2000 周年

王振羽

已经入伏了。2000 年前的阴历五月,大致应该是阳历的六月份了。更始于此年初匆匆称帝,挂起招牌,看似沐猴而冠,而实力不可小觑。但,当时的宛城并未被攻打下来,绿林队伍也繁杂纷乱得很。

人在长安的新朝皇帝王莽原本把进攻弹压的重点放在东部,以对付赤眉。现在才发现,南方的绿林似乎更为麻烦,威胁更大,因为刘縯刘秀兄弟的加入,南阳这帮人很难缠。已经年近七旬的王莽紧急动员人马组织力量集结部队于洛阳,待他催促王邑王寻挥动人众与严尤、陈茂汇合,兵锋前指,地动山摇,很快就抵近昆阳了。

号称百万的新莽大军如泰山压顶之势汹汹而来,南阳更始帝的决策团队对这一战略决战还认识不清,无力顾及。王凤、王常偏师弱旅,并无北上经略企图,遇到新莽大军不速而至,如此庞然大物,只好匆匆退守昆阳小城。近万人马局促一座平原小城,如何固守? 所谓关塞、屏障,从何而来? 昆水也好,澧水也罢,灰河也好,潕水也罢,都非天堑,投鞭断流,并非夸张。惟有依托城墙、壕沟而已。也就是说,昆阳之战,是一场遭遇战,是一锅夹生饭,是彼此双方都没有做好决战准备的仓促而来的大决斗。

但就是这样的一场滚雪球般的战场形势发展,这样的一场来自长安的将军们的战略误判与骄纵轻敌,到最终的半推半就优柔寡断贻误战机,却彻底断送了新莽王朝,把王莽也送上了不归路。从这个意义上说,昆阳之战是刘汉复兴的奠基礼,是掘墓新莽王朝的大战场,不无道理。

昆阳之战,就新莽而言,前敌指挥最高指挥官是王邑、王寻,但战役如何进行,大的决策部署,应该都要听命于来自长安王莽的最高指示。王莽此时,看起来还能稳住阵脚,实际上已经方寸大乱,烂额焦头。他称帝上台十五年来,所谓托古改制,叠床架屋,朝令夕改,繁琐哲学,迂腐不堪,动作频频,内政外交,马不停蹄,花样翻新,令人缭乱眼花。面对质疑之声,天下骚然,他一味打压,禁止妄议,他身边的诸如哀章、扬雄等一批马屁精更是投其所好,毫无底线地吹捧逢迎,只报喜不报忧,让他闭目塞听,严重脱离实际,做出种种误判。王莽对手握重权的前线将领也是疑神疑鬼,多方掣肘。如此情势,众多将领心怀鬼胎,瞻前顾后,哪有什么斗志可言?哪有什么士气可谈?

更始帝的部队,也并非铁板一块,毫无问题。传统的说法,有豪强地主,有贩夫走卒,有流民无赖,有赤贫小农,四海五湖,乌合之众,面对新莽大军,一度惊慌失措,甚至还有主动投降之举。不过,狭路相逢勇者胜,的确是在这场生死较量中,身为太常偏将军的刘秀在其中发挥了独特作用。有人曾怀疑说,《汉书》《后汉书》大都是根据刘秀或者其后人讲述而来,刻意贬低他人,以突出刘秀神武,上天垂青,沪上戚文就是这样的看法。说到刘秀,他比王莽小 40 岁,血气方刚,精力充沛,脑子反应灵活,看起来他参加革命很晚,似乎没有打过什么像样的仗。唐太宗李世民就特别注意到刘秀的年龄优势,"朕观古先拨乱反正之主,皆年逾四十,惟光武年三十三。"但是不要忘记,刘秀读过书,曾在长安五载,见过世面,知道人心、军心之要,也懂得基本的作战经验,在战争中学习战争,迅速成长,从而脱颖而出,一举成名。

实际上,刘秀在昆阳之战后,其政治环境并没有得到太大改善,而是变得更为微妙凶险了。他并没有吃昆阳之战老本的资格。他的审时度势,他的善于隐忍,他的韬光养晦,让他到了洛阳之后终于得到机会前往河北而独当一面，一番博弈拼杀，反复较量，才最终在河北站稳了脚跟。他破降和收编铜马扩充实力，有"铜马帝"之称，他更是在昆阳之战的两年后在河北柏乡称帝。称帝之后的刘秀，哪有喘息之机？怎敢高枕无忧？青州张步、渔阳彭宠、天水隗嚣、益州公孙述，一一平定，殊为不易，大致用了十几年时间，方才天下粗定。也就是说，昆阳之战就推翻王莽而言，具有重大的战略意义，但就刘秀剪灭群雄一统天下来说，还有漫长的路要走。至于刘秀在战后的历史反思、制度设计、秩序安排，则又是一个话题了。

昆阳之战持续时间至少有两个月左右时间。战争进行，比拼的是实力，是智谋，是勇气，也是意志力与耐心。刘秀如何出城搬兵，刘秀如何稳定士气，刘秀如何运用心理战，刘秀如何组织敢死队，还有大决战之时的老天爷帮忙，所谓天时地利人和，凡此种种，战争过程，多有叙述。《资治通鉴》对此过程叙述简洁生动，极为传神：连胜，遂前，诸将胆气益壮，无不一当百，秀乃与敢死者三千人从城西水上冲其中坚。寻、邑易之，自将万馀人行陈，敕诸营皆按部毋得动，独迎与汉兵战，不利，大军不敢擅相救。寻、邑陈乱，汉兵乘锐崩之，遂杀王寻。城中亦鼓噪而出，中外合势，震呼动天地。莽兵大溃，走者相腾践，伏尸百馀里。会大雷、风、屋瓦皆飞，雨下如注，滍川盛溢，虎豹皆股战，士卒赴水溺死者以万数，水为不流。王邑、严尤、陈茂轻骑乘死人度水逃去，尽获其军实辎重，不可胜算，举之连月不尽，或燔烧其馀。士卒奔走，各还其郡，王邑独与所将长安勇敢数千人还洛阳，关中闻之震恐。我在《龙飞光武》中对此也有详细铺陈，此处不赘。

昆阳之战进行之中，刘秀的哥哥已经被杀，刘縯之死，非同小可。但，当时信息闭塞，估计刘秀并不知道这一噩耗。刘秀在昆阳城中与王凤、王常有一番惟妙惟肖的沟通细节，司马温公说得也很具体：诸将见寻、邑兵盛，皆反走，入昆阳，惶怖，忧念妻孥，欲散归诸城。刘秀曰："今兵谷既少而外寇强大，并力御之，功庶可立；如欲分散，势无俱全。且宛城未拔，不能相救；昆阳即拔，一日之间，诸部亦灭矣。今不同心胆，共举功名，反欲守妻子财物邪！"诸将怒曰："刘将军何敢如是！"秀笑而起。会候骑还，言："大兵且至城北，军陈数百里，不见其后。"诸将素轻秀，及迫急，乃相谓曰："更请刘将军计之。"秀复为图画成败，诸将皆曰："诺。"时城中唯有八九千人，秀使王凤与廷尉大将军王常守昆阳,夜与五威将军李轶等十三骑出城南门,于外收兵。时莽兵到城下者且十万,秀等几不得出。

刘秀最终度过难关,化险为夷,后来居上,否则,此后的光武中兴也就无从谈起了。昆阳之战结束,长安顿时大乱,王莽之死,令人唏嘘。自古以来,对王莽多为否定评价,但班固仍称他"王翁",范晔在《后汉书》中也为他留下一席之地,而不是全然抹去,熟视无睹,他的脑壳居然还被保留到晋惠帝的时候,也是奇迹。但,近代以来,一些史学家称誉王莽为"中国历史上第一位社会改革家",胡适则评价王莽为"中国第一位社会主义者。"也有人说他是书生政治家,是不切实际的理想主义者,盲人摸象,纷纭得很。

司马彪说昆阳之战,"至于光武,承王莽之篡,起自匹庶,一民尺土,靡有凭焉。发迹于昆阳,以数千屠百万,非胆智之主,孰能堪之?"范晔非常自负,他在《后汉书》里称赞刘秀"寻、邑百万,貔虎为群。长毂雷野,高锋彗云。英威既振,新都自焚。"赵宋何去非有《光武论》,他说,"方寻、邑百众之众以压昆阳,其视孤城之内外者皆几上肉也。然而光武合数千之卒,申之以必死之誓,激之以求生之奋,身先而搏之,则其反视寻、邑之众者皆几上肉也,是以胜。虽然,是役也,人以其为光武之能事,而莫知其所以为能事也。唯诸将观其生平见小敌怯,见大敌勇也,皆窃怪之。而不知光武为是勇、怯者,乃所谓能事而皆以求胜也。"

1060年初,三苏自巴蜀回汴京,道经叶县。苏轼写一《昆阳城赋》,文字不长,不足三百字,当年,父亲让我们弟兄们反复背诵过:昆战之战,屠百万于斯须,旷千古而一快。想寻邑之来陈,兀若驱云而拥海,猛夫扶辕以蒙茸,虎豹杂沓而横溃;罄天下于一战,谓此举之不再。方其乞降而未获,固以变色而惊悔;忽千骑之突出,犯初锋于未艾。始凭轼而大笑,旋弃鼓而投械,纷纷籍籍,死于沟壑者不知几何。人或金章而玉佩,彼狂童之僭窃,盖已旋踵而将败,岂豪杰之能得?尽市井之无赖。贡符献瑞一朝而成群兮,纷就死之何怪。独悲伤于严生,怀长才而自浣。岂不知其必丧,独徘徊其安待。过故城而一吊,增志士之永慨。

朱元璋定都南京后,曾在南京建有十座庙,祭祀认可多人中,除了三皇、五帝、三王、秦汉以来,不过六位帝王,哪六位?刘邦、刘秀、杨坚、李世民、赵匡胤、忽必烈,后来,他觉得杨坚不够格,改成五位。在朱元璋眼中,刘秀还是很有点分量的,"惟汉光武皇帝延揽英雄,励精图治,载兴炎运,四海咸安。有君天下之德而安万世之功者也。"王夫之在《读通鉴论》中也说,"昆阳之战,光武威震天下,王业之兴肇此矣。"曾在叶县生活过的元好问有一《定风波》,他有如此感慨:熊耳东原汉故宫。登临犹记往年同。底事爱君诗句好。解道。河山浮动酒杯中。存没悠悠三十载。谁会。白头孤客坐书空。黄土英雄何处在。须待。醉寻萧寺哭春风。

毛泽东关注刘秀,也很关注昆阳之战,他说刘秀是最有学问、最会打仗、最会用人的皇帝。天翻地覆慨而慷之际,他有电文就南阳解放之事予以指导,还提到刘秀与他的 28 位干部。当然,他在《中国革命战争的战略问题》《论持久战》中也都提及昆阳之战。毛泽东还有这样一段话,细说刘秀,堪称切中肯綮之论:人常说"秀才造反,十年不成"。刘秀是个例外,十年不鸣,一鸣惊人。他在家读书,安分守己,一旦造反,倒海翻江。轰轰烈烈,白手起家,创建了一个新的王朝。

曹操官渡之战,大体稳定北方。汉末赤壁之战,形成三国鼎立。淝水之战,南北朝基本上以淮河为界,直到杨隋。昆阳之战,刘秀粉墨登场,再度奠定刘汉基业,又存续 195 年,有光武中兴,还有明章之治,至于后来的惨不忍睹,党锢,外戚,阉党,刘秀又能负多大的责任?

2023 年 7 月 12 日
于南京,时俄乌冲突已五百余天

后 记

《龙飞光武》出版已经超过五年了。如今,有机会文本修订,以非虚构再度梳理,重述往事,重新返回公元元年之后也即 2000 年之前的历史现场,重温当时的社会变乱,当时的人世苍茫,当时的人物风流,感慨莫名,心事浩茫。

就原来的文本,如今的《平民的逆袭:光武帝刘秀》有了较大的改动。毫无疑问,刘秀是主角,是全书的灵魂人物,全书的谋篇布局也多围绕已经是一介布衣的他展开。与此同时,就其他人物,也不吝笔墨,多有呈现。如众所周知的二十八将,邓禹、冯异、吴汉、岑彭、寇恂、耿弇、来歙等人,都有完整详尽的表现。马援虽然名字不在云台之上,但他一生跌宕,功勋卓著,对其命运结局,尤为瞩目。如更始帝刘玄、巴蜀的公孙述、甘陇的隗嚣甚至刘永、张步等人,还有刘盆子、延岑、秦丰等,也都不以成败论英雄,对他们的命运起伏人生结局,都有关照。

与此前文本比较,新版既更为注重冷兵器时代的金戈铁马,也注意当时的社会思潮、经济民生,体制的改革,偃武修文的推进,经学的论争,度田的艰难,第五伦的理政,等等,等等,力图呈现较为完整的后汉光武中兴的全貌。

辰龙年的国庆假期,与弟弟在汝水边上的荒村陪伴爹娘,多在附近旷野转悠,也去襄县首山去看文峰塔,到紫云书院看朱明时代的李敏聚徒讲学的所在,还去舞阳贾湖看了骨笛,这些故乡的山水草木,也多与当年的刘秀中兴有关。不说昆阳之战,如今的首山文峰塔内,还有王霸、傅俊、祭遵、祭肜等人的画像,冯异这一大树将军家在宝丰,铫期、臧宫也都是郏县人,这样的地缘上的亲近,形诸于文字,似乎有一种别样的感受。陪父亲在这些地方闲走,路途之中,他还在反复与我推敲书中章节的命名得失,一些人物呈现的诸种细节,暖风斜阳,其情其景,难以忘怀。

历史是最好的教科书,历史是最好的清醒剂。《龙飞光武》首版,二月河先生生前慨然作序,仍置于书前,他也已经去世六载了,武汉周百义正在撰著《二月河传》,期待能够早日付梓。面对如此久远而又切近的历史,面对如此遥远而又熟悉的人物,写下如许文字,敬请读者的批评。

就说这些。

2024 年 10 月 27 日于
南京